谨以此书献给

母校山东昌乐一中

刘锡诚，男，山东昌乐人。文学评论家、民间文艺学家、文化学者。1935年2月生。1957年北京大学俄罗斯语言文学系毕业。中国文学艺术界联合会研究员。1997年退休。历任中国民间文艺研究会研究部研究人员、《民间文学》杂志编辑部负责人，新华社翻译、编辑、记者，《人民文学》杂志评论组组长，《文艺报》编辑部副主任、主任，中国民间文艺家协会副主席。社会职务：曾任中国俗文学学会会长、中国当代文学研究会副会长兼秘书长、中国旅游文化学会副会长、中国对外友好协会理事；兼任国家非物质文化遗产保护工作专家委员会委员、中国民间文艺家协会民间文化抢救工程专家委员会委员，中国艺术研究院艺术人类学研究所客座研究员、中国民间文艺家协会《民间文化论坛》特约主编。

主要学术著述有：《原始艺术与民间文化》（文集，中国民间文艺出版社1988年）、《中国原始艺术》（专著，全国社会科学基金资助课题，上海文艺出版社1998年）、《象征——对一种民间文化模式的考察》（专著，学苑出版社2001年）、《追寻生命遗韵——我眼中的文化史迹》（文化随笔，武汉出版社2003年）、《20世纪中国民间文学学术史》（专著，全国社科基金"优秀"成果，河南大学出版社2006年、中国文联出版社2015年）、《民间文学：理论与方法》（文集，中国文联出版社2007年、2010年）、《非物质文化遗产：理论与实践》（文集，学苑出版社2009年）、《民间文学的整体研究》（文集，台北：秀威咨询科技股份有限公司2015年）、《双重的文学：民间文学十作家文学》（中国现代文学馆钩沉丛书，百花文艺出版社2016年）、《非物质文化遗产保护的中国道路》（文化艺术出版社2016年）等。

刘锡诚 著

艺术与民俗

（自选集）

学苑出版社

图书在版编目（CIP）数据

民俗与艺术 / 刘锡诚著. — 北京：学苑出版社，2018.1

ISBN 978-7-5077-5412-4

Ⅰ. ①民… Ⅱ. ①刘… Ⅲ. ①民间艺术－中国－文集 Ⅳ. ①J12-53

中国版本图书馆CIP数据核字（2018）第009830号

出 版 人：	孟　白
责任编辑：	洪文雄
编　　辑：	张敏娜
排版制作：	李红权
出版发行：	学苑出版社
社　　址：	北京市丰台区南方庄2号院1号楼
邮政编码：	100079
网　　址：	www.book001.com
电子信箱：	xueyuanpress@163.com
联系电话：	010-67601101（营销部）　010-67603091（总编室）
印 刷 厂：	北京京华虎彩印刷有限公司
开本尺寸：	710×1000　1/16
印　　张：	34.5
字　　数：	638千字
版　　次：	2018年1月第1版
印　　次：	2018年1月第1次印刷
定　　价：	168.00元

自序

记得2012年的夏秋间，文学理论家陈辽写过一篇题为《刘锡诚：三十五年四"转身"》的文章，写我从1990年告别行政领导工作后，"致力于文化史迹的研究、中国原始艺术的研究、民间文学学术史的研究，先后出版了三部能够留存后世的著作：《追寻生命遗韵》《中国原始艺术》《20世纪中国民间文学学史》以及《民间文学：理论与方法》《非物质文化遗产：理论与实践》等多部著作。"他称这是我的学术史上的一次"华丽的转身"。回想已经逝去的60年，我这一生还真是充满了一些戏剧性。在从事的专业和著述上，的确有多次"转身"。一个本来从事文学编辑工作、偶尔写点文学评论文章并有幸被称为文学评论家的人，在20世纪80年代初驯服地听从领导的调遣，阴差阳错地进入了民间文学研究领域，继而又涉足民俗的研究，在民间文学研究著述之外，也陆续写了一些探讨民俗与民俗学以及民俗与艺术的文章。如今已到了耄耋之岁，在回首走过的学术研究道路，做个小小的总结的时候，从数量不少的这类文章中选出一些稍有价值的篇章来，编为《民俗与艺术》，作为我的自选集之一。

我生命的后35年，被"边缘化"，把主要精力放在了民间文学的研究上，民俗学并非我的主攻方向，我介入民俗学研究，开始于作为一个文学研究者在民俗学被当成资产阶级学科批判产生的一份同情。君不见我最早发表的一篇《民俗与国情备忘录》，就并非发表在民俗类的学术刊物上，而是发表在《报告文学》上的。后来，我之所以继续在这个园地里耕耘而不肯罢手，无非是想借助于我在文学理论上的优势，运用已经学习和掌握的马克思主义经典作家们的理论武器，或深或浅地探讨，甚至在某种程度上试图解决一些民间文学和民俗学研究上悬而未决的重大问题，而不是像老友冯骥才说的那样，有些民俗

民俗与艺术

学者把民俗研究当作手中"把玩"的玩物。譬如,我对民俗的属性的阐发,认为民俗中可分为两个部分:一部分是具有意识形态性的,如民间文学和民间艺术;一部分是不具有意识形态性的,如风俗习惯甚至多神信仰,漂浮在经济基础和上层建筑之上,不受改朝换代、社会变革的影响,而在不同的时代具有传承性和延续性的。又譬如,我对民俗与国情关系的阐述,也受到了学界朋友们的关注。1985年,我开始研究原始艺术,这一年5月,我为《民间文学论坛》杂志主办的中国民间文学刊授大学学员写了一篇题为《原始艺术论纲》的讲课教材,后来公开发表了,继而国家社科规划办公室申报和承担了国家社科基金项目《中国原始艺术研究》,从此把原始艺术与当代民俗(特别是民俗艺术)衔接起来,并力所能及地进行了若干田野考察,把书斋研究和田野研究两种方法结合起来。最终成果《中国原始艺术》这部专著于1988年结项,得到了学界同行们的首肯。原始艺术的研究,大大地开拓和丰富了对民俗生活及民俗艺术的研究。又譬如,随着西方文化人类学的引进,我开启了对文化象征的研究,编著了《中国象征辞典》,出版了《象征——对一种文化模式的考察》以及一批关于傩舞、傩文化的论述和文化随笔,无意中在民俗学研究上扮演了一个首倡者的角色。如此等等。

这本选集里收录的60篇有关民俗与艺术的大小文章,是我一路走过来的漫长的学术途程中留在身后的一串并不连贯的脚印。

刘锡诚

2017年10月1日于北京

目 录

第一辑 民俗与民俗学

民俗百年话题 ………………………………………………………………… 3
中国民俗学的滥觞与外来文化的影响
　　——为《歌谣周刊》创刊70周年而作 ………………………… 10
世纪回顾：中国民俗学面临的选择
　　——为顾颉刚等妙峰山进香调查70周年而作 ………………… 30
民俗与国情备忘录 ………………………………………………………… 44
文化对抗与文化整合中的民俗研究 ……………………………………… 57
民俗文化是一条滔滔巨流 ………………………………………………… 76
关于民间信仰和神秘思维问题
　　——兼谈非物质文化遗产的理论问题 ………………………… 80
"历史民俗学"的提出与尝试
　　——在《中国民俗史》首发式上的讲话 ……………………… 92
时代特色与文化精神
　　——评《中国民俗大系》………………………………………… 95
民俗志的时代性和认识价值 ……………………………………………… 98
风俗学与风俗史 …………………………………………………………… 100
国情观和历史观 …………………………………………………………… 104
民俗旅游与旅游民俗 ……………………………………………………… 108

第二辑 巫傩与信仰

送旧德立新德
　　——傩仪象征新解 ……………………………………………… 121
石敢当：灵石崇拜的遗俗 ………………………………………………… 147

关于龙的风波 …………………………………………………… 161
春神句芒论考 …………………………………………………… 164
哈尼族的"埃玛突"与古代的"社" …………………………… 189
石狮子的风波 …………………………………………………… 209
枣的象征意涵及其嬗变 ………………………………………… 215

第三辑　民俗与艺术

形著于此而义表于彼（二题） ………………………………… 225
象征的诱惑（外六章） ………………………………………… 231
葫芦与原始艺术 ………………………………………………… 248
舞法及其象征 …………………………………………………… 260
漫说黥面和文身 ………………………………………………… 284
论颜色的意义 …………………………………………………… 287
中国年画中的文化象征 ………………………………………… 292
钟馗论 …………………………………………………………… 303
萨满艺术余音与文化多样性 …………………………………… 335
蓝夹缬的另一种文化意向 ……………………………………… 338
民间艺术主要是女性艺术 ……………………………………… 341
刻刀下的历史 …………………………………………………… 343
早期民俗摄影随想 ……………………………………………… 347

第四辑　节日民俗

重建国学与节日文化 …………………………………………… 353
传统节日文化的继承与发展 …………………………………… 362
慎终追远　生生不息
　　——春节的民俗学解读 …………………………………… 372
清明节的天候和物候
　　——清明节的文化意涵之一 ……………………………… 383
黄石的端午礼俗史论说 ………………………………………… 392
戊子端午感言 …………………………………………………… 397
端午：礼俗、传说和我们的节日 ……………………………… 400
中国民间故事中的鼠 …………………………………………… 404

向龙年一拜	418
骥不称其力而称其德	421
羔羊跪乳	424
岁终更始说鸡年	426
狗的文化属性	429
四时报喜　肥猪拱门	
——猪的文化阐释	437
迎春簇杖鞭土牛	446

第五辑　民俗调查

葛沽皇会调查报告	451
历史变革中的渔村民间文化	460
青海大通互助采风记实	483
勒布采风手记	492
唐布拉采风手记	499
伊宁情思	504
妙峰山纪事	508
再上妙峰山	516
城市气质与民俗变迁	
——以东安市场为例	521
东安市场百年祭	527
北京胡同里的民俗世界	531

| 后　记 | 537 |

第一辑

民俗与民俗学

民俗百年话题

"民俗百年"（科学地说，应是"民俗学百年"，下同）是民俗学研究的一个大题目，也是一个重要题目。据我所知，许多学者都在从不同的角度在进行回顾。1998年12月18日，钟敬文先生在中国民俗学会第四次代表大会上的讲稿《建立中国民俗学学派刍议》就是一篇回顾和探讨百年民俗学的文章，其中提出了许多重要的见解，特别是对什么是中国民俗学的特色和道路问题，高屋建瓴，富有启发性。[①] 最近，又读到了陈建宪先生的《精神还乡的引魂之幡——20世纪中国神话学回眸》[②]，他在文章中对中国民俗学的一个分支——百年神话学研究，做了回顾和评价。我想，还有别的人在做其他方面的回顾。这样的回顾和总结，无论是总体的还是分体的，对中国民俗学史的建设和民俗学今后的发展，都是大有裨益的。

我以为，要回顾百年民俗，至少要触及三个大问题：第一，中国现代民俗学的滥觞和发展道路；第二，中国民俗学的特色是什么；第三，百年民俗学的主要成就和问题。本文只谈中国现代民俗学的滥觞问题，向同行们请教。

关于中国现代民俗学的发轫期，此前民俗学界似已形成共识：中国现代民俗学发端于五四新文化运动前后。具体地说，是1918年2月北京大学歌谣征集处的成立，由刘复、沈尹默、周作人负责在校刊《北大日刊》上逐日刊登近世歌谣。1920年冬，歌谣征集处改为歌谣研究会。两年后创办《歌谣》周

---

① 钟敬文《建立中国民俗学学派刍议》（撮要），中国民俗学会第四次全国代表大会暨中国民俗学运动八十周年纪念大会文件。1998年12月18日印发，已发表于《民俗艺术》（南宁）1999年第1期。
② 陈建宪《精神还乡的引魂之幡——20世纪中国神话学回眸》，《河北师范大学学报》1998年第3期；又见中国人民大学复印资料《中国古代近代文学研究》1998年第10期。

刊，出版了 97 期，后并入《国学门周刊》（后再改为月刊）。1923 年 5 月 24 日，又成立了风俗调查会。中国现代民俗学在发轫初期，基本上限于歌谣或其他民间文学的收集和研究，逐渐扩大到风俗和艺术的收集研究。

近年来，一些文学史家提出了"20 世纪文学"的概念。几部题为《20 世纪文学史》的著作也相继出版，以五四为开端的现代文学史的格局，正在失去大一统的地位。文学史写作的这种思路的出现，也给民俗学史学者们以启发："20 世纪民俗学"这一概念是不是更切合科学的真实？需要指出的是，中国现代民俗学的滥觞，实际上确比五四新文化运动更早，应在晚清末年。从文化发展的一般道理上说，五四新文化运动是划时代的，但它不是突发的、孤立的事件，而是以科学、民主为核心的新思潮积累到一定程度才爆发起来的。从 20 世纪初起，严格地说，从 1898 年维新运动及其失败之后，西学东渐，对抗传统的新思潮一浪高过一浪。政治领域里，改良派发动的维新运动和革命派发动的推翻帝制的革命运动；文化领域里，旨在对抗旧传统而兴起的白话文、通俗小说等文化浪潮，为五四运动的爆发做了铺垫和积累。中国现代民俗学，正是在晚清的改良派和革命派这两股势力，从政体上和文化上改变中国传统社会的情况下肇始，而在五四运动爆发及其以后，汇入了文学革命的洪流中去，成为文学革命的一支的。

晚清时代，中国的政治处在激烈的动荡和变化之中，文学史家陈子展先生在其《中国近代文学之变迁》（1929）一书中说："所谓近代究竟从何说起？我想来想去，才决定不采取一般历史家区分时代的方法，断自'戊戌维新运动'时候（1898）说起。……中国自经 1840 年（道光二十年）鸦片之战大败于英，尤其是 1894 年（光绪二十年）为着朝鲜问题与日本开战，海陆军打得大败，以致割地赔款，认罪讲和，当时全国震动，一般年少气盛之士，莫不疾首扼腕，争言洋务。光绪皇帝遂下变法维新之诏，重用一般新进少年，是为'戊戌维新运动'，这个运动虽遭受旧党的反对，不久即归消灭，但这种政治上的革新运动，实在是中国从古未有的大变动，也就是中国由旧的时代走入新的时代的第一步。总之：从这时候起，古旧的中国总算有了一点近代的觉悟，所以我讲中国近代文学的变迁，就从这个时期开始。"有学者指出，陈先生的指定未免过于笼统，认为中国新文学的起点不是"戊戌维新运动"，而是它的失败之日。[①] 维新变法虽只有百日，但维新运动的彻底失败是在 1900 年，应该承认，这个修正是有道理的。"戊戌维新运动"失败之后，中国思想界和学术

---

① 孔范今《新文学史概念提出的依据和意义》，《20 世纪中国文学史》第 22 页，济南：山东文艺出版社 1997 年。

界的思想变得深沉而活跃了。西方的或外国的文化思潮对中国知识界发生着重大影响。失败后,逃往东京的梁启超后来说:"既旅日数月,肄业日本之文,读日本之书,畴昔所未见之籍,纷触于目;畴昔所未穷之理,腾跃于脑。如幽室见日,枯腹得酒。"① 说明了维新运动失败之后,知识界思想界所起的变化,中国文化从此真正进入转型期。中国的现代民俗学,正是在这样一种社会政治情景下和文化转型期里产生的。

  关于中国现代民俗学的滥觞期的时限问题,民俗学(民间文艺学)界早就有人在思考,并且早已提出新的见解来了,不过由于当时社会政治时机的未成熟和表述语言的欠明确,而没有受到学术界的注意和响应而已。钟敬文先生早在60年代发表的三篇关于晚清民间文艺学的文章,就提出了这个问题,② 时过40年后,他在《建立中国民俗学学派刍议》中说:"其实,严格地讲,中国的科学的民俗学,应该从晚清算起。"在中国的晚清时期,西方殖民主义的足迹已经到达了亚洲和非洲等的许多国家,直至第一次世界大战爆发,整个世界的格局都在动荡,它激发了彼此压迫民族的反抗情绪,也改变了人们认识世界的方式。在这一时期,中国梁启超、严复、黄遵宪、蒋智由、鲁迅等有识之士,成了近代思想革命的先驱。他们在知识上学贯中西,但在实践上却强调西学中用,服务于本民族的国家社会的改造。为此,他们对于民俗也有了比过去时代不同的看法,发现了民俗在保持和兴建一个既非西化,也非自我封闭的新社会的进程中,能够发挥重要作用。他们所大力提倡的新思潮、新文化里面的一个"新"字,正是在这个意义上提出来的。他们当时阐释民俗所运用的概念和方法,借鉴了西方的社会人文科学的学说,则显示了近代学术的性质。因此,这一时期中国知识分子对民俗的理性认识,和春秋时代一样,是社会意识形态转型时期的产物,但在性质上,两者又有了实质性的差别。晚清时期的民俗学,是与五四新文化运动相接续的,它是中国现代民俗学的一个组成部分。③

  我很赞成钟先生关于中国现代民俗学的肇始的见解。1992年12月15日,中国俗文学学会在北京大学召开的纪念《歌谣》周刊创刊70周年暨俗文学学术研讨会,笔者在向大会宣读的题为《中国民俗学的滥觞与外来文化的影响》

---

① 梁启超《饮冰室诗话·七七》。
② 指作者的《晚清革命派著作家的民间文艺学》《晚清革命派作家对民间文学的运用》《晚清改良派学者的民间文学见解》,以及写作于60年代而发于1980年的《晚清时期民间文艺学史试探》第六章。后收入钟敬文《民间文艺学及其历史》一书中,山东教育出版社1998年。
③ 钟敬文《建立中国民俗学学派刍议》(撮要)。

的论文中提出，中国现代民俗学运动，是在20世纪初一批眼界开阔、知识深厚、思想进步的哲学家、历史学家、政治家、外交家们掀起猛烈的反孔运动，抨击摇摇欲坠的中华帝国的种种弊端，呼吁参照西方社会模式改造中国、疗救中国的新思潮和启蒙运动中诞生的。我把较早地接受了日本和西方民俗学熏陶的周作人所翻译的英国小说家罗达哈葛德（Rider Haggard）和英国人类学派民俗学家安德鲁·兰（Andrew Lang）俱根据神话合作撰写的《红星佚史》一书（商务印书馆1907年11月，上海，《说部丛书》第78编）写的序言，认定为中国最早出现的民俗学理论文章。[①] 1995年5月，正值中国民俗学运动，特别是开民俗学田野调查之先河的、1925年顾颉刚先生一行的"妙峰山进香庙会调查"70周年时，中国旅游文化学会旅游民俗专业委员会在北京召开"中国民俗论坛"学术研讨会，我再次拾起这个三年前作过但意犹未尽的题目，作了一篇《世纪回顾：中国民俗学面临的选择——为顾颉刚等妙峰山进香调查70周年而作》提交大会。[②] 在该文中，我根据马昌仪在《中国神话学文论选萃》一书所提供的材料，修改了以前的看法，把蒋观云（智由）发表于1903年《新民丛报·谈丛》第36号上的《神话·历史养成之人物》一文，指认为中国现代民俗学最早的论文，于是把我认为的中国民俗学发端的年代提前到了1903年。陈建宪的《精神还乡的引魂之幡——20世纪中国神话学的回眸》一文，也接受了这种说法。

近几年来的研究工作，使"百年民俗"问题有了新的进展。对黄遵宪的研究，使我们有理由认为，他是"前五四时期"中国民俗学的一位重要的先驱。黄遵宪，在政治上是个改良派，但并不妨碍他在民俗学理论上和民俗学实践上所作出的建树。他兼有政治家、外交家、诗人和学者的多重素质和身份，不仅有中国传统文化的修养，而且深受西方和日本资产阶级学术思想的浸染。1877年出使日本任参赞，其间在当地作民俗学调查，并于1887年完成《日本国志》（包括《序》《学术志》和《礼俗志》）。1887年在湖南推行新政，大刀阔斧地进行移风易俗改革，实现他的"治国化民，移风易俗"的民俗观和政治社会改革抱负。在文学创作上，他以家乡客家人的民俗为本，创作了具有民俗风味的《己亥杂诗》及诗论。他说："虽然，天下万国之人、之心、之理，既已无不同，而稽其节文，而乃南辕北辙，乖隔歧异，不可合并，至于如此；

[①] 拙文《中国民俗学的滥觞与外来文化的影响》，收入《中国俗文学七十年》（吴同瑞、王文宝、段宝林编）第13—14页，北京大学出版社1994年。

[②] 拙文《世纪回顾：中国民俗学面临的选择》，《民俗研究》1995年第3期；收入《妙峰山·世纪之交的中国民俗流变》（刘锡诚主编），北京：中国城市出版社1996年。《广东民俗》杂志又将其转载于该刊1998年第3、4期。

盖各因其所习以为故也。礼也者，非从天降，非从地出，因人情而为之者也。人情者何？习惯也。川岳分区，风气间阻，此因其所习，彼因其所习，日增月益，各行其道。习惯既久，至于一成而不可易，而礼与俗皆出于其中。"他又说："风俗之端，始于至微，搏之而无物，察之而无形，听之而无声；然一二人倡之，千百人合之，人与人相接，人与人相续，又踵而行之，及其既成，虽其极随其弊者，举国之人，习以为常；上智所不能察，大力所不能挽，严刑峻法所不能变。"①他还自称"外史氏"，在所供职的日本国，"采其歌谣，询其风俗"，并"勒为一书"。所有这些，特别是《日本国志》一书，都应看作是中国现代民俗学早期阶段，即"前五四时期"民俗学的重要遗产。黄遵宪关于民俗学的关注以及论述，显示了他对民俗的本质和社会功能的真知。尽管近年来也有人写过有关黄遵宪民俗学思想的文章，②但遗憾的是，民俗学界似乎并没有给他在中国现代民俗学形成初期的地位和作用以足够的重视。

　　1900年维新变法失败，八国联军入京，留日学生戢翼翚于同年在日创刊《译书汇编》月刊，系统介绍西学，是为我国近代第一份哲学社会科学综合杂志。梁启超逃亡日本，于1902年在横滨创办《新民丛报》半月刊，发表维新派政论，介绍西方资产阶级政治、抨击封建顽固派，也发表维新派诗人的作品文章。蒋观云于1902年将自己介绍西方文化和进化论思想所撰之人类学、社会学、民俗学的文章，集为《海上观云集初编》交付出版社。③在该书《风俗篇》里，蒋观云对风俗的形成和社会作用发表了系统的意见，他说："国之形质，土地人民社会工艺物产也，其精神元气，则政治宗教人心民俗也。人者血肉之躯，缘地以生，因水土以为性情。因地形以为执业，循是焉而后有理想，理想之感受同，谓之曰人心，人心之措置同，谓之曰风俗，同此人心风俗之间，而有大办事之人出，则政治家焉……大政治家、大宗教家，虽亦以其一己之理想，欲改易夫人心风俗……是敌人心风俗，掌握国家莫大之权，而国家万事其本原办于是焉。"他的风俗观，旨在从中西风俗的比较中，强调中国人的风俗亟待改革的必要，他说："安田里，重乡井，溪异谷别，老死不相往来以为乐者，中国人之俗也；而欧洲人则欲绕游全球，奇探两极，何其不相类也。重生命，能屈辱，贱任侠而高名哲，是非然否，争议笔舌，不争以干戈者，中国人之俗也；而欧洲人则知心成党，留学为荣……事一人之事业，一人之业，朝政世变，则曰吾侪小人，何敢与者，中国人之俗也，而欧洲人……人入有国家之一份，而重有国家之思想……"等等。"今夫中国，风教固已相安，制度

---

① 黄遵宪《日本国志·礼俗志》。
② 参阅杨宏海《黄遵宪与民俗学》《中国文化》第二辑，上海：复旦大学出版社1985年。
③ 蒋观云《海上观云集初编》，上海广益书局1902年（光绪二十八年）。

固已相习,使早能锁国,果能绝交,虽循此旧俗,无进步之可言。"他的结论是:"中国人于耕稼之期最早,出于耕稼之期最迟。""数千年便安之风俗,乃对镜而知其病根之所在。"1902年冬,蒋赴日,在梁启超主编的《新民丛报》作编辑,并于1903年在该刊《丛谈》上发表了《神话·历史养成之人物》一文。① 这篇文章被学界认为是最早的神话学论文。王国维、梁启超、夏曾佑、周作人、周树人、章太炎等,相继把"神话"作为启迪民智的新工具引入文学、历史领域,用以探讨民族之起源、文学之开端、历史之原貌。② 晚清末年,革命派"驱逐鞑虏"的反清情绪和政治运动,也直接激发和推动了神话学和民俗学的发展。章炳麟、刘师培、黄节等,以民族主义的立场,对感生神话和图腾主义的研究和阐释,除了对民俗学、神话学等学术思想的推进外,还用来从政治上指斥异族统治者的民族压迫。钟敬文说:"他(章炳麟,指地在《訄书》中对感生神话的论述)用原始社会的母系制度,图腾主义(托德模即图腾的异译)等事例来解明中国古帝王感生神话的谜,尽管阐发并不充分,可见的确在这个长时期以来,经师、学者们所困惑的老问题上作了另一种答案。从当时世界学术史的角度来看,这种答案,自然不能算是怎样新创,但是,从我们传统的神话学看来,它无疑走上了一个新的阶段。从学术的道理说,它基本上是正确的。"③ 等等。潜明兹说,他们提出了一些超越前人的见解,例如感孕神话和图腾制的关系;对帝王感生说的批判;通过感孕神话推断人类社会的母系制,以及世界上不同民族间有类似的洪水神话等问题,都是前人未曾接触过,或接触过,但说不清楚的问题,他们都作了一定的探索,而对神话与历史关系问题的论述,肯定神话的教育作用,更是对封建文化的直接冲击。④ 晚清时期,无论是改良派还是革命派学者,虽然他们不是专门从事民俗学的研究者,但他们关注了民俗学的理论和实践,都是为他们张扬的资产阶级民主主义理想服务的,无疑也催生或奠定了一门新的人文学科——现代民俗学的基础。

本文的重点在于探讨中国现代民俗学的滥觞期问题,对于20世纪初期到1919年五四新文化运动之间民俗学的开展,不可能占很大篇幅来论述,比如蔡元培先生、鲁迅先生在民俗学方面的贡献,都需要另外的专文来讨论。

---

① 蒋观云《神话·历史养成之人物》,原载《新民丛报·丛谈》第36号,1903年;又见马昌仪编《中国神话学文论选萃》(上册),北京:中国广播电视出版社1994年。
② 马昌仪《中国神话学发展的一个轮廓》,原载《民间文学论坛》1992年第6期;又《中国神话学文论选萃·序言》,北京:中国广播电视出版社1994年。
③ 钟敬文《晚清革命派著作家的民间文艺学》。
④ 潜明滋《晚清神话观》,《吉林师范学院学报》1986年第1期。

五四新文化运动的历史意义在于，它是一次思想革命、语言革命和人性解放的革命。晚清近20年间，在外来文化的影响下萌生和成长起来的中国现代民俗学，虽然在学理上还显得幼稚，却因其以蕴藏在普通老百姓中间、对民族团结和社会整合起着重要作用的民俗事象（特别是民间文艺）为对象，而对抨击和对抗封建思想、拯救人的灵魂起着更为深入的作用，所以在五四新文化运动前后，受到了许多进步知识分子的重视，并纳入新文学运动的洪流之中，成为新文学的一翼，得到了迅猛的发展。这也就决定了中国现代民俗学从这时起，暂时放弃了从西方移植来的、在文化人类学的学理方面的探讨，而转向了主要以文化对抗和心灵教化为指归的民间文艺的搜集研究为方向的发展道路。

　　　　　　　　　　（原载《民俗研究》2000年第1期，济南）

中国民俗学的滥觞与外来文化的影响
—— 为《歌谣周刊》创刊 70 周年而作

中国民俗学作为一门学问，发轫于五四新文化运动的前夜，并成为五四新文化运动的一个重要组成部分。它的兴起与鸦片战争之后西方文化、日本文化和印度文化等外来文化在中国的传播与影响有着直接的关系，是外国文化学术思想与中国民族文化相撞击的结果。五四新文化运动的反帝反封建的历史使命和反传统的斗争锋芒，在 20 世纪初中国民俗学的形成上打下了深刻的烙印。

以北京大学一批具有进步思想的知识分子，也是稍后新文学运动的那些首倡者们为代表，在 20 世纪初就开始在不同场所和报刊上发表文章，抨击封建传统、封建礼教和封建文化，倡导重视和发扬民俗文化，阐发民俗文化的社会的和文化史的意义。他们在北京大学校长蔡元培的支持下，大张旗鼓地征集歌谣，在大学的讲堂上讲授民间文艺，接着又创办了《歌谣周刊》，进而扩及神话、传说、风俗、信仰等一向被封建文人压抑和鄙视的民俗文化的搜集、保存、研究，使一门以中国民俗文化为研究对象的新学科——中国民俗学由此而得以滥觞。

一

主张打开门户，向西方寻求真理，促使落后了的中国现代化——亦即西方化。在 1840 年之后，已成为中国各个阶层人士的共同认识。林纾、周桂笙、徐念慈、苏曼殊、马君武、伍光建等翻译家，纷纷把外国文学作品翻译成汉语，引进了国门，给长期封闭中的中国人打开了一扇了解世界的窗户。张裕钊、薛福成、黎庶昌、吴汝纶、单士厘、张德彝等许多出使外国的外交人士和知识界人士，撰写了一些访问游记、随笔、闻见记一类纪实作品，把人们陌生的国家和民族的政治制度、法律典章、历史文化、风土人情、生活习惯介绍给了生活于半封建半殖民地环境中的中国人。眼界开阔、知识深厚、思想进步的哲学家、历史学家、政治家们，掀起了猛烈的反孔思想运动，分析和抨击摇摇欲坠的中华帝国的种种弊端，呼吁参照西方的社会模式改良中国、疗救中国。

20世纪初，以搜集歌谣为开端的中国民俗学运动，就是在这种新思潮汹涌的社会情况下出现的。它的一个重要的特点，乃是那些发动并参与其事的学者们，较早地受到了外来的学术思想，特别是西方民俗学的启蒙和影响，从而把自发地产生并流传于老百姓中间的民间文学，当作是与传统的、僵化的儒学相对立的一种拥有深厚群众基础的生动活泼的文化形态。

周作人就是比较早地接受了日本和西方民俗学的熏陶，而着手提倡和研究中国民俗学的一人。他于1906年去日本求学，在那里接触到了外国的民俗学理论，尤其是受到日本民俗学泰斗柳田国男和英国人类学派民俗学理论的影响。他后来回忆说："我在日本东京得到英国安德鲁·兰的几本关于神话的书，对于神话发生兴趣，因为神话与传说和童话有密切的关系，所以对于童话也十分注意，又因童话而牵连及于儿歌。朗氏博学，著书甚多，除编有童话十余册之外，又有《儿歌之书》一种，编注甚详，也为我所得到。"① 安德鲁·兰是著名的英国人类学派神话学和民俗学家，对周作人的学术思想影响甚大。1907年（丁未年），周作人以周卓的笔名，翻译了英国小说家罗达哈葛德和英国民俗学家安德鲁·兰合作根据神话撰写的《红星佚史》（The World's Desire），由商务印书馆出版，列入《说部丛书》初集第七十八编。他在译序里批评了当时我国学术和文艺界存在的固守传统、不求革新的倾向。他说："读泰西之书，当并函泰西之意。以古目观新制，适自蔽耳。"据我所见，这是我国著作界最早介绍英国人类学派神话学家安度阑俱的书。他在文章里说："他如书中所记埃及人之习俗礼仪，古希腊人之战争服饰，亦咸本古乘，其以色列男巫，盖即摩西亚伦，见于旧约，所呼神名，亦当彼国人所崇信者，具见神话中。著者之一人阑俱氏，即以神话之学，名英国近世者也。"② 在这里，周作人虽然没有提出民俗学这个名词，但他显然是用安度阑俱的人类学派神话学和民俗学的观点和方法来解释古埃及、古希腊神话的含义。

鲁迅于1908年2月发表了《摩罗诗力说》。这是一篇从论述外国文学的发展规律而借以激发中国人革新和奋斗的文章。他激奋地说，大家都说要维新，既然维新了，而希望也就随着开始，我们所期待的，就是那些介绍新文化的人

---

① 周启明《一点回忆》，《民间文学》（双月刊）1962年第6期。
② 《红星佚史·原序》，《说部丛书初集》第78编（神怪小说），上海：商务印书馆丁未年（1907年）。

们。不过，10多年来，介绍虽然没有停止，但他们介绍过来的东西，除了制造食品和看守监狱的办法以外，别的什么也没有。第二次维新的声音将要再次兴起，他在文章的开头，热情地评述了原始时代产生的民间诗歌："盖人文之留遗后世者，最有力莫如新声。古民神思，接天然之閟宫，冥契万有，与之灵会，道其能道，爰为诗歌。其声度时劫而入人心，不与缄口同绝；且意曼延，视其种人。递文事式微，则种人之运命亦尽，群生辍响，荣华收光；读史者萧条之感，即以怒起，而此文明史记，亦渐临末页矣。"意思是说，古代人们的想象和自然的奥秘相沟通和万物相默契，心领神会，说出他们要说的话，这就是诗歌。它的声音经历了无数代而深入人心，不因人们的沉默而断绝。同年，鲁迅在《破恶声论》里驳斥了中国传统理学对神话的歪曲，阐述了他对神话的见解："举其大略，首有嘲神话者，总希腊埃及印度，咸与诽笑，谓足作解颐之具。夫神话之作，本于古民，睹天物之奇觚，则逞神思而施以人化，想出古异，诡可观，虽信之失当，而嘲之则大惑也。太古之民，神思如是，为后人者，当若何惊异瑰大之；矧欧西艺文，多蒙其泽，思想文术，赖是而庄严美妙者，不知几何。倘欲究西国人文，治此则其首事，盖不知神话，即莫由解其艺文，暗艺文者，于古文明，胥加呵斥，则竖子之见，古今之别，且不能知者，虽一哂可斩之矣。"不难看出，鲁迅的这一篇奠定了中国神话学理论基础的早期论文，其中的主要观点，显然是受了当时西方人文科学及其思想的影响，特别值得注意的是，他把研究一个民族的神话作为了解该民族的"民性"的绝好材料和重要途径。"古则有印度希腊，近之者则东欧北欧诸邦，神话古传以至神物重言之丰，他国莫与并，而民性亦瑰奇渊雅，甲天下焉，吾未见其为世诟病也。惟不能自造神话神物，而贩诸殊方，则念古民神思之穷，有足愧尔。"①鲁迅在此提出的由神话认识"民性"的思想，一直贯穿在稍后他所写的那些成为中国现代小说史上开山之作的小说中——《改造国民性》。

1910年前后，时值清末民初，鲁迅正从事《古小说钩沉》和《会稽郡故书杂集》的工作，到1912年中华民国成立后，应蔡元培之请，到南京教育部任职，不久迁到北京。1913年2月，他在所主持的《教育部编纂处月刊》第1卷第1期上发表了一篇题为《拟播布美术意见书》的文章。这篇文章开宗明义，第一段就论述了美术的产生与原始先民的信仰之间的密切关系，不从先民的信仰入手，就难于了解美术的本质及其意义。他说："美术为词，中国古所不道，此之所用，译自英之爱忒（art or fine art）。爱忒云者，原出希腊，其谊

---

① 此文发表于1908年12月出版的《河南》月刊第8号。署名迅行。后收入《集外集拾遗》（1958年）。

为艺,是有九神,先民所祈,以冀功巧之具足,亦犹华土工师,无不有崇祀拜祷矣。"他还十分重视歌谣、传说等民俗文化及其社会功能,主张成立"国民文术研究会,以理各地歌谣,俚谚,传说,童话等;详其意谊,辨其特性,又发挥而光大之,并以辅翼教育"。① 这时期,他还在北京搜集和抄录了六首儿歌寄给在绍兴的周作人,供他搜集和研究之用。对待民间作品,他强调了"详其意谊,辨其特性"八个字,不因为作品的明白如话就忽视其深义,他抄录的儿歌"月公爷爷,保佑娃娃。娃娃长大,上街买菜"下作了一个小注,说"月公爷爷""案此以月为男性也",月指男性,这自然是从这首小小儿歌中看出来的深义。他的上述文章,不仅把艺术学与民俗学联系起来,融汇于一炉,而且在更深的层面上理解美术和儿歌的内涵和功能,表现出他对于世界进步学术思潮的熟悉和认同。他的这些观点和行为显然是为当时思想守旧的顽固派们所不容的。其后,比较系统地提倡和论述民间文艺的,是周作人在1913—1915 年间在教育部《编审处月刊》上发表的《童话研究》《童话略论》《古童话释义》和在绍兴县教育会月刊上发表的《儿歌之研究》等一系列文章。

在《童话略论》里,他明确地申明,他主张引进西方民俗学的观点来探讨童话的本原:"童话研究当以民俗学为据,探讨其本原,更益以儿童学,以定其应用之范围,乃得为之。"他进而运用外国民俗学者的理论,阐述了神话、传说和童话的发生和特点:"上古之时,宗教初萌,民皆拜物,其教以为天下万物各有生气,故天神地祇,物魅人鬼,皆有定作,不异生人,本其时之信仰,演为故事,而神话兴焉。其次亦述神人之事,为众所信,但尊而不威,敬而不畏者,则为世说。童话者,与此同物,但意主传奇,其时代人地皆无定名,以供娱乐为主,是其区别。盖约言之,神话者原人之宗教,世说者其历史,而童话则其文学也。"他特别推崇英国人类学派神话学的理论,认为这种理论是比其他理论更能解释诸多民俗现象的真理,他进而说道:"童话取材既多怪异,叙述复简单,率而一读,莫明其旨,古人遂以为荒唐之言,无足稽考,或又附会道德,以为外假谰言,中寓微旨,如英人之培更,即其一人。近世德人缪勒(Max Muller)欲以语病说解之,亦卒不可通。英有安德鲁·兰(Andrew Lang)始以人类学法治比较神话学,于是世说童话乃得真解。其意以为今人读童话不能解其意,然考其源流来自上古,又旁征蛮地,则土人传说亦有类似,可知童话本意今人虽不能知,而古人知之,文明人虽不能知,而野

---

① 此文发表于1913 年 2 月教育部《编审处月刊》第 1 卷第 1 册。署名周树人。后收入《集外集拾遗》(1958 年)。

人知之，今考野人宗教礼俗，率与其所有世说童话中事迹两相吻合，故知童话解释不难于人类学中求而得之，盖举凡神话世说以至童话，皆不外于用以表现原人之思想与其习俗者也。"① 他虽然是文艺家，但他下笔论述的神话、世说（传说）、童话（民间故事），却不是这些民间文艺的"文"的方面，而是其"学"的方面，即更为深层的民俗宗教的含义——他所说的"本原"。他的这篇文章是我国较早介绍并高度评价英国人类学派民俗学的一篇重要文章，他运用19世纪末兴起的英国这个学派的民俗学的观点和方法，来解释神话、世说、童话，尽管难免有生吞活剥之嫌，但比较起我国封建文人的"以为荒唐之言，无足稽考"之类的说法，却令人耳目一新，显然是向科学地认识这些对象的本质大大推进了一步。

《古童话释义》（1914年）一文，吸收和运用英国人类学派民俗学的理论和方法，主要是类型学的方法，具体研究中国古籍中有记载的《吴洞》《旁㐌》和《女雀》三个童话（民间故事），分析它们与西方的、日本的和当时还在民间流传的同类童话（民间故事）的异同，从而探索它们的"本原"，应当说，这篇文章是目前所知，我国最早的一篇关于民间故事的重要论文，是中国民俗学最早的重要成果。《吴洞》是唐段成式撰《酉阳杂俎·支诺皋》中记载的一篇流传于邕州（今广西南宁）一带的民间故事，大意是：秦汉时，有洞主名叫吴洞，其妻死后留下一女名叶限，受到后母及其女儿的虐待，辄令其樵险汲深。叶限在汲水时得一小鱼，便把它秘密地养在一个缸里，不让后母及其女儿知道。鱼儿长得很快，缸里放不下了，便把它移到后院的水池子里。每当叶限去池边喂它时，它总是露首枕岸，流连不去。后母怀恨，穿上继女的衣服，假装去喂食，用刀把鱼杀死，吃了它的肉，把骨头藏了起来，有自天而降的神人告诉叶限，要她取来鱼骨，放在室内，向其祈祷，它便会给她金玑衣食。有一天，后母去洞所在的地方，嘱继女看家。继女跟在后面，身穿翠纺上衣，脚穿金鞋，不料被母发现，遂快快返回家中，但一只鞋跑丢在路上，被洞人检去。母归，见继女抱着院子里的树睡着了，也就不再记在心上。洞旁有一陀汗国，国王管辖着数十个岛屿，很是强大。洞人将捡来的这只鞋卖给了国王，国王下令寻找这个丢了鞋子的美女，哪里也找不到，便把洞人监禁考打，仍然一无所得，又到处搜查，终于找到了叶限。叶限穿上翠纺之衣和金鞋，俨然一个美丽绝伦的天人。叶限将实情告诉国王，叶限载着鱼骨回到自己的国家，其母及女为飞石击死。陀汗王来到她的国家求亲，叶限成了王后。由于国

---

① 周作人《童话略论》（1913年），《儿童文学小论》第7—11页，上海儿童书局1932年。

王无休无止地向鱼骨求宝玉,过了一年,就不再灵验了,于是王便把它葬于海边,后来被海水吞没了。周作人认为,叶限故事属于"灰娘式"故事,坊本《玻璃鞋》即其一种,将"辛特利"译为"灰娘"。"今叶限之名谊虽不详,然其本末则合一也。中国童话当以此为最早。"他引述法国、德国、埃及等国的"灰娘式"故事,与吴洞故事进行比较,并用原始的灵魂不灭信仰和感应巫术的理论,来解释这一世界许多地方都以大同小异的形态广泛流传的故事。他说:

> 此类童话中,恒有一物阴为女助,如牛马鸟蛇等,今则为一鱼。在蛮荒传说,其物即为女母,或母死后所化,或墓上物,盖太初信仰,物我等视,异类相偶,常见其说,灵魂不灭,易形复活,不昧前因,佑其后世,此第二说之所本也。逮文化渐进,以异闻骇俗,则为之删改,如德国灰娘中,女以母墓木上白鸽之助,得诸衣饰,法国为女之教母,乃神女也。《玻璃鞋》本其说而线索中脱,乃觉兀突。吴洞之鱼当为母所化,观后母之刻意谋杀可见,否者或以图腾意谊,与死者有神秘之关系,而原本缺之,殆前传闻异辞之故与。
>
> 执履求女,各本皆同,其履或丝或金,或为玻璃,亦有以金环或一缕发为证,物色得之者。感应魔术有以分及全之法,凡得人一物者,即得有其一身,故生此式。又其发者以表颜色之美,其环或履者,以表手足之美,初无所异。埃及王得履,令求主者,曰履主必美妇人,以有是美足也。吴洞述求女及禁治洞人,又祈鱼骨等,事较繁细,盖传说交错,非纯粹童话,当系本土世说,而柯古杂述之者耳。①

他对《酉阳杂俎·支诺皋》中的另一故事《旁㐌》和《玄中记》(亦见于《太平御览》引《搜神记》)中的《女雀》,也是大致从比较民俗学和民俗探原的角度进行了分析考察,这在当时的中国学术界不仅是凤毛麟角,而且是独树一帜的。他认为《旁㐌》所述,一人得利,他人从而效之,乃至失败,鬼魅令其变成长鼻子的情节形式,日本有《舌切雀》《花笑翁》《瘤取》。旁㐌金锥是民俗中的常见物,俗信如意、聚宝盆等都属于一类。各国传说中,有的是磨,有的是箱,向它求宝,用之不竭。"盖原人所求首在衣食,而得兹不易,自尔生此思想。"故事《女雀》,则与日本《近江风土记》中所记之羽衣女故事、欧洲之羽衣女故事,以及中国的马头娘故事、盘瓠故事等大致相同。"其

---

① 周作人《古童话释义》,《知堂回想录》第398页,香港:三育图书有限公司1980年。

民俗与艺术

根本思想即出于精灵信仰及感应巫术,盖形隔神通,故人兽可接,衣入人手则去住因之。或言古人多信怪鸟,因生此想,观上言姑获鸟信仰可见,然此种传说不仅限于鸟类,多有走兽鳞介化为人者,大抵原出于一,第以风土所习,斯生变化,山居者言禽,水居者言鱼,就各所见者而已。"他还指出,这类故事中的"失衣而女住,得衣而女去",是民俗中的"禁制"(禁忌)的一种反映,既然设立某种约束,就有破这种约束的办法,"殆亦其一例"。周作人的这篇文章,与其说在具体分析方面达到了某种学术的高度,毋宁说在方法论上吸收了西方的人类学派的成就,并将其变成了自己的血肉,从而成为我国民俗学领域里早期比较突出的研究成果,起着筚路蓝缕的作用。

1914年1月,周作人在绍兴县教育会月刊上发表了《儿歌之研究》,同时刊布了一份征集儿歌童话的启事,希望在儿歌童话的搜集上能迈出一步。启事如下:

> 作人今欲采集儿歌童话,录为一编,以存越国土风之特色,为民俗研究儿童教育之资料。即大人读之,如闻天籁,起怀旧之思,儿时钓游故地,风雨异时,朋侪之嬉戏,母姊之话言,犹景象宛在,颜色可亲,亦一乐也。第兹事体繁重,非一人才力所能及,尚希当世方闻之士,举其所知,曲赐教意,得以有成,实为大幸。①

但此举却遭到了意外的失败,启事登出去以后过了几个月,只有一个人响应,他的这个富有探索性的计划就这样烟消火灭了。绍兴虽是人杰地灵,人才荟萃,周氏两兄弟首倡搜集民间文艺,研究越谚民俗,以期运用于"国民性改造",②但由于当时民主思想还没有得到广泛传播,而且绍兴毕竟地处一隅,不具备登高一呼就应者云集的主客观条件,搜集歌谣计划的失败是必然的。后来(1917年)鲁迅和周作人兄弟都到了北京,得与许多新文化运动的先驱者一道,客观上才逐渐具备了发动一次搜集歌谣的运动的条件。周作人参加了北大歌谣征集处,以及其后《歌谣》周刊的创刊的工作,并撰写了发刊词和许多文章。

被认为是"我国第一部世界文学论著"的《欧美小说丛谈》,其作者孙毓修于1916年12月出版的这部书里,从世界(主要是欧洲)文学发展史的角度论述了神话和民间故事的产生、发展、界说和性质。他说:"神话

---

① 周启明《一点回忆》,《民间文学》1962年第6期。
② 参阅钱理群《周作人的民俗学研究和国民性考察》,《北京大学学报》(哲学社会科学版)1988年第5期第17—24页。

（Mythology）者，未有文学以前之历史，各国皆有之，我国一部《路史》，大足为此类之代表。后人觉其荒唐斥为不典，当时视之，则固金匮石室之秘史，即今日粤若稽古，亦不能尽废其书。神怪小说起于晚近，尽知其寓言八九而已。神话史谓之有小说滋味则可，竟隶之于小说则不可也。""披萝带荔，三闾见之为骚；牛鬼蛇神，长吉感之作赋。其后搜神有记，诺皋成书。语怪之书，在中国发达最早。英语名此为 Fairy Tales，其风始于希腊。益以间巷谣俗，代有流传，虽无益于事实而有裨于词章，遂于小说界中，独树一帜。古时真理未明，处处以神道设教，狐鬼之谈，感人尤易，故恒以语小儿，为蒙养之基。"关于 Fairy Tales 这个词译为汉语中的什么恰当，后来，赵景深与周作人曾在1922年初的《晨报副镌》（孙伏园主编）上进行过一番讨论，其含义似近于"神怪故事"或"魔法故事"。孙毓修当时把它译为"神怪小说"，还没有后来那些对应的词汇，但他对 Fairy Tales 的界说，却是颇有见地的一家之言。他说："神怪小说 Fairy Tales 者，其小说之祖乎。生之初民，知识愚昧，见禽兽亦有知觉，而不能与人接音调，通款曲也，遂疑此中有大秘密存，而牛鬼蛇神之说起焉。山川险阻，风云雷雨，并足限制人之活动。心疑冥漠之中，必有一种杰出之人类，足以挥斥八极，宰制万物者，而神仙妖怪之说起焉。后世科学发达，先民意度之见，既已辞而辟之，宜乎神怪小说，可以不作，藉曰有之，亦只宜于豆棚架侧，见悦于里巷之人，与无知之小儿而已。"他从世界文学史的发展着眼，借鉴外国的民俗学理论，对神话和继之而起的神怪故事所做的这番解释，特别是指出由于上古时代人类思维的不发达、真理未明而导致其起源，是一种较为深刻的见解。

二

陈独秀、李大钊等激进的民主主义者，首先举起了批判以孔丘为代表的封建思想文化的旗帜，揭开了五四新文化运动的序幕。袁世凯提倡尊孔读经，康有为等请求以孔教为"国教"，严重地阻碍着思想解放运动的发展。一些接受了西方思想影响的知识界人士，尤其是民主主义者，纷纷起而反抗，在《新青年》等刊物上接连发表了多篇文学革命的文章，以"选学妖孽，桐城谬种"为代表的顽固派成了知识界声讨的对象。在这种形势下，在著名民主主义革命家、教育家和学者蔡元培的支持下，钱玄同、沈兼士、沈尹默、刘复发起的北京大学歌谣征集处于1918年2月成立了。陈独秀、李大钊、蔡元培、刘复（半农）、钱玄同、沈尹默、周作人、沈兼士等一大批具有民主主义思想的学者，从提倡征集歌谣入手，正式揭开了中国民俗学的第一幕。

民俗与艺术

歌谣运动的真正的首倡者，是1917年应蔡元培校长之聘，由家乡江阴来北平到北大任预科教授的刘半农。他在1927年写的《国外民歌译·自序》里说："这已是九年以前的事了。那天，正是大雪之后，我与（沈）尹默在北河沿闲着走，我忽然说：'歌谣中也有很好的文章，我们何妨征集一下呢？'尹默说：'你这个意思很好。你去拟个办法，我们请蔡先生用北大的名义征集就是了。'第二天我将章程拟好，蔡先生看了一看，随即批交文牍处印刷五千份，分寄各省官厅学校。中国征集歌谣的事业，就从此开始了。"[①] 于是，中国近代史上第一个专门的民间文学研究机构"歌谣征集处"，便在最高学府北京大学诞生了。征集事宜由刘复、沈尹默和周作人负责编辑，钱玄同、沈兼士考订方言。

刘半农拟定的《北京大学征集全国近世歌谣简章》和以北京大学校长蔡元培名义发布的《校长启事》这两个文告，一起刊登在1918年2月1日出版的《北京大学日刊》第61号上。陈独秀主编的《新青年》积极给予支持，于第4卷第3期上转载了《简章》。征集活动在校内外引起了强烈的反响，3个月后，就收到了来稿80余起计歌谣1100余章。《北京大学日刊》自同年5月20日出版的第141号起，由刘复编订发表，计1年时间，共刊出了148则。可贵的是，刘复在所选发的歌谣后面，加了注释，这些注释，就像是中国古代文人在古书上的批注一样，表达了他的歌谣观，比如，他重视对歌谣进行社会学的研究（第22首《杨柳树结疤多》注："与此章类似之歌谣，多至不可胜数，亦社会现状中极可研究之问题也。"）；他注意从歌谣研究文化之变迁（第92首《春打六九头》注："苟能搜罗完备，依地理区域排列而比较之，以求各地岁时风俗差异之所在及其渐次变迁之迹，亦研究歌谣中一极有趣味之事也。"）；他重视和提倡在歌谣研究中运用比较法（就第61首的发表致罗家伦信："吾辈今日研究歌谣当以'比较'与'搜集'并重。所谓比较，即排列多数之歌谣用研究科学之法，以证其起源流变。"）。由于五四运动的政治斗争的爆发，而使这一史无前例的壮举暂时中断了。五四运动以后，刘复和沈尹默先后都出国留学去了，征集和编订工作暂告停顿。

当时参与其事的北京大学教授魏建功，40年后曾经这样写道："本世纪十年代中国刚经过辛亥革命，北洋军阀正当权，顽固的旧文化统制着，新旧思想斗争非常激烈。众所周知的，林纾（琴南）反对新文化运动，反对白话文，公开攻击北京大学，写信责骂蔡元培校长，蔡校长发表过有名的《答林琴南书》。林纾信里攻击白话是'引车卖浆者流'的话，虽然搜集歌谣本是传统

---

① 《国外民歌译》，刘半农译，北京：北新书局1927年。

'采风'的工作，在封建文人的眼光里，却并不是看得起的。林纾的信是五四前（1919年3月中）发表的，据说曾有企图，想让安福系军伐对提倡新文学的北大文科部分教授进行迫害。搜集近世歌谣当时受到了从事新文学的人的很大注意。其证据之一是开始征集的简章，由提倡新文学的人登载在宣传新文化的刊物《新青年》上（第4卷第3期）。同号《新青年》还发表了《文学革命之反响》，内容是一封具名王敬轩反对文学革命的信和记者半农《奉答王敬轩先生》。这封答信严峻尖锐地抨击了保守落后的封建主义文艺观点，主要批判对象之一就是林纾的写作。这位记者半农也就是征集歌谣主持人刘复。他答王敬轩的信和拟征集歌谣的简章，该是同时期先后的工作。惹得林纾及其代表的阶级阶层那样动火的因素，不言而喻和这些都有关系。"①

刘复不仅是征集近代歌谣的首倡者，而且是中国近代史上科学地采集民歌的第一人。他于1917年暑期在由江阴到北平的船上，搜集了20首江阴船歌，并且附有注释。周作人在1919年9月1日为其《江阴船歌》所写的序——《中国民歌的价值》中说："这20首歌谣中，虽然没有很明了的地方色彩与水上生活的表现，但我的意思却以为颇足为中国民歌的一部分代表，有搜录与研究的价值。半农这一卷的江阴船歌，分量虽少，却是中国民歌的学术的采集上第一次的成绩。我们欣喜他的成功，还要希望此后多有这种撰述发表，使我们能够知道'社会之柱'的民众的心情，这益处是普遍的，不限于研究室的一角的；所以我虽然反对用赏鉴眼光批评民歌的态度，却极赞成公开这本小集，做一点同国人自己省察的资料。"②周作人的这个评价是公正的，刘复的这次民歌采集工作，的确不愧是近代文艺史上第一次科学的采集，是应该给予肯定的。这一时期，刘复在歌谣的搜集、编订、阐发论述等方面，做了许多开拓性的工作，有待进一步地发掘研究，如他在北大预科讲授《中国之下等小说》，入木三分地批判了下等小说里的那种捧皇帝的思想，认为"这本来是中国人万劫不灭的恶根性"，并指出，"骂皇帝的只有孟姜女万里寻夫一种"；为周作人从坊间搜集来的《越谚》写了《越谚序录》；写了《歌谣界说》，等。由于《歌谣界说》一文未曾发表，因而不可得读。蔚文致信给《歌谣》周刊的编者常惠曾提到："有篇重要的作品，我以为你们应当提前发表，就是刘半农先生那篇《歌谣界说》。……你们不把《歌谣界说》尽先发表了，恐怕研究的人，无从着手；而搜集的人，也费此无谓的审查光阴。"常惠答复他说："刘半农先生那篇《歌谣界说》是他自己说过暂时不愿意发表，我们如今当然不敢冒

---

① 魏建功《〈歌谣〉发刊四十年纪念》，《民间文学》1962年第6期。
② 周作人《中国民歌的价值》，《学艺杂志》第1卷第2号；《歌谣》周刊第6号转载，1923年1月21日。

昧从事。"① 而《越谚序录》则发表于 1918 年 7 月 30 日、8 月 1 日、8 月 3 日、8 月 6 日的《北京大学日刊》上。

北大歌谣征集处的工作，在五四运动之后，暂时停顿下来。接着，刘复和沈尹默先后出国学习，一时没有人主持了。1920 年 12 月 15 日《北京大学日刊》发表了《发起歌谣研究会征求会员》的启事，19 日在北大一院开会，北京大学歌谣研究会宣告成立，由沈兼士、周作人主任，重整旗鼓。一个新的阶段开始了。

关于刘半农在民间文学方面的贡献，历来研究得不多，50 年代我曾就这个课题搜集过一些材料，准备写一篇文章的，由于种种原因而未能实现，在此愿意啰唆几句。刘半农在法国学习期间，仍然不忘歌谣研究会的工作。1923 年 5 月 25 日，从巴黎发来一篇题为《海外的中国民歌》，报道并翻译成汉语十五首海外华人中流行的民歌，发表在《歌谣》周刊第 25 号上（同年 9 月 30 日）。1924 年 1 月 8 日，发自巴黎的一封致沈兼士、周作人和常惠的信，谈他为歌谣研究会聘请一位巴黎大学女助教阿脑而特（P. Arnonld）担任通讯员（发表在《歌谣》周刊第 48 期上），回国后，仍回北大。他先编《语丝》，后编《世界日报副刊》，仍然努力推进歌谣的搜集和研究，而且不遗余力地介绍外国的民间文学。他发表了自己翻译的许多国家的民歌，发表了许多地区的民歌和许多关于民间文学的论文，如张天庐（张闻天）的《古代歌谣与舞蹈》、顾颉刚的《变物的情歌》、寿彭的《民间文学中的死》以及谷风田的《从山东歌谣中所见到的山东民俗》等。1928 年兼任"中央研究院"民间文艺研究员，并负责民间文艺组的领导工作。他为该组拟定了一份《国立中央研究院历史语言研究所民间文艺组工作计划书》，计划书规定了该组研究之范围，亦即民间文艺之范围是：歌谣、传说、故事、俗曲、俗乐、谚语、谜语、缩后语、切口语、叫卖声等。计划相当庞大，着手抄录孔德学校所藏之蒙古车王府曲本，仿效清人黄文《曲海总目提要》编成一部《车王府俗曲提要》；以常惠所藏之 700 余种现行的俗曲为基础，由常惠和李荐依继续搜集和分类，由刘复和李家瑞作提要，由郑颖孙和刘天华研究其音乐；搜集全国出版之民间文学书报杂志；编纂宋元以来的俗字谱；出版一种民间文艺半月刊；民歌、俗曲之音调记谱并录音等。这份计划虽然由于一年后他辞去此职，中院也因经费短缺裁并研究组而被迫流产，但其中所体现的刘半农的学术思想，却是十分宝贵的。② 这是刘半农不幸逝世后由李家瑞发表的一份珍贵的遗稿。在他担任民间文艺组组

---

① 《讨论：几首可作比较研究的歌谣》，《歌谣》周刊第 4 号，1923 年月 7 日。
② 《天地人》杂志第 2 期，1936 年 3 月 16 日。

长的一年间，刘半农还有很多搜集整理中国民间文艺的设想，也可惜由于他忙于音韵实验的研究，没有能够得以实现或没有在他生前看到。那年1月15日，他给他的助手李家瑞的一封信里说他有兴趣搜集民间年画：

辑五吾兄：

手书敬悉，尊事已商之傅先生，请迳函上海办理，大约可望做到给假三月，不扣薪水。惟希吾兄假满即归，弗多延滞耳。弟近中有意搜集各地年画，即过年时民间所贴财神门神及故事戏情等，以木板中国纸印（纸质粗细可以不问）彩色者为最佳，单色者次之，木板洋纸印者又次之，石印者为下，可以不取。吾兄南归，乞于便中代为留意，因为时适在阴历新年也。弟着眼点在民间木刻艺术，故只在精不在多，能得甚好者三五十张即可矣。但好坏应合布局，色彩，古拙等而论，非印细致之谓，吾兄当能办之。价想不贵，每张或只铜元数枚，当一并奉缴，又方国瑜兄于客年前曾允为弟调查一种云南土人之象会意文字，至今无消息，吾兄如与见面乞一问，或就近代为通信一问亦可。方君在北大研究所国学门所提论文，已经通过，作为毕业，亦希告之。此上。即请大安。

弟 复顿 1月15日

另一封信是关于俗曲搜集的。鉴于材料不易见到，也引在下面：

辑五吾兄：

手书敬悉。前此两接来信，因夏间弟往河南山东等处旅行多时，归来诸事粟六，竟至忘却作复，甚以为歉，吾兄现无适当工作题目，可即着手编辑中国俗曲提要，一方面再从事俗曲之搜求（上海石印本俗曲甚多，可注意之）。购置之费无多，请即商济之先生，随时由所支付。弟处如有所得，亦当随时购买寄去。此项工作，大约可作数年，请先拟一计划，并作一样本来，弟当即为酌定。北平风俗类征尚积压弟处，此中所缺材料尚多，一时不易整理出版，弟每有所得，即为加入，至相当时方可再行同盘规划。先此布覆，即请日安。

弟 复顿 11月7日①

这封信里讲的收集俗曲的事，后来由李家瑞编辑出版了《中国俗曲总目》

---

① 这两封信均见《天地人》杂志创刊号，1936年3月。

和《北平俗曲略》，至于信里所讲的北平风俗类征事，在刘先生辞世之后，于1937年由商务印书馆出版。李家瑞在这本书的序言里把刘半农关于编辑这部书的思想归纳为三点："一、我们平常看北平掌故的书，总觉得记建筑、古迹、名胜的部分太多了，而记人民生活习俗的部分太缺乏，要是将古今书籍里零碎记载着北平风俗的材料，辑聚成一书，也可以补偿这种缺陷。二、记载民俗细故的书，在以前是不大有人注意的，所以康熙年间人还可以看见的《岁华记游览志》之类的书。在现在也不容易得到了，但这种书以后是很重要的，为保存它们起见，编一种记载风俗的文字的总集，也是应当做的。三、记载民情风俗的书，士大夫做的往往不如土著平民做的详细确切，例如《京都竹枝词》《都门纪略》《京都风俗志》《朝市丛载》《燕市积弊》《一岁货声》等书，无一不是略通文理的人做的，但他们所记的风俗，往往比名人学士们翔实，这一类书，也可以收集起来，绍介于世。我们编这部书，那种工作就可以包含在内了。"①

1934年6月19日，为贺瑞典斯文赫定博士七十正寿，刘半农偕国语统一委员会白涤洲等七八人，由北平赴绥远、山西等地考察方言，沿途采集民歌民谣等，并摄有照片多幅。据鲍晶编《刘半农年表》所记，6月29日到达包头，停留5日，对包头、绥西、安北、五原、临河、固阳、萍县、托县等地方音及声调进行了调查，并用录音机收录民歌7筒。6月24日到达呼和浩特，停留7日，对呼和浩特、武川、丰镇、集宁、陶林、兴和、清水、凉城等地的方音及声调进行了调查，并用录音机收录歌谣5筒。在黄河边上，看到溯流而上的纤夫时，喟叹为人间地狱，让沈仲章随船而行，将船夫号子记录下来。6月30日晨进入阴山，去百灵庙。7月5日去大同，住两日，调查雁北13县的方音及声调，并用录音机收录当地歌谣5筒。② 关于刘半农所搜集的绥远、山西民歌，50年代中国民间文艺研究会曾收藏着手稿，是用16开毛边纸，用毛笔正楷抄写，外有红褐色漆布硬封面，大约有三四百页的样子。1959年我在该会研究部从事研究工作时，曾有幸研究过这部手稿，可惜，经过"文化大革命"的浩劫，连同民研会资料室好些珍贵的藏书一起，在战备转移和后来的多次分家中音信杳然了。

刘半农是新文化运动的有影响的活动家和理论家。他在1917年10月16日致信钱玄同，提出文学改良已经"锣鼓喧天的开场"，"你，我，独秀，适之，四人，当自认为'台柱'，当仁不让，不计毁誉"。他发表《我之文学改

---

① 李家瑞编《北平风俗类征》（上），上海：商务印书馆1937年。
② 鲍晶编《刘半农研究资料》第100页，天津人民出版社1985年。

良观》《诗与小说精神上之革命》等著名文章，特别是与钱玄同合唱的那场"双簧戏"，即《答王敬轩书》，在驳斥顽固派、推动文学革命的发展上起了重要的作用。他"创作新诗，成《扬鞭集》。运用乡音方言，作《瓦釜集》。民歌格调而为诗人所采取者，清黄遵宪以后第一人也，既崇活语，首集歌谣，中国近代采录民间文艺之风，自先生开之"。① 尽管他文学创作、外国文学翻译及研究、方言音韵、音乐，样样内行，但他从事歌谣的搜集与研究，却与周作人有所不同，他是从开创和发展新文学的立场出发的。他说："研究歌谣，本有种种不同的趣旨：如顾颉刚先生研究《孟姜女》，是一类；魏建功先生研究吴歌声韵，又是一类；此外，研究散语与韵语中的音节的异同，可以另归一类；研究各地俗曲音调及其色彩之变递，又可以另归一类；……而我自己的注意点，可始终是偏重在文艺的欣赏方面的。""我并不是说凡是歌谣都是好的，但歌谣中也的确有真好的，就是真能与我的情感互相牵引的。它的好处在于能用最自然的言词，最自然的声调，把最自然的情感发抒出来。""而这有意无意之间的情感的抒发，正的的确确是文学上最重要的一个元素。"② 这一观点和立场，朱自清与刘半农比较接近，他十分赞赏刘半农把歌谣比作"野花的香"的说法，但朱自清对刘半农的说法也有纠正和补充："严格地说，我以为在文艺方面，歌谣只可以'供诗的变迁的研究'；我们将它看作原始的诗而加以衡量，是最公平的办法。""歌谣的研究，文艺只是一方面，此外还有民俗学、言语学、教育音乐等方面。我所以单从文艺方面说，只是性之所近的缘故。歌谣在文艺里，诚然'不占最高的位置'。"③ 他在提倡文学革命和推进歌谣运动初期，已经是学贯中西，许多思想都是受到世界文化思潮的影响才达到了那样的高度的，但由于他没有学历，被胡适看不起，所以才提出出国留学。在法国学习期间，更加熟悉了法国以及其他西欧国家的民间文学理论，在《歌谣》周刊等报刊上介绍外国的理论和实践，特别是在编辑《世界日报副刊》的时候，眼界显得较前更为开阔。

北大歌谣征集处的工作和宣传引起了很大的社会反响，首先是校内，许多教师和学生都参加进来了，顾颉刚和常惠是其中最有代表性的人物。顾颉刚受到蔡元培校长重视民间文艺的影响，特别是受到长于戏曲研究的吴梅教授的熏陶，开始对民间文艺产生了浓厚的兴趣。他读到《北京大学日刊》上发表的

---

① 魏建功《故国立北京大学教授法国国家文学博士刘先生行状》，《国学季刊》第4卷第4期，1934年。
② 《国外民歌译》，刘半农译，北京：北新书局1927年。
③ 朱自清《粤东之风·序》，《民俗》第36期，台湾：国立中山大学出版部，1928年11月28日。

刘复编订的148首歌谣后，便借养病的机会在家乡苏州搜集当地的吴歌，积蓄了300余首。1920年11月3日，用"铭坚"的笔名，在《晨报》上发表了《吴歙集录·序》和他搜集的这些苏州民歌。后来，顾颉刚成为《歌谣》周刊的主要撰稿人，比较民俗学（如《孟姜女传说》的比较研究）的倡导者和神话研究领域中的"垒层的研究"学说的创始者。

　　在北京大学征集歌谣活动的影响下，北京和上海的一些报刊也对歌谣重视起来了。当时的《晨报》连续发表西方文艺理论和社会科学理论的文章和著作，介绍西方的思潮和马克思主义的学说的同时，也不断地发表各地寄来的歌谣（如南京、浙江余姚、四川、鲁山等地）和开展关于歌谣的讨论。《晨报副镌》还发表了芬兰学者卫斯脱马（Westermarck）的《人类婚姻史》（从1921年12月21日起）。这部书与民俗学有着极为密切的关系，本来婚姻史就是民俗学的一个重要组成部分，况且在这部书中还有大量关于人类社会不同阶段上婚姻习俗的描写。从1920年底到1921年，断断续续发表了歌谣运动发起者们魏建功（1920年1月26—30日）、顾颉刚（1921年1月30日）、沈兼士（1922年12月16日）等学者的讨论歌谣与方言的讨论。孙伏园接手编《晨报副镌》后，这类文章更多起来了。周作人（笔名仲密）从1922年1月22日起，在该报连载他的《自己的园地》。这本书里的文章，大部分是关于民俗学和民间文艺问题的，因而从中可以系统地看出他的民俗学观点。同年1月25日、2月12日、3月28—29日、4月9日，在"童话的讨论"栏内，连续发表赵景深和周作人关于童话及相关问题的讨论，他们二位分别介绍了外国民俗学的理论观点，从而探讨建立中国的童话理论。比如在3月28日的信中，赵景深所提出的观点就是颇为重要的："我近来看了《神话学和民间故事》，知道童话的渊源是原始社会的神话和传说，所以你用民俗学去解释童话，我现在更为相信，这是最确当的。自然从童话里去研究原始社会的风俗习惯，才是极正当的方法，可以说是从童话的本身，把价值研究出来了。……童话虽不能不用民俗学去解释，但是却不必只从民俗学上去研究。各人研究了民俗学以后，就可以分途实施到别处去的。……我对于童话的志趣，便是将童话供给予儿童看；我愿用民俗学去和儿童学比较，我不愿用民俗学去研究民俗学。"《晨报》还发表了一些学者关于民间文学或民俗学的文章。郑振铎的《儿童世界宣言》（1921年12月30日）和郭绍虞的《村歌俚谣在文艺上的地位》（1923年4月1日）就是其中的代表。郑振铎针对着社会上对于儿童文学的误解或曲解，发表了很有见地的见解："近来有许多人对于儿童文学很是怀疑，以为故事、童话中多荒唐怪异之言，于儿童无益而有害。有几个人并且写信来同我说，童话中多言及皇帝、公主之事，恐与现在生活在公共国里的儿童不相宜。这都是过虑。人类儿童期的心理正是这样；他们所喜欢的正是这种怪诞之言。这不过是儿童期的爱好所在，与将来的心理是没有什么影响的。……又因为儿童心理与初民心理相类，所以我们在这个杂志里更特别多用各民族的神话与传说。"[①]关注歌谣研究和民俗学的报刊还有《努力周刊》《民铎》《学艺杂志》《国报》等。胡适的著名论文《歌谣的比较研究法的一个例》和常惠的《谈北京的歌谣》，都是在胡适主编的《努力周刊》上发表的。

三

1922年北京大学研究所国学门成立，歌谣研究会归入国学门。歌谣研究会决定创办《歌谣》周刊。《歌谣》周刊创刊号于1922年12月17日出版。它的创刊，在我国民俗学史上具有重要的意义。它不仅使已经开始的歌谣等民间作品的搜集系统化、科学化，而且推动了在我国建立起一门新的、以"征夫野老游女怨妇"的口承作品为研究对象，进而探讨老百姓的生活方式和世界观的人文科学。

周作人为《歌谣周刊》写的《发刊词》宣布了这个社团刊物的宗旨："本会搜集歌谣的目的共有两种，一是学术的，一是文艺的。我们相信民俗学的研究在现今的中国确是很重要的一件事业，虽然还没有学者注意及此，只靠几个有志未逮的人是做不出什么来的，但是也不能不各尽一分的力，至少去供给多少材料或引起一点兴味。歌谣是民俗学上的一种重要的资料，我们把他辑录起来，以备专门的研究；这是第一个目的。因此我们希望投稿者不必自己先加甄别，尽量地录寄，因为在学术上是无所谓卑猥或粗鄙的。从这学术的资料之中，再由文艺批评的眼光加以选择，编成一部国民心声的选集。……这种工作不仅是在表彰现在隐藏着的光辉，还在引起当来的民族的诗的发展；这是第二个的目的。"这个发刊词，就其思想来说，是体现了当时我国民俗学研究的最高学术水平。刘复是文学家，尽管他的文学活动是多方面的，但成就最大的应该说是诗歌创作，因此如前所说，这就决定了他的从事歌谣采集和编选，是从文艺的角度的。关于他的局限性，前面已经提到，朱自清已于1928年给《粤东之风》所作的序文里一针见血地指出来了。周作人既是文学家，又是民俗学家，他在日本时就接触到英国人类学派民俗学和日本民俗学的理论，而且受到了他们的很大的影响。20世纪初以来，特别是他从绍兴来到北京大学以后，在校内外的报章杂志上发表了大量的有关民俗学的文章，因此可以说，《歌

---

① 郑振铎《儿童世界宣言》，《晨报副镌》1921年12月30日第3版。

谣》周刊的发刊词中所阐述的思想，特别是民俗学的两个目的的说法，与周作人一贯的观点是衔接的，是一脉相承的。周作人的个人的观点既然以《歌谣》发刊词的形式公之于众，那当然就是北大歌谣研究会的宣言了。周作人在发刊词和歌谣研究会的征集简章中修改了刘复1917年起草的那个《北京大学征集近世歌谣简章》中的一段重要的话，即将第4项第3款"征夫野老游女怨妇之辞，不涉淫亵，而自然成趣者"改为"我们希望投稿者不必自己先加甄别，尽量地录寄，因为在学术上是无所谓卑猥或粗鄙的"。后来他还在《歌谣》周刊上写了专文《猥亵的歌谣》（见1923年12月《歌谣》周刊周年纪念增刊），着重论述和强调这个观点。他在《歌谣》周刊创刊四十周年时写的一篇纪念文章《一点回忆》里承认，他的这种侧重从民俗学的角度研究歌谣的学术思想和从歌谣、故事、笑话，以及猥亵话来研究人类关于性的观念的追求，来自德国民俗学家福克斯（Walter Fuehs）的理论。这个意向没有能够得到较为理想的结果，于是他、钱玄同和常惠三人便改由私人征集的办法，庶几可以顺利些。①

钟敬文说过，世界各国的民俗学，开始的阶段上，大半是先从搜集和研究民间文学着手的，中国也不例外。这话是符合实际情况的，《歌谣》周刊就是在这种情势下诞生的。中国民俗学的初始阶段上，也是先从搜集歌谣和其他民间文学作品入手，但中国的起点并不低，因为当中国民俗学处于酝酿期时，就已经有了外国民俗学的借鉴了。总的看来，《歌谣》周刊的前24期，其分量是偏重于歌谣的搜集和从文艺的角度的阐发，从25期以后，民俗的分量显然是加重了。这样看，还只是一种形式上的或量的分析。其实，主持常务编辑工作的常惠的思想，是显然赞同周作人的观点的。他从第2号起发表的《我们为什么要研究歌谣》和第4号起在《研究与讨论》专栏里发表的一系列文章，明显地包含着两个思想：一、好诗在民间，但"依据民俗学的条件；非得亲自到民间去搜集不可"，德国的曼哈特（Mannhardt）、意大利的韦大列（Vitale）都是到民间去克服了种种困难才搜集到好歌谣的，而且歌谣的采集不是一劳永逸的，同样的一首歌谣在不同地区，往往有大同小异的说法，因此搜集歌谣是一项艰苦的工作；二、歌谣不仅是文艺，而且是（甚至更重要的）民俗学的材料。"歌谣是民俗学中的主要分子"，歌谣中有社会的真实写照，是历史、地理和方言的最好的材料，歌谣是风土人情的材料。三、"文化愈进步，歌谣愈退化"；"越是野蛮民族，歌谣越发达"。四、强调和推进胡适提出的比较研究法，强调大量搜集材料，不能一叶障目，在比较中发现文化流传中

---

① 周启明《一点回忆》，《民间文学》（双月刊）1962年第6期。

的规律（尽管整个《歌谣》周刊时代提倡比较研究的目的性是不明确的，这是那个时代的局限）；强调运用"直觉"的方法、"主观"的方法研究歌谣，这实际上就是我们今天所说的"参与"意识。作为编者，他的这些虽然还不成体系，但方向大体明确的论点，以及隔三岔五地转载的周作人、胡适、沈兼士、魏建功等歌谣研究会圈子里的人的文章和外国民俗学文章的译文，实际上起着引导搜集者和研究者方向的作用。第 11 号发表的戴般若的信件，对儿歌中的所谓"堆垛式"结构的歌谣提出诘难，认为无文学价值可言。在讨论中常惠奉周刊同仁之命答复作者，充分地表达了他们几位一致同意的关于民俗学的观点。他写道："先生不赞成'堆垛式的文学'，若仅论文艺，似是不错。但要拿'民俗学'来论'堆垛式的歌谣'，就不然了。因为俗语说的好，'文从瞎说（话）起，诗从放屁来'。这正可以看出普通的人的心理来，本没有什么高深的思想和了不得的文学。就如《夹雨夹雪》是极重要的一首，差不多传遍了中国，各省有各省的讲解，各地方有各地方的说法。不过他们都认为有多大的寓意或迷信在里边；而在我们看着不值得一笑。确实说起来在'民俗学'里实在有重要的关系。我以为先生与其说歌谣是'文艺之结晶'，不如说它是'民族心理的表现'。"①

《歌谣》周刊第 16 号发表了英国民俗学家 Frank Kindson 与 Mary Neal 合写的一篇《英国搜集歌谣的运动》，介绍了英国民俗学会成立之前英国民间文学的搜集情况和学术思潮，文章也报道了英国民俗学会于 1897 年成立之后，对该国民间文学搜集工作的推进作用。第 18—19 号发表了著名英国民俗学家安德鲁·兰的《民歌》（Ballad）。这篇文章比较充分地表现了早期英国民俗学中的人类学派的观点，即他们把民歌看作是远古的"文化遗留物"。他说："这文的目的是想证明有些民歌与童话（德国叫 Marchen 的）一样，至少在所有欧洲人是从太古得的遗留物。"为了深化和解释她的这一观点，他用许多例子来说明："开尔特，日耳曼，斯拉夫，和印度诸民族的童话主要的事迹和情节是由于未知的古代的神秘的起源，大家全都承认。再没有人把这些童话算作这人或那人作的，或说这时或那时发生的。想找出一首真正的民歌的时代和作者，同想找出一篇童话的时代同作者是一般的没意味，于是有人问是不是对于童话——如《睡美人》和《玻璃鞋》等故事——确信为真的？是不是现在或从前唱这些歌同说童话一般的普遍？是不是这些歌还留着原始的信条，及意识和想象的原始状态的痕迹？是不是这些歌和童话一样大部分没被较高的宗教，如基督教同泛神论的影响？是不是这些歌像童话似的，对于一件事迹一段故事说

---

① 《讨论》，《歌谣》周刊第 11 号，1923 年 3 月 25 日。

来说去，又老用同一样的能说话的鸟兽。最后，是不是每个民歌都可以溯源到极古的时候？好像这些问题都可以作正面的答词。"人类学派的这一基本观点，对正在形成和建设中的中国民俗学界曾经发生过一定的影响，但由于它对于民间作品的即兴创作——传唱者的创新作用的估计不足或干脆否认，对原始文化遗留物的绝对化，而妨碍了它更深刻地、历史地认识民俗现象（尤其是其中的意识形态部分）的本质，从而逐渐被后起的学说所代替就是很自然的了。

《歌谣》周刊作为北大歌谣研究会的机关刊物，虽然有一个统一的方针，但由于是一个同仁性的团体，难免各唱各的调，各人的着眼点和观点往往相差甚大，因而是一个相当松散的团体。但是，在五四新文化运动的影响下，歌谣研究会的成立和《歌谣》周刊的诞生，都与世界人文科学特别是世界民俗学的思潮分不开的。因此，说歌谣研究会和《歌谣》周刊是中西文化碰撞和交融的产物，我想是不会有什么大错误的。

四

《歌谣》周刊创刊后，由沈兼士、周作人、常惠编到1925年6月28日，出到第96期就休刊了，再复刊已是10年之后的事了。前期《歌谣》不仅发表作品，而且也发表理论研究文章，进行学术探讨和讨论。钱玄同、顾颉刚、台静农、董作宾、郭绍虞、钟敬文、容庚、容肇祖、魏建功、傅振伦、刘策奇等都为这个刊物写稿，鲁迅也很支持周刊的编辑，亲笔为它设计过一期封面，与刘策奇讨论过《万古愁曲》的抄本。这一点说明，民俗学确实是一个多学科交叉的新兴学科，是一个边缘学科。歌谣研究会后来要改为民俗学会而没有通过，却增设了风俗调查会、方言研究会，这既是由于前一阶段的搜集和研究实践给那些学者们提供了认识前进的充分依据，同时也是借鉴西方民俗学的结果。风俗调查会于1923年5月14日的启事中说："风俗为人类遗传性与习惯性之表现，可以乩民族文化程度之高下，间接即为研究文学、史学、社会学、心理学之良好材料。晚近以来，欧西学者于此极为重视。一八七八年，英国首设民俗学会于伦敦。现美、法、德、意、瑞、土等国亦均设立团体，从事探讨。我国学者，记述民众事故，大抵偏重礼制，间论风俗，琐碎不全。能为有系统之研究者盖少。"《歌谣》逐渐由比较单一的文艺的研究，拓展为文艺学、民俗学、语言学、历史学、宗教学等多学科的研究，逐渐实现了开头就宣称的两个目的。孟姜女传说的研究和讨论就是很好的一例，在文化、学术界产生过很大的影响。中国民俗学草创时期在研究方向和学术思想上的变化，反映了作为五四新文化运动一支劲旅的这个新学科,不断吸收外来文化的有益成分丰富自己,逐步发展和完善的过程。

本文仅就中国民俗学的滥觞期(20世纪初,即民国初年到《歌谣》周刊创刊后很短一段时间)的一些史料加以归纳和整理,并就个人所见发表了一些不成熟的意见,不当之处,敬请专家指正。

1992年12月10日脱稿

(原载入吴同瑞、王文宝、段宝林编《中国俗文学七十年》,北京大学出版社1994年。本文系为《歌谣》周刊创刊70周年而作,并在中国俗文学学会与北京大学中文系于1992年12月5日召开的"纪念北京大学《歌谣》周刊创刊七十周年暨俗文学学术研讨会"上发表。)

世纪回顾：中国民俗学面临的选择
——为顾颉刚等妙峰山进香调查 70 周年而作①

中国现代民俗学发端于何时，是一个悬而未决的有待探索的问题。近人所写的文章，对此多有歧见。王文宝撰《中国民俗学发展史》认为："我国民俗学运动发端于 1918 年 2 月北京大学的歌谣征集活动。"② 张紫晨也持这种观点，在所撰《中国民俗学史·我国现代民俗学之发端》里说："我国现代民俗学之研究在五四新文化运动前就开始了。较早着手并引人注目的是北京大学研究所歌谣研究会。它的前期活动开始于 1918 年，结束时间至 1925 年。"③ 在纪念《歌谣周刊》创刊 70 周年时，我曾撰写一篇题为《中国民俗学的滥觞与外来文化的影响》的文章，把周作人于 1907 年翻译英国小说家罗达哈葛德和英国民俗学家安德鲁·兰根据神话编写的《红星佚史》，以及他为该书所写的序言，看作是我国现代民俗学发轫期迄今发现最早的文献。其实，英国人类学派神话学家、英国民俗学会的会长就是安德鲁·兰，周作人在这篇文章中第一次把他的神话学和民俗学观点介绍给了中国的读者和学术界。④ 新近出版的《中国神话学文论选萃》的开卷第一篇选录的是观云（蒋智由）的《神话·历史养成之人物》一文，发表于 1903 年《新民丛报·谈丛》第 36 号上，编者马昌仪在编注里指出，观云同时发表的文章还有《中国人种考·昆仑山》《中国

---

① 本文系为顾颉刚等妙峰山进香调查 70 周年而作，1995 年 5 月 6 日，在中国旅游文化学会民俗旅游专业委员会召开的《中国民俗论坛》（门头沟）上发表，收入刘锡诚主编《妙峰山·世纪之交的民俗流变》，北京：中国城市出版社 1996 年。
② 王文宝《中国民俗学发展史》第 1 页，沈阳：辽宁大学出版社 1987 年。
③ 张紫晨《中国民俗学史》第 719 页，长春：吉林文史出版社 1993 年。
④ 拙作《中国民俗学的滥觞与外来文化的影响》，见《中国俗文学七十年》第 14—15 页，北京大学出版社 1994 年。

人种考·中国人种之诸说》等，她在《中国神话学发展的一个轮廓（编者序言）》里又说："1903年第一篇神话学论文发表后的第一个十年，是中国神话学的萌芽阶段。"① 尽管以上文字在中国现代民俗学最早的文献问题上存在着分歧，一致的地方是，中国民俗学肇始于或滥觞于五四新文化运动前夕的思想解放运动，而且成为五四新文化运动的一个重要组成部分。

从那时起到现在，中国民俗学已经走过了差不多一个世纪的历程。现在，我们就要告别20世纪了。当此世纪之交的伟大时刻，来回顾中国民俗学所走过的道路，面对20世纪民俗所发生的剧烈流变，探讨民俗学者今后所应持的立场、观点和方法，无疑是一个适时的课题。

一、中国民俗学的历史变迁

从世界范围来说，世界上第一个民俗学会——英国民俗学会，成立于1878年，然而民俗学的滥觞，实际上却是19世纪头一个25年的事。中国人开始着手创立自己的现代民俗学，则是20世纪头一个25年的事。弹指一挥间，当我们回顾100年来民俗学这一学科的曲折的发展历程时，我们会发现当今的中国民俗学与当年初创时已经发生了很大的变迁。

我国学者在创立中国现代民俗学的时候，从早期英国民俗学的武库里移植来一些概念和方法，起了重要的作用。比如，早期的研究文章大都根据英国人的观点，把民俗学研究的对象分为三个组成部分：（1）信念与习俗；（2）口承文学；（3）民间艺术。实际上，我国学者在创立民俗学的初期，是从口承文学即民间文学入手的，或者说局限于口承文学，即民间文学的搜集与研究，而对于信念与风俗的搜集与研究，则是照抄英国民俗学的样板，是"天然只受到较浅的注意"。②

无论是1918年春刘复、沈尹默建议成立歌谣征集处，2月1日由刘复编订并开始在《北大日刊》上发表"歌谣选"，还是1920年12月成立的北京大学歌谣研究会，那时都是把主要精力用于提倡和搜集歌谣等口承文学，而且把搜集口承文学纳入整个新文化运动之中。尽管《歌谣周刊》的发刊词中声明，该刊的宗旨有二，一是文艺的，一是学术的，然而从实际情况可以看出，当时对信念与风俗和民间艺术的研究是注意较少的。过了一段时间，当有些学者意

---

① 马昌仪编《中国神话学文论选萃·中国神话学发展的一个轮廓》上册第9页，北京：中国广播电视出版社1994年。
② 江绍原《谣俗学的由来和分部》，见《现代英吉利谣俗与谣俗学》第208页，上海：中华书局1932年。

识到只注意歌谣,而忽视风俗的搜集和研究是民俗学的一大缺陷后,由张竞生拟定了风俗调查表,酝酿成立风俗调查会。北京大学风俗调查会是1923年5月24日成立的,发出了风俗调查表,征集了一些民俗器物,理论上也能认识到"风俗成为人类遗传性与习惯性之表现,可以乩民族文化程度之高下,间接即为研究文学、史学、社会学、心理学之良好材料。我国学者,记述民众事故,大抵偏重礼制,间论风俗,琐碎不全,能为有系统之研究者盖少"。但由于存在时间不长,实际上并没有什么有组织、有计划的调查,所得成绩,也主要还是靠爱好者的自发的搜集。

风俗调查会时期,对风俗的调查,所进行的第一次调查也是影响最大的一次调查,是1925年4月30日—5月2日顾颉刚、孙伏园、容庚、容肇祖、庄严等对妙峰山进香庙会的调查。这次调查以其田野工作的设想和实绩,特别是其方法,标志着中国民俗学进入了一个崭新的阶段。顾颉刚从两个方面总结了这次调查的意义:其一,这次调查是知识界沟通与民众联系的一种渠道,通过调查,明确了"朝山进香,是他们生活中的一个重要部分,绝不是可用迷信二字一笔抹杀的。我们在这上,可以看出他们意欲的要求,互助的同情,严密的组织,神奇的想象;可以知道这是他们实现理想生活的一条大路。他们平常日子只有为衣食而努力,用不到思想,唯有这个时候,却是很活泼的为实际生活以外的活动,给予我们以观察他们思想的一个好机会"。其二,打破了研究学问只重视经书的老传统,走到群众去作实地调查,"学问的对象变为全世界的事物"。① 尽管在此之前,有一位名叫奉宽的满族学者已经多次去妙峰山作过实地调查,并写作了一部题为《妙峰山琐记》的书稿,对妙峰山进香庙会的方方面面作了详尽的叙述,十分有学术价值,但由于仅只是个人的行动,而且当时还没有出版公之于世(后来,于1929年由顾颉刚先生拿到中山大学出版)。因此,顾颉刚等人的这次田野调查的实施,对于中国民俗学的建设来说,就有着重要的开创的意义。这次调查的报告和文章,同年6—8月在孙伏园主持的《京报副刊》上陆续发表,在社会上和学术界引起了广泛的注意和高度的评价。宗教学家江绍原、社会学家何思敬、艺术学家傅彦长、心理学家崔载阳、民俗学家钟敬文等都写了文章,从不同的学术领域予以肯定。后来,1928年,由广州中山大学语言历史研究所结集收入"民俗学丛书"出版,这就是得到很高声誉的《妙峰山》一书。

钟敬文先生在1936年为杭州的东岳庙调查写的序言中谈到妙峰山进香调

---

① 顾颉刚《妙峰山进香专号引言》,见《妙峰山》第4—7页,国立中山大学语言历史研究所印行,1928年。

查的历史意义时写道:"十年前的一个春天,北京大学研究所国学门的几位青年学者,做了一件惊人的学术事情,那就是……妙峰山香会调查。妙峰山的香会,是北方一个巨大的民众宗教活动。那参加人数的众多、团体组织的严密,以及宗教的、艺术的种种行为的表现,都是值得各方面学者注意的事。但是它一向被冷落着。这种巨大的民众活动,除了受鄙薄之外,恐怕不会更牵动过读书人们的心。可是,时代毕竟到来了。这几位书呆子,竟假充了朝山的香客,深入圣地去了。他们用科学的智慧之光,给我们显示了那一角被黑暗蒙着的民众的行动和心理。自然,严格说,他们的工作,还没有做到最理想的境地。但是,我们谁能够否认它是件破天荒的工作,而且是件启发伟大的未来的工作!"① 这是对妙峰山进香调查所做的一个非常客观而公正的评价。妙峰山进香调查作为第一面旗帜,开了我国民俗学科学的田野调查的先河,尽管它还是初步的,也许还没有达到最理想的境地。

　　田野调查的方法,后来在我国民俗学者中得到了发扬光大,成为中国民俗学的一个重要传统。1926年由于北京大学遭到了北洋军阀的蹂躏和迫害,蔡元培校长和蒋梦麟代理校长被无故撤换,许多知名的教授被迫辞职,到了厦门大学和广州中山大学,民俗学的传统,便在那些地方得以发扬起来。中山大学民俗学会成立之后,继而又成立了杭州民俗学会等一大批各地的民俗学会,实地调查之风骤然兴起于南国半壁江山。中山大学民俗学会进行的比较重要的有组织的民俗调查,如史国禄(俄国人)及夫人和杨成志到云南罗罗地区的民俗调查(1928年7月7日派出)。"中央研究院"历史语言研究所于1933年5—8月,派出了民族学家凌纯声和芮逸夫到湘西的凤凰、乾城、永绥三县边境地区进行民族调查,所得民俗材料甚为丰富而珍贵。芮逸夫于1938年在《人类学集刊》第1卷第1期上发表了《苗族的洪水故事与伏羲女娲的传说》。1947年他们撰写的《湘西苗族调查报告》(上下册)一书出版。当时,随同凌、芮考察担任中央研究院"补充调查员"的苗族学者石启贵,在这次调查中所著《湘西苗族实地调查报告》的手稿生前没有能够出版,中华人民共和国成立后一直保存在他的故乡吉首市档案馆里,直到1986年才得以问世。抗战爆发后,华北和上海的许多学校都迁到了西南边疆地区,从长沙迁往昆明的西南联大在闻一多等学者的策划和参加下,进行了长达330华里(1华里=0.5公里)的旅途采风和民俗调查;由上海迁至贵阳的大夏大学,在民族学家吴泽霖主持下,到贵州和广西的一些少数民族地区进行了广泛而深入的田野调

---

① 钟敬文《老东岳庙会调查报告·序言》,见林用中、章松寿《老东岳庙调查报告》,1936年,杭州。

查，都取得了可观的成绩。中山大学迁到粤北的坪石后，也派出了杨成志、江应梁、王兴瑞、罗比宁等人到广东北江瑶族中进行民俗调查，杨成志、梁钊韬、顾铁符、王启澍等人到乳源瑶族中进行民俗调查，材料分别发表在《民俗》1938（？）年出版的第1卷第3期和1943年出版的第2卷第2期上，需要指出的是，这些田野调查无疑显示出中国民俗学的发展与特色：已经从初期的主要着眼于口承文艺，而较少注意风俗等民俗事象的搜集与研究，逐步发展到既重视意识形态范畴的口承文艺，又重视习俗形态的民俗事象的搜集与研究，而且已经积累了相当丰富的田野调查的经验，取得了相当可观的成绩。

在信仰习俗调查方面，还应当提到的是，1936年8月杭州的两位中学教师林用中和章松寿，在学校方面的安排下对杭州老东岳庙会所做的实地调查，这次调查可以说是妙峰山进香庙会调查之后的又一个重要的田野调查成果。他们的调查报告分为《老东岳庙的历史》《老东岳庙殿宇略图及神像一瞥》《老东岳庙产及主持人情形》《老东岳庙的传说及灵异》《每年香会时期及特别行事》《庙会的办公机关》《庙会的办事日期》《香会的组织》《香会的行动》《香客的生活情形》《香客的消费和当地民众的利益》《感想及志谢》十二个部分，围绕着老东岳庙会的民俗事象进行了详尽的调查，成为老东岳庙会历史上唯一的一份纪实调查记录。调查者从调查中所得出的结论，对于了解民众的宗教信仰、庙会的形成与发展、民众的心理、民众的组织及能力等，是极有价值的民俗历史文献。

中国民俗学者开始把民间艺术纳入自己的学术领域，是比较晚近的，大体上是20世纪30年代初期的事。倡导和呼吁把民间艺术纳入民俗学研究领域最有力的学者，当推钟敬文。他当时在杭州教书，写了一系列有关民间艺术的文章，如《关于民间艺术》（《艺风·民间专号》第1卷第9期，1933年11月）、《被闲却的艺术》（《（浙江）民众教育月刊》第5卷第2期，1936年）、《民众教育月刊·民间艺术专号序言》，1937年4月）、《民间图画展览的意义》（《民间图画展览会特刊》1937年4月）、《关于民间图画》（杭州《正报》附刊《金星·民间图画专号》，1937年5月6日）、《民间艺术探究的新展开》（《新军》半月刊第3卷第1期，1941年1月）等，以推动民俗学界对民间艺术的关注。在他的推动下，浙江省立民众教育实验学校于1937年在杭州举办了民间图画展览会，展出了学校师生搜集的500余幅民间图画，是为当时杭州甚至整个中国第一次民间图画展览会，在中国民俗学史上留下了自己的足迹。钟敬文在《民间图画展览的意义》中这样阐述民间艺术的特性与意义："民间图画，是民众基本欲求的造型，是民众严肃情绪的宣泄，是民众美学观念的表明，是他们社会的形象的反映，是他们文化传统的财产。民间图画，它可以使我们认识今日民间的生活,更可以使我们明了过去社会的生活。它提供给我们理解古代的、原始的艺术姿态的资料,同时也提供给我们以创作未来伟大艺术的参考资料。它的意义和价值是多方面的。"① 他的论述从理论上,为民间艺术进入民俗学领域打开了通道,中国民俗学从此不再只是由口承文艺和习俗与信仰两个类别组成,而民间艺术也成为它的一个成员。

30 年代末,爆发了连续 8 年的抗日战争和 3 年的第三次国内革命战争。在这个特殊的历史时期里,民俗学几乎销声匿迹。50—70 年代是一个发生过多次剧烈的社会变动和在学术界"左"的思想影响广泛的时期,民俗学被当作资产阶级学术而遭到挞伐。这期间,虽然也间或有个别学者就民俗学发表一些言论,但总的说来,对民俗的研究基本上是处于停顿状态,即使偶尔有人搜集和研究,也多半是附属在民族学中,本身失去了独立存在的地位,只是在对一些民族进行社会历史调查时,才对被调查的民族的民俗作简略的调查记录,即使这样简略的记录,也成为我们今天极为看重的一大宗弥足珍贵的精神财产。在那个时期,口承文艺被看作是劳动者的心声,倒是得到了格外的重视。但应当说,在那时也只有那些符合当前政治形势需要和道德准则的口承文艺,才得到搜集和保护,其他类型的作品,如巫术信仰和民俗生活等方面的作品,就被弃置不顾,即使受到重视的民间文艺作品,在记录下来的时候,也几乎大多用当前的政治标准、伦理道德标准来加以改造过了,因而相当数量的民间作品也就不能不面目全非,很难作为研究彼时彼地的民众的世界观和社会状况的资料。

直到 70 年代末 80 年代初,民俗学才在思想解放的春风化雨中得到复苏和重建。从民俗学的对象、任务、性质、方法等理论建设上说,得到了全方位地探讨与阐述;从实践上说,得到了全面地调查与记录、整理与研究。钟敬文提出了"民间文化学"的新构想,指出了民俗学既是古代学,又是现代学的原则,克服了早期英国民俗学把民俗只当作是"遗留物"的局限和谬误。以对象来说,较之五四时期,也已经阐述得更全面、更科学了,例如乌丙安在《中国民俗学》中把民俗学的范围(即对象)规定为四方面:(1)经济的民俗;(2)社会的民俗;(3)游艺的民俗;(4)信仰的民俗。民俗学跨出了很大的一步。回想五四时期,虽然也有人注意到社会组织和社会制度、物质生产民俗,但一直没有能够将其纳入自己的学术版图。现在,一些学者已经将这方面的内容,写进了自己民俗学结构框架中去。遗憾的是,似乎依然还只是一种理论上的设想,始终没有看到民俗学家们在这方面做出了什么成绩。

---

① 钟敬文《民间图画展览的意义》,《民间图画展览会特刊》第 4 页,1937 年,杭州。

民俗与艺术

处在社会转型期的中国民俗学,尽管还没有形成一门普遍承认的人文学科,却一度成了一门显学。民俗研究出现了20世纪以来最好的形势。这个形势表现在:

(一)围绕着中国民间文艺家协会发起的中国民间故事集成、中国民间歌谣集成和中国谚语集成三套集成而进行的全国民间文学搜集活动,在社会发生着深刻的大变革的时期,把民间蕴藏着的千百年传承下来的传统民间文学,进行了一次较为彻底的大规模田野调查。这是20世纪所开展的一次时间长达十年、先后有几十万文化工作者参加的最大规模的搜集运动,尽管其中还存在着这样那样的缺点和不足,它所取得的成就是有目共睹的。为了提倡田野调查的方法和训练田野作业的队伍,中国和芬兰的民间文学家们还于1986年在广西南宁召开了关于搜集保管问题的研讨会,继而在三江侗族居住地区的若干村寨联合进行了田野调查活动。这次会议和调查的特点是,把民间文艺与风俗信仰等民俗事象的调查紧密结合起来,较之过去的类似的调查,在方法论上无疑是一次很大的进步。这次由两国学者参加的国际学术研讨会的文件,结集为《中芬民间文学搜集保管学术研讨会文集》,1988年由中国民间文艺出版社出版。那次综合考察的录像片收藏在中国民间文艺家协会,可惜的是那次考察所得的45万字资料集,编好交给了出版社,后来却不知下落了。从60年代起,遵循科学的原则对藏族史诗《格萨尔》、蒙古族史诗《格斯尔》和柯尔克孜族史诗《玛纳斯》的搜集记录,对于挖掘和整理祖国传统文化宝库,做了一件彪炳青史的大事。

(二)民间艺术方面,随着《中国民歌集成》《中国舞蹈集成》《中国戏曲志》《中国曲艺志》等七套集成志书,以及《中国美术全集》中的《绘画编·民间年画》卷、《工艺美术编》各卷、《建筑艺术编·民居建筑》和《坛庙及其他建筑》卷等书的编纂,也已把相当多的民间艺术资料汇集起来了。许多民俗艺术研究者,从民俗学和文化人类学的角度深入民间搜集和研究原始艺术的遗留形态和活形态的民间艺术,开辟了一个个崭新的领域,突破了以往那种仅仅着眼于主题思想就事论事的研究方法,而更多地着眼于揭示民间艺术的民俗深层底蕴。建立中国民艺学的呼声,作为中国民俗学的一翼,也已经在学术界提出几年了。在这方面,最值得提出的田野调查成就有两个:其一,是在中国改革与开放基金会资助下由民间美术家杨先让教授率领的调查组,从1986年起至1989年在黄河流域8省所进行的民间艺术调查,参加的学者有靳之林、冯真、曹振峰、吕胜中等,所得的成果为台湾《汉声》杂志出版的《黄河十四走——黄河民艺考察记》(第53、54、55期),文字稿和图片稿国际流行大开本,共432页。考察者们以科学的态度和负责的精神,从民间直接采集了大量珍贵的民间艺术资料,并对民间艺术进行了民俗学的研究,提出了很多新鲜的见解。其二,是傩文化的搜集与研究。傩文化的研究开始于50年代,从1988年起异军突起。1991年由台湾"清华大学"王秋桂教授牵头,课题协同主持人有龙彼得教授(牛津大学)、姜士彬教授(加州大学柏克莱分校)、班文干教授(法国巴黎国立东方学院)、陈守仁博士(香港中文大学)、李丰楙教授(台湾政治大学)、邱坤良教授(台湾艺术学院)和李亦园教授,与中国艺术研究院副院长薛若琳、中国傩戏学研究会会长曲六乙等一大批大陆各地学者,合作开展的傩文化研究,短短几年,同时在辽宁、山西、湖南、安徽、江苏、浙江、福建、广东、广西、四川、云南、贵州、台湾以及新加坡进行广泛的田野调查和研究,总计出版了60多种书和发表了1000多篇文章,初步建成了一门相当有成绩的国际性分支学科。①

(三)民间信仰习俗和社会组织方面的资料搜集和研究,大量的工作是民族学界、民间宗教学界的学者们做的。多年来,他们深入少数民族地区所做的调查,多已汇集出版,近年来有关这些方面的研究论著,特别是有关巫术、图腾社会等课题的研究著作联袂问世,把民俗学的水平提到了一个相当的高度,特别值得提出的是,由姜彬领导,由江、浙、沪民俗学者参加的"吴越地区民间信仰与民间文艺关系的考察和研究"的民俗学田野考察,得到了国家社会科学基金的资助,1988年开始1989年完成,长达53万字的调查报告《吴

---

① 参阅王秋桂《中国地方戏与仪式之研究计划——国际及两岸学术合作的一个范例》及曲六乙《当代中国大陆傩学研究的历史轨迹及其理论架构》,见《苗岭风谣》1994年第3期,贵州民族学院民族研究所、民族文化研究会合编。由王秋桂主编的《民俗曲艺丛书》印行了这个研究课题的调查报告:《贵州安顺地戏调查报告集》(沈福馨、王秋桂编)、《四川重庆市巴县接龙区汉族的接龙阳戏》(胡天成著)、《四川省江北县舒家乡上新村陶宅的汉族"祭财神"仪式》(王耀著)、《江北县复盛乡协睦村四社谌宅的"庆坛"祭仪调查》(王耀著)、《四川省酉阳土家族苗族自治县双河区小冈乡兴隆村面具阳戏》(段明著)、《四川省梓潼县马鸣乡红寨村一带的梓潼阳戏》(于一、王康、陈文汉著)、《安徽省贵池市刘街乡源溪村曹、金、柯三姓家族的傩戏》(王兆乾、王秋桂著)、《广西壮族自治区环江县毛南族的"还愿"仪式》(蒙国荣著)、《上海圣堂道院及其太平公谯考察记实》(朱建明著)、《福建省邵武市大阜岗乡河源村的跳番僧与跳八蛮》(叶明生著)、《莆仙戏目连救母》(刘祯校订)、《目连资料编目概略》(茆耕茹著)、《超轮本目连》(黄文虎校订)、《贵州省岑巩县平庄乡仡佬族傩坛过职仪式调查报告》(庹修明、杨哲孝、王秋桂著)、《贵州省德江县稳坪乡黄土村土家族冲寿傩调查报告》(庹修明、王秋桂著)、《山西省曲沃县任庄村〈善鼓神谱〉调查报告》(黄竹三、王福才著)、《江西省万载县潭阜乡池溪村汉族丁姓的"跳魁"》(毛礼镁著)、《戏文叙录》(彭飞、朱建明编辑)、《中国傩戏傩文化资料汇编》(杨启孝编)等。

越民间信仰民俗》（上海文艺出版社 1992 年）资料丰富翔实，恢复了实证原则，为中华人民共和国成立以来所仅见。庙会文化引起了文化界和民俗学界的关注，近年，中国群众文化学会和北方十省市民间文艺家协会先后召开了两次关于庙会文化的学术研讨会，发表了不少有分量的文章，研讨中国庙会的产生、发展和引导等大家关心的问题。可惜的是，关于传统庙会在当代的状况的调查报告还鲜有所闻。

（四）专业组织机构的建立。如果说党的十一届三中全会以后，民俗学处在复苏的阶段，各地的民俗学者在舆论上作了大量准备工作（特别值得提到的是顾颉刚、白寿彝、容肇祖、杨堃、杨成志、罗致平、钟敬文六位教授联名发表了《建立民俗学及有关研究机构的倡议书》）的话，那么 1983 年 5 月，中国民俗学会的成立使散布于全国各地的民俗学者得以聚集起自己的力量。嗣后，各省的民俗学会和各地民俗博物馆也相继成立（据报道，截止到 1992 年的材料，全国已有 60 多所民俗博物馆[①]），高等学校和研究机构开设课程，培养研究生（特别是近几年培养了我国的博士生），成立了几个民俗研究中心。去年又先后成立了中国摄影民俗学会和中国旅游文化学会旅游民俗专业委员会。许多旅游民俗景点（如深圳锦绣中华的中国民俗文化村）不仅把旅游与民俗结合起来，赋予了民俗以新的生命，而且集中了一批民俗工作者。

二、对 20 世纪民俗流变的思考

即将过去的 20 世纪是一个发生过许多社会剧烈动荡和变革的时代。在这 100 年中，中国社会发生了巨大的嬗变，中国从一个半殖民地半封建的国家转变为一个社会主义国家。这个变化是极为深刻的，它涉及各个方面，从社会制度到风俗民情，莫不如是。从马克思主义的观点来看，一次社会革命，往往在顷刻间就使旧的社会制度和一部分上层建筑土崩瓦解，而一种新的社会制度便从而产生，但意识形态则还要滞后很多年，甚至相当长的时期。民俗既不属于经济基础和社会制度，也不属于典型意义上的意识形态，而是处于二者之间的一种历史悠久的、跨社会的文化积淀。社会制度的急剧变革，不可讳言地会给种种的民俗事象以巨大的影响，甚至是摧毁性的，但强大的社会变革因素一旦平静下来，有些风俗习惯（不是一切）就还会重新获得一定的生命力，出现"春风吹又生"的现象。这是因为，风俗习惯一类民俗事象的变化发展，是受

[①] 参阅安廷山《蓬勃发展的民族民俗博物馆事业——28 个省市民族民俗博物馆调查》，《民俗研究》1992 年第 3 期。

多种因素而不是一种因素制约的。这种情况已经为一百年来的事实所证明了。

在诸多民俗现象中，信仰习俗是最易受到社会变动影响，而且波动幅度最大最敏感的一种，以妙峰山香会为例。奉宽在民国初年所写的《妙峰山琐记》中说："光绪初年，各道行宫茶棚达90所，香会社火200余起。""德胜门外松林插畔南向者，为公议助善头道茶棚。……光绪初年，余曾看高跷会于此。今废。""西直门外，高粮桥北，护国天仙庙为心元乐善茶棚；西便门外，亦有头道行宫；今皆辍矣。"由北京去妙峰山路上的茶棚，到了顾颉刚他们调查时，就只见从北安河才有了。清代光绪年间流行的习俗，到了民国时期，便发生了这样大的变化。这位作者曾为民俗的变迁而发出慨叹："庙会自光绪庚子（1900年）四月六日风雪失警，七月二十一日京师糜烂后，昔年之丰富气象不可复寻。次年辛丑，朝山者只远来山东省香客一人，住持厚钱以去。自是十年间，虽人烟稍集，较之从前则远甚矣。辛亥（1911年）以降，世道陵夷；人民穷极呼天，由于祈禳者，报赛者，始年渐加多。丁巳（1917年）而后，人数加多，灯影香烟，恍然如昔。"① 从1900年到1917年短短17年间，妙峰山进香活动就发生了几起几落的大变化。1925年顾颉刚一行前去调查时，那里的香火仍然盛况空前，有90多个会参加那年的庙会。抗日战争时期，日军的铁蹄对妙峰山庙宇的破坏极为严重，香火骤然减少。1949年后，"大跃进"中把庙中的大钟锯成碎块炼了钢铁，把高高的旗杆也锯断当柴烧了。到了"文革"中，把明代以来历代修建的庙宇全部夷为平地，进香活动也销声匿迹。然而，1985年以来，庙会活动得到重新恢复，庙宇也逐渐修复起来。

社会的进步、文明的昌盛、科学的发达与普及等多种因素，使民俗发生着看不见摸不着的渐变。民俗随着社会生活的发展而发生着或快或慢的流变，是绝对的，而导致民俗发生剧烈变化的因素莫过于战争、社会运动、政府政策措施、自然灾害等。20世纪以来，各个阶段执政的政府，都曾以破除迷信的名义，采取极端手段，如打倒泥胎、捣毁寺庙、处罚迷信职业者等，但都未能把庙会禁绝。20世纪初就曾发生过一场破除迷信的运动，但风波过后，民间信仰依然盛行于广大农村和城镇，寺庙和泥胎照样建立起来。对这一点，鲁迅在他早期的文章中曾发过一番精彩的议论："若在南方，乃更有一意于禁止赛会之志士。农人耕稼，岁几无休时，递得余闲，则有报赛，举酒自劳，洁牲酬神，精神体质，两愉悦也。号志士者起，乃谓乡人事此，足以丧财费时，奔走呼号，力施遏止，而钩其财帛为公用。嗟夫，自未破迷信以来，生财之道，固未有捷于此者矣。夫使人元气黯浊，性如沈垩，或灵明已亏，沦溺嗜欲，斯已

---

① 奉宽《妙峰山琐记》第3—4，102页，《国立中山大学民俗丛书》，1929年。

耳；倘其朴素之民，厥心纯白，则劳作终岁，必求一扬其精神。故农则年答大戬于天，自亦蒙庥而大酺，稍息心体，备更服劳。今并此而止之，是使学轭下牛马也，人不能堪，必别有所发泄者也。"① 中华人民共和国成立初期破除迷信运动，特别是"文革"中倒毁寺庙等行为，也只不过是迫使群众的民间信仰转入地下而已，并没有从群众心理上解决破除迷信的问题，所以改革开放以来，社会生活平静下来之后，各种形式的民间信仰都重新活动起来。

类似的极端措施之所以在 20 世纪里重复出现，盖由于不分青红皂白地把庙会看成是迷信的缘故。其实，庙会（南方称赛会、香会、香市）活动中有对神灵的信仰与膜拜，甚至有求签算命等迷信活动，但庙会也如鲁迅和顾颉刚所说的，是群众表达一种祈愿和向往、发泄剩余精力、寻求娱乐、进行交际等的场所，对庙会不是加以正确地引导，而是把它看成全是迷信，采取禁止和打击的做法，则是一种过左的观点。高占祥同志在 1991 年全国庙会文化研讨会上所作的讲话中说："庙会的发展历史表明，是人有了寄寓精神期待、沟通人际关系、丰富文化生活和活跃经贸交流的多种需要，才创造了庙会这种形式并使之日渐成熟。"② 他的观点，其基本精神与鲁迅、顾颉刚的论述是一致的。

民俗是某一人群的一种生活方式。一种民俗的形成，不是一朝一夕的事情，而是长期积淀的结果，改变一种民俗，也不是下一道命令就能奏效的。一个民族或地区长期形成的某些民俗，对于社会生活、社会制度、人际关系等起着整合的积极作用，约定俗成的习惯法就是在民俗的基础上形成的，人人都不能违反的，谁要是违反了这些习俗，要么是受到习惯法的制裁，要么是受到社会舆论的谴责，要么是受到心理上的熬煎。这不是说以自发状态形成的民俗是一成不变的，民俗永远保持着原始的状态。当一个社会集团或地区的民俗，与社会的发展发生了冲突的时候，它就会在社会的冲击力的影响下改变自己发展的行程，发生有利于社会发展的变化，逐渐与社会的需要合拍，重新对社会起着整合作用，或逐渐消失。例如有些陋习，显然阻碍着社会生产力的发展和新的社会关系的形成，就理所当然地受到新的社会制度和政策的反对和遏制。

20 世纪末实行的改革开放，不同文化的碰撞，社会主义市场经济的发展，价值观念的变化，冲击着社会的所有领域。风俗习惯、民间信仰等民俗生活也发生着深刻的变化，即使在边远的民族地区，民俗也在不知不觉中发生了巨大的变异，比如许多民族原来只在祭祀时举行的仪式，现在则常常作为娱人的舞蹈，在节日里甚至在舞台上出现，这是一个多么大的转折啊。有一次，我在云

---

① 鲁迅《破恶声论》，《中国神话学文论选萃》上册第 34—35 页。
② 高占祥《民俗民风的缩影——论庙会文化》，《论庙会文化》第 6 页，北京：文化艺术出版社 1992 年。

南元阳县的一个哈尼族村寨里购买了一件丧葬时用的、绘制着象征到祖先那里去的路线的小帽子（吴芭），请一位砍柴归来的老大妈戴一戴照一张相片，她却不假思索地向我要5元钱作为代价。在过去，这顶神圣性的吴芭卖给外人，已经是不可想象的，照一张相片都要索取代价，更是不可能发生的，价值观念的变化在这顶小帽子上显现出来。在人口比较集中、市场经济繁盛的城市里，民俗流变就尤其深刻鲜明了。在城市里，原本以农耕为特点的民俗，正在急剧减弱，而以商业为特点的民俗，正在不知不觉间发生和盛行起来，如与农时节令相联系的岁时民俗和人生礼仪，正在减弱其意义和繁缛的仪式。例如在市民阶层中举行的婚礼，那种古老的通过巫术影响下的仪式，正在削弱，越来越带上了炫耀金钱和财富、讲究排场的色彩。在生活条件相对落后、劳动力显得特别重要的农村，自古传承而来的多子多福的生育观念，依然存在，尽管一对夫妇生一个孩子已定为国策，而在已经相对富裕起来以及知识水平相对较高的知识分子阶层中，多子多福和重男轻女的观念正在减弱或消失。对于农民来说，多数地区的民间信仰仍然是不选择什么神灵，哪个神灵对他们有用，就信仰什么神，至今求子还是找碧霞元君（送子娘娘）、求雨还是找关老爷，而城市居民的家里不信多神和土祖神，设置佛龛供一尊小观音像的倒是随处可见。

在现代社会中，原来带有神圣性、宗教性的民俗所具有的祭神、悦神的功能大大减弱了，向着娱乐活动的方向发展着。汉族春节的灯会和庙会的社火，南方一些民族的花炮节、火把节，西北一些民族的花儿会等，都是这样的例子。连傩戏、傩舞这类专门为了驱鬼逐疫的民俗仪式，也被戏剧化、娱乐化了。旅游事业的兴起，把民俗当成了无尽的旅游资源。民俗事象在民族村里被当成了人们观赏的文艺节目，反复地向游客们展演着，表演民俗节目和手工艺的农民，把演出这种节目当成了职业，再也没有那种神圣性了。把民俗事象引进旅游项目中，虽然对原来的民俗有所扬弃，但对于保存、继承和发扬传统民俗，是有益的尝试。这种情况，一些发达国家也有。据报载，一个巴布亚·新几内亚的土人头领，白天到旅游地与来自美国等地的游客周旋，夜间回到家乡，依然穿上他那族人穿的服装，画上脸子，当他的头领。[①] 一个生活在两个世界中的土著人就是这样适应着新的生活环境的。他把生活在山沟里的土著民族的绚丽多姿的民俗，带给了更多的游客。与这种情况一样，你若到洱海上乘船旅游，船上的服务员白族姑娘不仅向你展示了该民族的优美而富有含义的服装和服饰，而且把该民族独有的三道茶的习俗让你品尝。

---

① 马克·格雷姆《置身于两种文化中的当代土著》，《民间文学论坛》1990年第4期。

三、中国民俗学面临着选择

19世纪末20世纪初的那个世纪之交，我们的先辈学者们在思想解放思潮中，引进了英国民俗学的学说和他们的研究方法，结合中国民俗的实际情况，创立和发展了中国现代民俗学，把中国民俗学纳入到中国新文化运动的洪流之中。今天我们又站在世纪之交的门槛上了。今天我们面对着的是民俗的剧烈变迁，中国现代民俗学将做出怎样的选择和调整呢？

第一，民俗学首先是一门当代学。民俗是一种长时期形成的文化积淀，是由原始习俗发展演变而来的，因此一个时代的民俗或多或少总带有某些原始文化的残留或痕迹。但任何时代的民俗，又都是与那个时代的社会生活相适应的，都是流动着的，鲜活的文化现象，因此，把民俗学称为当代学是十分恰当的。民俗学既然是面对民俗现状的一门现代学科，就应当跟上时代前进的步伐，密切与现实生活的关系。目前，我们的民俗学研究中有某种程度的脱离社会现实的倾向。例如，有的民俗研究者中只把过去时代的民俗当成民俗，只把民俗当成"原始文化残留物"，数量不少的论述民俗的文章和书籍，其中所援引的民俗事象和结论很多都是从古书里摘抄而来的，要么是《辍耕录》《燕京岁时记》里怎么说，要么是《帝京景物略》里怎么记载的，而不是从现代的现实生活中采摘来的，因此读者很难从中看到现代民俗的事像是怎样存在着的，民俗对社会、对群体起着怎样的整合作用。这种研究方法，无异于把几千年的民俗，压缩到一张平面的纸上，把民俗变成了永恒不变的东西，消解了历史主义。这种倾向如不改变，任其发展下去，将会使民俗学会脱离社会的需要而变得越来越步履艰难、越来越萎缩。

第二，重视田野调查，把瞬息万变的民俗事象及时地记录搜集起来，仍然是未来世纪民俗学的当务之急。从中国民俗学的历史来看，100年来，有系统、有计划的田野调查资料不是很丰富、很完善，而是很缺乏，而民俗学作为一门学科的建设，最需要的乃是大量翔实可靠的田野调查资料的积累与整理，没有大量而翔实可靠的田野调查资料，要想提高学科的水准是困难的。21世纪将是一个更加开放的世纪，传统的民俗以它惯有的速度在消亡着，我们有责任组织更有效的田野工作来抢救那些眼看就要消亡的传统民俗。从这个意义上说，两岸合作开展的"中国地方戏与仪式之研究"这一大型课题的组织和实施，在国际学术界得到赞许不是没有原因的。我们应该加强学科意识，尽其可能地、有计划地、一个课题一个课题地组织民俗学的田野调查，在田野调查资料的基础上开展深入地研究工作。

第三，民俗学是实证的科学，实证的方法是民俗学研究人类社会民俗文化现象的重要方法。与其在书斋里构建一套玄学理论体系，或从西方理论武库中移植一些现成的结论，不如有更多的学者下功夫掌握丰富的材料，对材料加以梳理、归纳、分析和比较，从中引出令人信服的结论，对中国民俗学的建设更有意义。

第四，相对于基础理论研究，大量的现实课题，特别是属于应用科学范畴的课题，扑面而来。如随着旅游业的开展，在国民经济中占有越来越重要的地位，大量的民俗事象成为旅游的资源，并形成了民俗旅游这样一个行业，旅游民俗也作为民俗学的研究对象而变得突出起来。旅游民俗学作为一般民俗学的一个应用科学的分支，越来越受到学术界和旅游界特别是旅游教育界的重视。[①] 近年来，中国酒文化、茶文化、丝绸文化等研究异军突起，不仅深化了，而且拓展了民俗学的研究领域，使民俗学与社会生活和经济领域的关系密切了。

1995 年 4 月 29 日于北京

（原载刘锡诚主编《妙峰山：世纪之交的民俗流变》，北京：中国城市出版社 1996 年。本文系作者于 1995 年 5 月 5 日在中国旅游文化学会民俗专业委员会在北京门头沟区海军打靶场召开的"首届中国民俗论坛"上发表的论文。首发于《民俗研究》（山东大学主办）1995 年第 3 期。）

---

① 参阅拙作《民俗旅游与旅游民俗》，见《民间文学论坛》1995 年第 1 期。

民俗与国情备忘录

民俗的发生与延续，是任何人无法改变的历史必然。任何发达的或发展中的民族或群体，都毫无例外地生活在一定的民俗中。一个民族或群体的民俗，虽然表现为不同的形态（物质的或精神的），但实际上是指该民族或该群体的生活方式和文化传统。

民俗的最本质特点，是在群体的传承中逐渐积淀而成，即顾颉刚先生所说的由"垒层的"方式所造成，而不是一朝一夕突然出现或突然消失的。历史上也曾发生过某一民族或群体的文化与民俗突然改变或突然消失的事件，这种情况的发生，要么是因为民族邦国战争，某一民族或群体突然被灭亡，战胜者强迫战败者改变自己的民俗或信仰；要么是不可抗拒的自然灾害使某个民族或群体骤然消亡，该民族或群体的民俗也就因而湮没无闻了。一些古代"失落了的文明"，如南方创造了良渚文化和三星堆文化，北方创造了红山文化和晚近的契丹文化的那些民族或群体，可能就是这样的情况。

中华民族是一个有五千年文明史的、多元一体的民族，就整体来说，从来有丰富深厚的民俗文化相伴随，一刻也没有中断过、消失过和湮灭过。如果说，一个民族或国家应该有自己的国学，那么，他的民俗文化才是真正的国学。不了解不研究中华民族的民俗文化，怎么能认识中华民族，怎么能认识中国？

一、民俗——国情的组成部分

一个民族或群体的民俗总是与一定的生产方式相适应。我们中华民族有几千年的文明史，但中华民族在其发展中融会了众多的发展程度不同的民族，包括北方的狩猎民族和游牧民族，南方的采集民族和农耕民族（考古学家在河姆渡文化遗址发现了七千多年前的稻谷）；就其主体（中原民族）而言，从上古或中古就已进入了农耕文明时代，因此农耕文明无疑成为影响我们民族的民俗之形成和变迁的最重要因素。一般地说，一个时代的社会制度也是民俗的构成部分，但一定的社会制度以及适应这些制度的思想体系一旦形成后，又会对民俗发生着显著的影响。这种情况，在礼俗（如三纲五常、四维八德、宗法家长制、祭仪、财产继承等）、婚姻（如再醮、童养媳、望报媳、买卖婚、续弦、娶殇婚、嫁殇婚、一夫多妻制、典婚、赘婚、兄终及弟制、男尊女卑、贞节堂）等方面，表现得最为明显。

民俗是国情的重要组成部分，又对国情和国运起着不可忽视的重要作用。早在先秦时代，帝王就懂得这个道理。《礼记·王制》："岁二月，东巡守，至于岱宗，柴而望祀山川。觐诸侯，问百年者就见之。命太师陈诗，以观民风。"帝王命令随行的采诗官采集当地的民歌民谣，以此来了解民风民情。（我们现在把带着文艺队伍到外地去巡演叫"采风"，是把事情完全弄拧了）到《汉书·艺文志》说得更清楚了："观风俗，知得失。"这说明：第一，把采录民歌民谣，列为统治集团了解下层民心、判断政策得失、国家状况的重要手段；第二，民歌民谣民俗本身就是国情。这种做法，在几千年的中国历史上，成为一种传统。至于帝王们是否真正重视民心的背向，来判断国情的得失，那是另一个问题。

研究国情，如果置民俗于不顾，或忽略了民俗，那将会犯历史性的错误。政府提供的国情报告（咨文），应包括民俗方面的内容。现在，人权问题已被注意到和列入了，而民俗则还阙如，不能不是一种遗憾。刚刚故去的民俗学家钟敬文先生说过："所谓'国情'首先当然是国家的经济、政治的情况。但是，事情决不限于这些。例如人民的教育情况、文化素质等，同样是不容忽视的。这里，我想特别指出流行于广大人民中间的风俗、习尚及其相连的心理状态在国情上的意义。风俗、习尚本身，既是国情的构成部分，同时又密切地联系着其他国情的许多部分。它的重要性是不容低估的。所谓'历史'是过去人们生产和生活的记录。人类所以异于其他动物，主要就因为他们是'文化的'动物。人们在长期的生产生活中所创建的和传承下来的各种风俗习尚，就是各种不可缺少的社会文化的一部分。在民族文化史中，如果缺少或删去了这部分，它将是残缺的、有遗憾的。不管是国情或历史（文化史），民间的风俗、习尚，都占有一定的位置。忽略了它，是无法完善这方面的教育任务的。"[①]

优良的民俗事象和民俗传统，尤其是在历史发展中形成的一些好的礼俗和道德规范，对群体，乃至国家、民族的凝聚力的形成，起着无可替代的重要作用，对社会发展和社会稳定起着整合和促进的作用。在我们当前的社会中，对过去时代中形成的一些礼俗和道德规范，如忠、孝、义、信、和、敬、恩、序、别、助人为乐、乐善好施、扶危济困、投桃报李等，或否定得过多，或宣传得不够，出现了或多或少地流失的现象，因而导致群体、国家、民族的凝聚力严重消解，离心力和分散力抬头，历史上形成的一些道德规范滑坡、失效，乃至垮塌，大量恶性案件的发生，包括骇人听闻的弑母弑父事件、父奸女之类乱伦事件、拒绝赡养和遗弃失去劳动能力的父母事件等不绝于耳，不能不令人深长思之。旧日的礼俗，如果真的属于恶俗或失去了活力的民俗，一旦被革除了，那么，就要有新的、成熟的礼俗来代替，而不能留下空白，留下的空白越多、时间越长，则社会秩序的混乱必然乘虚而入，造成无法挽回的全民族的遗憾。

二、群体民族国家凝聚力的重要因素

在"左"的思想盛行的年代，有些人总是把民俗看成是封建的、迷信的东西，看成是与马克思主义的唯物史观不相容的东西，因而或采取专政的办法，或采取割断历史的办法，凭空创造一些新民俗规范和道德规范，以代替传统的民俗。其实，由于违反了文化发展的规律，人们和群体对这种割断历史的创造并不接受，其结果是把社会秩序搞乱了，成为一种惩罚。以1958年的"大跃进"为例，我的故乡山东潍坊地区就曾发生过这样的事，至今我还记忆犹新。那里曾强令把家庭拆散，全村男女分开住宿，男人一队，女人带着孩子一队，作为家庭或家族象征的锅灶被取缔了（拆除锅灶，实行大锅饭），意味着延续了几千年的男系家庭不复存在了（是否实行过早已废止了的杂婚制，不得而知），家谱被宣布为非法，保存家谱是为封建主义、为地主等孝子贤孙"树碑立传"，是为了"秋后算账"，以男权中心和姓氏家族谱系构成的中国社会结构解体了（实行的准军事化）。既然延续了几千年的一夫一妻制婚姻模式被废止了，不存在了，一切与以男性为中心的一夫一妻制家庭的风俗、习尚、礼制、辈分等，当然也就烟消火灭了，实行以如此风俗改革为内容的新政，是

[①] 钟敬文《民俗与国情》，中国民间文艺家协会主办《民俗》杂志复刊词，1992年第1期。又见钟敬文《民俗文化学——梗概与兴起》第68—69页，北京：中华书局1996年。

为了一步跨入共产主义社会！这就是当时我们有些人所理解的和实行的共产主义社会。这种割断文化传统、革除一切民俗文化制度、超越历史发展阶段的民俗设计，固然日劳心拙、愚蠢透顶，但重要的是，这惨痛的历史能不能真正成为我们民族的教训。

中国传统的民俗，特别是礼俗，多年来几成禁区，只要一触及于此，便动辄得咎，胆战心惊。问题的症结在我们没有对以往的民俗和礼俗作认真的、科学的区分，哪些是有积极意义的，哪些是起消极作用的，哪些是历史发展中不可超越的，哪些是充满了封建毒素或原始愚昧的。有识之士很多人都看到了这一点，却由于20世纪50年代文化界开展的大批判，使人们至今噤若寒蝉，因而至今没有把这个本来属于科学范围的问题，提到桌面上来加以讨论和澄清。记得几年前，冰心先生在世时，曾为一家少儿出版社题写了包括忠、孝、义、信等在内的十个字（恕我这十个字记不全了，当时登在《中华读书报》的大广告中，这份资料一时找不到），可惜她的发难，没有得到舆论界的重视，而建立这样一些礼俗和道德规范，是社会进步和稳定所必需的，不应因有些产生和流行于旧的社会条件下就一概加以排除和否定。

以"节"为例。"节"的问题，比较复杂。从字面上讲，"节"至少应包含气节和节烈两方面的内涵。我们通常讲为人要讲气节，是指民族气节（如对文天祥的歌颂）、信仰气节（如共产党员在敌人的酷刑和美女、金钱面前，表现出的忠于革命理想的革命气节）、做人气节（被古代知识分子所崇尚的"贫贱不能移、富贵不能淫、威武不能屈"）等。这种气节，我们为什么不大张旗鼓地宣传和教育青少年呢？"节烈"是专门为压榨和禁锢妇女的人性和生命而制定的民俗规范，浸透着浓重的封建主义色彩，现在我们还可以在许多地方和旅游景点看到这种为节妇烈女竖立的石牌坊，那里面饱含着的是万千妇女一生以青灯黄卷为伴的苦难和血泪。这种民俗规范和道德伦理规范，无疑是应该革除的，尽管那些牌坊作为历史的文物和旧礼教的见证，我们还应该妥为保护。

"孝"的问题，本来是不成其为问题的，但由于"左"的思想的长期泛滥，使得人们特别是基层干部把"孝"看作是洪水猛兽，有一个时候简直是谈"孝"色变，不敢理直气壮地坚持和宣传，直到市场经济像洪水一样涌来，种种"反"孝的行为大行其道，甚至到了难于收拾之势时，人们才又意识到"孝"这个传统的伦理道德规范还是可以重新起用的。"孝"的最初含义，在《礼记·曲礼》里已有解释，那时还未被后来的历代封建王朝和儒家思想家们大加发挥和增补，所以比较简单，如"冬温而夏清，昏定而晨省"，如"三赐不及车马"，如"见父之执，不谓之进，不敢进；不谓之退，不敢退；不问，不敢对",如"出必告,反必面;所游必有常,所习必有业;恒言不称老",如"居不主奥,坐不中席,行不足道,立不中门……"等等。后来,"孝"的内容被扩大了,出了《二十四孝图》那样的东西,包括"不孝有三,无后为大"之类的谬说,但"孝"的核心从来是"事父之应孝,此伦理之德目"。①传说中的曹娥救父,应当被传诵,不应当被投污。当然,我们今天重新提倡孝道,也要根据时代的发展和需要,对传统的孝悌概念和内涵,作某些修正和删芟,如"无后为大"之类,如今就应该革除。生男生女都一样,法律规定儿女从父从母选择姓氏都被允许,男女有平等的财产继承权,国策规定一对夫妇只生一个孩子,等等,使传统的男权家庭开始发生动摇,并悄悄地向着男系和女系两条线延续的走向过渡。在这样的社会环境下,过去那种没有男儿就是"绝户"的观念,自然应予革除。旧日的孝道,主要指对父亲尽孝,而对母亲则忽略不计。在新的社会条件下,我们对此要进行修正,对父母都要尽孝道,要时时记住他们的养育之恩,要养老送终,养老送终其实就是报恩的一种途径,至于其他礼俗和伦理道德风俗,也应分别加以研究,使其从儒家思想污染中解放出来。

在一些地处边远的少数民族地区,生产力发展水平还很落后,生活水平也相对低下,亟待改善和提高,亟待沿海地区予以扶持,但我们在作民俗田野调查时看到,在这些村寨里,却基本上没有盗窃、抢劫、杀人一类有悖于社会秩序和群体安定的事件,即使有也数量不多,社会相对稳定。原因何在?就是因为有村民们大家默认和遵守的习惯法、道德规范和民间信仰。上面所说的这些风俗和习尚,这些道德规范和民间信仰,规范着人们的思想和行为,对社会的稳定和发展,对小至村寨、大至民族和国家的凝聚力的加强,起着积极的整合与促进作用。在这方面出现的新问题是包括村规乡约在内的习惯法,因其自身的局限性和落后性,与国家新出台的法规之间,出现了矛盾。国家法与习惯法出现矛盾时,怎样处理呢?历史上,由于法制不健全,我们的党和政府有过尊重少数民族习惯的规定,因此,有些虽然违法,但又合于民族习惯的事,就要顾及尊重少数民族习惯的指令,而如今则应大力宣传国家的法律,维护国家法律的权威性,而且要宣传在法律面前人人平等的道理,逐渐提高本民族干部和群众对国家法律的认识,从而逐渐废止不合理的或过了时的民族习惯法。在这个问题上,矛盾是必然的,在处理民俗与法律和权力的矛盾时,特别是涉及信仰的,就不可乱用权力。在有些地方,以自然崇拜为特点的民间信仰,正在逐渐削弱和式微,或正在受到一些外来的人为宗教(如基督教)的冲击。现阶

---

① 邓子琴《中国礼俗学纲要》第 21 页,南京:中国文化刊行社 1947 年。

段国家的政策是，承认某种人为宗教的合法性，并予保护，而对属于民俗范围的民间宗教或曰民间信仰则不予保护，因而，像佛教、基督教一类的人为宗教，迅速地占领了少数民族地区的信仰空间，其实，民间信仰的诸多观念甚至仪式并没有，也不可能退出历史舞台。民间信仰在群体中有很深的根，是社会与共的，只要有人类社会存在，不论它是什么阶段上和什么性质的社会，都会有相应的民间信仰存在。企图用权力来消灭和扼杀民间信仰于一时，建立一个纯洁的没有民间信仰的社会，或只允许信仰一种思想或主义，而排斥广大民众中的民间信仰，那只是一种幻想而已，但如果加以正确的引导和教育，则是可能的，民间信仰也不会为害社会。

20世纪80年代，邓小平同志提出了"四有新人"的理论。90年代，江泽民总书记提出了"以德治国"的理论。以笔者的理解，"四有新人"也好，"以德治国"也好，特别是这个"德"字，正属于我们这里所讨论的民俗的范畴，意在积极恢复和建立新的社会主义的礼俗和礼制，以新的礼俗和礼制作为全国国民的行为规范，养成健康的心理和情操，提高国民的素质，增强国家和民族的凝聚力，从而促进社会生活的整合和稳定，建设繁荣富强的现代化国家。我们这一代人面对着的是经济的全球化趋势，但决不能以牺牲民族的文化传统和民俗传统为代价。

在民俗问题上固守教条主义和庸俗社会学观点的人，闭眼不看或故意忽略民俗对社会发展和认识国情的积极作用，过分地夸大了民俗的历史惰性及其危害性，因而是不足取的。

三、文化整合与民俗文化

中华民族是一个多元一体的民族，这一立论始于20世纪80年代，现已被全民族（当然也包括人文学术界）所认同。这个"多元一体"论，既包括在文化起源上的多元（从中华文明起源于黄河流域的一元，到近20年考古发掘证实了的长江文明、辽河文明、滇藏高原的文明等多元；从南方的采集文化和农耕文化，到北方的狩猎文化和游牧文化），也含有共同意义上的上层文化与下层文化的多元。这是反观中国文化和中国国情的第一出发点，离开了这一基点，就肯定会误入歧途，但遗憾的是，"中华文化是多元的"这一观念，却始终不被传统的国学研究或文化研究所认同。那些鼎鼎大名的新儒学家、新国学家们，从不承认中华文化是多元的，与他们相反，新兴的文化学或曰文化人类学，则把新国学新儒学不予承认的生长和传布于下层民众中的下层文化（民俗文化）和少数民族文化纳入自己的研究领域，与新国学新儒学形成鲜明

民俗与艺术

对照。

1919年的五四新文化运动，对传统的文化和儒家的文化观发起了凌厉的攻势，大声疾呼地提倡对民间文化的关注，但没有过多少时间，新儒学改头换面兴起。从20年代梁漱溟的《东西文化及其哲学》，到40年代冯友兰的"贞元六书"，从牟宗三的道德"自我坎陷"，到唐君毅的《生命存在与心灵境界》等等，一直到大陆近年兴起的新儒学热，他们无非还是在认同吸收西方进步文化的同时，提倡把儒家学说和思想奉为治国教民的圭臬，并扩而大之为中国文化的基本精神。儒家的学说无疑是有几千年发展史的中国文化的一笔重大的遗产，对塑造中国人的独特性格起了重要作用，是东方文化中的一枝奇葩，但也要看到，儒家的思想、儒家的学说并没有能够把下层群体和少数民族群体纳入自己的影响之下，即或有些影响，也很难谈到很大。这就是说，以民俗文化为表征的下层文化和少数民族文化，基本上不属于儒家思想影响下的文化，也就是说，中华文化至少是由上层文化和下层文化两个部分构成的，而下层文化或民俗文化又有自己独立的、不同于儒家思想范畴的文化精神，且不说其文化精神及其体系，仅就其信仰的群体来讲，下层文化的受众数量，不知比上层文化的受众数大多少倍。因此，以儒家的文化精神来囊括和代替下层（民俗）文化精神，从而代表中华文化精神，显然是有失全面的，甚至是误谬的。

这就提出了一个中国文化整合的问题。文化整合的势头，是五四新文化运动就提出来的，但五四运动过了不久，从20世纪初起，新儒学家们就浮出水面，扭转了五四新文化运动既定的文化方向，重新回到儒家的窠臼，把中国文化的整合任务无限期地推迟了，一推就是一个世纪，无奈，21世纪开始，又再重提文化整合的旧事。所谓文化整合，一方面，是要对长期被埋没于草野之中不登大雅之堂的下层文化（民俗文化）进行大规模的搜集和保护，另一方面，要进行中国文化精神的整合，即重新认识和重新定位儒家文化精神和民俗文化精神，并在当今全球化的新形势下，为中国文化的继承、发展、吸收、更新制定新的策略。

中国文化的精神是什么？这是近代以来诸多思想家们思考和探索的一个大问题，也是中国每到转型期就显得突出起来的一个重大问题。新儒学家的回答，也是并不一致的。梁漱溟认为中国文化精神是"调和持中"，主要表现在孔子的任直觉、不认定、不计较厉害、顺随自然的生活态度上。（《东西文化及其哲学》）梁的主张，曾引起过许许多多的褒贬，尽管遭遇种种批评，梁的观点在20世纪中国文化研究中的影响还是很大的。汤一介说："儒学的'太和'观念，亦即'普遍和谐'的观念，它包含了自然的和谐、人与自然的和谐、人与人的和谐（即社会生活的和谐）以及人自我身心内外的和谐等四个方面。这一'普遍和谐'的观念为解决当今世界人类面临的诸多社会问题提供了智慧。"① 中国内地近年的新儒学学者们提出的"普遍和谐"或"和合精神"理论,与梁漱溟当年提出和坚持的"调和持中",即使没有直接联系,也并没有什么原则的区别。进入20世纪90年代以来,出现了一大批学者唱合一种新的理念:"和合。"张立文提出:"和合是中国文化的首要价值,亦是中国文化的精髓、中国文化生命的最完善的体现形式。"他解释说:"所谓和合,是指自然、社会、人际、心灵、文明中诸多元素、要素的互相冲突、融合,与在冲突、融合过程中各元素的优质成分和合为新结构方式、新事物、新生命的总和。宇宙间一切现象都蕴涵着和合,一切思维都浸润着和合。在和合的视野中,自然、社会、人际、心灵、文明都是和合,乃至存有的追根问底,亦是和合。存有就是和合论,即是对和合经验的反思、梳理和描述。"② 最近商务印书馆出版的由邵汉明主编的《中国文化精神》一书,将中国文化精神概括为7个方面:以人为宇宙中心的人本精神、"天人合一"的和谐意识、以"德行"为人生准则的道德意识、追求"天下有道"的理想主义、"力行为重"的实践品格、"圣人并包天地"的宽容品格、"万物一体"的整体思维。③ 这些梳理和归纳,其实并没有超出儒家的思想套路。对于新儒家的努力,年轻学者方朝晖指出:"20世纪中国新儒家在中学与西学、中国传统与西方现代性相结合方面所做的努力基本上是失败的。"④

在儒家思想的框架内解读和阐释中国文化精神的一切努力所以是失败的,所以是徒劳的,在笔者看来,是因为他们都是在排斥生长和长存于普通老百姓中间的和少数民族中间的下层文化,或民俗文化及其基本精神。下层文化,在有的地区,固然也多少受到过儒家思想的影响,但毕竟是部分的、有限的,而在有的地区或民族则干脆没有受到什么影响,甚至与儒家的思想背道而驰。那里的民俗文化精神与儒家影响下的上层文化精神是大异其趣的。广而言之,孕育与发生于原始农耕文明条件下的中国下层文化或民俗文化,即使到了现代社会,长期也未能完全摆脱靠天吃饭的状态,对大自然的依赖性很强,因此,人对自然的依赖和笃信,表现为自然信仰和多神信仰。在这样的条件下,群体意识和家族意识即使在今天仍然在或明或显地顽强延续着,最明显的是以聚落为单位的械斗现在还时有发生。家族族谱和家族祠堂至今仍然成为维系族内团结

---

① 汤一介《略论儒学的和谐观念》,《社会科学研究》1998年3月。
② 张立文《中国文化的和合精神与21世纪》,《学术月刊》1995年第9期。
③ 李治亭《〈中国文化精神〉出版》,北京市哲学社会科学规划办公室。
④ 方朝晖《从新儒家看中国现代学术的方向》,《世纪中国》(http://www.cc.org.cn/),查询日期:2001年7月6日。

的重要链条。这一点，与当前正在小型化的城市家庭模式（所谓"四二一"模式）是完全不可同日而语的，加之有些群体和民族，长期生活在温带气候下和山川阻隔的封闭丘陵地区，如此社会环境和自然环境，保持家族和家庭成员的延续是至关重要的。他们不仅祈求风调雨顺、谷物丰收，而且祈求人丁兴旺，家族不能断流，即使在今天一个家庭只准生一个子女成为国策的情况下，千方百计生育一个男儿，仍然是任何一个成年男子的潜在意识，因为他承担着家族延续和家庭延续的双重压力，只有家族的延续，种姓的延续，才有民族和国家的兴旺发达，这是人们的普遍观念。一切对天的祈望，一切人际的协和，一切与天的适应，一切勉尽的人事，等等，都是为了群体和个人的生存和发展，都是为了生命的延续和传递——归于一个思想：生生不息。因此，以生育信仰和生育崇拜为表征的生命意识，生生不息意识，自古以来就是中华民俗文化的精神。论者常说，中国人的宗教意识薄弱，缺乏经常性的宗教生活，因此，中国人特别注重家庭和人伦。这有一定的道理，但这是儒家的观念。要看到，在民间，在佛教和基督教传入之前，过去没有一神教的传播，多神信仰的宗教观念十分发达，道教是在民间信仰的基础上发展起来的。多神信仰经历过原始阶段而进入祖先崇拜阶段后，在现代社会中，也仍然具有顽强地坚守力，即使在十年"文革"无产阶级专政极其严酷的社会环境下，人们嘴上不说，而心中的家族观念和家庭观念仍然十分牢固，以家族延续和家庭延续为表征的生命意识和生生不息的观念依然不灭。这一点，是与西方的文化观念完全不同的。这种文化精神生长于民间，是富有勃勃生机的，旧儒学以"乱力怪神"为由加以排斥，自然不可能注意到它的积极性和生命力，新儒学也没有注意到，因为他们的眼光从来不投注于下层民间而总是流连于上层。社会虽然发展了进步了，但人们的心理并不会很快随着政权、法律等上层建筑的转换而戛然而止，相信现在也还并没有发生根本的改变。

生命意识，生生不息意识，这中华民俗文化的精神，不是无源之水，远可溯源于上古时代的女娲神话。中华上古神话中的女娲是人祖，是生殖之神，她用泥土造人，使人烟得以延续，宇宙得以存在。女娲所体现的生生不息精神，正是后来延续几千年而不灭的崇尚生命和生生不息的中华民俗文化精神的渊源。这种文化精神先于儒家而存在、而流行、而传布，与汉代以后才被尊崇为经典的儒家思想体系是没有什么承袭关系的，奇怪的是，现在有的学者竟然把女娲神话所体现的生殖意识、生命意识、生生不息观念，也拿来为儒家学说的"太和""调和持中""和合""普遍和谐"等服务，实在是令人哭笑不得。

在全球化的今天，中国文化再一次迎来了新一轮中西文化交流与碰撞的历史机遇。19世纪末到20世纪初，从帝制向着共和的转型期，这个问题曾相当地突显过，在中国的思想家中间出现了延续很长时间的"体用"之争。20世纪末到21世纪初，中国面临着现代化和全球化的形势，这个问题又突出起来了。但这一次机遇中，问题不再是中华文化与西方文化的融合消长，不再是中为体西为用这样单一的问题了，而是两个方面的问题：一方面，如何在中西文化交流和碰撞中保持中华文化的本位和独特性，又在碰撞、吸收、容纳、更新中发展自己，结果必须是文化的更新；另一方面，中华文化的内部如何整合，如何把以儒家思想体系为主体、以"调和持中""普遍和谐""和合"为其精神的上层文化，与以生命意识和生生不息为其精神的下层文化（民俗文化）整合起来，成为真正意义上的多元一体的中华文化。文化整合，是包括中国境内的文化和不同地域的海外华人文化在内的整个中华文化面临的大问题、大机遇、大趋势，当然也是我们的民族和国家在全球化时代和现代化形势下的国情和国运的大局。

就一般情况而言，民俗不是停止的，而是变动不居的，随着时代的脚步而发生着或快或慢的变迁。有些自然条件十分闭塞的地方，那里的民俗文化相对来说，发展变化的速度较慢，有的甚至几百年过去了，却还保留着往昔时代的一整套的民俗风情。最近，两位年轻的记者学人写了一本贵州安顺地区屯堡的文化人类学的书索序于我，书中所记录的当地的许多民俗事象，还是明代开国皇帝派去戍边的军人的后裔们保留下来的600年前的内地民俗。这种情况，几年前我在湖北省丹江口市的一个名叫吕家河的小山村里也见到过一例，而凡是现代化步伐较快的地方，那里的民俗文化则呈现出无可挽回的、削弱的趋势，特别是在全球化步伐空前加快的形势下，作为文化传统之一的民俗文化，至少是其中结构性较松散、稳定性较弱的那些部分，呈现出急速的变形或消亡之势。但我们完全可以乐观地说，现代化和全球化的进程，并不会把中国的文化，尤其是中国本土的民俗文化吞没和消灭，在这个问题上持悲观主义是没有道理的。不同民族的文化交流，从来只能是相互渗透和相互吸收，不存在一种文化消灭另一种文化的情况。我很赞成周谷城先生的见解："西方文化到中国来，中国文化到西方去，其结果如何呢？我是乐观派，在我看来，只会使双方的文化更为丰富多彩、更为进步，不会有消极的结果，不会破坏或有损于各自的固有文化。文化的发展，用损、益这两个字最为妥帖。文化的交流与发展绝不是谁吃掉谁，而是损益者有之。孔夫子说：'殷因于夏礼，所损益，可知也；周因于殷礼，所损益，可知也。'文化在历史上从来都是变化的，这种变化就是损益。东西方文化的关系，也只是损益，总的结果是双方都有提高，不会出现下坠的情况。中国引入西方科学技术、管理方法及法制精神等是提高；西方吸收中国哲学、文化艺术如《老》《庄》《周易》、诗、词、书、画、盆景、园林设计等，也是提高。当然，提高的程序性质不一。"① 如今的情况正是这样，一方面西方的文化，包括好莱坞电影、牛仔裤和麦当劳这样的异文化，汹涌而来，占领了有几千年文化传统的中国的文化市场空间；另一方面，中国的太极拳、丝绸刺绣、江南园林、中国餐饮等文化也进入西方文化市场，并受到广泛青睐。英文已成为世界性的语言，汉语在世界各地的传播势头也不可低估。有人说21世纪将是东方文化或中国文化的世纪，这种预言，固然不值得附和，但中国文化和东方文化，会越来越大地在世界上起着重要的影响，这一点是大概也是不必自谦的。中国的民俗文化是中国文化中相对比较稳固的层面，不大可能在西风欧雨吹来时，就能轻易地东倒西歪的，更不会在外来文化面前不击自垮的。中国民俗文化将以其生生不息的精神和民族独特性，成为中华文化中最灿烂的构成部分之一永存。

面对现代化对民俗文化的剧烈冲击，联合国教科文组织和我们国内有关机构都在为抢救和保护民间文化大声疾呼。当然，要完成这样艰巨而繁难的抢救和保护任务，是绝非民间组织所能胜任的，各级政府也要树立这样的意识和行动，用各种方式（包括建立民俗文化博物馆），尽其可能地把各民族各地区的民俗文化保存下来，使我们祖先传承至今的民俗文化及其精神长久不衰，才不愧对中华子孙。

需要附带说一说的是，我国各民族各地区的民俗文化及其文化精神，在我国人文学术界一直难登大雅之堂。致力于昌明儒家思想的国学研究者们轻视或忽略民俗文化，自是不必大惊小怪的，令人奇怪的是，一些研究民俗的人，也未见有谁人来探讨一下中国民俗文化的精神是什么，与国学家们所称的中国文化精神有何种异同，并从自己的学术立场给出一个说法。他们热心的是对具体的民俗事象的采集与阐释，而对民俗学与现实社会发展和国民现实生活的关系、对民俗文化与中国文化发展更新的关系这两大问题上，则不感兴趣，因而一向处于被孤立和被冷落的境地，是民俗学者们亲手铸造了民俗学学科的悲哀。现在恰逢全球化和现代化的大好机遇，应该是民俗学者们走出孤立和寂寞，大显身手的时候了。

四、关于移风易俗

德国古典哲学家黑格尔说："存在的就是合理的。"用于民俗领域，这一

---

① 周谷城《中西文化的交流》，庄锡昌等编《多维视野中的文化理论》第3页，杭州：浙江人民出版社，1987年。

理念也说得去，意即事物的产生有其合理性，但也还有另一条道理，即彼时彼地合理的事物，此时此地也许就变得不合理了。某种民俗事象是历史的产物，在其产生之时，是合理的，但随着时代的转换，本来合理的民俗事象，有可能变得不合理了，甚至有碍于群体和社会了。这是发展的观点。人们在研究它评价民俗时，要以历史的立场和发展的观点，才能真正认识它，才能把握其真谛。

在唯物主义历史观看来，民俗有良俗与恶俗之别，其主体部分是优秀的，有益于社会的，有益于人性的，但也有不良成分，如有些浸透了原始蒙昧主义和封建主义思想观念的民俗事象，对社会、对人性都是有悖的，如我们现在还能看到的某些民族的"神判"习俗。群体中出现了纠纷、丑行、错误乃至犯罪，往往要令当事者或犯罪嫌疑人从沸腾的油锅里捞某物件来断定是非，这种判断是非的办法，是以神的名义进行的，故被俗称为神判。有的民族，村寨里有妇女生育了六指一类的畸形儿，该妇女要被赶出村寨去坐月子，禁止村人与其来往，等等。这类的民俗事象，固然是在正义与愚昧双重力量的驱使之下产生的，在人类生存的一定阶段上是必然的，不可避免的，不用大惊小怪的，但在文明人看来，这无疑是有碍于社会发展和人性精神提升的。随着社会的进步，这一类的民俗肯定要被淘汰的。因此，对待个别的民俗事象和整体的民俗传统，如同对待一切传统文化和文化传统一样，要采取有分析的、批判继承的态度，扬弃其落后的或不适用现代社会的部分，继承和发扬其优秀的部分，以创造和丰富我们的社会主义新文化。无批判地肯定或不加分析地否定历史上传承下来的一切民俗事象和民俗传统的观点，都是不利于我们人类进步和社会主义事业的，因而是不正确的或片面的。

这里牵涉到所谓"移风易俗"的问题。从晚清起，一些受西方思想影响的思想家和维新政治家，就已经注意到并提出了"移风易俗"和"革除恶劣的旧习"的主张。尽管有的人并不是彻底的。当时他们大力推进的革除恶俗运动，主要是妇女缠足。妇女缠足的习俗始于南唐，降及清末，已经延续了上千年之久。戊戌年（1898）上海设立了天足会及不缠足会，特别是出现了李汝珍、康有为及其弟康有仁、梁启超、龚自珍等人的提倡，天足运动开始渐渐普遍和深入于民间。黄遵宪在湖南推行新政，以"凡托居地球，无论何国，其政教风俗，皆有善有不善，吾取法于人，有可得而变革者，有不可得而变革者"① 为理论，并与徐仁铸、谭嗣同等人创办"不缠足会"和"延年会"，提出"移风易俗，振兴国家"的口号。

---

① 黄遵宪《皇朝金鉴序》。

民俗与艺术

　　中国共产党登上中国政治舞台之后,在民主革命阶段,提出了打倒"三座大山"的纲领,对一些流行的恶劣习俗,以摧枯拉朽之势,进行了史无前例的扫荡。但在革命风暴中,也难免出现过激的、甚至"左"的思想和行动,"泼洗澡水时连孩子也泼掉了",破坏了一些优秀的民俗文化传统(如毁坏了一些寺庙家堂、民俗建筑,烧掉了无法计数的家谱,关押或杀了一些负载着丰富民族文化知识的巫师、祭司等),使我们的民俗文化出现了某些断裂。在改革开放的形势下,许多濒于消亡的民俗传统"春风吹又生",开始复苏,尽管这种复苏呈泥沙俱下之势,但总的来说是符合文化发展的规律的。

　　整个20世纪的一百年间,从执政者到学界对风俗、习尚的态度与政策,除了"文革"时期的"破四旧"运动外,尽管有起伏和差异,有激烈和舒缓,但移风易俗的大趋势却是一致的,也是不可阻挡的。但在自上而下地推行移风易俗方面的教训,主要是对传统文化的破坏,也是极为深刻的,不能不引起有识之士的反省。

2002年6月29日

　　(原载中国文联理论研究室编《当代文艺到底缺什么——第三届中国文联文艺评论奖文集》,北京:中国电影出版社2004年。本文发表于《报告文学》2002年第9期;《中外论坛》双月刊[纽约]2002年第5期。获2002年第三届中国文联文艺评论奖一等奖。)

文化对抗与文化整合中的民俗研究

一、中国现代民俗学的兴起与"20世纪民俗学"

中国是一个历史悠久、文化深厚的多民族国家。有史以来便有风谣民俗之记载和议论。《礼记·王制》:"天子五年一巡守。岁二月东巡守,至于岱宗,柴而望祀山川。……命太师陈诗,以观民风。"《礼记·缁衣》:"故君民者,章好以示民俗,慎恶御民之淫,则民不惑矣。"《史记·孙叔敖传》:"楚民俗,好庳车。"《管子·正世》:"料事务,察民俗。"《史记·乐书》:"博采风俗,协比音律。"《汉书·艺文志》:"古有采诗之官,王者所以观风俗,知得失,自考证也。"这些文字都是记述和议论风谣与民俗的。[①] 古籍所说的"民风",与我们今天采用的"民俗"这一术语,其含义是同一的。历代文人学者不仅保留下来了丰富的风谣民俗资料,而且还提出了相当完备的风谣民俗学术思想。殷商甲骨文里,就有"岁"这个字,我们依稀可以了解远古的"岁收"和"岁祭"的一套仪式民俗;[②] 甲骨的骨版中,有一片镌刻着以弓矢射麋于京室图,"可以窥见古时田猎献禽的遗俗"。[③]

如自然崇拜与祖先崇拜的关系。《论语·八佾》:"哀公问社于宰我,宰我对曰:'夏后氏以松,殷人以柏,周人以栗。'""社"是古代国家、聚落或族群举行集会和祭祀祖先的地方,社有社树和社石,以为社主,而不同朝代、不

---

① 参阅陶思炎《应用民俗学》第2—3页,南京:江苏教育出版社2001年;钟少华《试论民俗学词语概念的近代阐述》,《民俗研究》2002年第4期。
② 郭沫若《殷契粹编》第896号,北京:科学出版社1965年。
③ 饶宗颐《画颂·中国绘画的起源》第10页及附录《殷墟骨版图画》之五,台北:时报文化出版企业有限公司1993年。

同族群的社树是不同的，夏人的社树（即祭祀的社主）是松，殷人的社树是柏，周人的社树是栗。民族史和原始宗教研究证明了，自然崇拜先于祖先崇拜而出现，而树神——祖先神在"社"的出现与"社祀"仪式中的角色，在观念中把自然崇拜与祖先崇拜连接了起来或同一起来。

如民俗中的颜色崇尚。《礼记·明堂位》："夏后氏牲尚黑，殷白牡，周骍刚。"按：据《正义》，骍，赤色。"有虞氏祭首，夏后氏祭心，殷祭肝，周祭肺。"按：据清代朱彬《礼记训纂》注引方性夫曰："三代各祭其所胜，夏尚黑胜赤，故祭心。殷尚白胜青，故祭肝。周尚赤胜白，故祭肺。"

如民俗志文体的盛行。除《史记》等二十五史中的《礼仪志》《艺文志》《天文志》《食货志》等外，东汉应劭《风俗通义》、宋周密《武林旧事》、梁宗懔《荆楚岁时记》等汗牛充栋的笔记野史，以及浩如烟海的"地方志"中的"风俗篇"……对岁时风物、神话传说、风土物产、奇闻逸事、地理人文等诸种民俗事象的记述和搜罗甚为宏富，且有记述、有考论。尽管这类史书、笔记，特别是地方志中的风俗志，与我们今天所论之民俗学不尽相同，却无疑使中国古代民俗学成为一种特殊的文化传统。

自汉代以降，儒家思想和儒家文化在中国传统文化中的霸权地位，不仅饱含着民主成分的民间文化及其思想得不到以儒家思想为圭臬的上流社会及其知识集团的承认，中国古代民俗学及其思想遗产，也长期得不到健康发展，只能偏居于小说家杂事类或小说家异闻类的地位，且时断时续，若有若无。尽管上面说到古人为我们积累了历朝历代的民俗资料和有关民俗的论述，在这种历史背景下，中国古代的民俗学思想终因儒家文化的挤压，以及自身缺乏严整的学术体系，特别是缺乏现代思想——"民主与科学"的引导，而未能发展成为一门成熟的科学。到了19世纪末和20世纪初，洋人的坚船利炮震醒了沉睡的中国，西学东渐、人本主义、启蒙主义思想在知识界获得了大发展大传播，扭转了中国历史的航程，中国现代民俗学也就在此大情势下萌生了。

中国现代民俗学的兴起，学界一般认为肇始于1918年北京大学的歌谣运动，实际上，晚清末年是西学东渐的文化启蒙时代，民俗学的思潮和理念就已经从西方传到中土来了。21世纪新千年到来之际，笔者曾写过一篇题为《民俗百年话题》的文章，阐述了我的"20世纪民俗学"观。在此，不妨把那篇文章中有关文字引在下面：

> 关于中国现代民俗学的发轫期，此前民俗学界似已形成共识：中国现代民俗学发端于'五四'新文化运动前后。具体地说，是1918年2月北京大学歌谣征集处的成立，由刘复、沈尹默、周作人负责在校刊《北大

日刊》上逐日刊登近世歌谣。1920年冬歌谣征集处改为歌谣研究会。两年后创办《歌谣》周刊，出版了97期，后并入《国学门周刊》（后再改为月刊）。1923年5月24日又成立了风俗调查会。中国现代民俗学在发轫初期，基本上限于歌谣或其他民间文学的收集和研究，逐渐扩大到风俗和艺术的收集研究。

近年来，一些文学史家提出了"20世纪文学"的概念，几部题为《20世纪文学史》的著作也相继出版，以五四为开端的现代文学史的格局，正在失去大一统的地位。文学史写作的这种思路的出现，也给民俗学史学者们以启发："20世纪民俗学"这一概念是不是更切合科学的真实？

需要指出的是，中国现代民俗学的滥觞，实际上确比五四新文化运动更早，应在晚清末年。从文化发展的一般道理上说，五四新文化运动是划时代的，但它不是突发的、孤立的事件，而是以科学、民主为核心的新思潮积累到一定程度才爆发起来的。从20世纪初起，严格地说，从1898年维新运动及其失败之后，西学东渐，对抗传统的新思潮一浪高过一浪。政治领域里改良派发动的维新运动和革命派发动的推翻帝制的革命运动，文化领域里旨在对抗旧传统而兴起的白话文、通俗小说等文化浪潮，为五四运动的爆发作了铺垫和积累。中国现代民俗学，正是在晚清的改良派和革命派这两股势力从政体上和文化上改变中国传统社会的情况下肇始，而在五四运动爆发及其以后，汇入了文学革命的洪流中去，成为文学革命的一支的。

晚清时代，中国的政治处在激烈的动荡和变化之中。文学史家陈子展先生在其《中国近代文学之变迁》（1929）一书中说："所谓近代究竟从何说起？我想来想去，才决定不采取一般历史学家区分时代的方法，断自戊戌维新运动时候（1898）说起。……中国自经1840年（道光二十年）鸦片之战大败于英，……尤其是1894年（光绪二十年）为着朝鲜问题与日本开战，海陆军打得大败，以致割地赔款，认罪讲和。当时全国震动，一般年少气盛之士，莫不疾首扼腕，争言洋务。光绪皇帝遂下变法维新之诏，重用一般新进少年，是为戊戌维新运动。这个运动虽遭守旧党的反对，不久即归消灭，但这种政治上的革新运动，实在是中国从古未有的大变动，也就是中国由旧的时代走入新的时代的第一步。总之，从这时候起，古旧的中国总算有了一点近代的觉悟。所以我讲中国近代文学的变迁，就从这个时期开始。"有学者指出，陈先生的指定未免过于笼统。认为，中国新文学的起点不是戊戌维新运动，而是它的失败之日。① 维新变法虽只有百日，但维新运动的彻底失败，在1900年。应该承认，这个修正是有道理的。戊戌维新运动失败之后，中国思想界和学术界的思想变得深沉而活跃了。西方的或外国的文化思潮对中国知识界发生着重大影响。失败后逃往东京的梁启超后来说："既旅日数月，肄业日本之文，读日本之书，畴昔所未见之籍，纷触于目；畴昔所未穷之理，腾跃于脑。如幽室见日，枯腹得酒。"② 说明了维新运动失败之后知识界思想界所起的变化。中国文化从此真正进入转型期。中国的现代民俗学，正是在这样一种社会政治情景下和文化转型期里产生的。

关于中国现代民俗学的滥觞期的时限问题，民俗学（民间文艺学）界早就有人在思考，并且早已提出新的见解来了，不过由于当时社会政治时机的未成熟和表述语言的欠明确，而没有受到学术界的注意和响应而已。钟敬文先生早在60年代发表的三篇关于晚清民间文艺学的文章，③ 就提出了这个问题。时过40年后，他在《建立中国民俗学学派刍议》中说："其实，严格地讲，中国的科学的民俗学，应该从晚清算起。""在中国的晚清时期，西方殖民主义的足迹已经到达了亚洲和非洲等的许多国家，直至第一次世界大战爆发，整个世界的格局都在动荡。它激发了被压迫民族的反抗情绪，也改变了人们认识世界的方式。在这一时期，中国梁启超、严复、黄遵宪、蒋智由、鲁迅等一批有识之士，成了近代思想革命的先驱。他们在知识上学贯中西；但在实践上却强调西学中用，服务于本民族的国家社会的改造，为此，他们对于民俗也有了比过去时代不同的看法，发现了民俗在保持和兴建一个既非西化、也非自我封闭的新社会的进程中，能够发挥重要作用。他们所大力提倡的新思潮、新文化里面的一个'新'字，正是在这个意义上提出来的。他们当时阐释民俗所运用的概念和方法，借鉴了西方的社会人文科学的学说，则显示了近代学术的性质。因此，这一时期中国知识分子对民俗的理性认识，和春秋时代一样，是社会意识形态转型时期的产物；但在性质上，两者又有了实质性的差别。晚

---

① 孔范今《新文学史概念提出的依据和意义》，《20世纪中国文学史》第22页，济南：山东文艺出版社1997年。
② 梁启超《饮冰室诗话·七七》。
③ 指作者的《晚清革命派著作家的民间文艺学》《晚清革命派作家对民间文学的运用》《晚清改良派学者的民间文学见解》，以及写作于60年代而发表于1980年的《晚清时期民间文艺学史试探》等文章。后收入钟敬文《民间文艺学及其历史》一书中，济南：山东教育出版社1998年。

清时期的民俗学,是与五四新文化运动相接续的,它是中国现代民俗学的一个组成部分"。①

我很赞成钟先生关于中国现代民俗学的肇始的见解。1992年12月15日,中国俗文学学会在北京大学召开的纪念《歌谣》周刊创刊70周年暨俗文学学术研讨会,笔者在向大会宣读的题为《中国民俗学的滥觞与外来文化的影响》的论文里提出,中国现代民俗学运动,是在20世纪初一批眼界开阔、知识深厚、思想进步的哲学家历史学家政治家外交家们掀起猛烈的反孔运动,抨击摇摇欲坠的中华帝国的种种弊端,呼吁参照西方社会模式改造中国、疗救中国的新思潮和启蒙运动中诞生的。我把较早地接受了日本和西方民俗学熏陶的周作人所翻译的英国小说家罗达哈葛德和英国人类学派民俗学家安德鲁·兰根据神话合作撰写的《红星佚史》一书(商务印书馆1907年11月,上海,《说部丛书》第78编)写的序言,认定为中国最早出现的民俗学理论文章。②1995年5月,正值对中国民俗学运动,特别是开民俗学田野调查之先河的1925年顾颉刚先生一行的"妙峰山进香庙会调查"70周年时,中国旅游文化学会旅游民俗专业委员会在北京召开"中国民俗论坛"学术研讨会,我再次捡起这个三年前作过但意犹未尽的题目,作了一篇《世纪回顾:中国民俗学面临的选择——为顾颉刚等妙峰山进香调查70周年而作》提交大会。③在该文中,我根据马昌仪在《中国神话学文论选萃》中提供的材料,修改了以前的看法,把蒋观云(智由)发表于1903年《新民丛报·谈丛》第36号上的《神话·历史养成之人物》,指认为中国现代民俗学最早的论文,于是把我认为的中国民俗学发端的年代提前到了1903年。陈建宪的《精神还乡的引魂之幡——20世纪中国神话学的回眸》一文,也持这种说法。

近几年来的研究工作,使"百年民俗"问题有了新的进展。对黄遵宪的研究,使我们有理由认为,他是"前五四时期"中国民俗学的一位重要的先驱。黄遵宪,在政治上是个改良派,但并不妨碍他在民俗学理论上和民俗学实践上所作出的建树。他兼有政治家、外交家、诗人和学者的多重素质和身份,不仅有中国传统文化的修养,而且深受西方和日本资产

---

① 钟敬文《建立中国民俗学学派刍议》(撮要)。
② 拙文《中国民俗学的滥觞与外来文化的影响》,收入《中国俗文学七十年》(吴同瑞、王文宝、段宝林编)第13—14页,北京大学出版社1994年。
③ 拙文《世纪回顾:中国民俗学面临的选择》,《民俗研究》(山东大学主办)1995年第3期;收入《妙峰山·世纪之交的中国民俗流变》(刘锡诚主编),北京:中国城市出版社1996年。《广东民俗》杂志主编刘志文又将其转载于该刊1998年第3、4期上。

阶级学术思想的浸染。1877年出使日本任参赞，其间在当地作民俗学调查并于1887年完成《日本国志》（包括《序》《学术志》和《礼俗志》）。1897年在湖南推行新政，大刀阔斧地进行的移风易俗改革，实现他的"治国化民""移风易俗"的民俗观和政治社会改革抱负。在文学创作上，他以家乡客家人的民俗为本，创作了具有民俗风味的《己亥杂诗》及诗论。他说："虽然，天下万国之人、之心、之理，既已无不同，而稽其节文，而乃南辕北辙，乖隔歧异，不可合并，至于如此；盖各因其所习以为故也。礼也者，非从天降，非从地出，因人情而为之者也。人情者何？习惯也。川岳分区，风气间阻，此因其所习，彼因其所习，日增月益，各行其道。习惯既久，至于一成而不可易，而礼与俗皆出于其中。"他又说："风俗之端，始于至微，搏之而无物，察之而无形，听之而无声；然一二人倡之，千百人合之，人与人相接，人与人相续，又踵而行之，及其既成，虽其极陋其弊者，举国之人，习以为常；上智所不能察，大力所不能挽，严刑峻法所不能变。"①他还自称"外史氏"，在所供职的日本国，"采其歌谣，询其风俗"，并"勒为一书"。所有这些，特别是《日本国志》一书，都应看作是中国现代民俗学早期阶段，即"前五四时期"民俗学的重要遗产。黄遵宪关于民俗学的关注以及论述，显示了他对民俗的本质和社会功能的真知。尽管近年来也有人写过有关黄遵宪民俗学思想的文章，②但遗憾的是，民俗学界似乎并没有给他在中国现代民俗学形成初期的地位和作用以足够的重视。

1900年维新变法失败，八国联军入京。留日学生戢翼翚于同年在日创刊《译书汇编》月刊，系统介绍西学，是为我国近代第一份哲学社会科学综合杂志。梁启超逃亡日本，于1902年在横滨创办《新民丛报》半月刊，发表维新派政论，介绍西方资产阶级政治，抨击封建顽固派，也发表维新派诗人的作品文章。蒋观云于1902年将自己介绍西方文化和进化论思想所撰之人类学、社会学、民俗学的文章，集为《海上观云集初编》交付出版。③在该书《风俗篇》里，蒋观云对风俗的形成和社会作用发表了系统的意见。他说：'国之形质，土地人民社会工艺物产也，其精神元气则政治宗教人心风俗也。人者血肉之躯，缘地以生，因水土以为性情，因地形以为执业，循是焉而后有理想，理想之感受同，谓之曰人心，人心

---

① 黄遵宪《日本国志·礼俗志》。
② 参阅杨宏海的《黄遵宪与民俗学》，《中国文化》（研究集刊）第2辑，上海：复旦大学出版社1985年。
③ 蒋观云《海上观云集初编》，上海广益书局1902年（光绪二十八年）。

之措置同，谓之曰风俗，同此人心风俗之间，而有大办事之人出，则政治家焉。……大政治家、大宗教家，虽亦以其一己之理想，欲改易夫人心风俗……是故人心风俗，掌握国家莫大之权，而国家万事其本原亦于是焉。'他的风俗观，旨在从中西风俗的比较中，强调中国人的风俗有亟待改革的必要。他说："安田里，重乡井，溪异谷别，老死不相往来以为乐者，中国人之俗也；而欧洲人则欲绕游全球，奇探两极，何其不相类也。重生命，能屈辱，贱任侠而高名哲，是非然否，争以笔舌，不争以干戈者，中国人之俗也；而欧洲人则知心成党，留学为荣……事一人之事业，一人之业，朝政世变，则曰吾侪小人，何敢与者，中国人之俗也；而欧洲人……人人有国家之一份，而重有国家之思想……"等等。"今夫中国，风教固已相安，制度固已相习，使早能锁国，果能绝交，虽循此旧俗，无进步之可言。"他的结论是："中国入于耕稼之期最早，出于耕稼之期最迟。""数千年便安之风俗，乃对镜而知其病根之所在"。1902年冬蒋赴日，在梁启超主编的《新民丛报》作编辑，并于1903年在该刊《丛谈》上发表了《神话·历史养成之人物》一文。① 这篇文章被学界认为是最早的神话学论文（按：近据友人告，清廷税务总署于光绪十一年（1885年）活版印刷出版的英人艾约瑟应赫德之请所撰《西学略述》第55页辟有《风俗学》一节，应为目前所见最早提到和论述"风俗学"［民俗学］的文字。此书于1896年由上海著译书堂重版。——刘）。

王国维、梁启超、夏曾佑、周作人、周树人、章太炎等，相继把"神话"作为启迪民智的新工具引入文学、历史领域，用以探讨民族之起源、文学之开端、历史之原貌。② 晚清末年，革命派"驱逐鞑虏"的反清情绪和政治运动，也直接激发和推动了神话学和民俗学的发展。章炳麟、刘师培、黄节等以民族主义的立场，对感生神话和图腾主义的研究和阐释，除了对民俗学、神话学等学术思想的推进外，还用来从政治上指斥异族统治者的民族压迫。……晚清时期，无论是改良派还是革命派学者们，虽然他们不是专门从事民俗学的研究者，但他们关于民俗学的理论和实践，都是为他们张扬的资产阶级民主主义理想服务的，无疑也催生了或奠定了一门新的人文学科——现代民俗学的基础。

本文的重点在于探讨中国现代民俗学的滥觞期问题，对于20世纪初

---

① 蒋观云《神话历史养成之人物》，原载《新民丛报·丛谈》第36号，1903年；又见马昌仪编《中国神话学文论选萃》（上册），北京：中国广播电视出版社1994年。
② 马昌仪《中国神话学发展的一个轮廓》，《中国神话学文论选萃·序言》，北京：中国广播电视出版社1994年。

期到1919年五四新文化运动之间民俗学的开展，不可能占用很大篇幅来论述。比如蔡元培先生、鲁迅先生在民俗学方面的贡献。

五四新文化运动的历史意义在于，它是一次思想革命、语言革命和人性解放的革命。晚清近20年间在外来文化的影响下萌生和成长起来的中国现代民俗学，虽然在学理上还显得幼稚，却因其以蕴藏在普通老百姓中间、对民族团结和社会整合起着重要作用的民俗事象（特别是民间文艺）为对象，而对抨击和对抗封建思想、拯救人的灵魂起着更为深入的作用，所以在五四新文化运动前后，受到了许多进步知识分子的重视，并纳入新文学运动的洪流之中，成为新文学的一翼，得到了迅猛的发展。这也就决定了中国现代民俗学从这时起，暂时放弃了从西方移植来的在文化人类学的学理方面的探讨，而转向了主要以文化对抗和心灵教化为指归的民间文艺的搜集研究为方向的发展道路。①

最近，在梳理和研究中国民间文学学术史的过程中，又发现了新的有趣材料。笔者所见，最早使用"神话"这个词汇的中国学者，其实并非蒋观云，而是梁启超。梁启超亡命日本之后，于1902年1月在东京创办《新民丛报》，继续进行文化革命宣传，提倡民族主义。该刊从1902年2月8日起开始连续刊载他写的系列文章《新史学》，从而拉开了继1896年在《时务报》发表的《变法通议》系列文章之后的第二次文化革命行动。《新史学》系列文章中有一篇题为《历史与人种之关系》，他在该文中第一次使用了"神话"这个新的名词。他写道："当希腊人文发达之始，其政治学术宗教卓然笼罩一世之概者，厥惟亚西里亚（或译作亚述）、巴比伦、腓尼西亚诸国。沁密忒人（今译闪族人——引者），实世界宗教之源泉也，犹太教起于是，基督教起于是，回回教起于是。希腊古代之神话，其神名及其祭礼，无一不自亚西里亚、腓尼西亚而来。"②在没有发现更早的材料之前，我们姑且认定他是第一个使用"神话"这个词汇的中国人。梁启超以要强大中国必应提倡民族主义为指归的"新史学"观，显然是在当时日本明治维新领袖们的思想影响下形成的，在思想上对陈独秀等人领导的五四新文化运动起了奠基的作用，然而他的"新史学"观也因其将几千年的中国文化定位为"封建专制文化"而发生过不可忽视的负面影响；他关于神话和宗教的观点，显然也受到了当时在日本有很大影响的欧洲人类学派神话学的影响，以进化论的观点反观人类神话与宗教等文化

---

① 引自拙文《民俗百年话题》，《民俗研究》季刊2000年第1期，山东大学主办。
② 梁启超《饮冰室文集》第34卷，又《梁启超史学论著四种》第255页，长沙：岳麓书社1985年。

现象的嬗变，但他也或多或少地宣扬了"欧洲文化中心"论的观点。梁启超的"新史学"观，显然包含着很不成熟的方面，后来，1921年写的《中国历史研究法》，1922年写的《太古及三代载记》，1926年写的《中国历史研究法补编》，对早年《新史学》的偏颇做了修正。

此后，"神话"一词，便通行于当时出版的人文著作之中。同年，同时被称为"近世诗界三杰"之一的夏曾佑，出版了我国近世第一部史学专著《中国古代史》〔关于该书的出版年代，学界众说纷纭。有说是1902年的（倪墨炎）；有说是1904年的（方鸣）；有说是1905年的（钟敬文）〕，辟出五节文字专论神话的起因和特点，并指出三皇五帝之说不过是中国历史上的一个"传疑时代"。1903年，蒋观云发表了上面提到的《历史·神话养成之人物》一文；蔡元培据夏田次郎日译本转译的科培尔著《西学略述》（商务印书馆光绪二十九年〔1903年〕9月出版）中第一次采用了"神话学"这一专有词语；高山林次郎撰《世界文明史》（译者兼发行者：作新社。光绪二十九年〔1903年〕7月25日印刷），第一次引进了在西方已经流行的"比较神话学"这一专有名词，作者还运用欧洲进化论的理论，阐述神话在历史发展中的作用，甚至也有保留地借鉴了马克斯·缪勒的"语言疾病说"理论。①

新发现的这些材料，为"20世纪民俗学"概念站稳脚跟，又增添了一份证据。尊重和探索历史发展的本来逻辑，把"戊戌维新运动"的失败（1900年）看作是中国现代民俗学的起点，树立"20世纪民俗学"观，应该是证据确凿、顺理成章的事。如此，中国现代民俗学至今已经走过了整整一个世纪的里程。

二、中国现代民俗学的特点

中国现代民俗学的特点是什么呢？

中国现代民俗学是在19世纪末西方民俗学、人类学、社会学等学术思想影响下诞生的，但由于中国文化渊源的深厚，中国现代民俗学一经诞生就按自己的道路发展，并不是完全照搬西方的模式走下去。我们常说：中国人有一个健康的胃。意思是说，中国人能够消化所吸收进来的一切外来文化，把他人的筋骨变为自己的血肉。中国民俗学的发展正是这样的。

西方民俗学的诞生，有其特殊的政治和文化背景。一方面，民俗学的产生

---

① 详见拙文《梁启超：第一个使用"神话"一词的人》，《今晚报·副刊》2002年7月9日。

民俗与艺术

适应了欧洲大陆长期神权统治的崩溃，人权得到尊重和张扬，浪漫主义思潮狂飙突起等政治、宗教、文化氛围；另一方面，又适应了欧洲殖民主义海外扩张的霸权政策改变的需要。忽略了这些背景因素，就无法看清晚清中国知识分子的先进人物在移植西方民俗学时的心态和作为。20世纪20年代末，江绍原发动的关于民俗学的名称问题的讨论中，有的学者就指出："Folklore 之成为一种学问，始定于 N. G. Thoms 创这个名词起，时代是 1846 年，那时正是帝国主义的殖民政策改换的时期。此前的旧殖民地政策，前期目的只是掠夺当地的人民，在欧洲外的殖民地上，用直接抢劫，奴使种种方法所获的财富，归到欧洲去变为资本。这时的新的殖民地政策，主要的是以掠夺殖民地为任务，是要把这些殖民地变作销货市场及原料的源泉与移植资本的地方。因此，要明了一个殖民地，一个种族的习俗，以为利用，破坏之用的研究，成为必要，而民俗学便合乎时宜地产生了（所以现在《大英百科全书》里面，Folklore 条下还有一句定义云：'The Learnins of the Uncultured；……'）。那时又正是英法两国争取殖民地的时候，结果是英国占了优势，而民俗学之于英国产生也不为无因。总之，Folklore 是有用的一种学问。"①

西方的民俗学、人类学、社会学，把存在于未开化民族中的民俗事象，作为研究社会发展和人类思维的资料，毕竟在中国留学生和眼界开阔的知识分子们的面前展开了一片新的天地，于是在晚清受到一些中国学者的推崇，将他们的理论和方法搬进来，借以解释中国的民俗和神话，并遵循"经世致用"的思想，运用于中国政治生活和移风易俗的实践。西方的理论和方法，特别是田野调查的方法，又毕竟与中国传统的"采风问俗"模式有所不同，由于中国的"采风问俗"，体现为一种从统治者或替统治者服务的士人出发的居高临下的搜集模式，目的是为了"观风俗，知得失"，改善和延长其统治，因此，西方资产阶级学者的搜集研究模式引进后，很快便被实用主义的中国人将其与中国当时的政治斗争挂起钩来，如一方面在社会上推行移风易俗以强国，一方面政治上利用神话以反清朝统治等。

"前五四时期"的中国现代民俗学，是在资产阶级旧民主革命的腥风血雨中萌生的，因此，它天然地显示出三个特点：一是强烈的反封建、反民族压迫的民族主义色彩；二是服务于治国化民、移风易俗的政治理想；三是在以神话学为先导的民俗学学术框架和与社会现实建立密切联系的思想指归。但"前五四时期"的民俗学，毕竟还处在初创时期，一方面吸收西方学术思想而又

---

① 樊演《关于民俗》（1930年），见［英］瑞爱德著，江绍原译《现代英国民俗与民俗学》第320—321页，上海文艺出版社1988年影印本。

多未能消化，另一方面紧紧地从属于政治斗争，因而学科意识薄弱，学科建设有意无意地被忽略，始终没有能够建立起比较严整有序的学科体系。

五四新文化运动是中国近代史的一个转折，也是中国文化史的一个转折。经过十年的探索之后，到五四运动爆发，中国的民俗学出现了新的思想。新文化运动的一个主要的思想是反传统。我认为，五四新文化运动的反传统，其锋芒所指，主要是反孔教、反儒家的思想体系，而不是把一向被儒家所贬抑的民间文化也一股脑儿打倒或消灭掉。这当然不是说儒家学说没有值得和应该肯定的东西，而是要反对和推倒儒家学说中那些越来越僵化的东西和使广大民众陷入愚昧的东西，推倒旧（封建）礼教中的那些束缚民众思想和蔑视人权的东西。废除八股文，提倡白话文；打倒圣贤文化，提倡民众文化等等。把圣贤文化和民众文化对立起来，打倒前者，张扬后者，这是何等了不起的文化革命思想！中国的现代歌谣运动（民俗学运动），正是在这样的文化革命思想和背景下，在文化革命战士们的大声疾呼中才登上了北京大学这样的"大雅之堂"的。试想，1918年，还在五四运动爆发的前一年，刘半农就在沈尹默等北大教授们的共谋和支持下，把从"草民""群氓"中搜集来的歌谣陆续选登在《北大日刊》上，使这本应是圣贤文化的舞台，成了无知识的民众的舞台，这需要多么大的气魄和信念呀！

1922年12月17日，周作人为《歌谣》所写的发刊词中说："本会搜集歌谣的目的共有两种，一是学术的，一是文艺的。"中国古代有"察政教，观民风"的传统，把歌谣的文艺教化功能看得相当重要和突出。因此，尽管周作人把"学术的"目的列为第一位，"文艺的"目的放在第二位。这"学术的"目的也只是限于把歌谣当成"是民俗学上的一种重要资料"，并没有把本应属于民俗学的传统信仰、风俗习惯，更没有把物质民俗和社会制度等内容包括进来。在中国民俗学的发展历史上，从北大歌谣征集处到歌谣研究会到《歌谣》停刊，甚至到顾颉刚他们南移中山大学，钟敬文办《民间文艺》，在这很长的一段时间里，民间文艺搜集研究主要是以文化对抗和心灵教化为思想指归。这期间，虽然有张竞生等创立的风俗调查会的成立，有顾颉刚等的妙峰山进香庙会的信仰民俗调查，以民间文学（文艺）搜集研究为学科的特点或重点及其思想指归，并没有什么大的改变。到30年代后期，钟敬文（从日本归来，带来了日本民俗学的许多新理念和经验）、娄子匡在杭州的民俗活动；更晚些时候，杨成志、杨堃分别在南北两地对外国民俗学理论的传播和实践；抗战时期，在大西南分别有吴泽霖等为代表的民族学派和闻一多、朱自清、光未然等为代表的文学学派的继续和发扬；抗战胜利后，在上海有以丁英（丁景唐）、薛汕、马凡陀等为代表的民歌社征集全国民歌和传说，在延安有以何其芳等为代表的鲁艺的陕北民歌的搜集活动，凡此等等，其指导思想陆续发生了分歧，分成了两路：一路仍然坚持文艺的（主要是以传说、歌谣等口承文学的搜集研究为主要对象，指导思想没有大的转变），这一路一直是主流；一路则改换为学术的（以搜集研究民俗为基本对象，其指导思想，放弃了为文艺发展和民众教化的目的，而借重和靠近西方的人类学研究）。从这种情况中，可以看出，中国民俗学的这些特点的形成，绝非一人之力所能奏效，而是受到两方面力量的左右：一方面，中国传统的文化观念和谣俗理念的传统和惯性很难割断；另一方面，早期汤姆逊提出的"民俗"定义和英国民俗学会的章程，对初具开放意识的中国民俗学者们发生了巨大吸引力。

20世纪的后50年，以"文革"的结束为界，分为前后两个阶段。"文革"前，政治上"左"的思想路线和学术上的教条主义与庸俗社会学，给民俗学带来了毁灭性的灾害，民俗学成了资产阶级学术的对应词被无端取消，民俗学只剩下了民间文艺的搜集和研究，民歌、民间故事等被冠以劳动人民口头创作，被纳入了"为政治服务"的文艺体制，发展到只有庸俗社会学和文艺"工具论"的阐释，才是被允许的。研究民众的民俗生活，特别是民间信仰等民间精神文化的任务和功能，从其他学科的角度（如社会学、民族学、思维学角度）阐释民间精神文化的任何研究，都彻底被否定和取消了。当时，虽然在政治和经济上"一边倒"，向苏联学习，也陆续介绍过一些苏联当时的民间文学和民族学论著，但人家的学术性高的著作，基本上没有介绍过来，从民族学角度研究民间文化的著作，我们的学者更无缘相见。这就是说，在民间文艺领域里，学苏联也只是皮毛而已。传统的民众思想教化，在推进社会主义和共产主义旗帜的掩盖下，被推到了极致。中国现代民俗学，与社会学一样，经历了一个长达30年的愚昧期和荒漠期，导致专业人才和学术研究双断档，与世界学术的发展拉开了很大的距离，处于封闭状态。

在改革开放的近20年多来，中国民俗学进入了一个复兴和发展的时期，也是"百年民俗"这一漫长里程中最好的时期。这一点是无可怀疑的。有论者认为，中国民俗学已进入了成熟期或成年期，其根据是在两个方面取得了重大成就：其一，近年出现的作为集录成果的风土志和民间文艺作品集成。其二，全国性的和地方性的学术研讨会上提供的论文和一些学者所撰写的关于民俗事象的研究著作。"大致上说，我们今天的理论成果，已经走近了它的成年期。"[①]这种估计，如果是作为对学界的鼓励固然是很好的，但作为冷静的学术评价则显得过于乐观了。然而，我们看到，作为专业民间团体的中国民俗学会

---

① 钟敬文《民俗学概论·序言》，上海文艺出版社1998年。

的第四次会员代表大会和第五次会员代表大会的主旨报告,也都一再重申了这个估计。①

对此,学界存在着不同的估计和声音。一种意见认为,中国民俗学在新时期虽然取得了很大成绩,但在考古学、民族学的挑战面前,还存在着若干重大不足。宋兆麟先生的《中国民俗学向何处去?》文章说:"近几十年来,我国有两个学科有突飞猛进的发展,对民俗学提出了挑战。一是考古学的重大发展。整个中国上古史将因这些重大发展而重写。它对民俗学的冲击不仅是资料问题,还有传统的理论和研究方法,不少传统的观点需要修正。如顾颉刚为代表的古史辨派的某些神话学观点就需重新加以审视。但不少民俗学研究者对考古新进展知之甚少,或敬而远之,未能充分加以利用。二是民族学资料的新发现。近年来不少民族学者深入民族地区调查,填补了过去的许多空白,加上理论上的活跃,出版了大量调查报告、学术专著和论文。民族学里有许多民俗资料,尤其是早期阶段的民俗资料。""面对考古学和民族学的挑战,民俗学存在着四个方面的不足,即第一要开展交叉研究,借鉴其他学科的研究方法;第二要扩大民俗学研究领域,调整民俗学研究方法,扩大研究范围,提倡开展立体研究和跨学科研究;第三要重视田野调查工作,比较起考古学界来,民俗学界的田野工作显然开展不够。田野工作关系到抢救民俗文化、培养新一代学者,深入研究民俗文化的大问题,必须把田野工作提高到应有的高度,每一个民俗学者都应该有自己难忘的田野工作经历;第四要加强应用民俗研究。"②

另一种意见指出,中国民俗学是先天不足,后天失调。上海民俗学者仲富兰在其《中国民俗文化学导论》(浙江人民出版社出版)中表述了这一看法。他认为,中国民俗学,一、理论准备不足。当时迫在眉睫的亡国灭种的危机,使中国民俗学的先驱者们不可能像西方民俗学家们那样从容不迫地进行长期的理论准备工作。二、发端于文学而又未能跨出文学的视野,民间文艺的研究代替了民俗学的研究。这是中国民俗学难以在学术界形成它独立地位的重要原因之一。三、中华人民共和国成立后,中国民俗学在相当长的一段时间内受到冷落,同时又受苏联民俗学体系的影响,长期徘徊不前。四、从世界范围民俗学

---

① 钟敬文《建立中国民俗学派·正文篇》(最初题为《建立中国民俗学派刍议》,出版时改为此题,黑龙江教育出版社 1999 年);刘魁立《中国民俗学会第四届理事会工作报告》(网上"刘魁立"项下发布,2002 年)。

② 宋兆麟《中国民俗学向何处去?》《广西民族学院学报》1997 年第 1 期。《民间文学论坛》1997 年第 2 期有该文摘要。另以《积极开展民俗文物研究》为题,收入钟敬文主编《民间文化讲演集》(中国首届民间文化高级研讨班)第 121—127 页,南宁:广西民族出版社 1998 年。

民俗与艺术

知识产生的背景来考察，中国传统的民俗学，无论在研究主体和客体诸层面上，都显得捉襟见肘，力不从心。①

诚然，近20年来，我国民俗学的学科原理建设，特别是对一些民族和一些地区的民俗事象的调查与搜集，取得了前所未有的成绩。由于历史的和文化的原因，我国的民俗学实际上仍然是在沿着两条相互有别，又相互交叉的轨道在发展。一条是民间文学的搜集与研究（有学者称之为文本式的），一条是风俗习惯、社会制度和精神文化的调查与研究（有学者称之为民族志式的）。②这个格局或传统，如上所说，是20世纪30—40年代形成的，现在还在延续着，而这种格局的形成，也在某些方面，在某种程度上，形成了学术理念和研究方法上的差别。前者是指以文化部所属的艺术研究院和中国文联所属的专业协会组织实施的十套民间文艺集成：中国民间文艺家协会组织的《中国民间故事集成》《中国歌谣集成》和《中国谚语集成》；中国音乐家协会组织的《中国民间歌曲集成》《中国器乐曲集成》《中国曲艺音乐集成》；中国艺术研究院舞蹈研究所组织的《中国民间舞蹈集成》；戏剧研究所组织的《中国戏曲志》和《中国戏曲音乐集成》；曲艺研究所组织的《中国曲艺志》。这十套大书，是20世纪组织出版的最具规模的民间文化工程。据最新报道，至1999年5月统计，已出版的达142卷（预计全部300卷将于2004年出齐）。③这些集成的材料，来自地方文化干部和专家在统一的指导思想规范下进行的田野调查，是20世纪100年中实施并完成的一项宏大工程，实属难能可贵。后者是指民俗研究者的田野调查。与前者相比之下，虽然有很大进展，出现了如张振犁主持的中原神话的田野调查，姜彬主持的吴越文化与江南信仰民俗的大型研究课题，但仍显得既缺乏全面规划，也多少缺乏理论意义上的新发现。作为题外话，在民俗调查方面，不能忽略的是台湾"清华大学"人类学系的王秋桂教授自1989年起，历时十载，围绕着实施"中国地方戏与仪式之研究"课题，在我国大陆地区所做的以傩戏仪式的田野调查，其调查报告分别出版了80册，也堪称是20世纪中国民间文化的最宏伟的田野调查工程之一。

至于中国现代民俗学，未能脱尽以民间文艺研究为主要构成的学科格局问题，其成败得失，当然还可以讨论。近读报刊文章，对近20年来刚刚兴起便方兴未艾的文化人类学的批评中，有一种意见，就是对抛弃中国以神话和其他

---

① 仲富兰《中国民俗学：先天失调，后天不足》，据《文汇读书周报》1999年1月16日第1版摘要。
② 董晓萍《民族志式田野作业中的学者观念》，《北京师范大学学报》1998年第6期。
③ 据《中国艺术报》1999年5月7日头版发表本报记者丁洁报道《十部文艺集成资料严重流失》。

民间文艺研究为起点的文化研究格局的倾向,而迎奉和全盘接受西方文化人类学的思想和体系的批评。这种学术讨论,是否也可以作为民俗学界的一个参照呢?

三、文化对抗与文化整合中的民俗研究

尽管我国民俗学取得了长足的发展和可观的成就,但笔者要指出的是,民俗学家们虽然在近20年中在极力争取学科应有的地位,但现在的学科处境却十分令人担忧。何忧之有?最突出的问题莫过于:(1)下与民众的当代生活形态缺乏必要的血肉联系,不关心和不回答民众生活,特别是精神文化所提出的迫切问题;(2)上与人文科学和社会科学的诸相邻学科缺乏学术上的交流与互动,甚至缺乏与其他学科对话的能力,或干脆就缺乏与其他学科对话与交流的学科意识,长期以来以"自说自话"为满足,既不能提出令其他学科关注的观点和理论,又不能提出足以激发学术研发活力的问题。

改革开放,既促进了社会的进步、生产的发展、生活的富足,也在每日每时地摧毁着以农耕文明为土壤的传统的民间文化。而从总体上说来,这种民间文化(即民俗文化)正是我们民族独特性的表征和我们民族文化的根。现在我们面临着经济全球化的形势,国家现代化程度的提高,城镇化的加速,城市与乡村界限的逐渐缩小,人口流动的迅速增长,正在以迅雷不及掩耳的速度,使原本以口耳相传和习得方式传承的民俗文化逐渐式微,甚至归于泯灭。全球化和现代化的趋势是历史的必然,人类追求文明和富足的要求不可阻挡,传统的习得文化及其影响在缩小和式微(尽管不可能完全消灭)也是历史必然,这给民俗学家们提供了千载难逢的历史机遇,我们该做些什么?在此种形势下,联合国教科文组织去年开始实施"人类口头和非物质遗产抢救与保护名录",提出了包括中国的昆曲在内的19项亟待立项保护的项目类别,得到了各国政府的积极响应。中国政府也开始把保护口头和非物质遗产的工作列入议事日程,正在制定和出台条例、法规和拟订认证制度。有关部门和研究团体也开始制定民间文化抢救工程计划。我们民俗学家们该做些什么?随着市场经济的蓬勃发展,物欲横流、世风日下、道德滑坡(正确的说法,应该是传统的道德规范和长期革命时代形成的理想和信仰,在市场经济的冲击下失去效力之后,民众处于茫然不知所措之中),如何在传统道德规范的基础上吸收和继承其优良的部分,扬弃其丑恶的和过时的部分,重建适合时代需要的道德规范,就不仅是摆在政府面前,也是摆在民俗学家们面前的一项迫切的历史任务。我们该做些什么?可惜的是,我们的民俗学家们在时代的召唤面前却显得无所

作为。

不久前，笔者在一篇题为《民俗与国情备忘录》(《报告文学》2002年第9期）里提出一个问题：什么是中国的文化精神？活跃的新儒家学派说是"和合"。也就是说，儒家学说的精髓，就是中国文化的精神。实际情况是这样么？儒家学说和儒学的思想体系，的确生存和延续了千余年之久，儒家学说所以有如此的生命力，除了本身有某些闪光可取的东西（如教育）而外，更重要的原因是，自汉代以降它得到了历代统治集团的呵护与扶持，但儒家的思想体系并没有为亿万下层民众，特别是没有被众多的少数民族民众所接受，它充其量只是上层人士和部分民众中的精神信仰而已。毋庸讳言的是，在文化领域里，以儒家思想为圭臬的上层文化（改革开放以来，大有再抬头之势），与以下层民众为主要传承和信奉对象的下层文化，处于既互相对抗又互相整合的状态之中。当下中国的民俗学，也无可避免地处在这样一个两种文化对抗与文化整合的境遇之中，因此，对此采取视而不见、避而不答的策略是无益于学科发展的。

一个民族的文化精神，应是最大多数民众的文化精神。那么，什么是亿万民众的文化精神（或曰民俗文化精神）呢？这个问题需要做出回答，至少是应该进行探讨，但可惜的是，民俗学家们目前还没有人对之进行研究，更没有做出回答。极而言之，"和合"不是、也不应是中华民族的文化精神，新儒家学派的答案是不能接受的。试问，当日本帝国主义肆无忌惮地屠杀手无寸铁的中国老百姓的时候，中国的老百姓难道应当对他们说"和合"吗？中国人不是基督徒，不应该也绝不会当敌人打自己的左脸时，主动把自己的右脸送上去，对敌人讲"和合"是不可能的。中国文化是建立在"天人合一"的世界观基础上的，"天人合一"的世界观是得到全民族认同的精神财富。先辈们从来教导我们，中华民族是勤劳勇敢、自强不息、生生不息的民族。"自强不息"，至少包括在艰难困苦中坚忍不拔、百折不挠，甚至如凤凰涅槃那样死而再生，指我们的民族能够克服和度过任何艰难困苦，永远充满信心和希望，民族延续、国运长久。"生生不息"，意指我们的民族一代一代，绵延不绝，乾坤永续，江山永存，永远不会忘国灭种。笔者认为，"自强不息"和"生生不息"才是我们的民众文化精神亦即民族文化精神！可是当我们的社会上许多人丧失理想与信念，新儒家学派在高唱"和合"是中华民族的文化精神，广大民众和相邻学科急需民俗学回答什么是我们的文化精神的时候，我们却无动于衷，袖手旁观。

有一位我所尊敬的作家兼学者，对我笑谈起我们的民俗学家时说："有些民俗学家们的文章和著作，好像在掌中把玩的一件件玩物！"我们的民俗学家们，如果满足于封闭在一个自在的圆圈之中，把民俗当成可以赏玩的玩意儿，那么，民俗学的学科建设和学科地位，肯定是悲观的。许多青年学人喜欢谈论学术前沿，我想，民俗学面对的这样一些重大而迫切的问题，不能不属于前沿性的问题吧？

谈论文化对抗与文化整合，还有一种文化不可忽视，那就是在市场经济下出现的通俗文化潮流，如电视文化、歌舞厅文化、通俗小说与故事，乃至以麦当劳为代表的西方通俗文化的挑战。由于媒体的推波助澜，新起的通俗文化呈现着不挡之势，已引起了文艺批评界的注意，出现了一批文化批评学者，也成为全球化与民族文化独特性论题之一。对此，民俗学家们也不能置身于外。

四、原理的建设与拓展

民俗学诞生150年、中国现代民俗学诞生100年以来，在我国，今天还不能说民俗学已经取得了独立的学科地位。民俗学的学科地位，一直没有确立起来，而在当今的学界，横加阻挠与贬低者，也还大有人在。在那些贬低和阻挠民俗学的学术地位的人中，也许他们的肚皮里装了很多别的什么东西，但我敢斗胆说，他们多数都是些对原始艺术和民间文化缺乏起码知识的人。去年笔者曾写过一篇《为民间文学的生存——向国家学位委员会进一言》的短文，就是对这件事和某些人而发的，指出了为什么会在当今的形势下出现这种以权势压低民间文学的学科地位的人和事。[①] 回想90年前，江绍原先生在谈论民俗学的学科地位时引用过的一段话："如 Sir John Rhy 所说：'知道神话的内容固不是科学，然知道人类为什么产生神话却是。'高梅在 E. R. E. 中也说，收集材料等于造屋之前采集砖石，而'分析，分类，和比较的工作，必须在知道谣俗每个款目的生命史之后，而不能在其先'。……就本国而论，则数年前国立北京大学研究所国学门有过一个风俗学会和另一个歌谣研究会（最近拟合并为民俗学会而命余主其事，但我不曾答应），其后（广州）国立中山大学历史语言研究所成立了一个民俗学会。……谣俗学只愁自己不能采集材料，加以研究，而不必愁旁的学问还不承认它。"[②] 民俗学学科要生存、要发展，不仅要适应现实生活发展的需要，回答现实生活提出的各种相关问题，而且要加强学科的原理建设，并且要在经典的学科结构和原理之外，不断地探索、拓展、建立和发展新的支学，如历史民俗学（包括考古民俗学）、象征民俗学、

---

① 《为民间文学的生存——向国家学位委员会进一言》，《文艺报》2001年12月8日。
② 江绍原《各辞典中的谣俗学论》，见《现代英国民俗与民俗学》第269—270页，上海文艺出版社1988年影印本。

旅游民俗学、经济民俗学、区域民俗学等。

对于任何一个学科来说，学科原理和方法的建设是基础性的。正如 Sir John Rhy 所说的"知道神话的内容固不是科学"，而只有在深入研究的基础上，解开人类为什么创造出神话，以及已经在时间的风尘中消逝了的神话文本背后隐藏着的意义，那才是科学。应当看到，在我们的面前，还横亘着不少未解的谜团。民俗学，在总体上不是一门理论性的学科，而更多的是一门实证的学科，但要使我们的民俗学建立更完善的学理和方法，克服学科手段和学术观念的老化、僵化、浅化，已成迫在眉睫的事，否则，就只能停止在对民俗现象做表面的描述和对已有的民俗资料做无穷无尽的排列组合上，而无法深入到现象的内部中去揭开隐蔽在现象背后而通常不被人知的东西。象征民俗学的兴起，开始把民俗学家们的笔触引入到了民俗现象的内部，使我们的学术研究取得了一些突破性的进展，特别是把民俗现象从一个个消逝的、表面的、僵死的、供把玩的文物，变成了一个个流动的、内涵丰富的文化过程，从而在人们面前揭开了一片新的天地，当然这只不过是初步的。

旅游民俗学与经济民俗学兴起于 90 年代之初，而且一发不可收拾，这是势所必然的事，而并非民俗学家们的自主创新所致。在这些边缘学科创始之初，甚至还遭到过某些非议。在旅游业蓬勃发展之际，包括村寨民居、服饰歌舞、巫傩仪式、神灵信仰等在内的传统民俗事象，无不进入了旅游业主们的视野，成为重要的旅游资源。在这里，不是学术带起了产业，而是产业催生了学术。80 年代末 90 年代初，民俗旅游最先起于山东半岛的"千里民俗旅游线"，以农村村落院舍的农耕民俗为依托，继而一些著名的城市民俗文化村（如深圳华侨城的中华民俗文化村）拔地而起，把农耕文明下养成的民俗文化搬到了城市，开创了一种民俗旅游的模式。这种模式的创建，城市民俗村的设计和建造，几乎都留下了民俗学者的心血与足迹，产业一旦成为气候之后，学者们便引退了。曾几何时，民俗旅游又从城市的民俗村发展到或回到了农村的农家院，且蔚成大器，为国家和业主创造了数以几十亿几百亿计的利润，解决了一些农村农民的就业和收入。1997 年，在北京保利大厦开过一次以"葫芦与象征"为议题的"民俗文化国际研讨会"，会后出版了一本《葫芦与象征》（商务印书馆）的文集，谁曾想到，4 年后，学者们对葫芦的象征意义的破解，竟然催生了辽宁省葫芦岛市的一项涉及城市整体发展方向的民俗旅游工程。作为民俗学的一个分支，旅游民俗学在产业带动下也得到了一定程度的发展，在一些旅游院校里开设了类似的课程，若干理论问题也陆续提到了民俗学家的面前。由于一些业主不按科学规律办事，使一些民俗村出现了民俗资源庸俗化的现象，迷信泛滥，格调低俗，因离开科学、违反科学规律而受到惩罚的事，不仅过去屡有发生，今后还可能继续发生。在市场的诱惑下，假造民俗的事例，也到处可见，所谓"伪民俗"问题，扑面而来，也已经为媒体和学术界所关注。我们常常看到，在一些"半瓶醋"的小知识分子和行政人员的主持下，把本来产生于漫长农耕文明语境下、有着特殊寓意的民俗事象（如民族歌舞、信仰仪式等），经随意改造，加进许多外地的甚至外国的通俗文化因素，不伦不类，甚至低俗不堪，既破坏了民族文化或地域文化的纯洁性，又伤害了民族的自尊心。此类违反文化规律的现象，不仅出现在地方上的民俗旅游景区和景点上，甚至也出现在覆盖面和影响面很大的电视屏幕上。现实生活提出来的这些课题，需要民俗学家们去参与，去研究，去提高。在笔者看来，一种类似MBA式的、以培养和深造高级民俗旅游管理人才的民俗旅游学院，早晚会应运而生的。

写于 2002 年 10 月 30 日；12 月 14 日修改

（原载湖南文联主办的《理论与创作》2003 年第 4 期。本文系为黑龙江人民出版社 2003 年出版的《中国民俗学前沿理论丛书》写的总序；曾于 2002 年 12 月在中国东方文化研究会与北京民俗博物馆联合举办的"东方文化讲座"演讲过。）

民俗文化是一条滔滔巨流

借用西方文化人类学家的定义来看我们中国的节日文化，我们的春节、清明节这类形态的乡民社会的文化（或称民俗文化），通常被称作是一种文化中的"小传统"，而精英文化则被称作是"大传统"。而在我看来，乡民社会的文化其实并非是一个很小的传统，反倒是一个很大的传统，所以我愿意用"滔滔巨流"这样的词语来形容和概括它。下面我讲三点意见：

第一点，民俗文化主要是指在漫长的农耕条件下，在民众中经过口传心授、约定俗成而逐渐形成和发展起来的文化。民俗文化主要包括风俗习惯、口头文艺以及民间信仰三个部分。本文重点谈节日的问题，谈谈民俗文化活动，包括传统节日的传承与创新问题。民俗文化是平民老百姓的精神文化，这种精神文化与自给自足的农业生产方式、手工业生产方式相适应，与几千年形成的中国家族社会和人伦社会结构相适应，这应该是我们判断传统节日时无法绕开的原则。而最近一个时期以来，报刊上发表的关于节日文化的文章和访谈，不少脱离了这些基本特点，而多以西方的观点来套中国节日，我觉得是有缺陷的。

中国的节日大半不是宗教节日，而是与农时有关或起源于农事的，在其发展演变过程中，逐渐融汇和附会进来许许多多的文化含义，如对祖先的追念、祭祀，带上了浓重的自给自足的农耕生产方式和家族人伦制度的特点和色彩，集中体现着中国的民俗文化精神，而中国的民俗文化精神是生生不息、自强不息，是天人合一。节日文化所以能够一代代地传承和延续下来，除了世俗性的内容（如随季节转换和农事更替而出现的休息休整、娱乐、穿新衣、吃美食等）之外，在很大程度上还由于它具有某些神秘性和神圣性（如对天地、神灵的崇敬，对先祖的追怀与祭拜，亦即对传统的认同）。而这一点，在最近以来对节日文化的研究上，似乎被忽略了。

第二点，中国民俗文化是一条汇聚了千万条涓涓细流而变成一条滚滚流淌的大河，永无止息，永不枯竭。这意思是说，第一，中国的民俗文化是多元的，不是一条河，是许许多多的细流汇聚起来的；第二，中国的民俗文化处在永恒的嬗变之中，不是停止的。一方面，民俗文化适应于相对稳定的生产力发展水平，适应于漫长的社会发展中形成和巩固起来的家族人伦社会制度，适应于天人合一的宇宙观；另一方面，它又随着社会变迁和观念更新而不断地发生着嬗变，不会停止或固定在一个点上，但要指出的是，文化的嬗变遵循着文化的规律，亦即传承和延续，一般情况下不会发生突变，除非战争、地震等使一个国家、民族、地域群体消亡这种的突发事件。文化的规律制约着民俗文化的嬗变，而主导嬗变的，则是民众、是群体，包括其中的杰出人才、文化传承者，他们以自己的主体意识去传承群体所养成的民俗文化，同时又在传承中注入个人的创新，这种包含了个人创新元素在内的新质的民俗文化，久而久之，便被群体所认同，也就是约定俗成，从而变成了与新的社会生产方式、新的家族人伦制度、新的思想观念相适应的民俗文化。我要指出的是，政府在民俗文化嬗变中所起的作用是有限的，主要应该是一个倡导的角色，而不要越俎代庖。列宁在《共青团的任务》中讲到，无产阶级文化不是从天上掉下来的，也不是那些自命为革命者的人创造出来的。过去的60年中，在这方面我们有深刻的教训。过去在某种情况下，由政府取缔的某些民俗文化，如与节日有关的庙会，事过境迁，春风一吹，民众又自发地把它们恢复起来了。关于北京春节厂甸庙会，我曾在北京市政协主办的《北京观察》上发表过一篇文章，讲厂甸庙会是北京的一张文化名片，但2010年的春节庙会却把庙会的主体部分挪到陶然亭公园里去了，这是政府和商人（文化公司）合谋决定的，是不遵循文化发展规律的。

第三点，城镇化与传统文化保护的关系问题。城镇化是农村走向富裕、走向文明、走向现代化的必由之路，这一点可以肯定，但有人提出来一个"深度城镇化"口号，我对此表示怀疑。中国的村落与西方的社区有根本不同，现在有些文化人类学家拿西方的社区来套中国的村落，是不可取的。村落是以种姓、血缘为基础的，大姓望族往往主宰或主导着一个村落的礼俗取向，而礼俗的嬗变才是社会发生嬗变乃至转型的最重要、最深刻的标志。北京城镇化最突出的村落是古城，原为一个明代就存在的村落，因为开发商征地建高楼，原住户在房屋被拆迁后，被安置到楼群里去了。原住民的生存环境发生了巨大变化，导致古城的传统文化发生了断裂。有一年在讨论申报的物质文化遗产项目时，专家跟当地的同志之间在认识上出现了很大的矛盾，最后专家都不签字，希望政府主管文化的领导把开发商请到会场里来，大家当场商讨。作为妥协，

民俗与艺术

建议开发商承诺在楼群里建一个泥土的而不是水泥的广场，古城的传统香会组织可以踩高跷、搞香火。开发商接受了专家的建议，双方妥协，最后专家们才在非物质文化遗产的论证意见书上签了字。如今，昔日的古城，古商道上的古城，及其特殊的文化传统，大半已不复存在了。

再回过头来说城镇化与传统文化的保护问题。长江三角洲地区是我国现代化、城镇化步伐比较快的地区。近年，我走了江、浙、沪的好几个地方，有的是城市郊区，这些地方如今已经基本上城镇化了。城镇化的结果直接影响到了传统文化的生存环境，也就是说，温总理所说的我们中国的传统的"文脉"被割断了，传统的民俗文化在这些地区或者面临濒危，或者基本上断流了。而我们看到，在人大和政协会议上一些代表或委员在论述城镇化问题的时候，主要的着眼点是经济发展和社会发展，完全没有顾及文化的传承与延续，即"文脉"的延续，文化压根被忽略不计了。文化传承对乡民社会的构成和发展的重要性，对乡民社会向城镇社会协调发展的重要性，是一个很大的、不可忽视的问题，否则将来要受到历史惩罚。

由于忽视传统文化对社会发展的作用，特别是对乡民文化素质的提高、对群体乃至国家的凝聚、对社会稳定等方面的巨大作用，至少在这些实现了城镇化的村落，我所看到的情况并不乐观。我的看法是，这些地方的农民，正处在向城市市民的转变之中，即处在身份转变过程之中。一方面，传统文化被消解了、断流了，文化传统出现了千年未遇的断层；另一方面，新的文化又没有建立起来。农民世代耕种的土地被政府或开发商买走了，给了一大笔钱。原住民都已经搬到楼里去了，而如今他们显然分了两部分人：一部分，文化水平比较高的大都在炒股；另一部分，文化水平比较低的大都在打牌。由于闲来无事，打牌成了这种原为乡村、如今变为城镇的地区的一大景观。他们中的很多人由于种种原因都不到或不愿意到附近的工厂里当工人，而是用较为低廉的工钱雇佣外地打工仔（妹）来替他们干活。这就是他们的生活，他们不需要种地，因为他们从卖地得来的钱并不少，够他们的生活之用。原来的村落已经变成了城镇化的高楼，生活条件改变了，物质生活质量提高了，同时，那种延续了千百年的出门就可以聚谈交流的日子一去不复返了，而他们却并不具有城市市民应有的文化素质和产生技能，也就是说，他们一时还不可能成为合格的城市市民。笔者在北京的郊区，也看到了类似长江三角洲农村城镇化后所出现的情况。我们民俗文化研究者和工作者，面对着这些已经城镇化了的地区的现实，亦即传统文化在这些地区发生了严峻的断裂情况，却并没有提供出相应的文化形态描述、文化保护策略和方案，甚至没有提供出必要的数据，为政府所重视所采纳，所以，我对城镇化过程中的传统乡民文化，亦即温总理所说的"文脉"的传承和延续，怀着几分忧虑。

地域文化具有强大的生命力和生存空间。从文化史的角度来说，东瓯古地和东瓯古文化以其独具特点的方言和形态，成为中华大地上的地域文化之一。温州地处八闽文化和吴越文化的边缘地和结合部，在两种文化的交汇与融合中，形成了自己的独特性。温州人的开放观念和故土观念，正是这种独特的文化养育出来的。

这次有幸在温州亲眼看见了热热闹闹的"拦街福"迎春活动，看到了很多当地的民间工艺，感受到地域文化的魅力，体验了温州人民的勤劳和富足的生活、博纳和宽容的气度。我们看到，今天的"拦街福"与过去的文献里所描述的"拦街福"已有很大不同了。晚清的"拦街福"留给我们的是："春意浥，天降福。福在街头暗摸索，谁家拦去春常足……夕阳西，欢声作，红男绿女相征逐。家置一灯设一桌，十家五家联陆续，最后一家崇台筑，上供福星神肃穆。"（《且瓯歌·拦街福》）而今我们看到，文娱活动仍然热闹非凡，商业气息异常浓厚，却不再是老百姓倾城而出在街巷里举行"拦春福"活动，旧日那种"春末赛神，……拦街福，士妇夜游，笙簧夹道"的场面和景象也不复见了，整个活动变成了一个由政府主办，仅在城市的中心广场上举行的一个迎春与商贸活动。我们还能看到广场里"漫天灯彩旋锣鼓"的喜庆场面，而街巷里那种"张灯结彩，红缦遮天"的场面，尤其是夜间街巷里的灯彩活动，却消失无闻了，尤其是"拦街福"所固有的禳祈的内容和意涵（而这，与我们现在倡导的和谐社会并无矛盾）基本上看不到了。这就是说，在活动的形态、特点、甚至性质上，已经今非昔比。温州的老资格民俗学家叶大兵先生在《祖国富强春永驻，人民安宁福常在》一文里，这样记述和描绘温州的"拦街福"的夜晚景象："夜里有各种戏曲和木偶戏演出，……灯彩类有各种悬灯、台灯、背灯，著名的有珠灯、春灯、首饰龙灯、木龙灯、百鸟灯、台（抬）阁、高跷、走马灯等。"我从北京出发来温州前读过的这段极具地域文化特色的活动描述，那景象一直吸引着我，但当我在此向当地朋友打探，跃跃欲试想去一睹灯彩胜景时，得到的回答却是否定的，我心里有一种说不出的遗憾。希望"拦街福"活动中的那种彩灯弦歌的传统与景象，有朝一日能够再现于现代化的温州！希望活态的"拦街福"祈春活动回归民间，越办越红火。

2010 年 7 月 10 日

（原载《温州大学学报》（社会科学版）2010 年第 6 期（11 月），后又表于《中国艺术报·中国民间文艺》专刊第 9 期，2011 年月 1 月 14 日）

关于民间信仰和神秘思维问题
——兼谈非物质文化遗产的理论问题

一、保护文化多样性是时代的声音

在2005年3月26日发布的《国务院办公厅关于加强我国非物质文化遗产保护工作的意见》中，第一次在政府文件中采用了联合国教科文组织于2003年10月17日通过的《保护非物质文化遗产公约》中的"非物质文化遗产"这一新的术语。什么是"非物质文化遗产"？《公约》定义说："'非物质文化遗产'是指被各社区群体，有时为个人视为其文化遗产组成部分的各种社会实践、观念表述、表现形式、知识、技能及相关的工具、实物、手工艺品和文化场所。这种非物质文化遗产世代相传，在各社区和群体适应周围环境以及与自然和历史的互动中，被不断地再创造，为这些社区和群体提供持续的认同感，从而增强对文化多样性和人类创造力的尊重。……包括下列方面：（1）口头传统和表现形式，包括作为非物质文化遗产媒介的语言；（2）表演艺术；（3）社会实践、礼仪、节庆活动；（4）有关自然界和宇宙的知识和实践；（5）传统手工艺。"①"非物质文化遗产"这个术语，是相对于物质文化遗产——我们惯称的"文物"——而言的，就《公约》的定义和列举看，它的含义，实在是与我们惯称的"民间文化"基本相同。在笔者看来，我们惯称的"民间文化"，既包括《公约》中所指称的"非物质"这层含义，又强调其"民间"的性质，亦即在民众中以口传心授的方式世代相传，历史上通常不被官方或上层文化所承认或重视的文化。

---

① 《中国民族民间文化保护工程普查工作手册》第199—200页，北京：文化艺术出版社2005年。

联合国教科文的文件把非物质文化遗产（民间文化）及其保护工作提到了世界"文化多样性"和对"人类创造力的尊重"的高度来阐释，无疑是21世纪之初向全人类发出的文化宣言，给陷入物欲横流和消费文化泥潭中几乎忘记了自己的"所来径"的民族、族群和人们以灵魂的震撼。《公约》中提出了一些对我国文化界来说是崭新的或陌生的领域，如"传统手工艺"。过去，由于我们的文化理念受到人为的分割，文化行政机构（民间文化研究部门也一样）只管"工艺美术"这一块，而对"传统手工艺"则弃之不顾，"传统手工艺"一直是隶属于轻工业部或外贸系统，后者又多半着眼于创新，而作为非物质文化遗产的手工艺的传承和研究，几乎被遗忘了，但《公约》的行文本身也并非十分完善。如第2款只标出了"表演艺术"，却没有提到"民间美术"或"造型艺术"，而后者，在中国不仅源远流长，而且至今还异常活跃多样，《公约》中不予标明，也许某些参与起草文件的联合国教科文组织专家认为民间美术是物质文化而非非物质文化，因为它们常常要依附于一定的物质；又如第4款"有关自然界和宇宙的知识和实践"，提法也显得过分笼统，在我们的文化传统中有"民间信仰""民间知识""巫术""风水"等，以及相当普遍地存在于和弥漫于一切民间文化形态中的形形色色的神秘思维，理所当然地属于"有关自然界和宇宙的知识"这一类，但在文本中却没有明确指出，而这些又是在对非物质文化遗产进行保护时无法回避和绕过的。我中华文化（包括民间文化，或曰非物质文化遗产）是世界四大文明中唯一没有断流的文化，无论就其历史的悠久、生命力的顽强和传承人口的众多而言，还是就其多源（元）性、多区域性、多民族性的构成而言，都是构成世界文化多样性重要成员。《公约》文本中并未能充分反映出我们中华民族的非物质文化遗产的这种多样性、丰富性和复杂性，因此，我们在非物质文化遗产保护上，负有更重的责任，也必定会对世界做出自己的贡献。

保护非物质文化遗产，是向政府、社团、学界、公众提出的一项新的历史使命。这个新的使命的提出，是有其历史背景和社会原因的。我们今天所说的"非物质文化遗产"，主要是产生和流传于原始狩猎文明和农耕文明条件下的一种文化，而势不可挡的全球化大趋势和我国社会现代化的进程，特别是随着现代化和城镇化进程的推移，人口的大流动，广播电视的普及带来的全民信息化水平的提高，使负载着民间口头文学、民间艺术和手工技艺的传承使命的艺人日益减少乃至死亡，民族的"文化记忆"出现中断的概率大为增加，非物质文化遗产即民间文化正面临着被遗忘、遭损坏、遭消失和破坏的严重威胁。这种情况，无疑已成为我们民族的不能承受之重。我们必须采取一切可行的措施，为非物质文化的持续发展提供必要的条件，必须把因客观环境的变迁而无法再继续发展的、濒临消亡的非物质文化遗产采集下来、搜集起来,这是关乎我们民族的文化血脉能否永续的大问题。

二、转变文化理念

自从中国民间文艺家协会和国务院文化部先后启动民族民间文化抢救工程和保护工程以来,在我国大部分知识分子和政府官员中的"文化自觉"意识已大为提升,一个以保护和抢救濒临失传的民族民间文化为目的的文化理念和文化行动,渐而深入人心,但从全国来看,这项涉及全民族民间文化的保护行动,其理论准备是严重不足的。所谓理论准备不足,主要表现在长期以来把文化等同于政治,基本上没有建立起独立的文化研究和文化学理论体系,改革开放以来,文化研究开始起步,但主要是介绍了一些外国的文化人类学著作和理论,既没有全面研究和继承马克思主义的社会发展观和历史唯物论原则指导下的文化理论遗产,有分析地吸收种种现代学派的文化学说的有益成果,也没有对中国文化(包括民族民间文化)现状作科学调查,从而建立起我们自己的基本观念和理论体系。在这种文化政治背景下,由于长期受着政治意识形态的影响,在知识界和政府官员中,对人类历史上创造的任何文化现象,不是科学地探究其合理性和规律性,而只习惯于简单地以精华或糟粕、进步或落后、香花或毒草、有益或有害、好或坏等政治概念和二元对立的方法论给予判决,于是在这种非此即彼的方法论指导下,就把民间文化,特别是其中属于民间信仰范围的种种文化事项统统看作是封建迷信,甚至视之为人类理性思维和当前意识形态,以及正在提倡和培育的先进文化的对立物,成为谁也不敢碰的禁区。这样一来,如何正确认识民间文化的性质,特别是如何正确认识民间文化中的神秘思维现象,就显得十分必要了。

文化的发展和嬗变规律,最基本的一条是在继承中发展,不可能有一种突然从天上掉下来或从地下钻出来的崭新的文化。关于这一点,无产阶级革命先驱列宁早在1920年就在《共青团的任务》一文中,从马克思主义唯物史观的立场作了阐述。他说:"无产阶级文化并不是从天上掉下来的,也不是那些自命为无产阶级文化专家的人杜撰出来的,如果认为是这样,那完全是胡说。无产阶级文化应当是人类在资本主义社会、地主社会和官僚社会压迫下创造出来的全部知识合乎规律的发展。"[①] 到了西方文化人类学的时代,资产阶级文化学者们虽然对以进化论为基础的文化学说采取了轻慢甚至否定的态度,把主要

---

① 列宁《共青团的任务》,《列宁选集》第4卷第348页,北京:人民出版社1972年。

精力放在了不同的原始部族文化的特性及其整合的研究上，但他们同样也承认文化发展的规律是继承和延续。深受弗兰斯·博厄斯（Franz Boas）赞扬的美国当代文化人类学后起之秀本尼迪克特（Ruth Benedict）就说过："我们西方文明都保持了他（指从操闪米特语、含米特语和地中海地区的亚白种人，以及后来斯堪的那维亚人——引者）的文化的延续性，这一点是毋庸置疑的。我们应该完整地把握我们人类所谓继承的全部内涵。"① 继承是文化发展规律中的核心规律，继承不等于因袭，不等于没有发展，文化的群体性也不等于不承认个人创造对文化发展的积极作用。

西方人类学家们研究视野中的那些族群文化，并没有我们中华民族文化那样悠久的历史和那样复杂的现象。西方文化人类学家们常常乐道于西方现代文化相对于原始文化的复杂性，然而却几乎没有人谈到中华民族文化的多样性和复杂性。中华民族的文化，大致是由两层构成的，一层是被称为"精英文化"的上层文化，另一层是源远流长（可直接上溯到原始文化）、受众极广的民间文化。由于民间文化长期得不到上层文化和统治者们的重视，特别是在儒家的"不语怪力乱神"的思想下，下层的民间文化虽然是亿万平民百姓所创造和享受的文化，却一向像野草一样处于自生自灭的状态。五四新文化运动爆发，一批文化革命的战士大声疾呼，并身体力行地提倡白话文，提倡搜集和重视民间文学，他们的最终意图无非是要把这两种文化整合起来，使中华文化成为亿万平民百姓看得懂、能享用的平民文化，但这种整合的进程，后来被种种原因，包括来自他们本身的原因所打断了。

不论什么观点什么流派的文化学者，大家都承认这样一个原则：真正把人们维系在一起的是他们的文化，即他们所共同具有的观念和准则。文化是一个民族认同的最根本的因素，文化是民族凝聚的最强大的力量。有许许多多的事情（事件）可以改变文化发展的方向，比如战争，比如异民族的侵略和奴役，都可能成为改变文化发展方向的决定性因素，但归根到底，文化的发展嬗变的驱动力来自于文化本身，而不是来自外部，把文化等同于政治，或用政治改变文化，可能取得一时的或某些效果，但最终文化还会回到自己的道路和位置上去。如20世纪50年代以来，特别是"文革"中，我们对民众中的民间信仰所采取的许多过激措施，比如摧毁庙宇、取消庙会等，到了改革开放的新时期，政治环境宽松起来，不是又相当普遍地复苏起来了吗？民间文化本来就与民间信仰不可剥离，这些民间文化活动的复苏，不是说明了文化发展嬗变的驱动力不是外来的强加的力量，而只能在其自身。这大概可以称得上是文化发展嬗变

---

① 露丝·本尼迪克特《文化模式》第17页，北京：生活·读书·新知三联书店1988年。

的一条规律吧。

在保护非物质文化遗产成为国策的今天,现实向我们提出了新的问题:文化研究要迎头赶上,要在开展实地调查的基础上发展和深化文化研究,建立有中国特色的文化理论体系。中国是文化大国,是古老文明之国,我们理应有自己的成熟的文化理论体系。这种理论体系,既不是继续崇尚把阶级斗争年代建立起来的将文化与政治等同起来、继续坚持"非好即坏"的二元对立理念,也不能盲目地把外国的文化理论及其框架原封不动地搬进来,并奉为经典,而不解决中国文化问题。这两种倾向都应当摒弃。

三、民间信仰不是烫手的山药

民间信仰是一种普遍的民间文化现象,是在任何民族中、任何社会阶段上、任何国家中都存在的。民间信仰是一种伴随人类社会发展始终的文化现象,只要有人类社会的存在,就会有民间信仰的存在。一个了解了社会发展规律的马克思主义者,是不必也不应对民间信仰的普遍存在感到大惊小怪的。民间信仰的社会和思想根源是原始先民的万物有灵观,如恩格斯所说:灵魂不死观念"在那个发展阶段上绝不是一种安慰,而是一种不可抗拒的命运"。[①] 的确是一种"不可抗拒的命运",社会发展和社会调查都证明了,以灵魂观念为根基和核心的民间信仰,绝不仅仅在恩格斯所说的"远古时代""那个发展阶段上"才有的"一种不可抗拒的命运",甚至在我国当前的无神论占主导地位的社会形态下,也还无处不在。生活在社会和群体中的人,往往一方面是现实主义者,另一方面又是民间信仰的笃信者。人们在无助的时候,多半会相信有灵魂和神灵的存在,甚至会崇拜神灵,祈求神灵的帮助,会在特定的时间和特定的场合参与某些仪式。中国是一个没有国教的国家,民间信仰因此而特别发达,山、水、木、石、花、鸟、虫、鱼,无不有灵,什么对自己有利就信仰什么,故民众的民间文化即非物质文化遗产中也就羼杂了许许多多的民间信仰的因素,有的甚至是民间信仰成为非物质文化遗产事象的基调和驱动力。如一个民间舞蹈,也许是为驱邪逐疫(驱傩)或祈求五谷丰登(祈雨)而编而舞的;一部歌唱部落战争的民间诗歌或传说,其中那些上天入地的神灵或神力,可能就是该民族信仰的萨满及其观念的化身;一个被《公约》中称为"文化空间"的庙会,大多以俗神(如碧霞元君)信仰为理念,既是民众展示社团凝聚力

[①] 恩格斯《路德维希·费尔巴哈和德国哲学的终结》,《马克思恩格斯选集》第 4 卷第 219 页,北京:人民出版社 1972 年。

和散发剩余精力的场所,又是通过俗神信仰寄托他们的希望与希冀的时机,如果将民众对某些民间俗神的崇拜剥离掉,那么庙会就不存在了;……民间文化往往是与民间信仰不可分离的,而这种状况又是由生活本身所决定的,人们在生产力和心智都很低下、活动范围极其狭小的环境下,把生命和生活的希望与人生理想,寄托在对一些触手可及的俗神的信仰和崇拜上,自是顺理成章的;反过来,在这种普泛性的民间信仰中,既有迷信的成分,也有理信的成分,对之要做细致的理性的分析,既不可苛求民众完全放弃民间信仰——不是历史主义者和现实主义者,也不可简单地责之为"封建迷信",而把民间信仰视之为一枚烫手的山药。理信是任何一个公民(不论知识水平高低、拥有的财富多寡)都可以拥有的精神的、哲学的、生活的崇高信念,您可以崇尚善行,我可以信仰天国。总之,不论它是唯心的还是唯物的,进步的还是落后的,正确的还是错误的,这是人之为人的权利和信念,而迷信,无非是烧香、磕头、许愿、祈祷而已,如同基督徒的祈祷画十字、佛教徒的数念珠一样,只要这种行为没有危害他人、危及国家民族利益,那就应该永远属于个人的心理行为。

图腾崇拜也是一种民间信仰,而且是人类社会发展史一定阶段上的一种信仰和习俗的体系(有学者说是一种制度),尽管并不是所有的民族或族群都有自己的图腾。一个民族、族群、部落或氏族,崇拜一种动物或植物(是种属而非个体),把这种动物或植物奉为该民族、族群、部落或氏族的祖先,认为其成员乃是其图腾祖先的后裔或兄弟,并严格遵守着相关的禁忌。我国是一个多民族国家,有一些民族或族群(支系)是有自己的图腾,并保持着图腾崇拜信仰或习俗的。历史上,如商族以玄鸟为图腾;(南蛮)高辛氏以槃瓠为图腾。现代民族中,畲族、瑶族和苗族一些支系以槃瓠为民族或族群的图腾,彝族一些支系以虎为图腾,而且至今还保持着相当完整的生活习俗和祭祀仪式。图腾崇拜在现代社会中已由一种制度转化为民族信仰,成为"遗制"。图腾是一个民族或族群的象征,具有强大的民族或族群凝聚力。图腾崇拜不仅渗透在该民族或族群成员的意识之中,还几乎渗透在该民族或族群的一切文化形态之中,艺术史上常常把那些鲜明地渗透着图腾崇拜意识或描绘着图腾形象的艺术(如黎族、傣族等民族的文身、黥面)称为图腾艺术,充分尊重每一个民族选择自己的信仰,包括图腾信仰的权利和自由,不仅是宪法赋予公民的权利和义务,而且也是保持我国各民族和世界文化多样性的需要。

民间信仰的弥漫性特点,注定了民间信仰与民间文化永远处于难解难分的胶合状态,而这种状况的普遍存在,是大多数非物质文化遗产即民间文化发展的历史合理性和历史必然性之所在,没有民间信仰的参与或影响,反倒是不可理解的了,而在某种情况下,民间信仰甚至是作为民间文化发展的内驱力而存在,这也是人力所无法更易的、"不可抗拒"的规律。所谓"不可抗拒"者,既显示其发展流变的合理性,当然也包括历史的局限性。俗话说:"母亲不嫌儿丑。"况且美丑也是相对的。还有句俗话说:"豆腐眼里出西施。"我们不能、也无权看到民众的民间信仰中既包含着理信,也夹杂着迷信,就嫌弃我们的民众落后和愚昧。而我们自以为掌握了马克思主义世界观的人们,不是也屡屡做出不少有违事物发展规律的错事傻事吗?可见认识世界达到真理,并不是一件容易的事。我国的非物质文化遗产就是在这样复杂的景况下,像滔滔的江水那样,不舍日夜地流向远方,一代一代地塑造着和传递着我们中华民族生生不息、自强不息的伟大民族精神。

四、正确认识神秘思维现象

至于与灵魂信仰有关的巫术和巫文化,我认为,属于或来源于原始的神秘思维文化。从唯物史观看来,这类由鬼神崇拜、灵魂信仰、巫术等神秘思维编织成的文化现象,是人类处在野蛮时期低级阶段上发生的文化现象,同样,既是历史发展的必然,又是历史发展的局限,是任何族群都无法跨越的思想形态。马克思说,这些都是社会处于低级阶段上"人的较高的特性"。[①] 这种滥觞于野蛮时期低级阶段的巫术思想一经被人类创造出来,便在知识和科学无法达到的领域里驰骋纵横,并跨越了不同的社会制度——原始氏族社会、奴隶制社会、封建社会、"民国"时期,以及社会主义低级阶段和千年万载的漫长的历史途程,而至今一直绵延不绝。从我们今天的社会来看,融会了大量神秘文化因素的古巫文化,在我们的社会生活中还普遍存在着,除了大量见于民俗事象、礼仪祭祀、民间信仰等外,也渗透或杂糅进了民众世代传承的口述文学、表演艺术和手工艺中,与其内容融为一体,甚至成为这些民间创作的思想灵魂。巫术并不是毫无意义的东西,著名人类学家米尔希·埃利亚德在谈到死亡巫术时说过这样一段话:"认为死者既存在于尘世,又存在于精神世界的这种几近遍布全球的信念是有重大意义的。它揭示了一种秘而不宣的希望,虽然所有的证据都是与之相悖的,但死者还是能够以某种方式参与生者世界的生活。"[②] 死亡巫术不过是巫术的一个例子而已。"死者""以某种方式参与生者世界的生活"——这是他从象征主义的立场对神秘主义文化的诠释。

不久前,在南昌举行的"中国江西国际傩文化艺术周"期间,世界各国

---

① 马克思《路易士·亨·摩尔根〈古代社会〉一书摘要》。
② 米尔希·埃利亚德《神秘主义、巫术与文化风尚》第53页,光明日报出版社1990年。

学者们前往被文化部命名为"傩文化之乡"的南丰县石邮村观看了那里保存下来的古老形态的傩仪傩舞。这种平时只在每年春节期间举行的、以驱鬼逐疫为主要内容的古老仪式，作为原始先民的图腾崇拜、头颅崇拜、部落战争、原始宗教祭祀等一系列古老信仰的延续，在21世纪的今天仍然相当完整地存活在普通老百姓中。当然，在其历史的发展中，由于民众生产与生活方式的变化和科学的昌明，古老的傩仪傩祭已经发生了巨大嬗变，其功能由驱鬼逐疫而逐渐增加了求吉、避灾、纳福、种族繁衍、家族兴旺等意识，与南方一些省区（大约有20多个省区）流传的傩文化相类似，在北方，一些省区或民族则流行着萨满文化，这些都属于巫文化之列。试问，这样一些显现着浓重的神秘文化色彩，或主要是神秘文化因素的文化现象，在我们今天的时代是否还有积极意义，是不是还应该加以保护呢？我的回答是肯定的。只要剥开那些神秘文化的外衣，我们就可以看到，作为巫文化之一的古傩文化的精神，乃是对生命意识的崇尚与追求，尽管它所显示的对生命意识的追求和抗争有某些消极和无奈的色彩，尽管它与我们所提倡的科学发展观之间有着颇大的距离。我们共产党人和政府所信奉的和所提倡的是科学发展观，要求各级党的组织和政府努力用科学发展观指导我们的现代化建设和小康社会建设的实践，但我们不能要求9亿农民也在一朝一夕间抛弃几千年传袭下来的世界观和风俗习惯、礼仪信仰等，都能信仰科学发展观。

巫术是既与科学对立，也与宗教为敌的，但巫术也不是迷信。科学家的方法不同于巫师，他们主张对实验和新的发明予以检查和验证。科学家追求真理的严肃态度使他们随时考虑到可能发生的新问题。与科学不同，巫术所以被先民创造出来，是为了要支配自然力，为人们解决日常生活中遇到的一些问题，不过它所采用的方法和手段不是科学的，而是玄学的、虚幻的，或消极的。如何理解和对待巫术这类文化现象，众说纷纭，不胜枚举。英国学者基思·托马斯（Keith Thomas）说："宗教、占星术和巫术都是旨在帮助人们解决日常问题，指导他们如何避免不幸以及如何说明已遭受的灾殃。……有人正确地指出：'宗教涉及的是人类经验的根本问题，而巫书则始终环绕着具体而细小的问题。'……巫术成为通往继续生存的钥匙。"[①]在欧洲，宗教视巫术为敌，十六七世纪，宗教裁判所和神学曾经对巫术和术士实行过残酷的镇压，但却未能将群众中的所谓"大众巫术"活动和巫术思想彻底铲除干净。

笔者认为，20世纪功能学派文化学的代表人物马林诺夫斯基说过的一段话，倒是仍然可以为我们所借鉴。他说："无论有多少知识和科学能帮助人满

---

① 基思·托马斯著，芮传明译《巫书的兴衰》第521页，上海人民出版社1992年。

足他的需要，它们总是有限度的。人事中有一片广大的领域，非科学所能用武之地。它不能消除疾病和腐朽，它不能抵抗死亡，它不能有效地增加人和环境的和谐，它更不能确立人和人之间的良好关系。这领域永远是在科学支配之外，它是属于宗教的范围。……不论已经昌明的或尚属原始的科学，它并不能完全支配机遇，消灭意外，及预测自然事变中偶然的遭遇。它不能使人类的工作都适合于实际的需要及得到可靠的成效。在这领域中欲发生一种具有实用目的的特殊仪式活动，在人类学中综称作'巫术'。"[①] 他的意思归纳起来不外两点：（1）人类的知识和科学不论如何发达，都无法解决人类遇到的所有问题，"人事中有一片广大的领域，非科学所能用武之地"，而这一片科学不能用武的领域，就是巫术大显身手的地方。（2）巫术产生于人类自身的需要，只要人类有需要，巫术就会相应地发生，并在许多领域里发生影响，特别是在人的健康领域。他的文化论可能存在着这样那样的缺陷，但他的这个论断，却无疑是正确的、科学的，甚至也应是符合唯物史观的。

多年来，我们的主流文化理论，在二元对立的思维方式下，总是把文化看成是纯而又纯的圣物，不允许掺杂任何杂质，凡是一切不符合想象和理念的东西，都归之为封建迷信和毒素，大张挞伐，这不是唯物史观的文化论。原始时代的先民，既相信科学，也相信巫术，一方面使用弓箭射猎和使用火烧烤，而另一方面又施展种种巫术以求达到既定目的。如在悬崖峭壁上画一头野猪和对其发射箭簇的猎者，他们以为这幅画的功能就可以使他们成功地猎获野兽。这就是巫术的力量，现代社会里的文明人也是一样，既相信科学，也相信巫术。这种双重的世界观和价值观，仍然存在于我们当代人中间。在日常生活中，对征兆的笃信和对命运的预卜，不是常见的现象吗？在重大自然灾害降临，科学一时无能为力时，人们有时不免求助于巫术式的祈求祷告，祈望风调雨顺、国泰民安。在政治和仕途上遇到厄运时，不是不少人也都不由得相信起命运——命不好或命中注定来了吗？这种矛盾的现象在生命和爱情中更为普遍。

宇宙、自然、人事，都是无限的，是人的知识、理性和科学无法穷其究竟的。巫术、宗教与科学，就都是人类文化的共同的构成因素，都是与人类共始终的。与过去很长的时间里把宗教看作是人类精神的鸦片一样，把巫术看作是精神领域里的封建毒素，同样是机械唯物论，而非历史唯物论。当科学还不能给人类的生存和生活的所有领域铺设出光明的大道时，当现实还不能给人类以丰衣足食、太平康乐、民主平等、世界大同的满意答案时，民间文化中的神秘思维现象，不但能满足着个人机体和想象的需要，而且作为一种重要的文化功

[①] 马林诺斯基著、费孝通译《文化论》第48页，北京：中国民间文艺出版社1987年。

能，在社会中有它的价值。巫术起码能在知识、理性和科学无所用武的地方和时间，给那些需要的人们以心灵的满足和慰藉。如果说得更积极一些，那么，在个人方面，巫术可以增加自信，发展道德习惯，并且使人对于难题抱着积极应付的乐观信心与态度，即使身处危难关头，亦能保持或重做个性及人格的调整。在社会方面，当科学和法制还不能作为整合社会的全职力量时，它无疑是一种组织的力量，可望在一定程度上有利于把社会生活引入规律与秩序，故而大可不必在触及神秘文化问题时谈虎色变。

至于我们通常所说的"黑巫术"，即西方文化人类学界所说的"邪恶巫术"，是不能与所谓"善良巫术"一律看待的。前面所说的傩仪中的方相氏率领队伍，头戴面具，扮成狰狞的面目，挨家挨户入室驱鬼逐疫，其势凌厉，其实就是一种通过巫术的仪式，但它所驱逐的对象，是鬼魅疫病，以求平安吉祥，所以它是一种"善良巫术"。而"黑巫术"则不同，常常因为一种手段或一句话而危害人的身体健康与社会的安全，故而"黑巫术"是反社会、反人类的。咒语、图形巫术、妖术等都属于黑巫术手段，在"邪恶巫术"家族中，还有一种是巫蛊。尽管诅咒、图形巫术、巫蛊等是弱者和没有自卫能力者报复敌人的一种手段，但它有时却能堕落为一种恶意行为，招致受害者死亡。

像所有民族民间文化一样，巫术在衰落之中。不论何种巫术，它们都是今人认识历史和认识人类所走过的历程的重要资料，具有认识价值。从搜集记录和文化研究的角度来说，不论是善良巫术还是黑巫术，作为科学研究的对象，都要通过调查把它们记录下来，越做到真实越好，当然这是很不容易的；从民族民间文化的保护来说，危害人类和危害社会的黑巫术和妖术，则不应当让其继续传承和发展下去。

在今天的市场经济条件下，社会财富分配不均、贫富差距拉大、城市里下岗失业者增多，农村特别是偏远山区和少数民族居住地区，在最低生活保障线，即贫困线以下的农民人口还不少。社会上本来就存在的、而在很长时期内处于休眠期的巫术等蒙昧思想和迷信活动，在这些困厄的人群中，迅速滋长蔓延起来，是合乎文化发展规律的。在欧洲和美国的历史上，也曾有过巫术神秘主义文化风尚风靡一时的时代，巫术、占星术、妖术等甚至影响到文学。在我们这里，在现阶段社会，出现这种神秘主义文化风尚也是不必奇怪的。尽管从文化学的层面来看，巫术等神秘精神文化活动的复兴，自有其社会的和经济的背景，但它们的泛滥毕竟也给我们今天的理性思维、科学思维，特别是"科学发展观"提出了严峻的挑战。如前所说，在知识和科学无法用武的空隙，便是巫术得以施展的地方。知识和科学的提高和普及，自然会逐渐占领巫术等的领地，但要想巫术等神秘文化在现在的社会条件下完全地退出人事的领地，如果不是反科学的意识形态催生的畸形社会和文化思想，也是一种天真的幻想。

至于当前社会上的一些不法之徒盗用民间文化的名义，装神弄鬼、打卦算命、图财害命，这种种行经，则与我们所要保护的民间文化完全是风马牛不相及的两回事。这些迷信和邪恶活动腐蚀着人们的心灵，妨碍着人们思想的健康成长，阻滞人们积极参与和正确进行经济、政治、社会和文化活动，毒化那里的社会风气，干扰以至破坏正常的社会秩序。这类活动显然是应该依法予以取缔的。

五、民间信仰：社会和谐的重要因素

近来，关于民间信仰的问题屡屡成为一些学术会议和工作上的话题。这不是没有原因的，因为如何对待民间信仰，已凸显为当前建设和谐社会的一个不能回避的问题。10月25—27日，由中国国际友谊促进会在北京举办的"民间信仰与社会和谐"学术研讨会上，"民间信仰与民俗文化""民间信仰的现状"等，成了与会者们关心的问题。《中国民族报》最近也连续就民间信仰问题发表了三篇长篇署名文章。

民间信仰是任何社会之为社会的必然因素，在今天仍然是社会和谐的一个重要的因素。上述"民间信仰与和谐社会"研讨会的报道中有这样一段话："民俗学界看待民俗文化，认为民俗的背后都有信仰的因素存在。民间信仰与民俗文化之间的联系非常紧密，无所不在，无处不在，门神、灶神、财神、车神、山神、桥神、天地君亲师位神……百姓生活中到处都有俗'神'的存在，是民众追求平安、幸福的精神寄托，也是中华民族传统文化的一个组成部分。……民间信仰与宗教有密切联系，大与制度化的宗教有很大的区别，二者不能等同；民间信仰与教门、会道门也有联系，但二者之间有根本区别，不能等量齐观。"① 这使我联想到70年前顾颉刚应编辑《孟姜女月刊》的娄子匡之约给该刊写了几句话，娄子匡把这几句话加了一个标题，叫《天地间的正气》，发表在《孟姜女月刊》第5期（1937年6月1日）上，讲的就是这个意思，而且更加科学化，70年过去了，到今天也还没有失去其科学性和现实意义。他写道：

---

① 《民间信仰与社会和谐学术研讨会在京召开》，《中国社会科学院院报》2005年11月22日第4版。

情歌，是从内心发出的。宗教的信仰，也是从内心发出的。这两种东西的出发点和它的力量是相同的，同样是天地间的正气。

可怜的中国男女间人，自以为羞道，不肯唱情歌、没有宗教的信仰。弄得与人间以为看透一切，大家没有真性情，而人，于是只有厉害的关系，成了一盘散沙。

娄子匡先生辑了这一集，给我读，我觉得这本歌集里的精神正是我们民族所需要的。如果能由我们的提倡，使得中华民族成为一个有情、有信仰的民族，那么前途就有望了。

愿娄子匡先生以表彰情歌作救国事业！①

作为历史学家，顾颉刚看到了我们民族缺少什么。中华民族不像西方大多数国家那样，我们没有统一的国教，但我们不等于没有信仰。中华民族大家庭中的各民族民众是有自己的信仰的，可是，我们的一些自认为文明进步的干部，却以为这些民间信仰是与社会进步、与社会和谐相悖的，表现了他们的社会进化观，不过是目光短浅的，与唯物史观无缘的。从文化史的发展看，我们的民族，如能像顾先生所言，既有情，又有信仰，那我们的民族的前途就是"有望的了"。

2005 年 8 月 29 日

（此文前四节发表于《中国非物质文化遗产》2006 年第 1 辑，文化艺术出版社 2006 年 5 月；收入邢莉主编《民间信仰与民俗生活》，中央民族大学出版社 2008 年 7 月，第 16—32 页）

---

① 顾颉刚《天地间的正气》，杭州：《孟姜女月刊》第 5 期，1937 年 6 月 1 日。

"历史民俗学"的提出与尝试
——在《中国民俗史》首发式上的讲话

钟敬文先生在世的时候,我在他领导下工作过很长的一段时间,与先生有过较多的交往,许多事情我也算是一个见证者,"历史民俗学"的提出和阐释,就是其中的一件。

钟先生策划和主持的《中国民俗史》这部六卷本大著,前后历时八年,现在出来了,完满实现了钟先生生前的设想和计划。去年,我就在互联网上看到全国社科规划办把这部书定为"国家社科文库"之一,给予了很高的评价,对此,我感到很高兴,可以把这本书看作是钟老晚年学术思想的一个结晶。这本书理应是我们民俗学学科的一部支柱性的著作。民俗学的学科在中国虽然经历了一百年的发展历程,但是到今天为止,我仍然认为并不是一个很成熟的学科,而由钟老领衔、萧放先生主持完成的这个国家重点课题,有这么多来自全国各地的中青年学者参与撰写,经过这么多年的努力,今天与读者见面了,体现了在这个学科领域里我们的学术能力、学术水平。我对这部书的问世表示热烈的祝贺。

关于"历史民俗学"的问题,现代以来虽然陆续有不少人做过研究,但是作为民俗学的一个分支学科提出来,钟敬文先生则是首次,此前别人没有提出和论述过。20 世纪 80 年代,他不止讲过一次,如 1986 年他就已经讲过一次,在《民俗文化学的发凡》中又讲过一次,但似乎还不能说那时他已经对这个问题思考得很清晰、很完整、很系统、很成熟了,比较系统完整地阐释"历史民俗学"的构想,我以为是 1995 年 5 月 6 日在门头沟召开的"中国民俗论坛"上的发言。

由于历史的曲折,妙峰山庙会在沉寂了多年之后,于 1993 年阴历四月初一重新恢复(一说 1990 年,此两说均可存)。由于钟先生非常仰慕亦师亦友的顾颉刚先生，而1925年顾颉刚等五位北大学者登临妙峰山赶香会，并对香会作了历史性的调查，作为民俗学者的他却没有机会去那块胜地和那个香会，心中总觉得是一桩平生憾事。他常对我说起他的这个遗憾，心中难于平静。1995年的妙峰山春季庙会，正逢顾颉刚先生等的妙峰山考察70周年，在开山之前，作为"边缘人"的我，趋访当时的妙峰山乡乡长李春林同志，经他的同意并在乡政府的资助下，以中国旅游文化学会民俗专业委员会的名义，在门头沟区的打靶场主持召开了一个以"首届中国民俗论坛"为名的民俗学学术研讨会，我邀请也是亦师亦友的钟敬文先生到会，以便能在庙会开幕那天安排他上妙峰山，帮助他实现他的毕生夙愿。正是在那次论坛上，他就"历史民俗学"问题发表了一通重要的讲话。顺便提一下，1995年妙峰山春季庙会开幕那天，上妙峰山考察的文化界人士颇是不少，除了钟敬文、马学良等我们一行外，还有周巍峙、于是之、舒乙等，一并在此记下。

事隔70年后的那次论坛，给顾颉刚一行的妙峰山香会考察作出了我们时代的评价。遗憾的是，在顾颉刚之后第二年再去妙峰山考察的他的叔叔顾廷龙先生，以及他在杭州出版的《孟姜女月刊》杂志上发表的记述文章，却在会上被冷落和遗忘了。我还要说的是，妙峰山庙会的恢复，李春林的功绩是不能忘记的，没有李春林的积极倡导和配合，也许妙峰山庙会的恢复还要再等一个时期，可惜在一些研究妙峰山庙会的著作中，很少提到这位农民干部的名字和功劳。那时会少，参加那次"论坛"的学人多达40余人，除了钟先生外，还有马学良、乌丙安、邵望平、高广仁、宋兆麟、刘守华、朱越利、吕微、程蔷、马书田、千野明日香、程德祺、张自强、张国洪、郭松针、施汉如等来自各地的研究民间文学、民俗学、考古学、旅游民俗的学者专家，今天在座的赵世瑜、杨利慧、刘铁梁、邢莉、贺学君等几位也都参加了。我在"论坛"开幕式上谈到论坛的议题时说："在经过了70年的风风雨雨之后，中国民俗学于艰难跋涉之中又迎来了20世纪与21世纪之交这样一个继往开来的历史性时刻，我们在京西妙峰山召开首届'中国民俗论坛'学术讨论会，一方面是为了缅怀先行者的业绩；另一方面也是为了借此机会以'世纪之交的中国民俗'为中心议题，探讨20世纪中国民俗文化的流变、民俗文化与旅游的关系，以及中国民俗学者在下一世纪民俗学发展中应持的立场、态度和方法，以便将我们的事业推向前进。"而"历史民俗学"问题的提出和钟先生的精辟阐释，是这次"论坛"上诸多成果中的一个。

在文学研究所任职的钟先生的女弟子程蔷和她的丈夫董乃斌先生两人早在1992年就申报了一个国家社科基金的课题叫"唐帝国的精神文明"，1994年完成结项，她在会上提交的论文《民俗文化在民族文化体系中的位置》之外，

民俗与艺术

又口头向钟先生提出"历史民俗学"这一提法是否成立的问题。记得在那天的会下,钟先生就这个问题和其他问题,与他的弟子乌丙安、赵世瑜、杨利慧、程蔷等作了长时间的交谈议论。在闭幕会上,钟先生发表了一篇讲话,讲了很多问题,其中一个小标题就叫作《"历史民俗学"的成立》。钟先生说:"'民俗学',在我看来,应该说是'民俗诸学科',就是说它里面可以包含很多分支学科,比如民俗理论、民俗史、神话学、故事学等等。这次民俗研讨中,有位同志提出可否建立'历史民俗学'的问题。我以为这是可以的。问题在于处理的是不是历史民俗现象,或者是否从历史学的角度去考察民俗现象。如果有上述两种情形,那么,这种支学就可以成立。历史民俗学应当包括古代民俗志、民俗史、民俗学史以及其他有关著述。它与神话学、故事学等一样,可以成为民俗学的一个支学。"

钟先生这篇题为《谈谈民俗学研究中的几个问题》的讲演,是经过杨利慧的整理成稿的,收在我编的那本《妙峰山·世纪之交的民俗流变》(中国城市出版社1996年2月)这本书里头,而程蔷和董乃斌于1996年出版的国家社科课题的最终成果《唐帝国的精神文明》,实际上应该说就是钟老先生的这个"历史民俗学"的第一个成果,中国社会科学出版社编者的"摘要评语"里说:"这是历史民俗学的一个尝试。"此后,"历史民俗学"研究得到了好多青年学者的承续,赵世瑜教授、萧放教授,以及许多外地的青年学者,都在这个领域里做出了成绩。2001年上海文艺出版社还组织出版了由陈高华、徐吉军主编的十二卷本《中国风俗通史》,其作者队伍之多甚是可观,而摆在我们面前的这部六卷本的《中国民俗史》,无疑是我国历史民俗学研究的集大成之作。

在民俗学这个学科里面,在最近几年历史民俗学研究所取得的成果应当讲是很丰硕的。钟先生生前担纲的这部著作的出版,充分地体现了他对民俗学的学科构想。钟先生已经去世6年了,这本书的出版,无疑是对他的一个很好的告慰。

前面我说了,这本书的出版,对民俗学学科的建设而言,是一部支柱性的著作。我还想补充说,对教学和研究而言,它又是一部基础性的教材和案头必备参考书;对我们国家当前正在做的非物质文化遗产的保护工作的推进,也是不言而喻的。至于书中存在的某些不足,并不影响它的价值,待来日修订时,作者们会提升和完善的。

2008年6月14日

(原载《民俗研究》2009年第1期)

时代特色与文化精神
——评《中国民俗大系》

  人类认识自身,最重要、最直接的途径,莫过于前人传习下来,而今还被人们传习着的民俗。民俗是群体生活的产物,又是群体所享受的文化。人由自然人转变而为社会人后,便构成聚落、部族、城镇、邦国……于是也就有了民俗。民俗是由民众和群体传习而得以嬗变和发展的。如果不计北方阴山山脉的几处岩壁上保留至今的那些一万年以前新石器时代晚期的岩画,最近,据媒体报道,在内蒙古东部的敖汉旗发掘出了8200年前的一个规模庞大的聚落遗址。这一考古发现告诉我们,中华祖先传习的民俗,至少已经有如此久远的历史了。尽管如此,我们在谈论我们民族的民俗时,一般是指农耕文明时代的民俗。

  我国历史上有纂修地方志的传统,而缺乏纂修民俗志的传统。林林总总的地方志里不乏民俗的记载,各类典籍里也不乏关于民俗(尤其是岁时和礼法)的评说,但应该说,历史上记载下来的民俗现象是远非系统和完善的。更明白一点说,在我们民族的历史典籍中,尽管不乏关于礼法、祭法等属于上层统治者的民俗生活和仪程的文献记载(也多少反映出一些下层民众的民俗形态),也有一些常被列为杂学的岁时记一类的随笔,但严格意义上的民俗志,却几乎没有什么完整的遗产可以接受。其中原因固多,但最不容忽视的,笔者以为至少有两条:其一,是汉代儒家学说被尊为国家精神文化的基础以降,下层民众的民俗文化一向处于文化弱势,或受到忽视,或受到蔑视;其二,是战乱和党争的频仍,除了在历史风尘中民俗的自然嬗变外,大规模杀戮和种族灭绝,使某些地区或某些族群或某些邦国的民俗湮灭于一时,有的甚至导致了民俗传习甚至族群文明的断裂。

  历史发展到 20 世纪 70 年代末 80 年代初,我国进入历史新的时期以来,

民俗与艺术

民俗志对于人类认识自身和认识历史的意义，才逐渐被学界所认识，而纂修民俗志的必要性，也相应地被学人们所提起。经过两三代学者20年的倾力建设和集体智慧，中国的民俗学开始进入了历史上最兴旺发达的时期，即初步摆脱了向外国民俗学"邯郸学步"的幼稚阶段，在学科建设上的自主意识和建构意识大为增强。随着各类著作的问世，学科体系和理论序列正趋于形成，特别是作为学科建设基础或曰前学科建设的资料积累，也已取得了值得骄傲的成绩，尽管目前我国正在启动全国性的民俗田野调查工程，以求全面搜集记录最新面目的活态民俗文化现象。在这样的文化环境下，编纂一套能够代表一个刚刚逝去的时代的民俗志丛书，已成为时代赋予的责任。《中国民俗大系》（陶立璠主编，甘肃人民出版社2004年）的出版，正是这样的一套适应时代需要的大型民俗志类丛书。这套丛书的最大特点是全面性——按今天的省市（区）行政区划来分别记述物质民俗、社会民俗和精神民俗的种种现象（事象）。这三个大的类别，哪一个类别都不偏废，既符合民俗文化的实际生存状况和生态布局模式，也体现了编者的学科结构思路。

针对着一个时期以来，民俗学界出现的把不同时代记录的民俗现象（事象）都拉来，充当现代还流传的和存活的民俗现象（事象）的反历史主义倾向，主编者强调以田野调查为基本方法，获取当下社会不同阶层中现存的（或流传的）民俗现象（事象），"所收录的民俗资料，以现代仍在民间传承的民俗文化为主"，"对历代地方志和文献古籍中的民俗资料，只是在记述民俗源流时，适当引用，不宜过多"（《总序》）。所有编者都遵循这样的要求和规定，就不仅使来自不同地区和民族的民俗资料有了一个严格的限定和标准，更重要的，是使整套丛书反映出20世纪的鲜明时代特色和民俗文化精神。

过去我们读到的一些古代的"准"民俗著述，特别是各地的"岁时记"，其作者们也大都注意了记录民俗资料的"纪实性"这一特点，应该说，"纪实性"乃是我国传统民俗著作的一个好的传统。所谓"纪实性"，其实就是我们今天所用的学术专名"田野作业"或"田野调查"或"实地采录"。但古代的那些"准"民俗著述的作者，毕竟不是具备现代学科意识的专门的民俗学者，他们虽然在引录或记述民俗现象（事象）时，注意到了资料的"纪实性"，然他们的文体，充其量仅是些随笔，尚不具备现代的学科的要求。我们要指出的是，通过"田野作业"调查而得来的纪实性的民俗资料，杜绝了文人（搜集者）的向壁杜撰，从而保留下了民众所生存和呼吸于其中的活态民俗文化的本来面貌。从民俗学的学术研究来说，或更扩展一点，从历史研究来说，这种显示着今天特定时代特征的民俗资料，才是最可珍视的文化资料，经过梳理、分类、评点、研究的功夫，便进入了科学研究的领域，为现代民俗学的学科建设的提升提供了可靠而稳固的基础。

  《中国民俗大系》是一套规模庞大的丛书，应当说，这套大型书系的编纂，还只是学者们的一个尝试，因为编纂这样一套规模庞大，又能体现20世纪民俗文化精神的书系，不是有了一套事先设定的统一的、严格的学术规范就能奏效的，甚至也许还有其他的体系（比如按照文化圈的不同来分卷）可以遵照，但更重要的是需要发动一次全国性的田野调查为依据。试想，如果等待这样的一次田野调查之后再动手来纂修，恐怕连我们这些人白了头、见了马克思的时候，其纂修的计划都还悬在空中，无法落实。因此，我为该丛书在20世纪刚刚结束、新的世纪刚刚开始之际就能一次性整体出版，感到高兴，并表示祝贺。

2004年12月18日于北京

  （本文系在陶立璠主编，甘肃省人民出版社出版之《中国民俗大系》（31卷）首发式上的发言。）

民俗志的时代性和认识价值

一定的人类群体创造了属于本群体的民俗，又生活于被他们所创造出来的民俗之中，因此，民俗具有群体性和地域性的特点。一定的时代养成那个时代的民俗，民俗因时间的流逝、战争的爆发、政治的更迭等而发展或转换，故民俗又具有流变性和时代性的特点。然一个时代的民俗，不是突然间从天上掉下来的或发明制造出来的，而是从前朝前代继承延续下来而又有所改造创新的，因此，民俗具有传承性和渐变性的特点。我们远非全面地历数民俗的这些特点，并不是要给学生们讲授民俗学概论，而是想指出，这些特点，乃是纂写某一群体、某一地区、某一时期的民俗志时，必须顾及的一些原则。

我国历史上有纂修地方志的传统，而缺乏纂修民俗志的传统。历史上留下来的卷牒浩繁的地方志里不乏民俗的记载，各类文献典籍里也不乏有关民俗（尤其是岁时和礼法）的评说，但应该指出的是，历史上记载下来的民俗现象是远非系统和完善的。历史发展到20世纪七八十年代，我国进入历史新时期以来，民俗志对于人类认识自身和认识历史的意义，逐渐被学界所认识，而纂修民俗志的必要性，也相应地被学人们所提起。经过学者们20年的倾力建设和集体智慧，中国的民俗学开始进入了历史上最兴旺发达的时期，即初步摆脱了向外国民俗学"邯郸学步"的幼稚阶段，在学科建设上的自主意识和建构意识大为增强。随着各类著作的问世，学科体系和理论序列正趋于形成，特别是作为学科建设的基础或曰前学科建设的资料积累，也已取得了值得骄傲的成绩，尽管目前我国正在启动全国性的民俗田野调查工程，以求全面搜集记录最新面目的"活态"的民俗文化现象。在这样的文化环境下，编纂能够记录和表述一个刚刚逝去的时代（比如20世纪）的民俗志，已成为时代赋予民俗学家们的责任。

刘永立先生纂编的《中国民俗大系·河南民俗》就是这样一部民俗志书。

它的结构特征大体可以归纳为下列几点：（1）以现今行政区划河南省的地理版图为限，记述该地域（以汉族为主）的物质民俗、社会民俗、精神民俗三大部类的民俗文化现象（尽管行政区划与文化圈并非一回事，与民族构成也不是一回事），并力求以资料的选取和记述的方式体现出源远流长的中原民俗精神，特别是20世纪中原民俗文化精神。（2）以刚刚逝去的20世纪一百年为记述的时段，而这个时段是中国历史发生大转折大动荡大变革的一百年，如经历过两次世界大战，推翻帝制、建立共和，发生过内战和革命，发动过自上而下的移风易俗运动等，本土民俗文化在渐变之外，也出现过聚变、交融，甚至断裂。（3）所述民俗资料，主要是以田野调查为基本手段获取的百年来在不同群体、阶层和行业中传承的民俗文化，以其纪实性，与现时流行的把不同时代的各种来源的材料甚至各种书面材料混淆在一起的著作相区别。

人类已经跨入21世纪的第4个年头了，日益汹涌的经济全球化的浪潮和现代化与城市化的趋势，给民族文化带来的冲击和影响日益显示出来，人们的生活方式在变化，观念在变化，民俗文化、民间文化也在发生着急剧的变化，有的甚至在悄然变形或消亡。这样的例子，俯拾即是。如基于祖先崇拜的种种传统礼法，就是民俗变迁最为剧烈的领域之一，由于祖先崇拜观念的逐渐淡薄，其祭祀礼法在20世纪下半叶呈现出迅速简化的趋势；又如生日习俗，改革开放以来的近20年来，变化尤大，每到家人或朋友生日寿辰，不仅城市里的人，甚至连一些乡村里的人，也都以围坐在一起分食蛋糕、吹灭点燃的红蜡烛、共唱西方的《生日快乐》歌曲表示祝贺，只要将其与《红楼梦》六十三回写的贾宝玉生日民俗模式两相对照，便不难看出今昔已大异其趣了。民俗文化是民族之根，是民族文化之源。尽管民俗文化不可能完全消亡，对此我们大可不必为全球化的影响而惶惶然，但传统民俗的弱化或变形，却是每日每时都在发生的事。因此，跨越20—21世纪两个世纪的我们这一代人，肩负着抢救和保护、保存传统民俗文化——保护民族之根的历史责任，而纂著全面而完善的民俗志，就不失为许多种保护和保存民俗文化的可行办法之一，把刚刚逝去的20世纪的鲜活的民俗状态记录在案，让今人和后人能够从中具体地了解和认识人们曾经创造了怎样的民俗文化，他们生活在怎样的一种民俗文化之中，他们所张扬的是怎样的一种中华民俗文化精神。

（原载刘永立撰《中国民俗大系·河南民俗》，是为序，兰州：甘肃人民出版社2004年）

风俗学与风俗史

中国风俗史的研究,在我国学界一向是十分薄弱的。张采亮的《中国风俗史》出版于1902年的清末,这本中国风俗史的开山之作,几乎雄踞了20世纪的一百年而未见来者。晚清末年,那是一个进步思潮汹涌、变革风云激荡的伟大时代,作者虽然受到时代和史料的局限,却已经显示出其进化论的世界观、朴素的唯物史观和现代学术的思维和理念,而这些都是难能可贵的,但这本书毕竟只写到明代就戛然而止,并非一部通史。后虽有邓子琴的《中国风俗史》遗稿问世,但其出版的时间却到了20世纪末的1988年,且第一编已佚,给学界留下了很大的遗憾。到20世纪90年代初,严昌洪出版了一本《中国近代社会风俗史》,作者下了很大功夫梳理研究中国近代的风俗,也在一定程度上弥补了张采亮留下的不足,惜也非通史。其间,虽然还有各种专题的著作陆续问世,但属于风俗通史一类的著作则一直阙如。

风俗史研究所以长期处于沉寂的状况,我想不外有两个原因:一、写文化史的人在学理上没有认识到风俗的发生和嬗变是如何影响着一个民族的文化的发展和进程,故而忽视对风俗及其变迁的研究;二、写文化史的人因眼界狭窄,缺乏风俗学和风俗史的学养,只好避而远之,这是历史所使然的。

刚刚跨入21世纪的门槛,徐杰舜和周耀明二位学者,就在新世纪钟声的伴奏下向读者贡献出了一部合著的《汉族风俗文化史纲》。我看此著,虽名为汉族风俗史,我宁愿将其看成是一部中国风俗通史,或带有中国风俗通史性质的汉族风俗史。因为其史的论述,是从秦汉之际汉民族的形成期起始而至于现代,而对汉民族风俗的形成、流布、特点及嬗变史的论述,也是在充分叙写汉民族在其不同的历史发展阶段上如何与周边民族的风俗发生交融和吸收的历史。这一突出特点既符合风俗发展变迁的特点,也体现出了作者的独特立意。与风俗史研究的开山人物张采亮相比,这本书的出版固然晚了整整100年,但事情却如俄罗斯谚语所说的:"迟做总比不做好。"中国学坛上毕竟有了一部写于新的启蒙时代,显示着新的思想观点的汉族风俗文化史著作。

《汉族风俗文化史纲》给我们带来了些什么新东西呢?

近 20 年来,我国的政治氛围逐渐宽松,民俗学渐被人文学界瞩目,而风俗学基本理论和风俗史研究,相比之下却一直处在并不景气的状态,甚至渐而被挤压到边缘的边缘,似乎民俗学就是风俗学,有了民俗学就不必再有风俗学了,因此,厘定风俗学和风俗史的对象就显得十分必要了,否则干吗还要在民俗史之外另写风俗史呢?在这个问题上,自"北大歌谣研究会"时代的短命的"风俗调查会"起,论者就大体是仁者见仁、智者见智,各弹各的弦、各唱各的调,缺乏必要的讨论与交流,风俗学和民俗学这两个学术名词,也就互不相干地、并行地出现于学者们的著述中。近年来,学者们开始在新的学理背景上谈论风俗学的研究对象和写作有关风俗学的专著,并发表了许多颇有新意的见解,但我们也不无遗憾地发现,许多民俗学研究者在使用风俗学和民俗学这两个名词时,并没有加以区别,而是含混其词,这种学理探究上的有失精密,不能不使我们感到困惑莫名。20 世纪的 80 年代,史学家严昌洪提出了"社会风俗史是一门边缘学科"的见解,他说:"社会风俗史是在历史学和民俗学的接合处建立起来的,兼有历史学和民俗学的特点。民俗学要研究民俗的历史,社会风俗史要研究历史上的民俗,这是二者相通之处。在这种意义上说,社会风俗即是'历史民俗学'。但是二者又有区别。民俗学研究的范围宽些,它所研究的歌谣、神话、传说、造型艺术等等,在社会风俗史中只作为保存风俗史料的仓库,而把对这些东西的具体研究让给了文学史、艺术史或文化史。民俗学属于社会学的范畴,它的研究目的、研究方法等,往往受到社会学的制约。社会风俗史则属于历史学的范畴,它的研究目的、研究方法等,往往受历史学的制约。例如,民俗学以社会调查为其常用的研究方法,虽然它并不排斥历史的比较综合;而社会风俗史的研究却是以发掘文献资料,进行回顾和追溯为主要手段,当然它也不排斥调查研究。由于社会风俗史兼有历史学和民俗学的性质和特点,可以说,社会风俗史是历史学和民俗学相结合的一门边缘学科。"[①] 他的这番论述,也许还有可讨论、可商榷的地方,但这种对风俗学和风俗史的学科定位的追问,却无疑是有益于学术研究的深入发展的,因而也应该给予积极评价的。

徐、周二位的大著,在前人研究的基础上,参考了和吸收了前辈和同辈学

[①] 严昌洪《关于社会风俗史的研究》,见《江汉论坛》1984 年第 2 期;又见《中国近代社会风俗史》第 3—4 页,杭州:浙江人民出版社 1992 年。

者的合理见解，提出了这样的一系列概念和原则："风俗是在一定社会中，被普遍公认、积久成习的生活方式"，"被模式化了的生活方式"，而且把作为"社会人群所约定俗成的、模式化了的生活方式"的风俗，区分为（亦即限定于）生产、生活、礼仪、岁时、信仰、社会六大部类，特别是提出了："风俗文化是每一个族群或民族、国家社会文化的重要组成部分，也是区分民族、族群的主要标识之一"，"风俗史是国家、民族或族群形成、发展和变迁历史的重要组成部分"。他们在这些问题上的立论，在学理上的阐述，使风俗学和风俗史的研究又有了新的进展，不仅厘定了风俗史叙述和论列的对象，而且确立了风俗在民族、族群和国家识别上的地位，以及风俗史在历史学，特别是在文化史中的地位，是非常重要的。

正如作者所说，风俗是文化，属于社会意识形态的领域，但风俗又是特殊形态的文化。风俗的生成、发展、嬗变、甚至消亡，有其本身的特点和规律。风俗史研究的任务不是风俗史料的罗列和堆积，而是要在史料的发掘、钩沉、排列、比较中探索和发现其发生、发展、嬗变、消亡的规律。一般说来，风俗的形成与消亡，是渐变的，而不是突变的，即被全社会或全地区所崇尚而兴盛，或被全社会或全地区所厌弃而消亡，所谓约定俗成是也。这一类的为全社会或全地区的社会成员所约定俗成的风俗，不会因为政权的更迭而骤然间发生变革，但作为意识形态的一种，风俗也还有另一面的即突变的特点。一个朝代确立，由于统治者的强令推行和提倡，即古人所说的"上行下效谓之风"（李果《〈风俗通义〉题辞》），会有一种新的风俗兴盛起来；反之，一个朝代覆亡，也会有一批前朝推行的风俗骤然消亡，而一批被新的统治者强令推行和提倡的新风俗代之而起。我们从徐、周的著作中看到，风俗的生成、发展、嬗变和消亡的这两种情况，在汉族的漫长历史发展中都曾发生过，作者正是根据这些不同时代、不同情势下的风俗的嬗变，总结和概括出了风俗发生发展和消亡的规律。

风俗毕竟不像政治制度的更迭那样断然，其约定俗成性、其稳定性所造成的延续性（或曰弥漫性）特点，给风俗史研究和写作中的断代问题带来了一些困难。作者要解决断代问题，除了可以轻易援引的那些属于自上而下强令推行的风俗事象的兴起与消亡这类事例而外，就得在属于大量存在的、渐变式的风俗事象中寻找那些能显示时代特征的蛛丝马迹，从而形成作者在书里所概括的那些断语，如"由野而文"（先秦）、"趋向奢华"（魏晋南北朝）、"汉胡整合"（隋唐）、"市俗日盛"（五代宋元）等，应该说，这对任何一个风俗史研究者来说，都是一个相当大的难题，但本书作者较好地解决了这些难题，巧妙而又准确，且为风俗史的写作"趟"出了一条路子，用时兴的语言来说，建构了一个新的史学构架。

一部两千年的汉族风俗史描绘了，也证实了一条道理："移风易俗"是任何一个朝代和任何一个执政者集团的政治理想和治国方略。当然，不同政治立场和政治理想的执政者有不同的移风易俗观，这是不必饶舌的。移风易俗的普适性，又从另一面说明了一个社会的风俗是个庞杂的复合体，而不是某一个阶级或阶层的意识形态，除了原始文明的遗绪外，主要滋生于农耕文明土壤上的汉族风俗，既传承了养育过子子孙孙的社会良俗，也杂糅着不良的甚至很不好的恶俗。至于这些恶俗的产生与流传，原因固多，不是一两句话就能说清楚的，需要专门的文章来探讨，但最重要的原因，莫过于小生产方式带来的历史局限性。笔者以为，作者在这部汉族风俗史的书写中，为我国风俗学和风俗史研究概括出或总结出的这样一条规律，恰恰证明了他们为这部前后撰著了18个春秋的著作所付出的劳动是值得的，也再一次说明了风俗学和风俗史的研究，是一门有现代意义和现实意义的人文学科。

（原载徐杰舜、周耀明著《汉族风俗文化史纲》（增订本，南宁：广西人民出版社2001年），是为序，初刊于《光明日报》2004年5月25日。）

国情观和历史观

任何发达的或发展中的民族或群体，都毫无例外地生活在一定的民俗中。一个民族或群体的民俗，虽然表现为不同的形态（物质的或精神的），但实际上是指该民族或该群体的生活方式和文化传统。民俗的最本质特点，是在群体的传承中逐渐积淀而成，而不是一朝一夕突然出现或突然消失的，历史上也曾发生过某一民族或群体的民俗突然改变或突然消失的事件。这种情况的发生，要么是因为民族邦国战争，某一民族或群体突然被灭亡，战胜者强迫战败者改变自己的民俗或信仰；要么是不可抗拒的自然灾害使某个民族或群体骤然消亡，该民族或群体的民俗也就因而湮没无闻了。一些古代"失落了的文明"，如南方创造了良渚文化、北方创造了红山文化的民族或群体，可能就是这样的情况。

一个民族或群体的民俗总是与一定的生产方式相适应。我们中华民族有几千年的文明史，但中华民族在其发展中融汇了众多的发展程度不同的民族，包括北方的狩猎民族和游牧民族，南方的采集民族和农耕民族（考古学家在河姆渡文化遗址发现了7000多年前的稻谷）；就其主体（中原民族）而言，从上古或中古就已进入了农耕文明时代，因此农耕文明无疑成为影响我们民族的民俗的形成和变迁的最重要因素。一般地说，一个时代的社会制度也是民俗的构成部分，但一定的社会制度以及适应这些制度的思想体系一旦形成后，又对民俗发生着显著的影响。这种情况，在上层社会或国家层面形成或流行的礼俗制度（如三纲五常、四维八德、宗法家长制、祭仪、财产继承等）、婚姻（如再醮、童养媳、望报媳、买卖婚、续弦、娶殇婚、嫁殇婚、一夫多妻制、典婚、赘婚、兄终及弟制、男尊女卑、贞节堂）上，表现得最为明显。

民俗是历史的产物，但在唯物史观看来，不是"存在的就是合理的"。民俗也受到社会历史发展的制约和局限，如生产方式的落后所造成的猎人、小农、手工业者意识的局限，如科学的不发达和认知能力的薄弱，等等，无疑使民俗具有良莠之分、美恶之别，其主体部分是优秀的，有益于社会的，但也有不良的成分，如有些浸染着原始蒙昧主义和封建主义思想观念的民俗事象，对社会、对人权都是有悖的。因此，对于一代一代的普通民众（社会主要成员）而言，他们对文化或民俗，有选择（即传承和扬弃）的自由和实践，而对主政者或有话语权的文化人而言，对待个别的民俗事象或整体的民俗传统，如同对待一切传统文化和文化传统一样，要采取有分析、鉴别的态度，即批判地继承和发扬其优秀的部分，扬弃其落后的或不适用现代社会的部分，以创造和丰富我们的社会主义新文化。无批判地肯定或不加分析地否定历史上传承下来的一切民俗事象和民俗传统的观点，都是不利于我们人类进步和社会主义事业的，因而是片面的，不可取的。

从晚清起，一些受西方思想影响的思想家和维新政治家，就已经注意到并提出了"革除恶劣的旧习"的主张，尽管有的人并不是彻底的。在恶俗中，最甚者莫过于妇女缠足。始于南唐的妇女缠足的习俗，延续了上千年之久，降及清末，到戊戌年（1898）上海设立天足会及不缠足会，特别是出现了李汝珍、康有为及其弟康有仁、梁启超、龚自珍等人的提倡，天足运动开始渐渐普遍和深入于民间。黄遵宪在湖南推行新政，以"凡托居地球，无论何国，其政教风俗，皆有善有不善，吾取法于人，有可得而变革者，有不可得而变革者"为理论，并与徐仁铸、谭嗣同等人创办"不缠足会"和"延年会"，提出"移风易俗，振兴国家"的口号。中国共产党登上中国政治舞台之后，在民主革命阶段，提出了打倒"三座大山"的纲领，对一些流行的恶劣习俗，以摧枯拉朽之势，进行了史无前例的扫荡。但在革命风暴中，也出现过激的甚至极"左"的思想和行动，"泼洗澡水时连孩子也泼掉了"，破坏了一些优秀的民俗文化传统（如毁坏了一些寺庙家堂、民俗建筑，烧掉了无法计数的家谱、珍贵的民族文学抄本，关押或杀了一些负载着丰富民族文化知识的巫师、祭司等），使我们的民俗文化出现了某些断裂。在改革开放的形势下，许多濒于消亡的民俗传统"春风吹又生"，开始复苏，尽管这种复苏呈泥沙俱下之势，但总的来说是符合文化发展的规律的。

民俗对国情和国运能够发挥不可忽视的重要作用。民俗学家钟敬文先生说过："所谓'国情'首先当然是国家的经济、政治的情况，但是，事情决不限于这些，例如人民的教育情况、文化素质等，同样是不容忽视的。这里，我想特别指出流行于广大人民中间的风俗、习尚及其相连的心理状态在国情上的意义。风俗、习尚本身，既是国情的构成部分，同时又密切地联系着其他国情的许多部分。它的重要性是不容低估的。"20世纪的百年间，从执政者到学界对风俗、习尚的态度与政策，除了"文革"时期的所谓"破四旧"运动外，虽然有起伏和差异，有激烈和舒缓，但移风易俗的大趋势却是一致的，也是不可阻挡的。

20世纪的50—60年代，学界曾流行一种观点，把民俗说成是封建性的糟粕，把研究民俗的学科指为资产阶级的学说。这种教条主义的庸俗社会学观点，闭眼不看或故意忽略民俗对社会发展和认识国情的积极作用，过分地夸大了民俗的历史惰性及其危害性，因而是应该反思的，不足取的。

我们认为，优良的民俗事象和民俗传统，尤其是在历史发展中形成的一些好的民俗、礼俗和道德规范，对社会发展和社会稳定起着整合和促进的作用。在我们当前的社会中，对过去时代中形成的一些民俗、礼俗和道德规范，如忠、孝、义、和、助人为乐、乐善好施、扶危济困、投桃报李等，或否定得过多，或宣传得不够，出现了或多或少地流失的现象，从而导致大量恶性案件的发生，不能不令人深长思之。旧的民俗、礼俗破除了，要有新的、成熟的民俗、礼俗来代替，不能留下空白。记得几年前，冰心先生在世时，曾为一家少儿出版社题写了包括忠、孝、义等在内的十个字，可惜没有得到舆论界的重视，而这样一些民俗、礼俗和道德规范，是社会进步和稳定所必需的，不应因其产生和流行于旧的社会条件下就一概加以排除和否定。

从另一方面考察，在一些地处边远的少数民族地区，生产力发展水平还很落后，生活水平也相对低下，亟待改善和提高，亟待对沿海地区予以扶持，但我们在作民俗田野调查时看到，在这些村寨里，却基本上没有盗窃、抢劫、杀人一类有悖于社会的事件，即使有也数量不多，社会相对稳定。原因何在？就是因为有村民们大家默认和遵守的习惯法、道德规范和民间信仰。上面所说的这些风俗和习尚，这些道德规范和民间信仰，规范着人们的思想和行为，对社会的稳定和发展，对小至村寨、大至民族和国家的凝聚力的加强，起着积极的整合与促进作用。在这方面出现的新问题是，包括村规乡约在内的习惯法，因其自身的局限性和落后性，与国家新出台的法规之间，出现了矛盾。在有些地方，以自然崇拜、神灵崇拜、灵魂不灭为核心的民间信仰，正在受到一些外来的人为宗教（如基督教）的冲击，甚至为其代替。

我们要在继承和弘扬传统的民俗文化（包括优良的民俗和一部分适应现代生活的礼俗）基础上，创建新的社会主义的礼俗和礼制，以新的礼俗和礼制作为全国国民的行为规范，养成健康的心理和情操，提高国民的素质，增强国家和民族的凝聚力，从而促进社会生活的整合和稳定，建设繁荣富强的现代化国家。我们这一代人面对着的是经济的全球化趋势，但实现国家的现代化，决不能以牺牲民族的文化传统和民俗传统为代价。

写于 2002 年 1 月 21 日

（本书专稿）

民俗旅游与旅游民俗

中国是一个由多个文化区域和多个民族在 1949 年同时进入新的历史发展时期的文明古国，这种状况决定了中国不仅是一个民俗文化现象极端丰富多样、极端绚丽多彩，而且在世界上是一个不同时代、不同地区的不同民俗文化同时存在的独一无二的国家。这种现象不仅打破了过去我国学术界长期形成的那种以儒家学说为核心的狭窄的"国学"概念，使丰富的民俗文化成为中华优秀传统文化的重要组成部分，而且也使我国的许多地区日益成为世界各地的旅游探险者和文化人类学家们"垂涎"的圣地。

如果把人们到自己居地之外的异地作短期休假、观光、游览、考察、修学、开会、购物等看作是旅游的话，那么，凡是有一点点旅游经验的人都会承认，当他从一踏上这异地时起，便会感受到一种与自己居地不同的风土人情，那扑面而来的音乐，那或雄壮或柔情的舞蹈，那风味迥异的饮食，那陌生的人生礼仪和祭祀仪典，那五颜六色、布满各种图案的衣饰，等等，给人一种完全不同的文化生态环境。这种完全不同的文化生态环境，就是该民族、该地区的民俗文化氛围。因此，从广义上来说，归根结底，旅游实际上就是民俗旅游，没有一种旅游行为是能脱离开所到地区或民族的民俗文化的。这就注定了民俗旅游将成为未来中国旅游的主潮。

一、民俗与旅游——一对孪生子

民俗与旅游之间的密切关系从人类生存的早期阶段上就形成了，但作为表达这种现象的概念的出现，则是后来的事（有学者从唐诗甚至南朝诗中找出了几十首使用了"旅游"这个词的诗篇；在国外，有学者说首先使用"旅游"这个词的是牛津词典，那已是 19 世纪的事情了），而由这些概念发展出来的科学——民俗文化学和旅游文化学或成为科学研究的对象,则产生得很晚,大约都在19世纪初到中叶,而真正注意到民俗与旅游的关系的,也许当推那些长期深入到落后部落中进行民俗考察的民俗文化学者和传教的传教士们。后来,民俗与旅游二者分流,民俗仍然作为一定的人群的生活方式存在着发展着,研究民俗事象的民俗文化学发展成为人文科学的一个分支;而旅游则逐渐走向产业化,成为一种影响着社会生产力的再生产的消费,并形成了在世界范围内仅次于石油工业的第二大产业。

在我国,古代记载各地民俗的书籍不少,但作为科学的民俗文化学却起步于20世纪20年代,后来遇到了许多曲折;党的十一届三中全会之后,民俗文化学才得到了复兴,在近几年形成的全国性"文化热"中扮演了一个重要的角色。据地理学家苏继顾考证:虽然我国与邻国,特别是南海诸岛国的往来,以见于汉初著录者为最早,然而"我国旅行家有完整行纪遗留于今者,以法显《佛国记》为最早。法显以晋隆安三年(399年)由陆路往印度,至义熙十四年(418年)由海道东归,前后为十四年"。[①] 如果说法显开我国旅游载纪之先河的话,后来陆续有许多旅行家的著作问世,这里不能详述。近代,旅游文化学的起步可能比民俗学要更早一些,大约在19世纪的最后几年。钟叔河编纂的《走向世界丛书》[②] 20种里,收录了1911年之前到西方学习和出使的一批中国人关于西方国家的载纪,他们(容闳、王韬、郭松焘、黄遵宪和严复等)是林则徐编的《四洲志》和魏源编的《海国图志》之后,早期最重要的旅游文化学方面的著作。这些著述里大量采用民俗材料,都证明了旅游与民俗、旅游文化学与民俗文化学的关系是十分密切的。中华人民共和国成立以来的一段时间里,我国的国内旅游基本上是"出差"型的,国外来华的游客,差不多都是国家机构出面"接待"。"文化大革命"与外面的交往几近中断,而大串联则成为一次空前绝后的全民旅游怪胎。改革开放以来,海禁大开,各种类型的外国人涌进国门,现代旅游兴盛起来。在新形势下,1986年国家首次把旅游业列入国民经济和社会发展计划以来,我国的旅游事业才从"接待"型转变为产业型,同时也才开始有了旅游文化学的研究。

我们常说"江山娇娆"这样令人鼓舞的话。的确中国有看不完的名山大川、寺庙宫观和文物遗址,可供中外旅游者们观光游览,它们曾经给游客们以心灵的愉悦和知识的启示,但它们的分布是不平衡的,是僵死不变的,而更多更普遍的是无处不在的人民群众的民俗文化事象,从生产到生活,衣食住行、

---

① 苏继顾《岛夷志略校释·叙论》第1页,北京:中华书局1981年。
② 钟叔河主编《走向世界丛书》,长沙:岳麓书社1985年。

婚丧嫁娶、人生礼仪、信仰崇拜、娱乐游艺、神话传说。民俗文化事象,不仅是外来的旅游者们了解当地人民生活方式、民族特点和地方特色的最直接、最直观的材料,而且是流动不居的,不像文化遗址那样僵死和冷冰。谚语说:"十里不同风,百里不同俗。"又说:"入境问俗。"都是说的外来者到了一个陌生的地方,首先要了解那里的民俗文化环境,否则你就等于不了解那个地方,不了解那里的民俗文化环境,也就无从了解那里的人民及其生活,从而也就无法做出比较,达到文化上的认同。

二、民俗文化的发掘是开展旅游的契机和条件

事实证明,民俗文化发掘比较好的地区和民族,往往成为那里顺利开展旅游事业的重要契机和条件。改革开放初期,云南边陲少数民族的民俗文化事业,在50年代就开始的全国民族调查的基础上率先发展起来,准备了和推动了旅游事业的开展。人文科学和自然科学诸领域的学者,特别是外国的民族学者、民俗学者、文化学者、新闻记者、影视工作者纷纷涌到那里,猎取那里的材料,研究那里的民族及其文化。60年代就举办过的傣族的泼水节,在新形势下吸引了全国各地的干部群众和各类外国旅行者,西双版纳和德宏、瑞丽这些区区边陲小镇一下子成为名扬中外的名城,带动了经济、交通、文化、旅游事业的相应发展。由此,居住在金沙江流域的傣族古老的稻作文明,也通过对水的崇拜的特殊仪式,被继承和发掘出来,反过来进行更深层次的研究。傣族文化传统作为滇文化传统的一支,得到了普遍的重视和广泛的发扬。

继而,西南边疆的少数民族节日文化相继被发掘出来,并且成为地区开展旅游和对外开放的重要资源。如彝族、白族、纳西族、傈僳族、拉祜族、普米族的火把节,多个民族的"三月三",独龙族的"卡雀哇"节(祭天),纳西族的"干木古"节(祭女神干木古),普米族的转山会节,白族的绕三灵,苗族的踩花节,瑶族的祭谷节,彝族的插花节,侗族的花炮节,佤族的播种节,哈尼族的"埃玛突",基诺族的"目脑纵戈",蒙古族的那达慕大会,回、土、撒拉等族的花儿会等等。这些民族节日原本都是与该民族的信仰有着密不可分的联系的,有的甚至就是某方面的祭祀礼仪,在发掘整理过程中,往往把信仰祭仪的部分,即酬神的部分加以淡化或简化,而保留和加强其娱人的游艺部分,逐渐演变成民族群众自娱的大型文艺活动。一般的观光游客从这些民俗节日活动中欣赏和了解该民族的歌舞风情、传说故事、民族历史及民族性格,而且有机会满足他们的参与意识,直接参加到这些大型群众活动中去,体验普通人在节日期间那种狂放的投入的情感,而对于那些具有专业知识和具有某种探

索精神的旅游者来说，这无异于是一次对陌生民族和地区的民俗、历史、神话、歌舞的实地考察。尽管这种考察与那些长时间的田野考察是有区别的，长时间的田野考察，由于与当地居民吃住在一起，有可能观察和记录他们真实无欺的民俗事象，特别是那些只允许本民族成员参加或只允许某一部分人（如只准男子）参加的信仰活动。而群众性的节日活动，往往经过了组织者们某些挑选的工作，或群众出于某种考虑简化了某些部分，增加了某些新的内容。即使这样，民俗节日仍然是该民族民俗生活的一次集中的演练，在节日期间群众有机会以假想的方式回到民族古老的时代，重新体验传说中的艰难坎坷的民族历史（如刀耕火种时代，民族大迁徙），在祭祀活动（如祭天）中表达他们与自然崇拜的观念，回忆远古时代那些值得记忆的生活习俗和场景（如对母权时代的留恋，人类对生殖崇拜的记忆），讴歌曾经对民族的安全和兴旺发生过重大影响的传说中的民族英雄。民俗节日活动的举行，一方面是群众民俗活动的大展示，使劳碌了一年的群众在这一天得到充分的解放，从而在歌舞狂欢中得到精神的放松与精力恢复；另一方面，外来的旅游者们参与其中，便捷地了解和考察了该民族或地区的民俗生活，不仅在群众性的狂欢中受到感染和熏陶，增广了知识，得到了休息，从而使社会生产力在新的层次上得到恢复和提高。

去年春天，云南省红河州元阳县全福庄举行的哈尼族"埃玛突"，吸引了60多位来自欧、美、亚洲的外国学者和旅游者，以及100多位中国学者参加，笔者有幸参加了这次民俗节日活动，对全过程进行了考察。这次哈尼族的民俗节日活动为居住在红河南岸的少数民族地区的开放和旅游事业开辟了广阔的前景。①

今年7月，中国旅游文化学会组织一些学者和旅游界的企业家，在青海省西宁市及其周边地区进行"西部民俗文化考察及研讨"，考察了大通县老爷山一年一度的花儿会、著名的黄教圣地塔尔寺的隆重的宗教民俗活动晒大佛和跳缱（跳神），以及鲜为人知的互助县土族的民俗文化，探索在青海省把民俗活动与旅游结合起来的途径和可能性。于每年农历六月初六举行的老爷山花儿会，有成千上万的当地土族、撒拉族、藏族群众来参加，表面看起来是自发的群众性的以"河湟花儿"为主的大型歌会，以赛歌对歌来抒发和排遣一年中积压的情绪，以歌声来传达男女青年之间爱情的信息，从而也曲折地反映了人们对事物的看法。一个有心而细致的旅游者将会发现，更深的文化内涵在于劳

---

① 这次活动后，笔者撰写了一篇题为《哈尼族的"埃玛突"与古代的"社"》的论文，发表在《中国文化研究》1994年夏之卷上，记载了"埃玛突"的全过程，并对其与中国古代的"社"进行了比较。

动者通过花儿会这种群众性的对歌赛歌的活动，表现人们对恩格斯所说"哥哥抱着妹妹做新娘"①的远古时代那种不分辈分的男女之间的情爱和野合的婚姻遗迹的追念。类似的群众性大型花儿会在青海省还有好几处，如西宁凤凰山花儿会、民和县峡门花儿会、乐都县瞿昙寺花儿会、五峰山花儿会等。这都是很好的旅游资源，如果把民俗活动与其他项目巧妙地结合起来，是可以大有作为的。在考察中我们看到，除了塔尔寺的法事活动为旅游界重视和利用外，那里其他的富有魅力的民族民俗文化，特别是那些一年一度的全民性的节日民俗活动，以及号称世界最大露天石刻博物馆的玉树县新寨加昂玛尼堆的那20亿块刻有吉祥文字的石头②，至今并未得到重视，有的（如土族有特色的民俗文化）甚至还似待字闺中的少女，有待发掘和整理。

以民俗节日为契机是民俗旅游的重要特点之一，抓住这个特点开展旅游项目，在边陲民族地区已经得到了一定的重视与开发，效果是积极的。无疑，这也是开展有中国特色的旅游事业不可或缺和不可忽视的。

三、关于人为民俗旅游景点

有些地方或城市缺乏旅游资源的优势，利用当地或移植外地的民俗文化（民居建筑、村寨、工艺制作、文艺歌舞等）的方法，人为创造旅游项目，并获得了成功。大致有以下几种情况。

第一种情况：当地缺乏引人入胜的旅游资源，而当地的民俗文化又颇有特点。如山东省潍坊市就是一个在某种程度上缺乏旅游资源的城市或地区，但他们从1984年起开发了当地的民俗工艺品——风筝，并举办国际风筝节，一举获得成功。据1991年的资料，连续举办了八届风筝节的潍坊市，经贸洽谈成交额累计达45亿元。后来，又在这个基础上设计了千里民俗旅游线，即把东端高密县的民间艺术（剪纸、扑灰年画、泥塑玩具），安丘县石家庄的民办农村民俗博物馆和为国外游客举办婚礼，潍坊市城区的风筝放飞活动、手工艺制作（如嵌银技术），寒亭区杨家埠的水印年画和风筝作坊，古城青州的隋唐石刻、桃文化展室和西端临朐县的山旺古化石、葫芦文化展室联结起来。青州是

---

① 马克思："在原始时代，姊妹曾经是妻子，而这是合乎道德的。"见《马克思恩格斯选集》第4卷第32页，北京：人民出版社1972年。

② 参阅巴延云《藏传佛教的石刻博物馆——加昂玛尼堆》，《中国西藏》1992年春季号；贾鸿铃《新寨的"玛尼石堆"与"多仁求卓"》，《文坛瞭望》1992年，青海省文学艺术界联合会编；马昌仪、刘锡诚《石与石神》第六章《敖包与玛尼堆》，第131—133页，中华民俗文丛之四，北京：学苑出版社1994年。

蜜桃的著名产地,那里的民俗和旅游工作者们开发了桃民俗文化;临朐是葫芦的产地,那里的民俗和旅游工作者开发了葫芦民俗文化,匠心独运,令人耳目一新。桃不仅是上好的水果,在中国人的观念中还是辟邪的圣物。汉王充《论衡·订鬼》说:"《山海经》又曰:沧海之中,有度朔之山,上有大桃木,其屈蟠三千里,其枝间东北曰鬼门,万鬼所出入也。上有二神人,一曰神荼,一曰郁垒,主阅领万鬼。恶害之鬼,执以苇索而以食虎。于是黄帝乃作礼,以时驱之,立大桃人,门户画神荼、郁垒与虎,悬苇索以御凶魅。"这里是有关桃木辟邪御鬼最早的故事。后来过年的时候,贴的对联是两块桃木板做的。桃又与长寿的观念联结在一起,当地的许多手工艺品,都是用桃木制作的,包括在一个小小的桃核壳里刻着的老寿星图。从这些桃民俗文化中,旅游者不难了解到中国人在一颗桃核上面所体现出来的信仰观念和思维方式,这种旅游是多么趣味盎然啊。葫芦也是一样,中华大地上许多民族和地区都流传着古老的葫芦生人和大洪水之后人类灭绝,一对亲生兄妹因一个葫芦作为避水工具而得以绵延子孙的神话,葫芦与人类的生殖有着密切的关系,葫芦像是女人的一个大子宫,人类就在这个大子宫里得以孕育和出生。葫芦是多子植物,葫芦籽是中华民族多子多福这种生殖观念的象征。临朐的旅游局长是一个学习过民俗学的青年,他的这个创意又得到了全国许多专家的支持,从日常生活中搜罗了许多葫芦形的器物和葫芦制品,把中华民族的葫芦文化体现得淋漓尽致,令人叹为观止!这种把民俗与旅游结合起来的巧妙构思,是值得赞扬的。以上所说的这些例子,是把"活态的民俗文化"当作一座露天的民俗博物馆,展现在旅游者们的眼前,不仅使他们的感官得到一定程度的满足,而且还使他们的心灵得到某种震动。

第二种情况:建立各种类型的民俗博物馆。凡是到过国外的人,都会不约而同地感到任何一座城市或地区的首府,都有自己的民俗博物馆,你只要进去走一趟,便会大体了解了这座城市或地区的历史和生活情况,特别是那里的民俗文化。相反,我国是一个东方文明古国,然而过去我们的城市或地区有自己的民俗博物馆的则寥若晨星。在首都北京,也没有这样的民俗博物馆,全国人大曾有几十位代表提出过提案,建议建立中国民俗博物馆,也有些单位曾经作过一定的努力,但至今还似旷野呼声,音信杳然。所幸者,有些城市或地区的领导人已经注意到这个缺陷,并着手建立自己的民俗博物馆了。据报道,截止到1992年的材料,全国已有60个民俗博物馆。从分布看,少数民族地区占多数,华东、中原地区占少数。50年代建馆的只占3%,60—70年代几乎没有建馆，绝大多数是80年代以后建馆的，占总数的97%。① 陕西省西安市半坡村，是黄河中游新石器时代仰韶文化的聚落遗址，为了复原母系氏族公社的社会生活，1957年在半坡村建立了半坡博物馆，是旅游者了解黄河中游早期人类民居的重要遗址。苏州是一个有着几千年历史的城市，80年代以来，在一些民俗学者们的努力下终于建成了苏州民俗博物馆，对于国内外旅游者了解苏州及江南的风土人情和民俗生活大有助益，到苏州的人无不称赞这一有眼光的举措。作为大都市的南京，1987年已经决定在甘熙故居内筹建南京民俗博物馆。南京民俗博物馆总体上是继承和发扬南京地区优秀的民俗文化传统，逐步办成具有浓厚民俗气息的多功能综合性的南京民俗文化活动中心。② 作为一个民族，几年前，延边建起了延边朝鲜族民俗博物馆。近几年建立的著名地方性的民俗博物馆有山西河边民俗博物馆，占地面积33000多平方米；位于四川省江安县境内的夕佳山民俗博物馆，占地面积约68000多平方米。夕佳山民俗博物馆建馆初期，我曾访问过那里，那里的一幢明代的封闭式地主庄园，虽经历次政治运动，仍保存完好，如能顺利收罗大量的民俗文物，堪可作为川南民俗博物馆。

民俗文化是流动不居的，在现代生活方式的冲击下，会很快地消失或变迁，因此，博物馆把当代民俗文化的文物收集起来，保存下来，可以永久保存下去，成为子孙后代认识我们民族的优秀民俗文化传统的重要场所，成为对子孙后代进行文化传统教育的重要阵地，成为对外宣传和开展旅游活动的重要资源。

第三种情况：在缺乏旅游资源的城市建立民俗文化村。在这方面，1991年10月1日建成开业的深圳中国民俗文化村，是一个成功的例子。深圳中国民俗文化村集21个民族的24个民俗村寨和景点于一园，把民居、建筑、园林、风俗习惯、礼仪祭祀、歌舞艺术、生活场景、工艺作坊、信仰民俗等融为一体，在较大的程度上集中了中国各民族的民俗文化，吸引了国内外境内外的众多的游客，并在开业一年之后就收回了全部投资。深圳中国民俗村的建设和管理的经验值得很好地总结和发扬。从民俗学的角度来看，建设者和管理者们是尊重科学的，是从民俗文化的特性出发来移植民俗文化，利用民俗文化，又发展民俗文化的。在深圳中国民俗文化村建成开业之后，又有许多城市在筹建或已经建成了类似的民俗村寨，例如位于北京亚运村附近的中华民族园，已经开园接待游客。已经批准立项的中华民族文化城，正在筹建中，进度不得而

---

① 参阅安廷山《蓬勃发展的民族民俗博物馆事业——二十八个省市民族民俗博物馆调查》，《民俗研究》1992年第3期。

② 参阅郭金海《筹建中的南京民俗博物馆》，《民俗研究》1991年第1期。

知。据新闻媒介报道，南口镇的老北京微缩景园已经竣工，本月 18 日即将开业，迎接游客。类似的民俗文化村寨，在外省市还有一些，如海南省三亚市有中国民族文化城。由于资料不足，无法尽述。

中国地域辽阔，民族众多，国内外旅游者甚众，并不是任何人都能随便地到想去的地方和民族中去旅游、出差，因此在某些城市中建立民俗文化村寨，使人们在短时间内便可以饱览各地不同的民俗文化，不仅是必要的，而且是可能的。这种城市中的民俗文化村寨，既是人们旅游和游乐休息的场所，又是对各色人等进行民族传统教育的重要手段。人们通过参观游览，得到潜移默化的陶冶，精神上得到提高，从而使社会生产力得到恢复和提高。

但是，在城市里建立这种民俗村寨，要根据各自的主客观条件，特别要注意：一、尊重民族的风俗习惯、宗教信仰和民俗文化的特性，防止为了猎奇的目的，而把民俗文化庸俗化；二、不仅应根据民族和地区的民居或建筑原样移植，而且要充分注意综合地体现出该民族该地区的活态的民俗文化生态，这是民俗文化村寨与博物馆的区别之所在；三、要处理好一般性与典型性的关系问题，任何民俗文化旅游景点都不可能没有选择，即不可能没有典型，同样，任何这类景点也不能没有一般，要力求达到通过典型反映一般，用一般去衬托和弥补典型的不足。

四、寻根仍是一个热点

尽管有关方面提出了"走出华人"的口号，但海外的华侨和旅居世界各地的华人是永不枯竭的旅游客源。随着我国的改革开放政策的提出和实施，海外华侨和华人认祖归宗的思潮日渐强烈，他们千方百计地希望回到祖国来走走看看，了解新中国的社会政治进步、社会主义市场经济腾飞的面貌，他们与大陆的兄弟姐妹同是炎黄子孙，他们要回来寻根，教育和带领他们的后代也回来认祖归宗，共同的信仰把海内外的手足同胞联系在一起。

在这种思潮的影响下，丁卯年（1987 年）重九在福建莆田湄洲岛举行了隆重的"妈祖千年祭"活动，海峡两岸都派出了庞大的代表团，此外还有不同国度的嘉宾，潮水般地涌上码头，涌向湄峰，涌向祖庙，盛况空前。同一个海神妈祖，把海内外华人和东南亚、东北亚的一些有着共同信仰的民族联结起来，小小的湄洲岛，成为多少人心目中的"圣地"。[1] 此后，湄洲岛的香火不

---

[1] 参阅《妈祖千年祭》，莆田湄州祖庙董事会、莆田市对外文化交流协会编，北京：华艺出版社 1988 年；李露露《妈祖信仰》第 13 章《传播四方》，《中华民俗文丛》之六，北京：学苑出版社 1994 年。

断，人流如织，特别是每年的妈祖诞辰日，台湾和海外华人都要来进香祭祖。

中华民族的始祖炎帝神农和黄帝轩辕是中华文明的代表。中共中央政治局常委李瑞环同志在中华炎黄文化研究会成立大会上致辞时说："中华炎黄文化也可以说就是中华民族文化，博大精深，源远流长，影响深远，是祖先留给我们的一份极其丰厚、极其珍贵的遗产。在当今世界上，凡是炎黄子孙，不管他走到什么地方，只要他良知未泯，都不能不为辉煌灿烂的中华民族文化而感到自豪。"著名学者张国光在一篇论文中说："谈到举世瞩目的华夏文明，人们就会联想到公认为创造了这一古老而灿烂文明的炎、黄二帝，也会联想到11亿中华儿女以'炎黄子孙'自居这一伟大的现实。可以说，'炎黄子孙'就是'中华民族'的同义语。陈云同志几年前为《炎帝和炎帝陵》一书题词'炎黄子孙，不忘始祖'，也就是肯定了当前我国同胞和全球华裔都自居为'炎黄子孙'并因此而产生光荣感和深刻的文化上的认同感时，也就必然会对于整个中华民族的振兴产生一种巨大的历史责任感。"①

情况的确如此。在这一背景下，炎、黄二帝的出生地、陵墓、纪念地陆续恢复，有关地方纷纷建立纪念馆，开展各种类型的纪念活动和召开各种主题的国际学术会议，吸引了世界各地的华人和华裔。例如，传说中的湖北省随州市——神农诞生地，不仅建立了随州市厉山炎帝神农纪念馆，而且于1990年11月，由湖北社会科学界联合会和随州市人民政府联合召开了"炎帝文化暨炎帝故里学术讨论会"，多次举办纪念活动。湖南长沙市鄞县相传为炎帝的葬地，也建立了类似机构，1993年在梧州召开了有关炎帝文化的国际学术讨论会。围绕着中华民族的另一个始祖轩辕黄帝开展的纪念性活动，其声势就显得更大了。河南省新郑县相传为轩辕故里，陕西省黄陵县有相传的黄帝陵，河北省涿鹿县有相传的黄帝城……除涿鹿外，都举行过大型的祭祀活动和国际学术研讨会，吸引了世界各地的华人归来参加。

这类牵动着世界华人和华裔寻根问祖的大型活动，其本身既是民俗信仰活动，又是旅游观光活动，既有经济活动，又有学术活动，二者是无法分开的。深究起来，民俗信仰是最根本的，如果没有这类民俗信仰，就不可能有寻根探源、认祖归宗的行为；学术活动则既是弘扬中华民族文化的重要手段，又是开展炎黄纪念活动和旅游经济活动的基础和开路先锋。归根结底，弘扬了炎黄文化，就是弘扬了中华民族的文化。这类以一定的民俗信仰为契机、以一定的民俗活动的学术活动为基础的旅游活动，至今仍然方兴未艾，其原因很简单，就

---

① 张国光《炎帝神农时代——中国由渔猎社会进入农耕社会的新纪元》，《炎帝与炎帝文化》（陈放主编）第25—26页，湖北人民出版社1991年。

是因为它适应了海内外中国人的心理,适应了中国改革开放的政策,适应了中国各地求发展、求进步的愿望。

1994 年 8 月 12 日

(本文系1994年向第二届中国旅游文化学术研讨会提交的论文并在会上宣读,刊于《民间文学论坛》1995年第1期)

第二辑

巫傩与信仰

送旧德立新德
—— 傩仪象征新解

中国巫文化有两大支脉,一个是北方的萨满文化,一个是南方的傩文化。如果说,萨满文化是游牧生产方式下的原始巫文化,那么,傩文化则是流行并传承于以采集和农耕为主要生产方式的中原地区、南部丘陵地区的一种原始巫文化。

傩是源远流长的,据考古发掘和文献资料,傩在远古时代就产生了。傩的存在基础,是万物有灵观和多神信仰。原始形态的傩,是一种由巫师一类人物主持、群体参加的驱鬼逐疫、祈求平安的祭仪。在中国不同地区,特别是中原和南方的广大农耕地区,傩仪所昭示和所代表的文化,始终伴随着社会演进的足迹,是为中国传统文化的一个重要组成部分。

民俗田野考察的资料说明,近100年来,连绵的战乱、政治运动,以及社会的进步和文明的发展,特别是生产方式的变迁,使以农耕社会为其土壤的傩巫文化,在许多地区已经逐渐减弱,甚至销声匿迹了,而在一些交通不便、信息不畅、社会发展相对落后的穷乡僻壤和边远的少数民族地区,傩巫文化则至今仍然十分活跃。傩文化的原始宗教意识基础和傩在民间的演示形式,无论对原始先民,还是当世的农民文化心理,无论对原始艺术的发生,还是当世民间艺术,都产生过或产生着有力的影响。近年来,学界对傩戏的调查研究,已经雄辩地证明了这一点。

史籍、志书上有关傩文化的记述,虽然只言片语,缺乏系统地调查描述,却也还算是丰富的,但对傩文化的研究,则显得十分薄弱。笔者以为,把傩看作是中国巫文化的一支和原始农耕文化的产物,这是傩文化研究的两个基本观点。近几年来,在这两点上,学界似乎已取得了某些共识,但在有关傩的滥觞及其发生地区上,虽然发表了很多文章,却几乎是有多少学者就有多少说法,研究者对前人所提出的观点置若罔闻，自说自话，缺乏学术规范，显示出傩文化研究的不成熟状态。

近年来，傩文化的研究，特别是傩戏的研究，有将傩文化范畴无限扩大的倾向，举凡春祈、秋报、祀神、祭鬼、除煞、超度，以及不同形式的醮仪，无不包括在内了。任何学科都应有一定的范畴，无限扩大一个学科的学术范围的倾向，并不是一件好事，至少不利于学术的研究。

20世纪以来，对我国傩文化的田野调查研究，开先河者，应是舞蹈学家盛婕女士率领的调查小组，于1956年在江西省婺源县所做的田野调查。① 相隔20年之后，《贵州戏剧》杂志于1985第1期，介绍了贵州省威宁县盐仓区板底乡裸戛村风格古朴的傩戏遗存《撮衬姐》。1986年底，贵州省文化局又在北京举办了贵州傩戏演出和傩戏面具展览。这以后，公众一向相当陌生的傩戏、傩仪、傩面具等傩文化，一下子引起了中国文化界与学术界的兴趣。随之，以田野调查为先导的傩文化研究，在各地展开，遂成为人文科学，特别是艺术科学的一个热点。

1993年，台湾"清华大学"王秋桂教授着手进行《中国祭祀仪式与仪式戏剧之研究》计划，组织海峡两岸的一批艺术学者，在大陆各地进行傩戏和傩文化的田野调查，在《民俗曲艺丛书》名义下出版了80种傩文化专著（内容包括调查报告、资料汇编、剧本或科仪本集、专书和研究论文集），到1997年结项，先后召开了多次国际研讨会议，使原来几近空白的傩文化田野资料，在若干"点"上有了丰硕的收获，使学界对傩的流传与分布、傩的起源和性质、傩的存活形态等问题，有了作进一步探讨的可能。2000年6月，在台湾新竹市清华大学人文社会学院召开了最后一次总结性的学术会议，对傩文化进行了多元的和"跨学科"的研讨。今年4月间，王秋桂教授来京开会，到舍下倾谈，我建议他对已完成的这个研究项目认真进行一次理论上的总结。他说："我的事情完成了，总结提高的事，还是要别人来做吧。"中国的傩文化以及近年来的发掘研究成果，亟待总结提高，使之系统化、理论化，当然这是一件很艰难的事，还需要时间，但无疑是应该摆上日程的。

我国改革开放来，欧美和日本也有不少汉学家和人类学家到中国内地来做傩文化的田野调查，写作并出版了一些重要著作。最早把握机会，到中国内地来调查研究傩仪的是日本学者田仲一成，除单篇论文外，到目前为止，他已经出版了四部专著，其中最近问世的是《中国巫系演剧研究》（东京，1993

---

① 盛婕《江西傩舞的介绍》，见《中国民间舞蹈》中国舞蹈艺术研究会编，上海文化出版社1957年。

年)。此外,加拿大麦吉尔(McGill University)大学的 Kenneth Dean,以长期在福建调查的成果撰写了 *Taoist Ritual and Popular Cults of Southeast China* (Princeton U. P., 1993) 及 *Lord of the Three in One：The Spread of a Cult in Southeast China* (Princeton U. P., 1998) 二书。法国远东学院的 John Lagerwey 也以闽粤赣为调查地区,出版了研究成果《客家传统社会丛书》十种。澳大利亚墨尔本大学(University of Melbourne)的 David Holm 目前正在广西从事傩文化仪式与戏剧的调查,其成果将以《广西壮族傩文化丛书》(预计也是十种调查报告)的名称出版。① 外国汉学家和人类学家们的调查研究成果,不仅给我们以学问上的借鉴,更重要的是促使我们快马加鞭,加快步伐。社会的急剧变革,民间的传统文化会以很快的速度消失。

20世纪末,对傩文化的发掘和研究,扩展了我国文化研究的视野,打破了至少是冲击了认为只有上层文化才是中国传统文化的陈旧观念,肯定了在上层文化之外,还在民众中极其广泛地存在着和活跃着包括傩文化在内的下层文化(或曰民间文化)。21世纪,摆在中国文化学者面前的迫切课题,是对下层文化与上层文化这两种文化进行整合。

一、傩的源流

傩的渊源,最早可推到殷商时代。傩祭最早的文字记载,见于20世纪初发现的殷商时代的甲骨文。据郭沫若的考证,甲文中有一"倛"字,是一个戴着面具的驱鬼者的意思。这个字,有的写成"魌"字。② 据饶宗颐研究,卜辞中的𢽤字(见《甲骨文合集》6063),是一个小地名,诸家均释为"颠",是头上戴着假面。《世本》辑文"微作裼五祀"中的"裼"字就是"傩"字。这说明在2700多年前的殷商时代,傩祭活动就出现并且相当盛行了。饶宗颐说:"傩肇于殷,本为殷体,于宫室驱除疫气,其作始者实为上甲微,卜辞先公之畐,即是其人。唐代以傩纳入军礼。一般昧于'裼'即傩之异文,故对微之事,茫然无知,幸《御览》尚存《作篇》佚文(即'微作裼五祀'——引者):得以重新发掘而获真解。知傩的渊源可追溯到殷代,此治傩文化者所宜同声称快者也。"③ (图1)"微"即上甲微,即王亥之子。另据姜亮夫研究,

---

① 资料采自汪诗珮《仪式、戏剧与民俗学术研讨会纪要》,台湾《汉学研究通讯》第19卷第3期(总75期)第421页,2000年8月。
② 郭沫若《卜辞通纂》。
③ 饶宗颐《殷上甲微作裼(傩)考》,《民俗曲艺》第84期,中国傩戏、傩文化国际研讨会论文集,第31—42页,台北施合郑民俗文化基金会出版,1993年。

旨竹尊金文有▨字，可能是"大傩"的意思。①

从甲骨文和金文的记载看，傩滥觞于殷商应是没有问题的。不过，当时行傩有怎样的仪式和具有怎样的含义，已经无从知道了。也有文献说，傩起源于古史的传说时代。宋人高承撰《事物纪原·驱傩》说："《礼纬》曰：高阳有三子，生而亡去为疫鬼，二居江水中为疟，一居人宫室区隅中，善惊小儿。于是以正岁十二月，命祀官持傩以索室中而驱疫鬼。《轩辕本纪》曰：东海渡朔山有神荼、郁垒之神，以御凶鬼，为民除害，因制驱傩之神。子游岛问于雄黄曰：'今人驱傩出魁，击鼓呼噪何也？'雄黄曰：'黔首多疾，黄帝氏立巫咸，使黔首鸣鼓振铎，以动心劳形，发

图1　戴面具的巫师

阴阳之气，击鼓呼噪，遂以出魁。黔首不知以为祟魅也。'或记以为驱傩之事。按《周礼》有大傩，《汉仪》有侲子，要之，虽原始于黄帝，而大抵周之旧制也。《周官》岁终命方相氏率百隶索室驱疫以逐之，则驱傩之始也。"②他说驱傩在黄帝时代就肇始了，黄帝后裔颛顼（高阳帝）时代即举行过"持傩索室中而驱疫鬼"的活动。作者同时也指出，但真正形成驱傩的风俗制度，还是在周朝。

相比之下，周朝举行傩祭的记载多而详。《周礼·春官·占梦》："季冬聘王梦，献吉梦于王，王拜而受之。乃舍萌于四方，以赠恶梦，遂令始驱难。"郑注曰："令，令方相氏也。"《周礼·夏官·方相氏》："掌蒙熊皮，黄金四

---

① 姜亮夫《古文字学》第24—25页，杭州：浙江人民出版社1984年。
② （宋）高承撰、（明）李果订、金圆、许沛藻点校《事物纪原》第439—440页，北京：中华书局1989年。

目,玄衣朱裳,执戈扬盾,帅百隶而时难,以索室驱疫。大丧,先柩;及墓,入圹,以戈击四隅,殴方良。"郑玄注云:"以惊殴疫病之鬼,如今魌头也。时难,四时作方相氏以难却凶恶也。"(图2)

关于行傩的具体程序和景象,郑玄引《礼记·月令》里有较为具体的记述:

> 季春之月,命国难,九门磔攘,以毕春气。(郑注:"此难,难阴气也。阴寒至此不止,害将及人。所以及人者,阴气右行。此月之中,日行历昴,昴有大陵积尸之气,气佚则厉鬼随而出行,明方相氏帅百隶,索室殴疫以逐之,又磔牲以攘于四方之神,所以毕止其灾也。《王居明堂礼》曰:'季春出疫于郊,以攘春气。'")

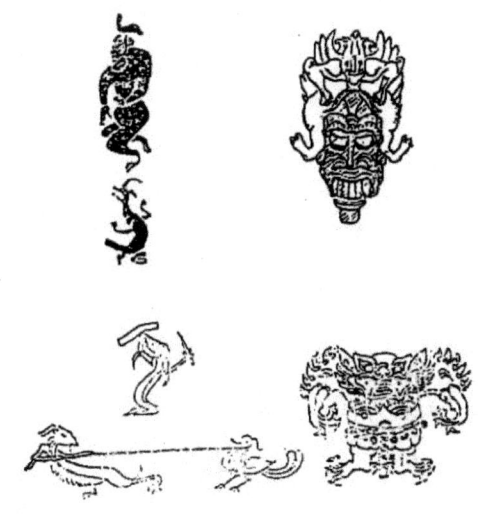

神兽驱鬼　马王堆一号汉墓　　石刻　现藏东京
图2　方相氏之不同图像

> 仲秋之月,天子乃难,以达秋气。(郑注:"此难,难阳气也。阳暑至此不衰,害将及人。所以及人者,阳气左行,此月塑直昴毕,昴毕亦得大陵积尸之气,气佚则厉鬼亦随而出行,于是亦命方相氏帅百隶而难之。《王居明堂礼》曰:'仲秋九门磔攘,以发陈气,御止疾疫。'")

> 季冬之月,命有司大难,旁磔,出土牛以送寒气。(郑注:"此难,难阴气也。难阴始于此者,阴气右行,此月之中,日历虚、危,虚、危有坟墓四司之气,为厉鬼,将随强阴出害人也。旁磔,于四方之门磔攘也。出,犹作也。作土牛者,丑为牛,牛可牵止也。送,犹毕也。")

> 孔颖达《疏》:"《正义》曰:'此月之时,命有司之官大为傩祭,今傩去阴气,言大者以季春为国家之傩,仲秋为天子之傩,此则下及庶人。故云大傩旁磔,旁谓四方之门皆极磔其牲,以禳除阴气;出土牛以送寒气者,出犹作也。此时强阴既盛,年岁已终,阴若不去,凶邪恐来岁更为人害。'"

这段记述和注疏告诉我们,古代之傩本为索室驱除疫鬼之事。其礼创自一

民俗与艺术

个名叫上甲微的人,殷人兴盛起来,后代将这个礼俗沿袭下来。《御览》五三〇卷引《礼记外传》云:"方相氏之官,岁有三时,率领群隶,驱索厉疫之气于宫室之中,亦攘送之义也。……大傩者,贵贱至于邑里皆得驱疫,命国傩者,但于国城中行之耳。"傩祭每年要举行三次,且规模很大,肃穆隆重。季春举行的傩祭,为的是"以毕春气";仲秋举行的傩,"以达秋气";季冬之月举行的傩祭,"以送寒气"。

后汉行傩的记载更详细了。《后汉书·礼仪志》:

> 先腊一日大傩,谓之逐疫。其仪,选中黄门子弟,年十岁以上,十二以下,百二十人为侲子,皆赤帻,皂制,执大鼗。方相氏黄金四目,蒙熊皮,玄衣朱裳,执戈扬盾。十二兽有衣毛角,中黄门行之,冗从,仆射将之,以逐恶鬼于禁中。夜漏上水,朝臣会:侍中、尚书、御史、谒者、虎贲、羽林郎将执事,皆赤帻,陛卫乘舆,御前殿。黄门令奏曰:"侲子备,请逐疫!"于是中黄门倡,侲子和,曰:"甲作食殉,胇胃食虎,雄伯食魅,腾简食不祥,揽诸食咎,伯奇食梦,强梁祖明共食磔死寄生,委随食观,错断食巨,穷奇腾根共食蛊。凡使十二神追恶凶!赫女躯!拉女干!节解女肉!抽女肺肠!女不急去,后者为粮!"因作方相与十二兽舞,欢呼周遍前后,省三过。持炬火送疫出端门。门外,骑传炬,出宫司马阙门,门外五营骑士传火,弃雒水中。百官官府各以木面兽,能为傩人师,讫设桃梗、郁垒、苇茭毕,执事、陛者罢。苇戟、桃杖以赐公卿、将军、特侯、诸侯云。(图3)

《汉旧仪》注曰:"昔颛顼氏有三子,生而亡,去为疫鬼。一居若水,是为罔两蜮鬼,一居人宫室区隅,善惊人,为小鬼。于是以岁十二月,使方相氏蒙虎皮,黄金四目,玄衣丹裳,执戈持盾,帅百隶及童子而时傩,以索室中,而殴疫鬼也。"《月令·章句》曰:"日行北方之宿,北方太阴,恐为所抑,故命有司大傩,所以扶阳抑阴也。"卢植《礼记》注曰:"所以逐衰而迎新,方相帅百隶及童女,以桃弧、棘矢、土鼓鼓且射之,以赤丸五谷洒之。"

我们看到,在汉代的傩祭傩仪中,于方相氏之外,出现了他的助手十二兽并署有名字。

到了隋朝,傩仪还没有出现很大的变迁。《隋书·礼仪志》:

> 齐制:季冬晦,选乐人子弟,十岁以上,十二岁以下,为侲子,合二

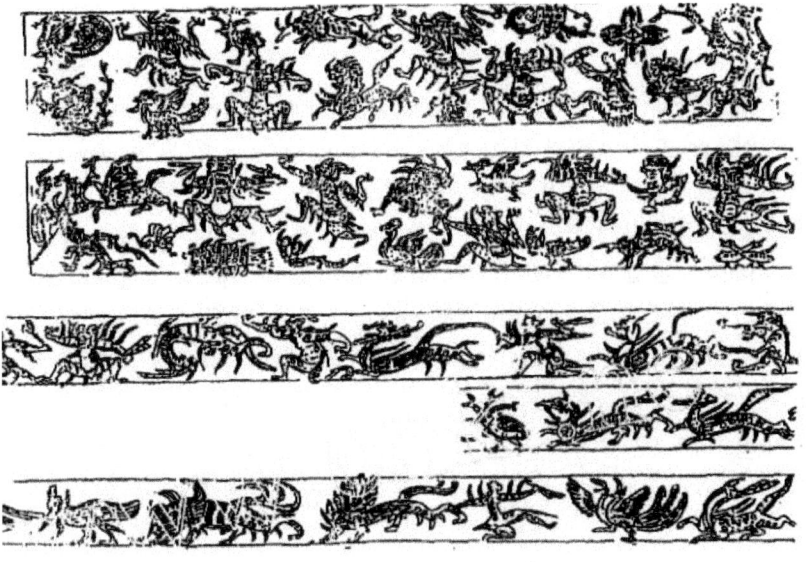

图3 大傩图（山东沂南汉画像）

百四十人；一百二十人赤帻，皂褠衣，执鼗；一百二十人赤布袴褶，执鞞角。方相氏黄金四目，熊皮蒙首，玄衣朱裳，执戈扬盾，又作穷奇、祖明之类凡十二兽，皆有毛角，鼓吹令率之，中黄门行之，冗从仆射将之，以逐恶鬼于禁中。其日，戊夜三唱，开诸里门，傩者各集被服、器仗以待事；戊夜四唱，开诸城门，二卫皆严；上水一刻，皇帝常服即御座，王公执事官，第一品以下，从六品以上陪列预观。傩者鼓噪入殿西门，遍于禁内，分出二上阁，作方相与十二兽舞戏，喧呼周遍，前后鼓噪，出殿南门，分为六道，出于郭外。

隋制：季春晦，傩磔牲于宫门及城四门，以禳阴气。秋分前一日，禳阳气。季冬傍磔大傩，亦如之。其牲每门各用羝羊及雄鸡一，选侲子如后齐。冬八队，二时傩，则四队，问事十二人，赤帻褠衣，执皮鞭工人二十二人，其一人方相氏，黄金四目，蒙熊皮，玄衣朱裳；其一人为唱师，著皮衣，执棒、鼓角各十，有司预备雄鸡、羝羊及酒于宫门，为坎未明，鼓噪以入。方相氏执戈扬盾，周呼鼓噪而出，合趣显阳门分诣诸城门将出，诸祝师、执事预福牲匈，磔之于门，酌酒禳祝，举牲并酒埋之。

与《后汉书》所载相比较，《隋书》所载只是少了关于唱和之辞那一段；在隋制中，傩祭的礼仪，除了季冬晦举行外，还要在季春晦（禳阴气）和秋分前一日（禳阳气）各举行一次，而季冬所举行的傩则被称为"大傩"。

唐代宫廷里依旧制在季冬举行大傩仪礼，而且内容和阵容又有所扩展。段

民俗与艺术

安节《乐府杂录·驱傩》里记载得很详尽：

> 用方相四人，戴冠及面具，黄金为四目，衣熊裘，执戈，扬盾，口作"傩傩"之声，以驱除也。右十二人，皆朱发，衣白，画衣。各执麻鞭，辫麻为之，长数尺，振之声甚厉。乃呼神名，其有甲作，食胹者；胇胃，食虎者；腾简，食不祥者；揽诸，食咎者；祖明、强梁，共食磔死寄生者；腾根，食蛊者（案：以上神名及所食，诸刻本多舛误，今依文渊阁本改正。考后汉志、唐志、唐六典，十二神尚有雄伯，食魅；伯奇，食梦；委随，食观；错断，食巨；穷奇、腾根，共食蛊。此仅举其七，疑有脱简）等。侲子五百，小儿为之，衣朱褶、素襦，戴面具。以晦日于紫宸殿前傩，张宫悬乐。太常卿及少卿押乐正到四阁门，丞并太乐署令、鼓吹署令、协律郎并押乐在殿前。事前十日，太常卿并诸官于本寺先阅傩，并遍阅诸乐。其日，大宴三五署官，其朝寮家皆上棚观之，百姓亦入看，颇谓壮观也。太常卿上此。（案：旧脱"常"字，今补。"上此"二字不可解，当有脱误）岁除前一日，于右金吾龙尾道下重阅，即不用乐也。御楼时，于金鸡竿下打赦鼓一面，钲一面，以五十人，唱色十下，鼓一下，钲以千下。（案："御楼"下疑错简）①（图4）

另据《秦中岁时记》引，有下列记载："岁除日进傩，皆作鬼神状，内二老儿，其名皆作傩公、傩母。"② 傩公、傩母的出现并代替方相氏，显然标志着大傩之礼已发生了变化。

李璜译述法国汉学家葛兰言（M. Marcel Granet）《古中国的跳舞与神秘故事》说："我们在《五礼通考》上第五十七卷《开元礼》上，还能知道在唐时，这种礼仪并且及于各府县郡，不过那时在这仪式上，歌舞的象征办法已经减少，而添加了祝辞或祭文，可见这种宗教仪式已渐由象征主义（Symbolisme）趋向到形式主义（Formalisme）了。"③也就是说，傩祭仪礼在唐代，不仅在宫廷里举行，也已较广泛地在民间流行，且逐渐由祀神的目的，而增强了娱人的因素，向着舞蹈与戏剧的方向演变。

另一位法国汉学家艾丽白（Danielle Eliasberg）在《敦煌写本中的"大傩"仪礼》中所提供的敦煌卷子，给我们展示了当年（唐宋及其以后）敦煌

---

① （唐）段安节《乐府杂录》，据中国戏曲研究院编《中国古典戏曲论著集成》本，第1册第43—44页，北京：中国戏剧出版社1959年。
② 据《说郛》卷七十四所收《秦中岁时记》引，北京：中国书店影印涵芬楼1927年本。
③ 李璜译述《古中国的跳舞与神秘故事》第59页，北京：中华书局1933年。

图 4　穷奇与方相氏（河南南阳汉画像）

一带举行傩祭的生动而具体的情形。敦煌卷子的特别重要之处是，第一，提供了古文献中所未曾见过的傩仪的唱词和祝文；第二，钟馗作为驱鬼的英雄而代替了方相氏。艾丽白写道："大家将会发现其中任何地方都没有提到著名的方相氏舞，它在岁末大傩的举行过程中起着非常重要的作用。然而，在（敦煌卷子）P. 3468 中有一处提到了'十二兽'舞，但其意不明，很难得出它与方相氏舞或十二兽舞有关的结论。"①在东晋道教经文中初露头角的钟馗，到了描写驱傩仪式的晚唐敦煌愿文里，其形象为铜头铁额、身上蒙着豹皮，成为驱鬼的英雄。商周以至秦汉之际古傩仪式中的方相氏，到唐已逐渐为继之而起的钟馗所取代。

　　北宋宫廷里举行大傩仪的情形，与汉隋两代宫中之傩相比，已大相径庭。据孟元老《东京梦华录》卷十："至除日，禁中呈大傩仪，并用皇城亲事官、诸班直，戴假面，绣画色衣，执金枪龙旗。教坊使孟景初，身品魁伟，贯全副金镀铜甲，装将军；用镇殿将军二人，亦介胄，装门神；教坊南河炭，丑恶魁肥，装判官；又装钟馗、小妹、土地、灶神之类，共千余人，自禁中驱祟，出南薰门外，转龙湾，谓之'埋祟'而罢。"②孟元老其人始末未详，此著系宋

---

① ［法］艾丽白《敦煌写本中的"大傩"仪礼》，见［法］谢和耐等著《法国学者敦煌学论文选萃》第 259—260 页，北京：中华书局 1993 年。
② （宋）孟元老《东京梦华录》卷十，录自《中国古代都城资料选刊》总第 253 页，北京：中华书局 1982 年。

朝廷南渡后的追忆汴京盛况之作，北宋时禁中在除日举行大傩之事，大体可信。不独汉隋两朝傩仪中的主角方相氏不见了，即便十二兽也在千余人的傩仪队伍中销声匿迹，可惜的是，孟元老也没有记录下是否有祝祷之文和唱和之词。

宋以降，傩祭之风在中原地区逐渐衰微，在有些地方则基本失传，逐渐传到边远山区从事采集和农耕的少数民族和部分汉族中间，并得以保存和传承下来，如贵州、湖南、广西、云南、四川、江西、安徽等省、自治区，形成了一个傩文化圈，这大概与中国历史上的楚民族巫风盛行不无关系。作为巫文化的傩在中原地区逐渐衰微，并逐渐流传到边远地区，或与边远地区原有的巫文化合流，最重要的原因在于，中原地区的文化在殷周以后已经固定，宗法制度的确定产生了深远的影响，其文化以家族为基础，大宗、小宗、祖庙、郊社等礼俗，将全国社会整体，全都置于这一制度准则之下，与当时的制度和政治相适应。孔子创立儒学，齐、鲁、三晋的许多思想家率先大力宣传儒学思想，在整个思想文化领域里影响很大。而南楚的生产发展水平和开化程度，大大落后于中原地区，有的少数民族和地区甚至还处于较原始的氏族社会阶段，而周家的宗法势力始终未能在当地的三苗及若干少数民族中间占主导地位，儒学的社会思想和道德规范也未像中原地区那样在社会深层扎根，楚巫之风相沿如旧，祀天地、日月、山川、先祖诸种神祇的制度，成为合族共济的力量，巫觋一向受社会的信任，其在群众中的威望，始终未能为政治的长官所取代。傩文化就是在这种社会条件下得以保存下来的。在后来的发展中，傩祭逐渐向傩舞和傩戏过渡，在保存了祀神的内容的基础上，增添了世俗的、娱人的内容和情节。

二、关于傩的发生地

关于傩的原生地，归纳起来有两说：一为中原说（即黄河流域说）；一为南方说（即长江流域说）。

中原说一向在傩文化研究中占有优势，换言之，是一种传统的观点。就笔者所见，最早论述傩文化的文章是法国汉学家葛兰言于 1926 年由巴黎阿尔刚书店出版的长达 701 页的专著 *Danses et legendes de la Chine aneienne*，作者所持的就是这种观点。此书由李璜译述，以《古中国的跳舞与神秘故事》为书名，于 1933 年由中华书局出版在我国发行。此著作之汉译述本出版后的第二年，即 1934 年，姜亮夫在《民族杂志》第 2 期发表的《傩考》一文也持这种观点，即傩是中原王朝的驱逐疫鬼的祭仪。相隔 50 年后，于 20 世纪 80 年代兴起的傩研究热中，许多学者也仍然坚持中原说观点，如已故民俗学家张紫晨说:"商周以来的古傩是民间巫仪的宫廷化","我国傩仪被纳入周代礼仪进入宫廷,成为大傩以后,直至唐代,其传承主要在都城长安","汉唐之际已开始波及州县"。① 陶立璠说,以傩祭和傩仪为主要表现形式的傩文化,"原在中原地区流行的傩文化,逐渐向边远地区转移,并在那里保存和传承"。② 笔者注意到,到了20世纪90年代,作者在考察了河北省武安固义村的"捉黄鬼"巫仪后,对自己关于古傩南移的观点做了少许修正,"河北武安固义村傩仪的发现,在中国傩文化研究中是一件大事。这一发现的意义在于,它证明中国北方地区同样有古代傩文化的遗留。关于中国傩文化的策源地是学术界争论的问题,……固义村傩仪的历史,它的规模和操作,给学者打开眼界,对探求策源与演变,是十分有义意的"。③ 笔者也持中原说观点。笔者在《傩祭与艺术》一文里说过:"傩是古代流行在中原地区的一种祭仪,其目的在于驱鬼逐疫、祈福禳灾、保佑平安。就其形式和功能而言,傩是祛邪巫术的一种。"④

南方说是一种后起的理论,提出于20世纪的八九十年代,其代表人物是萧兵和林河。萧兵在他的《傩蜡之风》一书里写道:"傩仪和蜡典在中原上古经籍里有零星而珍贵的记载,南方地区的文献(例如《楚辞》,有人把《老子》《庄子》《列子》等也列入'南方哲学')却基本上看不到它的身影,所以大多数学者认为'傩蜡之风'主要发生于黄河流域之'中原',后来才逐渐向长江流域扩散。笔者的看法恰恰相反。首先,判断某种古老文化的原生地不能仅仅根据文献。活文化的寿命往往比死文献绵长,而且可能更加古老。古代西部(西北和西南)民族吃亏就吃在他们不像较早进据中原的周人、殷人(也许还有夏人)那样掌握较为成熟的文字。后人就常常因此认为他们的历史或文化不如夏商周古老。其实不然。考古学所见和民族志所传,中原周边的许多民族,无论是历史还是文化,都令人惊异地古老,绵长,伟大!""傩的原

---

① 张紫晨《中国傩文化的流布与变异》,见《北京师范大学学报》1991年第2期第19—27页;又见《民俗曲艺》第69期《中国傩戏傩文化专辑》(下)第50—52页,台北施合郑民俗文化基金会主办,王秋桂主编,1991年1月。
② 陶立璠《中国傩文化的民俗学思考》,见《民俗曲艺》第69期《中国傩戏傩文化专辑》(下)第65—66页。
③ 陶立璠《河北武安固义村"三爷圣会"的傩文化意义》,见麻国钧、杨荣国、杜学德主编《祭礼·傩俗与民间戏剧》(98亚洲民间戏剧、民俗艺术观摩与学术研讨会论文集)第89—95页,北京:中国戏剧出版社1999年。关于武安固义傩仪的其他材料,还有孔祥峰、刘玉平《武安乡傩〈拉死鬼〉及两种民俗艺术形式》,李金泉《固义队戏确系宋元子遗小考》,杜学德《冀南巫傩文化概述》,张午时、孔祥峰《戏曲肇自乡傩——关于武安市固义村傩戏的调查》等文章和报告,均收入此文集中。
④ 刘锡诚《傩祭与艺术》,《民间文学论坛》1989年第3期。

生地是中国西部偏北的地区，与长江的发源地相去不远，而不是'中原'。"①林河在他的《古傩七千年祭》一文里写道："傩文化是距今七千年至九千年间，在中国长江流域产生的一个地区文化。它是中华民族发明水稻种植后蓬勃发展起来的宗教文化，其文化特征是以太阳与傩鸟为图腾。中国以农立国，水稻文化又是农业文化中比较先进的文化，因此傩文化也比较丰富多彩。"②

20世纪80年代以来兴起的"傩文化热"，在搜集材料和理论研究上做出了巨大的成绩，但应该指出的是，对傩祭傩仪发生发展、傩文化的原生地等方面的研究，并没有充分展开，甚至没有给予较多的关注，而对傩戏的研究，又几乎涵盖或代替了对傩文化的研究，从而出现了一种"泛傩化"的理论，把全中国不同地区不同类型的巫文化，都纳入傩文化之中，并把傩文化归纳为中原傩、南方傩、北方傩三个系统。从傩的起源与原初形态上看，这种三元分类，并不符合傩文化本身的实际情况，正如杜德桥（Glen Dudbrige）先生在2000年6月5—7日台湾新竹市清华大学人文社会学院召开的"仪式、戏剧与民俗学术研讨会"作会议总结时指出："这是30年前的汉学界无法想象的，彼时学者不知田野地在何处，也不知如何进行田野。与这次会议相关的计划成果，是首次大规模的调查报告，为田野工作开启了新纪元。……下一阶段的工作，若仍仅仅是制造上千个零碎的例证，未来值得忧虑。接下来应该做些整合的工作。某些学者不断记录传统仪式，却缺乏分析；某些学者却太快带着分析理论下田野。由于任何对人类社会生活的记录必然采取某种观点，所以田野的观点选择与实证调查缺一不可。而多元角度的观察，……可显现精英阶层、乡民阶层与大众文化间的狡猾关系，而这是未来有志于从事田野工作者，在仪式与民俗调查之外，可再多作挖掘的场域。"③"整合"研究固然是当前傩文化研究的重点之一，但一些重要的基本理论问题的深入探讨，同样也时不待我。

三、送旧德迎新德

傩仪由若干个繁缛的关节组成，隐藏着待解的文化密码。尽管仪式的关节繁缛，其核心是十二神（或兽，食者）驱除十凶（被食者）的斗争。全部过程和全部内容是一次完整的驱赶巫术。在有限的史料记载中，只有《后汉

---

① 萧兵《傩蜡之风》第7页，南京：江苏人民出版社1992年。
② 林河《古傩七千年祭》，见《民俗曲艺》1993年第3期（台北，施合郑民俗文化基金会出版）；后收入《古傩寻踪》，第162页，长沙：湖南美术出版社1997年。
③ 汪诗珮《仪式、戏剧与民俗学术研讨会纪要》，见《汉学研究通讯》第19卷第3期（总第75期）第425页，2000年8月，台北。

书·礼仪志》记载了傩仪中十二兽（或十二神）的名字，他们是甲作、胇胃、雄伯、腾简、揽诸、伯奇、强梁、祖明、委随、错断、穷奇、腾根。作为被驱赶的十凶是殃、虎、不祥、咎、磔死寄生、蛊、魅、梦、观、巨。此外，还有一批从众和助威者。这种驱赶仪式，在方相氏的指挥下，借助于一定的道具（除了方相执戈扬盾外，十二兽有衣毛角、侲子执大鼓、火炬等），在众侲子的"傩傩"喊声之中展开。然而要真正解开傩仪的密码，其关键在于十二神和十凶的原型是什么，或他们象征的是什么？

关于十二神兽的原型，20 世纪以来，先后有不少神话学家作过一些考证和研究，如日本学者南方熊楠、美国学者波德（D. Bodde）、丁山、孙作云等。进入 20 世纪 90 年代，在傩文化研究热衷，也有人作过这方面的研究。陈多在《古傩略考》一文里对方相氏以及十二神和十凶作了考证。他认为："方相即是蚩尤，诸多恶鬼和神荼、郁垒等又是蚩尤政治、战斗生涯中的敌或友。所以我更相信傩祭中驱疫逐鬼的内容是以黄、蚩之争为原型作出的变形反映。"① 萧兵在其《傩蜡之风——长江流域宗教戏剧文化》（江苏人民出版社1992 年）中所作的考证最为详细，但似乎都没有提供出令人满意的答案。笔者在这篇短文中也不可能就此作出答案，只是想指出十二神和十凶的原型与象征的破译，才是解开傩仪的钥匙。这个问题有待于后来者继续作深入的研究。

强梁见于《山海经》和《诗经》《老子》等古籍。其形象，以《大荒北经》的描述为最具体，曰："大荒之中，有山，名曰北极天柜，……有神衔蛇操蛇，其状虎头人身，四蹄长肘，名曰彊良。"郝懿行云："《后汉书·礼仪志》说十二神云：'强梁、祖明共食磔死寄生。'疑强梁即彊良，古字通也。"是天柜之山的山神。（图5）

穷奇亦见于《山海经》。《西次四经》曰："邽山，其上有兽焉，其状如牛，猥毛，名曰穷奇。音如獠狗，是食人。"《淮南子·坠形训》曰："穷奇，广莫风之所生也。"高诱注："穷奇，天神也，在北方道，足桀（乘）两龙，其形如虎。"这个乘两龙、形如虎的天神穷奇，可能就是那个在大傩中与腾根一起"食蛊"的穷奇，但令人不解的是，在文献中，穷奇又是一个"闻人斗，辄食直者；闻人忠信，辄食其鼻；闻人恶逆不善，辄杀兽往馈之"（《神异经·西北荒经》）的神兽，与大傩中那个与腾根一起食蛊的穷奇似乎有别。

除了强梁和穷奇外，这十二个驱赶者（食凶者）和十个被逐"恶凶"（被食者）对于我们来说，仍然是难解之谜。由于大傩仪式，是在先腊一日举行，

---

① 陈多《古傩略考》，庹修明、顾朴光等编《中国傩文化论文选》第 89 页，贵阳：贵州民族出版社 1989 年。

图 5　明刻胡文焕《山海经图》强梁图

因而给作为正义之师的十二神兽借助一定的仪式（法术），达到驱赶祸祟、摒除病疫的愿望蒙上了一层象征的面纱。《荆楚岁时记》说："十二月八日为腊日。谚语：腊鼓鸣，春草生。村人并击细腰鼓，戴胡头，及作金刚力士以逐疫。"为什么是十二个神、十个恶凶，这些数字又包含着什么样文化意义，要解开这些谜团，还需要研究者们再加努力。

李璜说得好："著者葛兰言先生，把这个傩的题目拿出来时，麦斯托同学和我，还有一位同学叫哈格罗唉（Haguenauer），我们共同研究了许久。最令我们注意的，首先是这十二神或十二兽！我们要想知道他们究竟是些什么东西，他们又具何种资格而能食这些恶凶。东翻西寻，终没有得着好的结论（格拉勒先生虽寻出一二可以解释他们之所渊源，但我认为不能满意，……）并且愈加研究，愈觉得这些食者之神，并不一定是好东西，而被食之凶也不一定都是罪大恶极的东西，并且有时食者与被食者都是同类的。我们既然没有寻着这十二神的时间性的关系（起初我们以为与十二个月有关系），而又没有把他们的渊源完全弄明白，我们的结论，只好亦如王充《论衡》上所说：'逐疫鬼，所以送陈，迎新，内吉也。'——王充这个人头脑很清晰，他在《论衡》七十五章上，也研究过逐疫，他认明逐疫的结论不过是如此。不过著者以为这一送所以表示一迎，送旧所以表示迎新，旧德不除，则新德不立，是与前面第一章著者所拟定的原则相合的。"①"送旧德立新德"这六个字，将仪式的内涵概括得准确，挖掘得深刻，也许这就是傩的文化象征指归吧。

葛兰言对古傩的象征意义——送旧德迎新德的发掘和论述是独到的，是我国学界至今还没有人接触到的，自可聊备一格。他说："一种思想曾在中国古史很有权威——可以说支配全体中国的古人。这种思想是所有德行的权威要由一个秩序的重行建立上表现出来，而这个重新建立的秩序是与空间生关系同时也与时间生关系，不可分立的，在这里，空间是常常连接着时间。所有新的德行要得着权威的时候，其成功的表现，都在重行规定的时间里，建立一个新的

---

① 李璜译述《古中国的跳舞与神秘故事》第 59—61 页。

时间出来。""因此我们在中国古史上,随时看见这种'四方''四时''五色''五行'等的种种规定和仪式,便表示新的秩序在建立了。然则用何种仪式来表示呢? 用斗争的宗教仪式。因为驱除旧德,建立新德,是种竞赛,所以其宗教仪式为禳和祓,其手续为角技,为战阵,为杀人以祭,为扮相跳舞。"译述者李璜评述说,该书第二章《蒙面具之跳舞》对傩的宗教仪式叙述得很详细,研究是很有价值的,他写道:"著者引用大傩及元宵这两段故事无非说明这类送旧迎新的把戏,乃是与'时间'有密切的关系,而送与迎皆出之于宗教仪式的竞赛。接着著者便引用许多故事来说明他与'空间'的密切关系。——舜诛四凶的地方,恰恰表明当时所及的四方,这是一个很明显的原则。巡猎与封禅,这两个盛大的举动也无非实现这同样的原则。在春秋时代,每一霸主要攘四夷也本于这个原则。其特著之点便是:这个空间的方位是以王者霸者所居为中央,而由他们自由地把方向规定起来——与改正朔的办法一样——并不照自然界的规定的。因此他们'新德'所耀的宇宙,是他们自己所规定的宇宙;而王者霸者的都城安排,便是这自己所规定的宇宙的缩影。并且霸者有其盟地,有其圣地;这种地方是用来召会诸侯,以建立其'新德'的。"[①]这就是说,大傩仪式之逐疫驱祟、送旧迎新,在其象征意义上,乃是寓意着驱除旧(德)秩序(规范)建立新(德)秩序(规范)。

四、独特性

在其象征的意义上,傩仪的功能在于驱邪纳吉,送旧德立新德。周代掌管傩仪的官员,是一个叫方相氏的人物。《周礼·夏官》:"方相氏:掌蒙熊皮,黄金四目,玄衣朱裳,执戈扬盾,率百隶而时难(傩),以索室驱疫。大丧,先柩;及墓,入圹,以戈击四隅,驱方良。"可知方相氏的职责有两项:一是宫廷里率百隶而行傩,索室驱疫;二是朝廷死了人,埋葬之前,他要先进入墓圹之中驱方良。通常人们把方相氏说成是巫师,但《周礼》中却把方相氏列为"政官"序列之中。方相氏在驱疫逐鬼时,要掌蒙熊皮,执戈扬盾,头戴黄金四目的面具,身着红黑两色的衣裳,率领百隶作法驱疫逐鬼,由于他扮演一个恐怖凌厉的角色,所以又把他称为"狂夫"。其"狂"是否像后来的有些巫师那样,在作法时要进入迷狂状态,不得而知。在周礼序列中,方相氏(狂夫)不止一人,其编制为四人。这四个人如何分工,也不得而知了。

他的身份,用我们现代的话来说,是巫师。我国南方的许多民族中都有巫

---

① 李璜译述《古中国的跳舞与神秘故事》第54—64页。

师（例如彝族的毕摩、纳西族的东巴、土家族的土老司，称谓各异），他们是民族的知识分子，他们掌握的各种经书（靠记忆的，或手抄本）里保存着民族的历史、神话故事、道德规范等，他们能请神为人们除病消灾、驱邪纳吉，他们是人神之间的中介者，他们在自然社会中的作用是政府官员所无法代替的。他们是巫文化的主要负载者，他们策划、组织、实施和带头展示巫文化的有关节目。

（一）人神中介角色的群体性

我国北方民族的巫师——萨满在作法时，是在迷狂状态下扮演人神中介的角色，为人们驱鬼逐疫、禳灾纳吉的；而在南方的巫师在行傩时，一般则是在清醒状态下作法，不需要进入迷狂状态的。萨满在作法、与神沟通、逐疫驱鬼时，其仪式是由一人（角色）完成的（偶有助手者）；而在傩祭中，广而言之，在傩舞和傩戏中，逐疫驱鬼等活动则不是由巫师一个角色单独完成，而是由参与傩祭的一个群体完成的。

古代的方相氏，是一个大巫师。在宫廷里举行傩祭时，他蒙上熊头，披上熊皮，手执戈和盾，戴上有四只眼的铜制面具，穿着红黑两种颜色的法衣，系着红裙子，还要率领众多的臣隶（衙役）、侲子，边鼓边唱边舞边喊，逐室驱鬼。没有方相氏这个戴着面具、执戈扬盾的角色，就不能行傩，但只有这一个角色也不行，他之所以能完成驱鬼逐疫的任务，还要有一大批人马（助手）相配合。

现代土家族、苗族、侗族这些受巴楚文化影响的民族中间，现在还流行着傩堂戏。傩堂戏尽管保留着中原原始傩祭的色彩，但它毕竟已不是傩祭的原始形态了。以土家族的傩堂戏来说，在傩堂戏的演出中，土老司既是宗教职业者，又是傩堂戏的导演、演员，为了吓退邪魔（逐疫），求得平安，他们也像古代的方相氏一样，头上戴着凶猛狰狞的面具。傩堂戏演出一般分为三个阶段，即开坛、开洞、闭坛。开坛和闭坛，就是为酬神、送神而举行的傩仪；开洞是正戏。"坛"是傩堂演出的单位，少则六七个人，多则十余人。在酬神、送神的祭祀仪式中，并非只由巫师一人在活动，而是由巫师率领的一个群体。

（二）面具及其意义

面具是世界性的文化现象，面具又是中国傩文化的典型特征。傩祭、傩舞、傩戏，其参加者一般都戴着面具，面具使戴着面具的巫者失去了自我，而变成了一个具有某种神威或能够交通神灵的角色。面具是角色转换的必要手段。面具具有浓厚的原始文化和原始意识的象征意义，即寓有图腾崇拜、迷信鬼神或祖先崇拜的含义，其功能在于驱邪除祟。从这样的意义上说，傩面具是傩文化巫师作法时和举行种种傩仪时的法器。

在有些地区，面具被赋予神圣的品格，是在行傩时所请之神的化身，如安徽省贵池市刘街乡太和章村每年举行傩神会所戴的面具，被群众称为"菩萨""龙神"。平时盛置于杉木制作的两只木箱内，每箱一侧绘制一白色圆，圆内分别写"日""月"二字，箱外髹以天蓝色漆，因为面具是神，木箱为神之所栖，故箱呈上圆下方，象征天圆地方，为古人之宇宙观念。"日""月"二箱，则象征日夜之交替。①

古代面具有石质的，铜质的，也有木质（竹质）的等，大半都刻有四只眼睛，以显示其狰狞、威武的特点。方相氏所戴的"黄金四目"面具是也。河南安阳殷墟西北岗出土的青铜面具，大小与真人接近，造型真实，但面具表情温和，显然与方相氏所戴面具相异。四川广汉三星堆文化遗址出土的面具也是铜质的，数量多，大小不一，其中大型的青铜面具十余具，但都不是能够戴在人头上参加祭祀活动的。

前引《后汉书·礼仪志》里说，"百官官府"驱傩者装扮成"木面兽"和熊的样子，逐室索疫。这"木面兽"就是头戴兽面的木质面具。1956年，由舞蹈研究者盛婕女士带领中国舞蹈艺术研究会调查组在江西发现的傩舞，演出者所戴的面具是木制的。② 近年来，在贵州、湖南等地发现的通行的傩面具，也都是木制的，唯见在贵州威宁板底乡裸嘎村的彝族傩戏，除了木面具外，还戴着尖顶的锥形包头。古老的面具，凡用于傩祭的，多呈狰狞恐怖的形象，有的就是现实中动物的头像，有的是幻想中的动物头像，因为只有凶猛恐怖者，才能退鬼逐疫。

晚近的面具，用于傩戏的，虽仍然保留着某些原始多神崇拜的遗迹，如"开山"面具（神话人物）、猪嘴鸡嘴面具（江西傩舞面具）、豁嘴兔面具（威宁傩戏《撮衬姐》里的哼布）等，但多数都适应各种登场人物世俗化、人物化、个性化了。西藏的面具戏，被专家称为"寺院傩"，或起源于寺院傩，

---

① 王兆乾《安徽省贵池市刘街乡太和章村的傩神会》，见《中国傩戏·傩文化国际研讨会论文集》第148—150页，台北《民俗曲艺》第84期，台北施合郑民俗文化基金会出版，1993年7月。
② 盛婕《江西傩舞的介绍》，见《中国民间舞蹈》，中国舞蹈艺术研究会编，上海文化出版社1957年。这次调查，是我国1949年10月中华人民共和国中华人民共和国成立后第一次对傩文化的调查。

其面具分为白面具和蓝面具，并因而分为两个流派。藏剧面具多数是用布料缝制、平面，少数人物是用木制、呈立体的，在这极为多样的面具中，积淀着藏族原始本教、印度宗教舞蹈、现在的喇嘛教的混合观念。①

有人称北方的萨满文化是裸面文化，也就是说萨满在跳神时，是不戴面具的。一般说来，这种说法是符合实际情况的，但还要补充说，萨满跳神有时也有的是戴面具的，如满族陈汉军张氏萨满祭祀中的大鬼小鬼就是头戴面具的。蒙古族的布里亚特人和巴尔虎人的萨满，也是戴面具的。②西伯利亚的萨卡奇-阿梁的玄武岩巨石和乌苏里江岸舍列美切岩壁都发现过骷髅头面具。那乃（即我国的赫哲）人和乌德盖人的萨满跳神时，也戴面具。据苏联考古学家阿·奥克拉德尼柯夫考察和研究，"面具表示萨满'化身'为面具上描绘的那种幽灵之物——鬼魂"③。这种萨满木制面具与萨卡奇-阿梁等地石刻上的骷髅面具其功用是一样的。因此，可以说，萨满跳神一般只在与鬼魂交通时，才使用面具，不像傩那样具有普遍性。面具是傩文化的典型特征，但只有面具，并不能构成傩舞或傩戏，面具与傩祭（祀神、驱鬼逐疫）结合，才是傩文化。西方的假面舞会爱戴假面，在这一点上，与傩文化是一致的，但它的目的或功能不是祀神，因此它不属于傩文化。

（三）开放性与容他性

与巫文化的其他支脉比较起来，傩文化具有较大的开放性和容他性。萨满文化的封闭性与排他性是自不待言的，关于这一点，许多专家已经指出过，主要表现在萨满在师承关系上相当保守、神秘。萨满不在家族内世袭，一般是在上一代萨满死去若干年后，在本氏族内产生下一代萨满，而什么人可以担任萨满，则由上一代萨满的灵魂来选择，而且萨满还规定了许多条件，如出生时未脱衣胞者，长久患病或精神错乱、许愿当萨满后病愈者等等。④ 纳西族的巫师东巴、撒尼及东巴文化，也是相对封闭的。纳西族的东巴教是一种带有原始巫术性质的多神信仰，在他们的观念体系中，山有山鬼、风有风鬼、火有火神、山岩有黑岩神、水有水鬼。他们的巫师负责主持一切祭仪：祭天、祭祖、送亡

---

① 参阅曲六乙《中国各民族傩戏——神秘与奇特的戏剧世界》，《民族艺术》（广西南宁）1987年第3期；廖东凡《藏戏的面具》，《民俗》（北京）1988年创刊号。
② 参阅［德］海西希《蒙古的宗教》，见陈家璡主编《西藏和蒙古的宗教》第378页，天津古籍出版社1989年。
③ 阿·奥克拉德尼柯夫《远东考古的新发现》，苏联《远东问题》杂志1972年第3期。
④ 参见秋浦《萨满教研究》第60页，上海人民出版社1985年。

灵祈平安、占卜问卦、喊魂招魂、诵读经书，念经是东巴的事情，驱鬼是撒尼的事情，两种巫师有所分工。①

傩文化则不同，傩文化的开放性表现在它的兼容性上。据调查，在土家族中间，治病、消灾、求子、保寿，都要请土老司施法；打扫屋子，要请土老司"跳神"，祈保一年中无灾无难，平安无事；壮年夫妇无子，要请土老司"冲傩"，许愿还愿，以求生子；生了病要请土老司扎"茅人""冲消灾傩"，以求病愈；家里逢凶事，要请土老司"开红山"，化凶为吉；老人生日要请土老司"冲寿傩"，祈求高寿；在孩子12岁前，要请土老司"打十二太保""跳家关""保关煞"，以保小孩过关，不遭灾生病，易长成人。② 但土老司不仅像其他民族大巫师（尤其是萨满）那样只唱一些类似咒语的颂辞和驱赶辞，而是把歌、舞、诗融为一体。在黔东德江县流传的土家族傩堂戏中最为集中地表现了这个特点。傩堂戏不仅脱胎于傩祭，而且二者几乎是互为依存的，有人概括为"祭中有戏，戏中有祭"。傩堂戏实质上仍然是为了酬神。开坛，由土老司演唱开坛歌舞，表示对神灵的虔诚和崇敬，把要请的神灵统统请来，希求得到神灵的保护。开洞，由土老司扮唐氏太婆和桃园土地，打开洞门，随之戏出，以取悦神灵。闭坛，又由土老司演唱歌舞，送神归位，押疫鬼上船，表示送走瘟疫，得到了平安。③ 而傩祭中，除了杀牲供果、布置神案一类程序外，也以歌舞为重要内容。如进行"和坛"时，法师们盘歌问答，从人类起源、天地山川、八卦甲子、洪水猛兽、祖师圣号、冲傩还愿、傩爷傩娘的来历，均为盘歌的主题，内容广泛，趣味盎然。而"投表""游傩"等傩仪，干脆就是颇为原始的舞蹈。④ 傩戏融入傩祭，傩祭融入傩戏，你中有我，我中有你。

傩戏的容他性或称兼容性，还表现在广泛地吸收佛、道、释三教的观念和人物上，比如在演出傩戏的祭坛上，巫师们就悬挂出三张《三清图》，图中有佛教的菩萨、金刚、罗汉、韦陀，有道教的老君、真人、道人，以及神化了的历史人物和传说人物100多个。傩戏的面具，傩戏的角色，甚至包容了不同民

---

① 参阅《云南省少数民族社会历史调查资料》第312卷第1·11号；《云南省纳西族社会历史调查资料之一》第40—43页。参阅庹修明《神秘、狰狞与质朴、清新——贵州民间傩戏摭谈》，《戏剧》（中央戏剧学院学报）1987年第4期。参阅罗受伯《黔东土家族傩堂戏与楚文化关系之管见》，《贵州民族研究》1987年第2期。
② 参阅庹修明《神秘、狰狞与质朴、清新——贵州民间傩戏摭谈》，《戏剧》（中央戏剧学院学报）1987年第4期。
③ 参阅罗受伯《黔东土家族傩堂戏与楚文化关系之管见》，《贵州民族研究》1987年第2期。
④ 参阅邓光华《傩坛概观》（思南土家族傩坛调查纪实），《贵州民族研究》1987年第2期。

族、不同时代的人物,从开天辟地的"开山"(或叫开山莽将,土家族、苗族、江西和安徽的汉族,傩舞、傩戏中均有此角色),到封建时代的战将关羽、周仓、吕布、曹操,从预知凶吉的和尚,到传说中的世俗人物孟姜女、目连等等。以巫术而论,在多元结构中,巫师们似乎更重视道教的方术,也许是由于道教的方术在其思想基础和作法方式上,与傩祭巫术有相近之处的缘故吧。顺便要指出的是,研究傩文化的兼容性,并不意味着把与傩文化有关联的文化现象(如有一整套思想和仪式系统的道教)都划到傩文化的范围中来。

傩文化的开放性、兼容性,与傩文化流传的民族的迁徙、流变、融合过程中所积淀而成的民族心理不无关系。傩文化的相对稳定性(在我国南部少数民族地区、旧楚地范围保留比较完整),又与这些民族所处的自然环境(高山大泽,云烟变幻,关山阻隔,信息不畅)和文化环境("信巫鬼而重淫祀"的楚地民俗和文化心理)不无关系。这二者是不矛盾的。

五、傩仪与艺术

原始的傩祭傩仪是艺术发生的源头之一。举行傩祭傩仪时,常常伴以有节奏的动作,这便是傩舞。原始的傩舞,乃是艺术舞蹈的渊源之一(舞蹈还有别的来源)。傩祭傩仪的进一步发展,酬神的目的逐渐减弱,娱人的目的逐渐增强,逐渐向着情节化和世俗化的傩戏发展,是傩文化发展的必然趋势,而傩仪及傩舞的情节化发展,便逐渐过渡成为傩戏。

(一)傩祭和傩仪

傩祭傩仪是一种渊源十分久远、有包括巫师等许多角色参加的原始驱赶巫术的仪式。

《后汉书·礼仪志》所记载的国之大傩,其目的是为了驱赶危害人们安定生活和荣昌国运的鬼魅祸祟,但这种驱赶活动采取的是一种虚拟的、象征的方式,即举行一种驱赶仪式。参加这个仪式的,除了其主要的、戴着面具的巫师亦即方相氏之外,还有十二兽以及一百二十个侲子参加。这十二兽也都是各有来历的。举傩时,方相氏执戈扬盾,与他率领的十二兽一同起舞(这舞当然是作驱赶或拼杀之状),而众侲子则在一旁敲击大鼗助阵。鼗就是鼓,郑玄注《周礼·春官·小师》说:"鼗如鼓而小。持其柄摇之,旁耳还自击。"因此,具体分析起来,方相与十二兽所跳的逐疫驱鬼舞蹈,似应是一种节奏简单、声势浩大的武舞。此番禁中傩事,《后汉书》的作者的界定是"傩仪",而"十二兽舞"的舞蹈,在这傩仪中仅只是一个组成部分。如果把这"十二兽舞"称作傩舞,那么,这傩舞在整个傩仪过程中,是最具有象征性驱赶作用的关目。从傩仪的全过程来看,傩舞既是傩仪的组成部分,又脱胎于傩仪。这种作为傩仪的一部分的傩舞,在击鼓声之外,也还配合以呐喊声,但并没有复杂的情节,所以我们宁愿把它看作是一种驱赶巫术和象征动作。

在古代,傩祭和傩仪,有国傩和乡傩之别。不论国家之傩(天子之傩),还是乡民之傩(乡人傩),一般都是在岁除日或"先腊一日"举行,具有驱疫逐鬼、驱邪纳吉、辞旧迎新(去旧德迎新德)的象征含义。《礼记·月令》又说行傩有不等级记和层次:"季春"是"命国傩";"仲秋"是"天子乃傩";"季冬"是"命有司大傩"。

前面说过,作为巫文化的傩仪滥觞于中原地区,具体说来,主要是源于秦中地区,而后逐渐向四周,首先是向相毗邻的荆楚、巴蜀地区,进而向其他地区(如宋以后通过开封向江浙一带)扩展和流布,并逐渐与当地的民俗信仰相融合。从敦煌遗留下来的一些记述"儿郎伟"的汉文写本(如 P. 2058 背、3270 背、3555、4011、4976 等)中可以看出,在那里,唐代大傩既在那一带农村中盛行,而作为古傩仪中的主要角色的方相氏,由于钟馗(夒)的兴起而走下了历史舞台。研究敦煌大傩的法国汉学家艾丽白说:"大家将会发现其中任何地方都没有提到著名的方相氏舞,它在岁末大傩的举行过程中起着非常重要的作用。然而在 P. 3468 中有一处提到了'十二兽'舞,但其意不明,很难得出它与方相氏舞或十二兽舞有关的结论。"[①] 后世的傩,除了在地域传播的广大外,在行傩的时间和场合上、规模和角色上,也都随着各地的民俗信仰和习惯而发生了若干变化,如为春祈、秋报而举行的傩,为某一家族的祠堂举行的傩,为某人生辰举行的寿傩,为亡者而举行的丧傩,等等,不一而足。傩的普泛化传播,使傩文化形成了一个包括宫廷和民间在内的庞大的文化系统。

(二) 傩舞

傩舞是傩仪中众多的参与者(最初有头戴"黄金四目"的巫师方相氏、"十二兽"、众多侲子)参加的一种巫舞。傩舞是傩仪的一个不可分割的组成节目,通常是为请神、降神和驱赶鬼疫等关目服务的。巫舞是一种舞者手持法具(最初是"执戈扬盾"或手持牛尾一类舞饰)、头戴面具(文献记载中出现

---

① 艾丽白《敦煌写本中的"大傩"仪礼》,见谢和耐等著、耿昇译《法国学者敦煌学论文选集》第 259—260 页,北京:中华书局 1993 年。

的是木兽面）、模拟驱赶鬼疫的驱赶巫术的简单舞蹈。

现代社会中，有些地方多少保存下来一些傩仪的残迹，通过这些文化残迹，还多少能看到或复原古傩的面貌。

1956年，舞蹈工作者在江西乐安县、婺源县所做的傩舞调查，是中华人民共和国成立后所做的第一次傩文化实地考察，对于我们窥视和研究傩舞的古老面貌，有着不可忽视的作用。他们调查得出的结论，大致可以归纳为下列四点：

（1）江西傩舞大致是"迎神驱瘟，或表示安庆、避疫驱瘟的一种娱神的民间舞蹈"，"其中也有已经发展成为一种娱人的民间舞蹈的"。例如乐安县跳傩是为了悼念古代诗人屈原，或是收瘟杀符（遇到瘟疫时求神、扮神）的一种仪式。南丰县石邮乡跳傩是为了避疫驱瘟，跳傩后全年无病、五谷丰登、一家平安；如不跳，要被全体村民说成是"诅咒"。

（2）各地名称不一。"鬼舞""傩舞""滚傩神""玩傩神""武傩""文傩""老傩""新傩"等，很难统一。跳傩者均戴木雕面具，大致在舞台上、祠堂上、祖宗牌位前、傩神前跳。木雕面具既有世俗人物，也有神话人物（如开山），既有猪嘴鸡嘴面具，也有人面带角面具。

（3）当地人视面具为圣物。在当地人观念中，损坏了面具，会影响全乡的吉利。一般人不能去摸，演出用完存放在一个叫作"信箱"的箱子里，置于傩神殿上存好。演出时，要留下一个相同的面具放在殿里镇庙。相传在清时，有一个演员的侄子戴上一面具玩，结果无法取下来，只好在群众跪拜后，连人一起活埋了。跳傩的人是专门的人，是从杂姓中挑选的，而且有严格的辈分，即大伯、二伯、三伯直至八伯，共8个演员。其中一人死了，便由群众从杂姓中选出一个身体好又正派的人来补充，永远保持8个人。大伯死，二伯升任大伯，余类推。开傩时，五六伯是担箱的，在旁把守，只有大伯、二伯才能去拿面具。当地最古老的面具是清道光庚寅年（1830年）雕的，已有近300年的历史了。诸侯头上的羽毛，年代还要更久远些。猪嘴鸡嘴面具，眼间有"一"字，似为一道符。

（4）把祭仪与舞蹈融为一体，神圣性与世俗化并存，其发展趋势是向舞蹈化、世俗化方向发展。演出（跳傩）是有特定时间和特定地点的，一般是农历每年正月初一到十六跳，初一叫起傩，十六叫收傩。初一起傩时，要焚香、点烛、鸣爆。开始在傩神殿门前大放爆竹，一人从小洞中钻进去打开傩神殿，这时"开山"舞铁链，从外面跳进来，威风凛厉，直到爆竹停，才把铁链放在地上。这时每人进来都要跨过铁链，跨过铁链象征将来可避瘟。他们对着傩神跳，旁边肃静，点燃一对四斤重的蜡烛。十六要"收傩"，不举行"收傩"仪式，大家不知结束。"收傩"时，每家每户都要参加，锣鼓打得紧，吹着口哨，气氛非常紧张。吹口哨，表示安庆，避家瘟。这时，每家都要供"傩饭"、三牲（鱼、肉、蛋）。判官从大门外跑进屋里跳，随后"开山"拿铁链从大门口跑进来，要跳过铁链，并要舞、开诀几次。整个傩祭过程中，有锣鼓、打击乐伴奏，有的有弦乐。傩舞节目，大多是神话故事及民间传说，如《封神榜》《西游记》《三国演义》《白蛇传》《孟姜女》等中的故事情节，也有反映现实生活、农事生产方面的作品。①

进入20世纪90年代，在傩文化研究热中，对古老形态的傩舞遗留的发现与调查，在许多地区有新的发现，其成果也颇有学术价值，如王兆乾在安徽省贵池市刘街乡太和章村对傩神会的调查。开场表演的一个名为《舞伞》的傩舞，是一个非常典型傩舞例子。此舞由一人执伞独舞，先由香首（案：巫师一类人物）手持神伞上场，念"吉语"后，将神伞递给戴童子面具的舞者，舞者在锣鼓声中作正旋、倒旋、横旋、扛肩旋、落地、招手等动作。傩舞《舞伞》是模拟天象，占卜人间吉凶的巫舞。伞柄象征通天的神树，而神树接天乃众神之居所，通过仪式和舞蹈，众神便缘伞（天穹）经伞柄（神树、天梯）而降临。② 刘凯在青海土族中发现的"於菟"舞，唐楚臣在云南楚雄彝族地区发现的虎舞，也都是十分难得的古傩舞的遗留。

（三）傩戏

随着社会生活的复杂化与文明程度的提高，傩仪中的傩舞，逐渐情节化、故事化、世俗化，并不断吸收和容纳世俗歌舞和戏剧扮演等的表现手法，逐渐形成了具有一定情节的戏剧。这种在傩仪中演出的戏剧，就叫傩戏，傩戏是后来学者拟定的名称。傩戏的演出，既见于岁末以驱鬼逐疫为目的古制傩仪，也见于"冲寿傩"和丧仪等人生世俗性仪式等场合。广义的傩戏，可以包括酬神戏、平安戏、还愿戏、香火戏、社戏、丧戏等。傩戏中也包含一些傩舞，通常傩舞和傩戏一同出现于傩仪之中。

民族学者们于1985年在贵州威宁县盐仓区板底乡裸戛村发现了在当地演出的傩戏《撮衬姐》（彝语意为"变人戏"）③。这次调查及成果的公布，成

---

① 见盛婕《江西傩舞的介绍》。
② 王兆乾《安徽省贵池市刘街乡太和章村的傩神会》，见《中国傩戏·傩文化国际研讨会论文集》第151—152页，台北《民俗曲艺》第84期，台北施合郑民俗文化基金会出版，1993年。
③ 杨光勋、段洪翔在《贵州戏剧》1985年第1期上第一次作了文字和图片介绍。

为20世纪80年代末到90年代我国"傩戏研究热"的开端。《撮衬姐》也以其古朴单纯的情节及表演风格,成为较为原始的或初具模型的傩戏样品而公之于众。

贵州威宁板底乡裸戛村的傩戏《撮衬姐》,是一出情节极为简单的原始傩戏,其意思是"人类变化的戏"或"变人戏"。该戏一般是在每年正月初三到十五"扫火星"民俗活动中演出,旨在扫除人畜祸祟,祈求风调雨顺、五谷丰登。①

江西傩舞和威宁傩戏,滥觞于傩祭而又较多地保留了原始艺术的特点。它们的共同特点是在保留着傩祭功能的基础上,把诗、神话传说、歌(包括音乐,主要是打击乐)、舞结合在一起,借助面具的象征力量,以表现人希图控制现实、主宰命运的强烈愿望。在傩文化中,洋溢着强烈的生命意识。这种生命意识外化为保存自己(在观念世界中制服鬼蜮)、壮大自己(在现实世界中征服自然、控制自然)、繁衍自己(在生命世界中崇拜生殖)三个方面的现实图画。

近年来,对傩戏资料的发掘整理和研究证明了,傩戏流布的地区是相当广泛的。除了西藏、青海等地的藏戏本身保留着较为完整的傩戏形态之外,宁夏、甘肃、山西、河南、安徽、浙江、江西、湖南、湖北、福建、广西、四川和云南等省区,也都有所流行,但多多少少也都在历史发展中发生了嬗变。(图6)傩戏的社会功能是驱鬼逐疫,形式特点是剧中人佩戴面具,结构特点是舞蹈占显著地位,以至有的学者认为"傩戏属于舞蹈类"。傩戏的这三大特点,在许多省区的被称为"傩戏"或"宗教戏"的民间戏曲中,都显示了有傩戏的因素,甚至在不同程度上有所传承。演出时有戴面具的,也有时戴时摘的。一般说来,除少数是剧中人戴面具演唱外,多数情况下是舞蹈者都戴面具,由专人在旁帮唱和用打击乐解说内容。如浙江、湖南和湖北的傩戏,多少融合了当地的目连戏、醒感戏和师道戏。浙江的目连戏,在演《起殇》时,扮演牛头马面、黑白无常,戴面具跳兰陵王。杭州的《跳柳翠》和《度柳翠》舞蹈,就是明清之际冯梦龙和凌蒙初整理的话本小说《月明和尚度柳翠》的衍化。湖南的师道戏,也称"还愿傩"和"傩堂戏",因戴面具,也称"师公脸壳戏"。湖北称"傩戏",也称"傩愿戏"。江苏南通的"童子戏",江苏淮阴的"香火戏",山西晋北的"咳咳腔"(耍孩儿),福建漳浦的"竹马戏",广西的"牛娘剧",陕西的"跳戏""端公戏",山东的"姑子戏"以及"鸡

---

① 参阅庹修明《原始粗犷的彝族傩戏〈撮衬姐〉》,《贵州民族学院学报》(社会科学版)1987年第4期。

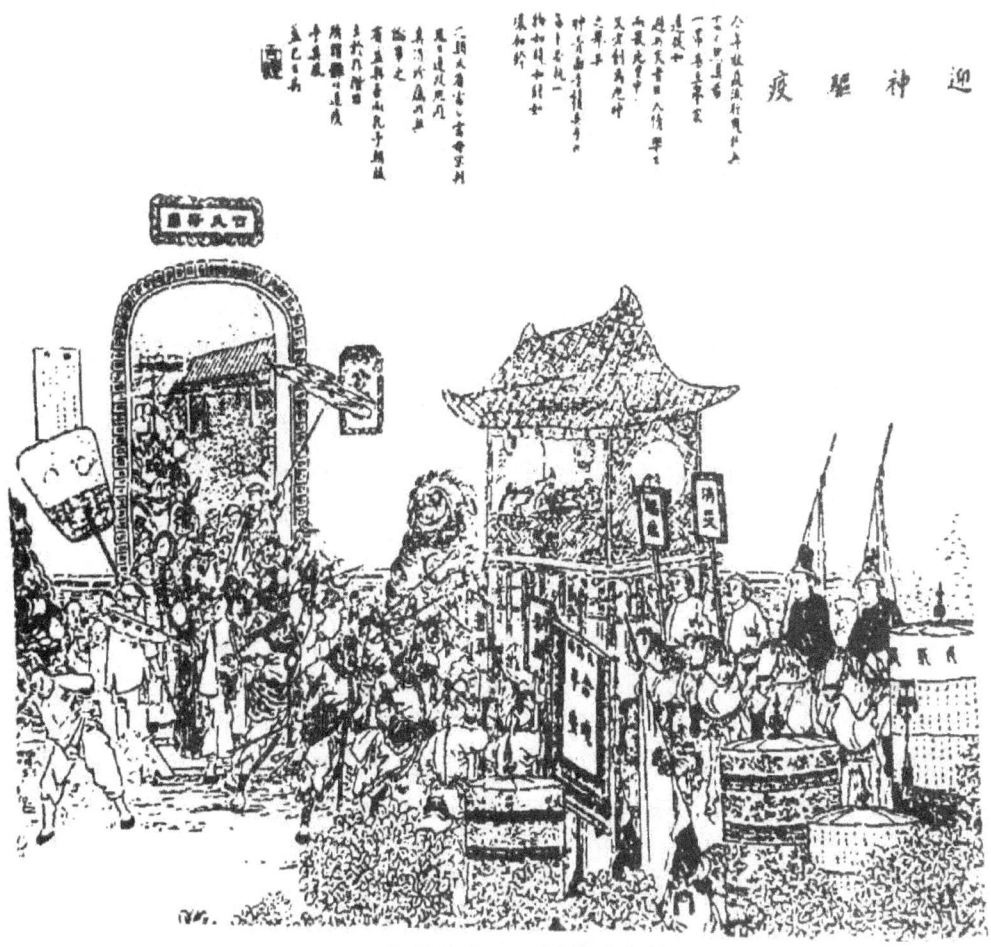

图6　迎神驱疫　（清）吴友如绘

公戏""马神戏"等,都不同程度地显示着傩戏的特点和因素。①

六、傩的生命力

傩舞、傩戏脱胎于原始的傩祭、傩仪——原始巫文化,又与傩祭、傩仪紧密粘连在一起。在其发展历程中,酬神的性质不断地弱化,而世俗化、生活化的倾向不断加强,但傩文化毕竟与我们今天的现代文化不是一码事。傩文化作为民间文化,能够经历漫长的社会发展而没有断流,自有其内部的原因。从中

---

① 参阅沈祖安《浙江的傩戏》,《浙江戏曲志资料汇编》第二期,第135—144页。

华文化的整合的角度来说，这是很值得探讨的。其原因何在？

第一，傩舞、傩戏的流传地区，自中原而南下荆楚巴蜀，自开封而南下江浙福建，逐渐流布于偌大个中国的半壁山河，而楚地巫风淫祀之盛，远远超出其他地方。屈原流放的沅江一带，至今还是充满着神秘感和幻想力的地区。这种巫风，是民族精神之所在，也是傩文化所产生的土壤和所依附的骨架。因此，只要信仰、祭祀和巫术存在，傩文化就必然存在，当然在发展中也必然出现变异。

第二，傩舞、傩戏流传地区多为高山密林、交通不便的地方，虽然经过了长期的封建社会，但宗法制度及其一整套观念体系对这里的影响相对较弱，与傩仪——巫术有千丝万缕联系的傩舞和傩戏，还能在广大社会成员中激起某种强烈的自然崇拜、图腾崇拜的情感。因此，我们也可以断言，傩舞和傩戏这类较为原始的艺术同现代意义上的艺术创作之间，还横着很大的一段距离。对于现代世界来说，我们需要前者，并且要做出巨大努力，保护、收集并解释（有时需要破译）它们，但我们更需要新的创造，在前者的基础上，发展新的艺术。

第三，最主要的，傩仪、傩祭属于原始的巫文化，但被遮蔽在傩仪傩祭背后的象征意义——除旧德立新德、除旧迎新这一旨意，却与人类的求平安、求吉祥、求发展、求绵延的心理相一致（而这在历史上是具有积极意义的），因而尽管原始的巫师兼驱傩英雄方相氏，从唐宋以降便逐渐从傩仪中消失，以钟馗为代表的种种名目的新的驱傩角色代之而起，傩文化却并没有从民间生活、民间心理和民间信仰中消失，仍然充满着生命力。直至20世纪末，从王秋桂20世纪90年代主持的"戏剧仪式"课题在大半个中国的广大地区的田野调查来看，多多少少含有傩祭、傩仪的求吉消灾、驱邪逐疫遗绪，依然在广大的农村地区被演出，被农民们所传承，成为源远流长的中华传统文化洪流的重要下层文化支脉。

（原载《民族艺术》2002年第1期，南宁）

石敢当：灵石崇拜的遗俗

在街衢要道的路口或民居宅基的墙根，常常有一半埋在地下一半露在地上的小石碑，上面镌刻着"石敢当"或"泰山石敢当"的字样。这是中国南北方许多地区都广泛存在的一种灵石信仰的遗俗，将这种小石碑置于这些特定的地方，为的是祈求灵石禁压不祥，保佑人们不受邪恶势力的侵害与骚扰。在历史的长河中，石敢当已经作为灵石信仰的一种相当定型的文化符号，扎根在中国人的心理和行为之中，成为中国人的独特的民俗象征之一。

一

石敢当的信仰形成于何时，传播的地域有多广，在学术界至今仍然是一个解不开的谜团。据信，最早关于"石敢当"三字连文的记载，是西汉史游的《急就章》："师猛虎，石敢当，所不侵，龙未央。"《南村辍耕录》卷十七"石敢当"条引用了史游的这段为儿童写的启蒙读物里的话，并引了颜师古的注："卫有石、石买、石恶，郑有石制，皆为石氏。周有石速，齐有石之纷如。其后以命族。敢当，所向无敌也。"对于颜师古的解释，后人多有歧议，这里暂且按下不论。根据这个语焉不详的记载，显然"石敢当"三个字在当时已经具有了禁压不祥的意义，但还看不出史游的"石敢当"口诀是怎样经过中间环节而刻在石头上，并将其竖立于街衢巷口、埋藏在宅基墙边，继而演变成为石敢当民俗信仰的。据兴化府《莆田县志》卷35"杂事"所记，宋庆历四年（1044年）在福建莆田发现的一块镇宅石上的铭文，则提供了一个石敢当信仰的确凿的证据：

庆历四年，秘书丞张纬出宰莆田，再新县中堂。其基太高，不与它室等，治之使平，得一铭石，长五尺，阔如之；验之，无刊镂痕焉。其文曰："石敢当，镇百鬼，压灾殃，官吏福，百姓康，风教盛，礼乐张。"自唐大历四年，至宋庆历四年（769—1044），墨迹如故。物之隐见，岂不待时而出耶？昔号大历，今号庆历。昔五年四月，今五年四月，及所得之日无差异，契合如此，亦一奇事也。

另据清蹭廷校《古谚闲谭·莆田石记》：

庆历中，张纬宰莆田，得一石，其文云："石敢当，镇百鬼，压灾殃，官吏福，百姓康，风教盛，礼乐昌。"后有大历五年县令郑押字记。今人用碑石书曰："石敢当"，镇于门，亦此风也。（杜文澜《古谣谚》卷九十九附录十四）

从这两段大致相同的记载（只有"张"字与"昌"字的区别）来看，石敢当作为一种信仰民俗的事项，至少在唐宋时代就已经在我国福建沿海一带相当流行了。近千年来，石敢当信仰在广大地区中得到传播，一直流传至今。据王成竹先生于 20 世纪 20 年代末的报告，在闽南的广大地区，石敢当不仅广泛流传，而且有好几种不同的形制。他写道："大概在庐舍墙隅街衢小巷直冲之处，常见者，有用石板镌'泰山石敢当'或'石敢当'三字立于当冲之处；有多刊狮头，或八卦图，有镂狮蹲形，或一狮头；有以纸印者，有单书字或图画于墙壁上。似此种种，于街头巷尾门前时常有之。"①

两广地区也是石敢当信仰民俗最为兴盛的地区之一。20 世纪 20 年代，据邓尔雅先生报告说："粤俗随地有泰山石敢当石刻。大抵其地有鬼物为祟，或堪舆家以为形势弗利居民，借此当煞气耳。间或有刻南无阿弥陀佛号者，然不若石敢当之多。道旁野次，固时时见之。生平所见，以旧广州将军署，所嵌于壁者，碑石最丰。署为前清靖南王尚可喜故邸，岁庚申毁于火，今不可得而拓矣。"② 今人萧亭在《岭表问俗记》一文中也说："在广东农村的居民群中，每每可见屋前巷口的墙壁上，赫然嵌刻着一块石片，上刻'石敢当'或'泰山石敢当'字样。"③ 广东的客家人居住区，往往在"石敢当"三字的前面加上

---

① 王成竹《关于石敢当》，《民俗》周刊第 86—89 期合刊第 15—19 页，广州：国立中山大学语言历史研究所编，1929 年 12 月 4 日。
② 邓尔雅《石敢当》，《民俗》周刊第 41—42 期合刊第 81—82 页，1929 年 1 月 9 日。
③ 萧亭《岭表问俗记》，《广东民俗文化研究》1990 年第 1 期。

"泰山"二字，成为"泰山石敢当"。①"石敢当"前面冠以"泰山"二字，也有种种见解。我认为，民间把泰山与石敢当联系起来，与汉以来把泰山作为"治鬼之山"的观念有关。出土的东汉镇墓文说："生人属西长安，死人属东太山。"（《古器物识小录》）"生属长安，死属太山，死生异处，不得相防。"（《贞松堂集古遗文》卷十五）范晔撰《后汉书·乌桓传》："使犬获死者，神灵归赤山，赤山在辽东西北数千里；如中国人死者，魂神归岱山也。"注引《博物志》："泰山一曰天孙，言为天帝孙也。召人魂魄东方，万物始成，知人生命之长短。"《三国志·管辂传》："谓其弟辰曰：但恐至泰山治鬼，不得治生人，如何？"泰山是众鬼的归宿之所。这种观念开始还只是齐鲁这一个地方的一种灵魂不灭观念的延伸，及至秦皇汉武封祭泰山之后，泰山便成了冥司机构中最具权威的所在，于是，"泰山君""泰山府君"一类具有神格的泰山神便应运而生了。泰山作为"治鬼之山"的地位得到了进一步的加强。既然泰山是"治鬼之山"，泰山神也就是治鬼之神，泰山自然就具有禁压不祥之义，把治鬼的泰山与制鬼的石敢当联系在一起也就是很自然的了。

湖南、湖北为沅湘荆楚之地，这些古称"淫祀"之域，也多有石敢当信仰流行，武昌黄鹤楼下城角的地方，就有一块刻着"泰山石敢当"的圣石。

吴越地区的石敢当信仰是早有记载的。《继古丛编》说：

> 吴民庐舍，遇街衢直冲，必设石人或植片石，镌"石敢当"以镇之。本《急就章》也。

山东、河南、山西、河北、北京以及东北三省等北方地区，石敢当信仰也非常普遍，而且是源远流长。北京民俗学家郭子升先生告，北京复兴门东南方向，现中央音乐学院的后墙外面，还保留下来一块石敢当石碑。近日趋访，在南北向的笔管胡同的顶头，中央音乐学院围墙的外面，一通"泰山石敢当"碑碣依然屹立于墙根，所憾的是，经多年的风雨剥蚀，只有"山"字还清晰可见，其他的字迹已经严重风化了。又蒙民俗考古学家宋兆麟先生告知，北京现在的王府井大街北口、中国科学院考古研究所所址的院里，至今还保留着一块较为完整的石敢当碑碣，可惜还未能前去观赏拍照。

齐鲁大地上的石敢当信仰，无论是农村，还是城市，都是相当普遍的。童年时，在我的家乡昌乐县农村里，常常见到这种石碣，对于这种石碣的功能，

---

① 洛川《何物"石敢当"？》，《客家民俗》总第 6 期，广东嘉应民间文艺研究会、广东嘉应民俗学会编，1986 年 5 月 31 日。

民俗与艺术

几乎是妇孺皆知的。关于山东人的石敢当信仰,较早的记载见于《茶香室丛钞》卷十:

>　　国朝王渔洋山人《夫于亭杂录》云:齐鲁之俗,多于村落巷口立石,刻"泰山石敢当"五字,云能暮夜至人家医病。北人谓医士为大夫,因又名之曰石大夫。

　　王渔洋记录了他生活的时代(清初)齐鲁大地上流行的石敢当习俗,而且明确地指出这类碑碣已由"石敢当"演化而为"泰山石敢当",可以见出齐鲁文化对我国传统文化的浸染所独具的巨大力量,无疑这是十分珍贵的,但把石敢当说成是一个能医病的大夫(传说中也有类似的说法),却未必尽然,对此说已经有研究者提出了异议。① 从清初到如今,石敢当信仰习俗在民间依然有着强有力的传播势头。今人《山东民俗》一书的作者山曼等人报道说:"山东各地泰山石敢当的用途也是镇宅。如果宅基直冲通衢要道,或者面对庙宇、林岗,人们便认为阳宅犯忌,这就必须在宅子外面的一角安上一块一米多高的石碑,上刻'泰山石敢当'五个字,有的石碑较小,可直接嵌在屋角的外墙上,还有的只雕刻一丑形石人而不刻字,也称为'泰山石敢当'。如今在山东还可以看到泰山石敢当的遗迹,有的立在巷口,有的立在墙边,或碑碣、或雕像,风雨剥蚀,多已模糊不可卒辨。"② 山东人移民东北三省,对东北地区的石敢当信仰的传播,起着不可忽视的作用。

　　据河北民俗学会会长刘其印先生1992年12月10日来信告知,与山东毗邻而居的河北南部广大地区,石敢当信仰习俗比较普遍。信中抄了《元氏县志》中的一段记载:"今人家正门适巷陌桥道之冲,则立一小石将,或植一小石碑。其上曰:石敢当。以厌禳之。"他给我提供了该省藁城县、高邑县、深县和唐县等地区有关石敢当流行情况的传说材料,其中只有唐县的一则与山东泰安流行的一则相同,显然系从《泰山故事大观》一书里移植而来的。至于井陉一带的建"石门楼"的习俗,是否与石敢当有关,是一个待研究的问题。不过,井陉民居,一般为四合院,"石门楼"一般建在临街房屋的左端,谓"顺置门",或建在正当中,谓"正门",而在其他部位建街门是犯忌的,村人以为"歪门斜道"和"鬼午门",会"引灾入门"。

---

① 吕继祥《石敢当初探》,《民俗研究》1989年第2期。作者说:"单就这段文意即知,泰山石敢当为大夫的说法流传并不广,仅止于北方,而南中皆无。北方何以流传泰山石敢当为大夫之说,考其渊源,是流传已久的石敢当可降妖镇邪的演义。"
② 山曼等《山东民俗》第370页,济南:山东友谊书社1988年。

台湾的石敢当除置于门前、巷之入口、村之入口、三岔路口直冲处而外，还多见于河川池塘岸边、渡船场等处所。据台湾民俗艺术研究者刘文三在其《台湾宗教艺术》一书中记载，他在澎湖采录民俗艺术时，在外岛桶盘的地方，发现了遗留下来的两处石敢当石碑，其中置于村落入口处的一通，刻有"泰山石敢当 止风 止煞"等字。他说："澎湖的岛屿以及台湾沿海地区以捕鱼为生的渔民，时有遭受风浪袭击的可能。笔者在桶盘岛就亲眼看见，忽而黑云密布，风浪渐大，一会儿工夫风浪拍岸，码头边的渔船整个震荡在一片如黑的海水上。这种情况在早期智力未开的社会里，难免认为是有妖怪挟风浪而来，所以码头的山头边立有'泰山石敢当 止风 止煞'的石碑。"①

关于石敢当的传播路线，有的研究者认为，北方的石敢当信仰是从南方传播而来的。尽管这种说法不无道理，但由于缺乏足够的材料，也还难于做出可靠的结论。

二

石敢当信仰起源于原始的灵石崇拜观念，在其发展过程中，逐渐融汇了人们的驱鬼压胜、祈求吉祥和安宁的观念，以及风水观念。据《营造门》，凡宅宜居宫观仙居侧近之处，主益寿延龄、人安物阜，不宜居当冲口处，不宜居塔冢、寺庙、祠社、炉冶及故军营战地，不宜居草木不生处，不宜居正当流水处，不宜居山有冲射处，不宜居大城门口及狱门、百川口去处。中国老百姓选择居处的原则是求神佑、避鬼祟、躲战乱、图清静、多生殖、恐讼争等。② 因此，人们在建房选基时，要忌讳房院正冲山丘、豁口、河流、道路等等，恐有冲射之灾，如实在避让不开，则应在适当地点埋桩立石，并书写或镌刻上"石敢当"或"泰山石敢当"的字样，以祛邪避灾。凿立石敢当石碑碣不可以随便行事，而是有一定的时间和规矩的。据《鲁班经》："凡凿石敢当，须择冬至日后甲辰、丙辰、戊辰、庚辰、壬辰、甲寅、丙寅、戊寅、庚寅、壬寅此十二日，乃龙虎日、用之吉，至除夜用生肉三片祭之，新正寅时立于门首，莫与外人见，凡有巷道来冲者，用此石敢当。"石敢当石碑高四尺八寸，阔一尺二寸，厚四寸，埋入土八寸。古代人迷信，所以把立石敢当当成是一件十分严肃的事情。

对于"石敢当"一词怎么来的，是不是历史上曾有一个叫作石敢当的英

---

① 刘文三《台湾宗教艺术》第102页，台湾：雄狮图书公1976年。
② 参阅任骋《中国民间禁忌》第271页，北京：作家出版社1990年。

雄，后来附会到神石上去了，学术界一直是存在着争论的。

前引颜师古给史游《急就章》所作的注说，卫、郑、周、齐都有姓石的，石是个相当普遍的姓氏，"其后亦以命族"，而"敢当"，则是"所向无敌"的意思。他这段话的意思，是说石敢当原是一个所向无敌的姓石的英雄。

《五代史》曰："汉高祖刘智远为北京留守时将举大事，谋膂力之士，得太山勇士石敢当，袖四十觔椎，人莫能敌。"后人遂借其勇名以镇邪。于是，一个传说中的勇士的名字，附会到石敢当的信仰上了。此事还见于明人陈继儒的《群碎录》和扬信民的《姓源珠玑》。

民间传说也有种种说法，如邓尔雅文章所引："相传康熙间，将军拜音达礼年，以邸中东廊，与浮图相向，居者辄不利，适道出江西，因诣龙虎山，乞张真人压胜之术。甫就坐，有赭衣道士，跌坐楹西，真人指谓将军曰，'祈此师可也。'因礼拜之，道人曰，'此宅煞细故，以文字镇之当吉。'索纸大书'泰山石敢当'五字。款著纯阳子书。将军惊谢。"对于这种说法，邓尔雅不以为然，他说："按石敢当一语，出《急就篇》，本无其人，后人特就文义石敢当三字以为喻而已。"①

今人陶阳等搜集的《泰山民间故事大观》里所收的五篇有关石敢当的民间故事，除了一篇外，其余四篇都是说石敢当是一个具体的有名有姓的人，而且都与驱妖有关。其中李冬生讲述的一篇《泰山石敢当》说：

> 石敢当有一次上山打柴，看到有个老百姓娶媳妇，抬着花轿，吹吹打打的。他发现有四个鬼在后边跟着。石敢当就追上去了，鬼看见石敢当来了，就闪到一边去了。他刚要走，那鬼就又跟上了。石敢当不放心，想：我干脆跟着花轿看看到底上哪儿去？最后跟到娶媳妇的门口，石敢当才离开。他刚离开，这四个鬼接着就往门口拥。他一看，还不行呢，想：我也不能光在这里待着，打不了柴火我也没得烧，他就拣了两块砖，咋呼说："我拣它两块砖，放在这门口，就代表我石敢当。"说完，他就走了。那四个鬼到门口一看那两块砖就不敢进去了。打那以后，泰安县谁家盖房子，就在门框底下压上两块砖。

于是，成为风俗，谁家盖房子时，都要在门框底下压上两块砖，以示辟邪驱鬼。

---

① 邓尔雅《石敢当》，《民俗》周刊第41—42期合刊第81—82页，1929年1月9日。

河南的一则故事说：山西有个泰山县，县城里经常闹鬼。新来的县令名叫石敢当，两个儿子先后被小鬼们给残害而死，却不畏惧。第三天夜里，小鬼们又来到县衙，石敢当压住怒火，指斥小鬼们："你们这些见不得人的鬼东西，行凶作恶，糟蹋百姓，我石敢当就是为了根除邪恶，以平民愤而来。你们害死了我的两个儿子，我全不怕，大不了我今天也丧生，但我死也要死在府里，决不离开此地！"他怒目横对，手指在桌案上拍出了血，小鬼们见了血吓得抱头鼠窜，从此再也不敢来县衙里行凶闹事了。县令离开此县后，人们就把他的名字"石敢当"刻在牌上，挂在三岔路口和墙壁上，作为对妖魔鬼怪的警示。山西泰山县的那个石敢当最厉害，所以外省的人们就在牌上写上"泰山石敢当"五个字。①

围绕着某一件事情或某一个人而形成的传说，由于其最主要的特点给人们某种深刻的印象，而在流传过程中，逐渐演变而为一种特定的民俗事象，是常见的一种民俗生成现象。石敢当作为一个传说中的人物，其主要特点是退鬼驱邪，把这个家喻户晓的传说人物，与石头崇拜的习俗联系起来，成为石敢当信仰习俗，不是没有这种可能性，问题在于我们还没有找到这二者之间的联结环。如果把石敢当信仰民俗加以分解，那么，不难看出，其关键部分是灵石信仰，而不是什么石敢当其人。因此，与其把石敢当信仰说成是从什么人物演化而来，毋宁说是从对石头的崇拜演化而来，而且在某种意义上，有灵魂和神性的石碣与有灵魂和神性的树木一样，可以作为一个寨子的神灵，可以护佑民宅和村寨的安全，给人们带来幸福。从中国语言的结构来看，有灵魂和神性的石头，能以无敌的力量抵挡任何的邪恶势力对人类的侵害，"石"与"敢当"语义的结合也是极有可能的。

"石敢当"碑碣不仅同某个名为"石敢当"的人物联系起来，学者们还在某些民族地区发现，石敢当还与当地的民族图腾信仰不无联系。卫聚贤先生于20世纪40年代前去川西的汶川县考察，发现了当地的石敢当上端多雕一兽头，从而得出结论认为石敢当是羌民狗图腾的一个表象。他写道：

> 这次到汶川时，在路上看见人门口竖一石碑，碑上刻"泰山石敢当"五字，碑上端刻一兽头，兽为大口吐舌。……羌民区域人名此曰"吞口"。言此神最灵，而且比一切神的神力为大。是以四川各地人奉此神

---

① 《泰山石敢当》，《河南民俗传说故事》（河南民俗资料第一集），河南省民政厅《河南省志·民俗志》编辑室编，1987年。

最多。

  (新都县) 由桂湖公园至文庙一条马路两旁各有一碑，上端雕为狗头。但在峨眉县双福镇及泸县澜泥渡所见之吞口，其像凶恶，口张甚大，舌吐甚长，口中横衔一剑，而泸县澜泥渡的且有新近用鸡血洒在此碑上，并且有很多的鸡毛贴在碑上。回到重庆，在李子坝我们办公的旁边交通银行隔壁亦有此碑，上雕狮子头，舌不吐出，项下有两爪露出，下端刻为"泰山石不敢当"六个字。

  ……余疑此事与狗有关，我在新都县看见二吞口上为狗头，以此告常(任侠)先生，伊云在磁器口至歌乐山的道中一小村路旁，有一"泰山石敢当"，碑上雕一全身的狗伏在碑端。这种吞口固然鹿虎狮狗均有，但余以为原始是由狗的崇拜而来。

  ……我的结论是：羌民在古时以狗为图腾，后以狗为灵的神，故各地雕吞口，但以得罪了这个狗神，没有方法可以免祸，唯有大山上的石头可以堵挡得住。因为羌人原居四川，有时北过岷山的大山，但过山后多为汉人所征服，故汉人移居四川者，于吞口口中横穿一剑，有截杀义。又刻了"泰山石敢当"五字，而"大"字古音读为"太"，有人刻成"太山石敢当"，后人误为山东泰山的人名石敢当者可以镇邪，因刻成"泰山石敢当"了。①

  在石敢当的上端雕一狗头（或狮头）的情况，在广西的壮族居住区内也有。近宋兆麟先生刚从广西、贵州一带考察归来，面告我，他在左右江一带的一个村寨里，发现了一家的门前竖立着一石碣，上部雕成狗头，并向我展示了他拍的照片，狗头高昂，形貌严峻，有的狗胸上还阴刻着"石敢当"的字样。如果宋先生所见，属于瑶族聚居地区，那么就可以证明卫聚贤先生关于图腾崇拜遗迹的观点是有道理的了。然而，即使我们把雕有狗头的石敢当碑碣认定为羌族居民的狗图腾的遗迹，我们还是无法了解、也无法解释为什么会出现狮头或其他兽形头的石敢当碑碣。卫先生也说到"这种吞口固然鹿虎狮狗均有，但余以为原始是由狗的崇拜而来"，但毕竟语焉不详，没有足够的材料论证。王竹成先生在《关于石敢当》一文里说到在闽南地区这种雕了兽头的石敢当时，也说到了雕着狮子头的石敢当碑碣：

  有多刊狮头，或八卦图，有镂狮蹲形，或一狮头。有以纸印者，有单

---

① 卫聚贤《泰山石敢当》，《说文月刊》第 2 卷第 557—558 页，1943 年桂林-重庆。

书字或画图于墙壁上。似此种种,于街头巷尾门前时常见之。——象泉州城内提督署衙门直冲南大街,南门内天后宫直冲南门,其大门外,皆有大石狮一只。敝邑——安溪——县署直冲南大街,其署口照墙外也有一大土狮。①

同样的情况在厦门地区也有。叶国庆先生记述说:

> 厦门石狮王有石狮一只,高约二尺,位于住宅之墙下。双莲池也有二只,在人家墙下。这三只石狮,都有人把它油上彩色。听说是谢石狮神的恩的人替它漆的。旁边金纸香烛很多,可见拜奉者的热烈。②

泉州和厦门的这几只石狮,显然不同于民居或官府门前的那种成双成对、担负着守卫任务的石狮子,而是石敢当碑碣的一种演化形式。狮为兽中之王,以其魁伟凶猛而对一切异己是一种威慑力量,从而成为一种禁压不祥的象征。作为象征,它们的功能是同石敢当碑碣一样的,即避邪消灾,但我想也不能排除它们仍然保有守卫主人不受侵害的含义。

刘文三先生在上面引用的《台湾宗教艺术》一书中认为,在台湾驱邪押煞,本事最大的首推石敢当,其次是阿弥陀佛,再其次是兽牌(即刻狮头,横穿一把剑者,其形象与贵州、湖南等地的傩面具横插一把剑的"吞口"颇相似),再其次是照妖镜。在房屋上安装照妖镜(台湾称"白虎镜")的习俗,在位于渤海湾里的长山列岛上考察时,我曾在渔民的房脊中间的部位(大致与宫宇建筑房脊中间的龙的所在)看到过,老渔民们肯定它的作用是驱邪押煞、护佑平安。在云南大理一带居住的白族民居的大门上方,也多有悬挂这种照妖镜的。民间认为,一切厉鬼来到大门前面,从镜子里看到自己的丑恶形象,便自惭形秽,不敢夺门而入了。

在此我愿意借用常任侠先生的一段论述,来加强我们的看法:"石敢当,立于里巷之口,以禁压不祥者,其形雕石为之,其上作凶恶面首,舌吐于外,以刀贯之,与饕餮略同。亦有雕全身恶物像,俯立石后,于石上露其首。其下常刻太山石敢当数字。……今石敢当之形制,如川中所有,以刃贯凶恶面具之舌者,盖类于门上之饕餮。其他作石将军者,盖类于门上之郁垒,其取勇力椎击之义,则又类于钟馗,其书文字者,亦以文字为符箓耳,盖取压胜辟邪之义

---

① 王成竹《关于石敢当》,《民俗》周刊第86—89期合刊第15—19页,广州:国立中山大学语言历史研究所编,1929年12月4日。
② 叶国庆《漳厦人对于物的崇拜》,《民俗》周刊第41—42期合刊。

则一也。"① 常先生的论断是有道理的。石敢当的基本象征功能在于祛邪退鬼避灾，但由于不同地区、不同民族、不同文化传统而形成了不同的形制（如石碣式，如雕兽头式，如兽身俯立石后式，如石将军式，如埋入地下的，如竖在地上的，如嵌于墙上的，等等），这些形制略有差异的石敢当，其功能也可能因而不尽完全相同，因此也不能排除有的石敢当甚至就可能是某一个民族的图腾的表象的论断。

三

关于石敢当石碣上镌刻的"石敢当"或"泰山石敢当"这些字符，还有进一步深究的必要。常任侠说"其书文字者，亦以文字为符箓耳"，王孝廉说"起源于更远古时代以石为具有神秘力量的原始咒术信仰"②，无疑是一种富有说服力的假说。人们运用"石敢当"或"泰山石敢当"作为符咒的神秘力量，以遏制凶恶势力的危害，保障生活和秩序的平安，把具有符咒神秘力量的文字"石敢当"或"泰山石敢当"镌刻或书写在神石石敢当或神山——泰山的神石石敢当上，这种石碣无疑就具有了遏制鬼怪邪祟的巨大力量。

人类学已经证明了，在人类处于野蛮的时代，为了控制自然力，就出现了巫师，产生了巫术。马林诺夫斯基说："巫术不是因为观察自然认识了自然的律令而有的东西，巫术乃是人类古已有之的根本产业，足以使人相信人类本有自由创造欲念中的目的物的能力。"③ 符箓和咒语都是巫术的手段，人靠符箓和咒语而达到自己欲达到的目的。符箓和咒语既用于人和人的关系上，也用于甚至更多用于人和自然的关系上。魏晋时形成的道教，吸收了民间早已存在着的原始巫及其符咒手段，而成为道教的符箓和咒语系统。葛洪在《抱朴子·内篇·登涉》中就画出了五种老君入山符，以及仙人陈世安所受入山辟虎狼符等。老君所戴的辟百鬼及蛇蝮虎狼神印，就是用二寸见方的枣木心刻制而成的。他说："古之人入山者，皆佩黄神越章之印，其广四寸，其字一百二十，以封泥著所住之四方各百步，则虎狼不敢近其内也。行见新虎迹，以印顺印之，虎即去；以印逆印之，虎即还；带此印以行山林，亦不畏虎狼也。不但只辟虎狼，若有山川社庙血食恶神能作福祸者，以印封泥，断其道路，则不复能神矣。"在一块特制的石碣上镌刻上"石敢当"的字样，实在是与符咒相类，

---

① 常任侠《饕餮终葵神荼郁垒石敢当考》，《说文月刊》第 2 卷第 558—561 页。
② 王孝廉《中国的神话世界》第 192 页，北京：作家出版社 1991 年。
③ 马林诺夫斯基《巫术科学宗教与神话》第 61 页，北京：中国民间文艺出版社 1986 年第一版。

而且事实上，有的石敢当石碣，在这几个字的旁边或下端，确有书写或镌刻着类似符咒的文字和图案的。宋兆麟先生在广西百色地区拍到的一张"泰山石敢当"的照片，"泰山石敢当"五个字的两旁，分别镌刻着两只形象恐怖的狮子。台湾马公岛郊外的一通止煞石碑上镌刻着"镇邪符"。

在原始人们的心目中，甲骨上的象形文字就是有着某种神秘力的。后来，《河图》《洛书》《易经》八卦和《洪范》九畴出现之后，对于人们对文字的神秘力的崇拜，更是起着推波助澜的作用。最早见于汉元帝时代黄门令史游《急就篇》的石敢当信仰，显然是当时在民间广泛流行的巫术咒术和多神信仰的一个反映。人们把具有神秘力量的语言文字"石敢当"镌刻或书写在本来就具有神性和灵魂的石碣上，便赋予了这块特定的石碣以能够遏制鬼怪邪祟的神力。于是，这种刻着石敢当字样的石碣就成了护佑宅院、街巷的村寨神，甚至也可能是大地守护神。

把石敢当或石狮、土狮看作是村寨神或大地守护神，也还可以从另一个材料得到证实。有的地方还保存着对石敢当进行礼拜的遗迹。"吾邑（按指福安溪一带）对于石敢当有一段风俗，就是乡社迎神之时，常有'弄狮'之举。狮头以纸糊成，其身丈余，缝之以布，两人架之行。一人执狮头，一人当狮尾，可以自由蜿蜒舞弄。其所经之地，无论是土狮，石狮，石敢当……的位都好，皆要向其舞弄之而后去。此盍物见其类，而表示其亲热吧！"① 这一鳞半爪的记载，倒也能够给我们今人一些启示，使我们依稀看出，远古时，伴随着石敢当的信仰，必然还有一定的崇拜仪式存在。这一点，大概是用不着怀疑的。

四

如果把石敢当看作是村寨守护神或大地守护神，还不至于大错的话，那么，这种村寨守护神和大地守护神，在一些少数民族地区还相当普遍地存在着，例如许多少数民族村寨的寨心石，其功能就与石敢当相类似。

云南元阳县彝寨水卜龙大寨寨中街的道旁，竖立着一块巨大的寨心石，彝语名为"浅鲁"。此寨心石的底座，是一个用石头砌成的圆台，高1米，周长6米，中间填满泥土。寨心石就栽在圆台的中心，呈淡红色，露出的部分高约50厘米，顶光底圆，呈条柱状，柱下摆一直径30厘米的圆石。有人认为这块

---

① 王成竹《关于石敢当》，《民俗》周刊第86—89期合刊第15—19页，广州：国立中山大学语言历史研究所编，1929年12月4日。

民俗与艺术

寨心石是勃起的生殖器的象征物,① 我宁可倾向于认为这块寨心石是水卜龙大寨的村寨守护神。

云南耿马县孟定区的景兴寨是傣族居住地,寨中有一个三角石柱的寨心石。这个寨心石至今仍然受到寨里傣族人的祭祀。相传,孟定原是佤族居住区域,其后,傣族祖先流徙此地,民族之间发生械斗,傣族驻兵该地,天地神送石锅一口,能煮千人之饭。如此大锅,难以支持,天神遂又栽石柱三棵,以供支锅之用。傣族士兵饭饱之后,一举把佤族撵出了孟定坝子,成为孟定的主要民族。传说毕竟是传说,难以相信其真。佤族和傣族如今成为比邻而居的友好民族,民族之间的械斗已成历史上的遗迹。这个寨心石的护佑村寨平安的象征的功能,倒是从这个传说中透露出来了。这类寨心石,在其他地方、其他民族中也有,如勐腊县勐满区曼班列寨、景洪县大勐笼区曼章汉寨和曼老寨、耿马县勐撒区石塔等民族村寨都有。②

阿昌族的寨神也是一棵石柱。这种作为寨神的石柱,高约 1 米,柱上置一石板,长方形。每逢阖村祭祀,寨民置祭品于石板之上,对石柱焚香顶礼。③ 他们对石神的崇拜和信仰,是高于天地神的。据《户腊撒阿昌社会经济调查》载:"'色曼'傣语阿昌语称为'抬先',汉名'寨神'。各村寨都有'色曼'。它立在寨子头或寨子边。树木长得高大、茂密、奇特的,即被认为附有神,就被确定为'色曼'。在'色曼'面前,竖一石块为标志。'色曼'每年祭献两次,一次在春耕,求'色曼'保佑丰收;一次在秋收,庆祝丰收。"④

寨心石,作为一种象征,它的任务可能包括了寨里的人丁兴旺、宗族繁盛,即生殖的意义,但也肯定地包括了或更多的是祈望保佑寨子平安吉祥,免受外来的异己力量(既包括鬼怪邪祟,虎狼蛇蝮,也包括天灾人祸)的侵害这样的使命。因此,在一些边远的民族和地区,还保留着某些崇拜祭祀的仪礼,就不足为怪了。

沿海一带有些地区的农村里,有一种被当地老百姓称为"石头公"或"石干爸""石干妈"的石神,可能也是石敢当灵石崇拜的遗绪。福建漳州城内南隅曾建有一座小庙,据说所供者是一个石头公,而且还传说他的生日是二

---

① 戈隆阿弘《从寨心石看滇南彝族的生殖崇拜》,《民俗研究》(山东大学主办)1990 年第 2 期。
② 李子泉《傣族石崇拜及其传说与艺术表现》,《民族调查研究》1988 年 1—2 期,第 200—206 页,云南省民族研究所编印。
③ 赵橹《阿昌族大石崇拜与诸羌文化的辐射》,《民间文学论坛》1987 年第 6 期。
④ 《阿昌社会历史调查》,云南民族出版社 1983 年。

月初六。此庙早已无存，石头公自然也就随之消失不见了。①

据调查者报告，山东鲁南地区有石婆婆的石雕像，当地老百姓为了小孩子长命百岁，要在二月二或三月三、清明节敬石婆婆、拜石婆婆，而且相沿成俗。这种石婆婆的雕像，有的是用石头新雕的，有的则是利用出土的古代石刻雕像代用，不管是文是武，仅取其偶像之义而已。②

石干爸和石干妈的信仰风俗，在连云港海州湾一带的渔民中间有着久远的传统。在渔民的心目中，石头是天意神造之物，不怕风吹浪打，拜石头为父母，得到石头的保佑，能使自己像石头一样平安免灾。渔民们把这种雕琢粗犷、受人们崇拜的男女石像，叫作石干爸和石干妈。一个男孩到了满月或一周岁生日时，父母就要把他抱到祖传的石干爸、石干妈前面，摆些糕点、点烛、烧香、烧纸马、放鞭炮，边磕头边祷告，要石干爸、石干妈把这个孩子当成亲生的儿子，保佑他平安免灾。父母祷告完毕后，叫孩子向石头喊两声爸爸妈妈。从此，这个孩子就算拜认了石干爸、石干妈了，直至终生。逢年过节，都要到石干爸、石干妈面前去烧香磕头，尤其在成年结婚时，一定要去祭拜，请喝喜酒、吃喜饭、用喜钱。这一带，往往是同一宗族、同一村庄同拜一块石头为石干爸、石干妈，没有辈分之别。③

沿海一带的石头公、石婆婆、石干爸、石干妈信仰，其功能类似石敢当，又不完全是石敢当。石信仰是环太平洋文化的一个重要的因子。在东南沿海（很遗憾，浙江沿海的石信仰材料未能收集，山东沿海的民间信仰近代以来扫荡得较为彻底）一带，巨石崇拜、山岳崇拜异常普遍，而这类石头公、石干爸信仰，无疑也应该是石信仰的一个组成部分。鉴于石头公、石干爸、石干妈的职责，也主要是保佑居民和村寨的平安顺遂，因此，可以认为是石敢当信仰流传中的一种地域性的转型。

台湾地区也有石头公的崇拜。吴瀛涛先生著《台湾民俗》一书中记述了台湾奉祀石头公的情况：南投街茄脚的石头公、员林街东山的石佛公、丰原神冈庄社口振兴祠所供的石头公，都常有祭祀活动。这些被人们供奉的石头公，都被认为是有灵的神石。罗东冬山庄大溪的一间小石庙里供的是一块山岩，相传，这块山岩，以前是在山路旁边的。有一次，一个村民要去山里打柴，看见这块石，虽然没有风吹，却在摇动，就认为是不吉之兆。果然，当天就在山上发生了番害，村民没有去山里，才免于遭祸。俗传，这块神石，对于村民是否

---

① 王成竹《关于石敢当》，《民俗》周刊第86—89期合刊第15—19页，广州：国立中山大学语言历史研究所编，1929年12月4日。
② 鲍家虎《石干娘追记》，《民俗研究》（山东大学主办）1990年第1期。
③ 刘兆元《海州湾渔风录》（三），《民俗研究》（山东大学主办）1991年第3期。

民俗与艺术

可以进山，会示预兆，因此，很受信仰。① 对于台湾各地的石头公信仰，王孝廉先生认为："台湾的石头公信仰，……也就是由大陆的石敢当信仰发展和延续而形成的，前举王象之《舆地纪胜》中所载的莆田，是现今福建省厦门附近，唐代的古城在现今厦门县治的东南方，台湾的石头公信仰应是明郑渡台时闽南人带到台湾来的民间信仰，也是中国古代传统文化的延续痕迹。"② 他的论述精当，我想，学术界是可以接受的。

1992 年 10 月 18 日

（原载《东岳论丛》1993 年第 4 期）

---

① 吴瀛涛《台湾民俗》第 90—91 页，台北：众文图书股份有限公司 1984 年。
② 王孝廉《中国的神话世界》第 194 页。

关于龙的风波

2006年11月30日,《光明日报》发表了记者曹继军的长篇采访《构建中国国家品牌形象——访上海外国语大学党委书记吴友富教授》。在采访记中,吴先生在强调提倡"和而不同"的理念的同时,表示:"即使是有些人耳熟能详的中国形象标志,它的文化内涵我们也远远没有挖掘出来。比如中国的'龙',其形象往往让一些对中国历史和文化了解甚少的外国人过多地看到'龙'的凶猛残酷,咄咄逼人,充满霸气和攻击性、挑战性的一面……"继而,12月1日,上海政协主办的《联合时报》发表头条新闻《"龙"为形象标志缺憾多多》,12月4日,上海《新闻晨报》发表记者顾定海、通讯员谬迅的报道《中国形象标志可能不再是"龙"》,相继报道了吴友富提出的"考虑到包括'龙'在内的一些中国形象标志往往具有一定的局限性,容易被人歪曲"(《联合时报》);"重新构建中国国家形象品牌","中国形象标志可能不再是龙"(《新闻晨报》)的观点,并称他所领衔的已被列入上海哲学社会科学规划重点课题的,"课题(一旦)完成,所塑造的中国国家新的形象标志,很可能将被国家有关部门采用"。消息一出,万众惊诧,网民们对这种企图动摇和颠覆作为中国象征的"龙"的意图和言论,表示了异议和批评,一时间形成了一场声势不小的风波。在这样的舆论下,吴先生于当天傍晚又通过《新闻晨报》发表更正声明,表示他从未发表过"中国国家形象可能不再是龙"的观点,相反,他认为中国必须要坚持以"龙"作为国家的标志,因为龙象征着中华民族勇敢、顽强和一往无前的精神。(12月5日《新闻晨报》)于是,围绕着究竟是媒体误报,还是读者误读,又成了一个争议的焦点。

中外学者关于中国龙的探讨和争论,曾经是20世纪百年来学界争论不休的一个话题,先后发表的学术专著和文章,少说也在200部(篇)以上。据研究者梳理概括,问题主要集中在龙的起源和本质特征上,而当前这场风波所涉及的，则是要适应课题主持者的"构建（塑）中国国家形象品牌"的需要，企图以"在空间上分块，在时间上分段"的办法，消解中国龙的形象，或以其他理念取代龙作为中国象征的地位，显然属于或涉及政治层面的问题，远远超出学术探讨的范围了。吴先生的观点之所以引起万众惊诧，不完全是由于他的对包括龙文化在内的中国传统文化缺乏深入的研究和深刻的理解而导致观点的粗疏与偏狭（这是可以通过学术研究和争鸣得到解决的），而是因为由于他的知识的缺陷和以牺牲中国文化的精髓去适应外国人（主要是西方）的偏见，惹怒了以龙为骄傲和自豪的"龙的传人"。

文化是原始先民和历代民众在其生产和生活实践中集体创造，并经历代不断积累，不断增益，不断吸收，又不断扬弃而得以进化、进步的。文化的发生、发展和进步，移动、倒退和消亡，都是按自己的规律进行的，包括作为中华民族象征的龙在内的中华传统文化，是历史形成的，不是哪一个人或哪一个集团想改变就能改变得了的。知识分子或学者的责任和权能在于尽可能符合实际地探讨和阐发她，而不是徒劳地、异想天开地想改变她。笔者以为，在目前这场旷世的论争中，积极回应者，至今还限于众多出于民族感情和爱国义愤的人士，他们既从国家民族的情感上，当然也从学理上强烈地表达了自己的观点，而修养有素的学者所以还基本没有参与进来，就是因为在他们眼里，发难者的观点是不值得重视的，所提的问题是不屑于置评的。很多学者们已经正确地指出过，龙的观念的出现时代较早，而龙的形象的出现则相对较晚，即无论观念，还是形象，都是在不断演化、发展的，而不是一出现就凝固不变的。

以龙的观念而论，曾经有多种见解，有图腾说、灵物说、水神说，不一而足。近代以来，图腾说逐渐占了优势，即以龙（原型可能是蛇）为图腾的西部族群或联盟，融合了以凤为图腾的东部族群或联盟，而成为统一的华夏族，而龙（蛇）也就成为融合后的华夏族的图腾。在其发展过程中，龙的身上组合了多种（有学者认为8种）动物的特性，而成为一个虚构的动物。根据图腾理论，一个族群把某种动物或植物视为自己的同胞祖先，其成员与它之间存在着血缘关系，是它的子孙，不能加害或杀戮它。龙既然是我们的先祖华夏族群的图腾，也就是说，龙是我们的先祖华夏族的祖先，在华夏族基础上形成的中华民族，也理所当然的是龙的子孙或龙的传人。这一观念，近代以来，已被全世界的华人所认同。再就龙的形象看，即使出现时间相对较迟的龙的形象或造型，其中最早者，也不晚于新石器时代晚期。如1987年在河南省濮阳西水坡仰韶文化早期遗址发掘出土的龙虎堆砌蚌画，时在距今6000年前；1971年在内蒙古三星他拉遗址发掘出土的大型碧玉勾龙，龙体卷曲呈"C"形，也距今5000—4000年左右。至于有史以来，春秋战国时期的曾侯乙墓漆画上的龙，西周以降的大量青铜器和汉代的画像石等的龙纹和龙造型，那就数不胜数了，而今人所见的龙，在外形上与古龙已经有了很大的变化，成为具有多种动物特征的虚构的"四不像"。学界有"三停九似"之说：三停，即"自首至膊，膊至腰，腰至尾，皆相反也"；九似，即"角似鹿，头似驼，眼似鬼，项似蛇，腹似蜃，鳞似鲤，爪似鹰，掌似虎，耳似牛"（《古今图书集成》引《尔雅翼》）。而争论的发难者，显然忽视了龙的观念和形象的漫长的演化过程，他所看到的，只不过是或强调了封建社会晚期的帝王们制造的，或上层文化塑造的那些显示着"霸气"的龙的观念和形象。

尽管海内外的华人无不声称自己是"龙的传人"，也许是近代以来才形成的共识，但龙作为中华民族的象征，为华人和世界所认同已是历史的定论，今天也是不可更易的。至于风波的发难者拿英文中的 dragon 的含义中的"凶猛残忍，咄咄逼人，充满霸气和攻击性、挑战性"来加之于中国龙身上，从而要求罢黜历史上形成的龙作为中国象征的地位，真是匪夷所思。要指出的是，这个问题，其实并非本次争论的发难者吴教授的发明，现任教于哈佛大学的阎云翔教授早在 20 世纪 80 年代就指出："笔者一向坚持认为中国龙既不是西方的毒龙（dragon），也不是印度的那伽（naga），三种神异动物不可混为一谈，也不宜采用一个名称互译（如汉译佛经将 naga 译作龙，不少英文著作将龙译作 dragon）。"（《试论龙的研究》，香港《九州学刊》1988 年第 2 卷第 2 期；又见马昌仪编《中国神话学文论选萃》，中国广播电视出版社 1994 年）这个意见早已为国内外神话学界所认同，为什么专事对外汉语教学领导工作的吴教授竟然视而不见呢？所谓西方国家（当权者们）的"惧中症"，那是他们中的极少数不了解中国的人造出来的幻影，即使他们对中国真有所恐惧，那么他们恐惧的，恐怕是我们国力的富足和强大，而非中国的象征形象——龙，我们能在西方的政治偏见面前，改变我们的形象去曲意逢迎吗？作为学者，我们也大可不必一厢情愿地把外国的凶猛残忍、富有攻击性的 dragon 与中国龙相提并论，更不必将其移植到中国龙身上，以自造的幻影吓唬自己。否则，岂非庸人自扰之？

2007 年 1 月 3 日

（原载中央党校《学习时报》第 369 期，2007 年 1 月 8 日）

春神句芒论考

句（勾）芒是一个原型为半鸟半人的神话人物，也是一位民间信仰中守护春天的春神。在中国这样一个农业立国、耕稼时间很长、农神信仰发达的国度里，句芒原本应该是一个身份显赫、威力无穷的大神，但在历代文献和俗信实践中，他的身影却总是三言两语，若隐若现，给我们留下了许多难于理清，因而也难于回答的问题。2009年6月初，应浙江省衢州市文化局的邀请参观衢州市非物质文化遗产大型展示会并出席座谈会，在参观展览时，偶然间看到衢州市郊的柯城区九华梧桐祖殿供奉的句芒神像及其展板说明，这位难得一见的春神及对他的信仰，引起了我的好奇和兴趣。嗣后，衢州市柯城区的句芒立春习俗被列为第三批国家级非物质文化遗产名录（推荐名单）。于是，才有了笔者对句芒的探索之旅。

一、多重神格的句芒

中国神话中的人物和民间信仰中的神祇，多重神格的神（人）并不是很多，而句芒就是其中的一个。他既是参与开天辟地整顿宇宙的创世神和造物神，又是掌管东方方位的东方神；既是掌管万物生长的木神，又是主管和守护春天的春神；同时，他还是能赋予神、帝、人以寿数长短的生命之神。这种多重神格，使句芒在中国神话和民间信仰中独具风采。

（一）创世神和造物神

长沙子弹库发现的楚帛书，四周绘制着十二个月和四季神像，中间部分是两组颠倒的文字，一组被称为甲篇（又称天文篇），一组被称为乙篇（又称神话篇）。乙篇（神话篇）的内容，是在战国时代楚地流传的一则创世神话。全文如下：

  曰古□熊雹戏（伏羲），出自□霆，居于䗉□。毕田渔渔，□□□女，梦之墨墨，亡章弼弼，□□水□，风雨是於，乃取虘䢍□子之子曰女皇，是生子四□是襄，天践是格，参化法兆，为禹为万（契）以司堵（土），襄晷天步，□乃上下朕断，山陵不斌，乃名山川四海，□熏气魄气，以为其斌，以涉山陵，泷汩渊漫，未有日月，四神相代，乃步以为岁，是为四时。
  长曰青□榦，二曰朱□兽，三曰翏黄难，四曰□墨榦。千有（又）百岁，日月夋生，九州不平，山陵备峡，四神乃作至于覆，天方动扞，蔽之青木、赤木、黄木、白木、墨木之精。炎帝乃命祝融，以四神降，奠三天，□思保，奠四极，曰：非九天则大峡，则勿敢蔑天灵，帝夋乃为日月之行。
  共攻跨步，十日四时，□□神则闰，四□毋思，百神风雨，震晦乱作，乃逆日月，以转相□息，有宵有朝，有昼有夕。①

这段写于战国时代的文字，说的是伏羲创世的神话。大意如下：
  古时候，天地混沌，风雨如磐，大水横流。伏羲娶女娲，生了四个儿子（神），并命令四个儿子协助禹、契治理洪水，使日月分明，并以步测时，确立四时和一年。千百年之后，又发生了混乱。日月夋生，九州不平，山陵备缺。青□榦、朱□兽、翏黄难、□墨榦四神重整山河，恢复宇宙秩序，种植青、赤、黄、白、墨等各种林木。炎帝又命祝融降四神定"三天"和"四极"。帝夋负责恢复日月的运行。
  据杨宽对帛书中间的文字和周边的图像所作的对照研究，认为伏羲四子中的青□榦，就是图像中之"秉司春"神。"帛书三月'秉司春'的像，面状正方而青色，方眼无眸，鸟身而有短尾，即所谓'青□榦'。这个春季之神，很

---

① 引自吕微参照李零、饶宗颐的研究用现今通行文字翻译的文本，其中伏羲四子的名字和若干字句，参照杨宽《楚帛书的四季神像及其创世神话》作了改订。吕微《神话何为——神圣叙事的传承与阐释》，第325页，北京：社会科学文献出版社2001年。杨宽《楚帛书的四季神像及其创世神话》，《文学遗产》1997年第4期；后收入《杨宽古史论文选集》第359页，上海人民出版社2003年。

民俗与艺术

图 1　长沙子弹库楚帛书上的创世神话

明显就是《月令》所说春季东方的木神句芒。"①青□榦和其他三兄弟在参与了平定洪水、确立四时、奠定四极之后，又参与了第二次创世的工程，重整河山、恢复秩序、种植作物等伟业，而句芒之所以称句芒，就是由于他主管草木五谷的生长。句芒既是参与创世的创世神，又是一个造物神，或称"文化英雄"。《淮南子·天文训》："东方木也，其帝太皞，其佐句芒，执规而治春。"意思是说，除了管理春天而外，句芒还"执规"造物，造物乃是他的一个特长和特点。

（二）东方之神

《山海经·海外东经》："东方句芒，鸟身人面，乘两龙。"《淮南子·时则训》："东方之极，自碣石山，过朝鲜，贯大人之国，东至日出之次，扶榑木之地，青土树木之野，太皞、句芒之所司者万二千里。"《尚书·大传》："东

---

① 杨宽《楚帛书的四季神像及其创世神话》，《文学遗产》1997 年第 4 期；后收入《杨宽古史论文选集》第 359 页，上海人民出版社 2003 年。

方之极，自碣石东至日出，榑桑之野，帝大皞，神句芒司之。"

在前述伏羲创世的神话中，春夏秋冬四时和东西南北四方的观念就产生了。"乙篇"文字中的四子（神）中的老大青□榦，即图像中的"秉司春"，亦即神话载籍中的东方之神句芒。在早期（先秦）文献中，如《山海经·海外经》，四方神句芒（东方）、祝融（南方神）、蓐收（西方神）、禺强（北方神）是与四方相对应的。到了西周以后，《礼记·月令》，周人在殷人四方帝的基础上，加入了人王中央帝，成了五帝，于是，殷人的四方神，要与五行观念下的五帝、五神、五色等观念发生重组，以达到相配合相协调。句芒是神话中的五帝之一、青帝大皞（太皞）的佐官，自碣石东至日出，榑桑之野，万二千里的地区，都归"帝大皞、神句芒司之"，所以，神话中称其为"东方句芒"。在五行观念占统治地位的社会背景下，句芒的东方之神的信仰理念始终没有发生变化。

（三）木官之神

《礼记·月令》："其帝大皞。其神句芒。"郑玄注："句芒，少皞帝之子，曰重，为木官。"朱嘉注："太皞伏羲，木德之君。句芒，少皞氏之子，曰重，木官之臣，圣神继天立极，先有公德于民，故后王于春祀之。"《吕氏春秋·孟春》，高诱注："句芒，少皞之子，曰重，佐木德之帝，死为木官之神。"

句芒是为木神，是有来历的。丁山说："《左传》说社稷五祀的来历，曰：'木析曰句芒。'又云，'少皞氏有四叔，使重为句芒'，芒之为言萌也。《月令》言'孟春之月，……草木萌动。季春之月，……句者毕出，萌者尽达'，似即句芒之确诂。由是言之，句芒者，春神也。句芒名重，重即东方之人也。《管子·五行》，'昔者黄帝得奢龙而辩于东方，故使为土师；是故春者，土师也。'异于《周礼》所谓'春官大宗伯'，而与秦始皇帝改正朔，以十月为岁首之事相应；故房玄龄注谓，'土师，即司空也。'然，'奢龙辩于东方'，则又密合《天官书》所谓'东宫苍龙'。意者，东方之神，周曰句芒，秦曰奢龙，汉曰苍龙，宗周以往则谓之木正，或曰析木，在殷商则谓之析。……可见'东方甲乙木'之说，殷周时已立了根底了。"①

（四）春神

《礼记·月令》："先立春三日，太史谒之天子曰：'某日立春，盛德在

---

① 丁山《中国古代宗教与神话考》，北京：龙门联合书局 1962 年。

木.'……是月也，天气下降，地气上升腾，天地和同，草木萌动。"孔颖达《礼记正义》："句芒者，主木之官。木初生之时，句屈而有芒角，故云句芒。"《白虎通义·五行》："其神句芒。句芒者，物之始生，芒之为言萌也。"《三礼义宗》："五行之官也，木正曰句芒者，物始生皆勾屈而芒角，因用为官名也。"句芒之得名，即取意于草木萌动之时、草木初生之貌。

（五）生命之神

《墨子·明鬼》："昔者，秦穆公当昼日中，处乎庙，有神入门而左，鸟身，素服，玄纯，面状正方。郑穆公见之，乃恐惧，奔。神曰，无惧！帝享汝明德，使予锡汝寿十年有九；使若国家繁昌，子孙茂，勿失郑。穆公再拜稽首，曰：敢问神名？曰，予为句芒。"袁珂说："郑穆公，郭璞注《山海经·海外东经》引作秦穆公，汉王充《论衡·福虚》《无形》同；作秦穆公是也。据此，则句芒乃司命之神。"① 句芒是司命之神、生命之神、福神。

二、东夷部族的祖先神

句芒是神话中的东方大神，又是守望春天的春神，但他的渊源及演变若何，由于历史上留下的材料少且零碎，故而不易弄得清楚。下文中笔者希望通过现有的材料的梳理与分析，探讨一下句芒的渊源。

在前文引用的文献里，句芒的形象是鸟身人面，素服，玄纯，且人面呈四方形。他是主宰"东方"的帝君太皞之佐官、少皞之子，名字叫重。他的职责是管理草木生长，因有公德于民，而被尊为春神。"治春"所使用的工具（法器）是"规"。此外，他还有能使人锡寿。当然，这些文献所记述的句芒，虽然还保留着某些较早阶段上的特性，如作为"四季神"之一，却也已经并非是原始形态的句芒，而是帝系化了的上古神话中的句芒。

句芒的鸟身人面的形象，给我们一些启发。如果剥掉后来加诸在他身上的"乘两龙"等元素，再剥掉盛行于魏晋两汉的五行观念，句芒的原始，应该是古老的东夷部族中某些以鸟为图腾或以鸟为先祖的部族或方国的祖先神，更具体地说，可能是居住在东部沿海一带的徐夷和淮夷族群中以鸟为图腾祖先的部族的祖先神。

杨宽在研究了长沙子弹库发现的楚帛书上的十二月神像中所包括的四季神

---

① 袁珂《中国神话大词典》第182页，成都：四川辞书出版社1998年1月。

后论述说，作为春神的句芒，来源于东夷部族中的淮夷徐戎："（图像中）'秉司春'的神像人面鸟身，是有来历的，原是东方夷族的淮夷徐戎，他们是崇拜'玄鸟'（即燕，亦即凤鸟）图腾的。东夷的郯子曾说：'我高祖少皞挚之立也，凤鸟适至，故纪于鸟，为鸟师而鸟名。'（《左传》昭公十九年）据说'少皞氏有四叔：曰重、曰该、曰修、曰熙，实能金木及水，使重为句芒，该为蓐收，修及熙为玄冥'（《左传》昭公二十九年）。秦原来是东夷而西迁的，《史记·秦本记》称其祖先之后有郯氏、徐氏、嬴氏，可见秦原与郯、徐同族。秦穆公既然在宗庙中见到句芒，可知句芒正是秦的祖先之神。《秦本记》称秦的远祖是伯翳，亦即伯益，伯益原是传说中玄鸟的后裔，其后代又有'鸟俗氏'而'鸟身人言'。据说他主管草木、五谷、鸟兽的成长。"①

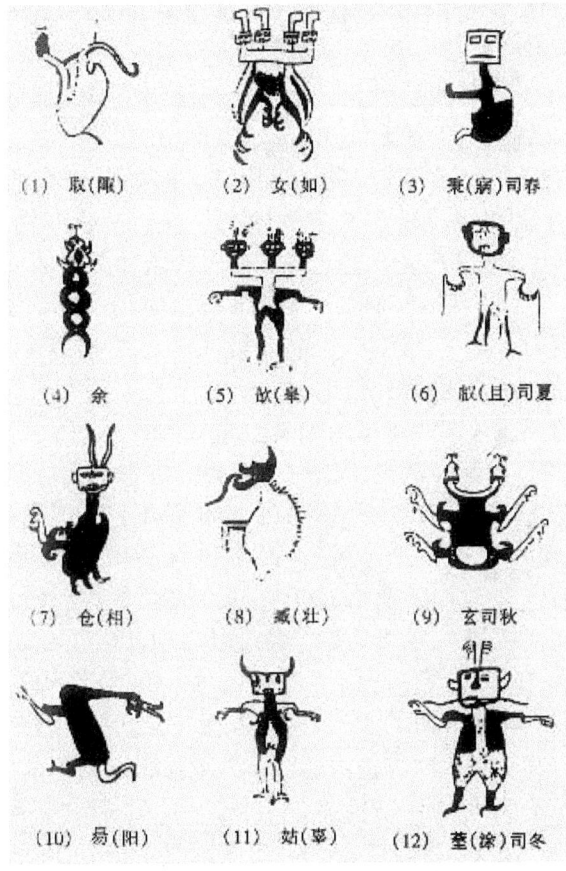

图2 楚帛书上的十二月神像和四季神像

---

① 杨宽《楚帛书的四季神像及其创世神话》，《文学遗产》1997年第4期；后收入《杨宽古史论文选集》第359页，上海人民出版社2003年。

民俗与艺术

《淮南子·时则训》说:"东方之极,自碣石山,过朝鲜,贯大人之国,东至日出之次,扶榑木之地,青土树木之野,太皞句芒之所司者万二千里。"春秋时代,东夷势力很大,文化也很发达,其所占地域为山东东部沿海地区和江苏北部沿海地区,以至朝鲜。居住在山东东部的,大约为莱夷和淮夷两部。居住在江苏北部的,大约主要是徐夷,部分是淮夷。这样"万二千里"的广袤地域,都是太皞和句芒的势力范围,都是这个与华夏不同的大的部落联盟的民人和后裔。太皞、句芒不仅是他们的实际领袖(甚或是部族的称号),而且应该是他们的部落或部族的祖先神。

《尚书·费誓》:"徂兹,淮夷徐戎并兴。"淮夷徐戎(或称淮夷徐夷)的文化,"在古老的中国文化系统中应属独立的一支,它的影响不仅成为春秋以后的吴、越、荆、楚文化的重要来源,而且也直接影响到春秋时代的'齐、晋文化',并且在秦始皇统一文字的系统中发挥很大的作用"。① 徐夷所处的地方,大约相当于今安徽省泗县以北,到今江苏徐州一带,北邻大彭、郯、莒诸国,东南与淮夷毗邻,史上被商人称为"虎方",自称"虎族";而淮夷则是居住在淮、扬两府而滨海地带的部族。"根据当时的风俗习惯和文化的小有差异,徐(夷)似乎和以少昊氏为其祖先的奄、莒、郯、邳为同一部族。"② 而在此四个小方国中,郯子又是史上记载以鸟为族徽和图腾的部族。郯族是以鸟为族徽的"鸟夷",是没有疑问的,以少皞为祖先的,还有爽鸠氏族或部族,也是鸟部族。"少昊(皞)爽鸠氏,帝少昊(皞)之司寇也,帝以鸟名命官,司寇主击盗贼故名。今昌乐营丘是也。"③

至于奄族,也应是以鸟为图腾的部族。《诗经·玄鸟》:"天命玄鸟,降而生商,宅殷土芒芒。古帝命武汤,正域彼四方。方命厥后,奄有九有。商之先后,受命不殆,在武丁孙子……"诗中的"奄有九有",所指应该是被商汤征服了的以"奄"族为头领的"九夷",而不是有的研究者所解释的"九州"。"九夷"者,"夷有九种:曰畎夷、于夷、方夷、黄夷、白夷、赤夷、玄夷、风夷、阳夷。"(《后汉书·东夷传》) 这九夷之中,居住在山东南部、江苏北部沿海一带的,多为"鸟夷"或称"岛夷",而居住在今山东曲阜一带的奄国(族),就是这些以鸟为图腾的部族中"鸟夷"之一。《左传·昭公元年》:"周有徐、奄。"《史记·周本纪·集解》:"郑玄注:奄在淮夷之北。"淮夷在滕州,那么奄就应在曲阜。《括地志》:"兖州府曲阜县县东奄里即奄国之地

---

① 李白凤《汉族形成的前奏》,见其著《东夷杂考》第13—14页,济南:齐鲁书社1981年,济南。
② 李白凤《东夷杂考》第94—103页,济南:齐鲁书社1981年。
③ 明嘉靖《青州府志》,上海书店1982年影印本。

也。"何光岳考证说:"由于奄人位于东夷中部聚居的山东半岛,因此,也以鸟为图腾,如商人以燕子为图腾一样,奄人则以鹌鹑为图腾。"①《古本竹书纪年》里有"南庚迁奄,阳甲居之"的记载,东夷势力的增长使周王朝感到很大的威胁,从而导致了周成王率大军东下,翦灭了奄国和郯国,而周王朝的君主南庚迁奄,是奄国灭亡的必然结果。周对奄的惩罚,是迁君、灭国而不毁社,分散其遗民以归伯禽管辖,留下的奄人做了周的奴隶,逃跑的奄人(如逃到南方去的,在常州南郊20里处建立了"淹城"),保留了奄族的鸟信仰,而南庚迁奄之后的奄,顺理成章地变成了"商奄",商祖玄鸟,商奄自然也就是鸟信仰的部众了。包括郯、奄在内的以鸟为图腾的淮夷部族,都是太皞氏的后裔,其地也在"太皞、句芒之所司者万二千里"之内,句芒作为这些部族或方国的祖神,应该是没有问题的,只是由于战争频仍,屡遭灭国之灾,文籍湮没,尚难找到确证而已。

20世纪80年代初发现的连云港将军崖的岩画,给我们追溯句芒更早期的形象、身世和东夷人的信仰,提供了一条线索。将军崖岩画,位于海州锦屏山南麓桃花涧的将军崖下的一个隆起的山包上。自1980年起,断断续续对这些岩画进行了多次考察,正式的调查报告有1981年第7期《文物》发表的《连云港将军崖岩画遗迹调查》,2008年第3期《中国美术研究》发表的《将军崖岩画的第二次调查》。除了这两次正式调查外,还有不少学者探访踏察,综合看来,对岩画刻绘的时代,学界至今分歧甚大。3000年说(俞伟超)、4000—5000年说(汤惠生、盖山林、陆思贤)、6000—7000年说(王大有、李伯谦)、8000—10000年说(高伟、骆琳),其说不一,至今没有一个比较一致,甚至接近的断代结论。在岩画的功能和性质上,也是各说各话,只有一点是共同的,即将军崖岩画是东夷部族——少皞氏及其后裔留下的遗迹。具体说来,或认为是农业氏族的社稷祭坛(社祀说),或认为是(句芒族和少皞氏族观测天象的)星象图(天书说)。将军崖岩画所在之地区,即《史记·秦始皇本纪第六》"立石东海上朐界中,以为秦东门"②中之朐,即朐县,亦即《山海经·海内经》之"都州在海中,一曰郁州"的郁州。何光岳说:"郁州即今连云港附近的云台山,为郁夷人所居。"③春秋时期的朐县以及郯国等地,都属于青州辖区范围,在这个很大的地理范围内的土著居民,统称隅夷(《尚书·

---

① 何光岳《奄国的来源和迁徙》,《长沙水电师院学报》(社会科学版)1995年第1期。
② 《史记》(一)第256页,北京:中华书局1959年。
③ 何光岳《东夷源流史》。

尧典》中的"嵎夷"①,《史记·五帝本纪》里称"郁夷")。②《尚书·禹贡》云:"海岱惟青州,嵎夷既略。"③ 其实,嵎夷(隅夷)也好,郁夷也好,并不是一个具体的地名,而是对居住在海岱之间的青州辖区内的东夷部族的统一的习惯称谓。这其中,既有以鸟为图腾和族徽的郯部族、奄部族,也有"朐界"中的郁夷(或部族?)。

连云港将军崖岩画群的发现与解读,有助于对句芒的渊源研究的深化。其第一组画幅中右上方的一个方形人面相,被当地专家们指认为是句芒的形象。④

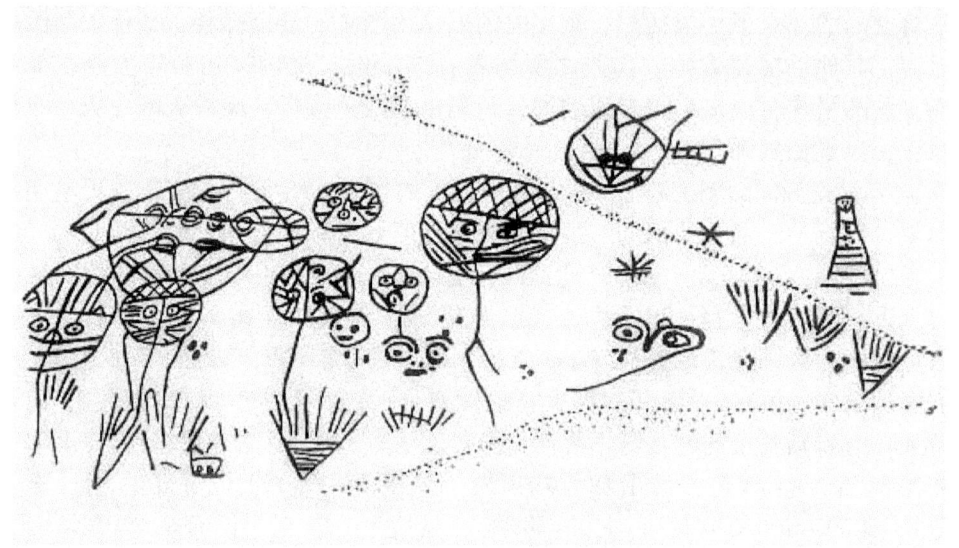

图3　将军崖岩画第一组图像

王大有在实地考察了岩画后所做的认定意见是:"将军崖是中华民族人文始祖伏羲、太昊、少昊氏族历代族民观测日、月、星辰的天文观测灵台。……句芒像在第一组岩画中的右上方,是一个方面的刻画。句芒又可以写作句芒,左边添上月字,古音仍读'朐'(勾),海州朐山古读'勾山',就是因为句芒

---

① 《黄侃手批白文十三经·尚书·尧典》第1页,上海古籍出版社1983年1月。
② 《史记·五帝本纪》第16页,北京:中华书局1975年版。
③ 《黄侃手批白文十三经·尚书·禹贡》第9页,上海古籍出版社1983年。
④ 连云港博物馆《将军崖岩画》资料来源:百度-同程网;周锦屏、刘凤桂《勾芒——破译将军崖岩画的人文密码——兼论将军崖岩画与古天文学》,见李成荣《2008年首届中国银川国际岩画节研讨会论文集》(内刊)第180—189页,此转自孙炜然《试读将军崖岩画》,河套文化研究所-巴彦淖尔市新闻门户网2010年9月17日。

氏族和世居此地的常羲部族合婚而形成新的氏系。常羲部族是一个观月的氏族。他们是十二月太阴历的发明者，而勾芒氏族是十月太阳历的发明者。这两个部族的结合，形成了一个新的氏系，这就是'朐'部族。左面的月字代表常羲，右面的句字即是勾芒，朐山就是朐族生活过而以部族名称名山的确证。"① 他把将军崖认定是"勾芒氏族在东方设立的观测木星以及太阳运行的古代观象台"，而第一组岩画中的"方面人像"是勾芒。笔者以为，他对岩画第一组右上方"方面人形"的图像的解读，不失是一种可以接受的

图4　将军崖岩画第一组之方形人面图像截图

解读方式；如此，句芒在极端匮乏的东夷文献中陡然增添了一份证据，但他把"朐族"认定为是土著常羲氏族与勾芒氏族通婚而融合为一个新的氏族联盟——"朐族"的意见，似乎还缺乏有力的证据支持，如果说土著，也应该是"郁夷"，而非什么"常羲氏族"，况且对这个新的氏族联盟与文献上所说的"郁夷"等是何关系，也没有给出有说服力的解答。

《左传·僖公二十一年》有这样一段话："任、宿、须句、颛臾，风姓也。实司大皞与有济之祀，以服事诸夏。邾人灭须句，须句子来奔，因成风也。成风为之言于公曰：'崇明祀，保小寡，周礼也。蛮夷猾夏，周祸也。若封须句，是崇皞、济而修祀纾祸也。'"第二年，即僖公二十二年春，伐邾国，夺回须句，并恢复其君位。八月，邾又出师攻打僖公，两军战于升陉，僖公因不备而败绩。这段话讲的"须句"，就是前文所说的"朐族"，既是大皞的封地，又是同为风姓，也可能有血缘关系，故受到周、秦王朝的保护。丁山说：

> 秦、郯两国，既然不同种姓，为何同以少皞为民族大神呢？管见以为，郯国郊祀少皞似与风姓诸国郊祀大皞不但是相因为名，也可能有血缘关系。郯子称少皞挚之立也，凤鸟适至，故纪于鸟，为鸟师而鸟名官。凤鸟之凤，甲骨文作以下诸体：……此数字实皆假借为风字，显见少皞氏以凤鸟名官，也即以风神为民族图腾，郯国应与大皞之后任、宿、须句诸国同一种姓。换言之，郯国应是风姓诸国的分族，……风夷祖大皞，至周代派衍出来郯国，又祖少皞，大皞如可释为"大风氏"，那么，少皞就是

---

① 王大有关于将军崖岩画的观点。见刘洪石、黄海歌吟、张传藻《将军崖岩画与勾芒文明》，《连云港日报·周末特刊》2002年3月1日；又见王大有《上古中华文明》（修订本）第370—273页，北京：中国时代经济出版社2006年。

"小凤氏"。从种姓上看,自不能说定少皞不是因大为皞名的。①

丁山的分析是可以采信的,不仅给了我们一把解开须句(朐)与句芒的关系,同时也是解开将军崖岩画中方面人头像的内涵的钥匙。少皞"邑于穷桑"(《尸子·君治》),而穷桑的地望,似在今曲阜之北某地,其势力所及,西北达包括奄和郯,东南达东海部的须句(朐)。须句(朐)族(郁夷之一部)以少皞为祖,以凤为姓,以凤鸟为名官、为民族图腾;闻一多说"玄鸟即凤皇"(《离骚解诂》),丁山说"商祖玄鸟,故可确定是句芒的化身"(《中国古代宗教与神话考·社稷五祀·句芒即玄鸟》),故在其先祖少皞体制下并为其服务的句芒,无疑也是须句(朐)国(族)的东方大神——春神。如果这一考论成立,那么,将军崖岩画中的方面人头图像被认定为是句芒也就是可信的了。

三、夷夏交融与句芒命运

长沙子弹库出土的楚帛书,东西南北四边环绕着绘有十二个月的彩色神像,其中包括主管春、夏、秋、冬四季的四个神像。在四周所画的十二个神像的中间部位,排列着两组互相颠倒的文字(题记)。如前所说,被称为"乙篇"的一组文字,叙述了一个开天辟地、创世造物、区分四季的神话:雹戏(伏羲)四个儿子的青□榦、朱□兽、翏黄难、□墨(黑)榦,在天地开辟、秩序整顿、四季和十二个月确立之后,分别管理春、夏、秋、冬四个季节,即图中所标示的"秉司春""叡(且)司夏""玄司秋""荃(涂)司冬"。"秉司春"之神"青□榦"就是句芒。

从帛画的神像画面看,这四个神与每一个季度最后一个月份相匹配、相对应,即四季之神,同时也是四时之神。这四个神又是与东西南北四个方位相匹配的。四方配四季、四时的观念,是与先秦时代的风俗和学说相适应的。

上古时代,东夷部族与华夏部族是两个大的部落联盟或集团,一个居东,一个居西,各自有着不同的文化。南方还有一个苗蛮集团,其势力也非常强大,所以史家徐旭生有"三大集团"之论。其实,东夷部族已经拥有很高的文化。从殷商开始,继而周秦,都把东夷看作威胁自己的敌人,故而多次发兵予以讨伐。事见前文,这里就不赘述了。这种通过战争实施讨伐的残酷历史现实,加速了东夷部族的华夏化,使东夷本土的文化和观念,逐渐与华夏文化相

---

① 丁山《中国古代宗教与神话考》第383—384页,北京:龙门联合书局1961年。

融合，反映到东方之神句芒的身上，也留下了的印记。一方面，作为头上长着大抵只寓意"木初生之时，句屈而有芒角"（《礼记·月令·孔疏》）的东夷族的本土神——木德之神句芒，被外来的胜利者、统治民族、华夏部族所接受，华夏族这种在文化上的宽容开放态度与政治上的灭国迁君的严酷政策恰成对照；另一方面，句芒这位东方大神的脚下也神不知鬼不觉地增加了华夏部族的图腾族徽——龙，而且是两只脚都踩着的飞龙，即如《山海经·海外东经》所写的"东方句芒，鸟身人面，乘两龙"。从此，句

图 5　秉司春——头上有芒的句芒像

芒成为一个复合型的春神，也出现了头上有芒、脚下乘两龙的复合型的神像。我们能见到的最早的句芒与龙复合型的句芒图像，是江苏省淮阴市高庄战国墓出土的铜匜、铜箅形器上的刻纹。[①] 句芒图像的这种范式，成为东西两大集团融会而成为统一的华夏民族春神信仰的代表性符号之一，成为一个融会了多元文化而形成的文化个体，如同龙凤——东夷西夏两大集团的图腾族徽同时被融合统一后的华夏民族所承认、所传承一样。

高庄墓铜器上刻画的句芒纹，被断为战国初期遗物，显示出东西两大部族集团各自代表性的文化标志的复合，这种图式一直被延续了上千年之久，虽各有简繁嬗变，其基本构图与文字记载却未有断流，直至清末。

四、五行观念下的句芒

如果说周秦王朝对东夷部族发动的战争、灭国、迁君、移民等等，加速了东夷部族与华夏部族的融合，从而导致了原本属于东夷本土神的句芒的功能和形象发生了剧烈变化的话，那么，东西两大部族集团融合之后，五行观念的盛行，又成为促使句芒的功能和形象发生巨变的一大因素。

五行观念（水、火、木、金、土）在我国兴起很早，大约在春秋时代就已形成了，到了秦汉，中原地区普遍流行，衍生出了五方（东、西、南、北、中）、五色（青、黄、赤、白、黑）观念，并与五行观念相配合。晋太史蔡墨与魏献子关于五行之官与社稷五祀的对话，说的就是五神与五行的对应配合：

---

① 淮阴市博物馆《淮阴高庄战国墓》，《考古学报》1988 年第 2 期。

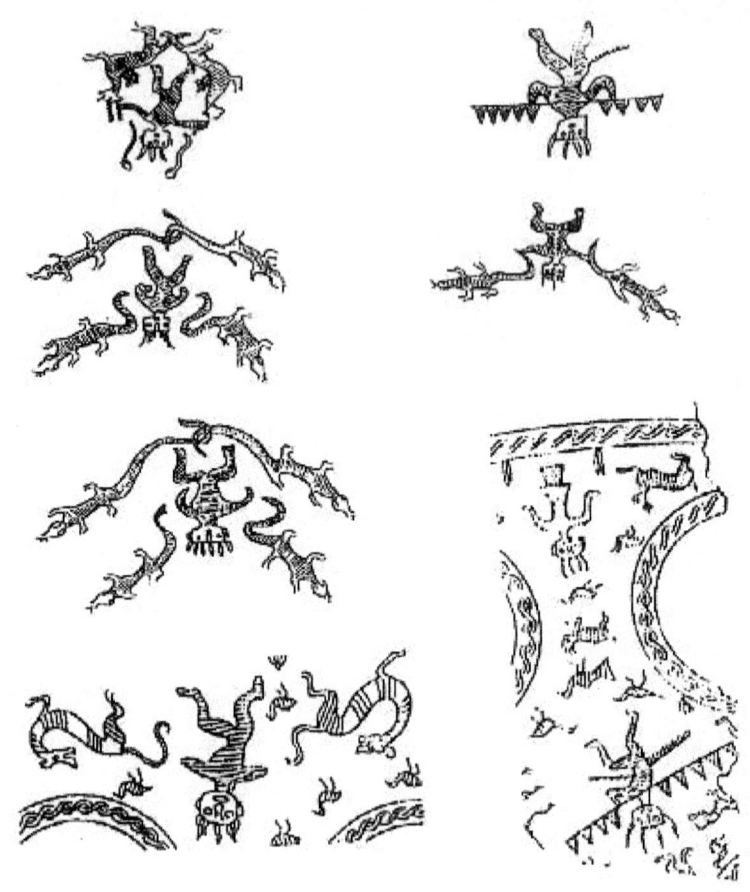

图6 江苏省淮阴高庄战国墓出土的铜匜铜算形器上的刻纹

"木正曰句芒,火正曰祝融,金正曰蓐收,水正曰玄冥,土正曰后土。"当魏献子问及"社稷五祀,谁氏之五官也?"时,蔡墨答曰:"少皞氏有四叔,曰重、曰该、曰修、曰熙,实能金木及水。使重为句芒,该为蓐收,修及熙为玄冥,世不失职,遂济穷桑,此其三祀也。颛顼氏有子曰犁,为祝融;共工氏有子曰句龙,为后土,此其二祀也。"(《左传·昭公二十九年》)而秦襄公自以为"主少皞之神,作西畤,祠白帝";秦献公自以为得"金"瑞在栎阳作畦畤,祠白帝(《史记·封禅书》)的记载,则见证了五帝配合五行、五方、五色的盛行。《礼记·月令》中对大皞、句芒与五行、五祀关系所作的阐述,乃是对这一时期的观念和风俗的简要而明白的概括。清代朱彬撰《礼记训纂》做了这样的《注疏》:

(其帝大皞，其神句芒）此仓精之君，木官之臣，自古以来著德立功者也。大皞，宓戏氏。句芒，少皞之子，曰重，为木官。《正义》："蔡邕云：'法象莫大乎天地，变通莫大乎四时，县象著明莫大乎日月。故先建春以奉天，奉天然后立帝，立帝然后言佐，言佐然后列昆虫之别。物有形可见，然后音声可闻，故陈者，有音然后清浊可听，故言钟律，均声可以章，故陈酸膻之属也。群品以著，五行为用于人，然后宗而祀之，故陈五祀。'……句芒者，主木之官。本初生之时，句屈而有芒角，故云句芒。大皞在前，句芒在后，相去县远，非是一时，大皞木王，句芒有主木之功，故取以相配也。"①

朱彬这段话说得很清楚，句芒和大皞（太皞）并非一时之人神，而且在时代上两者相去甚远，句芒本来寓意草木抽芽、形似弯曲之状的芒角，故名之曰句芒的，因其管理草木有功，被奉为春神。到了五行观念盛行起来之际，便把本来不属于同一时代、同一辈分（"相去县远，非是一时"）的句芒拉来与五帝之一的大皞对应（"相配"）并举，成为祭祀对象。五行观念起初是用于人事，后来逐渐用于祭祀，故有五祀之谓。在五行、阴阳观念等的支配性影响下，自汉代起，句芒的功能和形象，出现了重大的变化。

在汉代的画像石中，我们举出东（徐夷地区的沛县）西（陕西神木）两个地区的例证来对照研究。东例是徐州沛县栖山石椁画像。

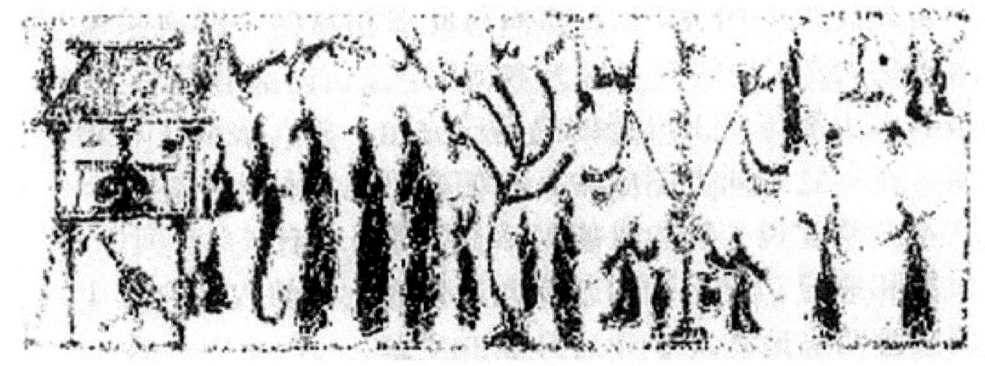

图7　徐州沛县栖山石椁画像石

这幅刻画在石椁上的东汉早期的西王母图画，研究者认为"体现了死后升天的主题"。② 就画面的形象和内容而论，笔者宁愿认为是一幅向西王母献

---

① 朱彬撰《礼记训纂》（十三经清人注疏本）第215页，北京：中华书局1998年。
② 李淞《论汉代艺术中的西王母图像》第76页，湖南教育出版社2000年。

民俗与艺术

寿的画。自玉山上那个"状如人，豹尾虎齿而善啸，蓬发戴胜"（《山海经·西次三经》）的洞穴山神西王母，到"梯几而戴胜，其南有三青鸟，为西王母取食"（《海内北经》）的部落王者的西王母，[①] 再到周穆王西征，趋访并在瑶池与之欢宴的部落联盟女首领的西王母（《穆天子传》《汉武帝故事》），曲折地反映了华夏东西神话乃至中国文化兼并融合发展的一段脉络。这幅汉画里的西王母端坐楼上，楼下有侍者三青鸟为其送食，右边分别有射鸟者、捣药者和献舞、建鼓、斗鸡者，紧靠楼边的是四位献寿者，分别是人身蛇尾、马首人身、鸟首人身（或为鸡首人身）和戴冠者。研究者认为，第三位鸟首人身者，或应为东方之神句芒。由于画面的漫漶不清，无法分辨其是否"方面"。有助于确认他是句芒身份的，至少有两个理由：一、栖山汉墓地处徐州沛县，而徐州地区是古东夷土著世居的地盘，把东夷人记忆中的东方大神句芒，与仙人思潮普泛化时代里的西王母联系起来，应是顺理成章的事；二、形貌和行迹有点儿像《墨子·明鬼下篇》所记秦穆公在庙中见到的那个"鸟身，素服三绝，面状正方"的句芒（唯不见"面状四方"），且有"锡寿"的特殊功能，而具有这一功能者，即使是"鸡首人身神"，在文献中未见有其他人神可以代替，故而也不妨暂定其为向名声赫赫的西部部落联盟首领兼仙人的西王母献寿的一员。

有鸟首人身者形象的西王母图像，除了徐州的栖山外，在山东南部古东夷居地的早期汉墓中，也还有几处，如微山、藤县、嘉祥等。这说明，到东汉，尽管东夷已不复存在，发达的东夷文化也早已变为历史的碎片，但它毕竟还是群体的一种顽强的记忆。

下例是一幅出自陕西神木大保东汉墓的墓门右侧石柱上的刻画。

发掘报告认定这是一座不晚于顺帝永和五年（140年）的汉墓，墓门两边石柱上的画幅，右侧画的是蓐收，左侧画的是句芒。报告者描述如下：

> 画面左侧为一人面、人身、鸟足、兽尾神像，头戴冠，上插三羽，羽毛涂墨彩向后飘扬，冠红色，似为红色织物缠于头顶，两根黑色冠缨翘于颈后。方脸，面涂粉彩，五官以墨线勾绘，红唇，长须。身着红色宽袖衣。右袖前伸，手持曲尺形矩。胸前以墨彩勾绘日轮，中间涂红彩，红彩中央用墨绘三足鸟。下身着鸟羽裙，其上有红、墨彩绘的椭圆形羽毛，下端及两侧羽毛较长。蛇状长尾自身后经胯下绕至左腿前端。双腿直立，三

[①] 关于神话中的西王母原相，笔者撰有《神话昆仑与西王母原相》一文，见《西北民族研究》2002年第4期；后收入拙著《民间文学：理论与方法》，北京：中国文联出版社2007年。

 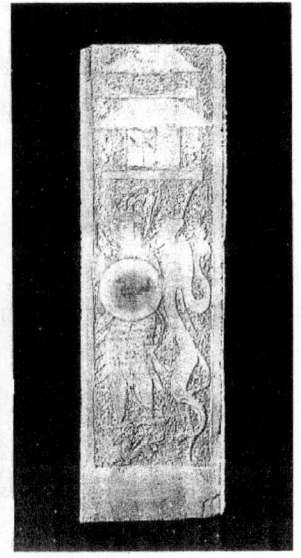

1. 左门柱   2. 右门柱
图 8　陕西神木大保东汉墓的墓门石刻画

趾。其左端刻一升龙，弓身展翅，作腾空状，执一曲尺形物。龙身以红、墨彩相间绘鳞甲。最下端刻一走龙，昂首张口，展翅作飞奔状。身涂墨彩，唇、翼涂红彩，身上以红彩绘鳞甲。画面左边框涂红彩，画底为较规则的麻点。①

神木大保东汉墓之左墓门石柱上的这幅画像，是一幅句芒图无疑。描述文字中的"头戴冠，上插三羽毛"，似应为"芒"。将句芒与蓐收相对应，并非没有意义，而是有来历的。他们是少皞帝的四个儿子中的两个，一东一西，"东方句芒，身鸟人面，乘两龙"。"西方蓐收，左耳有蛇，乘两龙"。一为春神，一为秋神。墓门石柱上刻画的句芒像，其左所刻之"升龙"，其下（实际上是鸟足之下）所刻之"走龙"，看似独立而与句芒无关，其实不过是"乘两龙"意象的变形图而已。我们注意到，神木句芒图的独到之点是，"手持曲尺形矩"，"胸前以墨彩勾绘日轮，中间涂红彩，红彩中央用墨绘三足乌"。杨宽根据新华社1997年1月9日从北京发出的有关陕西北部神木县汉墓新出土画像石电讯稿认为："这两幅画像，就是依据四季之神的创世神话而创作的。" "新出土的春神句芒和秋神蓐收画像，分别手捧日轮和月轮于胸前，就是表示

---

① 陕西省考古研究所、榆林地区文物管理委员会《陕西神木大保当第11号、第12号汉画像石墓发掘简报》，《文物》1997年第9期，第28页。

民俗与艺术

他们在创世工程中主持'日月之行'。《山海经·西山经》讲到蓐收之神居于泑山,'西望日之所入,其气员,神红光之所司也'。这是说蓐收之神用他的'红光'在掌管'日之所入',也是说蓐收发出红光使日轮运行的气象圆通。新出土的句芒和蓐收画像分别手执规矩,与《淮南子·天文训》记载相同,因为他们既是创世者,又是造物者。新出土的汉代画像石以蓐收为秋神,与《月令》相同,而和楚帛书所说'玄司秋'不同,该是依据中原流行的神话。"① 杨论甚确,当可采信。

至于本来属于东夷之地的本土神句芒,在东汉早期,多出现于古东夷之地,何以会在大致相同的或略晚的时间段上,同时出现于陕西北部的神木的墓葬石刻画中?要回答这样的问题,只能从上面论述的东夷与华夏两个大的部族或部落集团的融合中寻找答案。何况秦的先祖,就是东夷人呢!

对于句芒的嬗变史来说,汉代应是一个转折的时期。汉章帝时成书的《白虎通》,是一部国家经学之大成的书,在《五行》篇里构建了一个五行、阴阳、四季、四方、四色、五音、五帝、五神相配的庞大宇宙观和意识形态体系。这个体系是:"少阳见于寅,寅者,演也。律中太蔟。律之言率,所以率气令生也。盛于卯,卯者,茂也。律中夹钟。衰于辰,辰者,震也。律中姑洗。其日甲乙。甲者,万物孚甲也。乙者,物蕃屈有节欲出。时为春。春之为言偆,偆动也。位在东方,其色青,其音角者,气动跃也。其帝太皞。太皞者,大起万物扰也。其神句芒,句芒者,物之始生,芒之为言萌也。"② 这个以天人感应、阴阳五行为核心内容的宇宙观和意识形态体系的建立和完善,在以青帝、句芒为主要祭祀神祇的"迎气礼"的基础上,催生了、甚至导致了向"迎春"和"劝农"为指归的理念和仪式的过渡。

皇家举行"迎气礼"始于东汉,但究竟始于哪一年?简涛在《立春风俗考》里说:迎春礼仪创始于东汉永平年间。③ 我们看《后汉书》的记载:

> 是岁(引者案:即东汉明帝永平二年,公元59年),始迎气于五郊。(《显宗孝明帝纪》)

> 迎时气,五郊之兆。自永平中,以《礼谶》及《月令》有五郊迎气服色,因采元始中故事,兆五郊于洛阳四方。

> 立春之日,迎春于东郊,祭青帝句芒。车骑服色皆青。歌《青阳》,

---

① 杨宽《楚帛书的四季神像及其创世神话·附记》,《文学遗产》1997 年第 4 期;后收入《杨宽古史论文选集》第 371—372 页,上海人民出版社 2003 年。
② 引自(清)陈立撰《白虎通疏证》第 174—175 页,北京:中华书局 1994 年。
③ 简涛《立春风俗考》第 23—24 页,上海文艺出版社 1998 年。

八佾舞《云翘》之舞。(《祭祀志（中）》)①

这段话里记述了同时并存的两套既有密切关联，又互有区别的祭祀仪式：一是迎时气，即迎气礼，这套仪式系"采元始中故事"，是渊源有自的，但它的创立，乃是统治者为顺应天时而采取的措施，因而带有一定的政治色彩。为迎接立春、立夏、先立秋十八日、立秋、立冬这几个季节的到来，在京城洛阳都要由朝廷举行迎接新季节的礼仪活动，而每一个迎接新季节的礼仪，都有一个与该季节相对应的神祇享祭，立夏是赤帝祝融，先立秋十八日是黄帝后土，立秋是白帝蓐收，立冬是黑帝玄冥，而在迎春礼仪迎气礼中接受享祭的乃是青帝。二是立春之日举行的迎春仪式，而立春仪式远在周朝就有了，在立春这一天举行的迎春仪式中，祭祀的神祇，除了青帝而外，还有句芒。我们看到，东汉时期，春神句芒是迎春仪式中必不可缺少的享祭角色。同时，在举行迎春仪式时，王朝还往往要借这个机会，向农民们发放赈济，敕劝农桑。

中央政府的迎春礼仪之外，《后汉书·祭祀（下）》还记载了这样的洛阳之外的县邑迎春仪式的场面："立春之日，皆青幡帻，迎春于东郭外。令一童男冒青巾，衣青衣，先在东郭外野中。迎春至者，自野中出，则迎者拜而还，弗祭。三时不迎。"② "县邑"是洛阳以外的小地方，虽然还是官方，却已接近民间了。在这个县邑举行的迎立春仪式中，为了给祭祀者们以春神的真实感而不是虚幻感，同时也增加一些活跃的气氛，往往事先要布置一"童男"，装扮成春神藏匿于野外，等待祭献者们到来时，突然出现在他们面前，代神（假装）享祭。这个被装的春神是何许神，文中没有明说，应该就是句芒，确否不得而知。

东汉时期，五帝、五行、四时（四季）、五方、五色，形成一整套完整的宇宙观系统。我们注意到，在原始的四季（四时）系统中，在立春和立秋之间，又出现了一个不成其为节日的节日——"立秋前十八日"。《祭祀（中）》："先立秋十八日，迎黄灵于中兆，祭黄帝后土。"因为五行中有土，黄帝就不能忽略，而且自然位居中央，色为黄色，于是就创造出一个叫黄灵的神来，与句芒、祝融、蓐收、玄冥四个四季神相并列，以达到五行的圆满与协调。当然，五行系统是不断变化的，正如《孔子家语》里孔子与季康子的一

---

① 《后汉书·祭祀中》，见《二十五史》第2卷第813页，上海古籍出版社、上海书店1986年。
② 《后汉书·祭祀下》，见《二十五史》第2卷第815页，上海古籍出版社、上海书店1986年。

段对话所说的那样。①在四个季节中，相对于立夏、立秋、立冬这三个迎接新季节的节日，立春是最受重视，其礼仪也最为隆重的一个节日。祭青帝句芒之俗，从东汉永平年间起，或在东汉时期，也借助于迎春礼仪而大为兴盛起来。这样，以春神句芒为角色的图像，屡屡出现于东汉早期的画像石、画像砖和壁画墓中，也就不是偶然的了。

论者尝说，唐宋很好地继承了前制（包括立春迎气之仪式），对礼仪制度非常重视，但句芒在唐代究竟发生了什么变化，却似乎模糊不清。按官方的《开元礼》的《皇帝立春祀青帝于东郊》规定，所祭祀的对象，只是青帝太皞（太昊），而春神句芒则从王朝的立春（迎春、迎气）仪式中消失得无影无踪了。② 至于其他材料，一是没有看到唐代有什么相关的句芒画幅，二是风土记作家留下来的生动记录也十分鲜见，即使有，如韩鄂的《岁华纪丽》，也只有简单的一句话："帝称太皞，神曰句芒。"显然并不是从现实生活的观察中所作的风土记录，而大半是抄袭或沿袭前代人已有的成说。盛唐出现了那么多大诗人和名诗作，也有不少关于立春迎气的作品，关于春神句芒，笔者则只在阎朝隐的诗里找到一句"句芒人面乘两龙，道是春神卫九重。"何以如此？也许用《新唐书》编者在《韦挺传》里写的一句话来概括唐代民俗传统的衰落最为恰当、最为到位："风俗薄恶，人不知教。"③ 研究者说："唐人过节，一方面保持了许多传承而来的仪式，因而显然并未脱尽这些节俗所包含的原初意义，特别是皇家在这些节日举行的祀典，其保守的性质更为明显，但在广大民间，这些节日原有的祷祝、祭祀、信仰、禁忌方面的含义，固然并未完全消失，实际上却在日益淡薄。与此同时，节日的游艺娱乐性质却呈日益加强之势。这种变化的趋势，并不始于唐代，也不限于中国，是一个很早就发生的世

---

① 季康子问于孔子曰："旧闻五帝之名而不知其实，请问何谓？"孔子曰："昔丘也闻诸老聃，天有五行，木金水火土，分时化育以成万物，其神谓之五帝。古之王者易代改号，取法五行更王，终始相生，亦象其义也。故其生为明王者，死配五行。是以太皞配木，炎帝配火，少皞配金，颛顼配水，黄帝配土。"康子曰："太皞氏其始之木，何也？"孔子曰："五行用事，先起于木，木，东方也，万物之初皆出焉。是故王者作而首以木德王天下，则以所生之行转相承也。"康子曰："吾闻勾芒为木正，祝融为火正，蓐收为金正，玄冥为水正，后土为土正，此则五行之主也，而不称何？"孔子曰："凡五正者，五行之官名也。五行佐成上帝而称五帝，太皞之属配焉，亦云帝，从其号。昔者，少皞氏之子有四叔，曰重，曰该，曰熙，曰修，实能理金木水火土。使重为勾芒，该为蓐收，修及熙为玄冥，颛顼氏之子曰黎为祝融，共工氏子曰勾龙为后土，此五者，各以所能业其官职，生为上公，死为贵神，别称五祀，不得同帝也。"
② 参见简涛《立春风俗考》第58—59页，上海文艺出版社1998年。
③ 《二十五史·新唐书》第6卷第4522页，上海古籍出版社、上海书店1986年。

界性现象，只是到唐代有一个较大的发展，所以令人格外瞩目。"①句芒的身影在唐代的式微，也许是句芒作为东方之神和春神的生命濒临终结的一个预告。

五、土牛的浮与句芒的沉

论说句芒，就不能不说到与句芒有关联的另一民俗事象，即"出土牛"。"出土牛"的风俗起源甚早。《礼记·月令》："季冬之月……命有司大傩，旁磔，出土牛，以送寒气。"孙希旦《集解》："出土牛者，牛为土畜，又以作之，土能胜水，故于旁磔之时，出之于九门之外，以禳除阴气也。""出土牛"的民俗活动，是以象征的方式别严冬、送寒气。古人说的"出土牛"的"出"字，其实就是"作"的意思。至于为什么用"出土牛"来象征别严冬和送寒气，古代学者们的解释，大都是说"丑为牛，牛可牵止也"，却一直不能令人满意，起码不大符合南宋罗愿在《尔雅翼》一书里所说的"形著于此，而义表于彼"，西方人（如索绪尔）所说的"能指"和"所指"的象征原则。②

宋人高承撰《事物纪原·岁时风俗部》："《礼记·月令》曰：出土牛以示农耕之早晚。注云：若立春在十二月望，则策牛人近前，示农早也；月晦及正月旦，则在中，示农平也；近正月望，则近后，示农晚也。其周制乎？《后汉书·礼仪志》曰：季冬，立土牛于国都郡县城外丑地，以送寒。《月令·章句》曰：是月之昏建丑，丑为牛。寒将极，故出其物为形象，以示送达之，且以升阳也。"③ 他对"出土牛"的象征含义说得比较准确。

周人"季冬之月""出土牛以送寒气"的习俗，到了两汉，"送寒气"的意涵却变得踪影不见了，仪式之功能大变，演变为在立春之日"鞭春牛"以迎春、劝农的仪式了。《后汉书·礼仪志（上）》里所记的仪式是："立春之日，夜漏未尽五刻，京师百官皆衣青衣，郡国县道官下至斗食令史，皆服青帻，立青幡，施土牛、耕人于门外，以示兆民，至立夏。"土牛还是周朝的那个意义上的土牛，只是多了一个"耕人"——其实就是从事耕作的农民，注疏者说，此"耕人"的站位前后左右都有讲究，显然是因此而增加了"劝农"的一层意思。此外，鞭打（打碎）土牛致其破碎，老百姓便哄抢土牛肚子里包着的东西（象征意义上的"牛肉"），又附会上了这样的一种象征含义：

---

① 程蔷、董乃斌《唐帝国的精神文明——民俗与文学》第45页，北京：中国社会科学出版社1996年。
② 见拙作《中国象征文化丛书·总序》，成都：四川人民出版社2005年。
③ （宋）高承撰，金圆、许沛藻点校本《事物纪原》第425—426页，北京：中华书局1989年。

"土牛之肉宜蚕,兼辟瘟疫。"等等。送寒与迎春固然有逻辑上的关系,但作为习俗,二者却压根儿是两回事。到北宋年间,鞭春习俗已普及全国,成为包括官方和民间在内的全国性的迎春、劝农重要民俗仪式。

这个变化过程是怎样出现的,学界似乎并没有人说清楚,因为大家所看到的材料,不过是历代朝廷的相关文件、诏令,而风土记的作者们所提供的"活"的民俗材料实在是非常有限,有些甚至是抄袭前人的而不是本朝的,叫人无法得出符合实际情况的结论。但有一点引起我们注意:从腊岁前一日"出土牛送寒气"到立春之日"鞭春牛迎春"的仪式这一过渡过程中,土牛的功能和意义一再被强化,特别是官方文件《土牛经》的出台(宋仁宗朝),大大强化了土牛在迎春仪式中的分量和劝农的意旨,从而把此前华夏各族信仰中的春神句芒,排除在了迎春仪式之外。至于苏轼在立春祭文中提到的句芒之神,无论是《立春祭土牛祝文》中的"敢昭告于勾芒之神……",还是《祭勾芒神祝文》中:"夫帝出乎震,神实辅之。兹日立春,农事之始。将平秩于东作,先恭授于人时。乃出土牛,以示早晚。惟神其佑之。春委既应,农事将作。爰出土牛,以为耕候。维尔有神,实左右之。雨旸以时,腊不作。以克有年,敢忘其报。"似乎都看不出诗人所生活的时代,在迎春仪式上还有句芒的地位,而他提到句芒之神,不过是诗人的信仰的记忆和企望而已。

南宋有两部比较重要的风土志流传至今,一部是吴自牧的《梦粱录》,一部是周密的《武林旧事》。两书的通行本中所述"立春"一节,都没有留下关于句芒的只言片语,而《古今图书集成》版的《武林旧事》中有这样一句通行本中没有的,但极端重要的文字:"立春作土牛,迎市以芒神置前。"① 由于两书要么是"缅怀往事"之作(吴自牧),要么是"从遗老得其梗概"之"先朝旧事"(周密),而不是当朝的实地采录之作,故其所述民俗事象的真实性和可靠性大可怀疑。如果当年的南宋京城临安在立春之日的迎春仪式中,确实设置了芒神的神位和造像的话,那么,是否说明南宋王朝在某种程度上改弦更张,改变了北宋时就已开始的把迎气弱化、把迎春和劝农强化、把句芒淡出迎春仪式的礼制?句芒出现在南宋时期的迎春仪式上,并改称芒神,其形象若何,不得而知,但可以推想的是南宋王朝的首府临安及其周围地区,原本是吴越之地,也是东夷遗民的流徙之地。从族源和文化上说,吴越与东夷间有着丝丝缕缕的血缘关系,句芒信仰原本就是相对深入民心的,而宋王朝南迁之后,自觉不自觉地让东方之神、春神句芒走进当地的迎春仪式,自然不是一件难以想象的事,而且在其走进迎春仪式的同时,句芒其神也被充分世俗化了,变成

---

① 转自简涛《立春风俗考》第86页。

了一个其地位与土牛几乎是平起平坐的俗神了。当然,毋庸讳言,南宋在文化和信仰上的这一变化,客观上也适应了农业生产发展的需要。

曾经的大皞的佐官、东方之神、春神的句芒,一旦作为一个小小的俗神加入到立春之日举行的迎春仪式中,并改称为芒神之后,那一系列显赫的神圣身世,便被民众遗忘了。以鞭春为主要内容的迎春仪式,自然也宣告了以迎气为主要内容的礼制仪式的结束。以土牛和芒神为神偶的鞭春礼俗,在南宋起步,而于元、明、清相沿而下。(元)《析津志辑佚·岁纪》:立春当天清晨,"司农、守土正官率赤县属官具公服拜长官,以彩杖击牛三匝而退。土官大使送句芒神入祀。"(明)《大明会典》:"每岁有司预期塑造春牛并芒神。"(清)《大清通礼》:"省直迎春之礼:先立春日,各府州县于东郊造芒神、土牛。……届立春日,吏设案于芒神、春牛前,陈香烛果酒之属,案前布拜席。"一路下来,历经三代,没有什么大的变化。

在梳理句芒的嬗变史时,我们意外地却发现,明清两代的著名画家们以句芒为主角的画作,异常繁荣,如明代蒋应镐《山海经图绘全像》中的句芒图、清代萧云从《钦定离骚图》中的句芒图、清代汪绂《山海经存》中的句芒图等。

图9 (明)蒋应镐《山海经图绘全像》中的句芒图

民俗与艺术

图10　（清）萧云从《钦定离骚图》中的句芒图

图11　（清）汪绂《山海经存》中的句芒图

这些明清画家笔下的句芒形象，依然是那个鸟身人面、素服、玄纯，人面四方，乘两龙的五帝之一的太皞之佐官、少皞之子、名叫重、管理草木生长的春天之神句芒，而与上述官方的历律典章中的规范却大相径庭。它们无一例外的都是取材自《山海经》《礼记·月令》《淮南子》以及《离骚》中的古老的记述。结果，史籍中的句芒，呈现出了令人无奈的二元性：画家与知识分子心目中的、记忆中的句芒，和现实俗信中的句芒，完全是两回事。这也使我们对宋代大诗人苏轼为什么写出那样的与现实生活中的俗信脱节的关于句芒的祭文，有了些许理解。

六、句芒的现代命运

民国以来，特别是中华人民共和国成立以来，立春之日的鞭春仪式，特别是春神句芒的信仰习俗，随着社会的急剧转型而逐渐式微，甚至成了遥远的记忆。回到本文的开头，2009年6月初，笔者应邀到浙江省衢州市参观非物质文化遗产展览时，看到了衢州郊区柯城区九华梧桐祖殿供奉的勾芒神像展板及其说明，内心一阵激动，从神话中的人物走向俗信中的春神句芒的信仰，竟然在这里还保存着、传递着！于是我们发出了呼吁，推动了当地的"申遗"。衢州九华梧桐祖殿供奉句芒的习俗，成为全国21世纪之初仅存的一处保存着句芒习俗信仰的地方。

这座梧桐祖殿的建庙史不清，只知道1933年曾重修过一次。最近一次毁于1966年"文革"中，原址被一木材加工厂占用，只保存下来一些匾额和木拱等。2005年村民自筹资金、自发重建。当地的文化馆干部汪筱联提供给笔者一份材料说，重建祖殿的动议，是一位住在庙旁的青年龚御龙发起的："龚御龙是一位30来岁的农村青年，就住在梧桐祖殿旁边，因从小就受春神庙、梧桐老佛的耳濡目染，也受父辈的影响，所以对梧桐

图12 衢州柯城区九华梧桐祖殿句芒神像
（网上照片，丰收摄）

祖殿及立春祭祀和中秋酬神祭祀（秋社）相当了解。人也相当聪明，有木雕手艺，也会修理各种农具电器。在梧桐祖殿作为木材加工厂时间，村民的迎春接福活动是在家里举行的，龚御龙家中也藏着神像，偷偷的私地里供奉。当地村民见加工厂迁出梧桐祖殿，相当拥护支持龚御龙承包修葺春神庙的行动，即自发捐款修葺梧桐祖殿。这是自民国二十二年（1933年）梧桐祖殿经过一次大修后，整整70年后的唯一的一次维修。2005年2月4日，农历甲申年十二月廿六，丑时（1时43分）立春，梧桐祖殿在40年后第一次举办立春祭祀活动。祭祀活动完全是民间自发的，从城里请来戏班，自立春前夜起演戏3天，以示酬神。"

尽管这座祖殿是旧有的，春神信仰也是旧时民间的俗信，但现在这座重建后的庙里的句芒神像造型，却不是历史上传下来的，而是汪筱联根据民众要求，参考古籍中的句芒资料提供的造型方案，由龚御龙等木工雕刻而成的。新的句芒雕像是：人脸、鸟身、穿白衣、驾两条飞龙，手里拿着一个圆规，国字脸、浓眉、凤眼、柱鼻、大嘴、厚唇、长耳垂肩。自2005年以来的5年间，每年都要在此举行春神祭祀仪式，这个春神句芒神像，也已被当地民众认可。与在庙里祭祀春神同时，村里的民众在立春这天，还有一些其他的民俗活动，如迎春牛、咬春、吃春盘、尝春等。

句芒神像及其迎春祭祀活动与信仰习俗，何以能在衢州九华这块地方保存下来？老百姓的信念是："家有梧桐树，引得凤凰来。"凤凰非梧桐不栖，句

芒鸟身，原是凤鸟氏族，凤鸟就是凤凰。衢州地处浙江、福建、江西、安徽四省的结合部，夏、商、西周三代为越国，春秋初为姑蔑国，而姑蔑国本东夷之属。雍正《浙江通志》卷四十八《古迹》十衢州府引《元丰九域志》云：姑蔑城"在縠水南三里东门临薄里溪也，今东阳大末县"。注引《名胜志》："龙游县北五里縠溪上有姑蔑城。"彭邦本在《姑蔑国源流考述》一文中说："夏亡以后，（姑蔑国）除部分逃徙东北外，豕韦氏族群的相当部分同黄河流域多数居民一样，降服商人，并成为这一新共主麾下众多国族构成的天下政治体系的重要组成部分。黄河下游和淮河流域地区的韦或曰豕韦部族，终有商一朝与徐、奄、熊、盈等东夷混居，逐渐接受了东夷的风俗，因而在商周之际，已被人们习惯性地视同东夷，并进而将整个东方地区的韦或曰豕韦部族视为夷人。正因为如此，《后汉书·挹娄传》就径直将豕韦后裔挹娄归诸东夷，而《礼记·明堂位》亦云'东夷之乐曰昧'，乃将姑昧人的音乐也'名从主人'，并归入东夷文化范畴。此所谓居于华夏则华夏之，居于夷狄则夷狄之。"[1] 如果说，流徙到东北的豕韦氏族群以豕（猪）为图腾的话，那么，流徙并定居在浙江衢州一带的姑蔑族的这一部，应该就是以鸟为图腾的鸟夷或改而信仰鸟的族群。了解了姑蔑部族的源流，我们就明白了衢州一带的民众何以一直坚守春神句芒的信仰，并非无源之水，而应是渊源有自的。

句芒信仰习俗是一个以创世神话和造物神话为支持的历史久远的民间信仰习俗，如今已进入国家级非物质文化遗产名录，在国家层面上得到保护。希望这个在我国唯一的民间信仰习俗能传之永远，让这个美丽的神话和珍贵遗产，留给世世代代的华夏子孙！

脱稿于 2010 年 10 月 18 日

（原载《西北民族研究》2011 年第 1 期）

---

[1] 彭邦本《姑蔑国源流考述》，《云南民族大学学报》2005 年第 1 期。

哈尼族的"埃玛突"与古代的"社"

超自然信仰是与人类社会与生俱来的精神现象,是否可以这样说,尽管超自然信仰产生于原始社会,但即使社会生产力大为发展了,还会有超自然信仰的存在。在现代社会中,超自然信仰仍然在民间信仰中占有重要的地位。

超自然信仰之所以如此古老,又如此普遍地存在于人类社会各个阶段之中,其原因在于,无论是原始社会,还是阶级社会,无不具有超自然信仰赖以存在的共同条件,即人类在自然和社会面前的软弱和无能为力,与生产力发展的不发达状况相适应。人们在物质生活生产过程内部的关系,即他们彼此之间以及他们同自然界之间的关系也是十分狭隘的,而超自然信仰,以及在超自然信仰基础上发展起来的民间信仰,正是这种狭隘性的观念的反映。同时,在其功能上,超自然信仰和后来的民间信仰对于人类社会的存在,也有着重要的意义,否则随着社会的进步,就会自然地将其淘汰掉了。

解剖一个民族或地区现存的民间信仰及其礼俗的现状,对于探讨超自然信仰和现存民间信仰的关系及其社会功能、对社区人群的心理影响,显然不是没有意义的。为此,我与中国社会科学院文学研究所马昌仪、云南省社会科学院民族文学研究所邓启耀、日本福冈西南大学研究所教授王孝廉四人在参加了"哈尼族文化国际研讨会"之后,于1993年3月4日,随队到位于云南省红河南岸古代文献中被称为"夷方"的红河哈尼族彝族自治州元阳县全福庄哈尼族村寨,就该民族的寨神祭典"埃玛突"及其社会整合作用,作了一次专题调查。发现哈尼族的"埃玛突"作为民族超自然信仰的崇拜仪典和古代信仰礼俗的遗留,与中国古代的"社"的信仰与祭祀礼仪之间,有许多相似之处,对于我们认识人类超自然信仰的渊源、属性和它对于社会生活的影响有着不可忽视的意义。

民俗与艺术

一、"埃玛突"及其程序

"埃玛突"是哈尼族村寨每年农历二月举行的一次"社"祭，是哈尼族一年中最隆重的祭典之一。"埃玛突"的具体所指，为寨神树所在的一片葱茏的林木禁地，一般设在村寨的上方。哈尼族同胞在建寨之初，先把一块奠基之石（祖神之石）埋在山之一侧，然后选择一片葱茏的树林作为神山，再选择一棵挺拔的大树作为"埃玛突"的化身，并在树根一旁安放一块长方形的石板作为祭台。相传，"埃玛"是古代两位为护寨而献身的英雄及其母亲；"突"在哈尼语里是祭祀的意思。祭典包括祭寨神树、招寨神魂、祭水神、贺生礼、长街宴等内容，其中心是祭寨神。据常规，每十二年一大祭（届时需杀牛祭），三年一中祭，一年一小祭。

全福庄的"埃玛突"坐落在村寨东南方向的一处山坡上，是一片大约直径为30米的空地，空地的周围长满了林木，一棵高大挺拔的神树种植在空地的偏南部位，神树以西约1米处，有一小树，斜树枝上挂着5个白色的猪下颚骨。据一位老乡说，每年祭祀活动之后，要把祭献寨神树用过的猪颚骨挂在这棵树上。（据西方文化人类学家研究，动物的颚骨是原始先民的崇拜物之一，这种信仰传播很广）5个猪颚骨表示：祭祀活动已经连续进行过5年了。神树树脚以北大约2米处，有一块长约100厘米、宽约50厘米的石板，这是祭台。祭台的北方与神树正对着，在空地的边缘部位，距离大约有30—40米，有一块高出地面约有70厘米形状不规则的大青石，这是一块寨神石。这片神树林及空地，是该村的"埃玛突"，是神圣的禁地，平时是绝对不准人闯入的，只有在每年祭祀的日期，才准许选定的人员来此祭祀。祭祀时，女人不许参祭。

由"咪谷"主持祭祀活动，"咪谷"是村民选举出来的。哈尼人认为，这个角色必须是由夫妻双全，五官端正，身体健康，品德良好，一生没有偷盗行为，从未受过任何处罚，儿孙满堂，威望很高的男性老年人来担任的。另外，还有几个（一说是9个）也是选定的男人作为助手。我们来到祭祀地点时，穿着新的、褐色的长袍，戴着深青色包头的"咪谷"已经静默地端坐在了林地的中央，靠近祭台的地方，助手们在场内场外忙碌着杀鸡、宰猪、烧锅煮肉等。

据说，整个"埃玛突"祭典要进行3天，仪式共分6个部分。我们只参加了1天，因此只能记下部分场景；其他部分，参考当地民族研究者，主要是该县卢朝贵先生向大会提供的一份论文材料加以补充。

（一）祭祀仪式

上午 9 时左右，"咪谷"开始先把鲜嫩的栗树叶分六组，每组三片叠放在石板祭台上，把祭台旁边村民各家送来的黄糯米粑粑、熟肉块分成几份放在碗里，摆上祭台，还要摆上三杯茶水、三杯酒、姜汤、蒜泥等。

在场内，几个助手杀死了一只大公鸡，并在一个现垒的土灶里煮熟。"咪谷"默默无声地将其摆在祭台上其他祭品的旁边，鸡头向着神树。

场外，另一些助手正在杀一头肥猪。先是把一把长柄刀子捅进猪的心脏，一股殷红的鲜血流注出来，人们用一只桶接血，然后把这干净的热血滴洒在空场的北面，正对着寨神树的那块大青石上。据说，这是一块能保佑村寨的平安的寨神石。猪杀好后，反复用草木灰把猪身搓洗干净，用清水冲掉，把内脏取出，切割猪头，猪身切成几大块，由"咪谷"将其中的一小部分供在祭台上。

图 1　全福庄"咪谷"祭寨树神（邓启耀摄）

10 时左右，祭祀仪式开始。"咪谷"念祭词："祭寨神，保平安，逢凶化吉，消灾免难。""咪谷"带领助手们跪拜四方神祇和神树。（图 1）祭祀时，所有在场的人都不许说话，众人只能用手势打哑语，直至祭祀结束，否则，如果有人咳嗽，就被视为对神心不诚，神便会降灾祸于村寨。祭祀时间大约半个多小时，祭毕，由"咪谷"取少量供品扔在祭台之旁，意在供神灵、祖先们尽情享用，其余供品由参加祭祀的人当场围坐在地上共食。据说，按规矩，若有剩余的祭牲，是不准带回家中去吃的，只能挖一土洞埋入祭场。我们在现场看到，"咪谷"却把剩余的祭品装进了各家的竹篮里，而那些没有摆在祭台上去的生猪肉，都悉数运回了村寨里，下午由那些助手们在寨门里面一块平坝上，按全村户数，平均分割开，根据原始狩猎时代的分配方式，分给全村各家享用。

（二）招寨魂或游寨驱邪

由寨中挑选出两名英俊后生，穿戴女装，佩戴各种银器首饰，乔装打扮为"美女"，由一个音色洪亮的"摩批"率领乐队（器乐主要以巴乌、草秆、三弦、四弦洞箫、铓鼓为主），高唱情歌，一群小伙子则尾随"美女"之后，簇拥"美女"游寨一圈后进入神林，其象征意义为与害人的妖魔作斗争的"埃玛"兄妹，伪装同祸害山寨的妖魔完婚，尔后伺机杀死妖魔。四面"埋伏"的众乡亲呐喊着冲入神林，手持木刀、木枪、木槌做砍杀小妖状。随着"咿嗬""咿嗬"的呼喊声，驱邪的人群又冲入山寨内，挨家挨户搜杀漏网的小妖。此时，一个"昂徒"甩着铜链，另一个"昂徒"敲着铓鼓，走街串巷，每进入一户人家，都要发起喊杀之声，装出与鬼怪拼搏之状，"摩批"则大声念诵撵鬼除魔的咒语，直至把全村各户搜遍，才告驱邪仪式结束。[1]

（三）封寨门

在通往村寨的道路上，要建立寨门。西双版纳的哈尼族管寨门叫"勒坑"。当地老乡说，寨门的作用是为防止妖魔入寨，也有说是为了农业祭祀的。在村寨路口处树立两根木杆，用一条结实的稻草绳当作铜链，横挂在村口路上，两头固定在木杆上，一头挂着鸡皮，象征护寨金鸡，另一头挂着狗皮，象征守寨的神犬。草绳上吊着木刀、木枪、木槌等，为献给护寨英雄"埃玛"的兵器，以供守卫寨子之用。[2] 据说，狗和鸡等牺牲是供奉勒坑扎米坑德女神

---

[1] 此处的招寨神仪式，参阅了卢朝贵先生的材料。
[2] 《哈尼族社会历史调查》第132页。

享用的祭品。① 我们发现在全福庄北部出口处有一个带门楼的寨门（？），在朝村寨一面的左门框上，用水泥雕有一个像女性的人像，下部有鲜明的女性生殖器。关于这个雕像的功能，我曾向居住在该村西头的一位刘姓的老者（我向他购买了一个哈尼人丧葬用的"吴芭"）请教，他证实那是一个女像，但至于她是干什么用的，只说是辟邪的，更具体的就说不清楚了。根据哈尼族寨门的习俗及其建寨和护寨的传说推论，寨门的边框上雕女人像，有可能是该民族的护寨英雄的母亲，也可能是日本学者、丽泽大学教授欠端实所说的勒坑扎米坑德女神。据

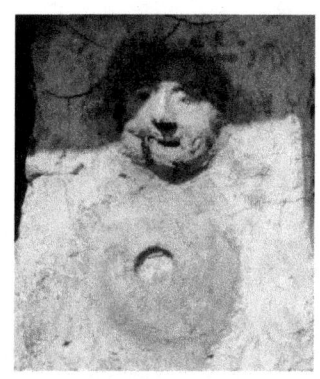

图 2 女性雕像局部

他的调查材料，在建造勒坑时，第一，在两根柱子的脚部，各放置一对男女木雕人像。这木雕像的特征，应是利用自然木料雕成裸体像；第二，这雕像有额、体、脚，但没有胳膊；第三，强调男女性器。这个女神的雕像，有可能就是这种木雕像的变体。其功能，一说是为了保护村寨的安全，免遭妖魔的侵入；一说是为了祈求人类的繁殖。②（图2）

图 2　全福庄的寨门及女性雕像（作者摄）

---

① 参阅［日］欠端实《哈尼寨门的性质》，首届哈尼族文化国际学术讨论会论文，日本丽泽大学，1993年3月。
② 《哈尼族社会历史调查》第106页。

（四）祭水神

哈尼人认为，人们饮用的清泉所以永不枯竭，是龙潭或泉眼中的螃蟹所主使。把螃蟹想象为水神或泉水神，是一种相当典型的超自然信仰。为了祈求水神，在举行"埃玛突"祭祀时，需有两位寨老一位"摩批"，带一只公鸭、一只公鸡、一升米以及酒、姜、蒜等到泉边祭祀，并用篾片编织成一只如簸箕大小的螃蟹，插在一根竹棍之上，立在泉边。"摩批"摆好供桌后，将米酒、姜汤、蒜泥置于桌上。祭祀开始后，"摩批"手提鸡鸭先进行活祭，待寨老将鸡鸭煮熟后，再行熟祭。念毕祭词，从每份供品中取少许倒在泉边，余者由参祭者们在祭场共食。祭祀禁忌：祭仪从始至终，主持祭祀的三人严禁与寨里挑水洗菜的人搭话。我们在上面所说的寨门外面的道路拐弯处，在一棵大树旁边，见到了村民们为了祭祀水神而制作的象征物——用篾片编制而成的一个像是螃蟹的编制物。人们以为这个水神象征物所在的地方非常神圣，水流是神圣性的，因为没有水，人们就无法生存下去。这条水流经过全福庄的村当中，但溪水很清澈。我们看到，一旦"埃玛突"祭礼结束，许多妇女纷纷到水渠边担水洗菜。

（五）贺生礼

凡是从上一次"埃玛突"祭典之后生了儿女的年轻父母，都必须在"埃玛突"祭祀的第二天下午，向"咪谷"和寨老敬献一桌丰盛的酒席，同时由母亲背上儿女虔诚地向"咪谷"和寨老鞠躬，等待他们的祝福，"咪谷"和寨老祝福孩子健康成长，长命百岁。由于我们只在村子里待了一天，所以贺生礼提前于举行"埃玛突"祭典的当天下午举行的。我们看到，在寨子中央的一块大约20平方米的平台上，一年来生了小孩的年轻父母们，为"咪谷"和寨老们摆了十几桌酒席，背着小孩鱼贯而来向"咪谷"和寨老们敬酒，表示一年来保佑小孩子们平安健康的感谢之恩，请求他们对孩子们的未来的祝福。这些小孩和村寨内其他不属于这个年龄段的小孩，都根据习俗，个个背小蛋笼，笼内装着五彩蛋。一个小孩的母亲向我赠送了一个这样的五彩蛋，希望我能为她的小孩祝福。五彩蛋的意思不得而知，可能与汉族人生了小孩后，家长要向遇到的人和邻居亲朋送红蛋，求个吉祥一样。据说，按照常规，这种贺生的宴席，从下午开始，要持续到深夜，也有持续到第二天清晨的。因为晚上有文艺狂欢活动，他们的贺生礼宴，只好从简，在天黑前就结束了。

（六）长街宴

据卢朝贵提供的资料，原来祭祀神林时，各家都要抬一桌酒席到神林内去，在祭祀之后，全寨要在神林内会餐的。祭献"埃玛"时，先由祭主"咪谷"率领主持祭仪的十余个人进入神林，待到午后4时左右，神山上铓鼓齐鸣，召唤人们参加祭神大典。每户人家都抬着酒食，争先恐后进入神林，各家各户都有摆席的固定地点，但严禁未婚女子参加。人们以树叶垫坐，不准乱说乱动，更不准在神林里乱解大小便。祭典初始，由主祭"咪谷"吟诵祭词："尊贵的寨神啊！请你静坐神山，护佑寨人的安宁，不要到处去游，让寨里笑声欢畅，蘑菇房（案：哈尼族居住的房屋系由一种当地的纤维很长的草盖顶，屋顶如同一个个蘑菇）里娃娃哭声不断，祈求你让寨里的猪鸡牛羊满厩；尊贵的寨神啊！寨头红泥坡上，牛马的蹄印越密越好。哈尼年年向你祈祷祭献，求新婚夫妇对对能生育，生下姑娘个个像鲜花般美丽；养下儿子人人像牛犊样壮实……"祭毕，所有参加祭祀的人都向神树虔诚地叩拜三次，方可入席，年轻人则燃放鞭炮助兴，祭主"咪谷"则向敬酒的年轻人祝福。（图3）

图3　长街宴（杨咪双摄）

据说，这一仪式后来演变成了长街宴。据元阳县副县长薛兴权提供的元阳县新区《欢迎您到元阳来》材料，祭祀神林的节日共进行3天，最后一晚，全村男子都要到"咪谷"家门前的场地上摆街头宴，边吃边唱，共致节日的祝福，哈尼族称这个节日之夜为"埃玛突支拔多"。席间由"咪谷"领头，同唱古老的哈尼酒歌。村里新生男孩的人家，要特意献一壶米酒，向长者报喜，祝全村幸福。我们参加了村民们举行的祝福家宴，尽管意思是一样的，但这无疑属于祭神林和长街宴的一种现代变体了。

据哈尼族学者李克忠的一份关于绿春县车里村的调查，该村的埃玛突祭典，还有一个祭地神"咪松"的日程。我们在全福庄没有见到有专门祭祀地神的项目。

二、"埃玛突"与古代"社"之比较

综观哈尼族的"埃玛突"，就其祭祀神林和寨神的宗旨、仪式等重要关目来看，与中国古代文献中所记载的"社"是很相似的，甚至可以说，"埃玛突"就是古代"社"在今天的遗留或活化石，尽管这种遗留在其他地区也还在以其他方式存在着。

（一）"社"的性质和所祀对象

"社"是什么？是古人祭祀的场所，是村庄的雏形。中国古代文献中关于社和社祀的记载很多，关于社的性质和作用，历代也有许多学者论述过。一般认为，社是祭祀地神、土谷之神或五方之神的场所；也有人认为，社不仅是祭祀地神、土谷之神或五方之神的场所，而且也是祭祖的地方。①

持祭地神、土谷之神或五方之神说者，所根据的材料大致是：

《周礼·肆师之职》："二十五家为社，各植其土所宜木。"又《周礼·小宗伯》："社之日，莅卜来岁之稼。"注曰："社祭土为取财焉，卜者问后岁之稼。"

《通典》："社者，五土之神。"案，五土乃地官。《周礼·地官·大司徒之职》有解释曰："辨其山林、川泽、丘陵、坟衍、原隰之名物，……设其社稷之而树之，田主各以其野之所宜木，遂以名其社与其野。"

---

① 孔令谷《论社稷》，《说文月刊》第二卷合订本，1940年，重庆。

《礼记·郊特牲》："社祭土而主阴气也。……天子大社必受霜露风雨，以达天地之气也。……社，所以神地之道也。地载万物，天垂象。取财于地，取法于天，是以尊天而献地也，故教民美报焉。家主中霤，而国主社，示本也。唯为社事，单出里。唯为社田，国人毕作。唯社，丘乘共粢盛。所以报本反始也。"

《春秋左传》昭公二十九年："共工氏有子曰句龙，为后土……后土为社，稷，田正也。有烈山氏之子曰柱为稷，自夏以上祀之。周弃亦为稷，自商以来祀之。"

《国语·鲁语·展禽》："共工之伯有九也，其子曰后土能平九土，故祀以为社。"《正义》解："社为五土之神，能生万物者，以古之有大功者，配之。昭公二十九年，后土为社。"

《白虎通》："天下求福报功，人非土不立，土地广博，不可遍敬也，故封土为社而祭之，示有土尊。"

社既然作为祭祀的圣地，所祭何神？上面所引《礼记·郊特牲》的这段话，只是说，"社"是祭地的，却并没有确指祭祀什么神灵。《礼经考索》说："或问社稷何神？曰土谷之神也。人非土不立，非谷不生，祀之所以报本反始也。"这里所祭的是土谷之神，这土谷之神当然既可以解释为土地神，又可以解释为农神。可见，最早的社是没有确指的神格的，社是经过了很长时间的发展，才有了社主的。《春秋左传》里说"后土为社稷"。《通典》里说是五土之神。《国语·鲁语·展禽》里一连列举了三个农神：烈山氏之子柱——神农；能殖百谷、死为谷祠的弃——稷神；能平九土的共工之子后土——句龙。把后土作为社之社主，看来是有个发展过程的，其实，即使在当代，供奉和祭祀土地神也仍然是相当普遍的。祀祭土地神的目的之一，是祈求土地神保佑庄稼丰收。《周礼·小宗伯》云："社之日，莅卜来岁之稼。"又曰："社祭土为取财焉，卜者问后岁稼所宜。"也是这个意思。

持祭祖说者的根据是：

《毛诗序》："载芟，春藉田而祈社稷也。……良耜，秋报社稷也。"《孝经援神契》："仲夏获禾，报社祭稷。"案，社祭一岁研三，仲春命民社，一也。《诗》："以社以方，谓秋祭二也，孟冬大割，祀于公社三也。"《白虎通》："社稷者，得阴阳中和之气，而用尤多，故为长也，岁再奈何？春求秋报义也。"观上所记，社，年或春秋二祭，或春秋腊三祀，而《孝经援神契》则更有仲夏之祀，实则社即五祀。《传》曰："社稷五祀之本。"《月令》："孟冬之月，腊先祖五祀。"注："腊者猎也，言田猎取兽以祭其先祖也。或曰：猎者接也，新故交接也，故大祭以报功也。"《月令》文先祖五祀并举，而注文或惟释祭祖，或惟释报功。可见先祖五祀本无所别，祭先祖即祭社，亦即祭五祀，所谓五土之神也。《月令》："春祀户，夏祀灶，秋祀门，冬祀行，季夏祀中霤。"案以余文字新解作释，户、门、行都为旌旗，灶则为蛙黾，祭灶即祭图腾祖，中霤为土神即社神，图腾祖即祖神亦即社神，五祀之源，实为五土之神，殊为可信。①

从哈尼族村寨中的"埃玛突"的祭祀情况来看，其性质大致属于后者，即整个村寨既在此敬奉主管丰收的大地之神，也敬奉祖神（包括建寨的祖先和远祖）和其他神灵。他们供奉的寨神埃玛突，是他们传说中的英雄，也是他们的大地保护神、村寨保护神和生殖神。哈尼人每年春季举行的埃玛突祭祀活动，归结到一点，就是希望在埃玛突的保护下，庄稼能够丰饶，人畜能够平安。从"社"和"埃玛突"的出现来看，它们都是产生于农耕社会之中，祭祀农神自然属于题中应有之义，因而属于农耕社会典型的信仰遗俗，这似乎是无可怀疑的事实，但人们的信仰常常是模糊的，不可能是单纯地崇奉地神，而把祖先神从他们的信仰中单独分离出来，实际情况也显示了这一点，哈尼族学者李克忠先生提供的绿春县车里村的埃玛突调查资料和他的结论也证明了这个论点。他所调查的该村祭祀活动的第二项即是祭祖、祭地神"咪松"和祭寨神"昂玛"："上午9时许，各户舂糯米粑粑，家庭主妇捧着两个盛有酒、粑粑、茶三个碗的饭盒，到家庭主妇床前，象征祖灵居住的小笼子前献祭，一碗代表粮食，二碗代表人，愿人丁兴旺，三碗代表畜群，保佑六畜兴盛，财富不断，三块粑粑也分别代表人、财、畜，然后又到房门背后祭母系祖灵。"②

民族学材料证明，社祭之日所祭之祖，系他们的图腾神或曰感生帝。在原始阶段上，一个部落、一个支系的人们，之所以能团结与生活在一起，能够抵御外来部落势力的侵害，保持内部的协调，主要的是靠图腾神而得以维系，而构成社的那些因素，如社神、社树、社石，都是图腾信仰的遗迹。民族学家李则刚说，社之所属的社神、社树和社石虽然是图腾信仰的遗迹，但总体说来，社却是由氏族社会过渡到封建社会的过程中代替图腾的事物，其性质与氏族社会中的图腾一样，是血缘加地缘的宗法社会的维系物。③

---

① 孔令谷《论社稷》，同前注。
② 李克忠《一个文化范例的诠释——绿春县车里村哈尼族"昂玛吐"节日整合性文化特质的研究》，首届哈尼族文化国际讨论会论文，1993年3月。
③ 李则刚《社与图腾》，《东方杂志》第32卷第13期，1935年。

(二) 神树与神石崇拜

古代的社乃是一个宗族、一个村庄、一个社区的人们种植树木（神树）、设置神石、供奉神祇的一片神圣的园林和祭祀的场所。

> 刘向《五经通义》说："社皆有垣无屋，树其中以木。土生万物，万物皆善于木，故树木也。"
>
> 《论语·八佾》说："哀公问社于宰我。宰我对曰：社，夏后氏以松，阴人以柏，周人以栗。"集解引孔氏："凡建邦立社，各以其土所宜之木。"
>
> 《墨子·明鬼篇》："燕之有祖，当齐之社稷，宋之桑林，楚之云梦也。"
>
> 《尚书·无逸篇》："大社惟松，东社惟柏，南社惟梓，树社惟栗，北社惟槐。"

哈尼人的神林，是与古代的社性质一样的一个神圣的祭祀场所，那里有茂密的树林（"凡建邦立社，各以其土所宜之木"），选定一棵树作为寨神树，没有垣和屋（庙宇），使所供奉的神灵在露天享受着大自然的霜露风雨，以便能与天地相通（"祭土而主阴气"，"以达天地之气"）。社每以树，是社之所以为社的标志，至于植什么树，从朝廷来讲，固然是有一定之规的，但同时也有"各以其土所宜之木"的记载。这就说明植什么树，也还要看什么地方和什么土壤。松、柏、梓、栗、槐都是可以作社树的，而据《荆州图记》载，郑县之伍伯村的社树，则是一株白榆连理树，大概这株白榆连理树，曾经在某一个时候、某一个场合显示过神异之象，故而被尊为社神树了。哈尼族村寨车里村的神树，据李克忠调查，大概是一株栗树：祭地神之先，"到寨头密林中的一棵笔直的大树下即寨神'昂玛'居所献祭，众人到了祭祀地点，清理好树干入土处的石碑，然后砍来三棵栗树，搭成三层祭坛。"祭寨神时，"用鲜嫩栗树另搭一个三层祭坛"。我们在全福庄看到，"咪谷"也是用鲜嫩的栗树叶分成六组，每组叠成三层放在石头的祭坛上。（"三"这个数在哈尼人是一个吉祥数）哈尼族把栗树（云南大学教授傅光宇先生的一篇调查报告，报道了一个以栎树作神树的村寨，"栗"与"栎"除了同音外，作为神树不知有何不同的内涵）当作神树的观念，不知与"周人用栗""西社维栗"的古制有什么关系没有？

社主用石，也是古来就有的一种观念。郭沫若认为，《墨子·明鬼篇》说："燕之有祖，当齐之社稷，宋之桑林，楚之云孟也。此男女之所属而观也。"与古之高禖之祀是一回事情，高禖就是石祖。在籀文中，祖的字形像是直立的男性生殖器，因此，高禖石也就是社的石主。① 《说文》：社，从示，从土，金文土作"⊥"；甲骨文作"△"。据瑞典汉学家高本汉在《原始宗教与生殖器之崇拜》中考证，"土"的原始意义，为男性生殖器崇拜的象征。社即"土"，"土"即长形的石块，民俗学家们称之为"止令茄"（Chelinga）。在原始民族看来，这种长形的石块是有神灵的，所以崇拜它，敬奉它。许多民族中都有这种石神崇拜，石神是社地必具的神灵，在哈尼族的神林中，也有这种神石。这块神石的功能是什么，当地人说不清楚。只要对古今各地的这种神石加以比较，就可以肯定哈尼族神林中的那块大神石，就是古代社地石祖，或高禖石的角色，即象征着男性生殖器崇拜所体现的祖先崇拜，是主管种族绵长、子孙繁盛的大神。祭祀这个石神，与祭祀寨神（树神）不同，是采用血祭的方式，主持祭祀的执事把刚刚杀死的祭牲——猪的血，滴在这块石头上。这也许就是远古人性的遗绪吧。

古人为什么要用血祭呢？一说认为这是先民茹毛饮血的遗俗，认为他们祖先也和他们一样，是爱吃肉饮血的；一说是希望由此获得图腾神灵的特质。② 远古时代，享受人牲于社祀的，自然是部落或社区人所共仰的英雄人物，即古代神话中的巨人。那时，争战中的俘虏，往往作为胜利者部落祀社的人牲。这种情景，在《左传·僖公十九年》里还依稀可以看到一点点踪影："夏，宋公使邾文公用曾子于次睢之社，欲以属东夷。司马子鱼曰：'古者六畜不相为用，小事不用大牲，而况敢用人乎？祭祀以为人也。民，神之主也。用人，其谁飨之？'"用人为牲的事，在远古是常有的事，甚至到20世纪上半叶，在某些猎头民族中也还存在过，后来逐渐废止了，可是它的遗风仍然依稀可见。这也可以从反面看出，享受血祭的神灵是如何受到人们的重视！如果我们对神石的功能的见解不致大错的话，不知哈尼人在埃玛突祭典期间举行的贺生仪式和有新生儿女的家长向神林祭献的仪式，是否与对神石的崇拜有无某种关联？

(三)"社"的社会功能

古代，原始部落集团以其同一的图腾信仰而设立一个大的社，从而把许多

---

① 郭沫若《甲骨文字研究（上）·释祖妣》。
② 参见李则刚《社与图腾》，《东方杂志》第32卷第13期，1935年。

小的部落团结在一起。因此，社就成为一个大的部落集团具有强大向心力的主要因素。由于种种原因，部落集团要划分得小一些，从而就相应地分封一些小的社。这些小社，可能仍然以原来的图腾神为自己的社的社神，也可能另立一个新的图腾神作为新部落或村寨的社神。从历史记载来看，天子有天子的社，诸侯有诸侯的社，就是这个道理。汉蔡邕撰《独断》："天子之宗社曰太社，天子所为群姓立社也。天子之社曰王社，一曰帝社。古者有命将行师，必于此社，授以政。《尚书》曰：'用命赏于祖，不用命戮于社。'"所谓太社就是群姓之大社，是图腾的集合体，是合并了原来不同图腾的部落的集合体，建立这样的太社的目的，是为了使各个小部落之间发生更为密切的关系，而在太社所联系着的大部落集合体之中，有些被包括进来的小部落并不甘心听命于大部落的图腾，这时，他们便会各自立自己的图腾神于各自的社。王社则不过是天子自己小家族的社。我们在现代哈尼族社会中见到的村寨及其埃玛突，已经是晚近所形成的社。这些社——埃玛突的形成，有可能是从大的太社分封出来的，也有可能是在同别的部落、别的村寨或别的势力斗争中建立起来的，他们新设立起自己的图腾神——寨神树、寨神石，仍然不过是为了团结和发展自己的部落、村寨，防止外来的力量的侵袭。他们在举行埃玛突祭祀时所建的寨门，所举行的驱鬼活动，等等，其驱除和防止的恶势力，有可能是来自自然界的威胁，也有可能是来自部落或村寨之外的敌对势力。

在部落或村寨之内，社也起着重要的社会整合和协调作用。哈尼族的埃玛突祭典中"咪谷"宣布的那些祭词一类的东西，实际上不过是向本部落和本村寨的成员宣布要大家遵守的规约。由于"咪谷"一类人物肩负着沟通人神之间的重任，所以这些规约无疑又是以神灵的名义宣布的，是任何人都不敢违抗的。在许多民族中，违反村规族规的人，是要受到严厉惩罚的，罪行严重者甚至要被赶出村寨去，不许人们同他讲话，几年中过着寂寞而冷酷的生活。

古时，一个部落消灭了另一个部落，那个被消灭的部落的社便成了亡国之社，对于亡国之社所采取的措施是相当严酷的。《礼记·郊特牲》："丧国之社，屋之，不受天阳也。"《论衡》："亡国之社，屋其上，栈其下，绝于天地。"意思是在亡国的部落的社上面盖一间屋子，使它不能见天日，不能通地气。这亡国之部落，往往被认为是外来的邪恶势力。

社还是部落或村寨成员中间发生的纠纷的听断裁判所。《周礼·地官·媒氏》："中春之月，令会男女。于是时也，奔者不禁。……司男女之无夫家者而会。……凡男女之阴讼，听之于胜国之社；其附于刑者，归之于士。"注："阴讼争中冓之事以触法者。胜国，亡国也。"男女之阴讼，都要拿到这里来听断！

（四）祈祷天象之所

《吕氏春秋》：

> 汤克夏而正天下。天大旱五年不收。汤乃以身祷于桑林曰：余一人有罪，无及万夫。万夫有罪，在余一人。无以一人之不敏，使上帝鬼神伤民之命。于是剪其发，磨其手，以身为牺牲，用祈福于上帝。民乃甚说，雨乃大至！

关于这个故事，《文选注》引《淮南子》《尸子》《帝王世纪》等书中都有记载，只是大同小异而已。商汤自洁、斋戒、剪发、断爪，然后跳到燃着熊熊大火的柴堆上，以身为牲祈雨的仪式，是在桑林之社举行的。郑振铎先生《汤祷篇》所论，就是这段史事和传说。江绍原先生《发须爪》考证说，剪发断爪有巫术意义，不在本题论列范围，暂且不赘。在社地举行仪式，祭天之举，历史上多有记载。《左传·庄公二十五年》："夏六月，辛未朔，日有食之，鼓用牲于社。"《左传·文公十五年》："六月辛丑朔，日有食之，鼓用牲于社。"《左传·庄公二十五年》："秋大水，鼓用牲于社。"昭公十八年："七月，郑子产为火故，大为社，拔禳于四方，振除火灾，礼也。"不一而足。

哈尼族的埃玛突祭典里也有类似的以自然天象为崇拜内容的仪式，与古代祈雨、禳灾的社祭相类。祭水（井）神、祭火神（迷胜胜）、祭天神（摩咪罗），都属于这类活动，都是埃玛突不可分割的组成部分。祭祀天神时，还要在祭坛旁边升起一堆火，全寨成员不分男女都要对着祭坛叩头求福，与古代求雨的仪式是十分相像的。

（五）祭法与祭品分享制度

《周礼·春官·大宗伯》："以禋祀祀昊天上帝，以实柴祀日月星辰，以槱燎祀司中司命风师雨师，以血祭祭社稷五祀五岳，以狸沈祭山林川泽，以疈辜祭祭四方百物。"可见，社祭是用血祭，而不用瘗埋的祭法。瘗埋是祭地的祭法，《礼记·祭法》："瘗埋于太折，祭地也。"前面说过，古代曾经有过把俘虏来的敌人，用以献其祖神，然后举族分食其肉的风俗。这种分食所获敌人之肉的风俗，与血祭的祭法和风俗是相联系着的。我们在元阳县全福庄的现场没有见到把祭祀用过的祭牲瘗埋的情况，在李克忠的调查中也没有发现这样的祭法。全福庄的哈尼人在埃玛突祭典上实行的是血祭,把动物的血滴在寨神石上,以供他们的图腾神享用,其他置于祭台上的糯米粑粑、鸡、猪肉等,用过之后,也将其中的一部分弃之于地上,意在让神灵们尽情地食用。而未拿到祭台上去的那些猪肉,则运回村寨,在一个小平坝子上切割开平均分配给全寨每一个家庭。(图4)

图4　"埃玛突"之后全村平均分配祭牲(杨咪双摄)

这种平均主义的分配方式,既体现着原始分配方式的遗留,也透露出与血祭祭法相关联。这与《周礼·春官·大宗伯》里所说的"以賑膰之礼,亲兄弟之国"是一样的性质。古代,特别是汉代,异姓是不得立社的,同姓则待遇相同,由首脑亲自向其分发社肉。

尽管哈尼族支系很多,社会情况各不相同,风俗习惯也略有差异,但他们的埃玛突信仰却是相同的。该民族的埃玛突祭典至今还保留着古代社的一些重要因子,使我们能够参考文献中的零星记载来重构出社祭的全部图画,复原人们超自然信仰的若干情况。

由以上比较中得到的几点结论:

其一,"社"是由图腾氏族社会转向阶级社会时期的产物,它的产生是图腾信仰和社会集团的结合体,以图腾信仰和超自然信仰为基础,在部落或支系或村落中起着团结全体成员、巩固内部秩序的作用。这也是它能够代代相传,虽有所变异,却长盛不衰的原因。

其二,"社"以树与石为图腾的象征和载体,源远流长。人们对神树和神石敬畏不已，虔诚备至。哈尼族的"社"——埃玛突祭典和木石信仰，充分地体现着该民族至今还处于多神信仰的阶段和保有图腾观念的遗迹。在他们看来，山有山神、水有水神、地有地神、田有田神、月有月神、日有日神，风雨雷电都有神灵居住着、主使着。"埃玛突"乃是该民族最隆重的祭祀仪典。寨神是哈尼民族巨人和民族英雄的化身，在他们的精神世界中占有极其重要的地位，整个复杂的"埃玛突"祭祀活动的中心，全部活动都是围绕着寨神进行的。寨神不仅与民族、部落、支系的命运攸关，而且村寨的安危兴衰，与个人命运前途和家庭的吉祥顺遂也无不系于寨神。在现代"埃玛突"祭典中，寨神与祖神已趋于合二而一了。

其三，"社"在古代部落内部起着整合的关键作用。从哈尼族的"埃玛突"来看，这种社会整合作用，仍然在哈尼社会中强有力地体现出来。当人类征服自然、支配自然的能力还很薄弱的情况下，他们仍然和古代的社祭一样，把丰收的希望寄托在"埃玛突"祭祀上；遇到天灾、人祸、疫病、伤亡等无法克服的障碍和挫折，以原始信仰为核心的"埃玛突"，也能给予人们以精神上的抚慰，让他们充满信心地去奋斗。遇到久旱不雨时，遇到某种灾难时，人们会举行某种祈祷仪式。在神灵和族规的监管下，人们不敢做出违反天意和族规的坏事，村寨里社会相对安定。

三、关于"社"的信仰基础

在民间信仰及其礼俗中，固然包含着不少迷信的成分，但却不能把民间信仰及其礼俗全部看成是迷信。迷信的产生，根源于信仰者把对象神化，在意念和行为中，以为向崇拜的对象求什么，这个被信仰的对象就会给你什么，既可以赐福，也可以致罪。于是，当他希望发财的时候，希望免灾的时候，就向神磕头、烧香，以为这样就可以得到所需要的东西。而民间信仰及其礼俗，除了迷信的一面外，还有理信的一面，比如人们对某些灵物、对图腾、对祖先的崇拜与信仰，这种信仰是以原始的万物有灵观念为基础的，反映着人与灵物、图腾、祖先之间的关系。这种信仰是从原始信仰发展而来的，即使到了阶级社会，也还会有大量的原始信仰的因素遗留下来，所以会有这种现象的发生，首先是由意识形态的继承性这一性质所决定的。

（一）灵物崇拜

英国人类学家爱·泰勒（Tylor, E. B.）的最大贡献，是他发现了在任何社会中都存在着"万物有灵"的信仰。万物有灵信仰认为，凡触摸到的和触摸不到的物质内部，都有一种一般人看不见、摸不着的东西，那就是灵魂。人有灵魂，在正常的情况下，灵魂是在人体之内，灵魂主使着人的知觉、思维和生命，一旦人在重病昏迷的时候，睡觉的时候，或死亡之后，灵魂就会离开肉体而去。弗洛伊德在《图腾与禁忌》一书里说："一般人都认为，原始民族从自然界现象的臆测造成了灵魂的思想，然后，将它推衍到外界事物上。"他认为万物有灵说是"一种思想的体系"，"精灵说虽然不能算是一种宗教，可是，它已经包括了宗教所具有的本质基础了"。[1] 人本身之外，山、树、河、湖、各种有形物体和各种无形事物，都有一种超自然的、被称作"灵魂"的东西主使着，神就是从灵魂演化而来的。泰勒提出万物有灵论，是为了解释人类社会和自然界许多迷惑现象而构建的一种理论，后来有学者对这一学说提出了异议。罗伯特·玛瑞特（Marett, R. R.）在其《宗教的门槛》里就不赞成把万物有灵看成是初原形态的信仰形式，他提出了"玛那"信仰（即物活论，animatism）这个词语来表示人类最初对超自然力的信仰。他从美拉尼西亚（Melanesia）的社会中发现，人们认为，物体、动物或人，如果有了"玛那"信仰的自然力，他们就会很有力量，他们的力量与灵魂或神灵没有关系，而是这种"玛那"信仰的力，在灵魂出现之前经历了一个"玛那"阶段。"玛那"是当地语言，是"灵力"的意思。尽管有了新说的出现，但似乎影响并不很大，而万物有灵观在学术界很有生存的力量。

实际上，从我国各民族的历史和现状来看，万物有灵信仰似乎更具普遍性。许多民族和地区的人们，普遍相信在触摸得着和触摸不着的物体中，包括人的自身在内，都寄驻着一种叫作灵魂的东西。他们对灵魂采取既畏又敬的态度，总是讨好它，顺从它，崇拜它，即使从恶灵——死亡的概念产生之后才有的一种观念，也多采取辟易、导引、禳解等办法达到驱赶的目的。这种信仰，是原始信仰的一种遗留，但由于产生这种信仰的社会条件依然存在，所以这种信仰在现代社会条件下也还是存在的。

（二）图腾信仰

图腾（Totem）是从北美奥日贝人（Ojibwaqs）的土语转化而来的一个词汇，意为"彼之血族"。英国商人龙格（John Long）于1791年出版一部记述北美印第安人的社会生活的游记中第一次用了"图腾"这个名称，后来就推

---

[1] 弗洛伊德《图腾与禁忌》第99—100页，北京：中国民间文艺出版社1986年。

而广之，用来指原始社会的一种普遍的信仰和制度。图腾是什么？它可能是某种动物，较少情况下是某种植物，或某种自然物，或自然力，与某部落或氏族有某种血缘的关系。原始民族把相信这种特殊的事物是该部族的祖先，或与之有血缘上的关系，因此部族的成员对它加以崇敬，不加伤害和杀生，并将该图腾的名字作为部落或部族的名称。中国历史料中有不少关于以图腾信仰作为部落徽记的记载，现在少数民族中关于信仰图腾的资料就更多了。图腾信仰、图腾文化、图腾艺术，统称为图腾文化，应该成为中华文化的一个重要组成部分加以研究，从而认识我们今天的社会和文化是怎么发展过来的，今天的文化与远古的图腾文化有什么渊源关系。五四新文化运动以来，虽然已经有些学者着手研究包括图腾信仰在内的中国的图腾文化和民间文化，并且取得了一些成绩，但这种研究始终未能与传统的国学研究衔接起来，国学研究只是片面地在阐释儒家的经典中而作茧自缚，尤其不能以开放的态度全面地研究中华文化。

日本学者杉藤重信说："图腾原是图腾所属的自然界的分类概念，把这种分类概念延伸到人类世界，也起着把人类进行分类的象征作用。"① 如前所说，某个部落或某个支系或某个村寨的"社"，其神树或神石等显示了"社"的主人们的图腾信仰的遗迹，也证明了图腾信仰是"社"的存在的信仰基础，一旦大的部落集团要分成几个小的部落或支系，他们的"社"也自然地分为几个小的"社"，而这些小"社"的图腾，可能是原来的大"社"的图腾，也有可能是另立的新图腾。这种"社化"了的图腾，对于它所隶属的部落来说，具有凝聚部落成员的作用。

（三）祖先信仰

与灵物信仰、图腾信仰相比较，祖先崇拜则是比较后起的一种信仰，然而它延续的时间却相当长久。有学者认为，祖先崇拜是灵魂崇拜的一种最发达的形式，这不无道理。在中国，活人对于子孙的繁盛和平安特别关注，在很大的程度上寄托于死去的祖先在冥冥中的护佑。因此，子孙对死去的祖先往往采取虔敬如神的态度。中国人对祖先的信仰和崇拜，在世界民族中是最为虔诚的，其崇拜的仪式也最为繁缛，一年当中有固定的日期对祖先进行祭献、献食、供纸钱等，与他活着的时候一样。宗族还要设立祠堂，定期扫墓，形成一整套的信仰祭祀系统，对祖先的崇拜往往与子孙繁衍的观念、与生殖崇拜紧密地结合

---

① 见［日］祖父江孝男、米山俊直、野口武德主编《文化人类学百科词典》第38页，山东大学日本研究中心译，青岛出版社1989年。

在一起。这种对祖先的崇拜和祭祀，在不同时代、不同地区以不同的祖神象征出现，"桑林之野""高禖石""石神崇拜"一类，就是这种信仰和心理的产物。

灵物崇拜、图腾崇拜和祖先崇拜，这三种先后出现而又在时间上相互交叉的信仰，都是历史发展的产物。灵物崇拜、图腾崇拜均属于原始的超自然信仰的范畴。从时序上说，前者出现的时间较早，人类滋生灵魂观念之时，即是灵物崇拜产生之日；后者则应是部落、氏族的集团意识觉醒之后的产物。祖先崇拜滥觞于氏族时代的末期，而延续到几千年的阶级社会而成为家族制度的强有力的支柱。这些信仰孕育了作为礼俗重要表征的"社"之出现和发达；同时，"社"作为全社会、全部落认同的礼俗，一旦形成，便反过来对社会的某些制度起着促进和巩固的作用，对社会生活和人际关系起着整合作用，所以，围绕着"社"所表现出来的民间信仰的诸种形态，之所以经历如此漫长的岁月而长盛不衰，其主要原因，固然是由于人类生存的需要和精神上的要求，但不能忽视的还有一点，就是这些信仰的表现形式，也有着适合于人类思维发展的某些理念在其中。

人类社会进步到了现代，科学已经获得了高度发达，人类借助科学的认知能力，扫清了许许多多迷信，越来越自由地掌握了自己的命运。但应该说，至今仍然有许多领域是未被认识的，在神秘文化领域里，就有大量的未知数在等待着人们去探索。关于原始思维和原始信仰的研究，在世界范围里，很多方面至今还都是建立在推想的基础上的。世界上一些现村原始民族和现代生活中残存的大量原始思维和原始信仰的遗迹，也许是最终能够解开若干神秘文化现象的奥秘钥匙。

四、余 论

鲁迅在1908年说过："据我看来，人类生存天地之间，若是无知无识，混混沌沌，思想简单，那就不用说了；要是不满足于物质生活，必然会有精神上的要求，所以古印度人一见凄风烈雨，黑云密布，电光闪闪，就以为是雷神在同敌人战斗，因而十分惧怕而产生虔敬的念头。古代希伯来人，感到大自然现象不可思议，神灵下凡之事和迎接神灵的法术就产生了，后来的宗教即由此萌芽。尽管我国的志士们认为这些都是迷信，可是我却认为，这是那些要求向上的人民，想要脱离这有限的相对的现实世界，而走向无限的绝对的至高无上境界的表现。心灵是必须有所寄托的，没有信仰，人就不能立身，所以宗教的兴起，是谁也不能阻止的。但是我们中国，却向来以广泛地崇拜万物作为文化之

民俗与艺术

根本,人们把敬天地当作一切事物起源的典范,使万物发育成长,秩然有序。首先是对天地的崇拜,其次是对万物的崇拜,凡一切人间的智慧、名理以及国家、宗族的制度,没有不是以此作为基础的,所产生的效果,其大无比,因为如此,我国古人就重视故乡本土,因为如此,中国古时就没有明确划定等级;此外,他如一草一木,一竹一石,古人也都把它们看作具有神秘的灵性,其中含有深义,自然也就不同于一般平凡的事物,所以中国人所崇敬的事物之广博,在世界上是无可比拟的。"①

我相信,鲁迅对中国文化的这段常常被人忘记的分析是十分精彩的,这种闪耀着历史主义光辉的意见,对于我们今天来全面研究和整理中国文化,正确了解下层老百姓中间所形成的"社"这类礼俗的性质和功能,以及它在中国文化中所占据的地位,至今也还没有过时。当然,时代不同了,过去的东西带着它自己的局限,甚至不乏迷信,这不仅是应该扬弃的,而且,许许多多适应新的生产方式和生活方式的礼俗,会在新的历史条件下逐渐形成,以代替那些今天看来已经过时的礼俗。但是,任何企图在一天里用一道命令来把旧时代形成的礼俗一笔勾销的想法,都是违反文化发展规律的。

1993年10月11日于北京

(原载《中国文化研究》1994年第2期)

---

① 此为鲁迅《破恶他论》的白话译文。

石狮子的风波

笔者在《石与石神》（学苑出版社 1994 年）一书的后记里谈到一件令人大惑不解的事。上海《解放日报》编辑出版的《报刊文摘》（1994 年 1 月 10 日）转载了《法制日报》的一篇题为《石狮子大战》的文章，写的是石家庄市的几个单位，由于石狮子信仰而引起的一场"大战"，反映了迷信思想和愚昧无知在现代社会里仍然时时在制造出令人啼笑皆非的悲喜剧。文章说：

> 1993 年 7 月 21 日，河北省会石家庄市，铁路 34 宿舍的男女老少上百口子人拿着锤子、绳索将宿舍对面旅游宾馆门前的石狮子围住。旅游宾馆的保安人员用身体护围着狮子。双方僵持对立着。
>
> 据老百姓传说，旅游用布印染厂的大门开错了，朝着西北方向，当时有风水先生说："厂子今后要喝西北风，需立两个石狮子驱邪避妖。"于是旅游用布印染厂和厂办的旅游宾馆花了几万元买了石狮子，在门前放了两对，而 34 宿舍的老百姓认为狮子咬住他们了。在放石狮子期间，34 宿舍死了不少人。
>
> 放石狮子与砸石狮子，争论焦点在是否迷信。砸者指责对方为何不放仙女、鹤等物；放者说，狮子和龙、凤不都是一样的动物吗，为何不能接受呢。双方僵持后便动手动脚了。此战轰动了派出所。
>
> 据新华公安分局 1993 年一份简报载："近来，单位门前摆放石狮子的现象在社会上逐渐增多，据统计：目前我区共有 34 个单位在门前摆放 38 对石狮子。我局已先后受理了 6 起引起的矛盾激化问题，目前此类现象还有逐渐上升的趋势。"
>
> ……
>
> 石狮子一时间成了街头巷尾、报纸、电台、电视台议论的中心话题。

民俗与艺术

人们都怀着怎样的心态看待石狮子呢？龙盛胡同的高老太太说："我在这儿待了快60年了，过去是地主、老财、有权有势的人家才摆石狮子，咬得穷人没吃没喝。现在新社会了，你弄个石狮子对着大家，大家就像恨地主老财一样恨摆狮子的人。"某饭店经理说："我倒不信狮子有多大威力，可是如今新开张的门脸都摆狮子，咱挣钱也不比他少，摆着玩呗！倒是比不摆显得气派！"

上面的报道，真有点儿叫人哭笑不得。在宾馆饭店、办公大楼的门前设置石狮子，并非石家庄一地，在全国各地似乎成为一种时尚。在20世纪末的今天，这种产生于古代的对石狮子的信仰，竟然达到了前所未有的狂热程度，而且这种浪潮还在加剧，却是连狮子本身也没有想到的。在社会转型期，思想观念和生活环境的双重变化，使人们产生某种强烈的求吉避凶心理，本来是可以理解的，也是正常的，但事情的发展也包含着相当的盲目性。石狮子大战就是在这种背景下出现的。因此，石狮子现象还是一个需要解析的话题。

狮子本不是中国原产。在中国人的人文生活中，狮子至少在汉代以前，是没有什么地位的，不仅不是中华民族传统信仰中的四灵（龙、凤、龟、蛇）之一，甚至连十二生肖中也没有它的席位。狮子是作为贡品，在汉章帝时代由西域诸国的首领向当时中原的皇帝进献，来到中国的。最早见于记载的是《后汉书·西域传》："章帝章和元年（87年）安息国遣使献师（狮）子符拔。"又："（顺帝）阳嘉二年（113年）（疏勒国）臣磐复献帝师（狮）子封牛。"[1]《旧唐书》："中宗（684年李显即位号中宗）时，有大石（食）国使请献狮子。"后因姚璹上疏而停止。西域诸国向中原皇帝献狮子的事，一直到元代还有记录。狮子进入中土后，逐渐流入民间，并进入普通人的民俗生活。狮子以其勇猛压过其他猛兽，自唐以降的传奇和笔记中，对此多有描写，甚至津津乐道。《博物志》说：狮子一出现，"至洛阳三千里，鸡犬皆伏无鸣吠"。《宋炳〈击象图〉序》说："俄有狮子三头见于山下，直搏四象，崩血若滥泉巨树草偃。"[2]《南史》说："龚县山阳并进二虎一豹，见狮子悉瞑目不敢仰视。"等等。但狮子何时具有了灵兽的品格，尚难确知，可能与宗教文化有关。相传狮子是佛教文殊菩萨的坐骑。宋代周密撰《癸辛杂识》有《贡狮子》一文说："近有贡狮子者，首类虎，身如狗，青黑色，官中以为不类所画者，疑非真。其入贡之使遂牵至虎牢之侧，虎见之，皆俯首帖耳不敢动。狮子遂溺

---

[1] 据《二十五史·后汉书·西域传》，上海古籍出版社、上海书店1986年。
[2] 据陈耀文《天中记》卷六十。文渊阁《四库全书》影印之《四库类书丛刊》本，上海古籍出版社1991年。

于虎之首，虎亦莫敢动也。以此知为真狮子焉。唐阎立本画文殊所骑者，及世俗所装戏者，为何物？岂所贡者乃狮子之常，而佛所骑者为狮子之异品邪？"① 又据《后汉书·西域传·论》注："涅槃经曰，阿阇王令醉象蹋佛，佛以慈善根力舒其五指，遂为五狮子。见尔，时醉象惶惧而逃。"② 一方面，由于狮子作为佛教中的瑞兽的影响，另一方面也由于狮子的勇猛无双，来到中土后，人们才赋予它神灵之气质，使它越来越变得神奇了。

旧题汉代东方朔撰《十洲记》（一说六朝人伪托之作）："西海聚窟，洲在西海中，艮方之地，地方三千里。北接昆仑，二十六万里，有狮子，辟邪巨齿，天鹿长牙，铜头铁额之兽。"汉代或六朝时，狮子就已被赋予辟邪的人文含义，向着灵性动物前进了一步。又据明代陈耀文撰《天中记》卷六十引《益州名画录》载："蒲延昌者，孟蜀广政中进画授翰林待诏，时福感寺礼塔院僧模写宋展于虔狮子于壁，延昌一见曰：但得其样，未得其笔耳。遂画狮子一图献于蜀王。昭远公有嬖妾患痁，是日悬于卧内，其疾顿减。王乃召而问其神异。延昌云：宋展氏子虔于金陵延祚寺佛殿之内，画此二狮子，患人因坐壁下或有愈者。梁昭明太子偶患风恙，御医无减，吴兴太守张僧繇模此二狮子，密隐寝堂之内，应夕而愈。故题曰辟邪，有此神验久矣。"③ 张僧繇，南朝梁武帝朝著名画家，生于公元506年，卒于549年，他画的狮子图也有辟邪驱灾的功能。尽管这些都是传说，但可说明，在汉代或南朝时，狮子就已被人们赋予辟邪的灵性了。

以石头雕刻狮子最早出现于何时，迄无定说。汉代已有狮子图出现于画像石上，唐代有不少石狮子实物流传下来。唐代阎随侯有《镇座石狮子赋》之作传世："有西域之奇兽，兽嘉名于古今，因匠石之著象，非虞罗之所擒。……"宋代苏轼《狮子屏风赞·序》说他在润州甘露寺庙墙上有狮子图："润州甘露寺，有唐李卫公所留陆探微画狮子板，余自钱塘移守胶西，过而观焉。"④《天中记》引《瞑报记》讲的一则传说："蒲州沙门宝澄，初于蒲坂普济寺创营大象，百丈未成而卒。道积修建十年，雕装始就。初积受请之夕夜，梦崖傍见二狮子于大象侧，连吐明珠，相续不绝。既寤惟曰：兽王自在，则见法流无滞，宝珠自涌。又喻财施不穷，瞑运潜开，功成斯去。即命工匠图梦所见，于弥勒大像前。"此虽系传奇，不仅透露出了一点有关雕刻石狮子的消息，还说石狮子喻示着宝珠自涌、财施不穷。据称，山东嘉祥县武氏祠内和四

---

① 周密《癸辛杂识》第176页，北京：中华书局1988年。
② 《二十五史·后汉书·西域传·论》。
③ 陈耀文《天中记》卷六十。
④ 阎随侯赋、苏轼序，均见《古今图书集成·禽虫典》第519册之56页。

民俗与艺术

川雅安高颐墓前的石狮子是最早的石狮子；陕西乾陵、顺陵、昭陵和辽宁辽阳韩贞墓的唐狮，也都是较早的作品；辽宁海城城墙石台上所嵌之唐代雕狮，保留着波斯图样，构图独一无二，异常珍贵；泰山岱庙的宋代铁狮子，气势雄劲，而石牌坊上的石狮子，则在左爪下抚弄着幼狮，在富贵威严中显示出母子亲和的情趣。笔者在河北涿鹿、辽宁北镇等地考察时，看到当地保存下来的辽金时代的石狮子也很多，也很完整，特别是北镇庙前的那四个石狮子，造型特殊。到明清朝，石狮子遍布全国各地，说明石狮子信仰在官方或民间都极为普遍。

石狮子被摆放在陵墓的神道两边和宫殿府第门口，充当着守卫者或镇墓兽的角色。人们根据自身的需要和狮子的勇猛特性，而赋予石狮子以辟邪的人文性格，唯其具有辟邪的象征功能，石狮子在担当着守卫者的职责时，那些为害主人的妖魔鬼怪、秽气邪气就不敢进门来，从而满足了人们驱除邪祟、祈求平安的心理需要。

从保存至今的唐宋、辽金时代的石狮子来看，其造型和构思较为简单，所蕴藉着的文化象征含义，大体也就是辟邪一端。到明清之际雕刻的石狮子，不仅其体躯变得空前丰满富态、毛发空前圆润卷曲，造型和构思也显得复杂了，而且其人文含义也发生了一些变化，如富贵生财、子孙繁盛的象征含义的突显。天安门前金水河畔的两对威风凛凛地守卫着皇城大门的石狮子，雕刻于明代永乐年间，距今已有500年的历史，可以看作明代石狮子雕刻的一个代表作。这对石狮子置于皇城门外两边，雄狮居左，雌狮居右，侧首蹲坐，其视线共同注视着天安门正中的御道，忠实地执行着看守城门的职责，体现了威震八方的意思。细细看来，可以发现，东边的狮子头略向东歪而眼睛却向西看，右爪踩着一个绣球，是为雄狮；西边的狮子头略向西歪而眼睛却向东注视着，左爪踩着一个幼狮，是为雌狮。如今我们在各地的宫殿、王府、衙署、宅第、陵墓的门前所见到的石狮子，大致都是这样的形制和形态，小的变化主要表现在雌狮与雄狮的构图关系和幼狮的形态上。雌狮子左爪扶弄着一只幼狮，表示着母子的亲和，也象征着子孙繁盛，至于雄狮子何以右爪踩着一个绣球，说法不一。有人说，是为了镇静神经，也有人说，抛绣球是求爱的表征，踩着一只绣球，也是子孙繁盛的象征。这样的构思和造型，显然已经把从西域进口的狮子在人文意义上充分本土化了，除了守卫者的角色外，又融进了其他的人文内涵，也就是说，在中国，石狮子作为人文兽，其象征功能不限于守卫（安全）、生财（富足）。

石狮子也进入中国本土的洪水神话中，成为一个洪水将至、灾难临头的预言家。流传在吴越地区的神话里说，石狮子嘴里出血，预示着将要地陷为湖。

石狮子把这个至关重要的天机只告诉一个忠厚的小孩，小孩天天前往观看石狮子嘴里是否有血，被杀猪的屠夫发现和愚弄，在狮嘴上抹了猪血，小孩以为大难将至，于是得到预告的孩子，带了他的妹妹或背了他的姥姥躲到山上，得以避过大洪水的劫难。有一则神话说，石狮子让小孩躲进自己的肚子里，俟洪水退去之后，再从中出来。人类被洪水淹死了，世界上仅剩下兄妹二人，他们根据天意而结为夫妻，繁衍后代，但这里起主要作用的不是石狮子本身，而是原始人对血的崇拜。原始先民看到的一个生命的诞生，是随着羊水而从母体里出生的，血就如同母腹里的羊水。血是流动的，血流光了，人就要死亡，因此血是生命的象征。这类神话故事反映了原始人对历史上出现过的大洪水的恐惧和不解，或者对原始时代大洪水以及人类始祖的回忆，无疑是包含着一定的历史真实的。在这里，石狮子担任着的是洪水预报者和灾难预言家的角色。它也因而从守卫者的角色，引申而成为人类守护神的角色。

　　石狮子（獍狮）还作为神农氏尝百草时的神兽而出现于中华文化之中。民间传说中说，神农氏为了为人类找到能够治疗疾病的草药，尝百草，遇百毒，后来凡是新发现的草药，就先由獍狮吃。因此獍狮对人类的生存绵延，是立了大功的，所以，直到现在在中药铺的柜台上，还常常可以看到放置着一只小小的石狮子，就是对獍狮的功绩的崇敬和怀念。

　　流行于世的狮子舞，则展现了狮子作为人文兽的另一面。狮子形象进入舞蹈，想必也应在狮子具有人文灵性之后的事，但清代翟灏撰《通俗编·师子舞》却有这样的记载："周武帝时造，亦谓之《五方师子舞》。缀毛为师子，人居其中，像其俯仰驯甲之容，二人持绳秉拂为习弄之状，五师子各依其方色。"学术界公认，是汉章帝时代始有狮子引进，翟灏说周武帝时就有了五方狮子舞，似根据不足，至少尚未见到其他文字或图像记载。他所说的五方狮子舞，特别是狮子的颜色，与后来唐代记录十分相似，但他指明五种颜色是"五方"的颜色，其见解特别值得重视。"五方"观念来源甚为古老，即来源于"五方帝"的信仰。到了唐代的文献中，关于狮子舞的记载多了起来。段安节《乐府杂录·龟兹部》："戏有《五方师子》，高丈余，各衣五色。每一师子有十二人，戴红抹额，衣画衣，执红拂子，谓之'师子郎'。"[①]《龟兹部》的这段话虽然没有记录舞弄狮子时的"俯仰驯甲之容"，也没有说明执红拂子的是二人，却增加了"师子郎"的称谓，而且明白告诉读者这狮子舞系流行于龟兹国的乐舞，还不能认为就是中原地区流行的乐舞，而诗人白居易撰新乐

[①] 段安节《乐府杂录》，据《中国古典戏曲论著集成》第 1 卷第 45 页，北京：中国戏剧出版社 1959 年。

府《西凉伎》所记，就已经是西凉地区的狮子舞了："假面胡人弄师子，刻木为头丝作尾，金镀眼睛银贴齿，奋迅毛衣摆双耳。"当然他写的是乐府诗句，极为简约。《元史·贺胜传》记载了伶人作狮子舞迎出猎归来的皇帝的事："帝一日猎还，（贺）胜骖乘，伶人蒙采毛，作狮子舞以迎驾。"唐宋以降，以至现代，狮子舞成为中国各地元宵节傩仪和民俗灯会活动中的重要节目，其重要性，甚至可以与带有中原族群图腾遗韵的舞龙相提并论。源自西域的狮子舞，已经完全"中原化"了，成为中国广大地区群众喜闻乐见的节日娱乐节目。现在我们看到的舞狮子（不一定是五个狮子了，多数是双狮对舞的），有一个共同的情节是，狮子前面或为两个执红拂子者，或为一个执滚动的绣球者，多数情况下是执滚动的绣球者，以其逗引狮子的兴奋情绪。这滚动的绣球显然是与雄性蹲狮爪下的绣球同义的。

狮子作为瑞兽灵兽的品格，在中华文化的观念中，不是人造的，也不是一朝一夕形成的，而是遵循文化发展的规律，逐渐积淀而建立起来的。

随着历史长河的奔腾，石狮子身上被赋予了一层层的神秘的色彩，把一个本来世俗的动物充分精灵化了。这是人类为了战胜种种突如其来的厄运（包括驱邪辟灾之类）、祈求平安吉祥的心理的产物。它被赋予的是辟邪驱祟、富贵生财、子孙繁盛和人类守护的象征意义，却从来没有赋予它邪恶秽物的含义。因此，把石狮子看作是邪恶势力的表征，是一种毫无根据的思维，因为设置了石狮子而引起争执甚至械斗，实在是某些人的庸人自扰。须知，在中国人的观念里和实际生活中，只有个别施行黑巫术的人，才会在意念中把某人某家当作暗中加害的对象，石狮子显然不具备运用黑巫术伤害他人的特点。任何用迷信或巫术的观念来解释石狮子的做法，都是缺乏根据的。

在狮子人文意义的演变过程中，也被赋予了某种否定性的意义。宋人洪迈《容斋随笔·陈季常》："陈慥，字季常，居于黄州之歧亭，自称龙邱先生。……然其妻柳氏绝凶妒。故东坡有诗云：'龙邱居士亦可怜，空谈说有夜不眠，忽闻河东狮子吼，拄杖落手心茫然。'河东狮子，指柳氏也。"狮子吼，佛家以喻威严，苏轼借用佛家的观念来嘲谑泼妇的柳氏。后来，民间就约定俗成地用"狮子吼"来比喻那些嫉妒成性和在乡里间耍泼发赖的悍妇了。

文化是移动的，其移动表现为在不同文化的交汇中相互融合，尽管这种融合十分有限。狮子自西域进入中土只有不到2000年的时间，却已充分中国化了，甚至充分民俗化了，由一个不见经传的动物而取石龟而代之上升到"灵兽"的地位，这在中外文化交流史上不是耐人寻味的一例吗？

1999年12月27日

（原载中国民间文艺家协会主办《民间文化》2000年第2期）

枣的象征意涵及其嬗变

据考古发掘，枣在中华大地上的历史，可溯源于7000—8000年前的裴里岗文化，栽培历史至少也有3000年了。早期的栽培地，主要分布在黄河中下游的陕西、山西一带，渐及河南、河北、山东，即主要是北部地区。到汉代，枣的栽培地区逐渐扩大。到近代，除上述地区外，东北三省、甘肃、宁夏、青海、新疆、内蒙古等省区，也都有出产，但无论从文献记载，还是现代报道来看，枣是我国北方居民的重要果品之一。

一、妇人之贽[①]与早起战栗

文献中关于枣的记载颇为丰富，大多收集在历代辑录出版的类书之中，如唐代徐坚辑《初学记》、宋代吴淑撰《事类赋注》、明代蒋廷锡等编纂的《四库全书·博物汇编·草木典》、明代陈耀文撰《天中记》（《四库类书丛刊》）、清代张英等纂修的《渊鉴类函·果部》等。这些记载，大体说来可分为两类：一是枣的生物品性和食用功能，一类是枣的人文品性和象征意涵。

在诸多的记载里，徐坚《初学记》所辑早出，材料不如后来辑录者和增补者辑录得那样繁多，但对汉唐以前对枣的记述，却不仅罗列清楚，而且显示了汉唐之前有关枣的种种人文观念。他的记述如下：

《尔雅》曰：枣，壶枣，遵羊枣，洗大枣，蹶泄苦枣，皙无实枣，还味稔枣。枣李曰寔之。《周官》曰：馈食之笾其实枣。《毛诗》曰：八月剥枣。《礼记》曰：妇人之贽，椇榛脯枣栗。又曰：枣曰新之，栗曰撰

---

① 贽，送给尊长者的见面礼物。

之，桃曰胆之，揸梨曰钻之。食枣桃李，不致于核。①

从徐坚的记述来看，《尔雅》和《毛诗》对枣的记述，可算是最早的了。如果就古籍中追述古事而言，后出的《邹子》里说："燧人氏夏取枣杏之火。"对照裴里岗文化出土的枣碳化石遗存，也可聊备一格，后人想象先民钻木取火所以用枣木和杏木，大概是因为黄河流域生长的枣树和杏树，木质坚硬的关系吧，但毕竟还是缺乏考古学的直接证据的支持。

周代赋予枣的文化意涵，以《礼记·曲礼》所记"妇人之贽，椇、榛、脯、修、枣、栗"为代表。《曲礼》注说："妇人无外事，见以羞物也。"何注《公羊传》："礼，妇人见舅姑，以枣、栗为贽；见女姑，以腵、修为贽。"《正义》解释说："妇人唯初嫁用贽以见舅姑。椇，即今日之白石李也，形如珊瑚，味甜美。脯，搏肉无骨而曝之。修，取肉腵治而加姜桂，干之如脯。所以用此六物者：椇，训法也；榛，训至也；脯，始也；修，治也；枣，早也；栗，肃也。后夫人以下，皆为枣、栗为贽，取其早起战栗，自正也。"② 男人馈赠所用之贽，与女人不同。《左传·庄二十四年》："御孙曰：男贽，大者玉帛，小者禽鸟，以章物也；女贽，不过榛、栗、枣、修，以告虔也。"《国语·鲁语上》也有大体相同的叙述。

周代婚礼分正婚礼和婚后礼两个阶段，两种仪式。在正婚礼之后，新妇拜见舅姑，行婚后礼，赠送枣、栗等为礼物。据邓子琴先生《中国礼俗纲要》，在中国古代，正婚礼之后，尚有极重要的婚后礼须要进行，其意即新妇还有其他家属关系，应予见面，以"正名定分"。而诸多家属中，最重要者便是舅姑。拜见舅姑之礼如下：

一，妇见舅姑 翌日妇见舅姑（所以须翌日方见者，以有夫妇关系，而后有舅姑与新妇关系，此举实深有旨。惟宋儒已多不了解此意，观朱子之评闻公伊川，可以知之），夙兴，妇沐浴、纚笄、绡衣、以俟见。质明，赞见妇于舅姑。席于阼。舅即席。席于房外，南面，姑即席。妇执笲，枣栗（笲竹器而衣者，枣栗象征严敬之意义），自门入，升自西阶、进拜、奠于席。（奠之者，舅尊，不敢授也），舅坐抚之、兴、答拜。妇还又拜。降阶、受笲、腵修（腵修象征振作之意义）、升、进北面、拜、奠于席、姑坐举以兴、拜、授人。于是赞醴妇，仪式始毕。古代挚简而意

---

① ［唐］徐坚辑《初学记》下卷第463页，北京：京华出版社2000年5月。
② （清）朱彬撰、饶钦农点校《礼记训纂》上册第75—76页，北京：中华书局1996年。

重,且又专注,不若后代之泛也。

　　二,妇馈舅姑……

　　三,舅姑飨妇……

　　四,舅飨送者……

　　五,姑飨送者……①

"昏(婚)后礼"之重要,目的在达到重责妇顺,即顺于舅姑、和于室人、当于夫君。《礼记·昏仪》对这一目的说得十分清楚完整:"昏礼者,将合二姓之好,上以事宗庙,而下以继后世也。故君子重之。是以昏礼纳采、问名、纳吉、纳征、请期,皆主人筵几于庙,而拜迎于门外,入揖让而升,听命于庙,所以敬慎重正昏礼也。父亲醮子而命之迎,男先于女也。子承命以迎,主人筵几于庙,而拜迎于门外。婿执雁入,揖让升堂,再拜奠雁。盖亲受之于父母也。降出,御妇车,而婿授绥,御轮三周,先俟于门外。妇至,婿揖妇以入,共牢而事,合卺而酳。所以合体,同尊卑以亲之也。敬慎重正,而后亲之,礼之大体,而所以成男女之别,而立夫妇之义也。男女有别,而后夫妇有义;夫妇有义,而后父子有亲;父子有亲,而后君臣有正。故曰:'昏礼者,礼之本也。'夙兴,妇沐浴以俟见。质明,赞见妇于舅姑,妇执笲枣栗腶修以见。赞醴妇,妇祭脯醢、祭醴,成妇礼也。舅姑入室,妇以特豚馈,明妇顺也。厥明,舅姑共飨妇以一献之礼,奠酬,舅姑先降自西阶,妇降自阼阶,以著代也。成妇礼,明妇顺,又申之以著代,所以重责妇顺焉也。妇顺者,顺于舅姑,和于室人,而后当于夫,以成丝麻布帛之事,以审守委积盖藏。是故妇顺备而后内和理,内和理而后家可长久也。"

在古代,民俗成为礼制的一部分者,以婚礼中的民俗为最明显,如男女和合饮食,融入礼中,即成同牢合卺。新妇以枣、栗等为贽拜见舅姑习俗的背后,又暗含着或遮蔽着对妇女社会地位的限定和束缚:男女有别,妇女的行为受到严格的限制,要随时以枣、栗所暗示的"早起战栗"观念来"自正"自己、约束自己。

周代形成的这种婚礼之制,到两晋发生了剧烈的变革。"六礼"被省并和简化了,形成了新的"三日妇拜时妇"的新俗。"三日妇"即举行婚礼同居三日后,夫妇关系便告成立。于是回娘家居住,即我们现在西南有些少数民族的不落夫家之俗。"拜时妇"即举行过婚礼后回娘家居住的女子,于新岁或吉日,以纱蒙面,至男家去拜见舅姑。此后,男家可随时接回同居。女子拜见舅

---

① 邓子琴《中国礼俗纲要》第56—58页,南京:中国文化社印行1947年。

姑——即谋求得到男家及其家族关系的承认，以达到在男方家庭中明确其"重责妇顺"的契机，已不再是正婚礼后三日举行的"婚后礼"中完成。到唐末五代乱世，婚礼之变革更为剧烈。

这种婚仪中男女有别，新妇以枣、栗拜见舅姑的习俗，何时发生了变化，没有找到直接记载或证据，但明代永乐年间成书的《古今图书集成·博物汇编》的编者，在引述了《左传》的上述记载后写道："今男女同贽是无别也。男女之别，国之大节也，而由夫人乱之，无乃不可乎。"① 那就是说，礼俗中规定的妇人拜见舅姑以枣、栗为赠物，以"明妇顺"，确立新妇在男方家庭中的地位和责任，且以枣、栗暗喻妇女以"早起战栗"约束自己行为的观念，到明代已发生了根本性的变化，而同时，枣、栗在馈赠礼俗中所具有的此等象征含义——早起战栗，从此也就多少被淡化甚至被遗忘了。

二、祝生男

新妇馈赠舅姑枣栗的习俗，在汉以后仍然被流传下来，但逐渐失掉了原意而被赋予了新义；而枣、栗在婚礼中成为兴起于汉代的"撒帐"习俗中，被赋予了与馈赠舅姑不同的喜物象征的意义，即"祝多男"，暗喻早生贵子、多生贵子。

"撒帐"习俗起于何时何因，向有两说。一说以宋人高承撰《事物纪原》和明代王三聘撰《古今事物考》为代表，主张始于汉之翼奉；一说以《戊辰杂钞》和清代赵翼撰《陔余丛考》为代表，主张始于汉武帝。而《戊辰杂钞》被学界认定是"撒帐"第一次见诸载籍。②

> 高承《事物纪原·吉凶典制部·撒谷豆》："汉世京房之女适翼奉之子。奉择日迎之，房以其日不吉，以三煞在门故也。三煞者，谓青羊、乌鸡、青牛之神也。凡是三者在门，新人不得入，犯之损尊长及无子。奉以谓不然，妇将至门，但以谷豆与草禳之，则三煞自避，新人可入也。自是以来，凡嫁娶者，皆置草于门阃内，下车则撒谷豆，既至，麾草于侧而入，今以为故事也。"③

---

① 《古今图书集成》第549册之12页。上海文艺出版社影印本。
② 黄节华《撒帐》，《东方杂志》第30卷第13号，1933年7月；又见高洪兴等编《妇女风俗考》第124页，上海文艺出版社1991年。
③ （宋）高承撰、（明）李果订，金圆、许沛藻点校《事物纪原》第473页，北京：中华书局1989年。

《戊辰杂钞》："撒帐，始于汉武帝。李夫人初至，帝迎入帐中共坐，饮合卺酒，预戒宫人遥撒五色同心花果。帝与夫人以衣裾盛之。云得果多，得子多也。"①

对于这两则古代婚礼仪式的记述，论者袁洪铭指出，撒帐和撒谷豆是两回事，所喻之意也不能相提并论："综观上列两则，可见高（指高承）、王（指王三聘，此处不引——引者）二人所说者完全是民间现行婚嫁礼俗中撒谷豆的变相，较之撒帐为视多男的意义，截然不同……撒帐与撒谷豆显然是两种形象，而撒谷豆则为压禳法术之说，于此实有根据也，然而高、王诸人所说撒谷豆的情节，不但作者不赞同它是撒帐的起源，即清儒赵翼的《陔余丛考》对于清王棠（指所传《知新录》——引者）所演绎高承、王三聘之说，亦力辟其非。"②

袁论所说甚是。撒谷豆与撒帐都是古代（现在也还不同程度的残留着）婚礼中的仪式关节，但二者目的不同，手段也不同。前者是一种以压煞和禳解为目的的巫术，后者应是一种以祈愿为指归的象征。撒谷豆借助的是谷豆和草（宋以后，增加了铜钱等物件），撒帐所抛撒的五色同心花果，即现代所说的"五子"：（1）红枣（俗称"早子"，取早生儿子之意）；（2）落花生（俗称"生子"，取生男之意）；（3）榛子（俗称"增子"，取增加儿子之意）；（4）瓜子（俗称"多子"取多子之意）；（5）桂圆（俗称"龙子"，取生子富贵之意）。③

撒谷豆，一般于新妇下轿后进入男家之际，在大门口进行，以压煞可能危害人丁安全、家庭幸福的三煞（青羊、乌鸡、青牛之神）。如若溯源到古代社会及其观念，这种仪式与跨马鞍和跨火堆，共同组成了一个完整的过渡仪式，即从母氏家族即异家族进入父氏家族，从而取得男方家族成员资格的象征仪式。所谓压煞，习惯上是指青羊、乌鸡和青牛之煞，深层看来，也许还带有由内婚制转变为外婚制的更为遥远的意识的遗韵，即排拒他家族的"集体无意识"，而一旦经过"撒谷豆"、跨马鞍、跨火堆等这些过渡仪式，新妇便成为男方家族的成员，从此，她要抛弃母家的信仰而以男家的信仰为信仰，尤其是祖先信仰，以绵延男方的世系和维护男方家族的利益而效力终生。

撒帐，则是在已经被认可为男方家庭成员的新妇和新郎进入新房后的一种

---

① 琴石山人《稽古录·礼俗》第47页，上海会文棠书局1924年。
② 袁洪铭《撒帐补述》，《粤风》第1卷第3期，1935年9月。
③ 参阅魏应骐编《福州歌谣甲集》，广州国立中山大学语言历史研究所民俗学会丛书，1928年。

仪式，其主旨在于祈望早生贵子、多生贵子。在重男轻女的封建社会里，所谓早生贵子和多生贵子，当然不是指早生和多生女孩子，而是指早生和多生男孩子，男子是家族绵延的根本，故而是一种"祝生男"的祝愿象征。撒帐，主要是由男方家庭指定人，在进入新房和新人上床或入帐时，抛撒包括枣、栗子在内的"五子"，但也有的将"五子"藏匿在炕席下面和炕头角落里，女家也把"五子"和对女儿进行性教育的骨板画等一同藏匿在嫁娘的陪嫁箱底，因为生子同样也是娘家对自己女儿的期盼。

三、灵质仙气

西汉是一个谶纬兴盛、仙道泛滥的时代，枣这一区区嘉果之物，也被赋予了灵质仙气。董仲舒在这一点上起了很大的作用。他在《春秋繁露·身之养重于义》中说："握枣与错金，以示婴儿，婴儿必取枣而不取金也。……故物之于人，小者易知也，其大者难见也。"他是在谈论利与义的权衡时，举出这个类似后世婴儿"抓周"的例子的，但在此却无意中透露了一点当时关于枣的身份与价值的信息。

宋吴淑在《事类赋注·枣》中，把古人有涉枣的神秘思想、神话传说、典故集中起来，并予排比、分类和阐发。他说：

> 枣实嘉果，民之所资。或美樲酸之实，或称还味之滋。或食仁而祛邪，或茹叶而充饥。仲思紫实，周文弱枝。晏子始称于秦缪，少君亦遇于安期。七日闻之于仙传，八月载之于《毛诗》。观其纂纂离离，新之建之，三星繁茂，五苑纷披。……伐东家而去妇，握错金而示儿，数十年仙童之顾，三千岁神女之期。若夫曾皙嗜之而靡忘，孟节含之而不食。……《戴礼》称妇人之赞。《周官》设馈笾之实。或生于石虎园中，或植于景阳山侧。羊角、崎廉、细腰、櫅白。或荫郑街，或饶冀州。名擅鸡心，用比狐裘。夏令钻之而取火，春祀笮之而用油。……或啗马而为脯，或斫树而同盟。①

在古文献中，枣之所涉，极为广泛，从种植、食用、药用、信仰，到象征，而道教的仙人传说所赋予枣的含义，又极富思索和睿智之深意。下面且略举几例：

---

① （宋）吴淑撰、冀勤等校点《事类赋注》第522页，北京：中华书局1989年。

（一）仙人安期生食枣的传说

吴淑《枣赋》引"少君亦遇于安期"的传说，据《史记·封禅书》记载，方士李少君曾语汉武帝曰："臣尝游海上，见安期生，安期生食臣枣，枣大如瓜。安期生仙者，通蓬莱中，合则见人，不合则隐。"于是才有汉武帝遣方士入海求蓬莱安期生之举。司马迁《史记·乐毅列传》又说："乐臣公学黄帝、老子，其本师号曰河上丈人，不知其所出。河上丈人教安期生，安期生教毛翕公，毛翕公教乐瑕公，乐瑕公教乐臣公，乐臣公教盖公。盖公教于齐、胶西，为曹相国师。"① 安期生约为战国末期人。据《神仙传》，安期生是齐人，本是个卖药翁，曾修炼于泰山东南仙人山之仙人堂，后成仙。葛洪说，他服金液长生，"非止世间，或延千年而后去尔"。② 李少君也是齐人，于安期生处得神丹之方。《列仙传·安期先生》称，安期生为琅琊阜乡（今属山东）人。李少君对汉武帝说，安期生食他提供的枣，且大如瓜者，意谓枣于安之长生不老和成仙不无关系。枣有延年益寿之功效，《神异经》说："食之可以安体，益气力。"《本草》说："凡枣九月采，日干，补中益气。""三千岁神女之期"传说："《马明生别传》曰：明生少逢神女，还岱宗，见安期生曰：'昔与女郎游于安息西海之际，食枣异美，忽已三千年矣。'"这又是一个安期生食枣的神仙传说。马明生，临淄人，崔文子弟子，受炼丹经术，入泰山修炼。另据南宋谢守灏编《混元圣纪》，安期生以道授马明生，马明生又传于阴长生。③

（二）汉武帝为西王母设玉门枣

关于周穆王与汉武帝会见西王母的神话传说，汉以降，异常流行，且有种种说法。现代发掘出土的汉墓中的画像石，有关这类题材的绘画，也汗牛充栋。吴淑笔下的"七日闻之于仙传"传说乃是其中之一。《汉武内传》曰："七月七日西王母当下，为帝设玉门之枣。""玉门枣"，见于晋葛洪《西京杂记·上林名果异木》："枣七：弱枝枣、玉门枣、棠枣、青华枣、樱（ying）枣、赤心枣、西王母枣（出昆仑山）。"上林苑系汉武帝在秦代旧苑的基础上扩建而成，供其春秋打猎之用，周围300里，离宫70所，苑中珍禽奇兽、名果

---

① 《史记》第7册第2436页，北京：中华书局1959年。
② 《道藏》第5册第175页，北京：文物出版社、上海书店、天津古籍出版社联合出版，1988年。
③ 《中国道教》第3卷。

异木。托名班固而很可能是六朝人所撰之《汉武帝内传》中,描写了在瑶池与西王母欢会,汉武帝拜请西王母授长生之道及西王母传道授书(《五岳真形图》和《灵光生经》)的神话传说,并记载了群臣各献美果,玉门之枣是武帝盛宴西王的果品之一。各地出土的汉画像石多有汉武帝会见西王母的场面,也多经解读,但唯有玉门枣一项却未见有人专门研究和提及。

(三) 烂柯忘归传说

吴淑《枣赋》引"数十年仙童之顾"故事,注说:南宋郑缉之撰《东阳记》曰:"信安县有悬室坂。晋时有民王质,伐木至室中,见童子四人,弹瑟而歌,质因留,倚柯听之。童子以一物如枣核与质,质含之便不复饥。俄顷,童子令其归,质承声而去,斧柯漼然烂尽。既归,质去家已数十年,亲旧零落,无复昔时矣。"

烂柯忘归的传说,还见于梁任昉的《述异记》和北魏郦道元的《水经注》。吴淑所以选择郑缉之的记述,是为了阐述枣在烂柯忘归故事中所起的作用。在这则故事里,童子给王质的这枚枣核,是一符合道家长生不老理念、具有食之不饥功能的象征物。道教仙人多食枣,故而长生。《事类赋注》还举出别的例子,如"窟室有仙人之饵"注曰:"《神仙传》曰:李意其于城角中作一土窟,居其中,冬夏单衣,但饮酒食脯及枣。或百日、二百日不出。"烂柯忘归成了汉语的成语和典故,而人们在提及和使用这个成语或典故时,却不再留意枣核对于王质之忘归所起的延年益寿的作用了。2011年5月23日,经国务院批准,流传于山西省陵川县和浙江省衢州市的"烂柯山的传说"(Ⅰ—108)列入第三批国家级非物质文化遗产名录,但这两个地方已经提供出来的口头传说记录文本中,枣的身影已经完全消失不见了。至于民间的口头传述中,是否还有枣的现身,因缺乏深入的调查和准确的记录,暂时无法做出定论。

初稿于 2003 年 9 月 12 日
2015 年 3 月 7 日改定

(原载《中原文化研究》2015 年第 4 期。此系作者 2003 年 9 月 13 日在山东省枣庄市举行的首届中国枣文化研讨会上宣读的论文。)

第三辑

民俗与艺术

形著于此而义表于彼（二题）

一、中国人的象征思维

1987年9月，《民间文学论坛》杂志编辑部举行了一次"民间文化与现代生活"五人谈，北京大学乐黛云教授的发言传达了一个信息，法国东方文化研究所的所长找北京大学比较文学研究所商谈一个协作项目，编一部世界象征辞典。因为我方没有这方面的现成资料，也没有人对中国的文化象征做过专门的研究，所以没有承担下来。她建议从事中国民间文化研究的人士着手这一课题的准备工作。当时，中国民间文艺家协会民间文艺研究所刚刚成立，便承担了这一课题，立即着手编制《中国象征辞典》的编辑计划、撰写和讨论样稿、确定选题范围，并向全国各地60多位专家学者约稿，经过3年多的时间，这部辞书的书稿总算编完了。作为主编，虽然并不因为我们贡献给读者的这部还嫌粗糙的《中国象征辞典》而感到轻松和满足，但是一想到它在中国毕竟是开启山林之作，心头不免漾出一种聊以自慰之情。我们愿意将这部书稿作为这一领域里研究工作的铺路之石。

与世界其他国家和民族比较起来，中华民族是一个有着特殊思维方式的民族，象征主义就是这种特殊的思维方式的重要特点和标志。在一个人的全部历程中，几乎每个关键时刻，你都会看到人们用象征主义的思维方式来对待或处理问题。当你呱呱落地进入人类社会、成为其中的一个成员时，你的父母会用染了红色的熟鸡蛋去送给朋友、邻居，甚至在走路时碰到的第一个人，也许会给你起一个叫作"栓住"或"狗剩"一类的乳名，间或还要去某宗庙、某山坳、某土地庙烧香还愿，以谢山神、石祖、桥墩……对于你的母亲求子的恩赐。当你"百日"来临之际，亲朋好友送来一把悬挂在胸前的锁，名为"长命锁"或"百岁锁",祝你"长命百岁"或"长命富贵"。在你同一个女子结婚拜堂的仪式上,要向着一对燃烧着火苗的红蜡烛神情严肃地跪拜再三,这对红蜡烛的象征含义在你们的心理上所造成的压力是那样沉重;如果两只蜡烛同时熄灭,你们就会白头偕老,如果其中的一支先熄而另一支后熄,你们当中就有一人先亡故、一人后亡故。从你和你妻子的头上各取一根头发打成结,在烛火上燃烧成灰,如果发结不散,你们也就永远是相濡以沫的结发夫妻。你的五秩、六秩、七秩寿诞到来之际,朋友们闻讯给你送来画有桃子或远山和青松的图画,你就能明白他们的意思是祝福你长寿,寿比南山、青松不老。

用这样的一种思维和表达方式来处理人际关系、人生礼仪、社会生活,大概只有中国人才能心领神会其中的真正含义。假若换了一个外国人,也许很难明白其中的三昧的。但是,正因为我们是中国人,才对这种十分惯熟的思维方式和表达方式熟视无睹,以奇为不奇,不加留意,不加深究,说不出个所以然来,倒是一些关心和研究中国的外国学者,往往一下子就能捕捉到中国人这种特殊的思维方式和表达方式的规律和特点。

象征的思维方式和表达方式表现在语言、风俗、宗教信仰、婚丧嫁娶、家庭、艺术与文学(包括口头文学)、神话、建筑、动植物,以及日月星辰、云雨雷电等自然现象和伦理、感觉等社会和心理现象中。汉语的象征功能特别发达,或由于字形的相近,或由于谐音,或由于四声的读法不同,在人际信息交往中,往往能表达出一种语句或单词的直接意义之外的第二意义,即喻义。在人际交往中,强调语言的喻义即象征的趋向,深为人们所喜爱,其所以如此,不能说与中国人的生存观念和生殖观念没有关系。我以为,我国的语言、民俗、信仰、民间艺术、建筑、动植物、天文等方面的文化象征,大致不外两大系统,即祈福纳吉的生存观念系统和子孙繁息的生殖观念系统。

所谓祈福纳吉,目的在祈求和希冀有一个有利于人类本身和生产发展的生存环境,比如门楣上画一个蝙蝠,利用谐音暗喻全家有福气,画五个蝙蝠,暗喻五福临门;门扇上画一只栩栩如生的老虎,意思是老虎能吃掉可能侵袭家庭和人丁的邪气、恶鬼,求得吉祥;牖(窗)上画两只大公鸡,或者告诉你吉(鸡)祥如意,或者告诉你开市大吉(鸡),或者告诉你新春大吉(鸡),大概《玄中记》所记桃都山上的桃木和天鸡能驱鬼的故事,还依稀遗留在老百姓的记忆里。从历代统治者的宫殿到普通老百姓的民居,其建筑构思、设计、装饰,从原始岩画、地下发掘的汉画像,到迄今依然十分流行的民间年画、剪纸、图案,从既有酬神功能又有娱人功能的祭仪、萨满舞蹈、傩舞,到今日依然为寻常百姓喜闻乐见的各种民间舞蹈、杂耍、娱乐,广泛而大量地运用象征思维方式、表现方式和象征形象,表达着根深蒂固、源远流长的祈福纳吉观念和子孙繁息观念。民间婚礼中,将枣、栗子散发给来贺喜的宾客或藏匿于枕中被褥中(现代衍化为散糖果一类食物、喜物),预祝新婚夫妇早生贵子;墙上贴着"麒麟送子""石榴百子""瓜瓞绵绵"的年画,让新婚夫妇在洞房里喝连杯酒(现在衍化为对啃一个苹果),用暗示的手法对他们进行性生活和生育知识的教育。从冬至送刑德、出土气起,一年之中那么多的节日,除了它们本身所标志的天象、气候的变化,以及与农事的关系外,其中积淀着多少象征的含义呵!迎春为何要到东门外?为何要鞭春牛?为何要燃放鞭炮?清明为何要放风筝?端午为何要戴艾、吃粽子?等等,等等,只有研究象征才能得出答案。

中国是一个多民族的文明古国,有着悠久而灿烂的民族文化。上层文化与民间文化作为中国文化的两大干流交相辉映,又相互渗透、交融。当上层文化在历史发展中走向僵化时,每每从民间文化中汲取滋养而得以恢复生机。《中国象征辞典》的编纂,其目的就是要梳理上层文化和民间文化(主要是民间文化)中的象征思维,为发扬中华民族的优秀文化传统,发展社会主义时代的新文化贡献绵薄。

由于没有先例可援,可资借鉴的资料的匮乏,学术界研究的不足,本辞典在选材、写作、观点方面的不当之处在所难免,希望得到批评、指正,以便有机会修订时予以弥补。

1991 年 1 月于北京

(原载《中国象征辞典》,刘锡诚、王文宝主编,天津教育出版社 1991 年,是为前言。)

二、形著于此而义表于彼

象征是一种群体性的、约定俗成的、传习的思维方式和交流方式。在人际交流中,人们常常是把真正的意思隐藏起来,只说出或只显示出能代表或暗寓某种意义的表象,这就是象征。三国魏哲学家王弼在《周易略例·明象》里所说的"触类可为其象,合意可为其征",就是这个意思,他所说的"象",就是世间万物的表象、形态。因此,象征一般是由两个互为依存的、对等的部分构成的。这两个部分,借用西方现代结构主义符号学的术语名之,一个叫"能指"(signifiant),一个叫"所指"(signifié)。瑞士语言学家费尔迪南·德·索绪尔(Ferdinand de Saussure)写道:"象征的特点是它永远不是完全任意的；它不是空洞的；它在能指和所指之间有一点自然联系的根基。象征法律的天平就不能随便用什么东西，例如一辆车，来代替。"①

南宋乾道间的罗愿在《尔雅翼》一书里曾给象征下过一个界说："形著于此，而义表于彼。"他写道："古者有雌彝，画雌于彝，谓之宗彝。又施之象服，夫服器必取象，此等者非特以其智而已，盖皆有所表焉。夫八卦六子之中，日月星辰可以象指者也，云雷风雨难以象指者也。故画龙以表云，画雉以表雷，画虎以表风，画蜼以表雨。凡此皆形著于此，而义表于彼，非为是物也。"在罗愿之前是否有人系统研究和谈论过"象征"的问题，我没有研究，但我以为，罗愿的这个界说，以"形"与"义"分别来指称西方人所说的"能指"和"所指"，是相当贴切的、严谨的，自然也是科学的。在器物上绘画、雕刻，是我们中国人传之既久的一种习惯和风尚，陶瓶瓷罐，建筑装饰，多有绘画和雕刻，这些绘画和雕刻，多数是具有象征意义的或象征主义的。画龙以表云，画雉以表雷，画虎以表风，画蜼以表雨，画家笔下的龙、雉、虎、蜼所表达的并非这些动物或灵物本身，而是云、雷、风、雨这些象征含义，外国人看不懂，中国人一看却能心领神会，这就是约定俗成。

象征思维，是中国传统文化的一大特点。象征的领域涉及语言、风俗、宗教信仰、婚丧嫁娶、服装衣饰、文学艺术（包括口头文学）、神话传说、数字颜色、礼俗仪式、山岳、江河、园林、建筑、桥梁、节日，以及日月星辰、云雨雷电等自然现象和伦理、感觉（梦幻）等社会心理领域，无处不在。

生活在社会上和群体中的人，不仅要思考，还要交流，而交流的手段有多种，如手势、语言等。语言是思维的产物，是最主要的一种交流工具，而语言又分两种：一种是世俗生活的语言，即自喻性的（self-explanatory），即直接可以了解的语言；另一种是神秘性的，即非自喻性的语言，也称隐喻性或象征性的（metaphorical or symbolistical）语言。② 基于农耕文明的隐喻性或象征性的语言，在汉语表达中异常活跃，营造了丰富的象征意象。到了当代，随着商业的发达，文化的通俗化浪潮的汹涌而起，语言的隐喻性象征日渐衰微，而利用语言的谐音而造成象征含义（如用数字"888"喻"发发发［财］"之类）的趋向，则日渐抬头。

考察象征的起源，可能追溯到原始先民对控制自然和掌握自身命运的强烈愿望。原始文化中的巫文化，就包含着丰富的象征的含义。有了成文历史后，在农耕文化环境下象征文化得到了充分的发展，譬如有些"神秘数字"的被

---

① 索绪尔著、高名凯译《普通语言学教程》第104页，北京：商务印书馆1985年。
② 见杨希枚《中国古代的神秘数字论稿》，台湾《"中央研究院"民族学研究所集刊》第33卷，1972年。

约定俗成的认可和传播。这些流行于一定的社会群体中的数字,其所以"神秘",是因为远离古代的我们难于破解,而在当时的人看来,这些数字可能并不神秘,其"谜底"应是人皆知之的。《史记·高祖本纪》云:"高祖为人,隆准而龙颜,美须髯,左股七十二黑子。""七十二"这个数字就是中华文化中的神秘数字,亦称象征数字,传承了几千年之久,直至今日仍未衰微。《正义》注:"《河图》云:'帝刘季口角戴胜,斗胸,龟背,龙股,长七尺七寸。'《合诚图》云:'赤帝体为朱鸟,其表龙颜,多黑子。'按:左,阳也。七十二黑子者,赤帝七十二日之数也。木火土金水各居一方,一岁三百六十日,四方分之,各得九十日,土居中央,并索四季,各十八日,俱成七十二日,故高祖七十二黑子者,应火德七十二日之征也。"除了上面引的高祖左股上的"七十二"黑子外,与"七十二"有关的人和事还很多,如泰山封禅之王七十二家、孔子七十二弟子、蚩尤七十二兄弟……有感于"七十二"这个数字的神秘莫解。20世纪40年代,流亡在昆明的西南联合大学教授闻一多、季镇淮、何善周写过一篇《"七十二"》的文章试作阐释:"'七十二'是一年三百六十日的五等分数,而这个数字乃是由五行思想衍化出来的一种术语。"五行思想是后来人附会到这个数字上去的。①

过了30年后,当时还在台湾,于70年代末回大陆的文化史家杨希枚先生对闻一多他们的阐释不以为然,写了一篇文章进行商榷,他说"七十二"这个神秘数字,与五行思想甚至阴阳观念没有关系,这类数字原是象征天地及天地感生之道的符号,是一系列参天两地神秘数字中的一个数字,除了参天两地的象征意义以外,具有至大至极之数和至善至美的象征意义。②

类似"七十二"的神秘数字,在社会上流行的还有不少,如"九",其所以流行,与人们的心理想象不无关系,至今还是象征研究的一个重要课题。

在日常生活中,举手投足间总会遇到或发现许多显然是隐藏着某种文化象征意涵的事物。再如服装衣饰,就是一个文化象征含义颇为丰富的领域,大而服制样式、左衽右衽,小而装饰图案、纹样搭配,无不蕴含着在一定的群体内约定俗成的象征意蕴,无不受到文化传统和时代风尚的影响,从古代的官服到现代的民族服饰,莫不如是。如明代皇帝所穿的礼服冕服上的"十二章"纹样——日、月、晨、龙、山、华虫、宗彝、藻、火、粉米、黼、黻,都有其特定的象征含义。无怪乎当朝的理学家吕柟写道:"古人制物,无不寓一个道理。如制冠,则有冠的道理;制衣服,则有衣服的道理;制鞋履,则有鞋履的

---

① 闻一多等《"七十二"》,西南联合大学师范学院《国文月刊》第22期,1943年7月。
② 杨希枚《论神秘数字七十二》,台湾大学《考古人类学集刊》卷35—36合刊,1974年;后收入作者《先秦文化史论集》中,北京:中国社会科学出版社1995年。

道理。人服此而思其理，则邪僻之心无自而入。故曰：'衣有深衣，其意深衣；履有约綦，以为行戒。'"①

在城垣、民居、宫观、园林、陵园、坟墓等的建筑上，从总体格局的设计（如南京明城的城墙是个大葫芦形②），到一门一窗一砖一瓦上的花纹图案，尽管形态各异，却异口同声地体现着中国人特有的象征主义的意向。概括地说，在这些象征的造型、布局、装饰、绘画等的背后，全都诉说着中国人无所不在的希冀，生生不息、吉祥如意、福寿平安的情结。

与服装衣饰、民居建筑等的直观形态的文化象征不同，诞生礼、成年礼、婚丧嫁娶、生老病死等人生礼仪，祭祀天地、祖先、神灵、山岳、祈雨、减灾等仪式，则属于行为象征。在其过程中，几乎每一个环节，都隐藏着象征的意蕴。

文化象征和象征文化，是一个既古老而又现代的话题。一般人由于习以为常，熟视无睹，不以为奇，不以为怪，不以为然。而外国人在与中国人交往时，或研究中国文化时，因为他们是在研究"异文化"，所以很容易就会发现或感觉到中国文化的这个特点，进而会深究下去，并从中探讨和追寻中国文化的精神和民族性格。而我们的被称为或自称为"国学家"的学者们却很少有人注意于此，更少有人花工夫去研究我国传统文化的这一特点和思维模式，所以我们在这一领域里的研究起步很迟。而象征研究，正是从表层深入到中国文化内部规律的通道之一。《中华象征文化丛书》的编辑出版，正是希望通过对中华文化中的象征思维方式的整理与阐释，为中华文化的整合和发扬中华文化精神贡献一份力量。

当《中华象征文化丛书》就要出版之际，责任编辑谢雪先生邀我为其写序，故写了上面这些意见权当序言，希望以此抛砖引玉，谬误之处，希望得到学界指正。

2004年7月28日于北京东河沿寓所

（原载《中华象征文化丛书》，成都：四川人民出版社2005年，是为序）

---

① 吕柟《泾野子内篇》卷一三《鹫峰东所语》第一八，北京：中华书局1992年。
② 王少华《南京明代"大葫芦形"都城的建造》（东方文粹），游琪、刘锡诚主编《葫芦与象征》345—363页，北京：商务印书馆2001年。

象征的诱惑（外六章）

中国人的思维方式和表述方式有自己的特点，常常不把要表达的真正意思直接说出来或显示出来，只说出或显示出能代表或暗喻这个意思的表象，而把真正的意思遮蔽起来。如在房屋的砖墙上常常见到的那些蝙蝠装饰画，春节时在室内贴着的那些蝙蝠年画，画面寓有的意思是"五福（五蝠）临门"或"福（蝠）从天降"。蝙蝠这个在民间故事里并不讨人喜欢的"骑墙"派，在民间绘画上却成为人们祈求的"福祉"的象征。在婚礼上人们常常会看到一些看似无意的事项，如新娘要乘花轿、要跨马鞍、要踏传席、要顶红盖头、要点红蜡烛、要在洞房的新床上撒枣栗子、要先让男人在新床上滚过等等，这类表象所暗喻的，几乎全是新婚夫妇要白头偕老、早生贵子的祈望。一整套繁缛的婚礼仪式，从头到尾都浸透着象征的文化意象，而且这些象征意象又是不言自明、约定俗成的。宋人罗愿撰《尔雅翼》说："古者有雌彝，画雌于彝，谓之宗彝。又施之象服，夫服器必取象，此等者非特以其智而已，盖皆有所表焉。夫八卦六子之中，日月星辰可以象指者也，云雷风雨难以象指者也。故画龙以表云，画雉以表雷，画虎以表风，画雌以表雨。凡此皆形著于此，而义表于彼，非为是物也。"可谓象征无处不在。这是地道的中国人的思维方式。

关于中国文化的精神或特点，中国文化与西方文化的区别，文化学家们和哲学家们发表过许多种意见，但我以为这种象征的思维方式，似乎称得上是最为重要的一端吧。对于中国文化的这种象征思维的方式，一般人由于习以为常，也就熟视无睹，不以为奇，不以为怪，不以为然。而外国人在与中国人交往时，或研究中国文化时，却很容易就会发现或感觉到中国文化的这个特点，进而会引诱他深究下去，并探讨和追寻中国文化的精神和民族性格，无怪乎外国的汉学家们在19世纪就注意研究中国文化的象征了。号称国学家的我国自己的学者们，反倒很少有人注意，更少有人花工夫去研究我国本土文化的这一规律和特点,他们把眼光只放在儒家思想家们留下来的经典和以儒家思想为核心的上层文化上,认为只有这些才称得上是中华文化的精华,而把作为亿万普通人思维方式的象征文化,仅仅看成是贩夫走卒、村夫农妇们不登大雅的把戏而已。象征文化固然在下层老百姓中保留得比较完整、比较丰富,至今仍然是民间文化或下层文化的一种思维方式,甚至生活方式,但细究起来,上层文化由于与下层文化同源而异流,其中不仅同样保留着、活跃着,甚至也发展着固有的象征文化,只要研究一下属于宫廷文化的建筑、器物、衣饰、诗联、文物、礼仪等,就会确信无疑了。

笔者曾在《三足乌文丛》总序《整合:岁首纪感》(《中华读书报》2001年2月28日)一文中提出了对"文化整合"的一种理解:只有把上层文化与下层文化整合起来,才称得上是完整的统一的中华文化。所惜者,我们对本土的从原始文化到下层文化这条血脉的关注和研究甚为薄弱,可以肯定的是,仅仅着眼于儒家文化,是无法完整地发掘和把握中华传统文化及其精华和特点的。象征研究正是从表层深入到中国文化内部规律的一条通道。

在我国,文化象征的研究开始甚早,但现代中断了。到20世纪80年代中期,再次起步,近10年来,已取得了一些可喜的成绩。翻译出版了德国汉学家艾伯哈德(Wolfram Eberhard)的《中国文化象征词典》(陈建宪译,湖南文艺出版社1990年),出版了我国学者自己编著的第一部《中国象征辞典》(刘锡诚、王文宝主编,天津教育出版社1991年)。此后,陆续出版了一些专著,如王铭铭、潘忠党主编的《象征与社会》(天津人民出版社1997年)、周星著《境界与象征:桥和民俗》(上海文艺出版社1998年)、白庚胜著《东巴神话象征论》(云南人民出版社1998年)、吴裕成著《中国的门文化》(天津人民出版社1998年)、汪玢玲著《中国虎文化研究》(东北师范大学出版社1998年)、杨鹍国著《符号与象征——中国少数民族服饰文化》(北京出版社2000年)、居阅时、瞿明安主编《中国象征文化》(上海人民出版社2000年)、吕微著《隐喻世界的来访者——中国民间财神信仰》(学苑出版社2000年)、游琪、刘锡诚主编《葫芦与象征》(商务印书馆2001年)、刘锡诚著《象征——对一种民间文化模式的考察》(学苑出版社2002年)、吴裕成著《中国的井文化》(天津人民出版社2002年)等,这是个不完全的名单。象征研究不仅引起了学术界的关注,而且在人文学术研究领域里渐成气候,但毕竟是初步的,仅仅是打破了传统的"国学"的大一统局面而已。中华文化博大精深,现在的成绩不过是九牛一毛,21世纪有望逐步把中国文化的象征学或符号学这门学科建立起来,更多的学者参与中华文化的整合。

象征的诱惑（外六章）

2002年4月12日

（原载天津《今晚报·副刊》2002年月4月30日；上海《社会科学报》2002年10月3日）

一、蝙蝠与人

过春节时，农家院的影壁上（没有影壁的就在门楣上），贴一个红方子大"福"字，寄寓祈求康宁的心理，是一种相当普遍的民俗。有点儿文墨的人家，常在"福"字第一笔那个点上做些文章，如写得状似一只小动物，在祈福之外再加上某种另外的吉祥含义。自20世纪90年代以来，在大城市里又兴起来倒着贴"福"字的风俗，而且一下子风靡各个层次的市民家庭。这是一种文化现象。

"福"字是一种文化象征或文化符号。"福"字背后被遮蔽着的意义，对于中国人来说，是约定俗成的，是心领神会的，不是哪一个人所能左右得了的。而对那些对中国人的民族心理不甚了然的老外们来说，情况就大不相同了，除了那些所谓"中国通"外，一般人会感到不得要领，困惑莫解。

祈福心理的普遍性，还见于其他许多文化物。厅堂里炕头上，常见到《五福临门》《福从天降》一类的年画；在丝绸、服装、壁挂、器物上，常见到《五福捧寿》的图案。总之，在日常生活中，"福"字到处可见，"福"的祈望镌刻在群众心里。

何为"五福"？《书经·洪范》曰："五福：一曰寿，二曰富，三曰康宁，四曰攸好德，五曰考终命。""寿"，《说文》解释为"久"，即生命长久。"康宁"，指生活无忧、平安顺遂。"富"，"备也"，指生活富足。"攸好德"，是说有学行、懂得美好之德。"考终命"，是"成其年寿，终尽天命"（牟注《同文尚书》）。因此，"福"或"五福"不仅负载着民族心理、美好愿望，又体现了中国的文化传统。

在表达或传递祈"福"愿望时，国人又往往避免直截了当、一览无余，而常常采用一种人人皆能意会的象征符号。人们选择了蝙蝠这种动物，蝙蝠便成了这样的文化符号。无分官民商农，看到蝙蝠便立刻想到："福"来了。《五福临门》也好，《五福捧寿》也好，《福从天降》也好，在这类年画或图案上，都以具象的"蝙蝠"来隐喻"福"字。《五福捧寿》的构图是由五只展翅飞翔的蝙蝠构成，四只蝙蝠头朝内、尾朝外组成一个圆圈，一只蝙蝠居于一个花体的"寿"字中间。这一图案，系何人原创，因流传日久，已无可稽考，

民俗与艺术

仅从造型上说，可谓巧夺天工，极富装饰性。蝙蝠表福，久而久之，约定俗成。"蝙蝠"作为"福"的象征符号，是人人皆能意会的。这种象征手法的成立，是由于汉字的谐音：蝠——福。在这里，谐音超越了符号学的"能指"（蝙蝠）与"所指"（福）之间在实际含义上的距离或矛盾。

五福捧寿

其实，在中国民间故事中，蝙蝠并不是个中国人喜爱的动物，而是一个令人讨厌的"骑墙派"。民间故事《蝙蝠》说：在宇宙初开时，天上有九个太阳，草木干枯，河流干涸，大家咒骂太阳，太阳便返回老家去了，大地上一片黑暗，严寒代替了炎热，动物们捐款请太阳再出来。轮到鸟类捐款时，蝙蝠说它不属于鸟类，而是鼠类，轮到鼠类捐款时，它又说它不属于鼠类，而是鸟类。大家为了惩罚蝙蝠的欺骗行为，从此不准蝙蝠有享受太阳的权利，只可以夜间出来寻食。(《民间文学》杂志1956年第1期) 多么滑头呀！明代作家冯梦龙在《笑府·蝙蝠骑墙》里也说："凤凰寿，百鸟朝贺，惟蝙蝠不至。"蝙蝠自认为它不是鸟，而是兽，故百鸟都来了，而唯独蝙蝠赖着不到场。已故美籍华人学者丁乃通在《中国民间故事类型索引》第222A［蝙蝠在鸟兽之战当中］条这样描述蝙蝠："蝙蝠既不参加鸟类，也不参加兽类，硬说它既不是鸟，也不是兽。因此它受到了惩罚。"（中国民间文艺出版社1986年）所谓惩罚，乃是在需要它表态时，它一会儿自称是鸟族，一会儿自称是兽族，总是想讨便宜，使它不敢在光天化日之下飞行，而只能在昼伏夜出，偷偷摸摸，鬼鬼祟祟！褒贬有加，态度鲜明。这就是中国人的蝙蝠观。

考其家谱行迹，蝙蝠是哺乳类动物中唯一能飞行的动物。它之所以能飞翔，靠的是与身体连在一起的翅膀。蝙蝠前后肢相连，前肢为皮膜状的翼，后肢有爪，便于倒悬于树枝等物体上。蝙蝠停下来时，翅膀便伏下来，所以古人将其名之曰"伏翼"或"服翼"。它的视力也很弱，靠接受高频震动波的反射波，以辨别方向和判断周围物体的位置。夜间出游，以昆虫、花粉、果实、小动物等为食，白天躲在山岩、溪流、洞穴等处睡觉休养生息。台湾作家李敖在《蝙蝠和清流》里批评曹植说，他写《蝙蝠赋》时，对蝙蝠的"观察得都别有天地，但到最后，说蝙蝠'巢不哺毂，空不乳子'，却观察得大错特错。曹植不知道，蝙蝠不是别的，正是大名鼎鼎的哺乳动物啊！"这种既是兽又能飞的动物，跑起来不如老鼠快，飞起来又不如鸟儿活，而人文品性，也与自然属性一样，属于"骑墙派"一族，故无论在中国还是外国，都不讨人喜欢。

奇怪的是，中国人自己给自己出了一个难题，广为流传民间故事批评蝙蝠，而约定俗成的文化象征却赞颂蝙蝠！这是一个令人费解的矛盾。论者将其引入到人世之中，提醒人们：对此种"骑墙"人物，千万要对它有所鄙视与警觉。

2002年12月27日

（原载《中国国土资源报·社稷坛副刊》2003年1月20日；《今晚报·副刊》2003年4月8日）

二、长尾猿的意涵

远古先民与动物朝夕相处，视动物为朋友，对动物的观察也细腻入微。随着社会的发展，人类与动物越来越隔膜，甚至为敌，把猎杀和食用动物视为快感。属于猿猴类的长尾猿，就是一种与人类友好相处且有亲缘关系的动物，如今，虽然在世界许多地方都还存活着，但人类对它似乎已经很陌生了，甚至只有在动物园里，才能一睹它的芳颜。而在我们的本土文化中，却依稀还能窥见人类与长尾猿的亲密关系以及人类对长尾猿的崇敬。

长尾猿与其他猿猴，甚至猩猩一样，在生物进化史上，与人类之间隔着一道很深的鸿沟。这道鸿沟，主要表现在脑、手、毛发等的发育级别上。长尾猿的手虽有五个手指（爪），但只是一种抓的工具，几乎没有使用器物的能力。而人的手却使人能够制作武器和工具，并用以使大自然服从自己的目的。手的利用在很大程度上影响到智力发展。

民俗与艺术

诚然，要弄清楚长尾猿的世系家谱，那是动物学家和进化论者们的事。《山海经》中记载了一种名叫蜼（wěi）的动物。《中山经》鬲山、《海外南经》狄山、《海内西经》昆仑山都有蜼的身影，蜼就是今天我们所说的长尾猿。想必蜼大概就是长尾猿最初始的名字了吧？郭璞注曰："蜼似猕猴，鼻露上向，尾四五尺，头有歧，苍黄色。雨则自悬树，以尾塞鼻孔，或以两指塞之。"长尾猿形体上的特点，暂且不表，重要的是，其鼻上勾，遇雨便将身躯悬于树枝上，用尾巴将鼻孔塞住。人们在长久的观察中，掌握了长尾猿这一本属于生物性的习性，而且将其移位到人文领域里来，看作是雨水的象征。于是古人只要提到蜼的时候，便知道其所指是雨、祈雨、下雨，而雨水，对于靠天吃饭的农耕社会来说，自是至关重要的，君不见古人为了祈雨而献身，上演过多少有声有色的人间悲剧呵！

长尾猿 （清）汪绂绘

蜼 （清）汪绂绘

据文献记载，蜼在周代便进入了天子的衣饰和高贵的祭礼。天子之服有十二章（种），衮衣绣裳之饰。这十二章是日、月、星辰、山、龙、华虫、宗彝、藻、火、粉米、黼、黻，以五采彰施于五色，绨绣于天子的衣裳上。日、月、星辰、山、龙、华虫这六种图像缔绣于衣,宗彝、藻、火、粉米、黼、黻这六种缔绣于裳。宗彝,就是我们所说的蜼,即长尾猿。古时的礼器中有宗彝一类,刻有蜼纹的彝器,就名之曰"蜼彝",被认为是智慧的象征。此话怎讲?《周礼·春官·司尊彝》有曰:"凡四时之间祀、追享、朝享,祼用虎彝、蜼彝,皆有舟。"郑锷注曰:"先儒谓虎者,西方之义兽。蜼似猕猴而大,其鼻上勾,雨则自垂于树,以尾塞鼻,盖兽之智也。'追享'及迁庙之主,世既远矣,犹不忘祭,是谓尊尊尊尊,至于远祖,可以谓之义彝,刻以虎,以其义也。'朝享'行于祖考之庙,亲为近矣,每月祭焉,是谓亲亲亲亲,不忘乎月祭,可以谓之智彝。刻以蜼,以其智也。黄氏曰:亦画蜼为饰也,虎彝则画虎也。"在彝器上刻画蜼的形象,以象征智慧,以象征被祭祀的神灵或祖先是智者,想必来源于蜼在遇雨时把尾巴塞到鼻孔里去避雨这一如人甚至超人的智慧。

到宋代,皇帝的衣饰上,蜼的图像依然受崇有加。宋代皇帝的服饰有大裘冕、衮服、通天冠、绛沙袍、履袍、衫袍、窄袍、御阅服之别。大裘冕是祭祀昊天上帝时的礼服。大裘,用黑羔皮制成,领袖用黑缯,冕,无旒,前圆后方,前低后高,玄表朱里,以缯制成。衮服是祭祀宗庙、朝太清宫、受册尊号、元日受朝、册皇太子时的衣着。衮服为青色,绣有日、月、星辰、山、龙、雉、虎蜼七种图形,红裙绣有藻、火、粉米、黼、黻五种图形。皇帝衮服上以日、月、星辰、山、龙、雉、虎蜼这七种动物或虚拟动物作为神圣而尊贵的标识,不是偶然的,这些都是当时华夏民族最为看重的神圣崇拜物,甚至是当时或过去的图腾物,足见皇族关于蜼的观念和对蜼的重视。自周以来,这些图像的象征性,以及它们背后所遮蔽的文化内涵,对我们现在的人来说,也许并非都能"意会"得到,但在当时的人们看来,却是人人都可以"意会"的,甚至不妨称之为一种图像语言。

宋代有一位名罗愿(1136—1184)的方志学家,撰写了一部《尔雅翼》。他在这部书里说:"古者有蜼彝,画蜼于彝,谓之宗彝。又施之象服,夫服器必取象,此等者,非特以其智而已,盖皆有所表焉。夫八卦六子之中,日月星辰可以象指者也,云雷风雨难以象指者也。故画龙以表云,画雉以表雷,画虎以表风,画蜼以表雨。凡此皆形著于此,而义表于彼,非为是物也。"他所说的"形著于此,而义于彼",就是我们今天所说的"象征",且不说他对龙表云、雉表雨、虎表风这些象征学上的能指和所指关系的表述,为我们后来的炎黄子孙们开辟了研究传统文化思维的一条小径,理所当然地承担起筚路蓝缕的先驱角色,仅从罗老先生对"象征"的界定而言,他的表述,比在《美学》一书中对艺术象征作过研究和阐述的德国大美学家黑格尔,要早出600多年。

民俗与艺术

象征学的故乡在中国!

2002 年 12 月 27 日

(原载《今晚报·副刊》2003 年 4 月 7 日)

三、石榴飘香

  曹雪芹在《红楼梦》第五回里,用"靥笑春桃兮,云堆翠髻;唇绽樱颗兮,榴齿含香"来描绘贾宝玉梦游"太虚幻境"时所见到的仙姑,寥寥几句,就勾画出了一个虚幻朦胧的仙女的美丽形象。前三句,用春桃形容靥笑,用堆云形容翠髻,用樱桃形容开合的小嘴(古人的观念,以樱桃小口为美,如今,青年们接受外国人的观念,反以大嘴为美了),似是常见的比喻,倒是"榴齿含香"比较少见,颇见创意。樱桃小嘴一开,露出一排牙齿,像成熟后裂开的石榴籽那样细密而洁白,且散发出芳香。那模样,真可谓秀色可餐!

  石榴逗人喜欢。人们喜欢石榴,喜欢在庭院里种植几株石榴树,喜欢在端午节摘几朵榴花绾在妇女发簪上,喜欢藏匿几颗石榴在儿子的婚床上或新房的柜角里,喜欢在春节时节摆几颗石榴在祖先供桌上,喜欢在炕头上贴上一幅《榴开百子》的年画,喜欢绣几朵石榴花或大石榴图案在衣裳上,如此等等。喜欢石榴的,不仅是文墨不多的普通老百姓,也包括那些达官贵人和饱学之士。为什么呢?石榴不仅因其籽粒的细密和红里透白的色泽而给人以欣悦的美感,使人们一看到那晶莹饱满的籽粒,便联想到美女的牙齿,便联想到美女那可人的秀色,而且,还因其籽粒的饱满而给人以生殖力旺盛的象征,使人们一看到丰满得爆裂开口子的石榴,便联想到子孙的繁衍,联想到家族的兴盛。生殖力的旺盛,是生命力的象征,如果宇宙间的一切生物没有了生殖力,便没有生命存在,那么,世界将会进入死亡状态;如果人类没有了生殖力,便不会有生命的延续,世界也便变得了无意义。庭院里种上一棵石榴树,每到农历五月,榴花似火,整个庭院和家庭便也因榴花而充满了生命力,显示出昂然的生机,给人一种家境和人气蒸蒸日上的预示。正因为如此,人们才赋予榴花以祛邪避灾的人文含义,而爱榴宠榴也便久而成俗。

  有一年暑假,一位台湾友人来访,告诉我一桩多年来一直无法忘记的事:她的邻居老太太,是 20 世纪 40 年代离大陆去台湾的,一去 50 年没有机会再回大陆,如今已年迈龙钟,回乡之举难于实现了。在她临行之前,老太太郑重地嘱托她回台时,帮她从大陆带一只石榴回去。一只小小的石榴,看来无足轻

象征的诱惑（外六章）

榴开百子

重，可在离别故园多年的老太太说来，却寄寓着常在梦中思念的家国之情。面对着故乡的石榴，也许50年前的父老乡亲之情和家族故园之象，能够平抚她心灵的失落。

其实，石榴并不是中国原产，石榴被引进我国和被国人所接受而进入本土的观念系统，颇有一段有趣的历史。

石榴原产于伊朗的扎格洛斯山。2000多年前，西汉张骞出使西域，从安息国（今伊朗）将石榴移植到中土，作为珍奇花卉，被种植在京城长安的御花园里。陆机《与弟云书》："张骞为汉使外国十八年，得涂林。涂林，安石榴也。""安"，就是"安息"的"安"。后来，石榴逐渐从宫廷流入民间，成为普遍种植的果木。现在我国还保留着的陕西临潼石榴园、山东枣庄峄城石榴园、云南蒙自石榴园这三大石榴园中，前两大石榴园，大概都与张骞当年引进的石榴有渊源关系。临潼石榴园出自当年宫中御花园的遗留，相信自不待言；而峄山石榴园，有记载说，是当朝丞相匡衡从御花园"上林苑"引石榴于家乡栽种，传之而今。这两个号称万亩的石榴园，规模大，品种多，历史久，蔚为大观，成为中国吸收外来文化的一个历史见证。蒙自新安所镇的石榴园，虽非当年张骞引进的那批物种，也没有那么久远的种植历史，但有材料说，也是从伊朗和阿富汗引进种植起来的，迄今也有700年的历史了。

10多年前，记得是1986年吧，笔者与几个文友应邀到峄山（那时还改为现在的名字枣庄市峄城区）石榴园考察观光，饱览了万亩石榴园的恢弘风采，考察了石榴的引种历史和人文观念。据朋友告知，在五六十年代"以粮为纲"的年代，只顾"广积粮"，而历史遗留下来的万亩石榴园这笔巨大的遗产，几近被荒废和遗忘，因为石榴毕竟不是粮食！改革开放之初，党中央和国务院领导在一次会议上，点名询问与会的山东某干部："据史书上记载，枣庄的峄山附近，历史上有一座石榴园，现在的状况怎么样了？"那领导干部对此一无所知，慌乱中无从回答。由于有了这历史的一问，才又有了峄山万亩石榴园今日的生机！如果没有这一问呢？历史也许会是另一个样子。我伫立在漫山遍野一株株一丛丛而又盘根错节的石榴树丛中，不禁感喟：那满树的虬枝繁叶，那累累的石榴果，浓缩着我们中华文化 2000 年的一部历史呀！一代一代的中华子孙们，把外来的石榴赋予了新的人文观念，使其在物质的瓜果之外，又负载着丰富的人文的含义，从而融化到中华文化之中！如今绵延 17 公里，占地两万亩的峄城石榴园，已成为旅游观光的胜地！

2003 年 1 月 13 日

（原载《今晚报》2003 年 4 月 9 日）

四、吾心如秤

电视连续剧《宰相刘罗锅》在电视台播映的时候，搅得万人空巷，不分男女老少，都在收看，都在议论，都在哼那首主题歌里的词儿："天地之间有杆秤，那秤砣是咱老百姓。"大概是刘罗锅这个清官形象，打动了普通老百姓的心扉，击中了时弊，说出了普通老百姓心中的话。这件事着实叫我想了好一阵子。我们的传统文化强调的是"天人合一"，是家庭、家族团结与延续，是"五服""六亲"，是亲情，是伦理，虽然也讲"忠厚传家"，"诚实做人"，但却不像发达的资本主义社会那样，须臾离不开"诚信"。而对于一个现代社会来说，公平、公正、公开，或曰诚信，是多么的重要！

讲公平、公正，第一件事，就让我想起来中国的杆秤，那东西是谁也蒙骗不了、欺负不了的东西，是人间公平、公正的象征。10 多年前，老友宋兆麟先生借给我一本题为《吉羊赞语》的稿本看，有图有文，所录的都是些中国人心目中的吉祥物，就题名和体例来看，这本图文画册，类似东晋学者郭璞所撰之《山海经图赞》，画龙点睛，通俗易懂。那稿本里画的第 11 图就是一幅"天平"图。我对天平这个词儿在我国出现于何时，没有研究，却还是不免在心里对这位作者老先生发出诘问：为何不画一幅中国的老秤——杆秤，而杆秤不是使用的历史更长,更有吉祥含义吗?

"天平"图

关于秤的历史,宋人高承撰《事物纪源》卷八《秤斗尺》说:"《吕氏春秋》曰:黄帝使伶伦取竹于昆仑之嶰谷,为黄钟之律,而造权衡度量。盖因其所胜轻重之数而生权,以为铢、两、斤、钧、石,则秤之始也。"尽管语中不乏传说因素,但自周以来,便有秤这种衡器出现,还是可信的。而据《辞源》的认定:"(秤)恒定物体重量的器具。古代指使用大型权器的等臂大天平,自唐以来专指提系杆秤。"杆秤则在唐代开始流行于市(秤药材、黄金等微量的物品时,还使用一种被称作戥子的杆秤),直到20世纪末,才由政府明令公告不再通行。因此,杆秤在中国文化史上的地位,功不可没。更重要的是,杆秤在社会上和人心中树立了一个叫作"公平"的规范和观念。

不久前，《报刊文摘》摘要转载了中央统战部副部长胡德平的一篇短文，就是讲的杆秤所显示的"公平"和"诚信"理念，大意是旧时的杆秤，十六两为一斤。秤杆由硬木制作而成，在秤杆上刻有十六个刻度，每个刻度代表一两，每一两都用一颗星来表示。俗说，秤杆上的七颗星代表的是北斗星，六颗星代表的是南斗星。除了这十三颗星外，还余三颗星，分别代表福、禄、寿三星。如果商人给顾客称量货物时，少给一两，则缺"福"；少给二两，则表示既缺"福"又缺"禄"；少给三两，则"福""禄""寿"俱缺。福禄寿这三个人生观念，在中国人的观念中是最重要的观念，作为文化符号，"福"之所指是康宁，"禄"之所指是财富，"寿"之所指是生命。如果在商业活动中，商人因自己良心的不正，缺乏诚信，所损及的，不再是几两几钱货物，而将是他的康宁、财富和寿数，那将是一种最严厉的惩罚。当然这里说的，已超出了杆秤的本原功能，而是文化象征功能了。

杆秤或戥子的秤杆上的第一颗星，其位置在秤砣与秤盘成平衡时秤砣的悬点，称定盘星。民间还有一种说法是，在秤杆的提梁和福星之间，有一颗大星，叫定盘星。当手提提梁，把秤砣悬在这颗大星的位置上，即定为零位时，戥子或杆秤的秤杆保持平衡。定盘星被比喻为做事的准绳，人们赋予它以"公平、公正"之引申意，作为一种象征，定盘星常用于社会生活之中，喻行事要把握住准绳，否则要走弯路，或邪道。朱熹《水调歌头·联句问讯罗汉诗》："记取渊冰语，莫错定盘星。"冯梦龙《喻世明言》第四卷："女儿家拿不定定盘星，也要走差了道儿。那时悔之何及！"都是说的这个意思。

在社会上办事，在人际交往中，每个人都应该有一颗坦荡的胸怀，处事公平、公正、无私，就像杆秤或戥子那样，要真正做到诸葛亮说的："吾心如秤，不能为人作轻重。"（《北堂书钞》三七《三国蜀诸葛亮杂言》）人人都能如此，我们的社会，就不仅是个既讲亲情、讲伦理，又以诚信为处世原则的健康的社会。

2003 年 1 月 14 日

（原载《今晚报·副刊》2003 年 4 月 11 日）

五、音乐之神

鲁迅的《朝花夕拾》里收了一篇题为《阿长与〈山海经〉》的散文，是写他小时候的保姆长妈妈的。鲁迅写他哀悼隐鼠的时候，渴慕着有一本他的远祖叔叔给他提到过的绘图《山海经》。有一次,长妈妈给他买来了四本书,这就是他思念已久的绘图本《山海经》。他高兴极了!他写道:"那是我最为心爱的宝书,看起来,确是人面的兽;九头的蛇;一脚的牛;袋子似的帝江;没有头而'以乳为目,以脐为口',还要'执干戚而舞'的刑天。"鲁迅文里所说的"一脚的牛",名字叫夔,正是我要说的"音乐之神"。

《山海经·大荒东经》里说:"东海中有流波山,入海七千里。其上有兽,状如牛,苍身而无角,一足,出入水必风雨,其光如日月,其声如雷,其名曰夔。黄帝得之,以其皮为鼓,橛以雷兽之骨,声闻五百里,以威天下。"这段文字不仅描述了夔的形貌和神力,而且还引出了有关夔的神话,即黄帝以其皮为鼓,威震天下,但语焉不详。

一脚的牛——夔

清代史学家马骕《绎史》卷五引《黄帝内传》中的一段故事,可作语焉不详的夔神话的补充:"黄帝伐蚩尤,玄女为帝制夔牛鼓八十面,一震五百里,连震三千八百里。玄女为帝制司南车,当其前记里,鼓车居其右。"夔的事迹又多了一些,但玄女又是何方人士?《全上古三代秦汉三国六朝文·全上古三代文》卷十六《黄帝问玄女兵法》:"黄帝与蚩尤九战九不胜。黄帝归于

民俗与艺术

太山，三日三夜，天雾冥。有一妇人，人首鸟形，黄帝稽首再拜，伏不敢起。妇人曰：'吾玄女也，子欲何问？'黄帝曰：'小子欲万战万胜，万隐万匿，首当从何起？'遂得战法焉。"玄女将夔之皮做成鼓，使黄帝在战胜蚩尤的战争中起了重大作用。夔的神话又多了一个情节。

明代画家笔下的《山海经》夔图，正是一个状如牛、一足、其光如日月（有光环）、其声如雷的兽神，但画家没有也无法表现出夔在黄帝与蚩尤的鏖战中的角色，但它的"其声如雷"，不是也暗示了它与鼓与音乐的蛛丝马迹吗？

除了与黄帝的这段纠葛外，夔又与尧和舜这两位传说中的帝王有关。《书经·舜典》："帝（舜）曰：'夔，命汝典乐，教胄子。……'夔曰：'於！予击石拊石，百兽率舞。'"在这段文献里，夔与音乐的关系，不再限于以自己的皮制成鼓，而导致音乐的发明，是它创造了或开创了"击石拊石"的原始音乐，创造了"百兽率舞"的原始舞蹈，他是音乐之神。

关于原始的音乐之神，还有另一种说法。《吕氏春秋·古乐》说：（颛顼）"乃令鱓先为乐倡。鱓乃偃寝，以其尾鼓其腹。其音英英。"在此，音乐的发明者、创造者是鱓。鱓也是动物，一种软体动物，尾巴很长，它转动自己的尾巴，敲击肚皮，发出了"英英"的声音，音乐就这样发明了。

已故考古美术史家刘敦愿，生前曾考证过玄女以夔皮为鼓与颛顼帝"令鱓先为乐倡""（鱓）以其尾鼓其腹部"之间的关系。他说："夔之被看作音乐之神，由于中国古代习惯以爬行动物之皮蒙鼓，因而附会而成；又由于古代鼓的安置方法特殊，必须'树鼓'而以'木贯其中'，于是在古代神话传说中，这个树鼓之木，便被夸张成龙蛇的一足，塑造出了夔的这种特殊形象。粗看起来荒诞不经，实际这种想象是颇巧思的。"（《从夔典到夔魍魉》）在这个问题的考证上，刘先生功莫大焉。

夔作为音乐之神的成立，一赖于文化碎片的拼接，二赖于考古学上的考证。我们看到，一种虽然在消失中的但还依稀可见的文化现象，需要的是不懈的搜寻残存着的碎片和细心地把它们拼接起来，有了这样的热心人和矢志不渝的用心，就不难复原它的原貌。当我们在博物馆里参观时，我们会时常发现，一件古代的器物，常常是用无数碎片拼接起来的。有了陶罐的尽可能多的碎片，人们便可以拼接成至少是想象出那个古代陶罐的样子来。在文化学上，拼接是整合的一种方法，它的实施固然是很艰难的，但在艰难过去之后，历史的面貌却清楚了很多，文化的面貌也清楚了很多。

2000 年 5 月 19 日

（原载《今晚报·副刊》2003 年 4 月 12 日）

六、三阳开泰的意象

记得父母在世时，老屋的炕头上，每年春节前总要更换一些新的年画，其中有一幅是潍县杨家埠村出品的《三阳开泰》图，纸质很差，色彩却搭配得鲜艳，最重要的，是用清代的雕版印刷的，画面上画的是三只山羊、三个向日葵的花盘、三枝开放的山茶花。这幅画构思巧妙，包含着诸多象征的图像，三只羊、三个向日葵，都是"三阳"的隐喻；山羊的"山"、山茶的"山"都与"三阳"的"三"字谐音。这么多各自独立的形象，编排在一个有限的画框里，每一个独立形象有各自的隐喻，而整幅画面又组成一个寓意深刻的文化象征。

记得少年时代，这幅据清版印刷的年画在市面上仍然十分流行，在家乡父老中间颇受欢迎。每到年根，人头攒动的农村市场上，人们争相购买来贴到自家炕头上，寄托着开春有个好年景的美好期望。想起战争年月的兵荒马乱和饥馑，想起中华人民共和国成立后的有几年的春荒，家家户户以树叶、树皮、薯蔓充饥的日子，人们多么期望开春能有个好年景！而一幅《三阳开泰》正好用来平抚他们沮丧的心灵。

"三阳"意为春天开始。据《易经》：阳爻称九，位在第一称初九，第二称九二，第三称九三，合三者为三阳。又易卦，"十月为坤卦，纯阴之象；十一月为复卦，一阳生于下；十二月为临卦，二阳生于下；正月为泰卦，三阳生于下"。农历十一月冬至日，昼最短，此后，昼渐长，阴气渐去而阳气始生，称冬至一阳生，十二月二阳生，正月三阳开泰。正月正是三阳生泰卦，此时既是立春，又逢新年，冬去春来，阴阳消长，万物复苏，故"三阳开泰"或"三阳交泰"便成为岁首人们用来互相祝福的吉利之辞。用于岁首祝福时，人们也常用"三羊"来代替"三阳"，把"三阳开泰"写成"三羊开泰"，乃取其谐音而已。根据泰卦的释义，"三阳开泰"的引申意思，则有好运即将降临之意。

拿"三羊"来代替"三阳"，除了"羊"与"阳"两字谐音而外，也还有寓有更隐蔽的深层的文化含义。

其一，汉代许慎《说文》云："羊，祥也。"古文中，"羊"字与"祥"字是相通的。《本草纲目》引董仲舒说："羊，祥也，故吉礼用之。"吉祥的礼俗中常用羊做牲，就是因为羊能传达吉祥、福祉之故，羊也因此而成为吉祥、福祉的象征。从几万年前到几千年前的岩画上原始人镌刻的形态各异的羊的形象中，我们可以看到人类与羊的亲善与和谐关系，有的民族，可能就是以羊为

三阳开泰

其图腾的民族。我国古羌人,古代也称西戎,《说文》说该族"羊种",《史记》说他们是"牧羊人",用现在的语言来表达,乃古代羌人(西戎人)是一个游牧民族,他们把羊作为自己民族的图腾祖先,把自己与羊看作是同一血族,对其虔敬供奉。人类从原始狩猎者进到驯养者之后,羊便成为人类驯养的家畜。祭祀对于古人来说,是经国之大事,举行祭祀活动,牛羊历来充当着最为重要的祭牲的角色。祭祀宗庙祖先,则羊为大牲,作为祭牲时,一般的牛羊是不行的,而要求其体毛完美者。

其二,《说文》又说:"美,甘也。从羊、大。……美与善同意。"羊之大者则美;美又与善同一意。古人把羊作为美好的象征,一切美好的事物,都用羊来形容,这也许与羊的形体肥美(段玉裁注:"羊大,则肥美无鄙。")、性格温顺、叫声悠扬婉转、缺少攻击性(善)有关,足见羊之隐含着美好、和善、吉祥之意。因此，羊之物象也便成为美好的意象。

《三阳开泰》除了作为年画的题名之外，在一些稀世瓷器、国画上，也常见到以此为题名的。自是既取意于"三阳"新春时节的吉祥称颂，又兼有《易经》中泰卦好运降临之意蕴，以《三阳开泰》为题名的瓷器和国画，皆系雅文化之属，一般小百姓是无缘见识，更无缘享用的，而年画就不同了，它具有民众性，随着那雕版的启合而印出万千张画页，便流入以农民为主体的农贸市场，随着"三阳"在腊尽之时君临千家万户，成为亿万底层农民兄弟的希望与憧憬的精神寄托。因此，由那三只既肥美又温顺，既善良又祥和的山羊，与三个葵花头、三枝山茶花构成画面的《三阳开泰》年画，其影响力远远超过同一题材的瓷器画和国画，深入到小百姓的心坎之中，也就是理所当然的了。如今，向我们走来的是第 21 世纪的第一个"三阳"，而传统文化中的"三阳开泰"的象征意蕴，却仍然那样的浓烈而富于生命力！

2002 年 12 月 30 日

（原载《中华工商时报·文化》2003 年 1 月 17 日）

葫芦与原始艺术

在长达三四千年的新石器时代里，我国的原始先民就地取材，制造出了散布于黄河流域、长江流域、沿海一带，以及华北、东北等广大地区的陶器、牙骨器和玉器等器皿或装饰品，并且在这些造型精美的器皿和装饰品上，刻制或绘制一定的花纹或图案，使之成为具有审美价值的原始艺术品。

作为史前时代的艺术，大量的新石器时代的陶器（特别是彩陶和黑陶），悠悠几千载，埋藏在地下，只是靠了学者们的考古发掘，才得以使其中的一部分重见天日，恢复其本来面目，也从而使重构原始文化和史前艺术的规律和体系成为可能。比较起其他原始艺术门类（如口传的原始艺术，如神话、诗歌；身体动作的原始艺术，如舞蹈）来，以陶器为代表的造型艺术，因为有物质外壳的依托而得以完整地把原始艺术原来的面貌保存下来。

本文拟从葫芦与原始陶器的造型、葫芦与原始神话、葫芦与原始巫术三个方面，来讨论葫芦与史前艺术的关系。

一、葫芦是新石器时代陶器造型的原型之一

由旧石器时代过渡到新石器时代，主要的标志固然是人类所使用的工具，由打制石器，即粗石器进步到了磨制石器即细石器，然而火的利用，使泥土等物质改变了自己的化学性质，从而结束了单纯依靠自然力恩赐的历史。因此，陶器的发明，又被认为是新石器文化的一个标志。

考古学确认的属于新石器时代的陶器，有碗、钵、罐、盆、壶、豆、瓶、鼎和鬲等十余种形式。这些陶器具有一定的造型，实用性很强，同时制作时也注意器表的光洁和美观。这里面，既包含着制作的技巧，也包含着审美的观点。因此，陶器造型本身就构成艺术。

陶器的造型，有形象的，也有非形象的，就其起源来说，是多元的，而不是一元的。原始先民由于生活和生产的需要，在制造出陶器来之前，曾经经历过一个利用自然界提供的现成物件当作器皿的阶段，这是无可怀疑的。

考古学已经证明，可能从旧石器时代起，人的头盖骨就曾经是人们用来喝水的杯子，如"北京人"的洞穴里发现的14件头盖骨，被认为是"把头盖部分作为盛水的器皿"的例证。①

野生的或经驯化的葫芦，也是自然界为人类提供的一种现成的器皿。吴山先生在1982年提出："我国新石器时代的居民，早先很可能利用自然形态的葫芦果壳，作为器皿使用。"② 刘尧汉先生于1987年进一步指出："我们根据民族志资料可以推断：世界上凡是远古曾生长葫芦的地方，那里的原始先民，在使用陶容器之前，曾先使用天然容器——葫芦。"③虽然我们没有直接的证据，但我们相信，还处在采集阶段或采集渔猎阶段上的原始人，就可能用野生的葫芦作为容器了。原始先民在使用过一段时期的自然界提供的现成器皿之后，才开始模仿这类现成的物体的形状，或以这些现成的物体为模型，创造出各种形状和不同用途的陶器来，葫芦就是其中的一种。

在新石器时代，在葫芦为原型制陶的方法，可能有两种情况。其一，制陶者把葫芦作为模型，将和好的细泥糊在葫芦的外面，做成一个葫芦状的泥坯，然后放在火上烧，待烧成后，葫芦因被烧成灰烬而自然脱落，剩下来的便是陶瓶或陶壶了。恩格斯在《家庭、私有制和国家的起源》中说："可以证明，在许多地方，也许是在一切地方，陶器的制造都是由于在编织的或木器的容器上涂上黏土使之能够耐火而产生的。"④ 友人宋兆麟先生告知笔者，他曾在云南的文山的彝族中见到，他们还保留着这种最原始的制陶方法。其二，以葫芦为原型，模仿葫芦的样子，将泥片塑成葫芦形状的泥坯，然后放到火上烧制。原始先民模仿葫芦的形状或以葫芦为模型制陶，制出来的陶器可能呈现出各种不同的造型。以造型来区分，葫芦形陶器大致可分两类：一类为完形的葫芦造型，呈丫丫葫芦状、鼓腹、敛口、平底或尖底，如瓶、壶；一类为经过切割后的葫芦造型，截去上半部分为罐、瓮，纵面切开为碗、瓢。

迄今发掘出土的最早的完形的葫芦形陶器器皿，如西安半坡遗址出土的长

---

① 贾兰坡《远古的食人之风》，《化石》1979年第1期。
② 吴山《中国新石器时代陶器装饰艺术》第2页，北京：文物出版社1982年。
③ 刘尧汉《论中华葫芦文化》，《民间文学论坛》1987年第3期。
④ 恩格斯《家庭、私有制和国家的起源》，《马克思恩格斯选集》第4卷第19页，北京：人民出版社1972年。

颈葫芦形陶瓶、细颈陶壶,是属于仰韶文化早期的,距今约 6000 年。① 这种葫芦形陶瓶(壶)在仰韶文化中也是有时期性和地区性特征的,而不是普遍的。有学者指出,葫芦形陶瓶(壶)是半坡早期的遗物,而与半坡早期的文化特征相同的遗址,又主要分布在陕西中部的关中平原。因此,半坡类型的葫芦形陶瓶(壶),多见于关中地区,而基本上不见于关东地区。② 这里面必有我们还不知道的原因,譬如,半坡或关中一带,6000 年前曾经是葫芦的生长和种植的区域,当地氏族部落存在着崇拜葫芦的信仰等。

同属半坡类型的宝鸡北首岭出土的几件彩陶壶和陶瓶,与完形的葫芦形象酷似。其中 XⅢ式陶瓶,口部葫芦形,腹下坠,最大颈近底部,平底,整个器形像个葫芦。Ⅲ式细颈陶壶,口部作葫芦形,腹壁作流线型,底呈尖锥状,腹侧有双耳,颈部有戳刺纹,腹部饰斜绳纹,通常称作尖底瓶。③ 陕西临潼姜寨出土的葫芦形彩陶瓶共 114 件,数量极为可观。此类陶器是姜寨第二期文化遗物中的主要器形之一,陶质细腻,造型美观,多为泥质红陶及细砂红陶,多数素面,少数饰黑彩,个别饰绳纹。标本 ZHT8M168:3 葫芦形瓶,口微敛,口颈分界不明显,平底,腹部绘有两组黑彩变体鱼纹图案。标本 ZHT5M76:10 葫芦形瓶,口和腹全饰黑彩,腹周饰黑彩变形人面四组,每组绘一圆形人面,眼、眉、鼻、嘴俱全。④ 陕西渭南史家遗址出土的葫芦瓮,眉县马家镇杨家村发现的泥质红色葫芦瓶,也都是依照葫芦的形状作为彩陶的造型的实例。⑤

甘肃甘谷县西坪和武山县傅家门出土的庙底沟类型和石岭下类型时期的人面鲵鱼纹彩陶瓶,⑥甘肃秦安大地湾出土的庙底沟类型时期的人头形器口彩陶瓶,⑦ 也都属于葫芦形的陶器。

马家窑类型甘肃永登遗址出土的束腰陶罐,也是葫芦形的。马厂类型甘肃临洮出土的一件陶勺,被认为是葫芦纵剖面的形象。这件作品被瑞典人安特生 1923—1924 年在甘肃地区考察时在兰州买到,近几十年来多次考古发掘中再

---

① 中国社会科学院考古研究所、陕西西安半坡博物馆《西安半坡》,北京:文物出版社 1963 年。
② 严文明《论半坡类型和庙底沟类型》,《仰韶文化研究》第 111—112 页,北京:文物出版社 1989 年。
③ 中国社会科学院考古研究所《宝鸡北首岭》第 104—105 页,北京:文物出版社 1983 年。
④ 西安半坡博物馆、陕西省考古研究所、临潼县博物馆《姜寨》第 245 页,北京:文物出版社 1988 年。
⑤ 《眉县杨家村遗址调查报告》,《考古与文物》1990 年第 5 期。
⑥ 《甘肃彩陶》文物出版社 1979 年。
⑦ 张朋川《甘肃出土的几件仰韶文化人像陶塑》,《文物》1979 年第 11 期。

也没有见到类似的遗物，因而成为稀世珍品。①

云南鲁甸马厂新石器时代遗址出土的9件陶器，其中一件发掘报告称之为"陶勺形器"，形状酷似葫芦，在颈部有一小圆孔，体部有一大圆孔，内部实心而不相连，显然不是葫芦笙一类的乐器。有学者认为是一件自然崇拜物，而且从艺术的角度看，是对葫芦模仿得极像的陶葫芦，可以归于象形的，即葫芦（植物）形的原始造型艺术品。②

为什么原始先民选择葫芦作为陶壶或陶瓶的造型原型呢？

首先是葫芦种植普遍并容易得到，就决定了葫芦能够成为原始先民最先选择的简单而又轻便的容器和仿制陶器的原型。1973年和1977年考古工作者两次对浙江余姚河姆渡新石器时代遗址的发掘，出土了被认为是我国最早的葫芦种子，说明六七千年前葫芦就已经栽培了。由此可以推断，远古时代，葫芦在江浙一带不仅有野生的，人工种植也已经相当广泛和普遍了。关中一带当年是否种植葫芦，没有可靠的考古材料可资证实，以陶器的形器作为反证，倒也能够说明一些问题。

其次是葫芦的实用性。葫芦是原始采集与农业民族的重要作物，有很高的实用价值，可实用、药用，晒干后经剖切制作，可作各种形态的容器和渔网的浮子，以及汲水的工具等。葫芦作为容器，在同等的圆口器皿中，容量最大，又容易倾倒入水，方便出水，因而为原始先民制作陶器提供了天然模型。

再次，葫芦可能是被当地居民崇拜的神物。由于葫芦的形状是鼓腹而有细颈，鼓腹的形象，多籽的特性，很像是妊娠女性的身体。原始先民便根据同构的原理发生出联想，认为葫芦具有繁盛的生殖力，于是在其信仰中，就赋予葫芦以人类孕育和出生的母体的象征意义。《诗经·大雅·緜》说："緜緜瓜瓞，民之初生。"这个"瓜瓞"就是葫芦。葫芦在诗里被隐喻为人所由出生的母体。在原始观念中，葫芦逐渐由受崇拜的"母体"而兼为受崇拜的"祖灵"。人死后，其灵魂也回归到葫芦里或通过葫芦这座"桥梁"返归祖地。葫芦作为祖灵被崇拜的观念，在现代一些少数民族中也还有遗留，如云南楚雄彝族自治州南毕县摩哈苴村，还有少数彝族家庭仍把葫芦当作祖先的化身来供奉。③这样说来，葫芦在古代可能是一种普遍使用的祭器，把葫芦作为陶器造型取象的来源之一也是不足怪的。

第四，葫芦的造型美观。"葫芦外形美观，不需任何加工，它的外壳剖开

---

① J. G. Andersson, *Prehistory of Chinese*. BMFA No. 15, 1943. p. 162.
② 申戈《云南原始艺术初论》，《云南人类起源与史前文化》第385—386页，云南人民出版社1991年。
③ 普珍《中华创世葫芦》第111—130页，昆明：云南人民出版社1993年。

后就可制成碗、瓶、勺、罐等实用器皿。我国历代很多工艺品就模拟它来造型；古代不少绘画作品，也有以葫芦作为器皿的描绘。"① 葫芦那坚硬而光洁的外皮，流线型的曲线造型，都给人一种审美的快感，而对审美的追求，在早已脱离了野蛮状态而进入新石器时代早期或中期的先民来讲，已经成为一种现实而正常的要求。这也就成为原始先民把自然界的葫芦作为陶器造型的原型的一个重要原因。随着原始的创造性思维的提高和加工能力的改善，在原来粗拙的造型的基础上，进一步改善其外形，达到匀称均衡，使其更实用、更合理、更美观。

二、人类起源神话中葫芦的原始意象

原始神话是原始艺术的重要组成部分。原始神话是人类童年时代的叙事故事，它的特点是神圣性、真实性，以及与信仰紧密连接在一起。神话是一种以语言传述为主，以巫术、绘画、岩刻、纹饰等多种原始艺术符号表现为辅的综合性艺术。用文字记录下来的神话，是比较晚近的事。由于靠语言传承，变异性很大，在漫长的岁月中往往会发生变异，因而我们很难看到原始神话的原貌，而一些出现于新石器时代岩画上的图像、彩陶和玉器上的纹饰，却将某个特定时代的原始神话意象凝固在线条和形象中，使一些神话意象得以以较早和较为原始的形态保存下来，成为我们在文字记载之外认识神话的又一条重要途径。

前面说过，6000 年前的仰韶文化遗址出土了先民制作的各种形态的葫芦形陶瓶（壶）。甘肃甘谷西坪出土了仰韶文化庙底沟类型的人面鲵鱼纹彩陶瓶，其腹部绘有身体弯曲，充满着生命力的人面鲵鱼纹饰。继而，又在甘肃武山出土了一件马家窑文化石岭下类型的人面鲵鱼纹彩陶瓶。这两件彩陶瓶及其腹部所绘制的鲵鱼人面纹饰，所表现的很可能是"葫芦生人"神话的意象。

这个图像上的"鱼纹"，可能是鲵鱼，也可能是蜥蜴。鲵鱼，俗称娃娃鱼，状若蜥蜴。无论是鲵鱼，或蜥蜴，其共同的特点是水陆两栖动物，在古代都是受到崇拜的动物。据何新先生的研究，鲵鱼古代被奉为虹神，蜥蜴被称为"龙子"，鲵鱼或蜥蜴就是被人们崇拜的"龙"的原型。有记载以来，"所谓'龙'就是古人眼中的鳄类、蝾螈及蜥蜴类动物的名称"。② 在新石器时代，蜥蜴在世界许多民族中都是先民崇拜之物。澳大利亚人的图腾中，在陆上的动物

---

① 吴山《中国新石器时代陶器装饰艺术》第 2 页，北京：文物出版社 1982 年。
② 何新《龙：神话与真相》第 96—116 页，上海人民出版社 1989 年。

中，通常以袋鼠为图腾；在两栖类中，就有蛇类和鬣蜥蜴。原始先民所以把蜥蜴当作图腾来崇拜，首先与当地当时的自然条件有关。

甘谷和武山毗邻而居，不论是庙底沟时期，还是石岭下类型时期，先后在这里居住的先民，可能都是以鲵鱼或蜥蜴为图腾祖先的氏族部落，人面鲵鱼纹或人面蜥蜴纹可能是他们的氏族祖先图徽。这里的先民，把他们所崇敬的图腾祖先的形象绘制在葫芦形的陶瓶的腹部，绝非随意之作，而是一种很严肃神圣的事情，想必他们在制作这件彩陶瓶时，可能还要举行某种仪式。根据原始先民的思维特点来推论，器表所绘制的动物图像，往往也就是装在陶瓶里面的动物的透视图像。这个蜥蜴图像可能意味着他们的图腾祖先是孕育在葫芦里，从葫芦里生出来的，葫芦是孕育人类祖先的原始母体。这个绘制着人面鲵鱼或人面蜥蜴图像的陶瓶，因而可能变成了一件渗透着人类起源神话意象的圣物，这些图像也许隐含着一个早已消失在历史深处的人类起源的原始神话。

我国许多民族至今还保留着这种十分古老的"葫芦生人"母题的神话。从今人记录的这些人类起源神话来看，以"葫芦生人"为母题的神话分布是相当广泛的，包括汉族在内的许多民族中都有，特别是南方民族。我们不妨把新石器时代葫芦形陶瓶（壶）上的人面鲵鱼或人面蜥蜴图像所隐含的"葫芦生人"神话意象，与今人记录的"葫芦生人"神话作一简单的比较。

今人记录的"葫芦生人"神话，仍然保留着"葫芦生人"的基本母题：人最初是从葫芦中走（生）出来的。傣族神话说，在荒远的古代，地上什么也没有，天神见了，就让一头母牛和一只鹞子到地上来。这头母牛已经在天上活了十几万年，到地上只活了3年，生下3个蛋就死去了。此后，鹞子孵蛋，其中一个蛋孵出了一个葫芦，人即从这个葫芦里生了出来。拉祜族的天神厄莎创造人类时，是用自己种的葫芦，葫芦长大，发出人的声音和歌唱，厄莎叫老鼠给葫芦咬开两个洞，人便从葫芦里爬了出来。佤族神话说，主宰世上一切最大的鬼神"达摆卡木"与一头母牛交配后生产出一颗葫芦籽，栽种后结了一个大葫芦，洪水滔天，淹没了大地，黑母牛把葫芦放进船里守着，后来，当水退落，黑母牛用舌头舔开葫芦，人类便从葫芦里出来，一代一代繁衍到今天。

除了人类外，从葫芦里走（生）出来的还有各种有生命的动植物。佤族神话说，古时像开水一样沸腾的洪水淹没了大地，世上的人都死光了，只剩下达梅吉和一条母牛。达梅吉和母牛交配，母牛受孕，产下一个葫芦，人和万物就从这个葫芦中诞生出来。① 原始思维认为，万物有灵，人与动物常有血缘关系，是兄弟，所以人与动物同出于一个母体。

在这些后代记录的人类起源神话中，最基本的神话素是葫芦和人祖。二者之间的关系是葫芦是孕育人祖的母体。这就是说，这些神话是从仰韶文化彩陶瓶（壶）上人面鲵鱼，或人面蜥蜴图像所凝聚着的"葫芦生人"神话意象中传袭下来的。后世记录的神话文本与陶瓶图像的神话意象之间的不同，或陶瓶图像上的神话意象中所没有的东西是葫芦是从哪儿来的。记录的神话文本提供了三种答案：一、葫芦是从母牛生下的蛋中孵出来的；二、葫芦是母牛与鬼神"达摆卡木"交配生的葫芦籽长的，或母牛与达梅吉交配生的；三、葫芦是天神厄莎种出来的。记录这几则神话时，这几个民族虽然已经不同程度地受到汉民族文化的影响，但还大都处在氏族社会解体阶段。显然，在从新石器时代中期到记录神话的漫长传承过程中，人们时时在寻找一个合理的答案，而这三个答案在不同程度上都存在着合理化的倾向，其中葫芦是天神厄莎种出来的这个答案，带有相当发展的农耕社会（出现了"种植"的观念）和相当进步的原始宗教（天神信仰）的色彩，这是我们在彩陶瓶的图像中所看不到的。尽管这些神话文本是现代记录下来的，我们仍然可以把这种带有一定合理化因素的"葫芦生人"神话看作是比较原始形态的"葫芦生人"神话。

关于"葫芦生人"神话，以及它在我国人类起源神话中所占的地位，闻一多先生早在40年代就已经论述过。他对所搜集到的49个洪水神话进行比较分析后，也得出结论说："最早的传说只是人种从葫芦中来，或由葫芦变成。"他指出，葫芦生人在人类起源神话中是原始的、基本的情节核心，在其演变过程中，洪水神话是后来黏合上去的。也就是说，洪水故事本无葫芦，是在造人故事兼并洪水故事的过程中，葫芦才以它的渡船的角色，巧妙地做了缀合两个故事的连锁。②

葫芦形器出现在新石器时代墓葬中，也许还有其他的意义。绘有图腾祖先图像的葫芦形器，如果把属于个人图腾的标志这种情况排除在外，那就很可能是整个氏族的祖灵世界的象征。大量的考古资料证明，在新石器时代，人们已经出现了活人的世界与祖灵世界这种二分世界的观念，死人的亡灵进入到葫芦

---

① 所引神话，分别见李子贤《傣族葫芦神话探源》，《探寻一个尚未崩溃的神话王国》第135—136页，昆明：云南人民出版社1991年；陶阳《中国创世神话》第220页，上海人民出版社1989年；邓启耀《宗教美术意象》第22页，昆明：云南人民出版社1991年。

② 闻一多在《伏羲考》中说："最早的传说只是人种从葫芦中来，或由葫芦变成。"见《中国神话学文论选萃》第738页，北京：中国广播电视出版社1994年。

形器中，通过葫芦形器而变成祖灵，即意味着回到了祖灵世界。后世的明器——"壶"形器，作为灵魂从现世升入天上的桥梁的观念，①是从原始的沟通活人世界和祖灵世界二者之间的桥梁观念承袭和发展而来的。

有史以来的史籍有很多关于人首蛇身的人类始祖伏羲的记载，如《帝王世纪》："庖牺氏蛇身人首。"《拾遗记》："蛇身之神，即羲皇也。"何新认为，甘肃甘谷和武山彩陶瓶上的人面鲵鱼或人面蜥蜴纹图，很可能就是人类始祖伏羲的原始形象。他说："这一人首蛇身、尾交首上的原始'伏羲'神形象，发现于距今约6000年的仰韶文化的陶饰图纹中。"② 这当然还是一个推断，还要更多的考古资料来证实。

"葫芦生人"的神话意象，在沧源岩画中也有体现。汪宁生先生认定，沧源岩画作画的绝对年代在两三千年以前，时值新石器时代晚期。③ 沧源岩画第6地点5区绘有一幅"出人洞"的画面，笔者曾亲自做过考察，有学者认为"出人洞"画面所显示的"葫芦生人"神话意象，也许与佤族现在还流传着的"司岗里"神话有关。"司岗里"又有"葫芦"或"成熟的葫芦"的意思，"在佤语里，'司岗里'意为人从葫芦出。滇西南沧源和西盟两个佤族自治县之间的阿佤山有一个岩洞，就叫'司岗里'。'司岗里'（出人洞）……意译为'最初之路'或'人类发祥地'，而沧源县旧称'葫芦国'，它们与人出自葫芦的神话可能都有关系。"④ 岩画所描绘的是一个略呈葫芦形的山洞，在山洞四周是众多刚从洞中出来的人和动物，大多呈现出急匆匆的样子，也有互相争斗的场面。佤族的《司岗里》神话说，利吉神和路安神造了天和地，又造了人、太阳和月亮，把人放在洞里，人在司岗里岩洞里闷得很，很多动物来凿岩洞，有扫哈神、马大头鸟神用喙来凿岩洞，有老虎神、熊神来凿，但谁都凿不开，小米雀把长刀（喙）磨快，终于把岩洞凿开了。岩画上的"出人洞"画面上所显示的神话意象，与这则记录神话的内容大体上是相吻合的。

此外，在沧源岩画第3地点（曼坎）画面的下端，画有一个葫芦形图形和一组人物图像。对于这个葫芦形图形及相关人物的图像，有学者认为是许多民族中都有流传的洪水后，兄妹血缘婚神话的具象形态。"就在这个葫芦图像的上端，有一个非常奇特的图形：两个双手平展的人物并列在一个三面画有连线的框内，在这个用线条构成的栏框的顶部中央，尚画有一只长着长长的尾

---

① [日]小南一郎著，朱丹阳、尹成奎译《壶形的宇宙》，《北京师范大学学报》1991年第2期第29页。
② 何新《诸神的起源》第23页，北京：生活·读书·新知三联书店1986年。
③ 陈兆复《中国岩画发现史》第365—366页，上海人民出版社1991年。
④ 邓启耀《宗教美术意象》第19页，昆明：云南人民出版社1991年。

巴，类似今天雉鸡一样的雀鸟。值得注意的是栏框内的那两个人：其左者身体部位用颜色涂红染实，并在下身部位套绘着一个倒置的三角形；而其右者的下身部位则未加任何标志。很明显，作者是在表现不同性别的两个人。如果这个推测可以成立的话，那么，结合上述葫芦图形的认识，我们是否可以认为：岩画的作者正是通过这种奇特的符号和方式，向后人讲述着那遥远的洪荒时代，同居在葫芦内的兄妹近亲婚配，繁衍人类的传说和故事。"[①]沧源岩画作于大约两三千年前，大体与良渚文化和龙山文化晚期相当，当时玉器已经相当发达，礼器已经出现，社会分层现象大为强化，出现了拥有精致玉器和专业玉工的富有者阶层。总之，已经迈入了早期文明的门槛。当然不同地区社会发展是不平衡的，地处云南边疆的沧源，其社会进步的程度很可能比良渚文化或龙山文化居民要慢得多。这幅画面是否意味着，比"葫芦生人"神话母题要晚得多的"洪水神话"，那时已经产生了呢？

从仰韶文化庙底沟类型时期出土的彩陶葫芦瓶上人面鲵鱼或人面蜥蜴纹图，到新石器时代晚期沧源岩画中的"出人洞"和葫芦图形岩画，我们都读到了"葫芦生人"神话的意象。我们是否可以作这样的推想："葫芦生人"神话最早出现于黄河上游地区，随着文化的变迁与传播，黄河上游地区的"葫芦生人"神话兼并了南方的洪水神话，从而铸造了沧源岩画第3地点曼坎的葫芦图形所代表的兄妹血缘婚神话意象？"葫芦生人"神话是农业民族的精神产品，从神话意象到神话文本，始终都是在以农耕为主要生产方式的地区和民族中存在，而从未涉足地处北方的猎牧或游牧民族？

三、沟通人神之器

原始宗教信仰中的葫芦，带有神圣性和神秘性。它既可以做为巫师作法的巫具，具有通天地、连人神，沟通过去与未来的功能，又是人类始祖、氏族家庭祖灵的象征。

关于葫芦形陶瓶的远古时代的用途，其说不一。有些人解释为汲水器，即用于提水的工具，其形制符合力学原理，入水即倾倒，水满后即自动直立。经有关专家实验，指出这种说法是站不住的。另有些人将细颈葫芦壶葫芦瓶解释为"携水器"，即先民外出狩猎或农耕时所带的水壶。据有关气象学家的动植物专家研究，仰韶文化时期，气候比现在温暖、湿润，到处是河流湖沼，到处

[①] 徐康宁《推原神话与沧源岩画中的解释形图形》，《云南美术通讯》1987年第2期；转自邓启耀《宗教美术意象》第21—22页。

可以饮水解渴，先民外出没有必要带水。有研究者认为，这些长颈葫芦瓶最大的可能是装酒的酒器，酒既可以在劳动之余作解乏之饮料，又能在出现伤害时用以消肿治病。①

其实，新石器时代先民制作的葫芦形彩陶瓶，其中有许多并非实用器，特别是尖底瓶，很可能是家族或巫师祭祀天地、氏族祖灵时用的祭器。苏秉琦在论到半坡遗址的一些文化现象，昭示着氏族制度原则开始遭到破坏、社会面临着转变期时指出："小口尖底瓶未必都是汲水器。甲骨文中的酉字有的就是尖底瓶的形象。由它组成的会意字如'尊''奠'，其中所装的不应是日常饮用的水，甚至不是日常饮用的酒，而应是礼仪、祭祀用的酒。尖底瓶应是一种祭器或礼器，正所谓'无酒不成礼'。"② 其实，作为祭器的不仅是小口尖底瓶。各类作为祭器的葫芦形彩陶瓶（包括小口尖底瓶）的出现，至少说明：一、在仰韶文化社会中，专司祭祀的巫觋已经出现，巫觋担当着，或垄断了沟通天地的神圣职责，并因而受到社会的重视；二、葫芦形彩陶形瓶（壶）上绘制的人面鲵鱼或人面蜥蜴祖先图像，显示了原始信仰已经开始从图腾崇拜逐渐向祖先崇拜过渡，图腾崇拜还大量存在，而祖灵崇拜已经随着葫芦形彩陶瓶的出现而得到强化。

许多文章已经指出，在仰韶文化中已经出现了巫觋。巫师的出现，说明人神相通的通道开始被巫觋集团所垄断，即古籍中所说的"绝地天通"之后的事。张光直说："总括地说，仰韶文化的社会中无疑有巫觋人物，他们的特质与作业的特征包括下列诸项：（1）巫师的任务是通天地，即通人神，已有的证据都说巫师是男子，但由于他们的职务有时兼具阴阳两性的身份。（2）仰韶时代的巫觋的背后有一种特殊的宇宙观，而这种宇宙观与中国古代文献中所显示的宇宙观是相同的。（3）巫师在升天入地时可能进入迷幻境界。进入这个境界的方法除有大麻可以利用以外，还可能使用与后世气功的入定动作相似的心理功夫。（4）巫师升天入地的作业有动物做助手。已知的动物有龙、虎和鹿。仰韶文化的艺术形象中有人（巫师）乘龙上天的形象。（5）仰韶文化的艺术中表现了巫师骨架化的现象，骨架可能是再生的基础。（6）仰韶文化的葬礼有再生观念的成分。（7）巫师的作业包括舞蹈。巫师的装备包括颙面、发辫（或头戴蛇形动物）与阳具配物。"③

---

① 张瑞玲、巩启明《清醴之美始于耒耜》，《考古与文物》1990年第5期。
② 苏秉琦《关于重建中国史前史的思考》，《中国考古学论丛》第6页，北京：科学出版社1993年。
③ 张光直《仰韶文化的巫觋资料》，台湾《中央研究院历史语言研究所集刊》第64本第3分第622—623页，1993年。

民俗与艺术

除了这 7 个特征而外，还要补充一点，葫芦形彩陶瓶可能充当着巫觋作法时的巫具。巫觋在作法时，为了沟通人神，可能使用自然形态的葫芦，也可能使用葫芦形陶瓶（壶）作为巫具。自然的葫芦都已湮没无闻了，而这些葫芦形的陶瓶（壶）经历了几千年的历史，保存到了今天。许许多多的新石器时代制作的葫芦形陶瓶（壶），从陕西洛南出土的仰韶文化葫芦形红陶人头壶，甘肃秦安大地湾出土的庙底沟类型的人头形器口彩陶瓶，到甘肃秦安寺嘴出土的马家窑文化的人头形红陶瓶，青海民和山城出土的马家窑文化腹部塑有人头像的彩陶壶，应该说，都不是实用性的器皿，而很可能是巫觋作法时用的巫具。

青海民和山城出土的这件腹部塑有人头形的彩陶壶，其腹部用黑彩绘成两个 V 字形的蛙形，而在这两个 V 形交叉点上则有一个泥塑的人头，在人头的面上，还有黥纹。有学者认为，陶壶上绘制的这两个 V 字形交叉点处的人头像，就是巫师的形象。这样看来，这件陶壶，要么是巫师的巫具，要么是巫师死后用以陪葬的冥器，人们期望通过这个葫芦形的陶壶能够引导巫师的亡魂到达天界，或成为后人崇敬的祖灵。

宝鸡北首岭出土的一件Ⅲ式葫芦形彩陶壶，即标本 M52：1，俗称蒜头壶，颈部较大，作花苞状，内壁弯曲，颈腹相连不分，折腹，平底。[①] 有学者认为，这件蒜头壶同样也不是实用器，而是一种用于祭祀的祭器或酒器。在原始时代，酒与巫师和巫术的关系密切，可以使巫师在作业时产生与巫术目的相关的幻觉。此外，其腹部绘制的"鸟衔鱼图"，很可能取意于鸟能上天，鱼能入水，因而鸟衔鱼纹可能是沟通天地和人神的象征。

葫芦形陶器，除了作为巫师的巫具外，还用于丧葬。甘肃兰州青岗岔半山遗址第二次发掘时，在住室紧靠北壁的两柱洞之间，出土了一座瓮棺葬，瓮棺是葫芦形的，上下两鼓腹部都有双耳，瓮棺顶部还置有一单耳彩陶罐。[②] 这种葬式，在新石器时代是颇为流行的。在仰韶文化社会，夭折的儿童常行瓮棺葬，半坡发现的瓮棺就有 73 座，成群或零星地分布在住地房屋的旁边。充当瓮棺的葬具有瓮、缸、钵、盆等陶器，所以流行这种瓮棺葬的葬式，是否蕴含着让人死后回到他所出生的葫芦母体中去的含义，不得而知，但绝大多数葬具的底部中间部位，都有一人工钻制的小圆孔，供死者的灵魂出入。

1996 年 6 月

---

① 中国社会科学院考古研究所《宝鸡北首岭》第 102 页，北京：文物出版社 1983 年。
② 甘肃省博物馆文物工作队《甘肃兰州青岗岔半山遗址第二次发掘》，《考古学集刊》第 2 辑，北京：中国社会科学出版社 1982 年。

（原载游琪、刘锡诚主编《葫芦与象征》（东方文库），北京：商务印书馆 2001 年。本文系 1996 年 6 月在中国东方文化研究会于北京保利大厦召开的"民俗文化国际研讨会"（葫芦文化专题）发表的论文。）

舞法及其象征

一、舞法起于巫祀

　　舞蹈是最富象征性的一种人类精神文化现象。舞蹈是人体艺术，是随着人体的动作和姿势的变化而形成的具有一定节奏、能表情达意的动作体系。人们常说，舞蹈动作就是舞蹈语言，舞者的每一个动作，或全部动作体系，往往隐喻着或表达着一种文化含义。一个舞蹈之所以能为观者所理解、会意、沟通和共鸣，就因为舞者的动作或动作体系所遮蔽着的文化意象，或被观者所认同，或被观者所破译了。

　　从发生学来说，并非自人类诞生之时，就有舞蹈随之产生的，舞蹈的发生有一个漫长的过程。舞蹈的发生，像任何文化物一样，是人类自身发展到一定阶段上的精神创造的结晶。就现有的资料，可以断言舞蹈的发生期，大约在旧石器时代的晚期。①

　　人类最初的舞蹈，是原始巫的一部分，或者说舞蹈产生于原始巫。20世纪初，1907年，刘师培提出了"舞法起于祀神"的著名论点。他说：《说文》云："巫，祝也，女能事无形以舞降神者，像人两褎舞形，与工同意。"是巫象舞形。古代之舞，乐舞最先，故乐官与巫联职。《虞书》言"舜命夔典乐，八音克谐，神人以和"。又夔言"戛击鸣球，搏拊琴瑟，以咏祖考来格"。又言"箫韶九成，凤凰来仪"。《墨子·非乐篇》引《汤之官刑》曰："其恒舞于宫，是谓巫风。"这里说的"恒舞"，指的是乐舞，说明乐舞之职专属于巫，

---

① 关于舞蹈的起源问题，拙著《中国原始艺术》（上海文艺出版社1998年）中已有论述，此处不赘。

而巫必有歌舞之盛，巫者的专长是跳舞，以跳舞达到通神明之事。他在列举了一系列舞蹈史料后，得出结论认为，夏商周三代以前的乐舞，无一不源于祭神。①

在漫长的史前社会中，巫风很盛。原始信仰的特点是信奉多神，敬天地，重灵魂，祀鬼神，为了直接控制某些自然力，为了沟通神人关系，于是出现了巫这种专门的人物。根据已经出土的文物和岩画，特别是甲骨文、神殿、祭坛、巫觋形象（原始图画或雕塑）、巫具等的发现，证明巫这种人物在旧石器时代晚期就已登上了历史舞台。

远古的巫，主要是女性，也有女巫男觋之说。《汉书·郊祀志》颜注曰："巫觋亦通称耳。"② 人类社会到了氏族社会末期，母系处于社会生活领导地位时，宗教领袖与政治领袖融为一体，巫这种沟通神人关系的职责，为妇女所据有。当初民社会由母权过渡到男权之后，对内政治和对外武功之权，渐而转入男子之手，而沟通神人关系之职，一般仍为女子所特有，也有学者说，古巫并非都是女性，也有各个地方的巫和各种层次的巫，殷墟卜辞中就有祭四方之巫、各地之巫及其名称。

在殷人卜辞及周以后的古代文献记载中，巫是一种专门的官职。为什么会出现巫这种官职呢？《国语·楚语》："昭王问于观射夫曰：《周书》所谓重黎实使天地不通者何也？若无然，民将能登天乎！对曰：非此之谓也。古者民神不杂，民之精爽不携二者而又能齐肃衷正，其知能上下比义，其圣能光远宣朗，其明能光照之，其聪能听彻之，如是则明神降之，在男曰觋，在女曰巫，是使制神之处位次主。……及少嗥之衰也，九黎乱德，民神杂糅，不可方物，夫人作享，家为巫史，无有要质，民匮于祀。"这段话的意思是巫觋是民人之中最精爽又能专心致志的，他具有特殊的智力，所以明神看中了他，降灵于其身，他便成了神和人的中介。到了后来，家家都有巫史，民人滥于祭祀，神和民的关系给弄乱了，于是，重黎负责断绝地与天的沟通，这是对过度迷信和滥用巫术的一种纠正措施。

古代的巫有五种职能：

（1）祝史的职能。《说文》："巫，祝也。"卜辞里的"祝"字，从示从兄，兄像人跪地张口而呼，或于一手画舞饰，"故知祝者即舞者，舞即巫也"。

（2）预卜的职能。巫能通神明，故能察往来、卜休咎。

（3）医的职能。古代的巫又是治病的医生。《世本》《说文》均谓巫彭始

---

① 刘师培《舞法起于祀神考》，原载《国粹学报》第 27 期（1907 年 4 月 2 日），见李妙根编《刘师培论学论政》第 105—109 页，上海：复旦大学出版社 1990 年。
② （清）董增龄《国语正义·楚语》卷十八，下册，成都：巴蜀书社 1985 年。

作医；《山海经·海内西经》和《大荒西经》均以巫咸、巫彭为神医。

（4）巫能占梦，能降神明。《说文》："灵，巫也。"

（5）舞者的职能。从字源上来考查，巫、舞一字，故巫者事舞雩。① 巫者被认为具有通神的法力，在重黎"绝地天通"（断绝天地之间的沟通，不准一般人自由上天下地）之后，只有巫才具有上天下地、沟通神人的本领，而这本领（巫术）又是通过舞蹈来实现的，因而在古代，巫又是舞者。

英国文化人类学家马林诺夫斯基（Malinowski, B. K.）说"巫术行为的核心乃是情绪的表演。"② 巫者行巫事时情绪的外化，表现为二：一为舞蹈，一为歌呼。歌呼和舞蹈是巫者作法通神的主要手段。古人早就指出过，原始的歌舞是结合在一起的，如《礼记·乐记》所说："故歌之为言也，长言之也。说之，故言之；言之不足，故长言之；长言之不足，故嗟叹之；嗟叹之不足，故不知手之舞之、足之蹈之也。"

在古代，"舞"字的形成与含义，与求雨巫术有关。据陈梦家的研究，出土的甲骨卜辞中，凡是出现的"舞"字，毫无例外地都与求雨有关，或可说是求雨时用舞。巫者求雨时行巫事，歌舞是其必备的情绪行为的表现形式。这也就是为什么中国古籍中常把歌舞二者结合起来称为"舞雩"的缘故，雩就是歌呼的意思。《周礼》："旱暵则舞雩。"《月令》注："雩，吁嗟请求之祭也。"《尔雅·释训》："舞，号雩也。"郭注："雩之祭，舞者吁嗟而请雨。"天旱不雨，人们怀着渴望的心情祈求上天降雨，用歌舞来抒发其内心的情绪，借以感动神灵。③ "巫之所事乃舞号以降神求雨。名其舞者曰'巫'，名其动作曰'舞'，名其求雨之祭祀行为曰'雩'……吁嗟与号则舞时之歌。巫、舞、雩、吁都是同音的，都是从求雨之祭分衍出来的。"④

古代求雨之舞有两个著名的例子。

其一，神话中的神农氏是一个大巫，他就用舞蹈等仪式，向上天求雨。《绎史》卷四注引《神农求雨书》云：

> 春夏雨日而不雨，甲乙命为青龙，又为火龙，东方小童舞之；丙丁不雨，命为赤龙，南方壮者舞之；戊巳不雨，命为黄龙，壮者舞之；庚辛不

---

① 陈梦家《商代的神话与巫术》，《燕京学报》第 20 期第 533—534 页，北平：燕京大学 1936 年。
② 马林诺夫斯基著、李安宅译《巫术与科学宗教与神话》第 54 页，北京：中国民间文艺出版社 1986 年。
③ 陈梦家《商代的神话与巫术》。
④ 陈梦家《殷墟卜辞综述》第 601 页，北京：中华书局 1988 年。

雨，命为白龙，又为火龙，西方老人舞之；壬癸不雨，命为黑龙，北方老人舞之。如此不雨，潜处阖南门，置水其外，开北门取人骨埋之。如此不雨，命巫祝而暴之。如此不雨，神仙积薪击鼓而焚之。

这里记述的是一幅传说中的神农时代求雨巫术的图画。举行求雨巫术时，舞蹈不仅是求雨仪式的重要组成部分，而且是求雨的重要手段。春夏雨日而不雨时，就要举行求雨仪式。在不同时辰举行的求雨仪式上，由不同的角色跳舞，这些角色分别是小童、南方状者、状者、老人、北方老人。这些跳舞的角色，也属于巫祝一类的人物。舞蹈之后，还要配合以其他的巫术行为，埋人骨、暴巫祝、积薪击鼓而焚等。求雨仪式中的舞蹈，是整个巫术的构成部分。在古人心目中，求雨的舞蹈与其他巫术行为，都带有某种象征性，都具有通神的神秘功能。

"命巫祝而暴之"，就是把巫祝给杀了，以祭祀上苍祈求降雨。杀巫祝以祭，是远古至上古杀人以祭的一种。李璜译述法国汉学家葛兰言在《古中国的跳舞与神秘故事》（*Danses et Legendes de la Chine aneienne*）里说："杀人以祭本不算最初最野蛮的办法。在图腾部落的初期，是迷信同类不能伤害的。这是到第二期，要与神相通，然后才开始用同类以祭。到了第三期，神的看待完全人间化了（就是信者想象神与人的生活一样，完全没有鬼怪禽兽的感想了），然后杀人以祭的仪式才盛行的，所以杀人以祭的宗教仪式至少在春秋时代还应该是盛行的。"① 春秋战国时代，王者的霸权意识达到登峰造极的程度，把原来只为祭祀上苍的杀人以祭，运用到了为己所用，即用活人陪葬。《吴越春秋》卷四里描写，吴王阖闾女死时，"乃舞白鹤于市中，令万民随而观之，还使男女与鹤俱入羡门，因发机以掩之"。② 这说明将活人集体驱赶到墓道之中，埋在坟墓里的惨剧，在春秋战国时代还存在。

其二，是商汤祷雨之舞《大濩》。《吕氏春秋》记："汤克夏而正天下。天大旱五年不收。汤乃以身祷于桑林曰：余一人有罪，无及万夫。万夫有罪，在余一人。无以一人之不敏，使上帝鬼神伤民之命。于是剪其发，磨其手，以身为牺牲，用祈福于上帝。民乃甚说，雨乃大至！"《尸子》："汤之救旱也，乘素车白马，著布衣，婴白茅，以身为牲，祷于桑林之野。当此时也，弦歌鼓舞者禁之。"传说商汤执政时，天下大旱七（五）年，龟卜的结果，说是要用人来作牺牲求雨才行，汤不忍心用人作牺牲，于是穿上麻布粗衣，披上干枯的茅

---

① 葛兰言《古中国的跳舞与神秘故事》（李璜译述）第52页，北京：中华书局1933年。
② （汉）赵晔撰《吴越春秋》卷四，第43页，《江苏地方文献丛书》，南京：江苏古籍出版社1999年。

草,驾着白马拉的大车,到氏族的神社所在地桑林去求雨。当求雨的弦歌鼓舞在祭师的指挥下停歇下来的时候,汤纵身于熊熊燃烧的干柴堆上(《文选注》引《淮南子》:"自洁居柴上"),大雨便倾盆而下。关于汤祷的故事,文献记载多异,大多记载,以文明思想,或儒家思想衡量古人的思想行为,以为是野蛮的荒诞的,于是,要么改得合理化了,要么对关键的地方做了重大的删节,使之失去了古意。为使其恢复真相,郑振铎曾于1932年12月写过一篇《汤祷篇》,对其"蛮性的遗留"予以批判辩正,阐释神话的本源。桑林之野的祷雨,其主角不管是不是商汤这样的帝王,无疑是一场地道的古代以活人为祭的求雨巫术仪式,而其中的弦歌鼓舞,就是巫舞。

"舞法起于祀神"是指舞蹈的起源而说的。舞蹈发生期之后,便按照两条路线发展,一为巫事所用的巫舞,一为反映社会生活的世俗舞蹈。

二、与舞蹈有关的远古巫觋形象

如果承认舞法起于祀神之说,即舞蹈滥觞于巫事仪式,那么,除了在神话传说(如上面所举的例子)中有所遗留外,在考古文物中也应有某种遗存。这确也是考古学家,特别是美术考古学家们所关心的问题。近年来,美术考古学家在考古发掘出土的遗址和文物中,已发现了或指认了几个可以被看作是远古巫觋的形象。这些形象对于我们深入解析舞蹈的文化象征功能大有裨益。

(一) 大地湾仰韶文化晚期巫师图像

在欧洲旧石器时代的洞穴壁画中,发现过一个著名的巫师的形象。这个远古时代的巫师,头戴鹿角,身穿鹿皮,画在洞穴的深处,四周的墙壁上,绘满了鹿及其他猎物的形象。在我国,已出土的旧石器时代的文化遗物中,尚没有提供出任何有关巫觋的形象,而新石器时代考古发掘出土的文物中,巫觋形象则多有发现。公认为巫觋形象的有20年代安特生在甘肃临洮半山区购买的一件陶钵上的骨架式小孩人骨像,在青海柳湾马厂类型墓地采集到的一件彩陶壶上的裸体人像,在河南濮阳西水坡遗址发现的后冈类型墓葬(M45)中用蚌壳摆塑的三组动物形等,但这些被认为是巫师形象者,都看不出与舞蹈的关联。其中与舞蹈有关的巫觋形象,以1982年10月在甘肃省秦安县五营乡大地湾遗址发现的巫觋地画最为典型。①

大地湾地画发现于一所被命名为F411的仰韶文化晚期居室遗址的地面上，所占面积东西长约1.2米，南北宽约1.1米，作画年代为距今5000年左右，画面由黑色染料（炭黑）绘制而成，地画分上下两部分。

地画的上部：正中为一人物，头部较模糊，似长发飘散，肩部宽平，上身近长方形，下身两腿交叉直立，似行走状，左臂向上弯曲至头部，右臂下垂内曲，手中似握棍棒类器物。此人的右侧，仅存黑色染料的残迹，推测也应为一人物。正中人物的左侧，也绘一人物，头近圆形，颈较细长而明显，肩部左高右低，胸部突出，两腿也相交直立，似行走状，左臂弯曲上举至头部，右臂下垂也做手握器物之状。

地画的下部：绘一略向右上方斜的黑线长方框，长55厘米、宽14—15厘米，框内画着两个头向左的动物（？）。左边的一个长21厘米，头近圆形，头上方有一只向后弯曲的触角，身躯呈椭圆形，有弧线斑纹，身上侧绘有两条向后弯曲的腿，身下侧有四条向前弯曲的腿，身后还有一条向下弯曲的尾巴。右边的一个长26厘米，头为椭圆形，头上有三条触角，弧形呈扇形分散，长条形身躯上有弧形斑纹，身上绘有向不同方向弯曲的四条腿，身下侧有四条向前弯曲的腿。

地画上部线条明显的人像有两个，正中的人物系男性，左边的人物系女性。在这两个人物的右边，留有明显炭黑印迹的部位，比较肯定的意见是还应有一个人物，这个漫漶不清的人物形象，似为一个女性（或小孩）。

对于这组地画的文化内涵或曰象征含义，存在着不同的解释。有学者认为，大地湾氏族人们在仰韶中期还崇拜着女性神，到仰韶晚期转变成崇拜作为共同体的祖先神。大地湾仰韶晚期地画以这种呈相同姿态的有男有女的群像作为神来供奉，尚不是崇拜作为至尊的个人而出现的祖先神，乃是崇拜以共同体面貌出现的氏族祖先神。绘于神人下方的动物，不应认为是用作祭祀神人的牺牲，也是作为燔的对象而被供奉的，应是该氏族的图腾神。② 另一种意见认为，画面上没有神灵象征或形象，其人物不是被崇拜的神灵，而是在舞蹈着的人物，而且所跳的是追悼墓穴（长方形框）中的两个死者的丧葬舞蹈。③ 这些

---

① 甘肃省文物工作队《大地湾遗址仰韶晚期地画的发现》，《文物》1986年第2期。赵建龙执笔。
② 张明川《迄今发现的我国最早的绘画——大地湾原始社会居址地画》，《美术》1986年第11期。
③ 宋兆麟《室内地画与丧迁风俗——大地湾地画考释》，《论仰韶文化》第159—164页，《中原文物》特刊，1986年总第5期。

民俗与艺术

舞蹈着的人物是什么身份呢？笔者同意这样的意见，即死者系蛙状屈肢葬，上部四个舞蹈着的人物，乃是为死者送葬做道场的巫觋，他们在做道场，祈愿死者不要再干扰生者，"特别值得注意的是死者的身体是用线条表现的，表现出死者的骨骼脉络，这种所谓 X 光式或骨架式的画法，在民族学上是代表巫术宇宙观的一种有特征性的表现方式。对近现代的原始民族中的巫师而言，将人体缩减为骨架常是向神圣世界转入的一个步骤，因为骨架状态是向母体子宫回入的象征，因此骨架状态又象征'死者再生'。（Mircea Eliade, Shamanism, 1972, Princeton: Princeton University Press, pp. 62—63.）……大地湾地画下部长方框中画的两个死者是中国现存的最早的 X 光式人像美术。同时死者屈肢作蛙形，似乎是回到母体子宫中胎儿的形象"。① 舞者——巫觋面对着死者作法跳舞，死者周围的方框，应是将死者和生者隔开的界线，表示生死有别、两界异域的观念。看来，在仰韶文化晚期，巫师的职责并不限于求雨，在发送死者时，也要巫师作法，并且作法时也离不开巫舞。

（二）沧源岩画巫师图像

第二个例子，我愿意举出云南沧源岩画中的保留下来的巫师——舞者的形象。经考古学手段断代，大约在公元之初至 15 世纪这一漫长时间内创作的云南沧源岩画第 2 地点，先民在岩石上绘制了一个很大的群众性舞蹈场面，其画面的左下部，有三个特殊形体的舞人，其中两个头部插有羽毛，两臂也装饰着羽毛，两臂斜伸，两腿呈骑马蹲裆状；最左边一人，两臂内弯叉腰，两腿亦呈骑马蹲裆状，头部扁平，装饰着一个庞大的面具，这个面具很像在日照两城镇发现的史前玉锛上的饕餮纹（兽面纹）。

由于作画者尚不懂得运用透视原理，虽然画了面具，而舞人的扁平的头部，却仍然看得见。岩画发现者王宁生先生说："头戴羽毛可能是成年男子日常装束，也可能是战争或舞蹈时的一种装饰。""鸟翼状装饰的人形（故称为'鸟形人'），我们认为这应是表现人身饰有羽毛或披羽毛做成的一种舞装。"② 笔者认为，这个头部戴有兽面纹面具的舞人，应是一个正在以舞蹈作法的大巫师，旁边那两个头部和臂部饰有羽毛的舞人，也是巫师，不过他们的地位没有戴面具者那样显赫罢了。岩画的内容似应是全氏族成员在大巫师的率领下举行

---

① 张光直《仰韶文化的巫觋资料》，台湾《中央研究院历史语言研究说集刊》第 64 本第 3 分，第 615 页，1993 年 12 月。
② 汪宁生《云南沧源崖画的发现与研究》第 69—70 页，第 71 页，北京：文物出版社 1985 年。

的一次盛大的庆典,或是举行祈求丰收的仪式,一边的人群在舞蹈,一边的人群在手执武器演练。

舞饰是古巫作法跳舞时的标志之一。沧源岩画第 2 地点所画正在舞蹈着的巫师,头上和臂上所戴的都是舞饰。《说文》说巫像人两袖舞形,巫即舞,而卜辞舞字作𦥑,其所持之𠬞𠬞就是舞饰。有人说它是牛尾,有人说是草。《说文》云:"尾,微也,从倒毛在尸后,古人或饰系尾,西南夷皆然。"商代人在跳舞时,就手里拿着牛尾。《吕览·古乐》说:"昔葛天氏之乐,三人操牛尾、投足以歌八阕。"三个舞者手操着牛尾巴,一边投足跳舞,一边歌呼着八阕之乐,周代把这个传统继承了下来,跳舞时也手执牛尾。《周礼》有《旄人》一节,说旄人的职责是"掌教舞散乐夷乐"。序官注:"旄,旄牛尾,舞者所持以指麾。"卜辞中的"夔"字像人戴角操尾而舞,说明在殷商时代,可以充当舞饰的,除了牛尾外,还有牛角。云南晋宁石寨山出土的奴隶制时代滇王墓的随葬品中,有刻绘头戴羽饰和手执长羽的舞人群像。商周铜器上的徽号铭文,也有头戴羽饰或手执羽毛的人形,如《三代吉金文存》14·13 载,觚上有两手执羽的人形,腿部做骑马蹲裆式,右臂曲肘高举,左臂曲肘下垂。《商周金文录遗》349 载,父辛觚有头戴羽饰的人形,腿部做骑马蹲裆式,双臂曲肘向下做"按掌"姿。尽管沧源岩画作者的族属问题还可以深入研究,但他们作为西南夷的一支,用牛尾、牛角和鸟类的羽毛来作为舞饰,是没有疑问的。舞饰原始的意义,绝非仅仅是一种审美的装饰,可能带有通神的巫术意义。这一点,我们可以从当代民俗学者们在我国东北地区发现的萨满作法时的装束和手持的法具的文化意义得到某种反证,萨满在作法时,如果没有神帽、神衣、铜铃、飘带、法鼓等,就不能进入通神的角色。这一点,下面我们还要谈到。

沧源岩画作画时间大体在汉唐之际,时间虽然晚近,但地处边陲的沧源地区。当时居民所处的社会,应在氏族社会末期,在农耕中开始使用耕牛,但其住所却仍然是架在树上的简单的干栏,可见其生产力发展还相当落后。在这样的社会形态下,巫师的职位多已为男子所据有,在岩画中所见三个巫师均系男子模样,与社会状况是一致的。

三、禹步、踏歌、圈舞

(一) 关于禹步

我们在前面说到,在远古时代,随着社会的发展,由巫而史,某一氏族或集团的首领，同时可能就是群巫之长。在甲骨卜辞中有这种情况的记载，"王卜""王贞"一类就记载了王者亲自卜风雨、卜祭祀征伐或田游之事。"今日王祝"（铁 75.4）记载的是一次王亲自祝的史实。"壬子卜何贞王舞又雨"（续 4.24.11）所记的是王亲自跳舞求雨的事。

禹是夏代的王者，相传他又是一个大巫。禹王为巫，常以"禹步"行祭。对此，史料多有记载。周代尸佼《尸子》："禹于是疏河决江，十年未阚其家。手不爪，胫不毛，生偏枯之疾，步不相过，人曰禹步。"汉代杨雄《杨子·法言》："昔者姒氏治水土，而巫步多禹。"李轨注："禹治水土，涉山川，病足，故行跛也，禹自圣人是以鬼神猛兽蜂，蛮蛇虺英能螫耳，而俗巫多效禹步。"汉代张衡《西京赋》："东海黄公，赤刀越祝。"李善注云："东海有能持赤刀、禹步、越祝厌虎者，号黄公。"明代董斯张《广博物志》卷二十五引已散佚的晋代皇甫谧撰《帝王世纪》："世传禹病偏枯，足不相过，至今巫称禹步是也。"另据《洞神八帝无变经·禹步致灵第四》载："禹步者，盖是夏禹所为术，召役神灵之行步，一然届南海之滨，见鸟禁咒，能令大石翻动，此鸟禁时常作是步，故曰禹步。"

相传"禹步"来源于禹因生偏枯之疾，步不相过，也就是我们今天所说的碎步。禹既是一个掌握王权的大巫，那么他在主持巫事跳巫舞时，当然也只能是迈着细碎的"禹步"。于是，一些地方性的小巫，在作巫事时，也就效法大禹的样子，迈着细碎的"禹步"跳舞。大禹在祭祀时用的舞步——"禹步"，成了巫觋作法跳舞时的步式。这也就是李轨注谓"俗巫多效禹步"的含义，所以"禹步"就称为"巫步"了。

"禹步"是禹王行巫术时的舞步，后来舞蹈中所称之"禹步"，自然是对一种来源甚古的舞步的提炼。"禹步"来自巫舞，那么它便具有咒语般的力量。"禹步"的传说，在禹的时代过去了 2000 年之后，仍然被记载于文献史籍中，而且还相当详细。晋代葛洪（238—363）《抱朴子·内篇·登涉》里记载了"禹步法"：

又禹步法：

正立，右足在前，左足在后，次复前（孙星衍校注：此下当有"左足此前"四字）右足，以左足从右足并，是一步也。

次复前右足，次前左足，以右足从左足并，是二步也。

次复前（孙星衍校注：此下当有"左足次前"四字）右足，以左足从右足并，是三步也。

如此，禹步之道毕矣。凡作天下百术，皆宜知禹步，不独此事也。①

葛洪对"禹步法"所作的记述，被现代舞蹈史家称为"舞谱"。舞蹈史家孙景琛说："按照他的这份'舞谱'，'禹步'很像今天民间舞蹈中常见的'十字步'。现在尚能见到的各族巫舞遗存中，也还常有细碎急促的舞步，应就是古代'禹步'的遗存。"② 尽管葛洪所记载的"禹步法"很难说就是2000多年前的禹王行巫舞时的"禹步"，其中可能加进了他本人的智慧。

巫舞中的"禹步"，即脚动作，具有咒术象征性。在巫师作法时，脚动作作为一种咒术性的象征，标示着神的法力。葛洪所言之"凡作天下百术，皆宜知禹步"，说明了规范的"禹步"脚动作在巫师行巫事（百术）时带有普遍性，而且也是古往今来的巫师们的共识。在正在作法的巫师的潜意识中，脚动作可能是所请之神灵从远处赶来的路上的"坐骑"，而人们则相信巫师的脚动作既可驱鬼，也可得到神灵的保护，因此，人们模仿这样的步法，便能得到征服自然的力量和慰藉。在民间舞蹈中，至今我们还能看到不少以细碎急促的"十字步"为变体的"禹步"遗存，还能看到诸多以下身动作为主的舞蹈，脚的动作在舞蹈中依然保留着依稀可辨的某种巫术象征，是绝非偶然的。从更广泛的地区来看，以身体表现神或神灵附体时，不是用手，而是以脚的动作，也是相当普遍的。

（二）关于踏歌

踏歌，以足踏地为节奏，连手而歌。踏歌是原始歌舞的一种普遍形式，其步式，可能与上面所说的"禹步"有相似之状。此种歌舞模式，最早可以追溯到青海省大通县上孙家寨出土的新石器时代的陶盘上的舞蹈纹所展示的舞式。上孙家寨人的连手踏歌舞蹈，可能是一种原始的祭祀舞蹈，要么是在庆祝丰收的仪式，要么是在祈雨的仪式。舞者手牵着手，上身摆动幅度不大，主要是下身的动作——摆动和踢踏，舞者的裙裾偏向一边，步伐整齐划一；下身动作的发达，是原始舞蹈的一个重要特点。古文献中，除了"踏歌"外，还有"足蹈""踏谣""联袂踏歌"等大同小异的说法，都是指的以踏着整齐的小碎步作为节奏，且歌且舞的原始舞式。

以上孙家寨先民为代表的连手踏歌，属于早期农耕文明所孕育的一种原始

---

① 王明《抱朴子内篇校释》（增订本）第302—303页，北京：中华书局1985年。
② 孙景琛《中国舞蹈史》（先秦部分）第73页，北京：文化艺术出版社1983年。

民俗与艺术

舞蹈。马家窑类型的新石器时代文化，所处的地理位置在河湟地区，那里黄土发育较好，年降水量在300—400毫米之间，自然环境适于粟类等农作物的生长，农耕活动当时已有较大的发展，而狩猎活动则不太明显。相比于狩猎活动中，手的活动得到较大发展，而在农事活动中，脚的动作得到广泛运用，于是以下身摆动为主体的连手（连臂，联袂）踏歌，就逐渐发展成为原始农耕文明条件下的一种有代表性的舞式。

关于"踏歌"的原始，唐崔令钦著《教坊记》的"踏谣娘"有一种说法："北齐有人姓苏，齁鼻，实不壮，而自号为郎中，嗜饮酗酒，每醉辄殴其妻。妻衔悲，诉于邻里。时人弄之。丈夫着妇人衣，徐行入场。行歌，每一叠，傍人齐声合之云：'踏谣和来，踏谣娘苦和来！'以其且步且歌，故谓之'踏谣'；以其称冤，故言苦。及其夫至，则作殴斗之状，以为笑乐。"① 这种说法显然是不足为训的，但作"且步且歌"之解，倒也贴切。同时也说明了，踏歌舞式不仅在民间得到传承延续，甚至影响了教坊里的专业艺人，到唐时教坊里的伶人还有"踏谣娘"的扮演。《旧唐书·睿宗记》中有皇帝在上元灯节之夜到安福门观看连袂踏歌的记载："上元日夜，上皇御安福门观灯，出内人，连袂踏歌，纵百寮观之。"在南北朝及唐代，"踏歌词"演化而为一种词牌。《唐音癸签》有唐玄宗尝命张悦撰《元夕御前踏歌词》。《乐府诗集》中搜罗的踏歌词也证明了，"踏歌词"属于原始歌舞"踏歌"的遗韵。

我们也注意到，商代的祈雨舞蹈中，已开始由单纯的脚的动作向着上身动作的增加转变。上身动作的丰富，标志着舞蹈进入了一个新的阶段。在甲骨卜辞中，有了在舞蹈时上身动作的词汇，如"乎（呼）老舞，勿乎多老舞，王占曰：其出雨"。（《殷墟书契前编》7.35.2）"王其乎（呼）成霝（零）盂，又（有）雨。"（《殷契拾掇一集》385）商代的"霝"字，是专门为求雨造的一个字，与周代的"雩"同义，既包括跳跃起舞，也包括向上苍呼号。由于巫者相信自身的上身动作较之下身动作更易达到与神沟通的效果，并且更进一步认识到舞蹈在与神灵沟通中起着娱神作用，于是便产生了持物（手执舞器或法器）舞蹈的形态。商代农耕已经较为发达，农业是社会经济的主要组成部分。农作物的丰歉，与雨水的是否充足和适当有直接关系，久旱不雨，往往酿成大灾，因此，求雨成为上至王者下至百姓的全氏族的大事。从这些记载着求雨的卜辞中可以看出，行祭时，舞在先，继而占卜，然后应验降雨，为了向神转达人类的祈愿，巫以舞为手段。

---

① （唐）崔令钦《教坊记》（涵芬楼排印之《说郛》本），据《中国古典戏曲论著集成》（一）第18页，北京：中国戏剧出版社1959年。

我国一些现代少数民族中,"踏歌"这种歌舞形式还多有保留,有些"踏歌"与巫术活动有千丝万缕的关系,例如云南小凉山彝族的葬仪中的踏歌就是一例。关于该民族的葬仪有如下一段描述:人死后把尸体放置在木板上,杀一只羊,取肾、心、肝各一点和荞粑一块供祭死者,然后毕莫(巫师)念诵《开路送魂经》为死者开路送魂。在停尸期间,本家支亲戚要通宵守尸,守尸者要不停地哭诉死者的美德并情深意切地告慰死者。守尸时,远方来的亲族和本村亲友还要以歌舞来取悦死者,由四人或八人左手持铜铃,右手拍羊皮鼓,围着死者起舞,舞姿为猛力跺脚,左右踢踏,并高唱祝福歌和功孝歌。彝族人深信死者亡灵到其他祖先居住的地方,沿途荆棘丛生,毒虫遍地,极为艰难。跺脚舞蹈语汇表示帮助死者亡灵踏平荆棘,驱逐毒虫,便于亡灵畅通无阻。而祝福歌是祝福死者亡灵到神秘的祖先生活的地方生活,那是一个理想的极乐世界,那里气候宜人,风光秀丽,物产丰富,亡故的祖先及亲人们幸福地生活在一起。①

(三)关于圈舞

圆圈舞是原始歌舞的一种基本模式。在当代不少居住在边陲地区的民族中还有较为完整的遗留。纳西族的祭天歌舞,在古代也是祭祀性的圆圈舞,随其祭天古俗一起传承到了近现代。元代李景《云南志略·诸夷风俗》记载说:"末西蛮在大理北,与土蕃接界,临金沙江……不事神佛,唯正月十五登山祭天,极严洁,男女动数百,各执其手团旋歌舞以为乐。"可见古代纳西人在祭天时所跳的舞蹈,系手牵着手团旋而动的大型圈舞。发展到现代,原为圆圈舞的纳西族祭天歌舞,虽被东巴的巫舞、法舞所代替,但参加祭天活动的群众仍然在祭坛外围圈,手牵手载歌载舞,而且这种圆圈歌舞仍然以腿脚的动作为主。可以说,在原始舞蹈中,圆圈模式与脚踏动作是相伴而生的。

景颇族的"目脑纵歌"也属于以圆圈舞为主体的祭礼性活动。这种全民族参加的大型祭祀活动,祭祀该民族最大的天鬼"木代"及诸鬼(该民族没有神的概念),过去一般要两三年或十几年才举行一次。祭场选择在开阔的山谷荒原,以便能够容纳成千上万的人参加,祭场周围立诸鬼的鬼桩,中心竖立高大的雌雄鬼碑,鬼碑顶端为太阳图案,两侧为雌雄祖宗图案,碑下有横牌,上绘天地图案,下绘人畜五谷图案。祭仪由大祭司"斋瓦"主持,各级祭司

---

① 杨学政《原始宗教论》(云南宗教文化研究)第213—214页,昆明:云南人民出版社1991年。

民俗与艺术

分工执行。成千上万的群众结集于祭场,在"斋瓦"的率领下,围成圆圈向雌雄鬼碑进退恭拜,并环绕鬼碑,踏着大芒锣的节奏,一边跳舞,一边唱歌。"目脑纵歌"的舞蹈以模拟舞为主。男子挥舞长刀,表现驱邪和模拟祖先在迁徙路程中披荆斩棘;女子的舞步则主要是模拟鸟类的飞舞跳跃。传说,这种舞是景颇人的祖先宁贯娃向天上的太阳鸟学来的。[1]

佤族、基诺族、哈尼族、景颇族、独龙族等山地农耕民族,谷物收获后,都要举行农事祭祀活动,以报答和酬谢赐给他们丰收的神灵。秋天的"报祭"最为隆重,也最为重要,最初是要举行人祭的,出土文物是最有力的证明。

云南省晋宁石寨山出土的铜鼓形贮贝器盖雕塑上,在缠有蛇(可能象征土地)的铜柱旁,枷缚着三个人供祭祀用的牺牲,其主祭人为女子,可能就是恩赐丰收给人们的"禾稼女神"。[2] 考古学家冯汉骥先生认为,此人祭系滇族的"祈年"祭或"丰收"祭。他说:"主祭者及绝大部分活动的人物均为滇族女性,男性仅处于辅助地位。滇族当时已非母系社会,自不能以女性来祭图腾了。此一祭祀的内容,很明显系一种'丰收'或'收获'祭祀。"[3] 而石寨山晋宁出土的一件铜饰物上,雕有吹葫芦笙和舞蹈者的场面,舞者后面的人双手搭在前面舞者的肩部,其状亦可说明他们所跳的,是踏脚舞或圆圈舞一类的舞蹈。

云南省广南出土的铜鼓腰部,有"剽牛舞图"。此"剽牛舞图"的画面上,以两根神柱为中心,分为两套,共 26 人,皆头戴羽冠,腰系两襜。这两套图像,都以剽牛为中心,向外分布,中心剽牛二人,一人双手执琢,一人双手执靴形钺,作剽牛状。临近两幅,右幅一人执琢,左幅一人执钺而舞,似为剽牛的替换者。其余的人皆徒手而舞,手为蛙式掌,大拇指向下翘起,其余四指并拢,在音乐节奏中,做颤踏步跳动。[4] 剽牛时跳的剽牛舞,是一种世代传承下来的、相当原始的圆圈踏舞。现代人所做的关于独龙族剽牛祭天舞蹈的调查,证明了这一观点。[5]

---

[1] 佘仁澍《红土地上的神秘歌舞》第 26—27 页,北京:国际文化出版公司 1996 年。
[2] 云南省博物馆《云南晋宁石寨山古墓群发掘报告》,北京:文物出版社 1959 年;《云南各族古代史略》(初稿)第 43—44 页及图版,昆明:云南人民出版社 1977 年。
[3] 冯汉骥《云南晋宁石寨山出土铜器研究——若干主要人物活动图像试释》,《考古》1963 年第 6 期;又见吕大吉、何耀华主编《中国各民族原始宗教资料集成》(考古卷)第 619—625 页,北京:中国社会科学出版社 1996 年。
[4] 张世铨、旭泉《试论铜鼓上的舞蹈图像及其与壮族舞蹈的关系》,《民族艺术研究》1988 年第 2 期。
[5] 王均《独龙族的剽牛祭天》,云南省民族研究所编印《民族调查研究》1985 年第 3 期第 53—54 页。

作为祭祀活动一部分的剽牛舞，无疑也是原始的圆圈踏舞模式。牵手围圆歌舞这种形式，是中国式的思维模式的产物。根据这种圆形的思维模式，思想散发出去，还要收拢回来，落到原来的出发点上。在道家思想、宋代理学，以及许多文化样式，如书法、建筑、舞蹈、戏曲等之中，都能看到这种思维的印迹。而许多少数民族现存的民间舞蹈中的这种牵手圆圈形态，是从原始的、以下身动作为主要舞蹈语言的"联袂踏歌"演化而来的，其中大部分都是远古时代从甘青高原迁徙而来的，也许与古羌民族有着血缘的关系，因而他们的文化也保留了古羌民族的某些传统。

四、巫舞

巫舞有非常久远的传统。我们这里所论的巫舞，包括巫者在祭祀时跳的舞蹈和巫者在举行禳灾逐鬼法事时所跳的舞蹈。这两种巫舞，其共同的特点是，都以某一个（或几个）限定的神灵为愉悦对象。巫舞作为祭祀和法事的有机组成部分，是有其特殊文化内涵的。前者，即祭祀仪式中的巫舞，除了在某些宗教寺院里（如藏传佛教的寺院里）的大法事、送悼亡魂仪式等外，在现代社会的世俗生活里，已经基本上失去了存在和发展的物质条件；而后者，即禳灾逐鬼、治病许愿等法事巫舞，在一些生活贫困、文明滞后、交通不便的穷乡僻壤，还在相当程度上普遍存在着。退一步说，即使将来有一天巫术法事消失了，巫舞作为一种艺术，也还会长期存在下去，并逐渐适应社会的需要而发生或多或少变化，但根据我们现在看到的各地的调查材料来判断，逐渐向着世俗化的方向变化，将成为包括巫舞在内的一切巫文化的必然走向。作为经历了漫长发展时代的一种文化支系，巫舞的丰富的文化内涵（包括显形的和象征的）、和谐的艺术形式、精炼的结构程式、超越时空的幻想思维等，都是值得深入研究的文化遗产。

（一）神灵附体的巫舞

巫师作法时神灵附体，是精神领域里的一个极为复杂的问题。近年来，有学者就巫师进入迷狂状态的问题做过研究，学术界对此存在着不同的看法，因不属于我们的论题的研究范围，姑且不论。神灵附体的巫舞，指的是巫师根据公众或个人的祈愿，以治病或赶鬼、驱邪等为目的，而通过神灵附体的巫术手段所跳的舞蹈。这类神灵附体的舞蹈，通常表现为两种情况。

第一种情况是虽然巫者在迷狂状态下神灵附体，但他所跳的巫舞，并不模仿和不表现任何神灵形象，只是以粗犷的动作而舞蹈。

四川省凉山彝族的"苏尼"在祭祀活动中所跳的巫舞，就属于这一类舞蹈。"毕摩"和"苏尼"在彝族中都被视为神的化身和代言人。"毕摩"是祭司，也是文化知识的传播者（只限于男性）；"苏尼"即巫师，有女性（称"莫尼"）。苏尼在祭祀活动中以擅跳皮鼓舞为其特点。皮鼓舞以男女独舞，尤其以男独舞为主，唱、念、跳结合，其间还要表演一些类似杂技的高难动作。皮鼓是一种用山羊皮绷成的双面鼓，既是巫师的法具，又是伴奏的乐器。"苏尼"作法时，左手持鼓，右手握鼓槌，击鼓而唱而舞，贯穿于整个祭祀活动的始终。①

"苏尼"是彝语，"苏"是人的意思，"尼"指跳神，或指行仪式的动作。苏尼主管治病、捉鬼、驱鬼、破安、招魂等仪式。苏尼通常是在得过病后，在毕摩的帮助下，行降神仪式而成为巫师的。苏尼在其所行的仪式中，用羊皮鼓，但与毕摩不同，在仪式中，不用必备的神像、祭坛、经典、巫服等。成为苏尼后，随毕摩学一些简单的仪式规程，但不能学舞。因为在毕摩的仪式中，是没有舞蹈的，所以，苏尼为了行祭仪，必须通过降神学习舞蹈，但苏尼所学的舞蹈，不似以神灵附体为特点的舞蹈那样有很多动作和技巧，而只是些粗犷的跳、转、击鼓等动作。他们常常做出些让人无法预料的身体动作和激烈的击鼓动作，以引起观者的兴奋情绪和宗教感受。

从苏尼的巫舞中可以看到如下特点：（1）舞蹈时，并非是舞者的无意识行为。（2）不能按舞者的意志舞蹈。（3）舞蹈时的动作，在仪式结束之后，还留在记忆中。这样的舞蹈，不模仿神灵及其助手的形象，仅仅是因神灵附体才舞蹈，而且即使是神灵附体的舞蹈，在事情过后，也能模糊地留在记忆之中。这是因为这种仪式反复进行，即使不由自主的粗犷动作也被多次地重复着，于是这些动作便烂熟于心（潜意识），变得熟练了，就成为一种定势，这就是巫的变化过程。从外表看来，巫师并没有发生什么大的变化，然而在多次反复实践中，他对他所跳的巫舞的动作却加深了认识和理解。随着时间的流逝，巫师对供奉神灵的心理也就逐渐形成了。彝族的苏尼，虽然在作法时不设神像，也不设祭坛，但他还是为神灵敬献祭物的。凉山洪溪山的苏尼，每两个月向神献一次鸡，若不如此，就会头痛。② 大温泉的苏尼，每两个月杀一次白鸡，放在自己房内有酒瓶的桌子上。他每次喝酒时，或他人送来食物时，都要先放置在桌子上，才能食用，若不如此，他主持的仪式将会失败，也引起头

---

① 参照吕波、田耘《四川巫舞傩舞考实》，《民俗曲艺》第 70 期《中国傩戏傩文化专辑》（下）第 47—48 页，王秋桂主编，施合郑民俗文化基金会出版，1991 年。

② 马学良等《彝族原始宗教调查报告》第 233 页，北京：中国社会科学出版社 1993 年。

痛。苏尼虽然没有神像或祭坛，却有供养的心理，这种心理能使舞蹈出现变化。

在彝族社会，因有毕摩巫师这个阶层的存在，苏尼在社会上未能获得一定的地位，也未能形成组织体系，所以，苏尼所作的法事仪式，仍具有原始形态。

第二种情况是巫师作法时神灵附体，在其舞蹈时，模仿和表现自己所代表的神灵及其助手的形象。这类巫师所跳的舞蹈，多是在其所接受的训练中习得的。这类巫舞，以萨满巫舞为代表。

蒙古族舞蹈研究者乌兰杰报道说："在科尔沁部蒙古人的萨满中，有一个叫作'查干额利叶'的教派。所谓'查干额利叶'，蒙古语即白色的鹰，实系指'白海青'。有趣的是，这个教派的神灵白海青是要专门在女巫身上附体的。白海青舞是在神灵附体前跳的，每当祈祷完毕，那些能歌善舞的'亦都罕'（女巫），身穿白色长袍，两手持白绸巾，翩然起舞，由慢到快，模仿出白海青的各种神态动作来。例如，她们忽而双臂轻舒，绕场迅跑，犹如一支敏捷的白海青展翅飞翔，盘旋高飞；忽而又反叉双手，膝行卧鱼，恰似可爱的白海青回首喙理洁白的羽毛。'亦都罕'们惟妙惟肖地模仿白海青的种种动作。"[①]

研究者宋铁铮提供了一个满族萨满灵魂附体后舞蹈的生动例子："在吉林省的舍岭公社看了萨满的动作神——鹰神、虎神表演：鹰神。萨满双手分持飘带若展翅状，在门外就开始双脚齐跳，一位栽力子在室内吆喝"diu、diu"声，以示招呼，同时以生猪肝条或生鸡肉来引逗鹰神，鹰神则在门首晃动头部向室内探望，然后原地转三圈，转时撒开飘带，飘带和裙子飞拂起来，很是好看，吃了猪肝或鸡肉后才跳跃进门，栽力子举起'滴答枪'（红缨枪）刺鹰神，双方夺枪，在夺枪时鹰神有多次翻身的动作，然后进屋边耍腰铃边击抓鼓，向西墙的神位半跪行礼，又转身扭步行到门口，向灶王行礼，然后就是唱神曲，族中人拍手应和，在神秘而愉快的气氛中赞颂祖先的功德，祈求来年继续降福。虎神和豹神一般不戴神帽，屋内有几位栽力子头戴红布而神帽衬，蹲在神位前，虎神要用嘴逐个衔起帽衬耍弄，然后翻身扔掉。豹神则要"抓虎崽"，在屋内土炕上追捕十来岁的孩子，抱到祭坛前往孩子嘴里塞肉和其他吃食，因此胆小的孩子要躲，而淘气的孩子则愿意被抓。蟒神除了唱神曲外，还

[①] 乌兰杰《蒙古族古代狩猎舞蹈》，《舞蹈艺术》第 5 辑第 110—111 页，北京：中国艺术研究院舞蹈研究所编，北京：文化艺术出版社 1983 年。

要在地上扭动。"①

研究者罗维岩在论述蒙古族的萨满神灵附体舞蹈时说:"科尔沁草原蒙古族萨满(勃额)请少布(鸟)精灵的唱词……萨满在这些唱词中,自己进入神鸟附体的恍惚状态并用舞蹈模拟神鸟的情感与姿态。"②

神灵附体的巫术较之于一般巫术,其舞蹈成分更加丰富多样。这是因为人类在漫长的岁月里,通过历史的沧桑变迁所感受到的丰富人生经验,需要通过呼唤神灵的方式,在神灵附体巫舞中加以倾泻的缘故。

(二) 神灵不附体的巫舞

这类巫舞,以喇嘛教、东巴教的舞蹈为代表。从事巫业者,一般是通过受教育而习得巫舞的动作,有时还从一些的神灵附体的巫舞中吸取一些题材和动作,融入巫舞之中。这种神灵不附体的巫舞,其总的特点是颂扬神灵或祖先的因素和戏剧性的形式较为突出,重视宗教的普教性,在形式上则吸收了一些民间舞蹈的特点,具有更多的娱乐性。巫舞与民间舞的交流和交融,是一个不可逆转的趋向。

白马藏族的祭祀巫事仪式,除巫师白莫而外,还有民众参与。每年农历正月初五、六,白莫3—5名,担当曹盖的民间人4—8名,扮黑熊、野猪者各为1人,以此"跳曹盖"。在仪式进行过程中,白莫、曹盖、黑熊、野猪各跑入人家屋内的火塘周围,作踢翻等动作,以除旧迎新,除恶祛邪,并到村落的河边行送鬼仪式。③ 瑶族师公的还盘王愿仪式,虽为传统祭祀,因民众的直接参与,在祭礼目的外,以长鼓舞、送神歌等作为村落祝祭仪式,而具有娱乐性。

藏族地区的羌姆是宗教仪式与宗教舞蹈结合的一种艺术形式,按藏区的说法,羌姆能使人神相通,跳一次或看一次,功德有如通读一篇大藏经《甘珠尔》,又说,羌姆能为去世的亡灵信徒搭桥引路。④ 喇嘛教的仪式舞羌姆,是在宗教节日中所表演的舞剧,有专门的服装、道具,表演者多戴有面具,参加演出的喇嘛都经过寺庙的专门训练,其舞有"护法神舞""金刚舞""牛神舞"等。

在纳西族的东巴舞谱中,以神、法器、动物神等名称创制了数百个定型的

---

① 宋铁铮《满族舞蹈采风记》,《舞蹈艺术》第5辑第218页,中国艺术研究院舞蹈研究所编,北京:文化艺术出版社1983年。
② 罗维岩《中国民间舞蹈文化》第52—53页,北京舞蹈学院1988年。
③ 《中国民族民间舞蹈集成·四川卷》(上)第1190—1191页,中国ISBM中心。
④ 殷玉明《中国寺庙文化》第633页,上海人民出版社1994年。

动作，且以定型的动作舞之，人们相信东巴舞具有打鬼、治病、祈愿、平安等效力。东巴舞的舞剧表现了神的生涯，剧中也有东巴与主人对话的场面。

(三) 戴面具的巫舞

面具的出现，大抵在神鬼观念出现之后，可能与原始的巫舞和傩仪有关。在巫舞中，戴着面具的舞者，便具有了那个特定的面具所显示的或代表的角色的身份。面具在巫舞中成为一种象征符号。

殷代甲骨卜辞中出现了最早的面具文字符号。面具的滥觞，其时代也许比殷代更早，但这个结论有待考古发掘来证实。在新石器时代的岩画中，发现了不少人面画或类人面画，如阴山岩画、连云港将军崖岩画、贺兰山岩画等，这些岩画上的人面或类人面，有可能就是先民使用的面具的写实，但这还是一种假说，它们之间似乎还缺乏有力的证据。① 殷人上甲微"作禓"，即在带有浓厚原始巫术性质的傩仪中，头戴面具，装扮成一个"大首"之人，手舞足蹈，以达到吓唬恶鬼的目的，其舞蹈的性质彰明昭著。面具的作用，除了增加其形象的狰狞可怖外，也许还表现在信仰上，其潜在的、隐蔽的意思是戴面具者吸收了面具所代表的神灵所固有的凶猛的野性和神秘的灵性。曾侯乙墓棺椁漆画之执戈戴面具者，其面具的作用，大致也应如此；值得特别注意的是，这个戴着面具又手中执戈的人，处身于墓圹之中、棺椁之上，似可理解为入圹索室逐鬼的方相之先祖一类的人物了。

三星堆文化遗址出土了相当于商代的早蜀青铜面具实物（二号坑共出土15件）。由于这些青铜面具造型十分夸张，最大的一件高达65厘米、宽达138厘米，比真人头颅大数倍，重量也很重，显然并非戴在人的头部的实用面具。多数学者认为，这只是作为一种祭器或为神像的头像用的象征面具。② 三星堆面具的特征是大多数眼睛瞳孔柱状外突，也有少量平眼的。无论突眼类和平眼类的面具，都是受人膜拜的神像。有学者认为这众多的突目大眼面具神像，表现了三星堆古人的一个重要信仰，即根据蜀人始祖蚕丛是"纵目人"的形象

---

① 盖山林在《阴山岩画》、陈兆复在《中国岩画发现史》、宋耀良在《中国史前神格人面岩画》、萧兵在《傩蜡之风》、顾朴光在《中国面具史》等著作中，以及笔者在《中国原始艺术》中，都论述过这一现象，并且一致肯定人面岩画就是面具的渊源，但应该说，人面岩画与面具，特别是与面具舞蹈的必然联系，还只是一种假说，并没有得到实质性的解决。
② 参阅王家佑、李复华《关于三星堆文化的两个问题》，《三星堆与巴蜀文化》第31页，成都：巴蜀书社1993年。

塑造成的祖先神形象。① 笔者认为，尽管三星堆巨型青铜面具并非实用面具，但三星堆古人无疑是根据生活中实有的面具来塑造和铸造这些面具的，它们从另一面证明了面具滥觞的古老和面具的信仰性。

现代社会还在流传着的巫舞和带有巫术性质的舞蹈，面具舞仍然占有重要地位。原来信奉原始本教，后来改信藏传佛教的西藏，举行以酬神驱鬼为目的的宗教法会时，面具是舞者必备的道具。西藏面具源于本教及原始的巫觋和拟兽舞等，逐渐吸收了佛教密宗瑜珈部、无上瑜珈部里的金刚舞发展起来的。发展到现代，西藏面具分为跳神面具、藏戏面具和悬挂面具三种类型。跳神面具，藏语叫羌姆面具，"跳神面具是伴随着跳神仪轨一起发展起来的，每逢宗教节日，西藏都要举行这种仪式，以降服鬼怪、驱邪镇魔。它注意虚幻的宗教精神，表现一种庄严气愤，凭借面具的形象及人的表演而加深其宗教影响，从而作用于人们的思想观念，作用于社会。跳神者所戴面具，有鬼怪、仙人、法王、各类护法师、动物图腾等"。"跳神面具……起到将人和神连为一体，为宗教仪轨服务，从而传达宗教的种种神秘观念"。② 西藏的跳神舞蹈较多地保留了包括原始面具舞蹈在内的本教原始文化形态和特色，对于我们认识原始的面具舞蹈和舞蹈面具有特别重要的意义。正如藏族民间艺术收藏和研究者叶星生说的："西藏面具艺术除了吸收外来文化外，更主要是受到西藏本土的原始宗教——本教文化的直接影响。由于久远的本教信仰在吐蕃先民心中有着根深蒂固的地位，因而佛教和本教在相当长的时间内处于并驾齐驱的局面，结果两种文化既相互斗争又相互融合。尽管最后佛教战胜本教而成为西藏正宗宗教，也因其对本教文化的吸收而形成既不同于印度佛教，又不同于中原佛教的独特宗教，人称'藏传佛教'或'喇嘛教'。印度高僧莲花生大师用佛法神威降服本教神祗时，为了在民众中赢得广泛的信徒，也同时将本教中的巫术、妖法、火祭、焚魔等仪式连同鬼怪精灵一起带入'佛门'。本教中的山神、年神、龙神、跃神等'世间神'，以及日赞（山妖）、夺锥（骷髅）、帕姆（女鬼）、贴龙（独脚鬼）等等，这些土生土长的低层鬼卒，也理直气壮——迈入了佛教护法的行列，成为西藏面具艺术的一个重要组成部分。不少面具以奇形怪诞的形态成为西藏文明史上的一大奇观。"③

壮族的师公舞也是流传至今的巫舞之一。师公（巫师）奉有36神、72相，他们在行各种仪式时，采用不同的神鬼面具跳师公舞。师公舞的功能是歌颂神的功德，向神祈福、祈愿、辟邪。师公舞具有五个程式规范：（1）有舞

---

① 赵殿增《三星堆祭祀坑文物研究》，《三星堆与巴蜀文化》第84—86页。
② 多杰才旦《叶星生编〈西藏面具艺术〉前言》第1—2页，重庆出版社1990年。
③ 叶星生《西藏面具艺术概述》，《西藏面具艺术》附录。

必设坛，无坛不作舞；（2）唱歌必跳神，跳神必戴相；（3）舞赖于乐，以乐伴舞；（4）凡跳神之舞，必持神之器；（5）有程式动作：三步罡、行三罡、三元手、踩三台、进三台、三星鼓等，三步为规与东西南北中、金木水火土等五个方向舞规。①

（四）持巫具的巫舞

巫具巫舞系指那些借助于巫具而达到祈愿目的的巫舞。巫具作为通神的工具，在舞蹈中被赋予了某种特定的宗教文化象征含义。

鄂温克族萨满使用的法器，有用牛犊或狼皮蒙制的单面神鼓（即手鼓，俗称单鼓子）和用兽足皮毛朝外包成的神槌。神鼓除在跳神时使用外，也是从前鄂温克人用来驱赶野兽的一种防卫工具。萨满穿的法衣十分奇特、华丽，是用光板兽皮作原料缝制的对襟长袍，前面钉有八个铜扣和六十面小铜镜，背面有一大四小五面铜镜，腰部扎着一条钉有六十个铜铃（或铸铁铃）的腰带，双肩上配有布制的雌雄鸟，背面从腰部以下，是由两层飘带组成的衣裙，长袍以外，罩一坎肩，上镶三百多颗贝壳。萨满的法帽上有两个多杈的铜制鹿角，上镶绫带，双角之间立着一只铜鸟。法帽上的鹿角杈数多少，是判断识别萨满资历的标志，杈多，说明萨满举行的法会次数多（萨满一生只能举行四次法会，每举行一次法会就增加一个杈角），证明他的资历也就深。跳神时，法衣上的铜镜闪闪发光，铜铃晃啷作响，飘带在萨满不停地旋转跳跃中翻上翻下，加上"咚咚"的鼓声和萨满"阿阿咧咧"的唱声，把人们带进了神奇的气氛之中。②

达斡尔族巫师举行"奥米那楞"仪式时，萨满只能以红布包头，仪式后就戴鹿角装饰了，说明他们已经正式成为萨满了。其中在第一次仪式后戴三枚鹿角杈，第二次仪式后戴六枚鹿角杈，有的还在鹿角杈上安置一只铜鸟，象征萨满的灵魂。③

广西壮族师公戴着鸡头形头饰跳的斑鸠舞，往往在民间举行新婚、小孩满月、寿辰等宴会时，在客人面前进行。《天琴舞》，是巫师于每年的春季为纪念"端娥"手持天琴所行的祭祀。如今每当民家逢喜事，也将这些由职业艺人扮演的舞者邀至家中，鸣琴相视。④

---

① 《中国民族民间舞蹈集成·广西卷》（上）第242—243页，中国ISBM中心。
② 王咏曦《北方渔猎民族丛考》第81—82页，齐齐哈尔社会科学杂志社1990年。
③ 宋兆麟《巫与巫术》第65页，成都：四川人民出版社1989年。
④ 《中国民族民间舞蹈集成·广西卷》（上）第116页，中国ISBM中心。

民俗与艺术

湖南城步苗族自治县迄今还流行着一种名为《打山魈》的民间歌舞活动。在此活动中，由苗老司（巫）扮成一男一女（男扮女装）进行表演。男身穿青色"道袍"，头缠"英雄帕"，腰系围带；女青布包头，身穿大襟便衣，青衣短裙围腰。以"师刀""绺巾""花棍"为道具，模仿生产劳动中的动作，载歌载舞，有浓厚的生活气息，深受群众的喜爱。① 现在我们看到的《打山魈》，已经是相当世俗化了，古代很可能是一种用于驱赶巫术的巫舞。据认为，其文化象征功能，在于驱逐危害农作物的"山魈"，以求吉利和平安。

（五）与神灵对话的巫舞

广西壮族巫婆（又称仙婆、仙姑）作法时，有唱跋山涉水历尽艰险的，有唱遇见鬼怪遭遇险恶的，有唱鸟语花香道路畅通无阻的……巫婆的歌声越来越小，表示到达了仙境，并找到了仙人。此时由一或两个称作"仙童"的未婚姑娘，到神台前盘腿坐下，右手拇指套上"马"（即铜链）不断抖动，一面与弹"叮"（一种民间弹拨乐器）的巫婆对唱起来。前者代表仙童，后者代表凡人，通过对唱，一问一答，仙童回答凡人提出的各种疑难问题，并传达神的意志，唱毕，仙童持"马"起舞。②

壮族女巫也是通神巫师。她们在通神时必须喝酒，使自己昏昏然，然后代表鬼神说话。如果有人怀念已故的亲人，女巫也可过阴，把死者请回来，附在女巫身上，这时女巫代表死者，模仿死者的语调，与求神者对话，诉说别离之苦。③

综上所述，不同类别的巫舞，由于拥有的不同的动作体系，采用的多样的道具（法器、装束等）和表现手段，不同的表现神灵和替神灵代言的方式，等等，使巫舞以丰富的文化象征意象为其特征，具有无可代替的象征性。

五、祭祀舞

祭祀歌舞是祭祀仪式的组成部分，这种歌舞是源远流长的。由于祭祀活动既恪守于宫廷，也流行于民间，所以祭祀歌舞是最为司空见惯的一种巫歌巫舞。宋代郭茂倩编撰的《乐府诗集》一百部中所收罗的历代祭祀歌词舞曲，集中国历代祭祀歌舞之大成。其十二类中，至少第一类"郊庙歌辞"是用于

---

① 《中国民族民间舞蹈集成·湖南卷》第1680页，中国ISBM中心。
② 《中国民族民间舞蹈集成·广西卷》（下）第1680页，中国ISMB中心。
③ 宋兆麟《巫与巫术》第57页。

祭祀仪式的，包括祀天地、太庙、明堂、籍田、社稷仪式，和第七类"舞曲歌辞"中的雅舞和杂舞，是用于郊庙和朝会仪式的。

前面说过，原始的歌舞往往是结合在一起的，祭祀歌舞也具有这样的特点。《尚书·伊训》说："恒舞于宫，酣歌于室，时谓巫风。"说明到了商代，舞与歌已逐渐开始相对独立，且向着不同的方向发展，但在祭祀巫俗中，歌与舞仍然相互结合在一起，作为巫术仪式的一个组成部分。从屈原的《九歌》中，可以看出楚国歌舞结合的巫舞颇为盛行。《九歌·东皇太一》是一首祭祀造物主天神的乐歌，其中许多段落描写了祭祀歌舞的结合。如：

灵偃蹇兮姣服，芳菲菲兮满堂。五音纷兮繁会，君欣欣兮乐康。

这里没有写神的形象，着重描写祭神时的歌舞场面：男女巫师们时仰时俯的优美姿态，舞衣翻飞的情景，祭祀场上香烟弥漫，空气中飘荡着由各种音符交织而成的庄严乐章，为的是让天神心里高兴，那时人们也能就乐享安康了。《九歌》祭诸神时，巫师或扮演神的形象，或歌唱神的事迹，唯独祭太一，只用歌舞来娱神。这除了他在诸神中享有特殊崇高的地位外，也还由于他那"状如黄囊"而又"无面目"的混混沌沌的形象。

《乐府诗集》一书，收集的只是歌辞，而对乐舞则基本上没有记述，故而我们很难从中看到当年各类祭祀仪式的舞蹈形态是怎样的。所幸的是，毕竟多少记录了某些祭祀活动用舞的时机和场面，而且主要是宫廷的祭祀活动和乐舞的情况。如《郊庙歌辞一》引：

《乐记》曰："王者功成作乐，治定制礼。是以五帝殊时，不相沿乐，三王异世，不相袭礼。"明其有损益也。然自黄帝已后，至于三代，千有余年，而其礼乐之备，可以考而知者，唯周而已。《周颂·昊天有成命》，郊祀天地之乐歌也，《清庙》，祀太庙之乐歌也，《我将》，祀明堂之乐歌也，《载芟》《良耜》，藉田社稷之乐歌也。然则祭乐之有歌，其来尚矣。两汉以后，世有制作。其所以用于郊庙朝廷，以接人神之欢者，其金石之响，歌舞之容，亦各因其功业治乱之所起，而本其风俗之所由。武帝时，诏司马相如等造《郊祀歌》诗十九章，五郊互奏之。又作《安世歌》诗十七章，荐之宗庙。至明帝，乃分乐为四品：一曰《大予乐》，典郊庙上陵之乐。郊乐者，《易》所谓"先王以作乐崇德，殷荐上帝"。宗庙乐者，《虞书》所谓"琴瑟以咏，祖考来格"。《诗》云"肃雍和鸣，先祖是听"也。二曰雅颂乐，典六宗社稷之乐。社稷乐者，《诗》所谓"琴瑟击鼓，

民俗与艺术

以御田祖"。《礼记》曰"乐施于金石,越于音声,用乎宗庙社稷,事乎山川鬼神"是也。永平三年,东平王苍造光武庙登歌一章,称述功德,而郊祀同用汉歌。魏歌辞不见,疑亦用汉辞也。武帝始命杜夔制定雅乐。时有邓静、尹商,善训雅歌,歌〔师〕尹胡能习宗庙郊祀之曲,舞师冯肃、服养,晓知先代诸舞,夔总领之。魏复先代古乐,自夔始也。晋武受命,百度草创。泰始二年,诏郊庙明堂礼乐权用魏仪,遵周室肇称殷礼之义,但使傅玄改其乐章而已。永嘉之乱,旧典不存。贺循为太常,始有登歌之乐。明帝太宁末,又诏阮孚增益之。至武孝太元之世,郊祀遂不设乐。宋文帝元嘉中,南郊始设登歌,庙舞犹阙。乃诏颜延之造天地郊登歌三篇,大抵依仿晋曲,是则宋初又仍晋也。南齐、梁、陈,初皆沿袭,后更创制,以为一代之典。元魏、宇文继有朔汉,宣武以后,雅好胡曲,郊庙之乐,徒有其名。隋文平陈,始获江左旧乐。乃调五音为五夏、二舞、登歌、房中等十四调,宾祭用之。唐高祖受禅,未遑改造,乐府尚用前世旧文。武德九年,乃命祖孝孙修定雅乐,而梁、陈尽吴、楚之音,周、齐杂胡戎之伎。于是斟酌南北,考以古音,作为唐乐,贞观二年奏之。按郊祀明堂,自汉以来,有夕牲、迎神、登歌等曲。宋、齐以后,又加裸地、迎牲、饮福酒。唐则夕牲、裸地不用乐,公卿摄事,又去饮福之乐。安、史作乱,咸、镐为墟,五代相承,享国不永,制作之事,盖所未暇。朝廷宗庙典章文物,但按故常以为程式云。[①]

郭茂倩所述这段历代上层统治者集团祭祀乐舞的历史告诉我们,周代立国之时,十分重视设立礼乐制度,作为乐舞机构的大司乐,传授前代传承下来的仪式与乐舞,也负责创作本朝乐舞,从而使非巫师的职业艺人参与祭祀,相关的祭祀舞也因而得到发展。祭祀舞乐的功能,不仅在于祈愿、辟邪,而且还通过祭祀舞乐,宣扬列祖列宗的业绩,并继承之。由此,我们可以发现,祭祀舞蹈的传袭不绝,强调它的教化功能是一个重要原因。两汉以后,祭祀歌辞,有的是沿袭先代旧制,有的则是指定专人新创,而舞蹈,则多是沿袭先代的诸族传统民间之舞。"其所以用于郊庙朝廷,以接人神之欢者,其金石之响,歌舞之容,亦各因其功业治乱之所起,而本其风俗之所由。"我们还可以得出一个结论,在祭祀歌舞中,歌咏则用来表达颂扬神、崇拜神、崇敬神的心理和意愿,而舞蹈所表现的则是沟通和娱神的意蕴,它是用其他形式难以表现的。

与其他巫舞不同,祭祀舞是祭祀活动的组成部分,也是祭祀活动的产物,

[①] 郭茂倩编撰《乐府诗集》第 1 册第 1—2 页,北京:中华书局 1979 年。

没有祭祀活动和祭祀仪式，就不可能有祭祀舞的单独存在。祭祀舞的功能主要显示为愉悦神灵和祖先。这正是祭祀舞与一般的巫舞的最主要的差异之点。

（原载《民族艺术》（南宁）2001年第4期）

漫说黥面和文身

绘身、黥面和文身是原始人类最早的艺术，也是一种世界性的文化现象。当人类还不懂得生产纸张，甚至还不知道利用树皮和兽皮来作为绘画材料的时代，他们就在自己的皮肤上刻画出种种花纹了。据考古发掘证明，文身习俗的起源相当古老，欧洲冰河时期的雕像中已见到有文身的女像。金石并用时期的底黎波里文化中，陶制文身的女像也很多见。葬于公元2000年前的埃及古尸身上发现了文身。在中国，新石器时代的彩陶中也有明晰的黥面图像。在《山海经》及其之后的一些史籍和志书中，黥面和文身的记载就更多了。从远古的原始时代起至20世纪的今天，这种在人类身体上刻画图画和纹样的习俗，时起时伏地从没有间断过。

唐代诗人柳宗元在《登柳州城楼寄漳汀封连四州刺史》诗里写道："城上高楼接大荒，海天愁思正茫茫。惊风乱飐芙蓉水，密雨斜侵薜荔墙。岭树重遮千里目，江流曲似九回肠。共来百粤文身地，犹自音书滞一乡。"柳诗中所说的文身这种习俗的流行之地"百粤"（即"百越"，古代"粤"与"越"同），也就是我们今天通常所说的吴越地区。学术界一般认为，吴越应是文身习俗的发源之地。

《史记·吴太伯世家》里有一个关于文身的有趣的传说："季历贤，而有圣子昌，太王欲立季历以及昌，于是太伯、仲雍二人乃奔荆蛮，文身断发，示不可用，以避季历。季历果立，而昌为文王。太伯之奔荆蛮，自号句吴，荆蛮义之，从而归之千余家，立为吴太伯。太伯卒，无子，弟仲雍立，是为吴仲雍。"这个传说里说，从吴太伯奔荆蛮文身，断发而逃避季历的迫害肇始，才有了文身的习俗。这种说法，当然不一定靠得住，但却可以说明百粤民族是存在着文身断发的习俗的。《战国策·赵策二》说："被发文身，错臂左衽，瓯越之民也；黑齿雕题，鳀冠秫缝，大吴之国也；礼服不同，其便一也。""被发文身"，就是把头发剪短或把头发梳成一定的发式，在身体上刺上花纹；"黑齿雕题"，就是把牙齿染成黑色，在额头上黥刻上纹样。这也证明了吴越民族是文身最早和最普遍的民族之一。

文身，一般是先在身体的一定部位用带有颜色的东西画出纹样，然后用木棒为锤，敲砸尖状的竹钎、骨钎、石钎一类的利器，使其尖部扎入皮肉中刺成花纹，再取青草汁或锅烟揉入皮肉成为黑蓝色，洗之不去。现代民族学的材料告诉我们，我国境内生活的黎族、高山族、独龙族、彝族、傣族、德昂族、苗族等民族，都存在着或存在过文身的习俗，但这些民族中文身的情况又是各不相同的，比如黎族、独龙族只有妇女才文身，而傣族、高山族则男女都文身。文身的部位也大相径庭，即使一个民族，不同支系也不一样。上江（指独龙江上游）的独龙族女子，头面、鼻梁、两颧、上下唇均刺花纹；下江一带则只刺上下唇或只刺鼻尖一圈，下唇刺二三路而已。四川昭觉的彝族女子，多刺于手背、手腕处，伸手便可显露于众。历史上的哀牢夷，则"画其身，象龙文，衣着尾"，有绣面蛮、刺足蛮、花脚蛮之别。由于这种习俗是原始习俗的遗留，所以在上面这些民族，现在五十岁上下的人中间，还能看到他们的面部或身上刺着的各种靛青色的图案。从历史上来看，文身的民族也许不止上面举出的这几个，可能还要更多一些，北方的一些民族中也有文身的记载。在毗邻我国西北边疆的阿尔泰地区出土的古代酋长大墓葬干尸，也曾发现"身体上绘有纹饰，非常美丽，手、胸、背和脚上，都绘有真实的和幻想的动物形象"。①

关于原始民族部落成员为什么文身的问题，研究者们有各种各样的说法，如图腾徽记说、秉承祖宗遗制说、成年标记说、避除邪害说、繁殖人类说等，其中以图腾说最有势力。原始部落多以某种动物、植物或自然物为图腾，认为它与本部落或族群有某种血缘关系，是本部落或族群的保护者，因而把它尊为祖先和英雄，把它的形象制作成本部落或族群的徽记。在面部或身体上，绘制、黥刺，或割制上永久的、以抽象的线条组成的图腾形象，就成了本支本族的标记。不文身的人，也就没有资格算是本族的成员。古时候，部落间发生战争，常常俘虏另一部落的成员，只要有了这种标记，就可以很容易地认出是不是本部落的人来。从已有记载的材料看，中国境内流行文身习俗的民族，其图腾纹样有鱼、龙、凤、飞仙、葫芦、鸟兽、鬼神、花卉、文字等。《广东通志》记载和20世纪30年代刘咸的调查都证实，黎族的文身图腾纹样多为虫、鱼、飞蛾、花卉。李佛一《车里》记载，傣族男人的文身图腾纹样有鹿、豕、

---

① ［俄］C. И. 鲁金科《论中国与阿尔泰部落的古代关系》，《考古学报》1957年第2期。

塔。彝族文身者两腿、脐部及其周围刺以圆形或椭圆形花纹，中间刺各种动物图案，而在胸部和背部则刺以虎或龙形。台湾高山族有的支系妇女往往"绕长吻皆刺之"，叫作"乌鸦嘴"，大概是古代鸟氏族的图腾徽记吧。《土番竹枝词》描绘说："文身旧俗是雕青，背上盘旋鸟翼形，一变又为文豹鞹，蛇神牛鬼共狰狞。胸背斓斑直到腰，争夸错锦胜绞绡，冰肌玉腕都文遍，只有双额不解描。"世界各地的情况也大体如此。北美印第安人的身体，每有描绘动物的图像，如野牛、海豹、龟鲑、鸟，这些正是他们的图腾。南太平洋的黑利人在身上黥刺的是两种不同的鱼类，那也是他们崇拜的图腾。

在其发展中，文身的动因也逐渐加入进了其他的因素，比如，进入男系社会之后，女子要随着嫁到夫氏族去，而成为夫氏族的成员。反过来说，女子在她所出生的氏族就不可能获得氏族成员的资格，因此，在她未出嫁之前，也就无须文身，而必须在即行出嫁之时，举行文身的仪式，而由于这时她的身体已有所属，她身上所要文刻的花样，自然也要由夫家"颁至"。有的民族，除了由文身师在她的身上文身外，甚至还要由其未来的丈夫在她的阴处进行特别的刻刺，以作为他的属物的标记。一经依照夫家"颁至"的样式举行了文身之后，她就正式成为夫氏族的成员了，黎族过去就有这样的规矩。《黎歧记闻》中云："黎女将嫁，面上刺花纹，涅以靛，其花或直或曲，各随其俗。盖夫家以花样予之，照样刺面上以为记，以示有配而不二也。"也有的民族是把文身当作成年礼的一种仪式的。据《台湾番族的研究》所提供的材料：（番人）"关于刺墨，男在额与颚，女在额与颊。刺额是表示种族的号帜，在幼年时就施行手术。男子刺颚是表示成人，与我国加冕礼之意相当。其取得成年之资格，是以勇武砍得外人首级为标准。女之刺颊是表示处女，在通经时即施行手术，在未刺颊以前，绝对不准缔结婚姻，或与男子私通。"

在漫长的阶级社会中，从三代以迄宋代，黥面，成为统治者惩治犯人的刑罚。凡是犯了罪的人、俘虏、奴隶，大凡要在其脸部实行墨刑或曰黥刑，使之永远不能消除，永远无法逃走。这在《水浒传》里有非常生动的描写。同时，在黑社会和行帮之中，文身也成为一种时尚和标志，凡是加入到某一行帮里去的人，都要在身上刺上一定的花纹。

1993 年 5 月 7 日

（原载《吉林日报·东北风》1993 年 7 月 10 日）

论颜色的意义

颜色是人类文化一个重要领域。当白昼来临时，人看到的是蔚蓝色的天空，是火红的太阳，是葱茏的远山和碧绿的树木，是各种不同颜色的飞禽走兽；而当夜幕低垂时，人又被无边无际的黑暗包围了。颜色构成了一个奇妙的世界，原始人无时无刻不处在自然界呈现的颜色的环境之中。人很快学会了利用自然界的颜色和制造新的颜色来美化环境、美化自身、标明事物和表达思想。对于人类来说，颜色具有两种性质：第一，它是一种标志，标明一种物体是什么色彩的，是青赤白黑黄五种正色，还是两种或两种以上的颜色相合而成的间色；第二，它是一种象征，几乎任何一种颜色都暗含着一种不被一目了然的隐喻，一种更加深层的人文象征含义。

一、颜色与五行五方观念

有材料表明，原始人对颜色的认识，最早始于旧石器时代晚期。考古发掘证明，山顶洞人的洞穴下室里的尸体上及其周围，撒了一些赤铁矿粉末。学者们普遍认为，这是原始宗教意识的萌芽。原始人把赤铁矿粉末经过氧化之后呈现的红颜色，视为生命的象征，他们看到被射杀的野兽流出的血是红色的，血流出身体之后，动物就死亡了，因而把红色与血液，进而又把红色与生命联系起来。古人有血祭之说，所谓血祭，就是一个部落以其所获动物的血，或所获敌俘的血，来祭祀他们所信仰的山川大地之神灵或祖先，然后分食这些祭牲的肉。在他们的观念里，认为饮他们的血和吃他们的肉，会把他们的精灵和智慧吸取进来。这种古老的习俗，即使今天，在一些少数民族的信仰习俗中也还能依稀看到若干遗迹，比如哈尼族在举行"埃玛突"祭祀时，还把杀死的猪的鲜血滴在一块竖立在祭坛旁边大石头上，这块石头，是他们崇拜的神石。东北

民俗与艺术

亚一带萨满教祭天仪礼中，要立一神杆，神杆的顶端要用活牲的殷红鲜血来涂抹，以供祀天神。在萨满教的观念中，红色是活牲的本色，是生命的象征。这种把红色视为生命象征的观念，在世界其他民族中也相当广泛地存在着。

原始民族中，也有崇尚其他颜色的民族。据《台湾府志》记载，生活在那里的土著民族平埔人盛行"涅齿"的习俗。所谓"涅齿"，就是用生乌、涩草或芭蕉花等植物把牙齿染黑。陈国强、林嘉煌著《高山族文化》里报道说，吃槟榔的阿美人和卑南人则用黄杨树批皮的焦油或桑树墨油把牙齿染成黑色，因此他们都是崇尚黑色。①

从氏族社会进入阶级社会，特别是封建社会之后，在上层文化和下层文化这两种文化中，颜色按照既不同又交叉的两条线索发展演化着，从而形成了两种不同的人文象征系统。在上层文化中，颜色逐渐与五行五方观念联系起来。《淮南子·天文训》："何谓五星？东方木也，其帝太皞，其佐句芒，执规而治春，其神为岁星，其兽苍龙，其音角，其日甲乙。南方火也，其帝炎帝，其佐朱明，执衡而治夏，其神为荧惑，其兽朱鸟，其音征，其日丙甲。中央土也，其帝黄帝，其佐后土，执绳而制四方，其神为镇星，其兽黄龙，其音宫，其日戊己。西方金也，其帝少昊，其佐蓐收，执矩而治秋，其神为太白，其兽白虎，其音商，其日庚辛。北方水也，其帝颛顼，其佐玄冥，执权而治冬，其神为辰星，其兽玄武，其音羽，其日壬癸。"在这段文字里，记载了五方（东南中西北）与五行（木火土金水）的对应关系，五帝与五神的对应关系，五方帝与四季的对应关系（青帝太皞对春，炎帝对夏，黄帝对中，少昊对秋，颛顼对冬），神兽与颜色的对应关系（苍龙为青，朱鸟为赤，黄龙为黄，白虎为白，玄武为黑），从而四时变化和天象的转移，也都与五行一一对应（春木、夏火、中土、秋金、冬水，以及出现了木生火、火生土、土生金、金生水的"五行相生"说），形成了所谓"天人合一"的思想，即《史记·天官书》里说的："天则有日月，地则有阴阳。天有五星，地有五行。天则有列宿，地则有州域。三光者，阴阳之精。气在本地，而圣人统理之。"因此，出现了《史记·封禅书》里记载的五色帝的传说。五帝就是青帝、赤帝、黄帝、白帝加上黑帝。黑帝的出现，也还有个令人啼笑皆非的故事哩。汉高祖问："秦时都祭祀些什么上帝啊？"答曰："有白、青、黄、赤帝之祠。"高祖又问："我听说有五帝，你们只说了四帝，这是为什么？"大家都不回答，于是高祖自言自语地说："我知道了，连我本人在内，才是五帝嘛。"于是立黑帝祠。在相当漫长的历史进程中，与五行、五帝和四时相对应的青赤黄白黑五色被认为是

---

① 陈国强、林家煌《高山族文化》，上海：学林出版社 1988 年。

正色。

二、颜色背后的等级观念

五行五方的信仰观念又被逐渐运用到社会政治领域里，出现了五方封社的实践，因此颜色也就与政治强权挂起钩来，成为封社政治势力的象征。

首先是政治上的分封制。《尚书》说："海岱及淮惟徐州，……厥贡惟土五色，王者封五色土以为社，建诸侯，则割方色土立社，燾以黄土，苴以白茅，茅取其洁，黄取王者奄有四方也。"蔡邕《独断》："天子大社，以五色土为坛，皇太子封为王者，受天子之社土，以所封之方色，东方受青，南方受赤，他如其方色，苴以白茅，授之，各以其所封方之色，归国以立社，故谓之受茅土。"遗留至今的北京中山公园社稷坛的五方土，也叫五色土，依然是东方为青土，南方为赤土，西方为白土，北方为黑土，中央则燾以黄土。黄色成为王者专有的颜色，连诸侯国的国君都不能染指，更不用说庶民个人了。

其次是服色的规定。封建时代，每当改朝换代之际，要从上而下地宣布当朝的服色，以及什么等级的人应穿什么颜色的衣服，即史称的"改正朔（历法），易服色"。从第一层次来说，每一个朝代都有自己所崇尚的颜色，作为国祚之色，如夏代尚黑，殷代尚白，周代用黑，秦王朝也把黑色定为国祚之色。从第二层次来说，每一个等级的人，其服装都有自己专有的颜色，不能超越和轻易改易。天子的舆服以及车马装饰品的颜色都是专用的，其他等级的人是不能随便使用的。《礼记·玉藻》里说："天子玄端而朝日于东门之外。"可见周朝的贵族，在祭祀时穿的是黑色衣服。到了隋唐及其以降，皇帝的服装就变成黄色的了，即俗称的"黄袍加身"。《唐书》："天子袍衫，皆用赤黄。"《朝野杂记》："大臣夺情者，服惨紫袍。"大臣们穿的是紫服。《隋书·礼仪志》："隐居道素之士，被召入见者，白单衣。"《李泌外传》里将其称为"白衣宰相"。皂袍定为八品官服，是秀才们穿的，他们"不敢僭服"，可见封建时代服色的等级制是十分严格的。唐贞观四年（630年）之后，三品以上服紫，四品服深绯，五品服浅绯，六品深绿，七品浅绿，八品深青，九品浅青，形成定制，其他不入品的，如杂役、士卒、庶民、商贾等，均只能服黑白二色。古代妇女的服色与官服则有所不同。周代庶民妇女穿白色的服装。《诗·郑风》："缟衣綦巾。"缟衣白色，綦巾苍艾色。贵妇人穿绿色的服装。《诗·邶风》："绿兮衣兮，绿衣黄里。绿兮衣兮，绿衣黄裳。"《传》："美庄姜也，是周时贵妇人衣绿色。裳黄色，而衣之里亦黄也。与庶女异矣。"士人妇女比庶民妇女要高一等，穿白色加带黑色边饰的服装。可见，在颜色的背后隐藏着森严的等级观念。

三、纳吉辟凶象征系统

与上层文化相反，在下层民众的民俗生活中，颜色则以长期积淀起来的纳吉辟凶的愿望为轴心，而形成了一整套人文象征系统。首先以最为常见的红白喜事为例，人们通常把婚嫁说成是红喜事，嫁娘从身上的衣着、头上的盖头到乘坐的花轿，男方从大门的装饰（对联、禧字、灯笼）、传席用的地毯到拜堂用的蜡烛等，都是红色的。在人文象征意义上，红色与喜庆、热烈有着某种同构的关系。而丧葬仪式所用的颜色，则一律是白色，送葬者的孝衣（俗称披麻戴孝）、送葬队伍的旌幡、为死者扎制的车马轿乘、供死者灵魂在去冥府路上使用的纸马、冥币等，都是素白色的。在人文象征意义上，素白之色则与死亡有着某种同构的关系。

民俗与象征有着不解之缘。民间尚红的习俗，其覆盖相当广泛。南国生长的红豆（又名相思子、相思豆）一向作为爱情、相思的象征被人们所接受。王维的《相思》："红豆生南国，春来发几枝。愿君多采撷，此物最相思。"已成为千古名句，在民俗生活中也得到了广泛地认同。近代以来，红色象征着革命，有"红色风暴""红色恐怖"之说。市场经济大潮中，早已销声匿迹多年的"红包"又东山再起，成为奖掖提携的一种手段。而"大红大绿，红得发紫"，却又把红、紫这些登峰造极之颜色摔到了深渊里，蕴含着强烈的贬义。本来被崇尚的洁净之色——白色，则成了反革命的或否定性的象征，口头或书面上常见有"白色恐怖""白旗""白匪""白丁"等说法。本来属于天子专用的黄色（不仅龙袍的颜色，连皇宫的屋顶和内部装饰都是黄色），也在变化之中，在民间用黄布来覆盖装殓死者的棺木，给死者烧的纸，称为"黄表"。造反的农民也反其道而用之，袭用皇宫禁用的黄色布料制作成所谓杏黄旗，作为揭竿而起的帅旗。

在关于颜色的人文象征观念中，不同民族和不同地区渗透着各自不同的文化传统，因而其内涵是各不相同的，而从这些不同的象征中，又可以看到某些相同的思维方式，甚至相同的文化因素。例如古代（例如周代）曾经出现过尚黑的传统，在当代汉民族中，已经赋予了完全不同的含义，黑变成了与反动、死亡有关的观念，如套用"青帮""红帮"一类而新造的"黑帮"这个词汇所具有的那种含义，如追悼死者不再披麻戴孝，改而为佩戴黑纱等，可是尚黑的传统却反而在有些从地缘上来讲相隔甚远的当代民族中得到了认同，例如，黑色至今还是满族人崇尚的颜色。因为在萨满祭礼中，黑色象征着黑夜的善神，他们是人类漫漫长夜的重要守护神，背灯祭的主要神祇。这种关于颜色的象征观念，可能来自古代女真人对黑龙江的崇拜，女真人相当一部分源自黑水部。《三朝北盟会编》引张隶《金虏图经》："虏人以水德，凡用征伐旗帜尚黑，虽五方皆具，必以黑为主。"现在居住在南方广袤的丘陵地带的（广西、贵州）苗族中的大部分，至今都尚黑，他们除用蓝靛把布匹染成黑色外，还用杨树皮浸汁加深，使黑色透亮美观。彝族的支系纳苏、诺苏，其族名本身，有"黑族"之意，他们把碧绿的庄稼、青翠的山林、深渊峡谷、穿戴讲究、深奥的道理等，概称之为"黑"。①

1993 年 10 月 15 日

（原载《吉林日报》1993 年 10 月 30 日）

---

① 刘锡诚、王文宝主编《中国象征辞典》"黑"条，第 112 页，天津教育出版社 1988 年。

中国年画中的文化象征

农历春节对于世界各地的中国人来说，是一年中最为隆重、最为热闹的一个传统大节。一进入腊月，那股热闹劲儿就开始了。在农村，家家户户开始推米磨面，女人们忙着制备各种应时的节日食品；爷儿们领着小孩子赶集上店，去买灶马、年画、门神和孩子们喜欢的玩意儿。熙熙攘攘、推推搡搡的集市上，大批都是卖年画的地摊和卖儿童玩意儿的货郎担儿，一条向来寂寞的小街，给点缀得花花绿绿，从来也没有过的美丽、热闹。腊月二十三，灶王上了天，旧年就结束了，就该打扫屋子、写对子（春联）、贴年画，迎接新年了。

绘制年画的风俗大概可以追溯到相当古老的年代，而"年画"这个名称的出现却是晚近的事。据研究年画的专家王树村先生考证，大约在清道光年间李光庭撰《乡言解颐》这本书里第一次出现。① 从年画的社会功能来看，年画大致可分为信仰的和艺术的两种。所谓信仰的，如灶祃、财神轴子和印着某种神像的纸马等，是为了不同程度地满足人们对灶神和财神等神灵的信仰的需要，而黏贴或悬挂在灶头和中堂等固定部位的，有的还伴随着一定的祭祀仪式；所谓艺术的，大致是为了满足人们的喜庆的心理需求和艺术的欣赏需求，烘托节日的欢乐气氛的，这种年画一般没有什么仪式相伴，只是为了娱人的，或由原来既娱神又娱人演变为娱人的。从其表现手段或思维方式来看，年画又有象征的和写实的两种。年画的发展史告诉我们，象征作为一种思维方式和表现手法，在早期的年画里占着极其重要的位置，而在其发展途程中，逐渐让位给写实的方法，但这不等于说象征的作品已经不存在了，象征的手法已经不重要了，象征仍然是年画（特别是那些世俗生活题材的年画）的一个不应忽视

---

① 王树村《中国年画史叙要》，《中国美术全集·民间年画卷》第3页，北京：人民美术出版社1985年。

的领域。因此，对一些年画中的象征隐义作民俗学的破译或解读，于中华传统文化的发扬无疑是一种有益的工作。

一、画虎于门和神荼郁垒

门神画是目前人们所知道的年画中的最早的一种。最早的门神画不是画在或印在纸上的（因为纸的出现是比较晚近的事情，而且纸质的年画被一年一度地贴上又撕去，难于保存下来），而是刻绘在石头上的。位于湖北省随州市西郊擂鼓墩的战国早期曾国君主乙的墓中，其棺一端绘有窗户，两侧绘门，门两旁绘有守卫的神兽武士，被认为是目前所知最早的门神画。神兽武士是什么神或人，现在还无从确指，也许是某一种早已消逝了的曾国的图腾信仰，或某一种能够护卫主人安全的虚构神兽。

《周礼·春官》记载了门上画虎的习俗，注曰："虎门，路寝门也。王日视朝于路寝，门外画虎焉，以明猛于守，宜也。"路寝——周王办理朝政处所的门上画着一只老虎，取意于虎能以其凶猛而担任守卫的角色。这种风俗一直到汉唐以至现代，依然流传于民间。应劭在《风俗通义·祀典》里也说到"画虎于门"的习俗，并解释了在门上画虎的含义："虎者，阳物，百兽之长也，能执搏挫锐，噬食鬼魅。今人卒得恶悟（病），烧虎皮饮之。击其爪，亦能辟恶。此其验也。"《汉旧仪》里也有类似的记载。不论是取意于虎的执搏挫锐，还是取意于虎的噬食鬼魅，总之，虎是被作为一种辟恶退鬼的象征而画在门上的。段成式在《酉阳杂俎续集·贬误》里记述唐代习俗说："俗好于门上画虎头，书聻字，谓阴刀鬼名，可息疟疠也。"门上所画之虎头的象征意义，虽然大而言之是为了逐鬼驱疫，但又似乎略有变化。现代以来，福建泉州一带的门画中还有画虎的品种。慧琳《音义》引述了上述习俗的记载，并加以引申和评论，讲得颇为入理和得当："于是黄帝作礼欧之，立桃人于门户，画荼与郁垒与虎以象之。今俗法每以腊冬除夕，饰桃人，垂苇索，画虎于门，左右置二灯像虎眼以祛不祥。"[①] 荼与郁垒画于门上，作为一种文化符号，其关键在一个"象"字。这个"象"就是"象征"。农村里过年的时候，大门外面两边各插一炷香或各挂一个纸糊的灯笼，城市人家门外两边各悬一个大红灯笼，不正是上面所说的那一对虎眼的遗绪和演化吗？

与画虎于门的同时，门画上出现了神话中的人物神荼和郁垒。（图1）
关于这两个人物，最早见于古本《山海经》："于是黄帝乃作礼，以时驱

---

① 转引自王利器注《风俗通义》第370页，北京：中华书局。

之，立大桃人，门户画神荼、郁垒与虎，悬苇以御凶。"所谓神荼与郁垒者，是东海中的神山度朔山上的两个鬼，他们的任务是把守东北鬼门。那山上有一株枝叶屈曲三千里的盘桃树，如遇鬼魅前来，他们便用苇索将其缚住，用桃弓射他们，并拿他们喂虎，诸鬼无不畏惧他们二位。人们把度朔山（也称桃都山）神话里的神荼、郁垒画到了门上，适应了人们求平安吉祥的心理，所以能一代代地流传下来，实际上，神荼和郁垒不过是一种象征的符号而已。事实上，越到后来，门画上的人物越是世俗化，秦琼（叔宝）与尉迟恭（敬德）也好，赵公明与燃灯道人、孙膑与庞涓也好，都是意义相同的一种象征符号，他们只是适应人们的

图1　神荼郁垒（门神）

心理需要而存在，尽管有的地方（如湘西一些地方）贴门神的时间是有讲究的，而且家人都要到场，然而没有什么祭祀礼敬的仪式了。

二、从麒麟送子到连生贵子

乞望多子多福、家族绵长、种族繁衍，是中国年画中的一个非常普遍的题材，围绕着这一题材，老百姓创造了许多隐喻性特别强的象征形象和画面。这些象征的形象和画面所暗示的真实内容即意旨，是只有中国人和懂得中国人的民俗文化传统的人，才能意会和理解的。《麒麟送子》《莲花童子》《连生贵子》《天仙送子》《五子登科》《五子夺魁》《瓜蝶连绵》《榴开百子》《兰房生贵子　桂阁产麒麟》《百子图》《百子全图》等等，不一而足，简直形成了中国年画中的一个独立的家族。（图2）

在这些由不同画面组成的民间绘画中，隐埋着一个共同的象征意蕴：对生殖力的追求和对生命的赞美。这是中国人古来就深信不疑的一种牢固观念。对于不了解中国人的民俗生活和民族心理的人来说，画面上的那些孤立的形象，也许是不可索解的，但只要了解了中国人的民俗生活和民族心理，把那些各自孤立的形象联结起来，则可破译其深邃的象征语义。美国人类学大师弗兰兹·博厄斯（Frnz Boas）说过："对各个大陆上的装饰艺术的广泛研究证明，装饰

中国年画中的文化象征

图 2　麒麟送子（山东杨家堡年画）

艺术在所有地区都与某种象征意义相关联。据我们所知，原始部落的人几乎都能对所使用的图案做出某种解释。在某种情况下，其象征意义可能非常不明显，但一般说来，这种象征意义是很强烈的。"① 1942 年 7 月，北京中法汉学研究所在北京举行了一次大规模的"民间新年神像图画展览会"，展出了该所搜集的门神画和财神画，并出版了一本同名的书。主持人法国汉学家杜伯秋（Jean Pierre Dubose）先生，仅从对这两种题材年画的比较分析中就抽提出了 34 个以祈福为意指的象征器物，而其中涉及人类生育和子孙繁衍的就有石榴、金瓜、荷、笙、莲、蝶、伞、扇、麒麟等 9 个，如果把有关长寿的象征也算在内的话，那就更多了。

《麒麟送子》年画有简繁两种形式。繁的形式是：（1）以童子为中心，童子戴着长命锁，手中持莲花或抱笙；（2）童子骑在麒麟上，麒麟的角上挂一本书；（3）在童子的背后有一群仕女护送，仕女或打伞（华盖），或执扇（障尘）。简的形式是：只画童子骑麟以及手中持莲花。麒麟被认为是仁兽、瑞兽。宋吴淑《事类赋注·兽部·麟》："夸胎破卵则不至，视明礼修而必臻。"也就是《春秋感精符》里所说的："王者不夸胎，不破卵，则麟出于郊。"麒

---

① ［美］弗兰兹·博厄斯《原始人的心智》第 126 页，北京：国际文化出版公司 1989 年。

麟的仁兽性质是谶纬家所赋予，为儒家所接受和加强，又经过佛教的"生化儿"观念的影响，才把麒麟与送子（生育）联结起来。① 这样一个仁德皆备的神兽送子，当然是合乎天意的，因而在民间能长盛不衰，而且童子手中的"莲花"与"连"谐音，隐示着"连生贵子"的生育观；童子手中的"笙"，与"连生贵子"中的"生"字和"连升三级"中的"升"字谐音，因而"笙"就成了生育的象征；麒麟独角上挂着的书，是杂宝，是吉祥之物，也是一路荣华、步步升高的象征。出现在画面上的这许多互无联系的事物加在一起，经过隐喻、联想、谐音等手段，观者所得到的是象征所暗指的意象：多子多福，子孙繁盛。

三、鱼与"连年有余"

在一些质朴简单的年画中，各种形态的鱼是屡见不鲜的艺术形象。一个胖娃娃抱着一只大鲤鱼，利用谐音，构成《年（连）年有余（鱼）》的画面（山东潍县）；由双鲤鱼、玉磬、蝴蝶、蝙蝠等结构而成为一幅《吉庆（磬）有余（鱼）》（福建泉州）；一个胖娃娃和金鱼、莲花画在一起，构成《金玉（鱼）满堂》（山东潍县，毛方子）。还有其他的以人物为主角，以鱼（有的是双鱼）为配角的年画，如《灶神纸马》（江苏宝应）、《鱼乐图》（陕西凤翔）等。在这如许的年画中，鱼是男子的隐语，鱼与其他相关的事物联系在一起，如鱼与莲花（女子的隐语），就构成了一种特定的象征意象——男欢女爱和生殖繁衍。

鱼作为男欢女爱和生殖繁衍的象征意象，其来源是一种相当古老的观念。西安半坡、临潼姜寨、宝鸡北首岭以及汉水南郑等仰韶文化遗址，都发现了画有"人面鱼纹"的彩陶。有民俗学者认为，彩陶上的"人面鱼纹"告诉我们，这种把人与鱼两者重叠起来的艺术结构，是原始时代把鱼作为图腾留在物质文化上的遗迹。② 而同一时期，宝鸡北首岭仰韶文化遗址出土的彩绘蒜头壶上的"水鸟啄鱼纹"，和河南临汝阎村仰韶文化遗址出土的陶缸上的"鹳鱼石斧图"，其中的鱼纹似乎就超出了图腾的范围，不是用图腾理论所能解释得了的，其中鱼的形象具有何种含义，是我们了解后来的鱼形象的重要参照。考古学界对此曾展开过热烈的讨论。对于鸟和鱼在这两幅原始图画中的出现，大都认为是阴阳观念的具像化，这种认识显然没有揭示出鸟鱼图的原始含义。

---

① 张道一、廉晓春《麒麟送子考析》，《美在民间》，北京工艺美术出版社 1987 年。
② 陶思炎《中国鱼文化·功能探究》第 79 页，北京：中国华侨出版公司 1990 年。

闻一多先生在其著名论文《高唐神女传说之分析》和《说鱼》中论述说，鱼在中国古代诗歌和故事、巫词和民俗中，是生殖的象征。《诗经·齐风·敝笱》说："敝笱在梁，其鱼鲂鳏；齐子归止，其从如云。""敝笱"象征没有节操的女性，唯唯然自由进出的各色鱼类，象征她所接触的众男子。他说："为什么用鱼来象征配偶呢？这除了它的繁殖功能，似乎没有更好的解释，大家都知道，在原始人类的观念里，婚姻是人生第一大事，而传种是婚姻的唯一目的，这在我国古代的礼俗中表现得非常清楚，不必赘述。种族的繁殖既如此被重视，而鱼是繁殖力最强的一种生物，所以在古代，把一个人比作鱼，在某一意义上，差不多就等于恭维他是最好的人，而在男女青年间，若称其对方为鱼，那就等于说：'你是我最理想的配偶！'"[1]闻先生的这一论断，几十年来为学术界的首肯。

后世的年画中，鱼的形象也如古代诗歌、故事、巫词和民俗中一样，是男性的隐语。汉代民歌《江南可采莲》："江南可采莲，莲叶何田田，鱼戏莲叶间，鱼戏莲叶东，鱼戏莲叶西，鱼戏莲叶南，鱼戏莲叶北。"多么像年画中的场面呵！"鱼儿钻莲"的题材，不仅年画中有，剪纸、民间图案中也有。鱼象征男，莲象征女，说鱼与莲戏，无异于说男与女戏。闻一多引用郑众解《左传》的话"鱼……方羊游戏，喻卫侯淫纵"来佐证，说明鱼与莲花连在一起，是男欢女爱的象征。《吉庆有余》里的"双鲤鱼"，同样也可与汉代佚名律诗《饮马长城窟行》里的词句相对照："客从远方来，遗我双鲤鱼；呼儿烹鲤鱼，中有尺素书。长跪读素书，书中竟何如？上言加餐饭，下言长相忆"。鲤鱼指书函，而书函刻成鱼的形状，因而鲤鱼成了爱情的象征，年画《吉庆有余》里的双鲤鱼，其隐义也是同样的。民间的画家和民间的诗人一样，他们的作品里所体现出来的鱼的形象，是在下层文化中积淀起来的对生殖力的崇拜和对子孙繁盛的渴望。村夫野夫、怨妇怨女虽然文化程度不高，但对这类题材的年画和其他民间艺术的象征含义的理解，却不一定比饱学之士们差到哪儿去，也许还更高一筹呢。

四、老鼠嫁女：送灾纳吉

《老鼠嫁女》年画是广泛流行于全国各地，普遍受到人们欢迎的一个题材。）故事说的是老鼠妈妈和老鼠爸爸有一个漂亮的鼠女儿，他们想给鼠女儿

---

[1] 闻一多《神话与诗·说鱼》，《闻一多全集》第1卷第134—135页，生活·读书·新知三联书店。

找一个最有权势的女婿。他们找了太阳，太阳说："我不是最有权势的，一片云就把我遮住了。"接着他们去找了云、风和墙，他们都说自己不是最有权势的。墙说："老鼠可以在我身上打洞，老鼠是最有权势的。"可是老鼠敌不过猫，因此鼠夫妇决定把女儿嫁给猫，猫痛快地答应了。于是，大办嫁妆，择吉过门。一群老鼠抬着新娘，吹吹打打，像人类的婚嫁一样。到了猫家，新娘的命运会怎样呢？（图3）

图3　老鼠嫁女（湖南邵阳隆回年画）

这一题材的年画，在天津的杨柳青、山东的潍县和高密、苏州的桃花坞、四川的绵竹等几乎所有著名的年画产地，以及山西、陕西、福建、广东、湖南、河北等省，都有《老鼠嫁女》年画和剪纸出品和流传。从年画的结构来看，是把老鼠出嫁的队列容纳在一个画面中，长长的送亲队列或用线条分割，或以鼠辈之不同走向迂回，成一个"之"字形的连续画面，狸猫在画面中占突出位置。

有人认为，《老鼠嫁女》年画是人类社会生活的再现，是一幅对以猫为代表的强权政治的社会讽刺画。做这样的理解，是有一定的道理的，但我又觉得，只做这样的社会学的理解，似乎是过于狭窄了。其实这幅年画的象征含义是多层的，还应该着力往深处加以挖掘。

其一，根据我国古代十二生肖的观念，鼠被尊为子神，是万物滋生、子孙昌盛的象征。《史记·律书》："子者，滋也，万物滋于下也。"《白虎通·爵》："子，孳也，孳孳无已也。"《说文·子部》："子，十一月阳气动，万物滋，人以为称，象形。"段注："子本阳气动，万物滋之称，万物莫灵于人，故因假借以为人之称。象物滋生之形，亦像人首与手足之形也。"可见，子为万物滋生萌发的象征，而万物之中又以人为首，子又喻人之繁衍，就是不言而喻的了。从这个意义上来深究一下，老鼠是一种有着特殊生殖力、繁殖很快的动物，老鼠嫁女或鼠纳妇，其隐义无疑都应该是人丁兴旺、万物滋生的象征。这一题材的年画常被用于民间的婚典之中，作为对婚姻和子嗣的祝贺，也是一个很好的旁证。

其二，《老鼠嫁女》年画又寓有送灾除秽的象征含义。老鼠是一种令人讨厌的害兽，那只处于画面中的突出地位，体躯比鼠大四五倍的狸猫，以及这只巨猫嘴里叼着、爪里攫着的老鼠。这二者之间的关系，一方面预示给人们鼠新娘和鼠族的命运是多么的悲凉，另一方面又告诉人们，那些高高兴兴嫁女的老鼠，到头来不免遭到被猫吃掉的下场。《白虎通》："嫁者……自家而出谓之嫁。"把老鼠这种害人之兽，用出嫁的方式送出家门，不正是一种送灾除祟的象征吗？

在同一个画面上所暗寓着的两种看来截然矛盾的象征，恰恰是深厚而神秘的民俗生活所造就出来的一种特殊的文化。大江南北，不同社区的居民，几乎没有例外地都讨厌老鼠的胆大妄为的破坏性，但也常常听说有老鼠精的存在（至少我小的时候在家乡山东昌乐就常常听说），而且谁家也不敢惹它，害怕惹了它会带来灾祸和厄运。相反，家家还要敬奉它，把家里有老鼠的存在，看作是丰收的一种表现。俗话说："穷得连耗子都没有！"意思是说，穷得颗粒无收，老鼠也就不来了。因此对老鼠还表示出一种敬奉，特别是到了老鼠节的时候，更是敬之如神。老鼠节各地日期不同，从腊月二十三起，直到二月初二。鲁迅说他的家乡绍兴是正月十四，过了老鼠节就是灯节，过了灯节，年就过完了。可以看出，各地的老鼠节都是在阳气萌动的立春前后，像对待其他一切灾害祸祟一样，老百姓一般是先敬它，后送它，但决不得罪它。年画《老鼠嫁女》里两种矛盾的象征所反映的，恰恰就是中国老百姓的这种心理。

五、且看村翁壁上图

农历乙亥年的立春，在春节之后五天，即公历的2月4日。立春节气，标志着冬去春来，一个人们期待的万物萌动、充满生机的季节终于来临了。这个节气的民间风俗是异常丰富的，也最具文化象征意义。流行于世的《春牛图》把这些有趣的风俗概括在一个画面上，值得细细玩味。

年画《春牛图》有不同的版本，其寓意自然是不同的。一种常见的年画，画面分为上下两层：上层画着一只神牛，背上驮着一只聚宝盆，聚宝盆里栽种着青枝绿叶的钱树,两边引来了凤凰,旁边有一个农夫用鞭子赶着这头看来并不十分温顺的神牛,题词是:"我是上方一春牛,差我下方遍地游;不食人间草和料,舟(专)吃散灾小鬼头。"下层画的是三个农夫蹲坐在地上,分吃饼子,地上的笸箩里还有几个饼,题词是:"三人九饼 五谷丰登"。画面的意思是明白晓畅的,春牛给人间带来了春天,带来了一年的五谷丰登,但这只春牛不是一般的牛,而是专门为人们消灾降福的神牛。(图4)

图4　新春大吉(西安年画)

春牛图与民间立春时节的迎春民俗活动,特别是鞭春牛活动有着密切的关系。鞭春牛,又称鞭土牛,是汉族地区广泛流行的一种迎春民俗象征活动。《周礼·月令》就有了关于这种民俗活动的记载了:"出土牛以送寒气。"可见这种习俗的源远流长。

中国农历的春天是从"立春"这一天开始的。旧制,立春前一天,各地郡守要率僚属到城东门外举行迎春仪礼,供上土谷神像(神农氏)和土制春牛。乡民们争相抚摸春牛,以为可以沾新春气息。太守用鞭子将土牛鞭碎,农民也竞相以麻麦米豆抛打春牛,叫作打春。《济南府志·岁时》:"凡立春前一日,官府率土民,具春牛、芒神,迎春于东郊。作五辛盘,俗名春盘,饮春酒,簪春花。里人、行户扮为渔樵耕诸戏剧,结彩为春楼,而市衢小儿,着彩衣,戴鬼面,往来跳舞,亦古人乡傩之遗也。立春日,官吏各具彩仗,击土牛者三,谓之鞭春,以示劝农之意焉。"陆和九《俗语考原》:"旧制府县立春前一日迎春牛置署前,次日束绿鞭打之,谓之打春。"

各地打春活动略有不同,有的地方在立春那天,通常是二月初三或初四,地方长官都要列队前往东城门口向人神牛首的神农致祭。城门外立着公牛、母牛或小牛的硕大肖像,旁边放着农具。肖像是由盲人或巫师指导,用各种颜色的花纸在一个架子上糊起来的。纸的颜色预兆新的一年中的基本情况：如红色占多数，则将有火灾；如白色占多数，则将多雨或有洪灾等等。官员们绕牛像慢慢地走着，每走一步就用手中拿着的涂着各种颜色的鞭子向牛身上鞭打一下。原来牛像内放着五种不同的谷子，牛像被鞭子打碎后，里面的五谷便泄漏出来，然后把那碎像烧掉。这时，大家都抢那碎像上的纸片，谁能抢到一片，据信他就会走好运，接着又宰一头活牛，把牛肉分给全体官员。有一个记载说，那牛像是泥塑的，等主官鞭打过后，百姓还要用石头砸碎，一直把塑像砸成碎块，据信这样可以指望有一个丰年。这里，用谷物填在肚内的牛像显然表示谷精，因此人们才相信那像的碎片具有丰产力。打春仪式实际是用牛祭祀农神神农，祈求丰收的一种信仰形式。①

在这种迎春仪式中，土牛无疑是象征春天的一个文化符号。这种完整的祭祀仪式，如今似乎已经比较难于见到了，但年画《春牛图》却把这种仪式保留了下来，因此愈加显得弥足珍贵。

清代杭州一带出品了一种《春牛图》年画。关于这画的画面及其所反映的民俗生活，20世纪30年代，华延陵先生在《十八世纪中叶杭州新年的民间艺术》一文介绍说："刘克庄诗中说：'今年台历无人寄，且看村翁壁上图。'这出世已很久的春牛图，在当时的民间，仍然盛行。阴阳家印图于每年岁暮分送，上面录载时日干支，下画春牛，中写太岁姓名，旁印《地母经》和《流郎诗》。图中有几龙治水，几牛耕田等字样，是照年初所值辰丑日推算而得。舒绍言诗中说：'宛曰牵麋至，原非误笔成，几龙能治水，十亩待深耕，谁用神仙日，兼标太岁名，所欣驿且角，流览有余情。'又吴锡麟诗中也说：'已见土牛鞭，披图状俨然，多应老壁上，何事送年前，《地母经》能验，《流郎诗》共传，莫徒画里看，借尔力吾田。'末两句说明了：《春牛图》和民间生活是如何地密接着。"②这种印着《地母经》和《流郎诗》，画着几龙治水、几牛耕田的春牛图，我们固然不得复见了，但这番描绘，却大致给我们今人勾画出了当年这幅年画的大概。

《春牛图》中牛的颜色，也不是随便着色的，而各有其深意。据研究者说，浙江诸暨一带新年所挂的《春牛图》，由红、黄、青三色构成的牛，是有某种哲学的意味的，即红色象征太阳，一年内的晴天的日数，可由图上测出；

---

① 刘锡诚《鞭春牛》《打春》，《中国象征词典》第29、52页，天津教育出版社1991年。
② 华延陵《十八世纪中叶杭州新年的民间艺术》，《（浙江）民众教育》第5卷第4—5期合刊，1937年。

黄色代表五谷；青色代表雨风霜雪。① 在这里，牛显然是春天的象征，预示着一年风调雨顺，五谷丰登。

1992 年 11 月 16 日

（本文先后以《年画与象征》为题发表于 1993 年 1 月 3 日和 16 日的《吉林日报》，以《中国年画中的文化象征》为题发表于 1993 年 2 月号香港《明报月刊》，1995 年 1 月 6 日又做了一些修改）

---

① 曹锦茂《诸暨农事的宗教资料》，《（浙江）民众教育》第 5 卷第 9—10 期合刊，1937 年。

钟馗论

钟馗是个家喻户晓、妇孺皆知的传说人物。钟馗这个角色与一般的传说人物不同,他是活人死后变成的大鬼,其主要活动是以鬼的面目出现,斩鬼除妖、惩恶扬善、驱疫逐鬼、护佑人间平安。钟馗又与一般的传说人物有相同之处,其形象虽然是鬼,实则是人,是神,不仅有人的七情六欲,所做的事也是人间的事。作为亦鬼亦人亦神的形象,在中国众多的民间传说人物中,钟馗实在是独一无二的,特别值得研究者重视。即使在当代条件下,钟馗传说也还在大陆沿海一带若干省份的一些地区的民间流传。大陆和台湾的戏曲舞台上,钟馗戏依然受到欢迎,因而还相当活跃,台湾的跳钟馗也还在祭祀场合演出。[1]因此,研究钟馗传说及信仰,不是没有意义的。

一、钟馗传说和信仰的滥觞

关于钟馗的原始,争论甚多,迄未停息。传统的看法多认为钟馗的原型就是《周礼·考工记》"大圭长三尺,杼上终葵首,天子服之"里所说的终葵,

---

[1] 邱坤良《台湾的跳钟馗》,《民俗曲艺》第85期(下),第325—367页。台北:施合郑民俗文化基金会出版,1993年。

民俗与艺术

也有学者从其他角度（如从古傩的发生和演变的角度）立论来探讨钟馗的起源。① 这些研究工作，大大地推动了对这个人鬼神兼而有之的角色的理解。

近来，王正书先生指出："钟馗其人及历代传其驱鬼辟邪的观念，实起源于上古巫术，他是由先代位居祝融之号的重黎衍生而来的。"他认为良渚文化反山、瑶山出土的玉琮上的兽形人面纹，乃是传说中的重黎的形象，亦即后来出现的钟馗的原型。②

玉圭、玉璋、玉璧、玉琮等玉器，原本都是原始社会时代东部原始人群的图腾徽号，服务于巫术和原始宗教目的，后来成为少数贵族人物的权力的标志。奴隶制确立后，玉器作为礼器而为王室服务，带有神圣性。《大宗伯》说："以玉作六瑞，以等邦国：王执镇圭，公执桓圭，侯执信圭，伯执躬圭，子执谷璧，男执蒲璧。"镇就是安镇、镇压的意思。这可能仍然是原始古玉的

---

① 杨慎《铅丹总录》："俗传钟馗起于唐明皇之梦，非也。盖唐人戏作钟馗传，虚构其事，如毛颖、陶泓之类耳。《北史》尧暄本名钟葵，字辟邪。后世画钟葵于门，谓之辟邪，由此傅会也。宋宗悫妹名钟葵，后世画工作《钟馗嫁妹图》，由此傅会也。但葵、馗二字异耳。又曰，钟葵，菜名。《周礼·考工记》：大圭终葵首。注：终葵，椎也。疏：齐人谓椎为钟葵。《礼记·玉藻》：大子撮珽。注：挺然无所屈也，或谓之大圭，长三尺，于杼上又广其首，方如椎头，是谓无所屈，后则恒直。"（商务印书馆《四库全书珍本》四集卷十三，第 23 页）胡应麟《少室山房笔丛》引杨子（慎）卮言并加发挥说："《考工记》曰：大圭首钟葵。注：钟葵，椎也。齐人名椎曰钟葵。盖言大圭之首似椎尔。《金石录》：晋、宋人名以钟葵为名，其后讹为钟馗。俗画一神像，帖于门首，执椎以击鬼。好怪者便傅会，说钟馗能啖鬼。画士又作《钟馗元夕出游图》，又作《钟馗嫁妹图》，讹之又讹矣。文人又戏作《钟馗传》，言钟馗为开元进士，明皇梦见，命工画之，尤为无稽。按孙逖、张说文集，有谢赐钟馗画表，先于开元久矣。亦如石敢当本《急就章》中虚拟人名，本无其人也。俗立石于门，书'泰山石敢当'，文人亦作《石敢当传》，虚辞戏说也，昧者相传，久之便谓真有其人矣。"（卷二十二，中华书局上海编辑所，1958 年，第 292 页）近人胡万川在《钟馗神话与小说之研究》第二章里对此种意见有详细介绍和辨证，他对此论持否定见解："不论说钟馗信仰是出于'终葵''钟葵'的讹化，或说是由大圭（因其上端为终葵形）、信圭、躬圭等（因其上面有人像）演变而来，都是靠不住的。"（台北：文史哲出版社，1980 年，第 42 页）常任侠在《饕餮终葵神荼郁垒石敢当》文中沿袭"终葵，椎也"器名说："今考钟馗之起源，盖始称终葵。"（重庆—上海：《说文》月刊第 2 卷第 9 期，1942 年，第 558—561 页）何新在《诸神的起源·钟馗的起源》里认为："钟馗之名早见诸姓氏。殷贤相名'仲虺'，亦为钟馗之别语。""近年湖北出土梁代画砖中有雷鬼击连鼓图，马王堆出土帛画中有土神镇鬼图，土神之形有鳞、翼、尾、角、锐爪，此当即今日所见较早之钟馗图"。（北京：光明日报出版社 1996 年，第 355 页）

② 王正书《钟馗考实——兼论原始社会玉琮神像性质》，上海民间文艺家协会、上海民俗学会编《中国民间文化》，上海：学林出版社，1993 年第 1 辑。

遗意，而这遗意传承又与其上的特定纹饰不可分割。从已经发掘出土的众多的原始玉圭来看，其顶部刻绘有兽形人面，"杼上钟葵首"大概就是指这兽形人面而言。综合前辈学者从《考工记》"杼上钟葵首"所提出的钟馗神话和钟馗信仰起源的解说，与已经出土的原始玉圭实物来对照分析，可以推论，这些原始玉器上的兽形人面纹，应该是某个神话意象，不排除就是具有镇邪杀鬼功能的钟馗的造型，不过由于年代相去甚远，我们无由解读罢了。

根据考古发掘的史前资料，从原始宗教和巫术的角度来探讨钟馗传说和钟馗信仰的起源，不失为一条新径，但在目前阶段，这毕竟仍属于推论。探寻关于钟馗的最早文字记载，对于了解钟馗传说和钟馗信仰的产生和初期形态仍然是必要的。

李丰楙教授曾指出，钟馗斩鬼的传说，最早见于记载的，是唐高宗麟德元年（公元664年）奉敕为皇太子于灵应观写的《太上洞渊神咒经》，而该经最初的十卷成书时间约在陈隋之际。① 他的立论所据，系吉冈义丰所作《道教经典史论》和大渊忍尔所作《道教史之研究》第二章《道教经典史之研究》。任继愈先生主编的《道藏提要》说："本经（指《太上洞渊神咒经》）前十卷为原始部分，乃晋末至刘宋时写成。……《太上洞渊神咒经》有敦煌写本，今存一、二、七、八、九、十。"② 任著所据，也是吉冈义丰所著《道教经典史论》第二编《经典之研究》第一章《六朝之图谶道经》。吉冈义丰后又在《六朝道教的种民思想》一文里修改了自己的观点，认为《太上洞渊神咒经》出于梁末以前。我国学者卿希泰教授在《中国道教思想史纲》里说《太上洞渊神咒经》出现于晋代。③ 如果晋代说的观点不错的话，那么，钟馗传说和钟馗信仰产生的时代，就比唐代说，也比南北朝说大大推前了，换句话说，钟馗传说和钟馗信仰在西晋或东晋末，就已经在民间相当流行了。如此说来，明代胡应麟在《少室山房笔丛》里所说的"余意钟馗之说，必汉、魏以来有之"④ 也就并非只是臆断了。

敦煌写本标号为伯2444的《太上洞渊神咒经·斩鬼第七》关于钟馗是这样写的：

---

① 李丰楙《钟馗与傩礼及其戏剧》，见《民俗曲艺》第39期，第87页，台北：施合郑民俗文化基金会出版，1986年。
② 任继愈主编《道藏提要》第253页，北京：中国社会科学出版社1991年。
③ 卿希泰《中国道教思想史纲》第一卷第324页，成都：四川人民出版社1980年。
④ 胡应麟《少室山房笔丛》卷二十二续乙部《艺林学山》（四）第294页，北京：中华书局1958年。

民俗与艺术

今何鬼来病主人，主人今危厄，太上遣力士、赤卒，杀鬼之众万亿，孔子执刀，武王缚之，钟馗打杀（刹）得，便付之辟邪。①

敦煌本与《道藏》本的文本略有出入，"孔子执刀，武王缚之"的字样，在《道藏》中是没有的。这段显然是驱除病疠之鬼的早期道教经典，尽管对钟馗斩鬼的传说语焉不详，甚至也还没有出现钟馗形象的具体描写，但钟馗作为专门的斩鬼者的角色，与孔子、武王这二位著名历史人物，也是传说人物一起出现在经中，其形象又是十分鲜明的。这说明，在写本中，斩鬼的钟馗，不是作者随意创造出来的一个驱鬼逐邪的道具，而是取自当时已经家喻户晓的民间传说中的人物。

作为捉鬼杀鬼者和驱邪治病者的钟馗，在其他敦煌写卷里也留下了身影。据法国敦煌学家艾丽白（Danielle Eliasberg）研究，在负责驱邪的诸神中，钟馗的作用位居首席。斯2055《除夕钟馗驱傩文》（王重民拟题）中，关于钟馗是这样叙述的：

> 正月扬（阳春）秸（佳）节，
> 万物咸宜。
> 春龙欲腾波海，
> 次端（异瑞）祈敬今时，
> 大王福如山岳，
> 门兴壹宅光辉。
> 今夜新受节□（仪），
> 九天龙奉（凤）俱飞。
> 五道将军亲至，
> □（部）领十万熊黑，
> 衣（又）领铜头铁额，
> 魂（浑）身物（总）着豹皮，
> □（敕）使朱砂染赤，
> 咸称我是钟馗，
> 捉取浮游浪鬼，
> 积郡扫出三峗。

---

① 黄永武主编《敦煌宝藏》第120册第480页，台北：新文丰出版公司1985年。又见邱坤良《台湾的跳钟馗》，《民俗曲艺》第85期（下）第366页注十一。两书文字略有出入。此处采用了前书的文本。

> 学郎不才之庆（器），
> 取（敢）请宫（恭）奉□□。音声①

在这段可能作于中晚唐的愿文中，不仅出现了角色的转换，重要的是钟馗的形象丰富鲜明得多了。第一，连五道大将军也装扮成钟馗的样子，冒钟馗的身份，长着"铜头铁额"，身上蒙着豹皮，身上（或脸上？）涂着朱砂；第二，"咸称我是钟馗"者，又是出现在除夕之夜驱傩的仪式（"今夜新受节仪"）之中，与岁暮新岁联系起来。胡万川教授曾指出，钟馗的特点之一，是与年节有不可分割的联系，出现在除夕之夜的大傩之中。② 这很容易令我们联想起商周以至秦汉之际，古傩仪式记载中的方相氏。方相氏最初的形象也是"掌蒙熊皮、黄金四目、玄衣朱裳、执戈扬盾"（《周礼·夏官司马第四》），与《除夕钟馗驱傩文》中的钟馗形象颇为相似。正是这个铜头铁额、蒙着兽皮的钟馗，在方相氏逐渐销声匿迹之后在除夕驱傩仪式中继之而起。他在除夕驱傩仪式中的使命，不是如上所说的仅只是驱除病疠之鬼，而是捉拿一切浮游浪鬼。

还可以举出伯4976号写卷：

> 儿郎伟
> 旧年初送玄律，迎取新节青阳。
> 北（？）六寒光罢末，东风吹散冰［光］。
> 万恶随于古岁，来朝便降千祥。
> 应是浮游浪鬼，付与钟夔大郎。
> 从兹分付已讫，更莫恼害川乡。
> 谨请上方八部，护卫龙沙边方。
> 伏承大王重福，河西道泰时康。
> 万户歌谣满路，千门谷麦盈仓。
> 因兹狼烟殄灭，管内休罢刀枪。
> 三边扳肝尽髓，争驰来献敦煌。
> 每岁善心不绝，结坛唱仏八方。

---

① 录自［法］艾丽白《敦煌写本中的"儿郎伟"》和《敦煌写本中的大傩仪礼》，见谢和耐等著、耿升译《法国学者敦煌学论文选萃》（北京：中华书局1993年）第263页，第244—245页。又见黄征、吴伟编《敦煌愿文集》（长沙：岳麓书社1995年），第963—964页，第961—962页，文字略有出入。下文引用的写本伯2569和伯3552，均出此书，第945—946页。

② 胡万川《钟馗神话与小说之研究》第108页，台北：文史哲出版社1980年。

> 缁众转全光明妙典，大悲亲见中央。
> ［如］［斯］供养不绝，诸天助护阿郎。
> 次为当今帝主，十道归化无疆。
> 天公主善心不绝，诸寺造仏衣裳。
> 现今宕泉造窟，感得寿命延长。
> 如斯信敬三宝，诸仏助护遐方。
> 夫人心行平等，寿同劫石延长。
> 副使司空忠孝，执笔七步成章。
> 文武过于韩信，谋才得达张良。
> 诸幼良君英杰，弯孤百兽惊忙。
> 六蕃闻名撼颤，八蛮畏若秋霜。
> 大将倾心向国，亲从竭方寻常。
> 今夜驱傩之后，直得千祥万祥。
> 音声①

这是一篇以"儿郎伟"为开篇、以驱傩为目的的"愿文"，由于其中有"伏承大王重福，河西道泰时康。万户歌谣满路，千门谷麦盈仓。因兹狼烟殄灭"等词句，说明其写作年代在公元851年张议潮逐走吐蕃守将，夺得沙州，被唐宣宗任为沙州防御史之后不久。这篇"儿郎伟"是在除夜诵读的愿文，将其与当代搜集到的傩仪和傩舞遗存相对照，可以想象，当年在诵读愿文时，必定同时会有某种傩仪相配合。在这场"旧年初送""迎取新节"的傩仪中，驱邪的主角应是钟夔（馗）。如果说在《太上洞渊神咒经》里的钟馗，是个捉鬼治病的角色，那么，在这里，钟馗的职责则不仅是捉赶"浮游浪鬼"（所谓"浮游浪鬼"，是指那些死后没有墓葬的孤魂野鬼），还能驱除一切邪魅，护佑"来朝"边关平安、"千祥万祥"。

提到和描写钟馗的其他敦煌写本，还有伯2569（背面），即Pt（藏文写本）113和伯3352。伯2569中写道："驱傩之法，自昔轩辕，钟馗白泽，统领居（仙）先。怪禽异兽，九尾通天。总向我皇境内，呈祥并在新年。"下面还写到驱邪的场面："适从远来至宫门，正见鬼子一郡郡（群群）。就中有个黑论敦，条身直上舍头存。眈气袋，戴火盆。眼赫赤，着非（绯）裈。青云烈，碧温存。中庭沸湎湎，院里乱纷纷。唤中（钟）馗，兰（拦）着门。弃头上，

---

① ［法］艾丽白《敦煌写本中的"儿郎伟"》，《法国学者敦煌论文选萃》第244—245页。

放气薰。慑肋折，抽却筋。拔出舌，割却唇。正南直须千里外，正北远去亦（不）须论。"这个写本突出了钟馗在傩仪中的"统领"地位（至少在唐代敦煌和西北地区的除夕傩仪中是这样），并把他与另一名驱鬼神白泽联系起来。（关于白泽，饶宗颐有专文论述，见《跋敦煌本白泽精怪图两残卷》，载《中央研究院历史语言研究所集刊》第41卷第2册，1969年，第539—543页）怪禽异兽，九尾（狐）神兽，都在他的通领之下，于除夕之夜举行的大规模的驱邪傩仪中，捉住一群群的鬼魅，放气薰、折其肋、抽其筋、拔其舌、割其唇，将其逐出千里之外。这篇愿文中也有些提示时代的词句，如"自从长史领节，千门乐业欢然。司马兼能辅翼，鹤唳高鸣九天"。"北狄衔恩拱手，南戎纳款旌旟。太夫人握符重镇，即加国号神仙。"张议潮的侄子张淮深853年起任敦煌刺史，张议潮本人于866年入朝任司马，"太夫人"显系指张议潮之妻"河内郡君太夫人广平宋氏"。可见，这篇卷子写作的时代，在853年之后不久，与伯4976年代相近。

在写本伯3552（Pt.113）中也有一段钟馗和白泽捉鬼杀鬼的形象描写，可以与伯2569对照研究："适从远来至宫宅，正见鬼子笑赫赫。偎墙下，傍篱棚。头朋僧，眼隔搦。骑野狐，绕项脉（巷陌）。捉却他，项底搯。塞却口，面上搥。磨里磨，砲里侧。镬汤烂，煎豆齜。放火烧，以枪劐。刀子割，脔脔擗。因今驱傩除魍魉，纳庆先祥无灾厄。"钟馗捉鬼杀鬼的场面，极富动感和情趣。

如此看来，第一，钟馗在这些说唱体的敦煌写本（愿文）中，已经具备了足令一切鬼祟避让，能够捉鬼杀鬼的神性形象（未见"啖鬼"的词句），而这个形象肯定与当时民间传说中的叙事形象是一致的；第二，至少在西北地区，钟馗已经进入了岁末年初的乡傩仪式行列，成为其中的一个驱鬼逐疫、祈求平安的重要，甚至首要角色；第三，钟馗的名声和权限都很大，作为"部领十万熊罴"的五道将军，也袭用钟馗的大名，他不仅能捉杀致主人生病的鬼（《洞渊神咒经》），而且也能捉杀一切浮游浪鬼。总之，一切鬼厉都在他的捉杀统辖范围之内。这就开始具备了后世传说中，由玉皇大帝或阎罗王封给他的鬼族统领——驱邪斩祟将军或世游大使的特点。

唐玄宗朝，大臣张说（667—730）所撰《谢赐钟馗及历日表》一文记载了钟馗画融入新春年节民俗的情景："中使至，奉宣圣旨，赐画钟馗一及新历日一轴……屏祛群厉，缋神像以无邪；允授人时，颁历日而敬授。"① 在岁终春临之际，宫中将钟馗的形象绘制成画幅，连同新日历各一轴，"奉宣圣旨"

---

① 《文苑英华》卷596《表》第3093页，北京：中华书局1966年。

民俗与艺术

颁赐给朝廷官员,悬挂在家里,以为"屏祛群厉",驱除邪祟之用。如果说,钟馗传说早就在晋代或更早的时代形成,并在民间广为流传的话,那么从交感巫术的心理出发,将传说中斩鬼的钟馗制作成画像,在岁除(除旧迎新)之际颁赐给官员们,作为镇鬼之灵物,则是从张说供职的唐玄宗朝才开始有记载的。这种年节悬挂钟馗像镇鬼的做法,得到了后世朝廷的认同,形成风俗,世代延续,而且逐渐流到了民间。

诗人刘禹锡(722—842)也撰写过两份同类性质的文书《为李中丞谢钟馗历日表》和《为杜相公谢钟馗历日表》,记载了德宗朝颁发和悬挂钟馗画驱邪的年俗。《杜相公谢钟馗历日表》说:"臣某日,高品某乙至,奉宣圣旨,赐臣钟馗一,新历日一轴。星纪方回,虽逢岁尽;恩辉忽降,已觉春来。伏以图写神威,驱除群厉,颁行律历,敬授四时。施张有严,既增门户之贵;动用协吉,常为掌握之珍。"① 这份文书的作者标明写于(德宗)贞元二十一年,即公元805年。与张说的时代相比,时间已经过去了100多年,而这时奉宣圣旨向朝廷官员们颁赐钟馗画的风俗和钟馗驱鬼的观念,在民间不仅没有减弱或销匿,反而越加盛行起来,而且刘禹锡对朝廷颁至的钟馗像本身,作了比张说较多的描绘,"图写神威,驱除群厉"。朝廷颁发的钟馗之像具有"神威"之貌,能使主人家增添"门户之贵",加上人们群体的原始思维和灵魂观念所赋予钟馗像的"捉鬼驱邪"象征意蕴,因而才能具有祈新岁之安、一年吉祥的功能。

与张说、刘禹锡的"表"说同一件事的,还有生活于晚唐的周繇所写的《梦舞钟馗赋》。此赋对钟馗形象的描写,其细腻生动,远在此二"表"和上述敦煌愿文之上:

……扃禁闼兮闲羽卫,虚寝殿兮阒嫔嫱。虎魄枕欹,象榻透荧荧之影;鰕须帘卷,鱼灯摇闪闪之光。圣魂惝恍以方寐,怪状朦胧而遽至。硎砚标众,颧类特异。奋长髯于阔臆,斜领全开;搔短发于圆颅,危冠欲坠。顾视才定,趋跄忽前。不待乎调凤管,拨鸾弦,曳蓝衫而飒纚,挥竹简以蹁跹,顿趾而虎跳幽谷,昂头而龙跃深渊。或呀口而扬音,或蹲身而节拍。震雕栱以将落,跃瑶阶而欲折。万灵沮气悼惶。一鬼傍随而奋踯。烟云忽起,难留舞罢之姿;雨霓交驰,旋失去来之迹。睿想才寤,清宵已阑。祛沉疴而顿愈,瘁御体以犹寒。对真妃言寤寐之祥,六宫皆贺。诏道

---

① 《钦定四库全书·刘宾客文集》卷十三页,第7页;又见《四库全书唐人文集丛刊·刘宾客文集》第84页,上海古籍出版社影印本1993年。

子写婆娑之状，百辟咸观。彼号伊祁，亦名郁垒，傩祓于凝冱之末，驱厉于发生之始。岂如呈妙舞兮荐梦，明君康宁兮福履。①

傩舞或巫舞，是行傩祭或做巫事时不可或缺的通神仪式。周繇所描写的，虽然是唐明皇梦钟馗捉鬼的一段轶事，却实在是一幅"圣鬼"钟馗驱邪仪式图。我们看到的是一个充满着动感的、活生生的钟馗。钟馗的形体：怪状朦胧，形象特异，长髯、短发、阔臆、圆颅。装束：着斜开领（袒）的蓝衫、戴危冠。手执法器：凤管、竹简（还没有出现后来的青锋剑）。舞姿：开始时，调凤管、拨鸾弦，摆动着蓝衫身躯飘逸，舞动着竹简舞步蹁跹，继而如虎跳幽谷，似龙跃深渊，令雕栱将落、瑶阶欲折。钟馗的粗犷雄健、气势逼人的巫舞，终于使所有的精怪（"万灵"）不得不沮气而回避。赋中还写了唐玄宗梦觉后，将梦中之祥告之杨贵妃，六宫皆贺的情境，和诏画工吴道子依照他梦中所见画钟馗捉鬼的情节。

到唐末五代十国，旧将胡进思拥兵废吴越王钱倧的史事，透露出钟馗信仰在当时深入人心的信息。吴越王钱佐卒，其弟倧以次立。旧将胡进思对其卑侮，钱倧在碧波亭阅兵犒赏军士，胡进思前谏以赏太厚，无意中惹恼了新王钱倧，"倧怒，掷笔水中，曰：以物与军士，吾岂私之，何见咎也！进思大惧。岁除，画工献钟馗击鬼图，倧以诗题图上。进思见之大悟，知倧将杀己。是夕，拥兵废倧，囚于义和院，迎俶立之"。②这桩史实发生在公元947年。这段记载透露出岁除献钟馗击鬼图的习俗，在五代以前，也许就在唐代，就从都城长安传到并在吴越地区广泛流行，而钟馗击鬼的传说和信仰也早已成为吴越民族族众的集体意识，以至胡进思一见到钱倧在画工所献的钟馗击鬼图上所题的诗句，便明白自己将被当作鬼魅除掉，于是不得不拥兵废钱倧。据美术史家认为，这段记载"是为钟馗击鬼驱邪的独幅画始见于史书者"。③

一般说来，一种信仰民俗，特别是有神格的信仰民俗的形成和延续，必是有某种神话和传说所支持的。钟馗信仰从两晋、南北朝逐渐形成，并得到广泛流传。到唐末，又经五代十国，五六百年间，不仅从未中断，而且在流传中愈来愈形成体系，无疑是由于有钟馗这个具有神格的人物及其愈来愈丰富的传说的支持。到了北宋科学家沈括（1031—1095）所撰的《梦溪笔谈·补笔谈》

---

① 《文苑英华》卷95《赋》第434页，北京：中华书局1966年。
② 《新五代史·吴越世家》卷六十七，见《二十五史》第6册，第5161页，上海古籍出版社、上海书店1986年。
③ 王树村《略说钟馗画》，见王阑西主编《钟馗百图》第7页，广州：岭南美术出版社1990年。

民俗与艺术

中,钟馗其人及其传说则变得完整和丰满起来:

> 禁中旧有吴道子画钟馗,其卷首有唐人题记曰:"明皇开元讲武骊山,岁暮,翠华还宫,上不怿,因痁作,将逾月,巫医殚伎,不能致良。忽一夕,梦二鬼,一大一小。其小者衣绛犊鼻,屦一足,跣一足,悬一屦,搢一大筠纸扇,窃太真紫香囊及上玉笛,绕殿而奔。其大者戴帽,衣蓝裳,袒一臂,鞹双足,乃捉其小者,刳其目,然而(后)擘而啖之。上问大者曰:尔何人也?奏云:臣钟馗氏,即武举不捷之进士也,誓与陛下除天下之妖孽。梦觉,痁若顿瘳,而体益壮。乃诏画工吴道子,告之以梦曰:试为朕如梦图之。道子奉旨恍若有睹,立笔图讫以进。上瞠视久之,抚几曰:是卿与朕同梦耳,何肖若此哉!道子进曰:陛下忧劳宵旰,以衡石妨膳,而痁得犯之,果有蠲邪之物,以卫圣德。因舞蹈上千万岁寿。上大悦,劳之百金。批曰:灵祇应梦,厥疾全瘳。烈士除妖,实须称奖。因图异状,颁显有司。岁暮驱除,可宜遍识,以祛邪魅,兼静妖氛。仍告天下,悉令知委。"熙宁五年,上令画工摹拓镌板,印赐西府辅臣各一本。是岁除夜,遣入内供奉官梁楷就东西府给赐钟馗之像。①

沈括记录的这个传说,历来被学术界公认为是一个情节最丰富、最完整的异文,它标志着钟馗传说发展中的一个转折。稍后出现的有关钟馗传说的记载,还有已经亡佚的《唐逸史》(学术界普遍认为是唐末以后的作品,明代陈耀文《天中记》卷四《梦钟馗》条注引)②和高承(1078—1085)的《事物纪原》③,为了对照研究,不妨也把《唐逸史》的移录如下:

> 明皇开元,讲武骊山,翠华还宫。上不悦,因痁疾作,昼梦一小鬼,衣绛,犊鼻,跌(按:应为"跛"字)一足,履一足,腰悬一履,搢一筠扇,窃太真绣香囊及上玉笛,绕殿奔,戏上前。上叱问之。小鬼奏曰:臣乃虚耗也。上曰:未闻虚耗之名。小鬼奏曰:虚者,望空虚中,盗人物如戏;耗,即耗人家喜事成忧。上怒,欲呼武士,俄见一大鬼,顶破帽,

---

① 沈括著、胡道静校注《梦溪笔谈校证》补3四·五七三,第986—987页,上海古籍出版社1987年。
② 陈耀文《天中记》,见《钦定四库全书》卷四第33页;又见《四库类书丛刊·天中记》第965页,上海古籍出版社影印本1991年。
③ 高承著,金圆、许沛藻点校《事物纪原·岁时风俗部·钟馗》第625页,北京:中华书局1989年。

衣蓝袍，系角带，靸朝靴，径捉小鬼，先夸其目，然后劈而啖之。上问大者：尔何人也？奏曰：臣终南山进士钟馗也，因武德中应举不捷，羞归故里，触殿阶而死。是时，奉旨赐绿袍以葬之，感恩发誓，与我王除天下虚耗妖孽之事。言讫，梦觉，痁疾顿瘳。乃诏画工吴道子曰：试与朕如梦图之。道子奉旨，恍若有睹，立笔成图进呈。上视久之，抚几曰：是卿与朕同梦耳。赐予百金。

《事物纪原》文本的情节与此基本相同。这两个稍后记载的文本，与《梦舞钟馗赋》和《补笔谈》相比，又增加了两个重要情节：一，明确说明钟馗的身份系终南进士；二，钟馗所捉之小鬼名为"虚耗"。

从传说学的特点来说，从产生于西晋或东晋末的《太上洞渊神咒经》及产生于中晚唐的其他敦煌写本起，经张说、刘禹锡的简单记载，周繇《梦舞钟馗赋》的描写，到沈括《补笔谈》《唐逸史》和《事物纪原》止，围绕着钟馗这个人物，已经形成了由三个故事素（亦称情节单元）构成的传说。这三个故事素是唐明皇梦鬼、钟馗啖鬼和吴道子画鬼（另外还有一个情节，即钟馗嫁妹，留待下面再论）。随着时代的演进，故事情节层层累积，使钟馗这个箭垛式的传说人物，在动态的叙述和静态的描写中变得立体化了。

钟馗是原始巫的产物。鬼的观念出现后，神鬼分开，人们需要塑造出一个治鬼的神和统领诸鬼的大鬼（"圣鬼"），钟馗就是适应这样一种需要而被人们塑造出来的神和大鬼。新石器时代的史前玉圭上所刻画的兽面人像，可能隐含着某个神话意象，这个神话意象中的神，可能就是钟馗或钟馗的原型。最初的文字记载，出现较迟，见于晋末的道经敦煌写本，以方相氏为傩仪主角的大傩，到汉唐开始发生深刻变化。一方面，"四时以作"的古制，已土崩瓦解，只保留着一年一度举行的送旧迎新的岁除之傩了；另一方面，方相氏在作为神的"十二兽"出现后地位逐渐下降的趋势下，钟馗以统领诸鬼的神（圣鬼）的资格进入大傩队列中，取方相氏而代之。钟馗由于在神话传说中被塑造出来之始，就被人们赋予的捉鬼驱邪的特性，因此也从其形成起，就进入每年岁暮年初的大傩仪式中，成为一个驱邪纳吉的重要角色。同时，与送旧迎新的岁除节仪相关联，也就成为钟馗信仰的一个重要特点。钟馗传说与钟馗信仰是共生的，二者相互交织，相互依存。钟馗信仰只有在传说的支持下，才得以不断发展；钟馗传说也由于有了钟馗信仰的附丽而得以世代传承。

在古代中国，傩仪是原始信仰的一种普遍形态，其流行范围十分广阔。在唐代及其以前，钟馗传说和信仰似乎主要存在和流传于以长安为中心的中原傩文化地区，以及以敦煌为中心的西北一带；五代十国时期，钟馗信仰显然已传播到吴越地区,并得到了广泛流行。

二、钟馗信仰的民俗化

宋代是傩仪发生大转变的时代。宋代以后,钟馗信仰也发生了重要转变,其特点是逐渐向着世俗化和民俗化方向发展。在敦煌写本《太上洞渊神咒经》中那个曾经与孔子、武王这两个文武二神并列作为统领捉杀诸鬼之神的钟馗,逐渐转变为辟邪驱祟的道具和象征,融入例行的送旧迎新的年节民俗事项象之中。这种转变,从实质上说来,意味着钟馗信仰的神圣性逐渐减弱或消失,世俗性逐渐加强。

这种转变以北宋都城汴京宫中岁除所行的傩仪为开始。《宋史》不再记载傩礼,但我们可从孟元老《东京梦华录》里看到其大概:"除日禁中呈大傩仪,并用皇城亲事官、诸班直戴假面,绣画色衣,执金枪龙旗,教坊使孟景初身品魁伟,贯全副金镀铜甲,装将军,用镇殿将军二人,亦介胄装门神,教坊南河炭丑恶魁肥,装判官,又装钟馗、小妹、土地、灶神之类,共千余人,自郡中驱祟,出南薰门外转龙湾,谓之埋祟而罢。"在宋廷上演的百戏中,出现了钟馗戏:"又爆竹一声,有假面长髯,展裹绿袍靴简,如钟馗像者,傍一人以小锣相招和舞步,谓之舞判。"在近岁节的十二月里市面上所印卖的吉祥物品中,也有钟馗画:"近岁节,市井皆印卖门神、钟馗、桃板、桃符,及财门钝驴、回头鹿马、天行帖子。"[①]汴京宫中举行的大傩,比之唐代发生了很大的变化,方相氏、十二兽、侲子等角色,已销声匿迹,自不待言,参加驱邪的将军、门神、判官、钟馗等角色,也都是由教坊人来扮演的,变成了岁除举行的只有象征作用的民俗活动。

前面说过,吴越之地,在五代十国时就已流传着钟馗捉鬼的信仰和除夕之夜驱傩的习俗。至宋室南迁后,汴京宫中的驱傩惯例照样保留下来,禁中驱傩埋祟的队列中也照例还有装钟馗者,从前朝廷官员"挂钟馗"的风俗,此时也流入了民间。吴自牧《梦粱录》:除夕之日,"士庶家不论大小家,俱洒扫门间,去尘秽,净庭户,换门神,挂钟馗,钉桃符,贴春牌,祭祀祖宗,遇夜则备迎神香花供物,以祈新岁之安。禁中除夜呈大驱傩仪,并系皇城司诸班直,戴面具,著绣画杂色衣装,手执金枪、银戟、画木刀剑、五色龙凤、五色旗帜,以教乐所伶工装将军、符使、判官、钟馗、六丁、六甲、神兵、五方鬼

---

① 孟元老著、邓之诚注《东京梦华录》卷十、卷七,第193—194页,北京:中华书局1982年。

使、神尉等神，自禁中动鼓吹，驱祟出东华门外，转龙池湾，谓之'埋祟'而散。"①周密《武林旧事》中也有大致相同的记载。据《乾淳岁时纪》记载，六甲、六丁、六神等神将，是由女童装扮的。宋代宫中在岁除之际虽仍举行大傩仪，但这种傩仪不再是国家的"典礼"，而变成了"直以戏视之"的民俗活动，古意荡然无存了；而钟馗也从统领鬼杀鬼诸神的地位，变成了与将军、判官、门神、桃符、灶神等在同一等级的辟邪象征角色，只作为人们祈求吉祥福祉心理的抚慰者。

据清乾隆《钦定续通志·礼略》："辽金元明俱无傩礼。"② 宋代一朝，傩作为礼的旧制，就逐渐式微。元朝的统治者系来自北方的少数民族，他们的民俗习惯与前朝有所不同，因此废除除夜行大傩的旧礼也是必然的。因此，作为大傩主角之一的钟馗，除了像萨都剌关于钟馗画的诗这类文人兴感资料外，可征的民俗资料并不多。明代大臣邱濬曾上奏"请斟酌汉唐之制，俾内臣依古制为索室逐疫之法"，未被采纳，也未实行。虽然明代宫中不再举行冬傩，但由中原而汴京而后又传至江南的钟馗信仰民俗，在民间却依然盛行。据明万历十五年（1587年）刻本《绍兴府志》："（腊月）二十四……自是，人家各拂尘，换桃符、门神、春胜、春帖，悬祖先像，并贴钟馗图。"③ 北京宫中岁除之日，门旁照样置桃符板、将军炭，照样贴门神，室内照样悬挂福神、鬼判、钟馗等画。④

到了清代，钟馗还出现在吴中一带的年节驱邪祈福民俗活动中，当地还流传着以钟馗为主角的"跳钟馗"和传说。这种"跳钟馗"活动，显系古代岁除驱傩活动的遗绪。清代学者顾禄《清嘉录》（出版于1830年）载："丐者衣坏甲胄，装钟馗，沿门跳舞以逐鬼。亦月朔始，届除夕而止，谓之跳钟馗。周宗泰《姑苏竹枝词》云：残须破帽旧衣裳，万两黄金进士香，宝剑新磨堪逐鬼，居然护国有忠良。"⑤作者引用宋以来的民俗志资料说，当地的跳钟馗，始于月朔，而止于腊月二十四，而到作者生活的时代，此俗已有变化，止于除夕。吴地以外的其他地区，年节民俗活动资料中，似乎已经再没有钟馗出场了。

---

① 吴自牧《梦粱录》卷六《除夜》，第50页，杭州：浙江人民出版社据《知不足斋丛书》本排印1980年。
② 清乾隆《钦定续通志·礼略·时傩》卷一一七，第8页。
③ 《绍兴府志》，明万历十五年刻本，引自《中国地方志民俗资料汇编》华东卷中册第820页，北京：书目文献出版社1995年。
④ 刘若愚《酌中志》，《丛书集初编》3960种第2册第173页，北京：中华书局1985年。
⑤ 顾禄《清嘉录》卷十二"十二月"，上海文艺出版社影印本1985年。

民俗与艺术

清代钟馗信仰的一个重大变化是，从晋代以来就与年节相联系相沿流传了1000多年的钟馗信仰，自此转移和附着到了端午节的民俗生活中。最早见于记载的一份资料是刻于康熙五十七年（1716年）的杭州《钱塘县志》："（五月）五日为天中节。门贴五色镂纸，堂设天师、钟馗像，梁悬符箓，盆养葵、榴花、蒲、艾叶，丹碧可观。"① 《清嘉录》载："五月，吴地人家堂中挂钟馗画图一月，以祛邪魅。李福《钟馗图诗》云：'面目狰狞胆气粗，榴红蒲碧座悬图。仗君扫荡幺麽技，免使人间鬼画符。'又卢毓嵩有诗云：'榴花吐焰菖蒲碧，画图一幅生虚白。绿袍乌帽吉莫靴，知是终南山里客。眼如点漆发如虬，唇如猩红髯如戟。看澈人间索索徒，不食烟霞食鬼伯。何年留影在人间，处处端阳驱厉疫。呜呼世上魍魉不胜计，灵光一睹难逃匿。仗君百千亿万身，却鬼直教褫鬼魄。'"顾禄在历述古来钟馗信仰之后，特别指出："五日堂中悬钟馗画像，谓旧俗所未有。"② 富察敦崇《燕京岁时记》载：作为清代都城的北京，"每至端阳，市肆间用尺幅黄纸，盖以朱印，或绘画天师、钟馗之像，或绘画五毒符咒之形，悬而售之，都人士争相购买，贴之中门，以避祟恶"。③《民社北平指南》云："……于是日（端午）午时以朱墨画钟馗像，以鸡血点眼，俗称'朱砂判'者，悬屋中，谓能避邪。"④ 是何原因促成了钟馗信仰的这种转移，学者们一般都以五月是"毒月"的民间观念来解释，还有待于进一步探讨。

有意思的是，一个世纪前，俄国收藏家B. M. 阿列克谢耶夫曾在北京买到一幅慈禧太后收藏的钟馗木版画，"木版画上的钟馗身穿文官服，正在斩杀欲犯民宅的小鬼。一只蝙蝠从天而降，意味着'驱鬼纳福'或'降吉纳福'。画的顶部有题铭，乃为慈禧太后所加。这幅御画上，还题了日期：1888年（按：光绪十四年）2月19日。类似的画，在北京并不少见。这位贵夫人喜欢把描绘着象征图案的画，馈赠给她最喜欢的人，因为这种最为流行的象征，在她看来是最珍重的了。根据这块版印制的画幅，我再也没有见过，也许这幅画

---

① 《钱塘县志》（清康熙五十七年刻本），录自《中国地方志民俗资料汇编》华东卷中册第594页，北京：书目文献出版社1995年。
② 顾禄《清嘉录》卷五"五月"，上海文艺出版社影印本1985年。
③ 富察敦崇《燕京岁时记·天师符》，见潘容陛、富察敦崇《帝京岁时纪胜·燕京岁时记》第65页，北京古籍出版社1983年。
④ 《民社北平指南》，转自李家瑞编《北平风俗类征》上册，第76页，北京：商务印书馆1937年。

的原版根本就不存在了，任何仿作也不能不遭到禁止"。① 这幅题为《镇煞》的木版画的题铭是："镇宅神判下天宫，手拿宝剑代七星，拿住妖魔无其数，斩沙（杀）多少怪物精，有人请到他家去，万事平安福禄增。"在题铭的旁边，还写着常见的符录"敕令"和上下相连的五个"雷"字以及两个表示"雷"的意象符号，"神判"就是钟馗。据题铭来看，此画的作用在于镇宅。显然，作者把道教的"五雷符"与钟馗联系起来，意在加强钟馗镇邪驱祟的能力。

在民国以来出版的一些地方志里，我们看到，端午节悬挂钟馗画以辟邪的风俗，在江南吴越文化圈内依然流行。

20世纪50年代以来，由于政府提倡破除迷信，举行有钟馗角色出现于其中，甚或以钟馗为主角的巫傩信仰活动已较为少见了。近年来，在有些地区发掘抢救出来的巫傩仪式和傩戏资料证明，钟馗依然是作为传统古傩的"活化石"而存在着的傩礼和傩戏中的一个重要驱邪角色。江西的跳傩分"闭口傩"和"开口傩"。"闭口傩"用于迎神舞队，以面具扮为"傩神将军"（有红脸、黑脸、红黑两面脸等不同形式的"将军"五人），又有钟馗、判官、小鬼、四大天将、关王、花关索、城隍、徒弟、和合二仙、灶神、小娘子等神灵，扮者跳傩舞，分别有"开山""纸钱""魁星""雷公""傩公傩母""钟馗醉酒"等节目。② 四川北部梓潼县的傩仪分"阴戏"和"阳戏"。阴戏为"天戏"，用提线木偶表演；阳戏为"地戏"，用面具装扮二郎神、判官、小鬼、土地等，搬演"土地缴愿""钟馗斩鬼""跑马进财"等节目。③ 在这些地区残存的傩仪或傩戏中出现的钟馗或扮演钟馗，就其性质而言，似乎还没有脱离古傩中的驱邪角色。

也有渐而脱离巫傩角色而向着戏剧化转化，依然带着浓重的巫傩色彩的，如重庆市巴县接龙区的阳戏中的钟馗。这是因为：（1）唱阳戏一般是为了酬神还愿而进行的祭祀活动，其科仪坛序的安排，严格遵循着请神、酬神、祈

---

① А. М. АЛЕКСЕЕВ, КИТАЙСКАЯ НАРОДНАЯ КАРТИНА, СТР. 222—223, ИЗД. 《НАУКА》, МОСКВА, 1966.

② 毛礼镁、流沙《江西的跳傩与傩戏》，中国傩戏学国际学术讨论会论文（1990年3月），转自周华斌《傩仪面具的沿革——兼谈傩面与戏面》，台北：《民俗曲艺》第69期，上册第159页，1991年。

③ 赫刚、姚光普《梓潼阳戏的文化浅识》（同上注）。又，于一、王康、陈文汉在《四川省梓潼县马鸣乡红寨村一带的梓潼阳戏》说："戏神有坛前供奉的正神、天上三十二神、地下三十二神三种。"地下三十二神中，除了太白、四值功曹、统兵元帅、白鹤童子、雷公电母等外，还有钟馗（王秋桂主编《民俗曲艺丛书》，台北：财团法人施合郑民俗文化基金会出版，1994年，第52—54页）。

民俗与艺术

神、送神的程序；其整体结构，以内坛法事为主，外坛唱戏穿插进行。（2）唱阳戏属于外坛关目，一般带有庆贺、欢悦的性质，或发财得宝，或官运亨通，或诞辰喜宴，或嫁女娶媳，都要唱阳戏。（3）唱阳戏的时间，不再像古傩仪那样在除夕之夜（或更早的"四时以作"），为了送旧迎新，祛除秽气邪祟，而是在每年秋收之后至第二年春耕之前这段农闲时间里，没有严格的时间限制。近年在当地发现的清·道光抄本《阳戏全集》有《钟馗》一出内坛唱本：

（偈子）

吾神不是非凡神，吾是天上文曲星，可恨唐王无道理，把吾贬作一魁神，一对小鬼当面立，心中愁眉二三分，南台鼓乐轻槌打，南山进士上棚行。

（说诗）

头戴乌纱帽，身穿紫罗袍，点动朝阳鼓，钟馗大将是吾神。

（白）且问堂前，铜鼓震天，铁鼓震地，香烟渺渺，所为何事？（介）酬恩了愿。（介）堂前不正之鬼神斩开未曾？（介）未曾。（介）点动明锣，吾神与你斩开。

仙花一朵坠日月，黄英闪闪下天堂。天也愁，地也愁，人也愁，鬼也愁，天愁只怕不下雨，地愁只怕无收成，人愁只怕阎王取，鬼愁只怕斩了头。吾神盖（盖：押。）鬼到东方，东方化作拷鬼王，你在东方为鬼蜮，吾是东方拷鬼王，大鬼见吾忙忙走，小鬼见吾走忙忙，将吾挂在墙壁上，邪魔一见走如云，木精木怪吾斩了，东方无有鬼来藏。

〔照此一样，唱五方〕

（白）吾将不正之神、不正之鬼。盖出三天门外，你给甚何准折？（介）钱财宝马。（介）既然如此，凭火化来，吾神盖出阴山背后。（介）愿闻。

吾神盖鬼出天堂，押在陕西凤翔府。父亲有名钟古老，母是堆金积玉人，一母所生三兄弟，我的排行第三名。年逢十五去会试，貌丑不中状元郎，一惊跌在金阶地，三魂渺渺上天堂。玉皇见吾多正直，封为都天拷鬼王，赐吾一口青铜剑，天下邪魔任吾斩。吾神盖鬼出大门，押赴阴司铁围城，自从吾神盖鬼后，家门清吉万事亨。钟馗爷，本姓钟，扫邪归正道有功。遇节气来割猪牲，洪猪净酒敬吾神，堂前斩鬼先用我，小鬼一见走如云。吾神根本唱不尽,天宫有事要回程,堂前借动锣共鼓,独占鳌头转回程。①

在这段戏文中,钟馗的生平身世有了交代:父亲名叫钟古老,母亲是"堆金积玉人",兄弟三个,他是排行第三。貌丑是天生的,不是典籍记载的被毁容。在殿试中因貌丑而不中状元,"一惊跌在金阶地,三魂渺渺上天堂",而不是自撞石阶而死。戏文中还叙述了钟馗成神的经过,以及用牲供奉钟馗神的习俗。在此戏文之后,还附有另一外坛剧本《盖魁》,内容大同小异,但其中钟馗自称"魁神",在别处是未见的。

由巫师做"镇钟馗"的傩事巫俗至今还在有的地区存在。地处吴文化圈外缘、长江口的南通市北郊秦灶乡八里庙村,近年还举行过以治病为目的的"镇钟馗"傩仪。当地民俗学者施汉如、杨问春所写的调查报告《"镇钟馗"傩仪记》,报道了1993年农历正月十八该村一名38岁何姓农民,为治病延请巫师二人所行的"镇钟馗"捉鬼驱妖、安宅保太平仪式的全过程。"镇钟馗"傩仪分八个程序:

(一)准备工作

事先,患人家主按僮子之意筹办以下物品:钟馗神像一幅;红纸轴联一对;苍蒲、艾草各一小扎(用以禳邪招福,俗云"艾旗招百福,蒲剑斩千邪");香烛粿锭若干;钟馗、家堂、灶君神马各一副;供品数碟;明镜一面(照妖用);"五血"(鸡血、犬血、黑鱼血、鳝鱼血、甲鱼血)各少许(除污辟邪用);中药材十二味,计蜈蚣一条、地鳖虫十三只、壁虎(守宫)一只、蛇壳一条、海马一对、赤小豆十三粒、金银花两块、勾藤十克、苍耳子十克、莲蓬房一个、血见愁五克、鬼见余十克。药材连同顺治铜钱一枚,自制红绿线缠绕小弓箭一副,装入陶瓦罐内,图以镇邪。

(二)请神上坐

巫师行执前先在正屋悬挂钟馗画像,并当场书写轴联:"唐王赐我青锋宝剑,手执弓箭斩妖除怪。"在钟馗神像上方两侧各书"秋官驱邪"与"镇宅平

---

① 胡天成《四川重庆市巴县接龙区汉族的接龙阳戏》(王秋桂主编《民俗曲艺丛书》,台北:财团法人施合郑民俗文化基金会出版,1994年),第61—63页、第339—341页。

安"文字。（秋官，据巫人解释，是钟馗的上司灵神。史载：秋官，又称司寇。《礼记·王制》："司寇正刑明辟，以听狱讼。"郑玄注："司寇秋官卿，掌管者，辟罪也。"）再于神像下方画"一镇无事"符。

（三）点血镇邪

巫事开始先取"五血"在神像面部、手足、宝剑等处点涂。据僮子称，不点血的神像不具有驱邪捉鬼的法力。

（四）钟馗神威

僮子念动"钟馗诰"，恭请神驾邻坛，同时并大加赞颂钟馗的神力。诰文如下："终南进士，镇国将军，声若暴雷而射邪山谷，目如钜电而围驾宫围。偕敬德、秦公作将魔之尉，同神荼、郁垒为啖鬼之神。号令三千鬼卒，魑魅丧胆侵惊；驱驰百万神兵，魍魉寒心失色。标名虎榜，护驾龙宫，御赐状元，官封都判。赫赫厥声，濯濯威灵。后封校尉九州按察权司夏令护化之神，祛邪斩鬼大将军，终南铁面神君，扫荡妖氛天尊。赞曰：钟馗大帝镇国将军唐王亲敕状元尊 夏令护化之神祛邪斩鬼铁面扫妖氛。"

（五）开光显灵

念毕诰、赞，巫师为神像开光。其做法是：用银针一枚，分别在神像的各个关键部位点刺。开光时巫师口中念词："天有金光，地有银光，日之黄光，月之射光。金光速现，速现金光，恒巫来开光。"在点刺有关部位时，巫师分别述说该部位开光后的功能。（略）开光完毕，巫师用新毛巾将神像揩抹干净，此神像便成为患者家庭的镇宅之神。

（六）立约文疏

由巫师一人站立案前，宣读《皇命敕封钟馗进士灵神拿妖捉怪，镇宅保宁文疏》，念至语气严厉之处，拍敲惊堂木，以加强驱邪逐鬼气氛。读毕，将文疏一式两份合折签约，书符并立镇宅辟邪武大将军阴阳合同文疏为证字样。签约后，一纸交钟馗（折成小方块藏于药材罐内，长期置于钟馗神像前），一纸交香主门中先前（焚化）执存，以便日后对证。

（七）上圣驱魔

立约毕，巫师着法装上圣，数说"钟馗家世"，祈请钟馗执行镇宅巡查、逐捉鬼魅任务。唱完后表演"喝圣"，表示钟馗已经降坛，开始镇宅。一巫在案前发令："我恒巫号令，听我的号令，只听恒巫言，不听众人语，恒巫怎样吩咐，你怎样行：何氏家中，园前宅后，宅左宅右，巡查纠察，日查三十六，夜查七十二，日夜巡查一百另八次，时刻当心，严禁妖魔野鬼、精邪怪术、魑魅魍魉、猖狂落水、官兵土匪、一切冤孽，远离他家。如若刁难，不听号令，立即开弓放箭，破肚扒肠，皮肉鲜血，吞服下肚。"为防止钟馗执法中连累家人和亲友，又特别强调："武钟馗公坐，开光听令，在此镇宅，何氏家中老少男女、左邻右舍、亲姑六眷来往不忌；祖宗祭祀、鸡犬牛马、六畜不忌；单忌妖魔野鬼、精邪怪术。"

（八）封门脱灾

用两只大碗盛水，平放在大门外平地上，在两碗之间搁置筷子一根。巫人着法装戴折帽，手执厨刀在门外边舞边唱："钟馗生来气昂昂，头戴金盔亮堂堂，唐王赐你青锋剑，站在本宅镇四方。信实号令末更鼓，一夜刀枪十三魔，送你长江依律治罪，倘有妖魔鬼怪不听，天差五雷七闪轰，轰轰化灰尘。"唱毕，巫人用厨刀斩断碗上的筷子，端起一碗水在大门外旋转浇地，边转边念："天地日月斗南开，全生丽水起起来，祸因恶迹今日散，福佑善庆入门来。水碗一扣灾殃脱，左手攀起大发财，恭喜恭喜大发财。"此时，将另一碗水泼向屋面，意为太平水洒净，从此妖氛扫除，家宅平安。

整个"镇钟馗"执事，至此完结。①

三、钟馗传说的文人化趋向

在钟馗信仰逐渐世俗化和民俗化的同时，宋以降，钟馗传说不断被文人们利用来进行再创作，赋予钟馗题材以新的情节、新的内涵和新的思想，出现了钟馗画、钟馗戏曲、钟馗小说和钟馗诗，从而使钟馗传说出现了文人化趋向。

---

① 施汉如、杨问春《"镇钟馗"傩仪记》，《民俗》（中国民间文艺家协会主办）1996年第2期，第35—37页。

民俗与艺术

传说中的吴道子所画的《钟馗图》，虽然对钟馗传说和信仰的发展起了推波助澜的作用，却始终属于传闻，并没有人见过。历代研究者们常引的，是宋人郭若虚在《图画见闻志》卷六《近事》里说的一段话："昔吴道子画钟馗，衣蓝衫，鞹一足，眇一目，腰笏，巾首而蓬发，以左手捉鬼，以右手抉其鬼目。笔迹遒劲，实绘事之绝格也。有得之以献蜀主者，蜀主甚爱重之，常挂卧内。"宋人叶梦得在《石林燕语》卷五里也说："宰执每岁有内侍省例赐新火冰之类，将命者曰'快行家'，皆以私钱一千赠之。元丰元年除日（按：1079年2月4日），神宗禁中忽得吴道子画钟馗像，因使镂版赐二府。吴冲卿时为相，欲赠以常例，王禹玉曰：'上前未有特赐，出此异恩，当稍赠之。'乃赠五千，其后御药院为故事。明年除日（按：1080年1月24日）复赐，冲卿例复授五千。冲卿因戏同列曰：'一馗足矣。'众皆大笑。"① 他们虽然说得活灵活现，但细究起来，他们也并未见过吴道子的画，只不过是根据传说来描绘的。五代末，石恪作《鬼百戏图》，其画面为"钟馗夫妇对案置酒，供张果肴，乃执事左右皆述其情态：前有大小鬼数十，合乐呈伎俩，曲尽其妙"。石恪还有《钟馗氏小妹图》，画一少年妇人，四鬼相从。孙知微有《雪钟馗》图，钟馗"破巾短褐，束缚一鬼荷于担端，行雪林中。想见武举不第，胸中未平，又怒鬼物扰人，擒拿搏击，戏用余勇也"。② 他们的钟馗画，论题材，较之唐初宫中颁至朝臣的钟馗挂像，已大有开拓；论形象，较之据传唐人题记所述的形象也大相径庭了。他们开始跳出钟馗傩仪和钟馗传说的框子，渗透进了较多的思考和个性，趣味性和娱乐性显著增强。

综观现存的宋元明清四代的文人钟馗画，集中表现了出游（或移家）、钟馗小妹、五鬼闹钟馗、醉钟馗、求吉这五个题材。这五种题材及其画面，已经远远超出了传统钟馗故事的题材范围，而表现了不同时代的社会思潮和画家个人的思想与情趣。王阑西和王树村两先生主编的《钟馗百图》（岭南美术出版社，1990）把中国内地博物馆和私人所藏的历代钟馗画收集起来，并作了选择，成为一部很好的研究文人钟馗画的画集。台湾学者李丰楙在前面提到的《钟馗与傩礼及其戏剧》一文里也列举了一些钟馗画，是这部画集里所未收的，如南宋末龚开的《钟进士移居图》（今藏台北故宫）、《中山出游图》（今藏美国弗瑞尔美术馆），元代颜辉《钟馗元夜出游图》（今藏美国克里夫兰博物馆），明代钱谷《钟老移家图》（《佩之斋书画谱》卷八十七），佚名画家的

---

① 郭若虚《图画见闻志》卷六；叶梦得《石林燕语》卷五。据胡道静《梦溪笔谈校证》第987—988页，上海古籍出版社1987年。
② 李薦《德隅斋画品》。据王树村《略说馗馗画》，见王阑西、王树村主编《钟馗百图》第8页，广州：岭南美术出版社1990年。

《醉钟馗图》（今藏台北故宫），清代陈洪绶《钟馗元夕夜游图》与《钟馗嫁妹图》等。笔者在前面也提到了俄国汉学家阿列克谢耶夫《中国民间年画》中搜集的有关钟馗的五幅19世纪中国年画。如果将这些钟馗画加在一起来研究，便可看出宋代以降，历代画家对钟馗题材的钟爱、价值取向和艺术趣味。

钟馗嫁妹的情节最初出现于何时，难以确知。《东京梦华录》里就有"装钟馗、小妹"的记载，赵叔向的《肯綮录》里也提到当时有人画钟馗小妹，因此可以肯定的是，钟馗嫁妹的情节在宋代已经附会到钟馗传说上了。宋元以降，嫁妹越来越成为画家们（还有戏剧家）感兴趣的题材，使钟馗传说和钟馗这个人物日渐人情化和人性化。醉钟馗题材的开掘，在保持钟馗本性的前提下使形象妙趣横生，令钟馗又增加了一副面孔。清代画家金农有《醉钟馗》图，题铭曰："吾闻善酿者有国，藏贮者有城，沉湎者有乡。此中天地，彼蛮蛮者胡为，长年溺饮不醒也。老馗须髯戟张，豪气摄鬼，鄙睨处不知有人，方可一醉也。今图其状，腾腾焉，陶陶焉，冠裳颠倒，剑佩皆遗，值得一醉耳。"他说：他之所以画醉钟馗，"不特御邪拔厉，而其醉容可掬，想见终南进士嬉傲盛世、庆幸太平也。昔人于岁终画钟馗小像躬献官家被除不祥，今则专施之五月五日矣"。①

宋元杂剧和传奇异峰突起，盛极一时，一直延续到明清，成为文学史上一大奇观。钟馗传说这个题材也受到了官本杂剧和勾栏杂剧的编剧人的青睐。宋人周密《武林旧事》卷十，有《官本杂剧段数》一节，列举剧本280本，其中有《钟馗爨》一剧。② 以爨命名的剧本还有一些，单成一类，如《天下太平爨》《百花爨》《门子打三教爨》等。何为"爨"？元代陶宗仪《南村辍耕录》的解释："院本，……又谓之五花爨弄，或曰'宋徽宗见爨国人来朝，衣装鞋履，巾裹傅粉墨，举动如此，使优人效之以为戏'。"③ 周贻白先生说："据此，所谓'爨'，其上场者的装扮，与《辍耕录》所说相符，而其表演形式则为念诗词，说赋歌，并非根据故事情节装扮人物而做代言体的演出。"④ "爨"是百濮民族的古称，多文身涅面，在其傩仪表演时，又多戴面具。宋代官本杂剧取名爨者，是否剧中人物借用绘身和戴面具之意呢。如果这个假说说得过去，那么，杂剧《钟馗爨》显然是从宋室宫中除夕之夜举行的傩仪中"装钟馗"的过渡形态了。

---

① 金农《醉钟馗》，王阑西、王树村主编《钟馗百图》之图12。
② 周密《武林旧事》卷十（西湖书社1981年）第156页。（清）姚燮《今乐考证》有著录，《中国古典戏曲论著集成》第十册第70页，中国戏剧出版社1959年。
③ 陶宗仪《南村辍耕录》第309页，北京：中华书局1980年。
④ 周贻白《中国戏曲史发展纲要》第119页，上海古籍出版社1979年。

民俗与艺术

明代万历初年,有一出以钟馗为主角的队戏《钟(魁)馗显圣》,系明万历二年(1574年)《迎神赛社礼节传薄四十曲宫调》。① 明郑之珍编《目连救母劝善记》(又称《新编目连救母劝善戏文》)下卷第二十五出《八殿寻母》中,有钟馗上场,剧本写作"净上舞介"。② 该剧有明万历十年(1582)高石山房原刊本、明金陵富春堂刊本、清会文堂刊本、清光绪间刊本,《古本戏曲丛刊初集》据高石山房原刊本影印。

万历年间教坊编演的杂剧剧目中有《庆丰年五鬼闹钟馗杂剧》,系岁首在内廷供奉演出的吉祥之戏。传至今日的本子,有脉望馆万历抄校本,其封面标明"本朝教坊编演",题目系《贺新正喜赏三阳宴》,正名为《庆丰年五鬼闹钟馗》。剧本最末注明抄校时间为乙卯——明万历四十三年(1615)七月二十七日,抄校人为"清常道人"。③ 该剧本结构紊乱,文字也粗劣,然而自明以降在诸家目录书中却多所著录。明代赵琦美"也是园"藏"古今杂剧"书目"本朝教坊编演"类有著录。④ 清代姚燮《今乐考证》和张照、王国维《曲录》亦有著录。⑤ 今人将剧本收入《古本元明杂剧》(第30册)和《古本戏曲丛刊》(第4集)。这个杂剧,就整个基调而言,原来在晋至唐记载中的钟馗啖鬼的恐怖狰狞,已被颂扬五谷丰登和太平吉祥的热闹气氛所代替,庆丰年、颂恩德成为杂剧的重要题旨。全剧由楔子和四个折子戏所组成。剧情大致如下:

楔子里交代说,钟馗是终南山甘河镇人氏,姓钟名馗字君实,幼习儒业,苦志攻读,平生直正,不信邪鬼,岁前中了科甲,后因杨国忠掌卷子,两次未中。如今正逢科考,镇长叫他前去应试。

头折讲,钟馗在赶考途中,在五道将军庙里借宿,遇到大耗小耗二鬼。在他熟睡之际,两小鬼将其唐巾偷走。他醒来后将其赶走(没有小

---

① 《钟馗显圣》(山西师范大学戏曲文物研究所编《中华戏曲》第三辑第1~117页,1987年)。茆耕茹《目连资料编目概略》有著录(王秋桂主编:《民俗曲艺丛书》,财团法人施合郑民俗文化基金会出版,1993年),第79~80页。
② 郑之珍《目连救母劝善记》,《古本戏曲丛刊》初集第二期(该刊编刊委员会,1954年)。
③ 傅惜华《明代杂剧全目》第242页,北京:作家出版社1958年;庄一拂《古典戏曲存目汇考》中册第651页,上海古籍出版社1982年。
④ 《也是园藏书古今杂剧目录》,(清)黄丕烈编目本,见中国戏曲研究院编《中国古典戏曲论著集成》第七册第393页,北京:中国戏剧出版社1959年。
⑤ 姚燮《今乐考证》,见中国戏曲研究院编《中国古典戏曲论著集成》第十册(中国戏剧出版社1959年)第137页,据北京大学出版组1935年影印本。

鬼将其毁容的情节或字句)。

第二折讲，在殿试中，参加考试的有钟馗和常风二人，"发傻"的常风贿赂殿头官，而钟馗却凭文才应试。

第三折讲，钟馗在试院中"文才广览，诗句惊人，有谈天论地秀气，此人中第一名进士。"殿头官为他奏知圣人，封他为天下头名状元，赐他靴笏襕袍。但不知为何原因，钟馗回到旅店便"一气而死"了。剧中人张伯循云："大人不知有秀才，钟馗不知怎生回到店中，一气而死了。"钟馗死后，被上帝封为判官。"正末粉判官"（钟馗鬼魂）上场自述："小圣终南进士钟馗是也。因我生平直正、胆力刚强，来到京师应试不用，一气死归冥路。上帝不负苦心之德，加为判官之职，管领天下邪魔鬼怪，不期大人赐与靴笏襕袍，小圣如今一梦中知谢大人，走一遭去。"这一折是全剧重头戏，加了一个"尾声"，写殿头官梦见诸多鬼怪，并为其立庙，一个判官降服众鬼，自称是终南山不第进士钟馗。"我如今奏知了圣人，着普天下人民尽都画他形象，与他立庙"。

第四折讲，上命加封，五福神（土地、井、厨、灶、门、户尉之神）和三阳真君等都来朝见。天福问钟馗，当日子五道庙中怎生不怕鬼怪。正末（钟馗）云："众位尊神、三阳真君已登天界，听小圣说一遍咱。〔鹰儿落〕我当日在生时，性燥凡（烦），行事衣（依）公道，指望待步，蟾宫折桂枝，谁想在宫贡院中遭剥落。"地福云："你在生时怎生不惧狠鬼？"正末云："重神祇不知小圣的心也。〔得胜令〕我又不曾犯法共违条，行事不虚嚣，为什么全不把神灵怕，有忠心辅圣朝。"上阳真君云："你今日管押天下妖精，加你为都判官领袖，则要你行事的（得）当，年年正旦扫除鬼怪者。"〔唱〕"更谁敢轻薄，有这些鬼力从吾调，若错了分毫，将他来定不饶。"

这个戏的结尾，作者通过钟馗所辖的五个鬼（青黄赤白黑鬼）头上的三个炮杖作为象征，把全剧的思想落脚在三点上：圣寿无疆、万民无难、五谷丰登。[①]

关于"五鬼闹钟馗"题材，在明清其他作品中多所出现，并发展简化为"五鬼闹判"。"判"在当时的文艺作品中几乎成为钟馗的专指，如作于明万历年间（序写于丁酉年，即1597年）的罗懋登著《三宝太监西洋记通俗演义》，

---

① 《古本戏曲丛刊》第四集八十，第1—34页，古本戏曲丛刊编刊委员会辑，北京：商务印书馆1958年。

民俗与艺术

第九十回有"灵曜府五鬼闹判"回目,讲的是五个因战争而死的鬼在阴曹地府定罪,多获恶报,五鬼不服,乱嚷乱闹,结成团伙。判官见他们来势很凶,站起来喝道:"走!什么人敢在这里胡说,我有私,我这管笔可是容私的?"五个鬼齐齐地走上前去,照手一抢,将笔夺下来,说道:"铁笔无私。你这蜘蛛须儿扎的笔,牙齿缝里都是丝(私),敢说得个不容私?"① 大约写于明隆庆二年至万历三十年(1568~1602)的兰陵笑笑生著《金瓶梅词话》,第六十五回,写李瓶儿死后,各路宾客来吊孝。十月初八是四七,请西门外宝庆寺赵喇嘛来念番经、结坛、跳沙。十一日,由歌郎并锣鼓地吊来灵前参灵,演出各样百戏:《五鬼闹判》《张天师着鬼迷》《钟馗戏小鬼》《老子过函关》等,堂客都在帘内观看。② 又《牡丹亭还魂记》中有《冥判》一出,判官亦由净扮,上场后有"净作笑舞介",唱词中有"啸一声支兀另汉钟馗其冠不正,舞一回疏喇沙斗河魁近墨者黑"。③ 此外,明清两季流传下来的以"五鬼闹判"为题材的绘画更不在少数。这说明"五鬼闹钟馗(判)"的故事,作为钟馗传说在流传中附着上去的一个新情节单元,至少在明万历三十年(1602)前已经在民间形成并流传得相当广泛了。

前面提到的钟馗嫁妹,同样也是明清戏曲关心的一个题材。清《曲海总目提要》(序写于戊辰同治七年,即1868年)卷二十一所载张心其(生平未详)所著《天下乐》,即以钟馗嫁妹为题材的一折杂剧。《提要》对钟馗的身世、嫁妹及成神等情节,均交代甚详,使钟馗传说得以空前丰富:

> 杜平、字钧卿。杭州钱塘人。累世为商。家资巨万。父母早亡。未及婚娶。……时钟南山秀士钟馗,与妹媚儿同居。闻唐高祖开科取士,欲赴京应举,贫乏无赖。平在长明寺中,大舍钱帛谷米。馗闻其名,诣寺访之。平即邀至家中,赠百金为资斧,佐以宝剑。馗为人好刚使气,乘醉入寺。寺僧方为杜作瑜珈道场,延请法师施食。馗见大诧,以为妖诞,毁榜殴僧,且谓平曰:'人之祸福在天,何得托名于鬼?若鬼能作祸于人,是为害人之物,必当尽杀而啖之。'诸饿鬼诉于观音大士,大士知其正直,

---

① 罗懋登《三宝太监西洋记通俗演义》。现存最早版本为明万历二十六年(1598)刻本。此据上海古籍出版社据上海申报馆印本并参照步月楼复刻本排印,1985年。
② 兰陵笑笑生《金瓶梅词话》。现存最早为明万历四十五年(1617)刻本。此据北京人民文学出版社戴鸿森校点本,1985年。
③ 周贻白说:这句唱词"一方面比其为魁星,一方面则比之为钟馗。故《五鬼闹钟馗》或亦作《五鬼闹判》,可见其皆与宋代百戏中的舞判具有渊源"(《中国戏曲发展史纲要·明代的戏班及其演出》第341—342页,上海古籍出版社1979年)。

后将为神，而怒其谤佛，乃令五穷鬼损其福，五厉鬼夺其算。

馗赴京，旅次痁疟。及稍愈，由径道往长安。夜抵阴山穷谷中，为众鬼所困，变易形状，绀发墨面，丛生怪须，塞土于口而去。馗入京就试，获中会元。殿试之时，以貌丑被黜，自触殒身，大闹酆都，奏知玉帝。玉帝悯其正直无私，怀才沦落，封为驱邪斩祟将军，领鬼兵三千，专管人间祟鬼厉气。初，馗之赴举也，平厚赒其家，且使婢为其妹役。馗深感之。平以贸易入都。馗方登第，以妹许平。未及嫁而馗为神。时天子御朝，八方王子万里入贡，云睹五道祥云，辉映中国。而其时适三月不雨，有旨问袁天罡。天罡云：五云之瑞，应在五人。及召平等入见，平讼馗冤，请为立庙褒封，三日甘霖必沛。乃赠馗状元，而令平等祷雨。如期雨降。遂拜平天下五路大总管。馗践前约，亲帅众鬼，笙箫鼓乐灯火车马，自空而下，以妹嫁平。五人复受玉帝之敕，为五路大将军。[①]

显然，编剧者为了适应剧本主题"天下乐"的需要，将钟馗传说在流传中出现的不合理情节和缺环，都给填平补齐，使其合理化、人情化了，并且把杜平的资助和钟馗的嫁妹作为重点情节加以发挥和渲染，使本来只有梦鬼、啖鬼和画鬼三个情节单元的钟馗传说，增加了一个重要的组成部分，从而把钟馗传说纳入了财神戏之中。钟馗的毁容、蒙冤、成神和嫁妹，前因后果，甚是清楚。作者在剧本开始故意加了一段交代性的情节，说钟馗原是不信神鬼的，因醉闯长明寺中，见寺僧为杜平瑜珈道场，以为妖诞而毁榜殴僧，于是，导致了观音大士令五穷鬼损其福、五厉鬼折其算。有了这样的铺垫，围绕着钟馗后来的遭遇和斩鬼而生出的情节，便是树有根、水有源，合情合理，增加了戏剧性。

钟馗嫁妹在昆曲剧目中富有传统。昆曲（昆山腔）从明代中叶诞生以来，主要流行于江浙一带，以昆山、苏州、上海等地为基地，有过辉煌的时代，并逐渐形成南昆和北昆两大体系，但至清末，却濒临绝响之势。从同治—光绪朝起，多次有人出来做各种努力以期振兴昆曲这个剧种。刘半农先生搜集到光绪八年（1882）三庆班（目270—1）至宣统三年（1911）安庆班（目818），包括了四十家戏班子的戏单，后由周明泰补充到民国二十一年（1932年）的资料，编辑而成为《五十年来北平戏剧史材》一书。从该书所收的大量戏单来看，其间活跃在北平的戏班中演出钟馗戏的有双奎班于光绪十六年（1891年）

[①] 张心其《天下乐》，见《曲海总目提要》中册，第1033—1035页，北京：人民文学出版社1959年。

庚寅岁演出《嫁妹》一出,编目为 302·6;义顺和班于光绪廿五年(1899年)己亥岁腊月初十,由何桂山外串代灯演出《嫁妹》一出,编目为 76·3;福寿班于光绪廿五年(1899年)五月初九演出《钟馗嫁妹》一出,编目为 358·3,演员不详;福寿班演出《嫁妹》戏最多,其编目:361·7、378·3、386·4、417·2、427·3、434·4、444·4、494·4;复出福寿班于光绪廿八年(1902年)壬寅岁演出的《钟馗嫁妹》有 496·3、518·7、564·9;光绪廿九年(1903年)癸卯岁演出的《嫁妹》有 587·6、598·3;增桂班演出《钟馗嫁妹》一出,编目为 311·3,演员也是何桂山,日期不详;天庆班演出《嫁妹》一出,编目为 339·4,时间和演员不详。宣统三年(1911年),演出情况是双庆班编目为 704·6(演员是胡于钧);复出安庆班编目为 822·8(2月11日)、818·5(2月23日)、821·4(3月4日)、802·6(冬月12—16日);同庆班编目为 886·7;复庆班编目为 915·4;玉成班编目为 937·8。这些演出,有时是在市内的剧场(如庆和园、广德楼、广和楼等)演,有时则是外串代灯。① 至宣统元年(1909年),肃亲王善耆集合当时河北省几个剧班中庆字、荣字、益字等辈的艺人,组成安庆昆(曲)弋(阳腔)班,在北京东安市场之东庆茶园演出,当时所演剧目八九十个,昆曲部分有《嫁妹》等。辛亥革命事起,安庆班报散。至民国六年(1917年)又出现了一个同合班,在北京东兴园演出。嗣有侯益才、侯成章等组织的荣庆社,于民国七年(1918年)至京,曾在天乐园(即后来的大众剧场)演出数年,其剧目中就有侯益隆的《钟馗嫁妹》。② 这段史实说明,钟馗戏尽管没有成为戏剧舞台的主流戏,却由于其惩恶扬善的故事情节和价值取向,在观众中扎下了深深的根,一直没有退出过舞台,昆曲中所以一直保留着钟馗戏,就是这个原因。这个时期上演的昆曲《钟馗嫁妹》或《嫁妹》(各剧班名称不同),其脚本和侯益隆扮演钟馗的剧照,都收在《最新昆弋曲谱初集》里。③ 在这个演出脚本中,作为鬼魂的钟馗,通过对白和唱词,把他的身世和后来的遭遇,对待嫁的妹妹吐露了真情:"俺钟馗只为献策神州,误陷鬼窟,将容颜改变,以致后宰门损躯殒命。蒙上帝见俺直正,封俺为驱邪斩祟将军,少展胸中抱负。感荷杜员外将俺平生冤苦,一一奏闻圣上,又蒙圣上封俺为终南山进士,又赐俺状元及第。感荷

---

① 刘半农、周明泰《五十年来北平戏剧史材》(几礼居戏曲丛书第二种,1932年初版),一函六册,所引资料,凡光绪年间的大部分见第一册,少量见第二册,凡宣统年间的见第二册。北京首都图书馆古籍部藏。
② 周贻白《中国戏曲发展史纲要》第 444—445 页。
③ 《最新昆弋曲谱初集》第 94—99 页,北京明明印刷局 1918 年。编辑人:市隐;校阅人:寄蜉;发行人:文实权。

杜员外将俺的尸骸埋葬。此人有生死大恩，未曾报得，向在京师，曾将小妹许他为婚。故此，今晚特备笙鼓箫乐，送小妹到彼，与他成其百年之好。……〔黄龙滚〕想当初，自离门庭，想当初，自离门庭，到中途，虐妖作症，一路里寒热恹恹，一路里寒热恹恹，误入在阴山鬼径，改变我旧日容颜。赴帝京，因此上，试殿把君惊，将俺来黜落功名，将俺来黜落功名，后宰门捐躯殒命。"这段肺腑之言，把《庆丰年五鬼闹钟馗杂剧》里那些未说清楚或相互矛盾的地方，都叙述得天衣无缝了。从戏文来看，有可能与《蓬瀛曲集》①里所收的《嫁妹》是同一个本子，已经在晚清流传了很长一段时间。

在南戏摇篮的福建，莆仙戏传统剧目中，有一出名为《钟馗斩狐》的小戏。剧情说，狐狸神通广大，欲偷杨贵妃西番所供香囊，遣小鬼去窃。唐王排宴与贵妃饮，舞象作乐。妃入浴，鬼偷囊；象精化秀士欲戏贵妃。钟馗显圣，吃小鬼，拘象精。皇夜梦钟馗斩狐逐鬼，追赠状元，饬给神像，起盖庙宇，春秋二祭。②编剧者将当地源远流长的狐狸信仰，注入了传统的钟馗传说之中，把自唐以来就有定名、在历代记载中常见的"虚耗"鬼，改变成狐狸精，使其充分地方化了。狐狸在汉魏以前的典籍中，一向是以瑞兽面貌出现的。唐宋以后，狐狸才逐渐具有了妖孽的性格。明清的笔记小说里，狐狸的形象大量出现，而且往往是亦神亦妖的角色。③莆仙戏《钟馗斩狐》形成于何时，不得而知，很有可能就在明清之际。

保留和演出钟馗戏的，还有京剧、河北梆子、川剧等剧种。近年来，根据著名河北梆子演员裴艳玲的演员生涯而创作和摄制的电影《人鬼情》，再现了钟馗正直而又坎坷的一生，使这个流传了长达1000多年的古老传说和"圣鬼"形象，立体地出现在现代观众面前。

明清之际，相继出现了三部取材自钟馗传说而创作的长篇小说。第一部是出版于明代的四卷本《钟馗全传》，大陆和台湾都不见有传本，日本内阁文库藏有仅存的明刊本。第二部是《斩鬼传》（十回本）。据路工先生考证，本书有五种版本，最早的本子是清康熙庚子年（1720）经纶堂刻本，题为《平鬼

---

① 《蓬瀛曲集》未见，时代未详。胡万川教授引征此戏文后说："除了将钟馗前后一俊一丑的缘故交代清楚以外，并且使人因而对这位'英雄奇男子'（戏中语）的境遇更生同情，加强了戏中的戏剧效果。"（《钟馗神话与小说之研究》第143—144页）此论甚确。
② 《钟馗斩狐》，见《福建戏曲传统剧目索引》第一辑第103页，福建省文化局编印，1958年。
③ 参见山民《狐狸信仰之谜》（刘锡诚、宋兆麟、马昌仪主编《中华民俗文丛》之19），第113—175页，北京：学苑出版社1994年。

传》四卷十回，原题"樵云山人编"，有黄越序，北京图书馆藏。其他四种版本：(1)《斩鬼传》，四卷十回，清光绪十二年（1720年）莞尔堂重刻本，书前有"莞尔堂第九才子书"，原题"樵云山人著"，有黄越序。北京图书馆藏；(2)《平鬼传》，清抄本，原题"樵云山人编"，卷端题"第九才子书"，书首有康熙五十九年（1720年·庚子）上元黄越、际飞氏序。北京图书馆藏。(3)《钟馗斩鬼传平鬼传合刻本》，台湾1957年印本影翻本。(4)《新编钟馗斩鬼传》，清乾隆（约1740年）抄本，不分卷，上下两册，题"烟霞散人编"，有"翁山逸士"序及作者自序。第三部是《唐钟馗平鬼传》，封面题"乾隆乙巳年春新镌"，"东山云中道人评"，六卷十六回，无序无跋，全书每页十行，行二十四字，最末回有残缺。① 这些书版本很多，已有许多学者（如孙楷第、柳存仁、陈监先等）对其作了研究。胡万川教授对钟馗小说与钟馗神话的关系，也作了探讨，多有高论。笔者在此不准备展开讨论。

这些小说的共同特点是，在唐玄宗梦鬼的传说上，从社会生活中存在的丑恶现象中攫取一些典型事例，添加大量情节，敷衍成篇。钟馗手执玉皇赐给的剑与笔，诛邪魅、记善恶，是为钟馗形象，从而也是钟馗传说的一大衍变。晚清谴责小说盛行一时，无论是《钟馗斩鬼传》，还是《钟馗平鬼传》，都是在这种文艺思潮中产生的。作者都只不过是以唐明皇梦鬼传说作影子，实际上是另起炉灶，在钟馗之外又假托塑造了韩渊（含冤）和富曲（负屈）二鬼卒随从，采取游历各地的方式，诛杀人间鬼魅，铲除社会不平，抒发作者抱负。小说创作和出版的时代，距我们生活的时代较近，又包含了奈何桥小鬼化蝙蝠、献美酒五鬼闹钟馗、烟花寨智请白眉神等斩杀各种鬼祟的故事，读起来还算引人入胜。《斩鬼传》作者在《尾声》里说："野史氏曰：魑魅魍魉，磷火荧煌，盈宇宙皆是也。是书一出，如甘露菩提水遍洒环中，鬼火自灭。试问上中之五形，后王之三尺，阴曹之剑刀山，有如钟馗老子一剑否？有如我烟霞散人一笔否？"可见他写此书的用意，只在诛杀现实社会上的一切人间鬼魅。取材自钟馗其人和传说的戏曲和小说，在中国普通老百姓中影响很大，不识字的百姓们也常常能够从别人的述说中得其精髓，辗转口传，从而使情节本来很是简单的钟馗传说，因为从戏曲和小说中吸取了一些情节和人物而丰富起来。

三、当代流传的钟馗传说

20世纪前80年间，虽然京剧、昆曲、河北梆子、川剧等剧种屡有钟馗戏

---

① 路工、谭天编《古本平话小说集》下册第496—497页，北京：人民文学出版社1984年。

上演，深受观众的喜爱，而民间流传的钟馗传说却基本没有搜集，留下了一个空白。近10年来，大陆各地为编辑《中国民间故事集成》而开展的搜集工作中，终于新搜集到一些当代还流传着的钟馗传说，使我们有可能看到钟馗传说在当代的流传变异情况。笔者翻览手头有限的资料，只得到12篇，其中辽宁2篇，河北1篇，山东1篇，河南2篇，江苏1篇，浙江2篇，福建1篇，广东2篇。陕西和山西这两个传统文化积淀相对丰厚的省份，由于资料不足，不敢妄断。就现有资料来看，钟馗传说在当代的流传地区大致分布在沿海一带的汉族和满族居住地区。

对这12个现代流传的钟馗传说异文进行综合分析比较之后，笔者认为，至少可以看出下面三个特点：

（一）在其发展流变中，情节有了较大的变异和拓展

任何一个历史根源长久的传说，在其流传中都会发生变异，甚至会失掉一些情节，当然也不可避免地会粘连上一些新的因素，但传说的骨干和意旨是不会轻易失掉的，钟馗传说也不例外。唐代形成的三个故事素，即唐王梦鬼、钟馗啖鬼和吴道子画鬼，在当代搜集的传说中都被传承下来，尽管不一定同时出现在一篇异文中。现代搜集的传说，在情节上显然也有所变异和拓展。如，从宋代起开始附会到钟馗传说中去的嫁妹情节，由于人情味和趣味性较强，在后来的绘画和杂剧等艺术形式中，特别是在近代的戏曲中，得到了进一步的发展，甚至成为唯一在舞台上向观众演出的保留剧目。由于其人情味、趣味性，以及其他艺术形式的影响，这个相对独立的情节，在现代流传的钟馗传说中，也被叙述得有声有色。在浙江湖州搜集的一篇题为《钟馗传奇》[①]的传说，其中包括《受封镇鬼官》《斩鬼降雨》和《托梦嫁妹》三个小故事，实际上在整个传说中贯穿始终的情节却是钟馗嫁妹，钟馗、杜平和小妹眉儿（可能是杂剧《天下乐》中"媚儿"的衍化）之间的恩怨和姻缘。又如，关于钟馗怎样变成"丑脸神"，多数的传说中是说在钟馗进京应举的路上，在野外（或庙里）的石头上睡着了，被嫉妒鬼给改了容。而在广东普宁搜集的一则《丑鬼

[①] 《钟馗传奇》，流传于浙江湖州，钟云龙等讲述，钟伟今搜集整理，收入《吴越山海经》第93—98页，上海人民出版社1989年。《钟馗嫁妹》流传于山东胶州，王丛、王辉业搜集，收入文彦生（徐华龙）选编《中国鬼话》第93—98页，上海文艺出版社1991年。两篇传说，搜集者不同、流传地区不同、文字却基本一样，可以肯定其中有一篇是抄袭之作，在未调查之前，姑且认为钟云龙等讲述、钟伟今搜集者是原作，流传地区在浙江的湖州一带。

戏钟馗》传说①，其说法，则是在钟馗传说原来的骨架中所没有的：钟馗原本是个英俊的吃鬼捉鬼的神，有一次去捉拿一个住在山洞里的丑鬼，丑鬼被钟馗吃下肚里去，不但不会死，还会变脸子，即他的脸变成吃他的神的脸，而吃他的神的脸反而变成他的脸。丑鬼在钟馗的肚子里翻腾，使钟馗无法忍受，终于让其逃脱出来，丑鬼的脸变成了钟馗英俊的脸，而钟馗的脸却变成了丑鬼的丑陋的脸。

流传于河南涉县的一则《钟馗护唐王》②，所讲述的是钟馗作为年画上的神像是怎么来的，在钟馗传说系列中独树一帜。传说钟馗原来是唐王跟前的一个大臣，由于爱好下棋，常与唐王对阵，每次都让棋，让唐王取胜，唐王因而不悦。一日，一妖怪来骚扰唐王未遂，钟馗便将其刺伤。唐王将钟馗留在身边，钟馗向唐王献计说："只要在前院挂着我手拿镇妖宝剑的像，妖怪就不敢来了。"一次，钟馗在与唐王对弈时，精神萎靡，原来是他的魂在与妖怪搏斗。后来，人们就仿照钟馗画像的样子，画钟馗像挂在院内，用来驱鬼，这个做法一直延续至今。这个故事的套路，与石敢当传说和灶王爷传说的套路有异曲同工之妙。

（二）有些钟馗传说，比如钟馗来历的传说，并不是沿着唐代形成的情节骨架，而是以独立的方向发展

在山东青岛崂山搜集的一则《钟馗杀鬼》传说③，就是一例。在这个传说中，钟馗不是鬼，而是人，他的职志是帮人家降妖、除怪、灭鬼魂。除夕夜，以变换成人样的鬼来请他去除妖赶鬼。他来到海边一红墙绿瓦、亭台楼阁的大户人家，在一有五千年道行的老恶鬼引导下，来到厢屋，但见一大片被他杀死的吊死鬼、屈死鬼、饿死鬼、淹死鬼、吝啬鬼、色鬼、酒鬼的尸体，周围许多带枪持刀的小鬼，欲动手向钟馗报仇，老鬼夺走了他的龙泉宝剑。他向鬼们要水喝，顺势将手中攥着的朱砂化开，念动咒语，向鬼们一扬，使出"掌中雷"，将鬼们全都炸死了，从此，世上再也没有鬼了。崂山是道教著名丛林之

---

① 《丑鬼戏钟馗》，方凯旋搜集，收入文彦生选编《中国鬼话》第98—100页，上海文艺出版社1991年。
② 《钟馗护唐王》，王国战搜集，收入文彦生选编《中国鬼话》第102—104页。
③ 《钟馗杀鬼》，赵财庆讲述，刘好军搜集，收入张崇纲编《崂山民间故事全集》上卷第516—518页，青岛：海洋大学出版社1993年；又见刘晓路编《门神人物的传说》（刘锡诚主编《中国民间信仰传说丛书》之一）第13—18页，石家庄：花山文艺出版社1995年。

一,这里的民间故事不仅数量多,而且充满着道教的神秘色彩。在常见的钟馗传说中,钟馗都是手持剑、笏、扇等物,剑的功能一是斩鬼,二是与蝙蝠在一起,具有"执剑(只见)福来"的象征意义。而在这则传说中,钟馗手中则暗攥着朱砂,并最后以朱砂致鬼们于死地,显然渗透着道教的神秘观念和暗含着道教祖师张天师传说的色彩。

(三) 文人创作的钟馗斩鬼题材作品(小说、绘画和戏曲), 回流到民间,影响着民间传说的发展

当文学衰微之时,民间文学往往能给文人创作以养料,使文学重新繁荣起来。这是文学史发展的一条规律。在一定的条件下,文人的创作,也会回流到民间,给民间文学以有力的影响。钟馗传说在近现代的发展中,就提供了这样的机遇。我们从若干新近采录的钟馗传说中,看到了这种迹象。搜集于四川梓潼的一则《钟馗斩鬼》说,钟馗得中状元,唐天子嫌他容貌丑陋,于是碰柱身亡。后唐天子又封他为驱魔大神,亲赐尚方宝剑,斩杀妖孽鬼怪。钟馗奉了唐王之命,要遍行天下,以斩妖孽。他心想,在阴间妖邪定多,于是找到了阎王,阎王问他来意,却说,阴司妖邪虽有,却都是些服毒鬼、上吊鬼、淹死鬼、饿死鬼之类,真要斩鬼,阳间甚多。说罢叫判官将鬼簿让他看,钟馗一看,只见上面罗列了馋鬼、假鬼、奸鬼、轻浮鬼、色中饿鬼等等。钟馗看毕,大吃一惊,不料,世间竟有这么多鬼魅,并道:"阴间鬼魅有十殿阎罗审理,阳间那么多鬼魅,我一个如何扫除?"于是阎王派了文武全才的两个英雄,一个叫咸渊,一个叫富曲,另外再派阴兵三百相助,而且,在途中又收了一只蝙蝠为之引路,于是浩浩荡荡回到人间斩鬼逐魔。① 显然这个传说,无论其结构、人物,还是情节发展脉络,都是受了清代小说以及当地流行的地戏的影响,无怪乎民俗研究者把它列入"戏神传说"之列。② 搜集于广东兴宁的《五鬼闹钟馗》③和搜集于辽宁凌源的《醉色二鬼归地狱》④,显然是受了前面提到的清代康熙年间太原作家刘璋的中篇小说《钟馗斩鬼传》的影响,或是讲述者根据读过这本书后留下的记忆而讲述的。"五鬼闹判"的故事,在绘画、戏曲中都有所表现,在民间也广泛流传,然而,就叙述语言、故事结构和艺术风格来看,笔者宁愿认为,兴宁的传说是从刘璋小说第七回《对芳樽两人赏

---

① 《钟馗斩鬼》,《(四川)梓潼县城关镇民间文学资料集》第72页。
② 于一、王康、陈文汉《四川省梓潼县马鸣乡红寨村一带的梓潼阳戏》第62—63页。
③ 《五鬼闹钟馗》,黄伟群搜集,收入文彦生选编《中国鬼话》第101—102页。
④ 《醉色二鬼归地狱》,常在志搜集,收入文彦生选编《中国鬼话》第91—93页。

明月 献美酒五鬼闹钟馗》脱胎而来,凌源的传说则系取法于刘璋小说的第九回《好贪花潜移三地　爱饮酒谬引群仙》。①

关于钟馗的传说,如果以晋代南北朝作为其滥觞期,整个唐代作为其形成期,那么,它已经流传了1000多年。由于有传说的支持,钟馗这个人物大约也从其形成起进入老百姓的民俗信仰和源远流长的傩仪之中。宋以后,钟馗传说一方面逐渐民俗化,形成了在一定的节日期间(先是在春节、后又在端午)挂钟馗、跳钟馗的民俗仪式;一方面大量被文人所吸收改造,从而戏剧化、人文化,大量渗透进文人对时代的观点和价值取向。近十年间大陆各地为编辑《中国民间文学集成》而开展的民间文学收集工作中,新收集到一些现在还流传着的钟馗传说,显示出若干的时代特点和民间传说与文人创作的对流现象。这些事实说明,这个形成于千年之前的传说,至今也还有相当的生命力。在中国人的民间信仰中,实用主义始终占有主导倾向,而钟馗这个人物,其神性却在流传中不断被削弱,始终没有成为高居于人之上的神。从人而鬼成为神,又从神而鬼还原到人。

1997年3月5日

附记:在本文写作过程中,台湾"清华大学"教授王秋桂、中国社会科学院文学所研究员董乃斌、张锡厚、副研究员吕微、北京大学教授白化文、中国道教学院教授朱越利等先生向我提供和帮助查阅资料,南通市群众艺术馆副研究员施汉如先生提供田野考察资料,特此致谢。

(原载(台湾)《民俗曲艺》第111期,财团法人施合郑民俗文化基金会主办,1998年1月。收入作者《民间文学:理论与方法》,第168—211页,中国文联出版社2010年)

---

① 《钟馗斩鬼传》,见路工、谭天编《古本平话小说集》下册第496—607页;又见吴宗蕙等主编《中国大众小说大系·古代卷》第333—431页,太原:北岳文艺出版社1994年。

萨满艺术余音与文化多样性

我国学界对萨满教和萨满文化的研究，是在改革开放的初期随着思想解放的思潮兴起的。富育光先生虽然不是研究萨满教和萨满文化的第一人，我敢说他是第一批研究萨满教和萨满文化的学者中的一个卓有成绩者。因此，说他的著作在萨满神话以及原始巫文化研究领域里具有开拓的意义，我想并非过誉。在我的印象中，他的萨满教文化研究，最重要的特点，是从实地调查中获取新鲜而翔实的资料，再参照他人的间接资料，以田野调查和比较研究的方法，对所掌握的第一手材料进行"掘进式"研究，如对若干萨满文化事象所做的象征学研究。因此，读他的书，无论在资料上，还是论说上，都会被书里的新意所激发从而有意外的收获。

中国是一个多民族的国家，中华文化是一种多样性的文化。由于以原逻辑思维为特点的原始文化经历了历史化的过程，民族聚合分裂，历史的种种巨变，导致中国的原始艺术多数只留存在早已物化了的物质文化之中，而口头形态的原始艺术则颇为鲜见。在1949年10月中华人民共和国成立之日，亦即中国社会转型之日，大多数民族经历着漫长的封建社会或半封建社会，只有少数几个民族尚处在氏族社会的末期，多少还保留着若干原始形态的艺术。一般说，原始艺术是指人猿揖别之后，人的自我意识得到较为充分的发展，工具制造趋于成熟的原始社会中发生和发展起来的原始人的艺术。在现代世界中，在生产方式上仍然主要依靠狩猎而维持简单生活的狩猎部族，或在社会形态上处在氏族社会末期的某些族群中流传着的或保留下来的艺术，也常被学界看作是原始艺术。从这样的观点来看，我国北方若干民族（主要是游牧民族）所传承和存留下来的浸润着萨满世界观和原始信仰的萨满艺术，即以原始巫为其思维方式和内容构成的艺术，显然带有原始艺术的特点。正如富育光所指认和研究的，造型艺术是原始艺术的一类比较常见的、典型的艺术形态，萨满艺术也不例外。造型艺术之外，以族群记忆为主旨的口传神话和受到心理激发的原始舞蹈，尽管较易受到文明社会诸因素的影响而变化较快、较多，但也应该说，较多地积淀着或保留着萨满文化思维的因素。因此，以唯物史观的立场，并借助一些业已公认的、成熟的方法系统梳理我国北方民族中的萨满艺术遗产、研究萨满艺术的规律、解读萨满艺术的内涵和特点，不仅对于认识和研究人类思维和文化进化的规律及其历史、破解人类文化难题、阐释神秘文化的密码，是必不可少的，而且也是书写和建立我国自己的艺术学或文艺理论的重要课题，而富育光所做的，恰恰是我国近60年来文艺理论界做得较少的一个薄弱环节。

20世纪80年代，哈佛大学张光直教授在《连续与破裂：一个文明起源新说的草稿》（《九州学刊》1986年第1期）、《考古学专题六讲》（文物出版社1986年）、《中国青铜时代》（二）（生活·读书·新知三联书店1990年）等系列著作中，提出了中国的古代文明是一种连续性的萨满式文明的著名理论，并且反复论述了"萨满式世界观""萨满式文化""萨满式宇宙""萨满世界"等内容，在学术界引起了巨大的反响，从者甚众。近读李零的文章《绝地天通——研究中国早期宗教的三个视角》，他不赞同用萨满主义来解释中国古代的许多文化现象。究竟"萨满"是否等同于中国古代的"巫"这个问题，研究者都会有自己的看法，这里姑且不谈。我相信，无论是赞同或是不赞同张光直理论的读者，在读过富育光《萨满艺术论》以后，对萨满、萨满文化、萨满世界、萨满世界观、萨满式宇宙等等，一定会有更全面、更深切的认识。富育光《萨满艺术论》是一部有丰富内容的值得仔细阅读的书。

富著最值得称道的一个特点，是作者的亲历性。富育光是满族学者，毕生致力于萨满文化研究，写过好几部有影响的萨满教文化研究专著。他虽然不是萨满，但祖辈、亲属中有萨满，从小生活在有萨满活动的环境中。成年以后，数10年来长期在东北满、蒙古、达斡尔、赫哲、鄂伦春、鄂温克等各民族的萨满流传地，年复一年地遍访众多新老萨满，搜求并征集各萨满家族珍藏的先辈遗留下来的家乘笔记、谱牒、遗文纪要等文字资料，把萨满口传的神话和氏族史传记录下来。本书的研究对象，那些珍贵的萨满艺术品，无论是作为萨满艺术载体的神偶、神服、神鼓、面具，还是神像、神图等等，有许多是作者亲自搜集，亲耳聆听到萨满本人对萨满艺术品上图像的神圣功能和象征意义的解释。1980年在吉林，萨满老人罗汝明亲手把他跳神转"迷溜"时，眼前出现的幻象，画成一幅宇宙魂气旋动图，送给富育光，并且告诉他，人进入昏迷状态的时候，眼前突然出现数不尽的各色小花，跳动得格外耀眼好看。作者的亲历参与使萨满艺术的传承带有活态的性质。

富著通过物质形态的萨满艺术，给读者呈现的是一个丰富多彩的非物质形态的萨满艺术世界。在我们的面前，萨满艺术世界受萨满世界观主宰，充满了神圣性、神秘性，常与宗教与祭祀相伴，具有地域性和家族传承特色。萨满艺术世界中的动物和植物，常常充当萨满的助手和工具，扮演人神沟通的角色。在作者笔下，萨满艺术常以符号、刻镂、幻图、色示、肢语、声动来表现。

《萨满艺术论》对图像学的贡献也值得称道，在某种意义上说，21世纪进入了一个读图时代，图像的意义越来越受到重视。一般研究图像，图就是一切，很难有更多的语境资料，因此，对图像的阐释容易出现随意性。而《萨满艺术论》一书，由于作者的亲历参与，给研究者提供了图像产生的背景、环境、造型、神圣功能、象征意义等等难得的语境资料，对图像的发生、形态、色彩、叙事、构成、功能，萨满与图像的关系、图像与宗教信仰的关系等等图像学的重要问题，提供了借鉴和启示。

富育光先生沉潜在萨满教及其文化艺术的研究之中，前后凡30年而不倦不悔，著作骄人，进入古稀之年，又贡献出这部研究萨满艺术的著作，不禁令我感佩。我祝贺这部新著的出版。

2009年5月23日

（原载富育光《萨满艺术论》，是为序，北京：学苑出版社2010年）

蓝夹缬的另一种文化意向

我对夹缬和蓝夹缬的了解,始于青年学者张琴女士的著作。2006年5月间,我的朋友学苑出版社的资深编辑刘涟同志带着他们的作者张琴到我家里来,给我送来了刚刚出版的张琴新著《中国蓝夹缬》一书。这是一本以田野调查为基础的蓝夹缬研究专著,作者花费了5年时间,奔走在浙江南部温州市、台州市及丽水市的农村和山区,对可能找到的制作过蓝夹缬的刻版、种植过蓝靛染料、操作过印染工序的老人,一个一个走访,做口述记录,把古老的蓝夹缬在现代社会的极度濒危状态,全方位地公之于世,对提醒、呼吁、抢救和保护这种重要的传统印染技艺,起到重要的作用。我被她对蓝夹缬所做的执着而漫长的田野调查所感动,也为她对蓝夹缬的历史沿革和发展现状所做的思考和探究由衷钦佩,于是,我鼓励她,并向主办单位推荐此书去参加"中国民间文艺山花奖·学术著作奖"的评奖,所幸的是,该奖项的评委们对这本著作的评价,竟与我不谋而合,最终给予一等奖的荣誉。此后,我断断续续地听她讲述了她的田野调查的艰难曲折和种种故事,知道了她的近乎痴迷的治学道路,特别是观摩了她从各地搜求来的那些难得而又十分珍贵的蓝夹缬收藏,深信她已以扎实的调查和深度的研究,跻身于蓝夹缬研究的学术前沿了。

她没有止步。在一次偶然的交谈中,得知她又在撰写一本关于蓝夹缬与昆曲的书,这是她在蓝夹缬研究道路上的一次新的开拓。如今这部新作《蓝花布上的昆曲》已经脱稿,就要付梓了,作者嘱我写序,尽管我对此并无什么研究,却不能推辞,即使是对她的新著的祝贺,也应该写上几句。

夹缬原是盛行于唐代的一种彩色丝绸印染工艺,到了元明两朝,由于棉织品逐渐取代丝织品,成为最普遍使用的纺织品,以彩色印染技艺为表征的夹缬,也随之渐渐过渡到了以单色(蓝靛)印染为表征的蓝夹缬。在蓝夹缬的刻版与印染中,图案设计者和刻工们广泛地从当时在昆山、海盐、余姚、杭州等地兴起和流传的南曲（南戏、后来的昆曲）中吸取题材和人物，以传统的装饰画的构图方法，在蓝布上印染出一幅幅戏曲故事画面，从而使蓝夹缬在单纯的印染技艺之外，又平添了版画的艺术元素，而成为当时工艺文化的一枝奇葩。

蓝夹缬的印染技艺与刻版绘画相结合的特点，不仅反证了我国古代版画在有明一代发展至"登峰造极"，从而"光芒万丈"影响深远的这一论断（见郑振铎《中国古木刻画史略》、马昌仪《全像山海经图比较》）之不谬，而且也显示了手工艺与戏曲这两种不同的艺术表现手段之间的相互渗透与相互借鉴所诞生的新的艺术样式和造型。张琴在其调查和研究中，敏锐地发现了和捕捉到了这一文化互渗现象，并多方搜集了清朝以降的以戏曲为主要题材的蓝夹缬图像实物，如本书叙及的《白兔记》《杀狗记》《蜃中楼》《西厢记》《义侠记》等，据以展开分析论述。她的视角是独到的，视域是广阔的，发人所未发，言人所未言，填补了传统戏曲研究和纺织品工艺美术研究领域里的一个空白。

滥觞于民间的南戏——昆曲，经过文人的参与之后，变得高雅清丽、超凡脱俗，逐渐成为"富贵家不可无"的"山珍海错"，而不再是"家家皆有"的"布帛菽粟"（明代徐渭《南词叙录》）。应该说，戏文蓝夹缬通过被广泛应用于婚嫁习俗而产生的特有的社会功能、民俗功能、知识传播功能和审美导向，把已经在民间社会呈现出衰落之势的南戏——昆曲，再次从上层社会牵引回流到民间社会，使其得以继续在民间社会广泛流播，使那些栩栩如生的戏曲人物和委婉动情的戏曲故事，在民间的肥沃土壤上焕发出蓬勃的生机。我看，通过张琴的笔墨，在这样的一个文化意向上，给出了令人满意的答案，至少是展现。

再者，以往学界对历史、文学、艺术、民俗等领域的研究，所关注的大半只是文字的记载，从石器上的文字符号，到甲骨文、金文、简帛，到历代著述等。总之，文献和史料研究，几乎构成了人文研究的全部。近年来，图像研究开始被注意，且渐成为人文学术的一个热点。张琴的蓝夹缬图像研究，给工艺和戏曲研究开辟了一个新的领域，提供了一种新的方法。

蓝夹缬所滥觞、生存和兴盛的时代，是自给自足的农耕文明的时代，而自给自足的农耕文明时代的平民，除农民外，当然也包括一部分手工业工人、城市的市井居民，他们所生活与活动的社会环境和人文空间是极其狭窄的、有限的，他们的利益诉求和审美追求显然也受到这种狭窄的环境和空间的制约。如今，我们所处的时代，是一个社会转型的时代，亦即一个信息全球化、经济一体化的现代化时代。这样一个全新的时代，文化的多样性受到了严峻的威胁，传统文化中的许多重要遗产，正面临着因失去传播的土壤而逐渐衰微的趋势或

民俗与艺术

局面,蓝夹缬的命运正是如此。蓝夹缬兴盛的那种社会环境和人文条件,已经渐去渐远了,这是无可奈何的。正是这种情势,引起了世界各国政府和文化界有识之士的严重关切,联合国教科文组织于2003年10月通过了《保护非物质文化遗产公约》。中国全国人民代表大会常务委员会于2004年8月通过决议批准这个国际公约,并成为该公约的缔约国,承诺履行对非物质文化遗产的保护义务。从此,我国非物质文化遗产保护工作从过去的民间组织的行为,过渡到了政府行为的新阶段,开展得有声有色。张琴笔下所描绘的浙江南部地区,至今还残存着的蓝夹缬传统制作技艺,以及已成为蓝夹缬之不可分割的组成部分的南戏——昆曲图像艺术,理所当然地成为浙江地方政府和中央政府主管部门保护的对象。张琴的著作中的大量珍贵的信息和理念,不仅为广大读者提供了新鲜的知识和艺术欣赏的门径,而且也为蓝夹缬遗存的保护工作提供了十分有益的参考。因此,在这个意义上,我要说,这本书是非常适时的,也乐于向广大读者推荐。

2008年5月15日

(原载张琴著《蓝花布上的昆曲》,是为序,生活·读书·新知三联书店,2008年。)

民间艺术主要是女性艺术

中国各民族的灿烂多样的民间艺术，其渊源可以追溯到中华民族的古代文明。远在七八千年前，我们的先民创造了黄河流域仰韶文化的彩陶和长江流域河姆渡文化的玉器等原始艺术，而能够穿越历史时空保留至今的原始艺术，又几乎都是以有形物质为依托的，或可用现在的名词"工艺美术"来指称，而无形的艺术和依托于速朽物质的艺术，如织锦、绘画一类的艺术，则无法传至今世。农耕文明是我们现今所说的民间艺术产生和发展的温床和土壤。民间艺术继承了原始艺术的思维模式和艺术模式，并不断地加以创新和发展，在漫长的农耕文明时代达到了很高的水平。民间艺术，以及一般的民间文化，孕育、养成和体现着中华民族民间文化的精神。

正如中华民族的文化是多元的，中华民族的民间艺术也是多元构成的。每个民族或群体，由于其生活环境和文化传统的不同，都有自己的民间艺术的小传统，而各民族之间，特别是那些在地理上毗邻而居或文化上交流频繁的民族之间，或因战争、天灾等原因而造成迁徙或聚合的民族之间，其民间艺术常常会发生互相间的影响与交融。由于农耕文明的区域性十分突出，在我国广袤的幅员中各民族民间艺术的发展，显示出区域性和不平衡性的特点，而这种区域性和不平衡性的存在，使各民族民间艺术的交流和交融成为可能。汉民族形成之后，成为中华民族的主体民族，生产力发展较其他民族为快为高，在民族经济和文化交流中，汉民族的民间艺术，或多或少地对一些少数民族的民间艺术发生着影响，反过来，少数民族的民间艺术，也不断地传入汉民族民众之中，对汉民族的民间艺术发生着影响。

从发生学上来看，民间艺术虽然是农耕文明时代的艺术，但从其基因上来说，却带有原始艺术的血脉，不仅以创造主体的心理需要和心灵律动为动力，而且其功利目的也是十分明显的。任何一件民间艺术品的背后所蕴藏着的意

民俗与艺术

涵，即我们今天所说的象征意义，都与该民族的生存、发展和思维方式休戚相关，在民族和群体中是约定俗成、口授心传的。就每一件民间艺术品而言，作者固然注入了自己的思想、想象、才能和意蕴，但总体来看，个性又融入或消弭在群体性之中，因为在那样的社会情景下，任何个人的思想和意蕴，仍然无非是群体思想和意蕴的一个细胞或延伸。这就是为什么说，民间艺术的基本特点是群体性和类型化，而非个性化的缘故。

一般说来，民间艺术是老百姓的艺术，为老百姓所创作和拥有，为老百姓所喜闻乐见。笔者在一篇文章里说过，彩陶是女性的艺术，其实，追根溯源，一切民间艺术都是女性的艺术，剪纸、织锦、体饰、服饰……大多出自女性之手，无不埋藏着或表达着女性的心理积淀和人生诉求，装点着她们的惨淡而快乐的生命之舟。男性参与民间艺术的创造，是较晚的事。

在有些社会分层现象比较剧烈的民族中，文化也出现了分层现象，那里的民间艺术，就只为下层平民百姓所创作和所拥有，上层社会有自己的艺术。尽管上层社会的艺术，或曰高雅艺术，也只有从民间艺术中吸取血肉和灵魂，才能得以发展和提高，这是艺术发展的一般规律。

在世界范围内的经济全球化，在国内加速的城市化和现代化，这两大趋势和进程，使赖农耕文明以生存的传统民间艺术，面临着前所未有的加快消失的命运。值此21世纪之初，抢救民族民间文化遗产——民族之根，也已为社会各阶层、各行业的有识之士所认同。在此全球化大趋势下，贵州民族出版社编辑出版了一套《民族民间艺术瑰宝》丛书，第一辑已出版了三种，以亦文亦图的方式和精美的装帧印刷，将最精彩、最有价值的民族民间艺术品种，有选择地保存下来，贡献给当代读者和研究者，填补了民族文化的空白。我希望这套丛书继续编辑出版下去，无疑将是对中华民族文化事业的一大贡献。

2004年2月5日

（原载宛志贤主编《民族民间艺术瑰宝》丛书，是为序，该丛书由贵州民族出版社于2004年出版，第一批共四种：《苗族银饰》《苗族盛装》《苗绣苗锦》《贵州古傩》）

刻刀下的历史

剪纸艺术是一种老少咸宜、雅俗共赏、世代相传,极具广泛性和普遍性的民间艺术形式。据可考的历史,滥觞于新疆吐鲁番阿斯塔那古墓出土的北朝时期的"对马""对猴"图案剪纸实物,在漫长的农耕社会条件下得到发展并臻于成熟。剪纸扎根于民间,地域特色鲜明,多出自妇女之手,女性意识强烈,故在艺术学中常以"母亲的艺术"名之。

在现代社会条件下,虽然到处都传来人亡艺绝、传承中断的消息,但以已故剪纸艺人王老赏为代表人物的河北蔚县剪纸(窗花、刻纸)却焕发出旺盛的生命力。在此三晋文化、燕赵文化、草原文化交界之地的塞上地区,目下我们看到的情况:在创作方式上,在传承的基础上个人创新迭出,出现了从个人技艺向产业化发展的趋势;在题材上,在"镂金作胜"和"剪彩为人"(李商隐语)的传统基础上更贴近汹涌巨变的现实生活,出现了题材多样化和现代性的趋势;在功能上,出现了从适应和融入本乡本土民俗生活到逐渐疏离本乡本土民俗生活、更多地向纯审美方向流变的趋势,而这种发展趋势,在一定程度上显示了非物质遗产现代嬗变过程的规律性。

在此,笔者谨以蔚县剪纸艺人高佃亮、高佃新兄弟的剪纸为例,来探讨一下作为非物质文化遗产之一种的传统剪纸(刻纸)艺术,如何在现代生活环境下增强自身的适存性问题。

地处塞上的蔚县,借用胡适早年在《白话文学史》里的话说,无疑是一块"天然的供给远没有南方民族的丰厚,他们须要时时对天然奋斗,不能像热带民族那样懒洋洋地睡在棕榈树下白日见鬼,白昼做梦"的地方,换言之,也就是一块重实际而轻玄想的地域,事实所显现给人们的却是另一番情景:一大批本土农民弃农从艺,以刻刀和宣纸为伴,使传统的剪纸艺术在这里形成了一个茂密的"文化丛"。据2004年的一个统计材料,如今全县剪纸专业村有

20多个,从事剪纸生产的厂家多达200多家,从业人员2000多人,高佃亮就是这块土地上从传统中成长起来的一代新的知名剪纸艺人。

出生于1966年的高佃亮,是单堠村的一个农家的孩子,是个有知识的农民知识分子,就是这样一个农村知识青年,一方面在粗通或偶事剪纸的父母的熏陶下,另一方面向专事剪纸艺术的亲戚学习,从七八岁起就从爱好而步入了剪纸艺苑,学会了当地的剪纸(刻纸)和点染技术。作为民俗艺术,剪纸属于传承艺术,一般都有传承的谱系和脉络,高佃亮的剪纸技术也是如此,但从根本上说,剪纸又是一种即兴艺术,以口传心授为基本传承方式,每一个剪纸艺人的每一幅作品,虽有承袭的影子,却无不注入了作者自己的灵性和心血,这就是创新。传统就是由无数次的传承、再创作、再创新积累而成的一根长长的链条。高佃亮是在单堠村这个狭隘的文化传统中自发生长起来的一棵民俗艺术幼芽,他的剪纸生涯,脱胎于前辈的现成作品和艺术窠臼,但他的个性却使他成为一个既继承前人,踏着前人脚印,而又不泥古、不守旧的创新者和包容者。他虽然是个男子汉,但他的剪纸作品里却透着一种一般为女性才有的纤细和灵气,这就是作为一个剪纸艺人的艺术个性。

当改革开放大潮到来的1984年,他与同胞哥哥高佃新在村子里创办了"河北蔚县单堠剪纸厂",把本属于个人即兴创作的剪纸推向了文化产业,把原本供给本土乡民们过年过节时添加喜庆气氛、抚慰心灵的剪纸窗花,推广到了国内外广阔的市场和异域的千家万户,剪纸因此从只有人文意义的价值的时代,而进入了一个兼具商品资源价值的时代。为了适应时代的步伐和变迁,高佃亮个人的技艺、作品和理念,以及他在剪纸厂里所培养出来的年轻的剪纸艺人(工人)所出品的剪纸作品,不仅是其经营方式变了,连制作工艺也随之出现了深刻的变化。如剪纸(刻纸)艺人,除了少数造诣较高的艺人外,不再是自己根据自己心中的构思,而是根据他本人和其他设计人员的设计图案而下刀刻制,不同的艺人(工人)因造诣的高下、手艺的文野,而在技法上显出差异,而在某些大型的或繁难的剪纸作品的刻制过程中,个人的才能和技艺,是无可回避的。"刻纸"变成了一道工序,带上了工业化的色彩,如1997年,在北京紫竹院公园举办的"大型剪纸展览",根据宋代大画家张择端的名画《清明上河图》制作的长54米、高1.8米的剪纸长卷,为便于在户外展览,先以宣纸刻制,再以聚氯乙烯板为材料,是为开中国剪纸的首创之功。这件作品虽然浸染着传统剪纸的技法和风格,但已不再是高佃亮个人的作品,而是集体之作。近来,高佃亮的剪纸长又制作了一幅长2008毫米、高1700毫米的大型剪纸《奥运颂》,把中国地图、奥运会标、56个民族及天安门构思熔铸于同一画面上,既保持了蔚县剪纸的构图绵密紧凑和色彩艳丽欢快的传统特色，又显示出作者对剪纸艺术适应现实生活飞速变迁的愿望和理想。

高佃亮的作品，在构图上，继承和发展了前辈剪纸艺人代代传袭积累而养成的"近取诸身、远取诸物"的写实传统（如民俗题材的生肖、花鸟鱼虫、吉祥图案、佛像等），以及表意和象征相结合、单纯简洁和色彩点染相结合的风格。

在与高佃亮的近20年的交往中，他先后向笔者赠送了一些20世纪50—70年代间，单堠村和附近乡间一些无名剪纸艺术家们所创作的剪纸作品，如60年代无名氏创作的《小二黑结婚》《白毛女》全套各8幅，70年代"文革"中无名氏创作的《红灯记》《沙家浜》《智取威虎山》全套各8幅，使笔者有可能"阅读"那些年代里蔚县剪纸的题材与风格的样相，了解他们的思想和艺术，也有可能把这些作品同80年代以来新一代剪纸艺术家高佃亮，以及他的剪纸厂出品的剪纸艺术聊作比较，从而看出作为非物质遗产的民间剪纸艺术是如何在与生活一体中求发展的，以及民间剪纸艺术如何从"不自觉的艺术"向着自觉的艺术进化的，也可以看到蔚县剪纸如何由以写意和象征为理念下技法的相对呆板、线条的相对单调，特别是点染着色的缺乏个性化，向着技法的相对活泼、线条的相对多样、点染着色的个性化进化的。

民间艺术永远是符合以农民为主体的公民群体的生活艺术，永远不会脱离或抛弃有着久远的传承历史的艺术传统另辟新径，但也无可否认的是，随着社会和日常生活的变化，现代化进程的推进，剪纸这类本来仅仅属于农村居民，特别是妇女自娱、自乐、自励的艺术，会在继续传承过程中逐渐突破传统的然而是狭隘的题材，未免粗糙呆板的技法，传统色彩的点染，以适应变化了的现实生活和提高了的审美视觉。已经传承了1500年有余的剪纸，是一种深藏于民间、有着深厚土壤的民间艺术，战乱没有使它消亡，文革没有使它消亡，政治高压没有使它消亡，现代化、多样化也不会轻易使它消亡。它像原野上的野草一样，不会轻易枯萎，不会自动退出生活舞台，但"变"是永恒的，"变"是"常数"。这一假设，只要我们把半个世纪以来单堠的剪纸作品做一个简单的比较，就可以证明的。

20世纪80年代无名氏的作品：《小二黑结婚》《白毛女》。

70年代无名氏的作品：《红灯记》《沙家浜》。

80年代高佃亮的作品：《童子拜观音》《钟馗引福图》《十二生肖变形图》。

90年代高佃亮的作品：《清明上河图》

21世纪高佃亮新世纪作品：《奥运颂》。

高佃亮和蔚县其他剪纸艺人的作品一样，没有出现消亡的迹象。他在传承

民俗与艺术

前辈剪纸艺术传统（如戏曲人物、脸谱、吉祥画等）的前提下，像一个追逐猎物的草原猎人那样纵身于生活之中，不断地从奔流不息的现实生活中，从群众喜闻乐见的戏曲、绘画、宗教文化中吸取和提炼新的题材，拓展视野，勇于创新，使他的剪纸作品多少冲破了传统的题材、传统的构图模式，和传统的平涂点染的老规矩，并经多位名师专家的指导，几十年的刀耕不辍，对蔚县传统剪纸进行技艺创新，吸收全国各地不同剪纸的优点及诸多民间艺术领域里的精华，灌注在自己的剪纸艺术中，形成了独特的艺术风格，创作出了2000多个内容广泛、题材多样、形式多变的剪纸艺术作品，并形成系列化、成套化，如《福禄寿喜图》《吉祥图》《戏曲百脸图》《百龙图》《百鸟图》《把爱猴图》《十二生效图》《中国古典小说四大名著人物图》《中国古代仕女图》《古今名人图》《风景名胜图》《儒道释人物图》《民间神话故事图》等作品，大到长54米，高1.8米的巨幅剪纸《清明上河图》，小到众多首日封，可谓是与时俱进。

时代在冲击着，甚至扫荡着一切传统，剪纸的现代遭遇也无可避免，这是不争的现实。如何保护和留住这份祖先传给我们的这份珍贵遗产，的确需要从政府到民间给予最大的关注，把传统的个人创作模式转换为文化产业模式，只是可供选择的一种保护非物质文化遗产的模式，并不是唯一模式。

2009年2月5日

（此文系为高佃亮编著《蔚县剪纸创新与发展》写的序言，北京工艺美术出版社2010年）

早期民俗摄影随想

民俗是与人类群体共生共存的，但民俗学的诞生却与摄影术的发明在时间上相差不多，都在19世纪上半叶。在摄影术发明之前，民俗事像主要是靠文字记录下来，成为当代人研究当代社会人群和后人了解前人，并研究前代社会、政治、经济、文化的重要资料。在摄影术发明之后，民俗工作者便增加了一种记录民俗生活的有力手段，比较起文字记录来，摄影能更为真切地记录下与民俗有关的群体生活的足音。在世界摄影史上，美国人萨克斯顿（Saxtor）于1839年10月拍的《费城风光》，巴比特（Babbitt）于1853年拍的尼亚加拉大瀑布断崖照片（有观光客在画面上），法国人基罗（P. Giroux）于1846年拍的意大利、希腊、小亚细亚的风景照片和提非罗拍的克利马城一个家庭户外做饭的镜头等，都是世界上最早的民俗照片，开民俗摄影的先河之作。

山东画报出版社于1997年出版的《老照片》第3辑上，发表了巴黎大学远东研究中心研究员邱治平先生的巴黎专稿《珍藏在法国的清末民初照片》长文，向中国读者介绍了法国阿尔伯·肯恩博物馆地球档案珍藏着法国银行家阿尔伯·肯恩（Albert Kahn）在中国旅行时拍摄的照片1766张，其拍摄时间为1909年、1912—1913年之间。肯恩博物馆已与我国有关方面签署了协议，并赠送我国一套拷贝。邱文还随文编发了肯恩先生于1909年在北京拍摄的5幅民俗照片，第一幅是《逛厂甸庙会的满族皇室》（据作者提供的肯恩行程记录，可以认定，这张照片应摄于1909年1月28日，农历正月初七），第二幅是《北京鼓楼大街》，第三幅是《北京正义路日本使馆门前中国总理各国事务衙门的马车》，第四幅是《北京白云观庙会》（这张白云观庙会照片也应摄于1909年1月28日），第五幅是《北京东单北大街克林德牌坊》。肯恩在北京所拍摄的照片数量很多，仅这5张民俗照片，对于生活在现代的人了解100年前北京人的节日生活、建筑的旧观及其文化内涵，自有其重要的价值。阿尔伯·肯恩除了到过北京外，还涉足过上海、青岛、汉口、九江、芜湖等地，在这些地方都拍摄了当地的照片，其中主要是有关民俗的照片。事有凑巧，今年（岁次庚辰）农历正月初五（2月9日），笔者与好友北京大学教授李明滨、人民文学出版社编审王之梁相约去逛刚恢复两年的东岳庙庙会，在展览室里有幸观赏到了肯恩博物馆珍藏的一些有关北京，特别是有关长城、东岳庙春节庙会的老照片。历尽沧桑的清代北京城及其世态风情，由于收入肯恩先生的镜框之中，才得以通过时光的隧道，如今仍然历历可辨地展现在我们的眼前，不禁感慨系之。

参观东岳庙庙会上展出的老北京照片时，我忽然想起，就在不久之前，云南一位名叫罗庆昌的民营企业家，曾出巨资辗转从法国翻拍回一批由前法国驻昆明总领事（1899—1904）方苏雅（Auguste Francois，1857—1935）所拍摄的清末昆明老照片。罗庆昌在有关方面的支持和协助下，于1999年分别在昆明和北京向公众公开展出。这位年轻的民营企业家的爱国壮举及展览的成功，为观者击节赞叹。方苏雅的昆明老照片，现已上网，可供网民们观赏了。另据《老照片》第4辑（1997年10月）发表的胡昌健《法国乔治·拉比博物馆收藏的几幅中国历史照片》一文，法国第四大城市图卢兹的乔治·拉比博物馆里，也收藏着旅行家乔治·拉比（1864—1899）于1889年和1892年游历中国时拍摄的一些中国各地民俗风情照片。他随文发表了其中的《通州某衙门审理犯人》《行刑砍头》《一个上吊的穷人》《天津教会教精神病人学纺织》4幅。

在肯恩博物馆的中国老照片和昆明老照片这两大宗法国人拍摄的中国老照片之外，时事出版社于1998年推出了由中国人民大学清史研究所黄兴涛、杨念群主编的《西方视野里的中国形象》丛书（一套4册）。这套丛书是一些西方的汉学界人士所写的关于中国的见闻记，书中不乏关于中国问题的见解（当然也有偏见），而在笔者看来，最珍贵的，倒是书中所选录的中国民间生活的民俗照片，以直观的影像反映了清末民初这个历史上发生剧烈动荡的社会的一角。

第一本是美国公理会传教士明恩溥（英文名Smith, Arthur Henderson, 1845—1932）的《中国乡村生活》，该书初版于1899年。明恩溥1872年来华，先后在天津、山东枣庄传教，兼任《字林西报》通讯员。1905年辞去教职，留居通州写作。第一次世界大战后回国。著有《中国的文明》（1885）、《中国人的特性》（1892）、《中国的农村生活：社会学研究》（1899）等多种关于中国的著作，还编了一部《汉语谚语俗语集》（1902）。他在华居住近50年，对中国较有感情，是最早建议美国总统退还庚子赔款的人。他对中国社会的研究，深为鲁迅、潘光旦等学人的称道。他在这部书里，用文字和图片记述了19世纪末中国农村的方方面面，特别是中国农民的民俗生活。该书的结构继承了中国古代著作的一个传统：一文一图。每一章一个主题，配一幅相关的照片。

第二本是英国商人立德的夫人艾利西亚·比尤伊克（Alicia Bewicke,

1845—1926）著《穿蓝色长袍的国度》（出版于1901年），该书也是一部收入了许多民俗照片的纪实之作。立德夫人1902年发起组织中国妇女天足会，常在杂志上发表关于中国的文章。著有《在中国的婚事》（1899）、《熟悉的中国》（1899）、《北京指南》（1904）、《李鸿章，他的生平和时代》《北京我家花园的周围》（1905）等。《穿蓝色长袍的国度》写的是她随经商的丈夫所到之处（北京、烟台、上海、宁波、芜湖、宜昌、丰都、四川边境地区等）的所见所闻，大量描写了风土人情和民俗生活，作者还特别分出两章写她到处宣传反对缠足运动的经历和见闻。这本书的特点，不仅在于内容的广泛和行文的流畅，更为珍贵的是实地记述了19世纪末中国城乡的各种民俗事象，宣传革除陋俗。作者在中国拍摄了大量照片，她所拍摄的这些民俗照片记录下了那个时代的中国民俗风貌，成为我们研究晚清历史和中国文化不可或缺的重要资料，比如她拍摄的当年衙门审案的场面，就极为珍贵。根据她的资料，来比较判断我们今天的一些电视剧和电影中的审案场面，就可看出那些导演显然缺乏这类民俗知识的修养。

第三本是英国传教士麦嘉温（Macgowan,？—1922）所著《中国人生活的明与暗》（1909年出版于上海）。麦嘉温系伦敦会教士，1860年来华，先后在上海、厦门传教。他精通汉学，著有《中华帝国史》（1897）、《厦门方言英汉字典》（1883）、《华南写实》（1897）、《华南生活杂闻》（1907）等书。作者在《中国人生活的明与暗》一书中，像其他汉学家一样，也收入了许多中国民俗照片，作为他的记述的补充和参照，如果没有这些照片，这本书所要达到的效果就完全两样了。

第四本是罗斯著《变化中的中国人》，出版于1911年。作者系美国社会学家，生卒年不详。20世纪初曾在我国居留，本书就是他对中国社会的观察和思考，是辛亥革命前西方观察中国的代表作之一。

19世纪下半叶，即我国清末民初，时值摄影术发明不久，照相机很快在西方各国上层人士中流行起来，加之旅行家、探险家、民俗学家的蜂起，民俗摄影渐成气候，但国人对此道还很陌生，即使一些出使外国的外交官和维新思想家，使用照相机从事民俗摄影的人，也属凤毛麟角。关于这一点，在钟叔和主编、由岳麓书社于80年代出版的《走向世界丛书》就是一个佐证。西方的"坚船利炮"打开了锁闭的中国的门户，同时也传来了西方的文化。"西学东渐"是好是坏，成为一个国人长期争论的问题。

2000年2月11日

（原载《大众摄影》2000年第8期）

节日民俗

重建国学与节日文化

一、重建国学

在中央文史研究馆于 2007 年举办的第一届"国学论坛"上，袁行霈馆长在主题报告中说："国学只有与现实生活密切结合，在人民群众中发挥积极的作用，才能充分实现其价值，并永远保持强大的生命力。国学研究既要保持其传统性与本土性，同时也要彰显它的时代性与世界性。当代的国学已经具备了各方面的有利条件，足以使之成为不同于以往的新国学。现在已经是重建国学的时候了。"他还指出："研究国学不是复古倒退，也不是抱残守缺。继承传统文化，要有所取舍，不能复古倒退；吸取其他民族的文化成果，要取舍由我，不能不分优劣，全盘西化。复古倒退和全盘西化都丧失了文化自主创新的立场，都是没有前途的。自觉地创造我们自己的、具有时代性和前瞻性的新文化，乃是中华文明复兴的关键所在。"

把"中国传统节日文化的继承与弘扬"列为新一届"国学论坛"的主要论题，意味着把普通百姓的生活文化纳入"国学"研究的领域，把西方人指称的"大传统"和"小传统"两种文化整合起来。这无论对于新时代的"国学"的重建，还是对于拓展和提升传统节日文化的研究，都具有十分重要的意义。把继承和弘扬中华传统节日文化纳入"国学论坛"议题，充分体现了"重建国学"的思想和原则：既要保持国学的传统性与本土性，同时也要彰显它的时代性与世界性；既要反对倒退复古、抱残守缺，也要反对全盘西化。

"国学是什么？"从来是个存在争议的话题。记得 80 年前主持《北京大学国学门周刊》的顾颉刚先生在《1926 年始刊词》里说过这样一段话："国学是什么？是中国的历史，是历史科学中的中国的一部分。研究国学，就是研究历史科学中的中国的一部分,也就是用了科学方法研究中国历史的材料。"但国学不只是"在故纸堆里作生活",不只是研究"国粹",国学也要"在故纸堆之外"作"实物的考察","研究国学的人不即是国粹论者"。他强调,国学研究不仅是研究载籍文献,也要走出书斋到生活中去作"实物的考察"。一头猫,一块石,一根草,一座机械,一个圭,一张皇榜,一个灶神,一首情歌,都是科学研究的对象,对地下文物、民俗实物、口传歌谣的研究,也都是国学。[①] 我很欣赏顾先生的这个论断,因为有的学者反对把发展变化中的文化划在国学范围里。顾颉刚的这个思想,至少活跃在当年北京大学研究所国学门周围的学者群中是没有疑义,并身体力行的,《〈国学门周刊〉1926 年始刊词》的发表就是一个证明,也是先贤给我们后来者的美遗。把国学研究定义为运用科学的方法,对包括载籍文献和活态文化两类中国历史材料进行研究,这个思想本是国学的题中应有之义,但实际上,在"五四"以后的国学研究中,就主流而言,一向是只重视载籍文献,特别是只重视儒家文化,而排斥"实物的考察"和活态民众文化研究这一面的。今天,我们在重建国学的时候,把传统节日这种活态的民众生活文化回归到国学研究的范围,既是对"五四"先贤的学术理念与学术思想的合理承继,又是在全球化、现代化、文化多样性日渐丧失的新时代条件下的必然和发展。

二、耕稼、人伦社会与民族心理认同

传统的节日文化是中华传统文化的重要组成部分,是在中华民族特有的社会历史条件和文化背景下形成的,是由全社会民众集体创造,约定俗成,并靠民众的口口相传而得以传承和延续的文化。关于中国的传统节日,历史上虽有些零星的文字记载,如学界常常征引的《尚书·大传》里关于新年、元旦的记述和《史记·天官书》里赋予元旦的文化含义等,但严格地说,历史上并没有一本成文的"节日大典"之类的规范性册典,甚至没有一本"节日指南"一类的生活用书来对民众怎样过节加以规范或指导,即使是清代学者蒋廷锡等编纂的《岁时荟萃》,也不过是从各种杂书中搜集成册的资料大全而已。老百姓怎样过节,全凭祖辈的代代传授和村庄乡里的风俗,而在一定的地域和群体内,节日的风俗既是约定俗成的,也是大体发挥着规范功能和制约功能的。

综观中国老百姓的日常生活中,节日繁多,而且不同时代,节日也往往有

---

① 顾颉刚《〈国学门周刊〉1926 年始刊词》,《北京大学研究所国学门周刊》第 2 卷第 13 期,1926 年 1 月 6 日。

所不同，不可一概而论。2006年5月20日，国务院发布［国发（2006）18号］文件《国务院关于公布第一批国家级非物质文化遗产名录的通知》，把春节、清明节、端午节、七夕节、中秋节、重阳节这六个传统节日、二十四节气和若干少数民族的节日，宣布为受到国家保护的传统节日和节气。这一宣布是我国文化史上的一件大事，不仅体现了本届中国政府文化理念的转换，也反映了政府文化政策与老百姓时代心理的逐渐契合。

在我国历史上曾有些御用文人说，节日是由某些杰出人物（主要是帝王将相和依附于统治集团的士大夫）个人的首倡而形成的。这是欺人之谈，传统节日形成的导因是多元的，有农时的，有岁时的，有信仰的，有宗教的，有纪念性的……不一而足。与西方一些节日（如圣诞节、感恩节等）不同，中国的传统节日主要不是宗教节日，而是岁时的或农时的。中国是农业立国，漫长的耕稼时代和耕稼方式在中国传统节日的形成上起了重要的作用。岁时的更迭或农时的需要，不仅是节日及其相关仪式之所形成的驱动力，而且也在节日的文化构成上和表现形态上留下了或明或暗、或深或浅的印记，丰富而不同的文化内涵使每一个节日展现出独特的风采。换言之，独具的文化内涵是这一个传统节日与其他传统节日相区别开的个性和生命力之所在。

中国传统节日，又是中华传统文化的重要符号。对国人来说，传统节日是民族认同的代表性文化符号；对外国人来说，中国的传统节日是中华民族的代表性文化符号。不论什么样的导因，节日一旦形成，得到全社会的公认，就成为广大老百姓的文化财富。凡是约定俗成的节日，对于社会所有成员来说，包含着全民族最大限度的心理认同，也自然是民族成员必须遵奉的，具有某种（心理的或行为的）约束力。在节日形成之初，其导因可能是比较单一的，但在其发展演变的漫长过程中，则逐渐积累和附会上或赋予了种种文化内涵（如前面引的《史记·天官书》赋予元旦的"候岁美恶，谨候岁始"的文化含义），而这些多样的文化内涵，体现了和负载着老百姓的精神寄托和利益诉求，民族的生命力和创造力，同时，也成为维系海内外华人民族文化认同的精神纽带和节日发展演变的内在驱动力。

在世界四大古文明中，中华文明是唯一没有断流的文明，曾经对世界文明做出过无与伦比的巨大贡献。近代以来，由于种种原因，如帝国主义列强的政治文化侵略奴役和长期的国内纷争等，导致生产力遭到破坏，科学技术和社会发展缓慢，社会动荡不安，中华文化呈现出了衰落趋势，局部甚至发生了断裂，国民文化水平降低，道德规范迷失，社会和谐安定遭遇了严峻挑战。进入21世纪以来，随着全球经济一体化、现代化、城镇化、市场化步伐的急剧进程，中国进入了社会转型期，作为中华传统文化一部分的传统节日，其赖以发育、进化、延续的社会条件——自给自足的小农经济和家族人伦社会结构逐渐衰微,丰富而重要的文化内涵逐渐被遗忘、被消解,遭遇了传承和延续的困境。在这种情势下,海内外人士,在人大和政协的会议上,在新闻媒体上,不约而同地大声疾呼复兴中华传统文化。这一时代的呼声,既表达了全社会对中华传统文化的深切忧虑,也显示了社会对中华传统文化复兴的热切期望。

三、挖掘和阐释文化内涵

如前所述,民族传统节日是中华民族传统文化的代表性文化符号,是民族精神的集中体现,是我们民族认同和国家凝聚的重要文化元素。鉴于当今传统文化在传承与延续上面临着断裂、遗忘、衰微、趋同化,以及现代西方文化和通俗文化的冲击,笔者认为,深入挖掘、认识、阐释、宣传、传播民族传统节日的文化内涵,已成为继承和弘扬传统节日文化的一个关键。

在当今的社会情况下,传统节日的文化内涵或者多少被遗忘了,或者在历史烟尘中被湮没了,这已成为最常见的现象。在青年一代中,尤其是在城市青年中,受到拜金主义思潮的影响,以为过节就是吃喝玩乐,而我们的教育界、宣传媒体、文艺创作、娱乐圈等,由于从业者在传统文化认知上的缺欠,这种倾向也显得颇为突出和严重。更值得注意的是,在需要大力宣传传统节日的文化内涵、提高包括干部在内的全民的"文化自觉"时,学界却出现了一些似是而非的理论,如说中国人的传统节日是中国人的"狂欢节"。这种以"节日是非常状态"的理论,来自于西方的某些文化学者,脱离中国的社会情况、心理状态、文化特性,用以来解释中国的传统文化和传统节日,不仅牛头不对马嘴,而且是一种误导。

须知,中国人的节日是以中国的传统文化观念为基础的,与西方人不同,中国人的传统文化的核心,不是所谓"狂欢",而是农耕加人伦。农耕,决定了我们中国人的生活方式和思维方式,前辈学人蒋观云说过:"中国进入耕稼时代最早,出于耕稼时代最迟。"[①] 这一状况决定了中国人与西方人思想和行为的不同。长期以来,我们是一个自给自足的小生产为本的社会,在漫长的历史上,上至天子,下至百姓,无不以"天"为尊,为观察行事的基点,于是,有了"天人合一"的完整的理论出现,有了敬天祭地的一系列仪式行为流行。人伦,我们的社会重视家族和伦理,以家族成员的绵延和承续为上,重"尊

---

① 蒋观云《风俗篇》,见所著《海上观云集初编》,上海广智书局1902年。

尊、亲亲"①，并形成了一整套的道德伦理规范，成为社会和谐稳定的根本因素。农耕和人伦这两条，无疑是破解我们的传统节日的内涵的要点。节日固然有大小之分，轻重之别，单一和综合之分，但就其起源和内涵而言，许多节日无不是基于农时或岁时的需要，如有学者归纳的，节日往往作为时序的"节点"；而在其发展中，逐渐被赋予了尊敬长辈、追念先祖、巩固伦常、维系道德等的众多内容，借着节日活动，使人伦家族理念深入人心、代代相传，社会秩序稳定和谐、普及巩固。尽管中国人的心理和自我长期受着封建社会礼教的压制，但从节日的起源和发展、形式和内涵的考察中，我们却无法找到同意西方人所津津乐道的"狂欢""释放"说的有力证据。

在这方面，春节无疑是最典型的一个节日案例。春节（元旦）是古已有之的一个大节，从商周甲骨文上"年"字的出现起，在华夏大地上一直延续了几千年之久。尽管在历史长河中，春节的时间日期多有变化，称谓也屡有更易，但其"义"却大体未变。这个"义"，就是作为岁时和农时两个时间纬度的节点，如《尚书·大传》所说的："正月一日为岁之朝、月之朝、日之朝，故曰'三朝'，亦曰'三始'，'始'犹'朝'也。"如《史记·天官书·正义》所说的："正月旦岁之始，时之始，日之始，月之始，故云'四始'。"② 故而，可以肯定地说，中国的春节不是像西方的圣诞节那样的宗教性的节日，而是"新故交接""星回岁终"的交接点。③ 其次，在农耕社会发展中逐渐附加和强化了的"义"，是家族人伦制度及其理念。《徐爱家仪》说："蜡本施祭，故不贺。其明日为小岁贺，称初岁，福始馨，无不宜。正旦贺，称元正，首庆百福惟新。小岁之贺，既非大庆，礼止门内。"④ 春节（正旦、元正）则既有祭又有贺，"祭"是祭祀先祖列宗，让今人记住和传袭先祖之功业和前贤

---

① 王国维说："诸制（按指种种礼制），皆由尊尊、亲亲二义出，然尊尊、亲亲、贤贤，此三者治天下之通义也。"《殷周制度论》，《王国维学术经典集》下册，第139页，南昌：江西人民出版社1997年5月。
② 《史记·天官书》第4册第1340页，北京：中华书局1959年。
③ （宋）吴淑著，冀勤等校点《事类赋注·岁时第二》，第98页，北京：中华书局1989年2月。
④ 转自（宋）吴淑著，冀勤等校点《事类赋注·岁时第二》，第98页，北京：中华书局1989年2月。

之遗美①；"贺"是向前辈祝福和向同辈及朋友致意，"首庆百福惟新"。笔者以为，从"祭""贺"两方面的礼俗或功能构成来看，称春节为"综合性的节日"②亦无不可。发展到今天，在我国境内过春节的民族，共有39个。除了我国境内各个民族和地区外，香港、澳门、宝岛台湾，以至世界各地，凡是有华人居住的地方，每到年终岁始，无不家人团聚，贴对联、放炮仗、吃饺子，耍龙舞狮，慎终追远，祭祖归宗，欢欢喜喜、热热闹闹地过春节。故而，春节已成为一个最有资格充当民族认同的主要元素的传统节日。

  面对这样的全球化、现代化的大环境，面对强势文化、主流文化的积压，尤其是以美国文化为代表的西方文化的大举入侵，我们这一代知识界有责任深入发掘和阐释我们民族的传统节日的文化内涵，并采取措施，把我们的知识与阐释传播到普通老百姓中去，使已经被遗忘了的、消失了的，或极度弱化了的节日文化内涵，重新为老百姓所掌握，大力提高全民的"文化自觉"。由于民族节日的起源和功能的不同，其文化内涵是各不相同的，并非只是或一味地高扬和提升节日的伟大政治意义所可奏效的。近年来，许多文化界人士和学术界人士已把目光从一般性的、高调的、宏大的意义论述，转到了节日文化的内涵的开掘和阐述上，并已做出了可喜的成绩。笔者也写了一篇《清明节的天候和物候——清明界的文化意涵之一》③会议论文，就是希望挖掘清明节的文化内涵中通常被忽略的一面：天候与物候。如果理论工作者们对蕴藏在民间和历史深处的节日的文化内涵开掘出来，并用马克思主义唯物史观加以阐释，对恢复和重建我们的传统节日文化体系，对提高我们的"文化自觉"，将是大有裨益的。

  我愿意大胆地提出，如果说，抗击列强和国内战争的漫长动荡岁月以及日益加剧的阶级斗争与社会转型，是导致节日文化衰微的第一波浪潮的话，那

---

① 关于"祭"的本质，法国汉学家葛兰言在其《中国古代的祭礼与歌谣》一书中，考察了祭礼的两种本质形象，并做了比笔者所做的更为广泛的阐释："祭礼作为乡村的年终祭，是农民们局限在同质的集团内进入狭隘的无活动季节的序曲。也就是说，祭礼是在人们各自即将进入家族的孤立生活之际，为了强调同国人们共同的类缘关系的意识而做的集合。"（张明远译，上海文艺出版社1989年，第172页）葛兰言对"年终祭""深层意义"的阐释，其实只是局限在中国的家族社会和伦理系统还没有得到充分发展上古时代，所以是缺乏普遍意义的。

② 胡世庆、张品兴《中国文化史》上册，第305—312页，北京：中国广播电视出版社1991年。

③ 拙文《清明节的天候和物候——清明界的文化意涵之一》，福州：海峡文艺出版社主办《海峡·文化遗产》2009年创刊号；又见冯骥才主编《文化血脉与精神纽带》，北京：中国文联出版社2009年2月。

么,现代化的急剧烈发展,以及相伴而生的浪漫主义和理想主义的消退、实用主义的泛滥,尤其是商业行为的无孔不入和拜金思潮的强大冲击,已成为导致节日文化急剧衰退——归一化、趋同化、物质化倾向蔓延的第二波浪潮。原本起源和功能不同的节日,其文化内涵和表现形态上的差异,亦即文化的多样化,在新的社会条件下被逐渐消解,走向趋同和划一,走向物质化(譬如"节日饮食"的变态膨胀造成了社会资源的极大浪费)。因地而异的端午节的斑斓色彩,在归一化趋势下,地域特色在逐渐淡化、消弭,变得极度单一化、单调化了,特别是经历过很多灾难和巨大社会变迁、生存条件相对艰难的北方地区,那些曾经的项目,多已消失于历史烟尘中了。君不见,旧日北京的重五射柳、端午击毬、妇女戴榴花、逛天坛、逛金鱼池、悬艾、戴福儿、葫芦儿,还保留了多少?曾经家喻户晓的《百本张》里记载着的普通市民的节日活动:"五月端午街前卖神符,女儿节令把雄黄酒沽,樱桃桑葚,粽子五毒,一朵朵似火榴花开端树,一枝枝艾叶菖蒲悬门户,孩子们头上写个王老虎,姑娘们鬓边斜簪个五色绫蝠。"如今的北京人还有几多人知晓呢?《白雪遗音》里的北平俗曲所记的节日景致:"五月五日把端阳庆,节届天中,苍蒲艾虎,物阜材丰,共乐太平。玉楼人醉雄黄把肩并,脸赛芙蓉,石榴花鬓,斜衬钗头凤,血染鲜红。浮瓜沉李,水阁凉亭,阵阵荷风划龙舟。夺桥竞彩相争胜,锣鼓丁冬采莲歌,悠悠扬扬真好听,燕语莺声。"那情那景,如今可还在?这是我们所不愿意看到的。

我们固然应有宽阔的胸怀与博采的气度,广泛吸收外来文化的精华以强壮我们的血液和肌体,丰富和创新我们的优秀传统文化,但我们也要理直气壮地反对盲目地崇洋媚外之风,什么都是外国的好,以外来文化来取代和否定我们的本土文化及其文化传统。同样,在学界,我们在反对倒退复古、抱残守缺的同时,也要反对和警惕生搬硬套地移植西方文化理论,全盘西化的倾向。

四、民间的事民间办

第一,改变目前政府包办的做法,回归到"民的事情民间办"的传统。

随着现代化步伐的加快,人们物质生活的提高,享受精神生活的方式和渠道日益多元化了,但人们对清明、端午、七夕、中秋这些传统节日回归的期盼,还是有增无减。现在国家终于有了规定,受到普通老百姓的欢迎,但令人苦恼的是,媒体宣传中的节日和假日的纠缠,给城市里的人们蒙上了一头雾水,每到节日,经济管理部门总是大呼小叫地调动一切力量把人们的注意力引导到旅游上。从扩大内需考虑,倒也可以理解,但往往忘掉了文化,我们要说

民俗与艺术

的是，别忘了文化对于一个国家和民族而言，则永远是基础性的、第一位的。而节日活动，在国务院出台节日的文件之前，政府是不管的，国务院文件一出，则几乎所有节日活动都成了政治任务和政绩表现，概由政府包办，这就完全背离了中国传统社会中传统节日活动"民间的事情民间办"的惯例和原则。"民间的事情民间办"这个警句，是已故美籍华人学者丁乃通先生概括出来的，在西方发表，也为国内同行学者们所赞赏。"民间的事情民间办"，这是中华民间文化的一个优良传统。老百姓既有在节日期间凝聚群众、稳定社会的传统，也有这样的组织才能，例如，元宵节的灯会，是一年中规模最大、最辉煌的群体性活动。旧日城市里的灯会，是一个城市最值得炫耀的节期，一般都是由商会出面组织，由商家、商铺自己制作灯笼和灯彩，各种形状，各种制式，各种题材，纷然杂阵于市，供市民观赏，而在诸家竞赛中，佳作脱颖而出，而种种名目的社戏、杂耍、竞技、表演，则由香会的会头们去组织，他们有严密的组织和管理程序，加之每个成员心中都有虔诚的信仰，各香会在表演献艺中常常以礼为重，秩序井然。这些好的传统，我们应该继承和接受，不要什么都由政府包办起来。政府包办了，群众的虔诚性和积极性会受到挫伤和束缚，同时也酿造了对政府的依赖性。改变目前政府包办过节的格局，回归到"民间的事情民间办"的传统上来，已是迫在眉睫，势在必行的事。

第二，不要把文化之外的东西强加到节日文化上。

节日与文化的其他形式一样，不会停止在一个点上不再变化，而永远处在嬗变之中，但这个"变"，是符合于节日嬗变规律的"变"，而不是外加的。我们发现，总有些好心的领导喜欢改造和创新传统的节日，强加上一些领导意图的东西，当然，有的可能是适合节日之本义，并逐渐会成为被老百姓接纳为节日的内容，有些则可能因与节日的本意并不协调，甚至违反传之既久的传统观念而最终被淘汰。

端午节放河灯便是一例。在老百姓的传统观念中，放河灯是七月十五鬼节的仪式之一，主要的功能是祭祀那些没有后人、游荡于野外的孤魂野鬼，以免他们骚扰村里活着的人们，体现了人们乞求平安的心理诉求。端午节放河灯，在端午的历史记录中找不到先例。明人谢肇淛的《五杂俎》记述说："古人岁时之事，行于今者独端午为多，竞渡也，作粽也，系五色丝也，饮菖蒲也，悬艾也，作艾虎也，佩符也，浴兰汤也，斗草也，采药也，书仪方也，而又以雄黄入酒饮之，并喷屋壁、床帐，婴儿涂其耳鼻，云以辟蛇、虫诸毒，兰汤不可得，则以午时取五色草沸而浴之。至于竞渡，楚蜀为甚，吾闽亦喜为之，云以驱疫，有司禁之不能也。"①他的汇集比较广泛，却并没有记载端午节有放河灯这一事象。可见，端午节的意旨在驱毒逐疫，是讲究卫生、祈求平安，而不是驱鬼送鬼，这是两个不同的观念。如果在中国传统文化中已有较为固定价值观的放河灯，在传统文献中没有发现新解前，就要慎之又慎，仅从热闹的角度考虑，贸然拿来用在端午节，怕是一种好心的误解误用，也是对传统文化的不尊重。

2009年6月27日初稿，2010年1月29日修改

（原载《民间文化论坛》2010年第4期（8月30日出版）；又载邹明华、高雅玲主编《亚细亚民俗研究》第8辑（鹤壁春节文化高层论坛专集），学苑出版社2011年1月）

---

① （明）谢肇淛《五杂俎》，第24页，上海古籍出版社2001年。

传统节日文化的继承与发展

一、正确认识我国民族传统节日的性质，守护我国民族传统节日的固有特点

中国民族传统节日是中华传统文化的重要组成部分，是在中华民族特有的社会历史条件和文化背景下形成的，是由各民族民众集体创造、约定俗成，并口传心授传承和延续的非物质文化遗产。关于中国的传统节日，历史上虽有些零星的文字记载，如学界常常征引的《尚书·大传》里关于新年、元旦的记述和《史记·天官书》里赋予元旦的文化含义等，但严格地说，历史上并没有一本成文的"节日大典"之类的规范性典册，甚至没有一本"节日指南"一类的生活用书来对民众怎样过节加以规范或指导，即使是像清代学者蒋廷锡等编纂的《岁时荟萃》，也不过是从各种杂书中搜集成册的类书大全而已。老百姓怎样过节，从来是沿袭祖辈的传授和村庄里既定的习俗，而在一定地域和群体内传承积淀形成的节日风俗，又对人们的意识和行为起着规范或制约的作用。

综观中国老百姓的日常生活中，节日繁多，而且不同时代，节日也往往有所不同，不可一概而论。据1992年文化部群众文化司和民族文化司主持、全国19个少数民族居住省份的文化干部参加编纂的《中国民族节日大全》一书所收的节日材料，除国庆节、建军节、青年节、国际劳动节、国际三八妇女节、国际儿童节等政治性节日外，全国56各民族的传统节日共有5884个。[①] 其实，民族传统节日是我国现行的公历历法之外的农历传统节日，是一种在农

---

① 高占祥主编《中国民族节日大全》，北京：知识出版社1993年。

历的固定时间内，由民众自发举办、自愿参加、自己管理的群体性民间文化活动，政府的作用主要是维持治安。由于我国政府以公历作为官方日历，并先后颁布政令把国庆节等一批政治节日作为国家节日，故而传统民族节日只作为民众群体的惯习而得以存在，是不具有法律地位的。2003 年 10 月，联合国教科文组织出台《保护非物质文化遗产公约》后，传统的民族节日（节庆）成为各国政府应予保护的非物质文化遗产。2006 年 5 月 20 日，国务院发布［国发（2006）18 号］文件《国务院关于公布第一批国家级非物质文化遗产名录的通知》，把春节、清明节、端午节、七夕节、中秋节、重阳节这六个传统节日、二十四节气和若干少数民族的节日，宣布列入第一批国家级非物质文化遗产名录，成为受到国家保护的传统节日和节气。这一宣布是我国文化史上的一件大事，不仅体现了中国政府文化理念的转换，给予一向只在民间流传、只为民间认同的传统节日以合法地位，也反映了政府的文化政策与老百姓的心理诉求逐渐契合的历史趋向。至于 1992 年的民族节日统计之后的 20 多年来，中国传统民族节日发生了什么样的变化，消长如何，国家有关部门还没有全面的调查统计材料，2005 年到 2009 年的全国非遗普查，也没有公布这方面的数据，故而详情不得而知。

前面所引《大全》编纂者对这 5000 多个中国民族节日的性质作了大略的归类，认为这些传统节日大体可分为五大类：

（1）以农业生产习俗为主题的农事节日；
（2）以祭祀神灵、纪念祖先为主题的祭祀节日；
（3）以追念崇拜人物和重大事件为主题的纪念节日；
（4）以欢庆丰收、庆祝胜利为主题的庆祝节日；
（5）以歌舞戏曲活动为主题的社交娱乐节日。①

对数量如此之多的传统节日，依其性质（主题）所做的归纳，无意中印证了这样的一种关于传统节日起源和性质的看法：中国的民族传统节日，其形成的导因和性质是多元的，有农时的，有岁时的，有信仰的，有纪念性的……不一而足，然就其根本性质而言，中国的民族传统节日主要是农时和岁时的。顾颉刚先生 20 世纪 30 年代作了一篇《论中国的旧历新年》的文章，他说："节令是什么？节令不是迷信的祀神期，乃是工作的休假日。就说新年吧，已经很劳顿地做了一年的工作了，该得喘一口气，尽力快乐一下，然后再整顿精神做第二年的事。……若有人说，节令的迷信成分不是很重的吗？就说新年，祀神甚多，所谓'七人，八谷，九天，十地'，天天叫人到庙里烧香，不是应

---

① 高占祥《民族文化的盛典》，《中国民族节日大全》，北京：知识出版社 1993 年。

该废除的吗？我将答说，这种话若在将来国民知识提高了后说着是很对的，但在过去及现在，政府对于民众教育漠不关心，而空谈破除迷信，是谓舍本逐末，不但毫无效果，并且使得民众对于知识更将发生一种恶感的成见，而不愿接受现时代人应有的智慧。"① 顾先生的论述，意思是说，中国的节令，包括旧历新年在内，其产生和形成的渊源在于适应春夏秋冬四季、调节紧张的农作劳动，而不是源于祀神的驱动，也"不是祀神期"，笔者很赞同他的这段论述。中国的传统节日在其起源上，由于人类的智力还不发达，大都与原始信仰有关，但毕竟与西方的一些以宗教教义为理念的节日（如圣诞节、感恩节等）不同。

更深一层说，中国本土的民族传统节日大体形成于农耕社会，而中国又是一个有多种信仰而没有形成统一国教的国家，传统节日主要不是宗教节日，而是岁时的或农时的节日。中国是农业立国，漫长的耕稼时代与耕稼方式及其相关的血缘家族制度与人伦社会思想，在中国传统节日的形成上起了重要的作用。岁时的更迭或农时的需要，不仅是节日及其相关仪式之所形成的驱动力，而且也在节日的文化构成上和表现形态上留下了或明或暗、或深或浅的印记，丰富而不同的文化内涵使每一个节日展现出独特的风采。换言之，独具的文化内涵是这一个传统节日与其他传统节日相区别开的个性和生命力之所在。

我在《重建国学与节日文化》中曾说过中国的传统节日，又是中华传统文化的重要符号。对国人来说，传统节日是民族认同的代表性文化符号，而对外国人来说，中国的传统节日则是中华民族的代表性文化符号。不论什么样的导因，节日一旦形成，得到全社会的公认，就成为广大老百姓的文化财富。凡是约定俗成的节日，对于社会所有成员来说，包含着全民族最大限度的心理认同，也自然是民族成员必须遵奉的，具有某种（心理的或行为的）约束力。在节日形成之初，其导因可能是比较单一的，但在其发展演变的漫长途程中，则逐渐积累和附会上或赋予了种种文化内涵（如前面所引的《史记·天官书》赋予元旦的"候岁美恶，谨候岁始"②，如"慎终追远"、纪念先祖，如驱邪逐鬼［疫］、祛恶扬善，如天象物候，等等），而这些多样的文化内涵，体现了和负载着老百姓的精神寄托和心理诉求，显示了中国人的天人合一的宇宙观、价值观、道德观，同时，也成为维系海内外华人民族文化认同的精神纽带和节日发展演变的内在驱动力。

---

① 参见顾颉刚《论中国的旧历新年》，杭州《民间月刊》第2卷第3号，中国民俗学会编印，民间出版部发行，1932年。这篇文章原本是为娄子匡的《中国新年风俗志》一书写的序言。
② 刘锡诚《道不尽的春节》，《人民日报》2012年1月26日。

中华文明是世界上唯一没有断流的文明，曾经对世界文明做出过无与伦比的巨大贡献。但近代以来，由于种种原因，如帝国主义列强的政治文化侵略奴役、长期的国内战争、20世纪60年代延续10年的"文化大革命"等，社会生产力遭到严重破坏，科学技术和社会发展缓慢，社会动荡不安，中华传统文化呈现出了衰落趋势，局部甚至发生了断裂，国民文化水平降低，道德规范迷失，社会和谐安定遭遇了严峻挑战。进入21世纪以来，随着全球经济一体化、现代化、城镇化、市场化步伐的急剧进程，中国进入了社会转型期，作为中华传统文化重要组成部分的民族传统节日，其赖以发育、进化、延续的社会条件——自给自足的小农经济和家族人伦社会结构逐渐衰微，丰富而重要的文化内涵逐渐被遗忘、被消解，遭遇了传承和延续的困境。在这种情势下，海内外人士，在人大和政协的会议上，在新闻媒体上，不约而同地大声疾呼复兴中华传统文化。这一时代的呼声，既表达了全社会对中华传统文化的深切忧虑，也显示了社会对中华传统文化复兴的热切期望，而恢复或重建中华民族的传统节日及其相关的文化，无疑成了中华传统文化大复兴的题中应有之义。

民族传统节日及其文化内涵，如同其他文化形态一样，是随着社会的变迁而不断发生或快或慢的嬗变的。当代全球化、现代化的浪潮对传统节日的冲击加剧，使传统民族节日呈现出城乡脱离，甚至对立的格局，城市青年中一些缺乏传统文化修养、对传统节日文化内涵缺乏知识的人，盲目地崇尚外国的一些宗教节日的文化元素，如圣诞节、感恩节、愚人节等。在传统节日问题上出现的这股数典忘祖、崇洋媚外、回归宗教的思潮，不过是一种刚刚走出封闭，便堕入迷茫的短暂的时代症而已，不足以严重影响和左右中国传统民族节日的固有本质和发展方向，而由于看到这种文化思潮在我国一部分城市青年中的蔓延发酵，有的学者便提出了民族传统节日文化出现"同质化"是一种不可抗拒的趋向的论断。笔者要说的是，把在传统节日的传承上出现的某些思潮夸大为不可抗拒的世界文化"同质化"趋向，是缺乏充分根据的，只要看看每年春节的"回乡潮"，每年清明节的祭奠先祖潮，每年中秋节的团圆潮，就能理解传统的"节日情结"，在中国普通老百姓中是多么牢固，多么坚实！任何世界文化"同质化"的理论和实践，并不符合现时中国各民族各地区的实际，都是不能接受的。

我国境内各民族的节日文化是多姿多彩，丰富多样的。这多姿多彩、丰富多样的传统节日文化，是大至民族与国家，小至村寨与家族的主要凝聚力之所在，包括民族传统节日文化在内的中国传统文化，是东方文化的一枝奇葩，在世界多元文化中是独树一帜的，它将如同我们的黑头发黄皮肤一样，永远以东方文化固有的文化内涵和思想价值，与西方文化并辔而行。我们的责任是保护和坚守中国民族传统节日文化的固有特点和思想价值，发扬中国民族传统节日文化的天人合一与人伦道德传统。

二、在继承基础上重建节日文化内涵，提升全民的文化自觉

民族传统节日是广大民众的一种生活文化，但它不是日常生活文化，而是非日常生活文化。所谓非日常生活文化，就是因为节日是一个日常生活中的特殊的日子，节日比平常日子承载了更多种、更丰富、更深厚的文化内涵，从而集中地体现了我们中华民族的民族文化精神。正因为如此，有代表性的民族传统节日，才被公认为中华民族传统文化的代表性文化符号，民族认同和国家凝聚的重要文化元素。在这个问题上，我不赞成有些学者拿某些西方学者的"狂欢节"的理论来套在中国的传统节日上。西方学者所说的"狂欢节"，与我们所说的作为"非日常生活文化"的传统节日，其文化含义和文化背景都是不同或不尽相同的。地理环境和社会形态养成了不同的社会文化和国民性格，西方社会原本是商业社会，其国人的性格一般说是奔放的、激扬的、外向的，其道德观是重契约、重理智；而中国社会原本是农业社会，其国人的性格一般说是中和的、婉约的、内向的，其道德观是重人伦、重人情。故而"狂欢"说与中国的社会情况、中国人的心理状态、中国文化的特性是不相符合的，拿它来解释中国节日可能是一种误解。

无可否认的是，在当今全球化、现代化浪潮袭来之际，有些（不是全部）传统的民族节日，在传承与延续上，遭遇了遗忘、衰微、趋同化、变味，或断裂的困境，深入挖掘、认识、阐释、宣传、传播和重建民族传统节日的文化内涵，使之成为普通老百姓尤其是天真未凿的青少年的生活知识，已成为继承和弘扬传统节日文化的关键内容。

传统节日的文化内涵或者多少被遗忘了，或者在历史烟尘中被湮没了，这已成为最常见的现象。最突出的莫过于端午节，在一些城市中几乎变成了粽子节。笔者曾在《嘉兴端午习俗民间故事》序言里写过这样几句话："各地现代形态的端午，与原初形态的端午相比，已经发生了巨大的变异，其本意，如厌胜禳灾（五月为毒月）、辟毒逐疫的原旨，经历过漫长的历史途程，在有些地方和有些人群中，或由于失忆而变得湮没无闻了，或由于功能的淡化或削弱而基本上退出了人们的意识和生活。无怪乎媒体上有人批评说，深厚而多样的文化内涵被遗忘了，剩下的只有吃粽子，几乎变成了吃粽子节了。"[①]我们不能对

---

① 刘锡诚《嘉兴端午习俗民间故事·序》，杭州：西泠印社出版社2010年。

青年一代苛责。"文革"之后成长起来的青年人，尤其是城市青年，固然受到拜金主义和享乐主义思潮的影响，但要看到他们对传统节日端午的文化内涵的了解，实在是很可怜的，他们几乎没有关于端午的文化内涵的知识来源，而他们的父辈大多是毁灭传统文化的"文革"的牺牲品。

回想我们这一代人对传统节日端午的了解，除了上代人的口传心授、民间惯习而外，很多知识都是来自于古人写的风土记和古典作家、诗人的作品。有人曾做过统计，仅《全宋诗》中，有"端午"二字的诗篇达218首，还不包括诗句中写到端午情景、端午习俗者。从这些诗中，我们能够感受到端午的独特魅力，也能体会到诗人们的爱国热情和忧国之心。古人的诗歌或散文，无不给我们提供了翔实而又栩栩如生的传统节日记述和描写，可是我们在当代作家和诗人的笔下，却很难找到传统节日和岁时这类民众生活文化的只言片语。作家诗人在表现和记述中国老百姓的日常生活文化和非日常生活文化上的缺席，除了文学观念上的变革和选择等原因，不属于本文探讨的范围之外，至少说明一部分（不是一切）当代作家诗人太不了解中国老百姓的生活文化了，他们宁愿把精力和智慧放在社会的政治文化上，而放弃了反映和记述滋养了他们的老百姓的传承性生活文化的历史责任。如果我们的作家和诗人通过自己的作品，给读者提供更多的关于传统节日文化内涵的记述和描写，我相信，当代青年读者们的头脑里关于传统节日的知识也不至于如此荒芜。面对这样一种文化困境，我们的知识界有责任采取各种方式去挖掘那些被遗忘了的、被湮灭了的传统节日文化内涵，去作更加深入人心的宣传和普及工作。

须知，中国人的民族传统节日是以中国的传统文化观念为基础的，中国传统文化的核心，是漫长的农耕社会所培育出来的天人合一、和衷共济、生生不息的世界观和价值观，以及与农耕社会的生产方式和生活方式相适应的血缘家族关系与人伦道德礼俗制度。农耕文明养成了我们中国人的生活方式和思维方式，前辈学人蒋观云说过："中国进入耕稼时代最早，出于耕稼时代最迟。"这一生存状况决定了中国人与西方人的思想和行为的不同。长期以来，我们是一个自给自足的小生产为本的社会，在漫长的历史上，上至天子，下至百姓，无不以"天"为尊，为观察行事的基点，于是，有了"天人合一"的完整的理论出现，有了敬天祭地的一系列仪式行为流行。我们的社会重家族和伦理，重人伦，重"尊尊、亲亲"[①]，以家族成员的绵延和承续为上，并形成了一整套的道德伦理规范，成为社会和谐稳定的根本因素。农耕和人伦这两条，无疑

[①] 王国维说："诸制（按指种种礼制），皆由尊尊、亲亲二义出，然尊尊、亲亲、贤贤，此三者治天下之通义也。"《殷周制度论》，《王国维学术经典集》下册，第139页，南昌：江西人民出版社1997年。

民俗与艺术

是破解我们的传统节日的内涵的要点。节日固然有大小之分,轻重之别,单一和综合之分,但就其起源和内涵而言,许多节日无不是基于农时或岁时的需要,如有学者归纳的,节日往往作为时序的"节点",而在其发展中,逐渐被赋予了尊敬长辈、追念先祖、巩固伦常、维系道德等的众多的内容,借着节日活动,使人伦家族理念深入人心、代代相传,社会秩序稳定和谐、普及巩固。

在这方面,春节是最典型的一个传统节日案例。春节(元旦)是古已有之的一个大节,从商周甲骨文上"年"字的出现起,在华夏大地上一直延续了几千年之久。尽管在历史长河中,春节的日期多有变化,称谓也屡有更易,但其"义"却大体未变。这个"义",就是作为岁时和农时两个时间纬度的节点,如《尚书·大传》所说的:"正月一日为岁之朝、月之朝、日之朝,故曰'三朝',亦曰'三始','始'犹'朝'也。"如《史记·天官书·正义》所说的:"正月旦岁之始,时之始,日之始,月之始,故云'四始'。"①故而,可以肯定地说,中国的春节不是像西方的圣诞节那样的宗教性的节日,而是"新故交接""星回岁终"的交接点。②其次,在农耕社会发展中逐渐附加和强化了的"义",是家族人伦制度及其理念。《徐爰家仪》说:"蜡本施祭,故不贺。其明日为小岁贺,称初岁,福始馨,无不宜。正旦贺,称元正,首庆百福惟新。小岁之贺,既非大庆,礼止门内。"③春节(正旦、元正)则既有祭又有贺,"祭"是祭祀先祖列宗,让今人记住和传袭先祖之功业和前贤之遗美④;"贺"是向前辈祝福和向同辈及朋友致意,"首庆百福惟新"。笔者以为,从"祭""贺"两方面的礼俗或功能构成来看,称春节为"综合性的节日"⑤亦无不可。发展到今天,在我国境内过春节的民族,共有 39 个。除了我国境内

---

① 《史记·天官书》第 4 册第 1340 页,北京:中华书局 1959 年 9 月。
② (宋)吴淑著,冀勤等校点《事类赋注·岁时第二》,第 98 页,北京:中华书局 1989 年 2 月。
③ 转自(宋)吴淑著,冀勤等校点《事类赋注·岁时第二》,第 98 页,北京:中华书局 1989 年 2 月。
④ 关于"祭"的本质,法国汉学家格拉耐在其《中国古代的祭礼与歌谣》一书中,考察了祭礼的两种本质形象,并做了比笔者所做的更为广泛的阐释:"祭礼作为乡村的年终祭,是农民们局限在同质的集团内进入狭隘的无活动季节的序曲。也就是说,祭礼是在人们各自即将进入家族的孤立生活之际,为了强调同国人们共同的类缘关系的意识而做的集合。"(张明远译,上海文艺出版社 1989 年,第 172 页)格拉耐对"年终祭""深层意义"的阐释,其实只是局限在中国的家族社会和伦理系统还没有得到充分发展的上古时代,所以是缺乏普遍意义的。
⑤ 胡世庆、张品兴《中国文化史》上册,第 305—312 页,北京:中国广播电视出版社 1991 年。

各个民族和地区外，香港、澳门、宝岛台湾，以至世界各地，凡是有华人居住的地方，每到年终岁始，无不家人团聚，贴对联、放炮仗、吃饺子，耍龙舞狮，慎终追远，祭祖归宗，欢欢喜喜、热热闹闹地过春节。故而，春节已成为一个最有资格充当民族认同的主要元素的传统节日。

面对全球化、现代化的大环境，面对强势文化、主流文化的挤压，尤其是以美国文化为代表的西方文化的大举入侵，我们这一代知识界有责任深入发掘和阐释我们民族的传统节日的文化内涵，并采取措施，把我们的知识与阐释，传播到普通老百姓中去，使已经被遗忘了的、消失了的，或极度弱化了的节日文化内涵，重新为老百姓所掌握，大力提高全民的"文化自觉"。由于民族节日的起源和功能的不同，其文化内涵是各不相同的，并非只是或一味地高扬和提升节日的伟大政治意义所可奏效的。近年来，许多文化界人士和学术界人士已把目光从一般性的、高调的、宏大的意义论述，转到了节日文化的内涵的开掘和阐述上，并已做出了可喜的成绩。笔者也写了一篇《清明节的天候和物候——清明界的文化意涵之一》①学术会议论文，意图在挖掘清明节的文化内涵中通常被忽略的一面：天候与物候。

如果说，抗击列强和国内战争的漫长动荡岁月，以及日益加剧的阶级斗争与社会转型，是导致节日文化衰微的第一波浪潮的话，那么，现代化的剧烈发展，以及相伴而生的浪漫主义和理想主义的消退、实用主义的泛滥，尤其是商业行为的无孔不入和拜金思潮的强大冲击，已成为导致节日文化急剧衰退——归一化、趋同化、物质化倾向蔓延的第二波浪潮。原本起源和功能不同的节日，其文化内涵和表现形态上的差异，亦即文化的多样化，在新的社会条件下被逐渐消解，走向趋同和划一，走向物质化（譬如"节日饮食"的变态膨胀造成了社会资源的极大浪费）。因地而异的端午节的斑斓色彩，在归一化趋势下，地域特色在逐渐淡化、消弭，变得极度单一化、单调化了，特别是经历过很多灾难和巨大社会变迁、生存条件相对艰难的北方地区，那些曾经的项目，多已消失于历史烟尘中了。旧日北京的重五射柳、端午击毬、妇女戴榴花、逛天坛、逛金鱼池、悬艾、戴福儿、葫芦儿，还保留了多少？曾经家喻户晓的《百本张》里记载着的普通市民的节日活动："五月端午街前卖神符，女儿节令把雄黄酒沽，樱桃桑葚，粽子五毒，一朵朵似火榴花开端树，一枝枝艾叶菖蒲悬门户，孩子们头上写个王老虎，姑娘们鬓边斜簪个五色绫蝠。"如今的北京人还有几多人知晓呢？《白雪遗音》里的北平俗曲所记的节日景致："五月

---

① 拙文《清明节的天候和物候——清明界的文化意涵之一》，福州：《海峡文化遗产》2009年创刊号；又见冯骥才主编《文化血脉与精神纽带》，北京：中国文联出版社2009年。

五日把端阳庆，节届天中，苍蒲艾虎，物阜材丰，共乐太平。玉楼人醉雄黄把肩并，脸赛芙蓉，石榴花鬓，斜衬钗头凤，血染鲜红。浮瓜沉李，水阁凉亭，阵阵荷风划龙舟。夺桥竞彩相争胜，锣鼓丁冬采莲歌，悠悠扬扬真好听，燕语莺声。"那情那景，如今可还在？这是我们所不愿意看到的。

在文化问题上，我们固然应有宽阔的胸怀与博采的气度，在不同文化的交流汇通中，广泛吸收外来文化的精华，以强壮我们的血液和肌体，丰富和创新我们的文化，但这并不意味着同意这样一种论调，即认为中国的传统文化全都是封建的、落后的，在近代以来多次交锋中都以失败告终，只有西方的文化才是先进的，中国应该全面接受西方的文化。"全盘西化"在今天出来，并不是新的见解，而是早已被国人厌弃的陈词滥调。这一世尽人皆知的历史，尽管如此，我们还是要给予足够的重视，要防止拿外来文化来取代和否定我们的本土文化及其文化传统。在民族传统节日的保护和弘扬上，亦应作如是观。

三、遵循文化规律，坚守传统核心，反对造假重构

继承和弘扬民族的传统节日，是从政府和学界，大家都认同的一条原则，但在认识上和做法上却存在着很大的差异。笔者以为，政府文化主管部门，尤其是理论工作者，其使命是：首先提高自身的"文化自觉"，深度地开掘和阐释蕴藏在民间和历史深处、而多少被遗忘或消失了的节日的固有文化内涵，在继承传统的核心部分和核心内容的基础上，重建适合于现代社会的传统节日文化体系。

"重建"虽然业已成为当下的一个热门词汇，但怎样"重建"却是一个值得关注、应该讨论的问题。笔者以为，对于一种文化来说，一个不容颠覆的原则是，"重建"不等于造假。

诚然，民族传统节日与文化的其他形式一样，不会停止在一个点上不再变化，而永远处在嬗变之中，但这个"变"，是符合于节日嬗变规律的"变"，而不是外加一些与节日本义不相干的东西。当下，总有些好心的领导机构或领导人喜欢改造和创新传统的节日，强加上一些体现领导意图的东西。当然，这些强加上的项目，有的可能是适合节日之本义，并逐渐会成为被老百姓接纳为节日的内容，有些则可能因与节日的本义并不协调，甚至违反节日本义和传之既久的传统观念而最终被淘汰。在现代社会条件——市场经济下，商家也往往从取得更大利润的立场出发，或推出某些引人眼球的节日商品和施行强大的推销攻势，或对传统节日内涵进行有利于商业经营的改造。总之，官商主宰或官商合谋以左右传统节日走势的趋势，在现代社会生活中是愈来愈明显了。

2013年4月19日改定

（原载《徐州工学院学报》（社会科学版）2013年底4期（总39期），系2013年2月21日在文化部和中国非物质文化遗产保护中心召开的"传统节日文化论坛"上的发言稿。）

慎终追远　生生不息
——春节的民俗学解读

随着非物质文化遗产的保护进入我国中央政府和地方政府的视野，知识界和媒体上关于民族节日的议论纷至沓来。回想丙戌（2006）春节前夕，由某电视台一次随意的节目发难而掀起的一场关于"保卫春节"的口水战，搅动了一池春水，从国内波及国外。年初的全国政协会上，一些委员提出了把春节、端午节、中秋节等定为法定节日的提案。6月，国务院公布把春节、清明、端午、七夕、中秋、重阳等6个全国性民族节日和农历二十四节气一并列入第一批国家非物质文化遗产。10月，香港《文汇报》董事长兼社长张国良先生在该报发表了题为《全球化呼唤中国文化复兴》的文章，把讨论引入了"中国文化复兴"的世纪话题。进入12月，网络上又围绕着清华大学等校的十位博士发表的"拒绝圣诞"的宣言爆发了一场文化论争。一年来，争论潮和兴奋点一波未平一波又起。凡此种种，表现了海内外广大爱国人士对全球化给中国传统文化，特别是传统文化中最稳定、最核心的部分民俗文化的流失而带来的冲击，对中华文化的衰微趋势的忧虑，和对中华文化复兴的期待，也表现了广大爱国人士"文化自觉"意识的提升。

春节是中华民族共同体中39个民族都过的一个全民性传统大节,[①]是中华民族的民族精神、民族心理、价值观念和文化传统的最集中的载体和体现,是民族认同的重要元素和文化符号。在漫长的农耕文明下形成和发展起来的春节,就其性质而言,是一个最大的岁时节日而非宗教节日。关于春节,古往今来作了多少文章,但春节是一个说不完的话题。探讨和弘扬春节在中华传统文化中的地位和意义,特别是在今天全球化、现代化形势下的命运和走势,对于我们面临的中华文化的复兴是非常有意义的事。

一、岁之始：丰收庆典

在出土的商周时代甲骨文中,就有"年"这个字,其字形上面是"禾",下面是"人",表示禾谷成熟,人在负禾。小篆字里的"年"字是"季",从禾,从千,也是五谷成熟的意思。《说文》："五谷皆熟为有年也。"《春秋谷梁传·恒公三年》："五谷大熟为大有年。"《春秋谷梁传·宣公十六年》："冬,大有年。"《尔雅·释天》："夏曰岁,商曰祀,周曰年。"文献说明,早在商周时代已经使用"年"这个概念了。有概念,当然也就会有内容,特别是民俗的内容。传说,我国自夏代起实行夏历（后也称农历）,算来已有大约三四千年的历史了。随着夏历的使用,作为夏历（农历）正月初一这一天,先后有"新正""元旦""正旦""元日""岁首""新年"等大同小异的称谓。辛亥革命后的第二年,即1912年,政府颁定官方采用公元纪年,同时保留农历为辅历,把惯称的农历"元旦"改称"春节",一直沿袭至今。

"春节"是夏历（农历）的一岁之始,一岁之始是"春节"所以成为岁时大节的最重要的现实依据。《尚书·大传》说："正月一日为岁之朝、月之朝、日之朝,故曰'三朝',亦曰'三始','始'犹'朝'也。"《史记·天官书》说："凡候岁美恶,谨候岁始。岁始或冬至日,产气始萌。……正月旦,王者岁首；立春日,四时之始也。四始者,候之日。"《正义》云："谓正月旦岁之

[①] 陈连山据高占祥主编《中华民族节日大全》（北京：知识出版社1993年7月）一书所提供的资料统计,过春节的39个民族依次是汉族、满族、朝鲜族、赫哲族、蒙古族、达斡尔族、鄂温克族、鄂伦春族、土族、裕固族、锡伯族、普米族、羌族、彝族、白族、哈尼族、傈僳族、纳西族、景颇族、阿昌族、怒族、苗族、布依族、侗族、水族、仡佬族、壮族、瑶族、京族、黎族和畲族,以及部分群众过春节的回族、东乡族、土家族、毛南族、佤族、仫佬族、傣族和柯尔克孜族。见《春节风俗的历史渊源、社会功能和文化意义》,收入中国民俗学会、北京民俗博物馆合编《节日文化论文集》第21页,北京：学苑出版社2006年。

始,时之始,日之始,月之始,故云'四始'。言以四时之日候岁吉凶也。"①自古以来,"岁首""元旦"(正月初一)一向受到上起王宫,下至百姓的普遍重视,被赋予种种象征的意义,并形成相关的习俗与仪式。所谓"候岁美恶""候岁吉凶",就是古人赋予元旦的一种象征理念和占卜征兆的含义,如"正月旦"晴天,预示着来年一年丰收。如"正月旦决八风",如果风从南方来,预示着一年大旱;风从西方来,预示着一年中将有兵祸;风从东南来,预示着"民有疾疫",是岁恶,等等。

据《史记·天官书》里的记载,古代"正月旦"(元旦)与立春是两个并立的节日。"正月旦"是"岁之始,时之始,日之始,月之始",或曰"四始",而"立春"则是"去年四时之终卒,今年(四时)之始也"(《索隐》)。"四始"与"四时"是两个不同的概念,也是具有不同功能的两套时间或节令系统。关于立春作为"去年四时之终卒,今年(四时)之始"的节令标志功能,《左传》里有这样的一段解释:"凡分至启闭,必书云物为备故也。立春为启,立冬为闭。"可见,立春是一年之"四时"的一个节令,与作为"一岁之始"的元旦(新年、春节)是不同的。到汉武帝太初元年(前104年),正式颁布规定夏历(农历)为国家历制,②这就为春节的法定化创造了重要前提。元旦和立春两大全民性的农历节日并立格局,到了汉唐时代,逐渐过渡到了以正月初一元旦为中心。去年关于"春节"的讨论中曾有一种意见,既然立春日的含义和功能是"四时之(卒)始",遂建议把春节的日期挪到立春之日,把立春和春节合二为一,这种意见终因论据无力,而在论争中归于沉寂。

《尚书·大传》截图

我们翻阅《钦定古今图书集成·历象汇编·岁功典》"元旦部汇考",此书所收录的相关史料,第一则就是后汉天子是如何过元旦的:"后汉天子元旦幸德阳殿受朝贺,大宴群臣,赐观诸伎乐。"③《后汉书·礼仪志》还记载了宫

---

① 《史记·天官书》第4册第1340页,北京:中华书局1959年。
② 参阅陈连山《春节风俗的历史渊源、社会功能和文化意义》中的论述,见中国民俗学会、北京民俗博物馆编《节日文化论文集》第17—19页,北京:学苑出版社2006年。
③ 《古今图书集成·历象汇编·岁功典》第二十一卷元旦部,第17册第1页。据(清)蒋廷锡等编《岁时荟萃》,上海文艺出版社1993年影印本。

廷朝贺仪式的宏大场面。此后 2000 多年来，元旦（春节）作为民族大节，从来没有间断过，并逐渐演化成为一个从腊八起到元宵节止，把祭灶、贴对联、守岁、撒芝麻秸（驱鬼）、驱傩、吃年夜饭、生旺火、燃香、放爆竹、祭祖（祭拜仪式和挂先祖轴）、请家神、破五、拜年、元宵节等一系列庆祝丰收、追念祖先、感念神灵、休整娱乐融为一体的复合型态的新年节庆，一直延续到现在。

太史公留下来的"仰则观象于天，俯则法类于地""天则有日月，地则有阴阳""阴阳之精，气本在地"等名言，是我们民族的重要遗产和价值观念。历几千年而不衰的阴历历法，正是建立在这些思想和理念之上的一套历法制度，这些思想和观念自然也融会于春节这一岁时节庆之中。

清乾隆帝《岁朝行乐图》

二、慎终追远、生生不息

据信，汉武帝时代正式确立农历及其元旦（春节）。我们还要注意到，作为补充，同时代人东方朔在其《占书》里记载了关于初一为鸡日、初七为人日等的习俗："岁正月一日占鸡，二日占狗，三日占猪，四日占羊，五日占牛，六日占马，七日占人，八日占谷。"汉魏以后，"鸡日人日"之说，逐渐从单一的占卜发展成为春节期间的一种以纪念这些生物为内容的节日与祭祀活动。南朝梁宗懔《荆楚岁时记》记载说："正月七日为人日。以七种菜为羹；剪彩为人，或镂金薄为人，以贴屏风，亦戴之头鬓；又造华胜以相遗；登高赋诗。"注云："董勋《问礼俗》曰：'正月一日为鸡，二日为狗，三日为羊，四日为猪，五日为牛，六日为马，七日为人。正旦画鸡于门，七日贴人于帐。'今一日不杀鸡，二日不杀狗，三日不杀羊，四日不杀猪，五日不杀牛，六日不杀马，七日不行刑。亦此义也。"从初一鸡日到初七人日到初八谷日这一系列的关节，成为春节的重要组成部分，而其中的"人日"习俗，在现代社会里则成为人们备受关注的一天，这是因为人们希望从中探求"人"（祖先）的来

民俗与艺术

历和追求人丁平安的祈愿。据记载，唐代时，每逢正月初七"人日节"，除了人事的祈祥祝安外，平添了思亲念友的内容，诗人高适的"今年人日空相忆，明年人日知何处"（《人日寄杜二拾遗》）的感怀，可资证明。这一文化内涵，在民间，一直传袭到今天而不衰，每到"人日"这一天，人们不出远门、不串亲访友，在家里团聚。

其实，从人类学和民俗学的立场考察，汉代文献中所记的春节期间"鸡日人日"习俗的渊源，很可能是我们的先祖创作的一个关于包括人类起源在内的事物起源神话，其原始含义很可能是鸡、犬、猪、羊、牛、马、人、谷，先后被某一位遗忘了或失掉了名字的造物之神创造出来。传到西汉时，民众中可能还保留着对这个神话的某些"民间记忆"，并开始（？）把神话中被造的六种动物、人和谷种的起源与"岁时"联系起来，但它的枝叶丰满的内容和情节却变得简单化和模糊化，只剩下了一日为鸡、二日为狗……七日为人、八日为谷这样的梗概，其真实的含义也被时间遮蔽得神秘莫解了。对于何者为人日这样因时代邈远而失传了含义的神话，历代朝臣们在其君主们朝贺垂询时，无不困惑莫名，不知其所来何为。据《天中记》所载："魏帝宴百僚，问何故名人日，皆莫能知其故。"① 所幸的是，这个神话的大略，毕竟由于东方朔的记录而得以保存和传承下来，并与"春节"正月初一到初八这 8 天的岁时联系起来，以至我们今天还能窥见其大概。如果我们将其与我国一些西南民族的起源神话作比较，还依稀可以发现，中原地区流传的"鸡日人日"习俗和神话，与这些民族的起源神话之间有着某些相似之处，譬如佤族的"司岗里"神话说，先后从原始混沌的具象物——"司岗里"（山洞）里走出来的，是小米雀、苍蝇、老鼠、蜘蛛和人。② 叶舒宪先生在 20 世纪 80 年代曾以西方人类学的"原型"理论为模型，引证《旧约·创世记》为参照，力图"复原"这个已经几近失传了的中国古神话，他的研究推进了对起源（推源）神话的研究和认识，得到了学者的肯定性评价，但他把"鸡人创世"神话纳入他的"第七日为圣日的创世神话"模型和数字"七"的象征体系之中，却使他的研究陷入了谬误。③ 因为他所采用的材料，是晚于东方朔五六百年的南朝梁宗懔

---

① （明）陈耀文《天中记·人日》第 1 册第 965—169 页，上海古籍出版社 1991 年影印本。
② 佤族神话《司岗里》，讲述者随戛等，采录者艾荻等，流传于云南西盟、沧源等地，见马昌仪编《中国神话故事》第 306—325 页，北京：中国广播电视出版社 1996 年。
③ 叶舒宪以对人日神话与仪式的探讨，曾以论文的形式发表在《中国文化研究》杂志上，后收入其专著《中国神话哲学》，第 245—255 页，北京：中国社会科学出版社 1992 年。

的《荆楚岁时记》及其注——董勋《答问礼俗》中的材料,而宗懔和董勋都只说到"七日为人",而没有说到东方朔所说的"八日为(是)谷"这样的重要的情节。难道是出于疏忽?也许从西汉到南北朝这五六百年的历史时段中,人们过多地关心"人"的遭遇,对"人日"寄寓了较多的关切,而对年节的习俗中的"谷日",对谷子(庄稼和粮食)来历的遥远记忆,已经变得模糊了,不那么重要了,甚至干脆被遗忘了。

慎终追远、祭祀祖先,是中华民族和中华文化的优良传统与美德。《书·舜典》:"月正元日,舜格于文祖。"文祖是尧的大祖,元旦时,舜到文祖的庙堂里或向着文祖的画像祭拜。为先祖画像立轴的传统起源也很古远,据杨荫深《细说万物由来》引清厉鹗《可庵遗像记》云:"'古者人子之于亲亡也,至汉代以来,乃有画像,虽非古制,实寓生存,遂相沿不能废。'可知画像自汉已有。"① 笔者相信,这一传统的养成和传递,也许与"人日"的神话和习俗不无关系。这个传统,得到了中华子孙们很好的继承和发扬。时至今日,到了春节,家家户户也还是要祭祖,追怀先人的公德和好处,除了在自己家里悬挂祖宗轴子、设香案燃香磕头以外,有家堂(或家庙)的,男子还要到家堂(家庙)里去跪拜,同时检点自己的过往是否做了什么亏心事。这种祭拜先祖的习俗,对家族团结、社会稳定起着重要的作用。

三、拜年:重家族、重宗亲、重血缘

清人顾铁卿《清嘉录》里有一段话说:"(大年初一早晨)男女依次拜家长,毕,主者率卑幼,出谒邻族亲友,或止遣子弟代贺,谓之拜年。至有终岁不相接者,此时亦互相往拜于门。门首设籍,书姓氏号为门簿。鲜衣炫路,飞轿生风,静巷幽坊,动成哄市。"就是说,大年初一早晨,拜年的活动从家里开始,先向长辈跪拜磕头,祝福健康长寿,吉祥如意,流年顺利。这时,长辈便将事先备好的压岁钱分发给晚辈,然后,家人(过去主要是男子)出门到五服以内的同宗同族和近邻挚友家里拱手相拜,恭喜发财。

重家族、重宗亲、重血缘,是中国社会的最重要的观念,是中华民族几千年不分裂、不衰亡、自强不息的凝聚力之所在,而春节(辛亥革命后,把古之元旦改为春节)无疑是一年中人们尊亲重友的最重要的一个节点。

尽管从西周起就有了元日、新正、元旦等的记载,但由于历制的更替,春节的日期屡有变化,到汉武帝时夏历才固定下来。文献上屡见宫廷里拜年的记

---

① 杨荫深《细说万物由来》"元旦",北京:九州出版社2005年。

载,但缺乏庶民社会拜年道贺的材料。

到了宋代,庶民百姓春节拜年的记载,开始出现在岁时记一类的杂书中。宋人孟元老在《东京梦华录》记述了开封府拜年的情况:"十月一日年节,开封府放关扑三日,士庶自早相互庆贺。"("关扑"乃北宋政府规定放的年假)老百姓在年节里要互相走访拜年。拜年的方式大致有两种:宗族、亲戚等,要亲自趋访致拜,而对一般友朋同事,则派人致送贺年片或名片,古代叫"投刺"。赵翼《陔余丛考·名帖》云:"古人通名,本用削木书字,汉时谓之谒,汉末谓之刺。汉以后虽用纸,而仍相沿曰刺。"一直延续到明代,这种投送贺谒(贺卡)拜年的习俗,在民间非常流行。明代诗人文徵明的《贺年》诗里写道:"不求见面惟通谒,名纸朝来满敝庐;我亦随人投数纸,世憎情简不嫌虚。"可见春节拜年情形之一斑。

清初仍然依照宋代旧例称"投刺",在民间则俗称"拜年帖"。到了康熙年间,改"投帖"的名称为"红单",即在红纸上写上某人拜贺的字样,投送到朋友家。有记载说,清代人过年时,"遣仆投红单刺至戚若友家"。这种不需要主宾见面的投送"红单"拜年的习俗,又叫作"飞帖",在民间社会非常盛行。为适应这种"飞帖",一般人家常"粘红纸袋于门以接帖",以便投送来的拜年"红单",就放进黏贴在门上的红纸袋里。我们今天有的人家在门上挂一个纸制的信插,就是这种用来接帖的"红纸袋"的遗俗。被派来"投刺"的仆人,把主人的"投刺"放进对方的纸袋里后便可扬长而去,不必非要见到连主人也许并不认识的朋友。清人写的《艮斋杂记》说:"拜年无论识与不识,望门投帖,宾主不相见,登簿而已。"这种投刺、投帖、投红单(贺年片)的习俗,流行于一般士人庶民阶层,看起来好似虚于应酬,冷冰冰的,缺乏人情味,实则不然,寄托着人们的改善人际关系的拳拳真情,无怪乎诗人范来宗在《拜年诗》里写道:"走贺纷闻岁龠更,素非识面也关情。添丁夸列怀中刺,过午飞留簿上名。羽士禅师同逐逐,东家西舍尽盈盈。春明旧梦还能记,驰遍轮蹄内外城。"这种用贺年卡代替亲趋登门拜年的习俗,是应运而生的,既节约时间,又省却送礼应酬,故而延续下来,长盛不衰。

清末民初是大变革的时代,社会上兴起了"团拜"的方式。对于在机关团体、工商企业里做事的群体性人群,在岁首以团拜的方式拜年,以增广联谊、加深情感、强化凝聚、稳定社会,是时代的需要和召唤。

四、正旦放鸠:人与自然和谐

作为岁时节日的春节,节期很长,从头年的腊八起,到次年的正月十五止，其活动的内容，是由多种复合的民俗事象构成的，其所体现的理念，则除了国家民族认同凝聚、家族邻里团结和谐之外，还有人与自然和谐相处。

《孔丛子·论势》记载了一个春节的民俗故事：

> 邯郸之民，以正月之旦，献雀于赵王，而缀之以五丝。赵王大悦。申叔以告，子顺曰：王何以为也？对曰：正旦放之，示有生也。

对放生斑鸠的民俗趣事，《列子·说符篇》里有另一种记载：

> 邯郸之民，以正月之旦献鸠于简子。简子大悦，厚赏之。客问其故。简子曰："正旦放生，示有恩也。"客曰："民知君之欲放之，故竞而捕之，死者众矣。君如欲生之，不若禁民勿捕。捕而放之，恩过不相补矣。"简子曰："然。"

邯郸民众与晋国大夫赵简子正旦放生的故事，除了其中所记述的进谏内容外，承载了更多的有关春节民俗文化信息。笔者看来，至少有两重含义值得注意：其一，在正月之旦日，即新年，放飞斑鸠，是当地的一种新年民俗活动；其二，放生斑鸠，显示了人们的保护生态意识。

晚清末年，在上海出版的《点石斋画报》，由吴友如编辑，发表了署名艮心画的一幅《放鸠示惠》图，就是取材于正旦放飞斑鸠的民俗事象。其题款中写道：

> 鸠鸟性最拙，不善营巢，常占鹊巢居之。今人呼为布谷。以农事方起，此鸟飞鸣于桑间，若云，五谷可布种，故以是名之。去腊，立春较早，乡人或于田野得之，入市求售。当有某公子出资若干购之以归，旁人咸莫解其故。至正旦，公子衣裳楚楚，携鸟至园，开笼放之。惟见振翮一飞，凌风而去。一时见者无不颂公之好善，或曰是殆慕赵简子之遗风乎。昔邯郸之民，以正旦献鸠于简子，简子大悦，厚赏之。客问其故，简子曰：正旦放鸠，示有恩也。又，汉世亦有放鸠之举。盖荥阳有兔井，沛公避项羽，双鸠集井上，汉人得之，故有是事。今公子何心，乃能独敦古趣乎？是亦足以为世风矣。

此图所画放飞斑鸠，表现了邯郸正月初一的一种民俗活动，而此民俗事象背后所蕴含的，一是鸟雀知时节的生物特性及其对农事的贡献，二是中国人源

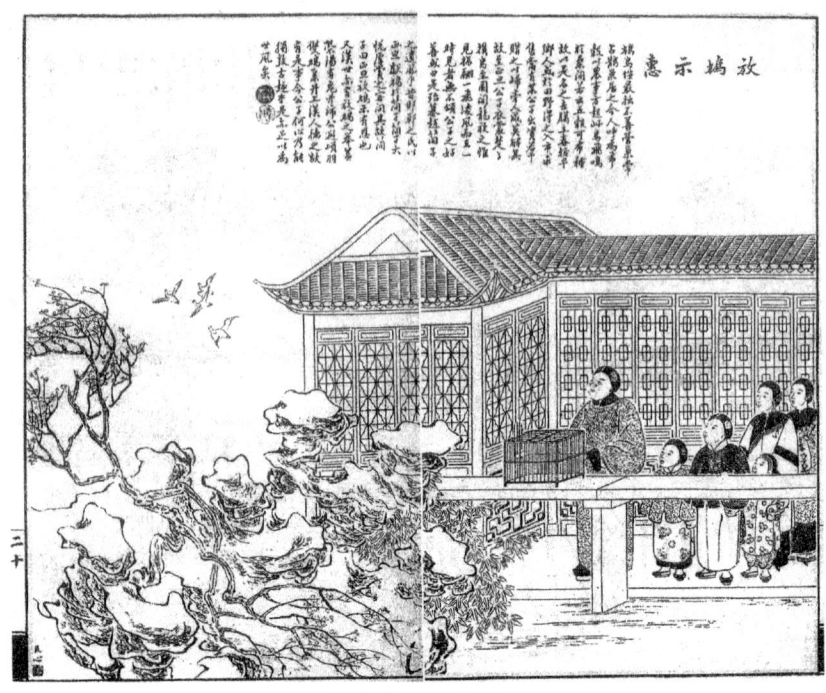

《放鸠示惠》图

远流长的人与自然的和谐相处的思想。不管其来源如何，正旦放生无疑是一种与春节相随相伴的良俗。正旦放生的风俗，初则流行于秦汉之际，直到清末，也还在某些地方存在着。邯郸是古赵国的遗民，如今是否还流行此等春节民俗遗风，不得而知。据查阅刚刚出版不久的《中国民俗大系·河北民俗卷》，却没有能够找到有关此等古风古俗的片言只字，不知是已经消失，还是执笔者们没有实地采访。正旦放生所表现出来的保护动物、保护生态环境、追求人与自然和谐相处思想，无疑是一种符合人类根本利益和社会进步的思潮与行为。

五、春节的涵义及历史变迁

春节的涵义何在？

——春节是春夏秋冬季节交替和四时肇始的标志。我国先民农业立国，春节为农耕文明的产物。冬残腊（蜡）尽之时，要举行饯腊（蜡）的仪式，送腊（蜡）远行，以迎接春天的到来。年下要祭祀谷神，祈求来年五谷丰登，故有所谓"至其元日，命社以祈农祥"之举。

——春节是家族团聚、亲朋欢宴、感念父母养育之恩、增进家族凝聚力的契机。重家族、重宗亲、重血缘，是中国社会的最重要的观念，是中华民族几千年不分裂、不衰亡、自强不息的凝聚力之所在。对于一方地域来说，家族的团结和延续，更是社会发达和稳定的举足轻重的因素。到了春节，族人和亲朋都要借以团聚、互敬，增进亲和。君不见一曲《常回家看看》的歌曲，在现代青年中能产生多大的震撼力。

——春节是祀拜天地、礼敬祖先、慰抚亡灵、安慰生者的佳期。永记先辈恩典并随时感念，是中国人的道德的要义之一。旧时年夜吃饺子辞旧迎新，以象征子时交割，但在家人围坐在餐桌或锅台旁动筷子之前，家中的男家长要先敬已逝的祖先和天地，点香烛、摆果食、叩头礼拜，对先祖亡灵祀拜，表示子子孙孙不忘他们传家创业的恩泽。

——春节是忙碌劳累了一年的劳动者可以忘忧地休息的假期。春节是充分释放被压抑了一年的生命力、纵情狂欢、恢复自我的节日，人们可以手之舞之足之蹈之，唱歌、跳舞、唱大戏、闹社火、踩高跷、舞龙耍狮子，既娱神又娱人。70年前，顾颉刚先生在给娄子匡《新年风俗志》写的序言里说："数年前，我略略做了些民俗学的研究，才领悟到这种类乎迷信的仪式（指春节——引者）实有存在的必要。因为一个人在生命的长途中，时时在求安慰，一定要有了安慰才能奋勉地从事工作，不灰心于一时的痛苦；而这种节令的意义是在把个人的安慰扩充为群众的安慰，尤有重大的关系。节令是什么？节令不是迷信的祀神庙期，乃是工作的休假日。就说新年吧，已经很劳顿地做了一年的工作了，该得喘一口气，尽力快乐一下，然后再整顿精神作第二年的事。这快乐，应当是什么呢？是赌钱吗？是嫖妓院吗？不是，如果如此，又流入个人主义了，又流入消极的人生观了。我们要吊灯笼、跳狮子、放烟火、点花灯，大家一齐快乐，使得大家好提起精神，增进这一年中的生产的效能。"他说得好，说出了春节之能够历千年而不衰的原因之所在。

"春节"这个名称，固然始自辛亥革命后的改称，时间也不过百年，但它的渊源久矣，至少有两三千年的成文史了吧。前文已说到，甲骨卜辞已有"年"的记载。周人《礼记·月令》里记着："天子乃以元日祈谷于上帝，命乐正习舞。"这周天子过的"元日"，与后来文献中的"元旦""正旦""新年"，以及我们今天说的"春节"，是一脉相连的一条长长的链条，从一个侧面显示了一部中华民族的节令史、农耕史、礼仪史。

上古的"元日"节令，在"祈谷于上帝""乐正习舞"这样简单的记载背后，肯定还有极为繁杂丰富的内容，只是我们今人无缘识见罢了。到帝王国体的最后一代——清季，顾铁卿在《清嘉录》里描绘当时的年节说："元旦为岁朝，比户悬神轴于堂中，陈设几案，具香蜡，以祈一岁之安。俗忌扫地、乞火、汲水并针剪。又禁倾秽溲粪、讳啜粥及汤茶、淘饭。天明未起，戒促唤男子。出门必迎喜神方位而行。妇女簪松虎、彩胜，男女必曳新衣洁履。相见则举百果相授，各道吉利语，谓之开口果子。比户悬挂祖先画像。具香蜡茶果、粉丸蒸羔。肃衣冠，率妻孥以（依）次拜或三日五日十日。上元夜，始祭而收者。至戚相贺，或有展拜尊亲遗像者，谓之拜喜神。"还有上年坟，拜年，开门放爆仗三声，辟疫疠等关节。这一道道繁缛的程序，把"年"的君临，烘托得既神秘又神往。回想少年时代，笔者在家乡的柴院陋室中与父母兄弟姐妹厮守，高高兴兴地过了18个团团圆圆喜气洋洋的春节，尽管那些礼仪套数，除夕研墨写春联贴春联，洒扫庭除净院撒碎踩碎（芝麻秸之类），上香点灯笼，摆供祭祖，包饺子吃年夜饭，迎财神睡觉、迎喜神出门，放爆仗驱邪，穿新衣新裤，串街拜年磕头，等等等等。不过是今年又似去年地一年一年重复着，却一点儿也不感到厌烦，倒是有一种今年花胜去年红的新奇感，越过越新鲜、越过越神圣、越过越有滋味，几乎是全身心地忘我地融入那种半是世俗的半是神圣的文化氛围之中，以至那几十年前过年的印象、感受都还镌刻在心灵深处。

世道在变，经济全球化的趋势有增无减，城市化进程在日复一日地加快，市场经济无孔不入，正在每日每时地使农耕文明的温馨美梦破灭，农民的全国范围大移动，使家族血缘力量的影响正在减弱甚至解体，传统的道德观念和价值观念经受着从来没有的挑战。春节能例外吗？随着世道的变迁，春节的仪式层面的影响力及其在民众生活中的地位，自然也在发生变化。"变"，是事物的常态，谁也无法阻挡住文化的嬗变，谁也无法留住时间的步伐，但在两三千年的漫长历史途程中形成，作为文化观念和礼仪模式而深藏于亿万百姓心灵深处的春节，也许在一部分接受外国文化较深的人中会多少被淡化被遗忘，甚至不排除他会去过基督教的圣诞节而不再过春节。那也无妨，而在组成中华民族的绝大多数的民众中，作为中华传统文化的代表性符号，作为寄寓着亿万人民的民族自信心的春节，是不会发生根本性的变化的，更不会消亡的。

2007年1月2日

（此文系由三篇关于春节的文章合并连缀而成。《慎终追远生生不息》原载《艺术评论》2007年第2期；《拜年：重家族、重宗亲、重血缘》一节，发表于《人民日报》2009年01月23日，原题《从拜年的历史看社会变迁》；《春节的涵义及其历史变迁》一节，发表于《深圳商报》2004年1月17日，原题《思念春节》。2015年3月1日记）

清明节的天候和物候
——清明节的文化意涵之一

清明是夏历时间体系构成中的二十四节气之一，又是传统的民族和国家节日之一。清明节是由二十四节气之一的清明，融合兼并了上巳节和寒食节的一些文化内涵，从一个岁时之"节"（"日行一度，十五日为一节"的"节"），逐渐演变而为兼具岁时节气和民族节日双重身份的国家民族节日。就其性质而言，清明节除了亲合自然的诸种事象（如踏青、戴柳等）而外，也由单纯的岁时之节（节气）或融会或黏附上了上巳节和寒食节所具有的慎终追远、怀念先祖等方面的内容。2006年5月20日，国务院颁布的《第一批国家级非物质文化遗产名录》将包括清明在内的"农历二十四节气"（编号为X—68）①和国家民族节日的"清明节"（编号为X—2）同时列入国家级"非遗"保护名录；自2008年1月1日起，国务院又发布文件将"清明节"颁订为全国性节假日之一。

清明节所以能在2000多年来不断得到传承和延续，其所承载的内容不断得到丰富和增广，到近世发展为一个重要的、富有活力的民族和国家节日，自有其内部的和外部的原因。在当今之世，以全民族广泛认同的慎终追远、亲合自然、民族和睦、国家认同等丰富深厚文化内涵而得以传承和延续的清明节，

---

① "第一批国家级非物质文化遗产名录"公布后，不少网民对"农历二十四节气"的定名提出了意见，建议改为"夏历二十四节气"。他们向文化部和该项目的保护主体中国农业博物馆提出建议：1968年元旦，正值"文革"反"四旧"高潮中，全国报纸报头将"夏历"名称改成了"农历"。《辞海》中册2370页载："夏历：辛亥革命后，一般将中国历代颁订的阴阳历称为'夏历'，也以建寅之月为正月，故名。中华人民共和国成立后采用'公历'纪元，同时使用'夏历'，这种历法现今也有人称之为'农历'，但不尽确当。"他们的指出和建议是对的，主管部门应予接受并改正。

得以在国家的层面上被认定，不仅体现了清明盛世下对全民族认同的民族文化（符号）的尊重和重视，而且表明了在世界文化多样化语境下对中华文化传统和理念的坚守和发扬。

一、天候和物候的变迁

对天候和物候的观察与适应，是原始农业起源时期最重要的认知手段和历法特点。中国的夏历就是在综合天文、气象、物候知识的基础上创立，并用以指导农事活动的历法。在前历法时期，属于仰韶文化晚期的河南郑州大何村遗址，曾出土大量的彩陶片，其中绘有日、月、星辰、星座及十二个太阳光芒纹，说明当时已经知道一年中有十二个月。① 春秋时期，利用土圭来测量日影的长短以定"二分"（春分、秋分）、"二至"（夏至、冬至）四个节气。战国时期的《左传·昭公十七年》中的"分"（春分、秋分）、"至"（夏至、冬至）、"启"（立春、立夏）、"闭"（立秋、立冬）透露出古人根据物候而认定的八个节气的信息。② 到西周《逸周书·时训解》和西汉淮南王刘安的《淮南子·天文训》中，有了关于二十四节气的完整的记载，"清明"节气始得现身。大约到唐中宗李显朝或代宗李豫朝，清明由节气发展为节日。③ 因此，可以说，约在商周到西汉时代，我国先民就已形成了一年、四季、十二月、二十四节气等相当严整的时间和历法体系。

前面我们提到了《逸周书》和《淮南子》，而实际上，关于二十四节气的记载最早出现于何种古籍，是说法不一的。《逸周书》应是最早记载夏历认知

---

① 《郑州大何村遗址发掘报告》，《考古学报》1979 年第 3 期；宋兆麟编著《图说中国传统二十四节气》第 7 页，北京：世界图书出版公司 2007 年。
② 原文如下："我高祖少皞挚之立也，凤鸟适至，故记于鸟，为鸟师而鸟名。凤鸟氏，历正也；玄鸟氏，司分者也；伯赵氏，司至者也；青鸟氏，司启者也；丹鸟氏，司闭者也。"
③ 《渊鉴类函》卷十八《岁时部七》：增《景龙文馆记》："清明节，唐中宗命侍臣为拔河之戏……"《唐会要》卷八十三《休假》："二十四年二月十一日敕：寒食清明，四日为假；至大历十三年二月十五日敕：自今已后，寒食通清明休假五日；至贞元六年三月九日敕：寒食清明，宜准元日节，前后各给三日。"还可参见：黄涛《清明节的起源、变迁与公假建议》，见中国民俗学会、北京民生博物馆编《节日文化论文集》第 44—64 页，北京：学苑出版社 2006 年；张勃《清明作为独立节日在唐代的兴起》，《民俗研究》2007 年第 1 期。

体系及二十四节气的先秦古籍之一。① 清代学者俞正燮说:"《周月解》起牵牛,故周人以斗牛为星纪,为十二次,……《周月解》……同周制。"②他根据"斗牛为星纪"是周制这一点,认定《逸周书·周月解》是周朝的文献。《周月解》篇说:

> 日月俱起于牵牛之初,右回而行月,周天进一次,而与日合宿。日行月一次,而周天历舍于十有二辰,终则复始,是谓日月权舆。周正岁首,数起于时,一而成于十次,一为首,其义则然。凡四时,成岁,有春夏秋冬,各有孟仲季以名,十有二月,中气以著时。应春三月中气,惊蛰、春分、清明。夏三月中气,小满、夏至、大暑;秋三曰中气,处暑、秋分、霜降;冬三月中气,小雪、冬至、大寒。闰无中气,指两辰之间。万物春生,夏长,秋收、冬藏。

在这一篇里只记载了十二"中气",并强调"中气以著时",却没有把二十四节气全都披露出来。而全面记载二十四节气并顺序的是同书的另一篇《时训解》。在《时训解》里二十四节气的顺序是:立春、惊蛰、雨水、春分、谷雨、清明、立夏、小满、芒种、夏至、小暑、大暑、立秋、处暑、白露、秋分、寒露、霜降、立冬、小雪、大雪、冬至、小寒、大寒。《时训解》在记录二十四节气的同时,还详细地记载了每一个节气的物候。与清明前后相关的几个节气及其物候是这样的:

> ……春分之日,玄鸟至;又五日,雷乃发声;又五日,始电。……谷雨之日,桐始华;又五日,田鼠化为鴽;又五日,虹始见。……清明之

---

① 《逸周书》及其《时训》篇的写作时代素来聚讼纷纭。《周书序》里说:"周公正三统之义,作《周月》;辩二十四气之应,以明天时,作《时训》。周公制十二月赋政之法,作《月令》。"认为《周月》《时训》《月令》等篇是周代的文书。也有人据焦竑《焦氏笔录》认为,《逸周书》中的《周月》《时训》两篇所载历象和时令节气的安排,是太初(汉武帝年号)历中的现象,当作于汉武帝以后。还有人认为:"逸周书·时训解》每节的后半部分与诸书(按指《吕氏春秋·十二纪》《礼记·月令》《淮南子·时则训》《大戴礼·夏小正》)有较大差异。……《时训解》的这种情况与谶纬之学有相通之处。……《时训》每节中的后半部分是汉人对先秦时令的训解。……写定时代当在东汉中晚期。"(周玉秀《〈逸周书〉的语言特点及其文献学价值·〈逸周书〉文献的变异与汉以后的整理》,中华书局2005年。)
② (清)俞正燮《月令非周书论》,转引自杨宽《月令考》,《杨宽古史论文选集》第466页,上海古籍出版社2003年。

日，萍始生；又五日，鸣鸠拂其羽；又五日，戴胜降于桑。……

对节气及其物候的记载，反映了那时古人观察物候变化的科学认识水平。但二十四节气的顺序，与我们今天的顺序不同。

我们还注意到，在《逸周书·周月解》里出现了"节"和"气"两个时间概念。何为"节"（节气）？《春秋传》说："履端于始，谓节也。"古人认为，五天为一候，三候为一节，而每个月的第一天为"节"（节气）。如正月的立春，二月的雨水，三月的谷雨……是为十二个"节"（节气）。何为"气"？《春秋传》说："举正于中，谓气也。"即每个月的中间这一天为"气"（中气），如正月的惊蛰、二月的春分、三月的清明……是为十二个"气"（中气）。后来，节气和中气不再分称了，统称"二十四节气"。

西汉刘安撰《淮南子·天文训》中关于二十四节气的记载：

日行一度，十五日为一节，以生二十四时之变。斗指子则冬至，音比黄钟；加十五日指癸则小寒，音比应钟；加十五日指丑则大寒，音比无射；加十五日指报德之维，则越阴在地，故曰距日冬至四十六日而立春，阳气冻解，音比南吕；加十五日指寅则雨水，音比夷则；加十五日则雷惊蛰，音比林钟；加十五日指卯中绳，故曰春分则雷行，音比蕤宾；加十五日指乙则清明风至，音比仲吕；加十五日指辰则谷雨，音比姑洗……

两相比较，《逸周书·时训解》中的春季六个节气：立春、惊蛰、雨水、春分、谷雨、清明，到了《淮南子·天文训》中变成了立春、雨水、惊蛰、春分、清明、谷雨。顺序发生了变化，惊蛰与雨水调换了位置，谷雨与清明调换了位置。《淮南子》中二十四节气的顺序，与今天我们遵循的二十四节气顺序是一致的。近人刘文典在《淮南鸿烈集解·天文训》中对二十四节气所做的"集解"中，对这种调换排序位置的情况做了阐释。他历述二十四节气的变化沿革，指明二十四节气的排定，并非一开始就是今本《淮南子》中这个样子，而是汉人改订的，而汉人对排列顺序的改订，说明了对节气认识的改变。

《汉书·律历志》曰："诹訾中惊蛰，今曰雨水；降娄初雨水，今曰惊蛰；大梁初谷雨，今曰清明；中清明，今曰谷雨。"是汉初惊蛰在雨水前，谷雨在清明前也。桓（公）五年《左传正义》引《释例》曰："汉太初以后更改气名，以雨水为正月中，惊蛰为二月节。"《月令正义》引刘歆《三统历》："雨水正月中，惊蛰二月节。"又引《易通卦验》："清明三月节，谷雨三月中。"

清明节的天候和物候

《艺文类聚·岁时部》上引《孝经纬》曰："斗指寅为雨水，指甲为惊蛰（引者按：刘文典引《孝经纬》时落了一句：'斗指卯为春分。'①），指乙为清明，指辰为谷雨。"三书皆出太初以后，故气名更改，（《三统历》与纬书皆出西汉末）不应淮南王书先已如是，其为后人所改明矣（《逸周书·周月篇》："春三月中气惊蛰、春分、清明"，今本作"雨水、春分、谷雨"，《时训篇》"惊蛰、雨水、谷雨、清明"，今本雨水在惊蛰前，清明在谷雨前，皆后人所改。辩见卢氏绍弓校定本）。②

这就是说，二十四节气，或因秦汉、或因春秋，但"清明"作为二十四节气之一的位置的排定，却在汉代发生了变化。汉初及其以前，惊蛰还在雨水前，谷雨还在清明前，而今，则雨水在惊蛰前，清明在谷雨前。"仲春之月，日始雨水，是汉始以雨水为二月节，实非周、秦之旧也。"③《逸周书·时训解》中的排列，就是惊蛰在雨水前，谷雨在清明前，与《汉书·律历志》同，而这是汉太初时代及汉初之前对节气顺序的认知。也许刘安当年的原作，也是如此，但我们看到的今本《淮南子》里的顺序排位已非刘安的原作，也非汉太初时代的实际情况，而是后人改定的。从清明等几个春季节气的排序这一例来看，《逸周书·时训解》写作的年代，也许不仅不能认定在东汉末年，至少比写在西汉时代的《淮南子·天文训》更早，故而说它写于周秦或因于周秦也不是没有理由的。而一般被认为是最早记载二十四节气的西汉谶纬文献之一的《孝经纬》，其二十四节气排列，特别是清明的排序与《淮南子·天文训》相同，显然可能是经后人改定或写于后世的，也因此可以反证二书成书的时间相距不远，甚至就是同时代。

"节"（节气）和"气"（中气）的确立，原是以"斗"的指向（天候）为基准的，而"气"（节气）的名称之改（前后排位调换），应该牵涉到对"斗"的方位的认知的变换，而在这些记载中，对此似都缺乏交代。《孝经纬》："春分后十五日，斗指乙，为清明。"④《淮南子·天文训》："（春分后）加十五日指乙则清明风至，音比仲吕。"总之，清明的天候都是"斗指乙"。然宋代《太平御览·时序部》曰："三月之节，日在娄，（清明为三月之节也）昏柳中，晓南斗中，斗建辰位之初，律中沽洗。"在此，清明的天候，却不是"斗指乙"，变成"斗建辰位"了，而"斗指辰"在《孝经纬》中是谷雨的物候，时间也在清明后十五日。这种情况的出现，可能与我国历史上不同朝代曾

---

① 《孝经纬》，见《纬书集成》上册第 586 页，上海古籍出版社 1994 年。
② 刘文典《淮南鸿烈集解》上册第 101—102 页，北京：中华书局 1989 年。
③ 杨宽《月令考》，见《杨宽古史论文选集》第 472 页。
④ 《孝经援神契》，见《纬书集成》上册第 586 页，上海古籍出版社 1994 年。

采用不同的历法有关。历法与农业有密切关系,以日景的短长为一岁始终,于是我国古代历法有所谓"三正"的历制,即周以含冬至之月为正月,殷以此后一月为正月,夏以此后二月为正月,夏正建寅,殷正建丑,周正建子,正月(岁首)各不相同。而古文献所采用的历制,也往往因此而出现差异,《竹书纪年》采用的是夏正,《春秋》采用的是周正,《左传》采用的是杂有周正的历法,《汉书·律历志》涉及历制时以夏时,所以说到周十二月时,就是夏十月,不一而足。"三正"之外,秦则以十月(孟冬之月)为正月。汉初沿用秦之正朔,以十月为岁首。

《孝经纬》与《淮南子·天文训》关于清明天候的表述,后者比前者增加了一个新的纬度:"音比仲吕。"而且因其排位的不同而出现了"音比"的差异:《淮南子·天文训》中,春分"音比蕤宾",而"蕤宾"是五月的别称;清明"音比仲吕",而"仲吕"是四月的别称;谷雨"音比姑洗",而"姑洗"是三月的别称……①而在王引之的注中,音比的顺序和所指则有所不同,即"春分音比仲吕,清明音比姑洗,谷雨音比夹钟……"按他"音以数少者为清,数多者为浊"的理念,节气"音比"的排定和解释是春分仲吕,其数六十,浊于蕤宾;清明姑洗,其数六十四,浊于仲吕;谷雨夹钟,其数六十八,浊于姑洗。节气递进,其数递加,数少者为清,数多者为浊。② 清明(其数六十四)与前面的节气春分(其数六十)、后面的节气谷雨(其数六十八)的"音比"的变化,间接地说明了"节气"的前后调换而显示出来清明天候的变化。

二、清明的物候

这一节说清明的物候。

《逸周书·时训解》说:"谷雨之日,桐始华。又五日,田鼠化为鴽。又五日,虹始见。桐不华,岁有大寒。田鼠不化鴽,若国贪残。虹不见,妇人苞乱。清明之日,萍始生……"根据《逸周书》的这个记载,清明的物候应是"萍始生"。

---

① 以十二律配十二月,是阴阳五行家的学说。杨宽在其《月令考》中认为,以十二律分配十二月,盖据《月令》为说。每个月配一个音:正月为太蔟,二月为夹钟,三月为姑洗,四月为仲吕,五月为蕤宾,六月为林钟,七月为夷则,八月为南吕,九月为无射,十月为应钟,十一月为黄钟,十二月为大吕。《杨宽古史论文选集》,第485、494页,上海古籍出版社2003年。
② 刘文典《淮南鸿烈集解》第101页,北京:中华书局1989年5月。

《礼记·月令》只有立春、雨水、立夏、小暑、立秋、立冬、白露等七个与帝王行事有关节气的记载,没有出现完整的二十四节气的记载。有一年(岁)四季、春季又分孟春、仲春、季春三个节段,在讲到"季春之月"时云:"桐始华,田鼠化为鴽,虹始见,萍始生。"《月令》中何以没有关于二十四节气的记载呢?因为"《月令》当是战国后期阴阳五行家为即将出现之统一王朝所制定的行政月历,分月记述气候与生物、农作物之生长发展变化,相应制定有关保护、管理生产之各种政策措施,并规定天子每月应办之大事,原则是'月举大事,毋逆大数,必顺其时,慎因其数'"。① 如此一来,没有二十四节气的记载,也就可以理解了。

唐宋有关清明节的物候资料不多,连记载民俗事象较为集中的《玉烛宝典》里也多是节日饮食一类,而缺乏物候和天候的记载,可能与学者所说的《周书·月令》于宋代"始佚"有关。

宋代编纂的《太平御览》卷十八《时序部》之《礼》:"《礼》又曰:清明之日,桐始华,田鼠化为鴽。"编者抛弃了此前自《逸周书·时训解》以来一向作为定论的"清明之日,萍始生"的物候表述,改变为"清明之日,桐始华,田鼠化为鴽"。是否源自《月令》的文字,尚没有看到足够的证据。同样,也是宋代的吴淑在《事类赋注·桐》中为"花清明而应时"句作注时,也引了同样的话:"《礼》曰:'清明桐始华。'"②

清代蒋廷锡重辑《古今图书集成·历象汇编·岁功典》第三十九卷所记之"清明"物候,沿用了"清明之日桐始华"的说法。清代张英等编修的《渊鉴类函·岁时部》中"清明"物候,也沿用了"清明之日桐始(开)华"。

这些记载,显然与《逸周书》所记之清明物候不符。由于《逸周书》来历和成书甚为杂芜,有学者指出,汉代刘向《隋书·经籍志》及刘知几《史通》皆以为是孔子删削《尚书》之余篇,今人多不信从,而主张系战国人所编。各篇写成时代或可早至西周,或晚至战国,有个别篇章,可能还经过汉人改易或增附,如《时训》以雨水为正月中气,惊蛰为二月节气,与汉以前历法相左。汉人或汉以后的人可能觉得《逸周书》所记"清明"物候并不符合汉代及其以后的天候与物候的实际情况,故而像人们对《汉书·律历志》的修改一样做了修改,于是,"桐始华"作为清明节的物候,逐渐成为人们的共识。

---

① 杨宽《月令考》,《杨宽古史论文选集》,第503页,上海古籍出版社2003年。
② (宋)吴淑《事类赋注》卷二十五,第501页,北京:中华书局1989年。

三、中间环节或嬗变因由

至于当代有些文章说,"古代将清明分为三候:一候桐始华,二候田鼠化为鴽,三候虹始见"。这些作者把《逸周书》的原文"谷雨之日,桐始华。又五日,田鼠化为鴽。又五日,虹始见。……清明之日,萍始生。……"理解错了,即使他们理解得无误,那也是他们并没有注意到后人可能对《逸周书》,甚至对汉初著作所做的修正,继续把《逸周书·时训解》和《礼记·月令》中的"桐始华""田鼠化鴽""萍始生"三候,当成了清明的标志性物候了。后世以来,周人、汉人作为清明物候的"桐始华"(白桐开花),到南北朝、隋唐已近隐没无闻了。

唐代是寒食节与清明节逐渐融合,清明节作为独立节日在民间生活中地位日渐突出的时期。在一些文献和诗歌中,翠柳或花柳业已取"桐始华"而代之,成为清明的物候。而从"桐始华"到"翠柳"或"花柳"转变过渡的中间环节或嬗变因由,由于笔者眼界狭窄,至今尚不大清楚。

唐韩鄂撰《四时纂要》:"(三月)季春建辰自清明,即得三月节。阴阳使用,宜依三月法。昏柳中,晓南斗中。谷雨为三月中气,昏张中,晓南斗中。"这段话里记载了唐人把"昏柳"作为清明节的物候重要表征。

《渊鉴类函·岁时部》编者搜罗了一些清明诗篇,其中不乏咏翠柳或花柳者,如唐代杜甫《清明》诗曰:"着处繁华矜是日,长沙千人万人出,渡头翠柳艳明眉,争道朱蹄骄啮膝。此都好游湖西寺,诸将亦自军中至,马援征行在眼前,葛彊亲近同心事。金镫下山红粉晚,牙樯捩柁青楼远,古时丧乱皆可知,人世悲欢暂相遣,弟侄虽存不得书,干戈未息苦离居,逢迎少壮非吾道,况乃令朝更被除。"宋代陈与义《清明》诗曰:"街头儿女双髻鸦,随蜂趁蝶学夭邪,东风也作清明节,开遍来禽一树花。"明代袁凯《清明独坐》诗曰:"花柳千家郭外邨,老夫官屋近荒园,晴林渺渺浮云气,细草油油叠浪痕。川上画船争载酒,烟中长笛自消魂,暮年况复追游倦,落日泥墙独闭门。"明代王磐《清江引·清明日出游》:"问西楼禁烟何处好?绿野晴天道。马穿杨柳嘶,人倚秋千笑,探莺花总教春醉倒。""翠柳""一树花""花柳""莺花"都是指的抽芽或飘絮的杨柳。

以刚刚抽芽的"翠柳"或"花柳"作为清明节气和清明节物候的主要表征,成为一个民众认可的文化符号,自唐、宋、元、明、清以降,以至于现代,似乎再也没有衰微过。清明节在大门的门楣上插柳,是一种流布地域很广、延续时间很长的习俗。前引杜甫《清明》诗所写的是荆楚之地的长沙。

吴中之地的苏州也同样有戴柳的习俗,清末蔡铁耕《清明节诗》云:"不闻百五禁橱烟,烧笋烹鱼例荐先;明日山塘看赛会,几家新柳插门前。"旧时,清明节这一天,苏州家家要烧菜祭祖宗,把新折的柳枝插在门口,各个庙里都要出神会,家家户户到虎丘去参加祭祀、看赛会,称为"清明会"。清明节,青年女子还争相在头上戴柳球,俗谚说:"清明不戴杨柳,红颜变成皓首。"戴了杨柳做成的球,会永远年青,不会变老。杨韫华《戴杨柳球》诗云:"清明一霎又今朝,听得沿街卖柳条;相约比邻诸姊妹,一枝斜插绿云翘。"吴曼云也有诗云:"新火才从竹屋分,绿烟吹作雨纷纷;杨枝最是无情物,也逐春分上鬓云。"[1]记得我的童年时,在我的家乡山东昌乐乡下,每到清明之日,农村里的儿童伙伴们,无不摘取嫩绿的柳条("折柳"),来辫成帽圈戴在头上,很像是在今年希腊赫拉神庙遗址取"奥运"圣火的祭司们把用橄榄枝编成的圆圈戴在头上一样;以柳条的嫩皮抽出来做成柳哨,吹出悠扬的春之声;在为先祖扫墓添土时,把柳枝插在先祖的坟墓上,让他们的亡灵也在清明时与活着的子孙们同乐,等等。

至于人们何以把"柳"作为清明的物候?笔者以为,一是阳春三月正是柳树抽芽或扬花的时节,是一种与时序紧密相连的自然现象,生气勃勃,是春天的象征;二是有可能是古代的"更火"习俗,或"春取榆柳之火,夏取枣杏之火,季夏取桑柘之火,秋取柞楢之火,冬取槐檀之火"(《邹子》)的五行理念和由此推衍的"唐朝于清明取榆柳之火以赐近臣,顺阳气也"(《岁时记》)的信仰习俗的余绪。按照五行的理念,榆柳青色,春是木,木色青,故春用榆柳取火,而清明节正是春天的一个节点。

2008 年 3 月 25 日

(原载福建师范大学美术学院、福建师范大学非物质文化遗产研究与保护中心主办的《海峡·文化遗产》2009 年第 2 期,系 2008 年清明节作者向中央文明办、山西省人民政府、中国文联主办的"我们的节日:清明(寒食)论坛"提交的论文并在会上发言。)

---

[1] 董浩编注《苏州旧俗诗辑》第 45—46 页,苏州文联 1963 年 10 月油印本。

黄石的端午礼俗史论说

在全球化浪潮风起云涌的情势下，保持中华文化的传统和特性，保持世界文化和中华文化的多样性，日益成为国家和民族的迫切任务的当代，国务院于2007年12月7日发布决定，将春节、清明节、端午节、中秋节四个传统的民俗节日，纳入国家的法定假日，并从2008年1月1日起执行，显示了政府对文化传统的认同和尊重，深得人心。

五月初五端午节，又称端五、重五和重午，是中华民族的重要民族节日之一。经历过2000多年的历史沧桑，民众把端午节及其丰富的文化意蕴从上古传承至今，代代相传中有增益，也有扬弃，但却从来没有间断过，表明了中华文化的巨大生命活力。

关于端午节的源流，古代文献中的记载颇多，清代编纂的类书《古今图书集成·岁功典》曾将这些材料汇为两卷；近现代以来，学者们对端午节的源流所做的考证、对相关民俗事象所做的阐释以及对其性质的探索，文章也很不少，但纷然杂陈、众说不一，以至于今天我们也还有很多的话题可说。20世纪二三十年代，见诸报端的文章，不下几十篇之多，重要的，如江绍原的《端午竞渡本意考》(《晨报副刊》1926年2月10日，2月11日，2月20日)、陆侃如的《五月五日》(《国学月报汇刊》第1期，1928年1月1日))、徐中玉的《端午民俗考》(《国闻周报》第13卷第5期，1936年6月29日)、欧阳云飞的《端午恶日考》(《逸经》第32期，1937年6月20日)、间堂的《端午节考》(《论语》第114期，1937年6月)、闻一多的《端午考》(《文学杂志》第2卷第3期，1947年8月)和《端午的历史教育》(1943年7月)等等。20世纪的下半叶，大陆和港台学者发表的端午考源和文化阐释的文章就更多更丰富了，其中不乏优秀之作，不仅表明端午在中国南北各地的老百姓中不是一个僵死了的历史记忆，而从来就是一个充满活力的民族节日，而且也始终是中国学者们所关注的"活态"的文化现象。

在这许许多多著述中，初版于1963年的黄石著《端午礼俗史》，以优美流畅的散文笔法、广纳博采的叙事方式，以及环环相扣的论证逻辑，考释了端午节的历史源流，勾画了各地流行的端午节生活样相，特别是阐释了构成端午节的两大礼俗——角黍和竞渡的文化意涵，无疑是一部把端午的源流考述和现实的民俗文化事象融为一体，深入浅出，兼具学术性和可读性的知识性专著。

黄石（1901—？），本名黄华节，另一个笔名黄养初，是中国现代民俗学领域里的一位重要学者。① 他的著述颇丰，研究领域也相当广泛，其主要学术方向是神话学和女性民俗研究，主要著译有《神话研究》（上海：开明书店1927年）、《妇女风俗史话》（上海：商务印书馆1933年）、《端午礼俗史》（香港：泰兴书局1963年）、《关公的人格与神格》（台北：台湾商务印书馆1967年）、《中国古今民间百戏》（台北：台湾商务印书馆1967年）。译著有薄伽丘著《十日谈》（与胡簪云合译，上海：商务印书馆1930年）、顾素尔著《家族制度史》（上海：开明书店1931年）。大概由于他是一个宗教研究者或一个纯粹学院派的学者，不像20世纪二三十年代那些办民俗刊物的民俗学家们那样，几乎都是地方性的学者，且都有不同程度的民俗采集经验，早期阶段上没有归属于哪个学术派别，到了晚期，又多年隐居于香港郊外的元朗，故而在20世纪80年代中后期之前，与内地学者完全中断了联系，也就少被内地学界所注意。1991年上海文艺出版社出版的《妇女风俗考》（高洪兴编）、1994年中国广播电视出版社出版的《中国神话学文论选萃》（马昌仪编）、1999年上海文艺出版社出版的《黄石民俗学论集》（高洪兴编）等书，陆续收入他早年写作的民俗学、神话学论文，长期隐没无闻的黄石先生，其学术成果和学术成就开始受到学界的关注。

据所著《神话研究·编后》记载，黄石大约于1923年的"双十节"从海外（暹罗）"飘流归来"，到了广州，进入位于白鹤洞一带的协和神科大学上学，前后凡四年。在校期间，在校长龚约翰（Dr. John S. Kunkle）的支持下，潜心研究神话，完成《神话研究》一书的书稿，并部分地在学校的学生刊物《晓风周报》上发表。离开广州协和神科大学后，大约在1927年前后的暑假，着手整理、改削、增补已大体完成的书稿，交付出版社出版。大约1928年初到香港《华侨日报》做编辑，时间很短，据赵世瑜考辨，5月便又回到协和神

---

① 关于黄石的生平和在民俗学上的学术贡献，可参阅赵世瑜《黄石与中国早期的民俗学》，《北京师范大学学报》1997年第6期；后作为高洪兴编《黄石民俗学论集》序言，上海文艺出版社1999年。

科大学。① 大约于 1930 年赴北平，就读于燕京大学研究院，在吴文藻门下专攻宗教及民俗，②他的许多重要民俗学论著是在此写作的，如《胭脂考》（上海：《妇女杂志》第 17 卷第 4 期，1931 年 4 月）、《一篇表现妇女生活的古诗——郑风〈溱洧〉》（《妇女杂志》第 17 卷第 7 期，1931 年 7 月）、《苗人的跳月》《迎紫姑之史的考察》（杭州：《开展月刊》第 10—11 期合刊《民俗学专号》，1931 年）和《满洲的跳神》（《民俗学集镌》第 2 辑，杭州：中国民俗学会发行，1932 年 8 月 1 日）、《再说紫姑神》（浙江省民众教育实验学校编《民众教育季刊·民间文学专号》第 3 卷第 1 号，1933 年 1 月）等论文和专著《妇女风俗史话》（1933 年）。自 1932 年 10 月，即《民间月刊》编委会改组后的第 2 卷第 1 期起，黄石被聘为该刊的撰稿人，但始终未见时在北京的他再为该刊撰文。③

20 世纪 30 年代前半叶，在燕京大学社会学系主任吴文藻周围，形成了一个青年学者的团队，名称叫"社会学社"，黄石也是其中的成员之一。"在他（吴文藻）主持下的燕京社会学系，先后派出了一些研究生和助理到国内的一些地区去进行实地调查，林耀华到福州附近的义序对宗族组织进行了调查，费孝通对江村的农村经济进行了调查，黄华节到定县调查了礼俗和社会组织，费迪到清河对村镇结构进行了调查，郑安仑对福建侨民问题进行了调查。他们的调查成果，后来在吴先生的帮助和支持下大部分都发表了"。④ 在这次调查中，黄石写出了调查报告《河北农民的风俗》。⑤ 1934 年 1 月，在《黄钟》第 42 期上发表的《屠苏酒》；1934 年 2 月，在《东方杂志》第 31 卷第 3 号上发表的《冥婚》，第 4 号上发表的《桃符考》；1935 年 2 月，在上海《太白》半月刊第 1 卷第 10 期发表的《五辛盘略考》等。这些文章可能是他在三四十年代

---

① 前引赵世瑜文。
② 《民俗学集镌》第 2 辑《介绍本辑著译者》，1932 年 8 月 1 日，杭州中国民俗学会发行；许定铭《被遗忘的民俗学家黄石》。
③ 《民间月刊》，原为陶茂康主编，在绍兴出版，第 1 卷共出版了 2 期，创刊于 1931 年 6 月，终刊于 1932 年 8 月。自 2 卷 1 号起，改由杭州中国民俗学会编辑出版。黄石列为撰稿人。《启事》："《民间月刊》自 2 卷 1 期起由杭州中国民俗学会出版，钟敬文、娄子匡、陶茂康编。撰稿人：周作人、江绍原、顾颉刚、赵景深、谢六逸、钟敬文、黄石、钱南扬、王鞠侯、娄子匡、曹松叶。"见 2 卷 1 号（出版日期是 1932 年 10 月 1 日）。
④ 许荣《本土化之梦——记吴文藻先生》，《苏州杂志》2005 年第 1 期，2005 年 2 月 15 日出版。
⑤ 韩明谟《中国社会学调查研究方法和方法论的三个里程碑》，《北京大学学报》1997 年第 4 期。可惜我们没有看到黄石在定县调查基础上所作的这部调查报告。

写作的所能见到的最后一批著述了。1935年，燕京大学校长司徒雷登排斥进步人士，一度在燕京大学中文系讲授俗文学的郑振铎，以及与黄石从事宗教与民俗研究的许地山都被解聘，郑回到了上海，到暨南大学任文学院院长，许去了香港大学中文学院任主任教授，黄石此后的去向变得扑朔迷离，不很清楚，有待于继续研究。

从现有材料可以看出，1949年后，黄石移居香港，20世纪60年代住在香港元朗东头村的租屋里，以卖文为生。这个时期，他陆续出版了《端午礼俗史》（香港，1963）、《关公的人格与神格》（台北，1967）、《中国古今民间百戏》（台北，1967）。近在互联网上看到，他在1981年还发表了一篇关于关公的文章《山西夫子作天公——关羽的神格化》（台北《时报周刊》第170期，1981年）。

从黄石的学术经历中，我们看到，他的专业主攻方向在宗教，但却也从来没有离开过民俗研究，包括他受派遣在河北定县的调查。30年代定县调查，在中国文化史上具有不灭的学术光辉，但无论是晏阳初主持的平民教育计划，还是李景汉主持的社会调查，都属于社会学的范畴，尽管其中也有孙伏园等主持的民间文艺调查，但总体说来，都是社会学人类学领域的调查。而只有黄石的调查，所选的是民俗课题，成为在寥落的北方民俗学研究空域里的一曲独唱，在中国的民俗研究上留下了浓重的一笔。后来在香港期间，很可能是由于生活上和学术上双重的孤寂的原因，他除了《端午礼俗史》外，还写了《基督教道德观与中国伦理》（香港：基督教辅侨出版社1962年）、《科学家看圣经》（鲍伊德等著，黄华节译，香港：基督教辅侨出版社1962年）、《基督教与回教》（黄华节译，香港基督教文艺出版社1966年）、《亚洲基督教教会与优生善养运动》（黄石译）等，宗教研究和翻译在他的学术生涯中占了重要地位。

《端午礼俗史》是一部全面地研究端午节源流和阐释端午节种种相关风俗习惯的知识性读物。这本书的一个突出的特点，是其叙述和论证的实证性，重视让材料和事实说话，结论则在材料引证和分析之后。一方面，纵向上，作者把自先秦以来（作者认为"端午节发源于先秦，历二千多年"。）历朝历代有关端午节的风俗习惯、民俗事象做了历史地梳理与辨析；另一方面，横向上，对可能找到的全国各地有关过端午节的历史记述和鲜活材料搜集起来，进行了归纳、比较、分析、阐释。纵向和横向地搜集相关材料并进行比较分析研究，是20世纪早期的文艺学家们（如胡适）和民俗学家们（如顾颉刚）已经大量、广泛采用并获得相当成就的一种研究方法，而对民俗事象做意涵或象征的阐释的研究，则在黄石著作中成为一个耀眼的亮点。

民俗与艺术

　　黄石笔下的端午节风俗习惯和民俗事象种类甚多，如时食之角黍、羹汤、端午酒、端午宴、祭祀（送瘟神、禳灾逐疫）、蓄兰沐浴、采百草和斗百草、捕蛤蟆、熙游和避灾、竞技、龙舟竞赛、辟邪法物如辟兵、系红丝线（朱索）长命缕、戴香囊葫芦、插菖蒲戴艾草，等等等等，但特别值得提出的，是他对端午节诸多风俗习惯中两个全国各地普遍流行、移动或分布最广，因而也是最为重要的事象——角黍和竞渡的颇见深度和颇具兴味的阐释，有的独特的贡献。尽管在他之前，已经有学者（如闻一多）对这两个问题也从不同角度分别发表过一些见解了，譬如，在论述角黍时之前，作者先把他观察和论述节期时食的特殊视角和原则提了出来："国人生活""以应天顺时为节律"，而"节期的时食，多数不但'应时应节'，并且还涵有特殊的意义，或象征某种故事，或象征某种现象，或代表所祭祀、所纪念或所畏惧的对象，食之有种种不同的作用，或增加活力，或与鬼神灵物契合，而取得其'法力'，或借饮食驱邪祛病，种种动机，不一而足"。他的观察视角和立论原则，使他对时食，特别是角黍（粽子）的文化象征含义的剖析，具有了值得注意的新意和深意。对龙舟竞渡的文化象征含义的论述也一样。作者运笔从历史的深处一路走来，发掘出在龙舟竞渡的乐事和仪式背后所掩盖着的，或被遗忘了的"驱逐恶神厉鬼，消除病疫灾殃"的古俗原意。

　　民俗永远处在嬗变之中，不可能有一成不变的民俗文化模式，但在眼看着端午节的丰富内涵就要蜕化为仅只是吃粽子，所有的民族节日的丰富内容越来越简化为美食节，我们民族的非物质文化遗产的生命活力在现代化、市场化的剧烈冲击下变得十分脆弱，甚至衰微的当今之世，作者在40多年前写下的这些论说，对于今天的读者了解端午节的来龙去脉，丰厚的文化底蕴，仍然具有独特的价值和作用；对于提醒民族和群体的节日记忆，在当代青年中重现一个全像的端午节文化，显然是十分有益的。

2008年5月6日于京郊云湖

（原载《中国社会科学报·学林》2017年2月20日，题为《黄石：一个被隐没的民俗学家》。）

戊子端午感言

北京的本土文化，被越来越多的外来移民所颠覆，被越来越汹涌的现代生活所摧毁。土生土长的北京人的后裔，也与他们所熟稔和传承的京派文化一起，越来越被现代化大都市边缘化了，越来越多的北京人对自己的文化传统茫然无知，陷入了失语状态。君不见，20世纪20年代，北京方言名列吴语方言、粤语方言、潮汕方言、闽南方言之首，为学术大师们津津乐道；20世纪40年代，京派文化曾与海派文化并肩而立，引人注目，成为一个时代的文化标志。曾几何时，如今，这一切，似乎都已偃旗息鼓，四合院所剩无几了，胡同被越来越多的"世界"呀、"广场"呀、"花园"呀等，完全不具传统文化内涵的时尚名词所取代，花市不在了，灯市熄灭了，海子消失了，天桥已成记忆，东安市场尸骨不存，热闹的二闸消失以尽。在张恨水、老舍之后京派作家大体绝迹，九个城门仅存下来一个正阳门成了古董，虽然有点儿形单影只，却也还能在寂寥中供后来者想象北京历史的悠久和传统的丰厚，唯一叫我辈感到欣慰的是，在80年代复兴起来的庙会上或节日里，还能见到一些乡野间保留下来的香会善会的表演，尽管已经并不完整了。

2007年底国务院宣布把春节、清明、端午、中秋四个民俗节日定为国家法定的节假日，载入了国家的法典，是为中央政府对中华传统文化尊重和保护采取的一个重要步骤，这无疑是政府执政的一个进步。在这四个节日中，端午从来是老百姓自己过的一个民间俗节，一个在国家体制之外的平民节日，今年（戊子，2008）的端午节不同了，成为历史上第一个举国上下亿万百姓在国家体制内过的端午节！这一举措，不仅给负载着传统文化和文化传统的平民百姓以巨大鼓舞，也给日益式微中的端午文化的复兴与传承，注入了前所未有的精神动力。

端午的起源，诸说不一，学界一般认为滥觞于先秦时代。笔者以为，大体

民俗与艺术

上可溯源到先民实际生活的需要。从天文、季节看,五月正是阴气下降、阳气上升的时节,万物孳生,虫灾病害也随之而至,危害民生,故而历来把五月称为毒月。端午(五月初五)之成为节日,体现了古人"以应天顺时为节律"的理念,在这一天,集中采用一些实际的或虚幻的(祭祀或象征)方式,达到禳灾逐疫、辟毒驱害、乞民健康、珍重生命的目的,故而不妨说,端午实乃一个古代公共卫生的健康节。在其漫长发展历程中,逐渐形成了一些习俗,如蓄兰沐浴、采百草、斗百草、捕蛤蟆、取蟾酥、熙游避灾(南耍金鱼池、西耍高粱桥、东耍松林、北耍满井)、竞技(少有龙舟竞渡,而多为竞投角黍)、辟兵、系红丝线(朱索)长命缕、戴香囊葫芦、插菖蒲、戴艾草(艾虎)、簪石榴花、游天坛等;形成了有特色和内涵的节期时食,如角黍(粽子)、五毒饼、菖蒲酒等;此外,还因地因时地附会上了一些历史人物及其故事,如屈原、伍子胥、曹娥等,并赋予了爱国主义等文化意涵。

但是,我们也注意到,到了现代,随着现代化步伐的加速,信息传递的快捷,日常生活的简化,外来文化和异地文化的侵入,端午节的趋同化趋势日益加剧,各地特有的端午民俗事象逐渐被遗忘,节日文化的地方性特点逐渐泯灭消亡,这并不是个好的趋势。

以北京为例。北京是古燕之地,至少自金元以降,它的传统文化中,明显地渗透着或显示着主流的中原传统文化与北方少数民族文化交会和交融的特点,连作为城市结构布局的胡同都是来自蒙古语,礼俗方面则随处可见满族的影响。在作为平民节日的端午习俗方面,其繁盛和特点尤为耀眼,既与因龙图腾信仰而被看作端午起源之地的吴越不同,又与以纪念楚大夫屈原为重要内容的江汉之地有异。北京人的端午节虽然也吸纳了一些南方的民俗事象,如划龙舟纪念屈原等,但更突出的是有更多的北方的特点,特别是老北京人把端午节叫作"女儿节",许许多多的习俗,几乎都是与女孩儿有关的。明代历史学家余有丁《帝京午日歌》曰:"都人重五女儿节,酒蒲角黍榴花辰。金锁当胸符当髻,衫裙簪朵盈盈新。长安街道人人趋,三条九陌无断尘。赤日中天万户动,棕藤清道骑官从。高肩大轿风奔驰,五侯七贵相迎送。陌上相望不相知,络绎追寻孩子湄。隐隐朱楼卫翠幰,深深金谷驻襜帷。买笑追欢日不足,喧过通衢喧水曲。蹋归百草毒可禳,系出五丝命可续。结缕仍将艾叶悬,祓祥却把兰汤浴。我来戚里列侯家,眩恍疑乘天汉槎。画壁丹楼池砌白,朱鱼翠鸟绮疏斜。竟日淹留天欲暮,纷纷轩驷红尘度。公子王孙合沓归,摩肩击毂忘来路。人生行乐许及时,汨罗之人非所为。"清末民初,北京最为流行的唱本《百本张岔曲》里有一首《端阳节》唱道:"五月端阳街前卖神符,女儿节令把雄黄酒沽,樱桃桑葚,粽子五毒,一朵朵似火榴花开端树。一枝枝艾叶菖蒲悬门户,孩子们头上写个王老虎,姑娘们鬓边斜簪五色绫蝠。"这些记述中,留给我们的京城端午的热闹情景,是多么逼真生动、热闹非凡呀。这也从另一个方面,展现了京城端午的文化元素之丰富、内涵之多样、特点之别具!

无论从过节的主体老百姓来看,还是从节日的文化性质来看,任何一地的端午,无不与特定的地域文化(地理风貌、风俗习惯、文化传统)相联系,是最能表现地方性特色,因而也最具多样性风貌的一种文化符号。各地不同的端午习俗和传说,都有其合理性,都有其或隐或显或现实或象征的文化意涵,而这些意涵的存在和延续,乃是因为它们或多或少与老百姓的命运、生命、期待、前途、信仰、生活等切身利益相关。节日会随着时代的发展而发展,而嬗变,吸收和添加一些包括新风习在内的内容,扬弃一些失去时代需要的、与平民百姓生活无关的风习,这是不言而喻的,是谁也阻挡不了的,但这种为老百姓认同的添加和增益总是符合文化发展规律的。认同什么样的文化是文化承载和传播主体的选择,政府也好,学者也好,他们的职能,只能是向老百姓提供选择的更多可能。就端午而言,变则变矣,"驱逐恶神厉鬼,消除病疫灾殃"的古意,大概是会一直延续下去的,保留在平民百姓的意识和潜意识中。趋同化、模式化、单一化趋势的加剧,并非文化发展内部规律所致,而多少带有人为因素的作用。趋同化、模式化、单一化是人类文化面临着的最大焦虑,也是传统文化在新世纪遭遇的最大威胁。

怎么办?只有坚守,守住自己的文化特点。

2008 年 6 月 7 日

(发表于刘锡诚新浪博客,附有北京西城区在北海举办的端午活动的照片。)

端午：礼俗、传说和我们的节日

端午（五月端五/端午）何时成为一个民族节日？在学界一向是个见仁见智、没有确证、因而没有结论的悬案，正如有学者说的："把端午起源断为始于汉代，固嫌太晚，臆断为始于战国时代，也是无根之谈。"如果综观作为端午之支撑的礼俗，其滥觞的时间，至少也有 2000 年的历史了。这样的问题，还是留待学者们去探讨去吧。

在我国，任何一个传统的民族节日，即非政治性的节日，其起源或动因，大半都是或因农时、或因天文、或因季节、或因农作需要、或因生命延续需要，而得以滥觞并逐渐形成的。一个特定的日期，一旦被全社会认同为全民性节日，又必定附着了许多礼俗作为基本构成内容，也必然有许多关于这些礼俗的传说在民众口头上广泛流传，而这些因地而异的口头传说，反过来又对节日（包括礼俗）的延续和发展起着强固的积极作用。节日及其礼俗和传说，在其发展中，总是随时代的变迁和生活的需要而发生着或快或慢的递变，不时加入了许多新的因素，而这些新的因素，由于是和新的环境、时代、社会相适应的，也就使传统的节日获得了新的生命力。"递变"是不以人的主观意志为转移的，以至传至今天的节日，有的甚至已经与其本意差之千里了，端午节就是一例。各地现代形态的端午，与原初形态的端午相比，已经发生了巨大的变异，其本意，如厌胜禳灾（五月为毒月）、辟毒逐疫的原旨，经历过漫长的历史途程，在有些地方和有些人群中，或由于失忆而变得湮没无闻了，或由于功能的淡化或削弱而基本上退出了人们的意识和生活，无怪乎媒体上有人批评说，深厚而多样的文化内涵被遗忘了，剩下的只有吃粽子，几乎变成了吃粽子节了。我有一个例子，在我的家乡，用五月端午捉来的癞蛤蟆，将一碇上好的墨从它的屁股上塞进去，让蛤蟆皮翻在外面，吊在房檐下风干后，用来治疗疽疮或"痄腮"（腮腺炎），有奇效。葛洪《抱朴子》说："蟾蜍万岁者，头上有角，颌有丹书八字，五月五日午时取之阴干，百日，以其足画地，即为流水。能辟五兵，若敌人射己者，弓矢皆反还自向也。"癞蛤蟆就是蟾蜍，它嘴里射出来的是毒液，能致人中毒，也能治疗疽疮。我儿时得过"痄腮"，这是一种传染病，父母就用吊在屋檐下面风干了的癞蛤蟆裹墨涂在我的腮上消肿，很快痊愈了。现在医疗技术进步了，即使在农村癞蛤蟆裹墨也不仅不用了，怕是根本不知道有这么回事了。因此，追寻节日的本意，认识其本原和性质，对于今人认识自身及其文化的来龙去脉，保护民族文化的根脉，当是至关重要的。

关于端午节的本意和性质，20世纪前半叶，先有江绍原先生（20年代）后有黄石先生（40年代）刨根问底的追溯研究，其所得出的结论，已成为我国学术界的共识：端午节原本是一个"禳灾"或"逐疫"的节日，亦即一个公共卫生的节日。20世纪后半叶的研究文章很多，在端午的起源与内涵诸方面作了细化的阐释，但似乎并没有太大的超越。黄石说："端午节是个浑然的岁时礼俗体系，它的诸般礼俗有一条线索贯通，作为它们的中心支柱是什么呢？一切都为了逐疫，一切都为了保证生命的安全，最高的目的，唯一的目的，是生存欲的表现。一句话说，端午是逐疫节，这就是它的根本意义，也就是唯一正确的解释。"[①] 生活的需要和时代的变迁，促使端午的内涵发生了或快或慢的递变，如江绍原所说："风俗系应某种需要而起，但是本来需要的到后来也许渐渐消灭，其时也，这个风俗如其不随着消灭，就往往改变性质和内容，成为满足另一种需要的工具，于是那风俗的本意日久许完全被人遗忘。"[②] 而促使端午节及其礼俗发生或快或慢的递变的因素固多，除了生活的需要和时代的变迁的直接影响外，民众中流传的关于端午及其礼俗的口头传说也起着不可忽视的或者说推波助澜的作用。

如上所述，端午的原旨和性质在各地是一致的，几乎没有大的区别，而构成端午节日的礼俗则种类、名目繁多，且因地而异。以生活形态类而论，诸如蓄兰沐浴、龙舟竞渡、采百草与斗百草、捕蛤蟆、熙游、竞技等；以驱毒逐疫类而论，诸如戴百索和香囊、长命缕、悬艾人、五雷符、五毒符等；以时食类而论，诸如角黍（粽子）、羹汤、端午酒、端午宴等，不一而足。总的看来，代表性的礼俗主要是两项：龙舟竞渡和吃角黍（粽子）。

端午及其礼俗的传说，主要是以某些与端午相关的同质的社会习俗为题材，并逐渐将其起源与某些历史人物及其功业联系起来，而创作、记述、渲

---

① 黄石《端午礼俗史》第230页，台北：鼎文书局1979年。
② 江绍原《端午竞渡本意考》，北京：《晨报副刊》1926年2月10、11、20日。

染、传扬、流传下来的口头非物质文化遗产。这些口头作品，是在不同的时代背景下由不同地域的民众所创作的，唯其如此，才显得纷繁而驳杂，呈现出文化多元性和多样性的特点。仅就端午起源的传说而言，主要与三个历史人物有关：楚大夫屈原，吴大将伍子胥，越王勾践。此外，也还有孝女曹娥等等。《武陵竞渡略》说："竞渡事本招屈，实始沅湘之间。"① 《荆楚岁时记》说："邯郸淳曹娥碑云，事在子胥，不关屈平。"② 宋代高承《事物纪原》说："越地传云，竞渡之事起于越王勾践，今龙舟是也。" 当然主要是以龙舟竞渡这个重要的端午习俗来说事。楚人说端午起源于对屈原的缅怀，吴人说端午起源于对伍子胥的悲悼，越人说端午起源于对勾践的纪念。这三个关于端午起源的"传说群"，究其实质，其实是楚、吴、越三个地域文化的产物。楚、吴、越这三个历史上并立与交战的国家和集团，都处身于战乱纷争的春秋战国时代，民众对民族的命运的期望与对国泰民安的憧憬，势所必然地促使他们选择各自理想中的代表人物，作为他们的民族精神的代表和旗帜，而这样的人物就是屈原、伍子胥、勾践。于是，在时代因素使然下，以悲悼祭祀屈原、伍子胥、勾践为内容的端午起源传说，便一发而不可收，并逐渐与原先就流行于民间的关于"毒五月"里种种驱毒逐疫的民俗事象联结或融合起来，形成了包括民俗事象和人物功业在内的内容庞杂的端午传说，而民间原有的一些民俗事象被纳入到传说中之后，给予了起源或意义上的重新阐释。这些端午传说一直在民间流传不衰，使其成为在所有的传统节日中最富传说色彩和斑斓民俗事象的节日。由于种种复杂的原因，流传的态势出现了一些变化，沅湘地区流传的纪念屈原端午传说和吴越地区流传的伍子胥端午传说仍然盛传不衰，而纪念勾践的端午传说虽然也仍在民间流传，不过范围相对要窄一些，主要在绍兴一带。嘉兴一带民间关于端午节的传说，则以伍子胥传说为主，同时也兼有勾践传说。

在国家非物质文化遗产保护工作中，"端午节"进入了国家非物质文化遗产的保护名录，成为中华民族重要的六大传统节日之一。秭归、黄石、汨罗、苏州、宝山、余杭、晋江、嘉兴、黑河、石狮以及香港特别行政区等地区，相继被批准为我国端午传统习俗的保留地和保护地。这些进入国家名录的端午保护地区，其所拥有的端午民俗事象和故事传说是不一样的，带有很浓重的地方性。笔者在前面所论与三个历史人物相联系的三个代表性地区，即楚、吴、越故地，除了前面所说的战争纠葛外，还有一个共同的特点，就是古代楚、吴、越三个国家和集团的生活环境，都在水网地带，楚在沅湘流域，吴在太湖周

---

① 《古今图书集成·岁功典·武陵竞渡略》，第2235页，北京：中华书局1985年。
② （梁）宗懔原著、谭麟译注《荆楚岁时记》，第30页，武汉：湖北人民出版社1999年。

边,越居沿海兼山峦,丰富的水域所造成的居住环境的共同性,同时造就了他们都以龙舟竞渡为其表达观念的载体,而这观念的实质,据学者考证,不是别的,而是"送标"、禳灾(送灾)、逐疫,后来逐渐转变为对屈原、伍子胥、勾践的追怀,把他们的业绩与端午的起源联系起来,借以通过对这些伟大人物的讴歌来表达他们的理想和憧憬。

作为吴越交界的嘉兴地区被批准为端午习俗的保护地,具有一份特别的意义,因为以端午传说为代表的嘉兴民间文学中,也许更多地保留着古代吴越人的务实开拓精神和民俗文化遗绪,如"习水便舟"、尚武剽悍、顽强不屈、坚忍不拔的原始野性,以及"山水倔强"(明张岱《琅環文集·越山五佚记》语)、刚直不阿的气质。

非物质文化遗产,无论是民俗事象还是民间故事传说,都是农耕文明条件下的精神产品,在现代社会条件下遇到了严峻的挑战,使它们的传承变得十分脆弱,这已是不争的事实。而摆在我面前的这部《嘉兴端午民间故事》,其主要篇章是在21世纪初农村现代化、城镇化进程十分迅猛的情势下,从各县(市、区)的普通百姓中搜集采录而来的。这雄辩地说明,端午传说及其所记载的种种端午民俗事象,即使在现代社会条件下,依然在经济发达的嘉兴地区的民众中以口口相传的方式生存着、生长着、传播着、承继着,还显示着民间口头文学鲜活的生命力和影响力。

尽管民间作品不等于历史,不能把春秋时代的屈原、伍子胥、勾践这类历史人物附会到端午的起源传说上,就因而认定端午起源于春秋战国时代,但毕竟如俄苏伟大作家高尔基所说,"从远古时代起,民间文学就是不断地和独特地伴随着历史的",[1] 以历史上的真实人物和历史事件为核心情节的传说和以纷繁杂芜的端午民俗事象为核心情节的故事,依然在嘉兴地区相互依存、口头流传的事实,无疑是我们今人认识历史和考察民众宇宙观和社会观的重要材料!也因此值得我们加倍地珍惜和悉心地加以保护。

2010年5月18日于北京

(原载《中国文化报》2011年6月3日,题为《端午习俗的流传与变迁》;中央党校《学习时报》2011年6月6日(端午),题为《端午:礼俗、传说和我们的节日》。系为嘉兴市民间文艺家协会编《嘉兴端午习俗民间故事》序言,杭州:西泠印社2010年)

---

[1] [俄]高尔基《前苏联的文学》,见《高尔基选集·文学论文选》第336页,北京:人民文学出版社1958年;又见拙编《俄国作家论民间文学》第337页,北京:中国民间文艺出版社1986年。

中国民间故事中的鼠

一、聪慧而狡黠的鼠

少小的年纪,在祖母的膝下,常常听她教我学念那首人人会唱的《小老鼠上灯台》的歌谣:"小老鼠,上灯台,偷油吃,下不来。叫小妮,捉猫来,吱咕吱咕蹦下来。"那时不懂得这歌词里包含着什么意思,只知道老鼠既好玩,又讨厌,每到晚上就出来偷吃家里的食物,连灯油也不放过,还听说老鼠把谁家小孩的耳朵咬掉了一大块。多少年了,这歌词,现在居然也还记得。

在现实生活中,老鼠到处打地洞,肆无忌惮地出入民宅,破坏粮仓,咬破衣物。人们对老鼠怀着憎恨,常常设下卡子捕它,可是有时又不敢得罪它,有一种畏惧心理,生怕得罪了老鼠,会带来厄运,可是,出现在一些歌谣和故事里就是另一种形象了。鼠常常是机灵聪明的象征,十二生肖故事里的鼠就是这种情况。

关于十二相属起源于何时,清代学问家赵翼在《陔余丛考》里考证说:"十二相属之起于后汉无疑也。"他指出,最早记载相属的文献是王充的《论衡》和蔡邕的《月令论》。他还进一步指出,十二相属最早源于我国的游牧民族:

> 陆深《春风堂随笔》谓,本起于北俗。此说较为得之。《唐书》:"黠戛斯国以十二物纪年,如岁在寅,则曰虎年。"《宋史·吐蕃传》:"仁宗遣刘涣使其国。厮罗延使者劳问,具道旧事,亦数十二辰属,曰兔年如此,马年如此。"《辍耕录》记,邱处机奏元太祖疏云:"龙儿年三月奏",云云。顾宁人《山东考古录》亦载泰山有元碑二通,一泰定鼠儿年,一

至正猴儿年。此其明证也。盖北俗初无所谓子丑寅卯之十二辰，但以鼠牛虎兔之类分纪岁时，浸寻流传于中国，遂相沿不废耳。

以十二肖记岁的风俗从北方少数民族传至中原地区，遂在各地民间广泛流行不衰，在流传中形成许多略有差异的民间故事。鼠在十二生肖中占了第一位，很多民族的十二生肖由来的故事，都企图解释为什么鼠在生肖中占了首位。尽管这些解释是人民群众的朴素的思想，不能作为科学的根据，但还是可以看出人民的鼠观。这里不妨举出一种说法：

> 玉皇大帝在天庭里召集了一个上肖大会，各种动物都到齐了。玉皇大帝选中了牛、马、羊、狗、猪、兔、虎、蛇、猴、鸡、鼠、龙等十二种动物，作为人的生肖。但在排次序上发生了争执。特别是由谁领头的问题，议论纷纷。玉帝说：你们中间牛最大，就由牛领头作第一生肖吧。大家都满意，唯独小小的老鼠表示异议。它跷起大拇指说："应该说，我比牛还要大！每次，我在人们面前一出现，他们就叫起来：'啊呀！这个老鼠真大！'却从来也没有听见人说过：'啊呀，这头牛真大！'可见，在人们的心目中，我实在比牛大！"老鼠的这番话，简直把玉帝给弄糊涂了。猴子和马都说老鼠是胡吹。老鼠却理直气壮地提出要试一试，大家都同意。玉帝把十二种动物带到了人间。事情真如老鼠所说的一样，当大水牛在人们面前走过的时候，人们纷纷议论说：这头牛长得真肥，真好。可是没有一个人说：这头牛真大。这时，狡猾的老鼠突然爬到牛背上去，用两脚直立起来。人们一见牛背上的老鼠，果然立即就惊呼起来："啊呀！这只老鼠真大！"玉帝听见了人们的惊呼，无可奈何地说："好吧，既然人们都说老鼠大，我就让老鼠做第一肖。至于牛，就屈尊做第二肖吧！"[①]

古代生活在西北甘青高原一带，后迁徙到四川西南部定居、有着悠久历史的羌族的故事则说：

> 姜子牙排十二甲子的时候，心想：这十二种动物的顺序咋个排法呢，哪个排在第一呢？他喊这十二种动物比凫水，依凫过河的先后来排名次。凫水的时候，耗子精灵，趁大家跳下水的时候，一下子把牛尾巴咬住，牛

---

① 《生肖的传说》，贺佳、黄柏编《中国民间故事选粹》第432—434页，长沙：湖南文艺出版社1986年。

第一个兔过河。快到岸边的时候，耗子把牛尾巴尖给咬痛了，牛尾巴一甩，就把耗子甩到前头去了。这下，耗子得了第一名，牛得了第二名，以下挨次是虎、兔、龙、蛇、马、羊、猴、鸡、狗和猪了。从此，甲子的十二生肖就这样定了。①

这些故事中的鼠，其共同的性格是狡黠而聪慧。它以其聪慧灵敏，略施手段，便战胜了比它优越得多的牛而夺得了十二肖中的首位，其形象和品格甚为可爱。还有些民族的故事，讲述它在过河竞赛中如何排除竞争对手，如象和猫。《云南德钦藏族故事集成》里有一则《藏历之十二生肖来历》说，在过河竞赛中，鼠趁机钻入大象的脑中，吸它的脑髓，当大象第一个到达河岸的时候，鼠即从象脑中跳出，于是争得了第一名，象却倒地而死。在这里，鼠采取恐怖手段，置大象于死地，因而从根本上排除了竞争的对手，因而，在十二生肖中，压根儿就没有象的地位。在民间故事中，与现实生活中不同，猫和鼠原是一对要好的朋友，鼠得知玉帝要定生肖的消息时，第一个告诉的就是猫。猫说，他是嗜睡的，他怕开会时醒不了，托付鼠一定叫醒他，以免误了大事，可是，事到临头，鼠竟然背信弃义，撇下好朋友猫，自己独个儿赴会，并且得了第一名，此举同样也排除了猫竞争对手的地位。这一下子就得罪了猫，从此两个要好的朋友成了不能见面的仇人，猫只要一见了鼠就捉它、咬它。尽管猫鼠结仇的故事，还有其他的说法，由于上述结构的故事比较惯见，可以说成为一种通常的形式。

除了民间的说法外，中国古代学者们还有十二生肖纪十二辰的天文学探索。由于十二辰与二十八宿相对应，二十八宿分布周天以置十二辰，每辰二宿，各有所象，于是十二生肖又与二十八宿发生了关联。何以子为鼠呢？一种解释说："地支在下，各取物之足爪，于阴阳上分之。如子虽属阳，上四刻乃昨夜之阴，下四刻今日之阳，鼠之前足四爪象阴，后足五爪象阳故也。"② 这种说法认为，子时处在阴阳分界线上，而与子时对应的鼠，其前足为四爪，为偶数，为阴，象征"昨夜之阴"；后足为五爪，为奇数，为阳，象征"今日之阳"。也还有从兽类的性情来解析相属的意义的，如说"子为阴极，幽潜隐晦，以鼠配之，鼠藏迹也"之类，③ 不足为训。

---

① 《姜子牙排十二生肖的故事》（羌族），《中国民间故事集成四川卷·少数民族卷》第626页，中国民间文学集成四川卷编辑委员会编印1991年。
② （明）郎瑛《七修类稿》。
③ 参见杨荫深《事物掌故丛谈·十二生肖考》第83页，上海书店1986年。

二、创世之英雄

在神话中混沌未开的洪荒时代，鼠扮演着一个创世的"文化英雄"的角色。

（一）咬开创世葫芦

拉祜族神话故事《牡帕密帕的故事》说：混沌未开时代，创世神厄莎种植了一个葫芦。那葫芦老了，被麂子踩断葫芦藤，滚到山下海水中去了，螃蟹从海水中把葫芦拖上岸来。厄莎把这个原始葫芦放在晒台上，晒了七十七天，葫芦里传出来打口哨的声音；又过了十二天，人在葫芦里说话了："哪个把我们接出来，我们种的谷子给他吃。"小米雀听见了，就自告奋勇来啄葫芦，啄了很久，把九尺九寸的嘴都啄秃了，还是没有把葫芦啄通。老鼠见了又来咬，咬了三天三夜，终于把葫芦咬通一个洞，一男一女从葫芦里走出来。厄莎给他们取名，男的叫扎迪，女的叫娜迪。这就是拉祜族洪水后人类再传的始祖。①

彝族神话故事《葫芦里出来的人》说：天神时代，直眼人的心地不好。有一家人家，老大和他的媳妇懒惰成性，老二又太粗暴，他们对变形为白胡子老汉的天神不好，只有老三对他既诚实，又热情。天神给老三一颗葫芦籽，要他种在土里，并预告他将要发大水，世间要遭劫难，嘱他种下葫芦籽，五天即可成熟，发大水时，可躲在葫芦里避过劫难。事情正如老人所说的发生了。老三躲在葫芦里，随水漂流。葫芦停在了一片岩石边，那里生着一蓬尖刀草、一蓬细毛竹和一棵青松栗树，得到了蛇、小老鼠、小米雀、尖刀草、细毛竹和老栗树的帮助，才得以停留在岩石边。老三走出葫芦，遵照天神的嘱咐，向对他有救命之恩的、快要冻死的蛇、小老鼠、小谷雀、尖刀草、细毛竹、老栗树表示感谢。他把小老鼠放在火堆旁烤了一阵，小老鼠活过来了，对他说："不是我把葫芦啃开，你早已闷死在葫芦里了。"老三感谢老鼠说："小老鼠，谢谢你，以后我种粮食养活你。"从此，彝家种出粮食，首先是小老鼠尝新。②

白族神话故事《开天辟地》说：大洪水把地面上的东西冲得光光的，只剩下了两兄妹，观音把他们藏在金鼓里，鸭子、老鹰帮助把金鼓从洪水中捞上

---

① 《牡帕密帕的故事》，《拉祜族民间文学集成》第90—100页，北京：中国民间文艺出版社1988年。

② 《葫芦里出来的人》，陶阳、钟秀编《中国神话》第339—347页，上海文艺出版社1990年。

来,但兄妹还是无法从金鼓中出来。观音又请啄木鸟来啄开金鼓,但啄木鸟的声音很大,观音怕把兄妹吓死,不让再啄了,又请老鼠来帮忙。老鼠说:"我愿意啄开金鼓,可是你们得给我'衣禄'呀!"观音答应说:"只要把金鼓咬开,就把五谷分给你。"所以,现在老鼠到处吃人的粮食。①

(二) 给人类运来谷种

瑶族神话故事《谷子的传说》说:远古时代,谷穗结的很大,成熟之后便自动滚到人们的家里去。有一个懒妇人,谷子收获时,她却在家里打扮,还向谷子扔了一条扁担打大谷子,于是大谷子便跑到天上,不再回来了。瑶家求麻雀上天去找谷神要回谷种,贪嘴的麻雀在回来的路上把谷种吃光了;人又求小猫去向谷神要谷种,小猫过河时,谷种被大水冲走了;人又求狗去要谷种,小狗过河时,谷种被小狗抖落在河里了;人又求老鼠去天上取谷种,老鼠一连跑了几天,谷神给了它一穗谷子,老鼠用嘴衔着,从天上回到人间。走到大河边,向河里游去。当它游到中间时,忽然起了大风,老鼠衔不住,被风吹到河里了。老鼠求蚂蟥帮忙,蚂蟥同情老鼠,帮它在河底找到了谷穗。老鼠怕再丢失,把大谷子咬碎,吞到肚子里去了。老鼠回到瑶山,张开嘴巴,把肚子里的谷种吐出来,交给了瑶族的社王,但是大谷子已被老鼠咬碎了,谷种变小了。他们把咬碎的谷种种在田里,长出来的都是小谷子。②

(三) 为人类找来光明

普米族神话传说《太阳、月亮和星星》说:远古时,漆黑一团。老鼠和猫头鹰是好朋友,他们决定去为万物找光明,可是云层隔开了天和地。猫头鹰驮着老鼠,老鼠用牙齿啃云墙,啃了九十九天,先啃开了一个洞,露出一道白光。这道白光很冷,是月亮的光。它们又飞向东方,老鼠又在另一堵云墙上打洞,又啃了九十九天,啃出一个圆洞,漏出一道灼热的光,这就是太阳的光。③

作为创世的"文化英雄"之一,除了上述神话传说外,鼠还在其他一些

---

① 《开天辟地》,陶阳、钟秀编《中国神话》第5页。
② 《谷子的传说》,李子贤编《云南少数民族神话选》第360—261页,昆明:云南人民出版社1990年。
③ 《太阳、月亮和星星》,《普米族故事集成》第1—2页,北京:中国民间文艺出版社1990年。

民族的神话传说中也留下了足迹，如汉族、畲族和佤族。佤族著名人类起源神话《司岗里》里说，与阻止人类从司岗里（孕育人类的祖洞）中出来的豹子进行搏斗的，就是这个小小的动物——老鼠。因此老鼠对人类是有恩惠的。①福建顺昌县流传的一则汉族神话传说《老鼠、猫、狗和五谷的传说》里，盘古开天后，鼠要去引粮种，全身沾满了谷子往回去，由于过河时河水把它带的谷种全都被冲光了，害怕盘古治罪。当盘古见到它时，一把抓住了它的尾巴，一撸，撸下来一些谷粒，从此人类才有了谷种。②有意思的是，这则神话传说，把鼠引来粮种，与创世神盘古联系了起来，而其行文，又很像是有些民族的狗引谷种的神话。与此说法大致相同的还有畲族的《稻穗为何像老鼠尾巴》，故事说老鼠从玉帝的金库里给人偷稻种，把金库咬开了一个洞，而且在路上过海时，都被洗掉了，只剩下尾巴上沾着的谷粒。③畲族还有的神话说，远古天降烈火，把地上的庄稼草木都烧焦了，人们没有了谷种，只有老鼠在地洞里保存下了谷种，老鼠对人类的贡献很大。④畲族神话中所说的天降烈火，也许与汉民族古典神话中所说的十个太阳并出相类似的自然现象。鼠在这种大劫难中，为人类保留下了谷种，是原始先民的一种合理的想象。

老鼠是怎样一个"文化英雄"呢？美国人类学家博厄斯（Franz Boas）1898年在为杰姆斯《不列颠哥伦比亚汤普逊印第安人的传说》一书所写的序言中说："被人们称之为'文化英雄'的故事，在印第安神话中是很常见的。文化英雄把世界造成现在的样子，他消灭了横行大地的妖魔，教人以各种技艺。在我们称之为史前的那个时代，人与动物之间并没有明显的界限，后来出现了文化英雄，他把当时的一些生物变成动物，把另一些生物变成人。他教人如何猎杀动物，如何取火，如何用衣服蔽体。他是人类伟大的造福者，是人类的救星。"美国出版的《韦氏大辞典》之"文化英雄"条说："文化英雄，系传说人物，常以兽、鸟人、半神等各种形态出现。一民族常把一些对于他们的生活方式和文化来说最基本的因素（诸如各类大发明、各种主要障碍的克服、神圣活动、以及民族自身、人类、自然现象和世界的起源），加之于文化英雄身上。"⑤上述中国神话传说中的鼠——兽人，正是这样一个在洪荒时代给人类

---

① 《司岗里》，《佤族民间故事集成》第7—8页，昆明：云南民族出版社1990年。
② 《老鼠、猫、狗和五谷的传说》，《中国民间文学集成·福建省顺昌分卷》第196—198页，内部资料本。
③ 《稻穗为何像老鼠尾巴》，同上书第199页。
④ 《老鼠和谷种》，《中国民间故事集成·福建卷闽东畲族故事》第22页，内部资料本。
⑤ 两段引文均转自马昌仪《文化英雄论析——印第安神话中的兽人时代》，《民间文学论坛》1987年第1期。

的生存开辟道路（咬开原始葫芦、与阻碍人类生存的障碍斗争），以超常的智慧从天神那里盗（要）来谷种，在黑暗中给人类取来光明的功莫大焉的"造福者"和"救星"。在这一点上，它是堪可与我国神话中的一些神人神农、嫘祖……和兽人狗、猪等相提并论的。

三、知恩必报的动物

民间故事中的动物报恩，所反映的是一种人类普遍的民俗心理。人类把知恩必报这样的人类社会才具备的道德规范，加之于一些中性的动物身上。钟敬文先生在《中国民谭型式》一文中列举了"蜈蚣报恩型""猫狗报恩型""燕子报恩型"三种类型。① 另外，中国民间故事中还有蚂蚁报恩、小龙报恩等。这些兽，都不是猛兽、害兽，而是一些中性的动物，或与人类友好相处的动物，而老鼠报恩则有所不同。老鼠在整个东方人的民俗心理上，大多是一种"不祥的动物"，中国人也一样。英国民俗学家 Warren R. Dowson 在《寓言及俗说中之鼠观》一文里说："鼠之为人不喜欢，或由于其破坏性，在东方则的确以它为疫疠之表征。"② 就是这样一个在实际生活中令人讨厌的老鼠，在我国有些民族，如蒙古族和藏族的寓言故事中，却赋予它以遇恩知报的良好道德。

藏族的一则《老鼠报恩》，主要情节是这样的：（1）穷小伙把从河的上游冲下来的快要淹死的老麻蛇、乌鸦和老鼠救上岸；（2）农奴主家的小姐在河边洗澡时，乌鸦把她颈项上的串珠衔到了小伙面前，送给了他；（3）为此，农奴主把小伙活埋；（4）老鼠知道后，往地里打地洞，把捆小伙的牛皮筋咬断，把农奴主的奶渣、酥油、牦牛肉运给小伙吃，如此者三年；（5）老鼠找到蛇和乌鸦，要他们救出自己的恩人。乌鸦每天飞到农奴主的房顶上呱呱叫，像是农奴主家里死了人一样，蛇变成蟒绕住农奴主儿子的脖子，做出要吃他的样子；（6）农奴主只好把小伙子释放，小伙子完好如初，长得很壮实。③

蒙古族的寓言《狮子和老鼠》，内容是：

一天，有一只狮子刚睡觉，睁眼一看，足旁有个老鼠在觅食。狮子看见老鼠，一伸腿便用前足把老鼠给按住了。老鼠哆嗦着向狮子恳求说：

---

① 钟敬文《中国民谭型式》，《开展月刊》1931年第10—11期合刊。
② Dowson R. 著，江绍原译《寓言及俗说中之鼠观》，《东方杂志》第25卷第18期，1928年9月5日。
③ 《老鼠报恩》，《中国民间故事集成·四川省木里藏族自治县卷》第212—214页，1988年，内部资料本。

"狮子大王,请你饶命,放开我吧。如果日后有机会,我一定尽力报答大王放生之恩!"

狮子听老鼠这样说,冷笑了一下,说:"你这么点儿一个小东西,还能报什么大恩!"狮子觉得老鼠太小,没有什么可吃的东西,于是抬起腿来,便把老鼠放走了。

此后不久,猎人用绳索套住了狮子,捆得紧紧地,便走开去取利器,回头准备来杀狮子。

猎人走后,狮子挣扎得精疲力尽,也没能挣扎开腿上的绳索,没有办法,它只好大声吼叫求救。狮子的呼声,恰恰被那只老鼠听见了。老鼠急忙跑来,把狮子腿上捆绑的绳索给嗑断了。

狮子得到老鼠救助,摆脱了死亡,忙向老鼠叩头谢恩。这时,老鼠说道:"当初我向狮子王求救,应许日后有机会必报恩情时,狮子大王还曾嘲笑过我。没想到,狮子大王你今天也竟然和我向你求救时那样,向我叩头谢恩了!"①

藏族有一个与上述蒙古族故事相同的鼠报狮恩的故事。②

藏族和蒙古族所以流传着老鼠报恩的故事,可能与印度的鼠信仰有着某种渊源关系。古代吐蕃民族是流传着鼠神信仰的。据《太平御览》卷911:"其国禁杀鼠,杀者辄加罪,俗亦爱之不杀也。"另据《旧唐书·吐蕃传》:"又有天鼠,状如雀鼠,其大如猫。"吐蕃民族的风俗是,不仅不杀老鼠,而且族人每掘一种叫作"石速古"的野草来喂老鼠。从"天神"这个名称,也可看出对鼠的尊崇。据宋兆麟兄告,他所收藏的藏传佛教唐卡中,有一幅画面上画的是鼠为财神的图像,可见在藏族中存在着鼠信仰。具体说到这个狮子和老鼠的故事,由于狮子传入中国是西汉时代的事情,在此之前中国并没有狮子这种动物,所以这个故事可能是从印度或斯里兰卡传过来的。在上述 Warren R. Dowson 的文章中引用的一个埃及的《鼠报狼恩》的故事,与上列藏族和蒙古族的故事,除了角色是狼不是狮外,在情节结构和寓意上几乎完全相同。

---

① 《狮子和老鼠》,《内蒙古民间故事集》第231页,中国科学院内蒙古分院语言文学研究所编印,1961年,内部资料本。
② 《小老鼠报恩》,诺日仁青翻译整理,《藏族民间动物故事》,西安:陕西人民出版社1989年。

四、鼠的信仰

老鼠报恩的故事，已经触及了鼠神崇拜的问题。在讨论鼠神崇拜问题之前，我们要指出的是，这种鼠神崇拜的现象有两个层面。第一个层面是在某些地区，老鼠对人类作出了重大贡献，引起了人们的崇敬和畏惧；第二个层面是在这些地区存在着鼠神崇拜的民俗。

在内地流传的故事中，我们发现有老鼠救主的故事，比如河北省《耿村故事集》第二集中有一则《老鼠救驾受封》的故事，讲的是从前有一个西凉小国给中原王进贡了一对大蜡烛，当中原王要在喜庆大典上点燃蜡烛时，才发现蜡烛被老鼠啃开了一个大洞，里面藏着火药。原来是西凉打算谋害中原王的，老鼠有功，被封为御鼠。安徽省临泉流鞍河一带也记录了一则同样内容的故事。河北承德市记录了一则唐太宗李世民当年被围困在城中，弹尽粮绝，处于危难之中，鼠送粮救驾的故事。

据记载，历史上，西域有鼠国。这个鼠国，据考证，就是瞿萨旦那国，即古于阗国。①《太平御览·西域诸国志》："西域有鼠王国，鼠大如狗，着金锚小者如兔，或如此间鼠者。沙门过不咒愿，白衣不祠祀，辄害人衣器。"《述异记》也有记载："西域有鼠国，大者如犬，中者如兔，小者如常鼠，头悉白。"这个古国也曾有过鼠救主的故事。道宣撰《释迦方志》（卷上）："（瞿萨旦那国）都城西百六十里，路中大碛，惟有鼠壤，形大如猬，毛金银色。昔匈奴来寇，王祈鼠灵，乃夜啮人马，兵器断坏，自然走退。"又，天宝高僧《不空传》中也有关于鼠神助战的记载："天宝中，西蕃、大食、康三国帅兵围西凉府，帝诏不空设法。不空手秉香炉，口颂密语，请毗沙门天王领兵解救，后安西告捷，并云：'城东北三十许里，云雾间见神兵长伟，鼓角喧鸣，蕃部惊溃。彼营垒中有鼠金色，咋弓弩弦皆绝。'"谭蝉雪认为："在这两则神话故事中，鼠神与天王密切合契，前一则是为了保卫于阗国……于阗国乃直接受育于毗沙门天，保卫于阗也就是保卫毗沙门天，所以当敌国来犯时，鼠神则起而助之。后一则是当毗沙门去营救被围的安西都护府时，鼠神又成了天王的得力助手，毗沙门护军的功劳簿上是应该有鼠神的一分成绩的。"②

内地和西域都流传着鼠神救主的故事，都在不同程度上存在着鼠神信仰，但在风俗的比较上来看，西域的鼠神信仰较盛，内地的鼠神信仰则相对薄弱。

---

① 谭蝉雪《西域鼠国及鼠神摭谈》，《敦煌研究》1994 年第 2 期。
② 同上。

《古今图书集成·岁功典》记岁除礼俗:"喂鼠饭,饭一盂,益以鱼肉,置之奥窖处,而祝之曰:鼠食此,毋耗吾家。"正月里(日期各地不一)还有"老鼠嫁女"的风俗(这是一个专门的题目,需要另文探讨,这里不论)。在这天,大人孩子不点灯,不喧哗,早些睡觉,以免扰乱老鼠的喜事,仅此而已,没有其他的祭祀仪式。可是,在西域,情况就不同了,据《异苑》记载:"商贾有经过其国,不先祈祀者,则啮人衣裳也,得沙门咒愿更获无他。"可见,这里的鼠神信仰是有祭祷仪式的。不管有无仪式,内地和西域的鼠神信仰,其实质都是出于对鼠害的畏惧,而不得不对之"媚"。这种对鼠神所持的"媚"的态度,是一种趋利避害的民俗文化心理的反映。

五、鼠的变形

老鼠变形成精的故事数量不少。鼠以变形为法术而犯下种种扰民的恶行,如鼠精潜入民宅,与小姐调情交欢等,围绕着破除其法术而演绎的公堂故事,显示出道教的影响和群众的智慧。

第一种类型:人变鼠

在湖北省十堰市记录的一则故事说:一个浪荡子想发财致富,每天买些食品供土地爷,求土地爷点化他。于是,土地爷给了他一张老鼠皮,允许他用一年。浪荡子穿上鼠皮,变成一只老鼠,脱下鼠皮便又恢复人形。他于夜间潜入员外家,与其女儿私通,终于把员外的女儿害死了。玉皇大帝得知后,传旨土地爷收回鼠皮,可是浪荡子不给,土地爷追赶他,他变成一只老鼠钻入地洞中。土地爷向玉帝交不回鼠皮,不敢再当土地爷了,就变成一只鹰,在天空中飞来飞去寻找老鼠,见了老鼠便叼。① 同一类型的故事,还有郧阳地区的一例。这篇题为《鹰抓老鼠糊涂案》的故事里的变形老鼠,与小姐交欢致使怀孕后,被缚往公堂。包公决定在江心船上升堂,将鼠皮抛至小伙子面前,小伙子披上鼠皮,在舱板上一滚,变成一只老鼠,爬到桅杆顶上。土地爷变成一只老鹰,将老鼠叼走,放到岩道里。② 该省监利县搜集到的另一例《老鼠子皮 消

---

① 《鹰为啥叼老鼠》,《湖北民间传说故事集》之九——《十堰市》第160—161页,中国民间文艺研究会湖北分会、湖北省群众艺术馆1981年,内部资料集。
② 《鹰抓老鼠糊涂案》,《中国民间故事集成湖北卷·郧阳地区民间故事集》第57—59页,1988年,内部资料本。

受不起》①，所不同的地方是，土地爷成了城隍，主角变成老鼠，玉皇命城隍追回鼠皮，鼠爬到了桅杆顶上，老鼠皮脱落，摔下来死了。城隍变鹰、鹰追老鼠的情节，大概是在流传中丢掉了。

第二种类型：鼠变人

吉林省梨树县民间故事《老鼠成精》说，大年三十晚上，一个漂亮的少女来到孤老头家里要求借宿，并帮助老头包饺子。少女偷吃生饺子馅，被老头发现，疑其为异类，趁其烧火时，用刀砍死在灶脚边，少女恢复了老鼠形，是一只母鼠。② 这个老鼠变形的故事，多么像故事里的那些神通广大的狐狸精。

第三种类型：包公审鼠

包公审鼠的故事是一个传统故事，民间多见。现代记录稿，汉族有，藏族有，傈僳族也有。四川木里藏族流传的一则《五鼠闹东京》，颇为典型，其主要情节是这样的：（1）有小两口住在大山边，男名张老实，女名杨翠花。年遭大旱，男人外出作小生意，女人在家。（2）五只修行多年的鼠精，趁荒年到村中寻找食物，来到杨家，变成与张一模一样的人。月余时间，把杨折腾得面黄肌瘦。（3）张归，见五个与自己一样的人无法分辨，便告到官府，鼠又变为县官；再告到包公处，鼠又变成包公；再告到皇帝处，鼠又变成皇帝；莫可奈何。（4）一老者经商至此，擅长学各种兽叫，让杨观察各人的动静。老者学虎叫、狐叫，鼠精均无反应；学猫叫，鼠精则神色大变，惊慌失措。老者断定为鼠精所变。（5）当时中国无猫，老者到波斯借猫。波斯老人只有三只猫。第一只猫在路上见到鱼，跑脱变成了水猫；第二只去追松鼠，变成了野猫；第三只猫便使五鼠原形毕露，并被咬死。③ 四川德昌傈僳族故事《老虎、水獭、家猫的来历》④，其内容和情节与这则故事大同小异，属于同一类型的故事，所不同的，只是审判者不是包公，而是天管师。天管师是傈僳族的地方

---

① 《老鼠子皮 消受不起》，《中国民间故事集成·湖北监利县民间故事》，1990 年。
② 《老鼠成精》，《吉林省民间文学集成·梨树县故事卷》第 538—539 页，1987 年，内部资料本。
③ 《五鼠闹东京》，《中国民间故事集成·木里藏族自治县卷》第 199—203 页，1988 年，内部资料本。
④ 《老虎、水獭、家猫的来历》，《中国民间故事集成·四川少数民族卷》第 939—940 页，1991 年，内部资料。

管事的头目，把汉民族的传说人物包公充分民族化了。《中国民间故事集成·成都龙泉驿区卷》里有一则《放牛娃变耗子》，讲的是山神送给放牛娃一张鼠皮，他披上鼠皮变成一只老鼠，与主人家的小姐私通，主人告到官府，包公辨鼠收妖的故事。① 在这几则类同的故事中，以《五鼠闹东京》最为典型。

据胡适的研究，《五鼠闹东京》讲的是宋仁宗时代的事，鼠的故事与包公传说联系起来，很可能也就在当朝，与其他包公传说一样，在作于明末的《包公案》里属于"来历颇古"的部分。他说："（《包公案》）《玉面猫》一条，记五鼠闹东京的神话，五鼠先后化两个施俊，又化两个王承相，又化两个宋仁宗，又化两个太后，又化两个包公，后来包公奏明玉帝，向西方雷音寺借得玉面猫，方才收服了五鼠。这五鼠的故事大概是受了《西游记》里六耳猕猴故事的影响；五鼠闹东京的故事又见于《西洋记》（即《三保太监下西洋》），比包公案详细得多；大概《包公案》作于明末，在《西游》《西洋》之后。五鼠后来成为五个义士，玉猫后来成为御猫展昭，这又可见传说的变迁与神话的人化了。"② 民间传说借着通俗文学而得以更加广泛的传播，民间口传和书面传播双管齐下，使传说的生命力也更加长久。

动物可变为人和植物，人可变为动物和植物，是原始而朴素的观察事物的方式。在原始人看来，世间万物，包括人在内，都在一个等级上，是一律平等的，万物都具有生命和性格，人与万物是可以互换的。德国人类学家恩斯特·卡西尔（Ernst Kassirer）说："（原始先民）深深地相信，有一种基本的不可磨灭的生命一体化（solidarity of life）沟通了多种多样形形色色的个别生命形式。原始人并不认为自己处在自然等级中一个独一无二的特权地位上。"③ 在故事里，人显然与老鼠处于同一等级上。人鼠可以互变，老鼠可以变成人的样子，人披上鼠皮在地上一滚，变能变成一只老鼠精，横行乡里。当然故事中鼠的形象的塑造，是浸透着后起的鼠观和审美观，并不是没有是非评价的，而且对鼠的形象和特性的描绘，不论它变换成什么形体，都从来没有离开过鼠性：它与人类为敌，它怕鹰、怕猫。

六、硕鼠故事

刘守华在《中国的〈斗鼠记〉与日本的〈弃老山〉》《从"弃老"到

---

① 《放牛娃变耗子》，《中国民间文学集成·成都龙泉驿区卷》第124—125页，1989年，内部资料。
② 胡适《〈三侠五义〉考证》，《中国章回小说考证》第401页，实业印书馆1942年。
③ ［德］卡西尔著，甘阳译《人论》第105页，上海译文出版社1985年。

"养老"》等文章①中,首次提出并论证了中国的"斗鼠记"故事中反映了"弃老"的习俗,我极表赞同。同时我在研究鼠信仰的论题时,也搜集到一些此类故事的例证。除了他所论述的湖北十堰市的《斗鼠记》外,还有下列几篇可作补充:

(1)《八斤半猫吓倒千斤鼠》,收入《孝感地区民间故事集》,中国民间文艺出版社1989年。

(2)《大猫抓大鼠》,收入《中国民间故事集成·黑龙江省讷河民间故事集成》,1988年内部资料本。

(3)《五鼠闹东京》,收入《中国民间文学集成·吉林市昌邑区卷》,1988年内部资料本。

(4)《真假娘娘》,收入《满族三老人故事集》,春风文艺出版社1984年。

这些硕鼠的故事,不仅反映了生活在这些地区的民族历史上曾经有过的"弃老"或"杀老"的习俗(尽管我们至今还没有读到翔实可靠的史料),而且还反映了这些地区古代与外界(国)的文化交流,以及那些地方历史上曾经发生过鼠祸的情形。

孝感地区的故事《八斤半猫吓倒千斤鼠》里说,外国朝廷送来一未名之兽,皇帝传旨让朝廷内外辨认该兽为何物,有一被儿子藏匿在山洞中的老人告之,寻八斤半猫可治此硕鼠。孝子得此猫,使外国的大鼠当场瘫倒在地。这里正面写的是大猫战胜硕鼠的事情,侧面却反映出与外国的交往。

吉林市记录的这则《五鼠闹东京》故事,是一种异式,讲述早先有一种人活到"花甲子",即被活埋的奇俗。一孝子将老父置于夹墙中,而时值五鼠闹东京,吃人甚多,皇上问朝廷内外治鼠之策,其父告之以八斤半猫可避千斤鼠,于是大猫抓住三只鼠,鼠祸得以平息。这段描写显然是曾经发生鼠祸的写照。

鼠祸在历史上和现实中是确实发生过的。前面提到,新疆有些地区古来存在着硕鼠,至今仍然存在着硕鼠,有时甚至会发生硕鼠之患。据《报刊文摘》摘发《羊城晚报》1993年12月13日的一则关于新疆和田地区皮山县皮亚勒玛乡的鼠祸报道:在靠近戈壁的棉田里,大老鼠袭击了大片棉田,把一卷一卷的棉花拖进了碗口大的鼠洞中。一个洞里就能挖出几十斤乃至几百斤棉花和棉桃。乡收购站自新棉上市以来至10月29日,就收购到这种从鼠洞中弄出来的棉花达32760公斤。历史上是否发生过这种事情呢?我想,故事告诉我们,这种事情是可能的。根据民间信仰产生的规律,同时现实情况也告诉我们,凡是

---

① 见刘守华《民间故事的比较研究》,北京:中国民间文艺出版社1986年。

有鼠患的地方，肯定地会有对鼠的崇拜。新疆于阗古国的情况正是这样一个例证。

七、结　语

鼠是一种聪慧而狡黠的小动物，与人类的关系极为密切。在东方人的观念中，通常以破坏性或疫疠为象征。在中国民间故事里，它既给人类带来危害，又为人类做出贡献，人类既畏惧它、憎恨它，又敬畏它、崇拜它。中国人以一种极端矛盾的心理，赋予鼠种种特殊的民俗人文特征。在这些往往互相抵牾的叙述里，表达了中国人以驱邪禳灾为主要倾向的鼠观。

1995 年 10 月 17 日于北京

（原载《民俗研究》1996 年第 3 期；收入《民间文学：理论与方法》，中国文联出版社 2007 年）

向龙年一拜

俗语说："千载难逢。"今年是公历 2000 年，是名副其实的"千载难逢"，全世界都为进入新的千年而欢喜雀跃，几近疯狂地庆贺了一番。对我们中华民族来说，今年又是农历龙年（岁次庚辰），也是一大盛事。"千年"和"龙年"这两个年份碰到一起，双喜临门，更是"千载难逢"。回首人类有记载以来度过的几个千纪，公元前 1000 年（岁次辛酉）、公元 1 年（岁次辛酉，没有公元 0 年）、公元 1000 年（岁次庚子），都不是龙年，所以新千年和龙年的并肩而至，无论是我们国内各民族，还是世界各地的华人，都十分重视。

华人所以如此重视龙年，是因为华人把自己看作是龙的子孙，龙是中华民族的图腾祖先。龙作为图腾祖先的观念，出现的时代甚早，而龙的最初的形象是什么，有人说是蛇，有人说是鳄鱼，有人说是蜥蜴，迄无定论。新石器时代墓葬遗址中发掘出土的摆塑龙形象，已经脱离了这类爬行动物的原始形态。辽宁阜新查海文化遗址中心广场出土的石块堆塑的长龙，其时代在 8000 年前，被称为"华夏第一龙"；河南省濮阳西水坡仰韶文化遗址墓葬中发现的用蚌壳摆塑的龙虎图案，其时代在 6000 年前。这些形象已显示出与后来的龙一脉相承的特点。在后来的历史发展中，龙成为以黄帝为首领的部落联盟的图腾，与龙的出现几乎同时，凤成为另一个以炎帝为首领的部落联盟的图腾。龙凤作为图腾祖先，相传沿袭了几千年之久，真可谓源远流长。在后来漫长的有史时代，龙的力量似乎远远超过了凤的力量，从一个部落联盟的图腾祖先，变成了整个中华民族的象征。其实如今当我们说"龙的子孙"的时候，是在"炎黄子孙"（也包括以蚩尤为首领的部落联盟及其后裔）的意义上使用"龙"这个字的。

龙最初作为某一族群的图腾祖先，是只是限于血缘关系的意义的，即某一群体以某种动物或植物为图腾祖先，认为与之有血缘关系。群体的成员对这种动物或植物加以崇敬，不予伤害或杀生，违者由群体给予处罚。全体成员以图腾为信仰，其身体、其住所、其用具等，也以图腾的形象或变形纹样为装饰，图腾图案成为群体信仰的标志。在社会生活方面，男女成员到了一定的年龄，要举行一种入社仪式；同一图腾群体中的男女成员禁止婚配，实行人类学上所说的外婚制。龙的图腾祖先意义，仅此而已。

但后来，龙逐渐被赋予了与"天"（在人们的观念中，天是至高无上的神）相联系的人文特征：乘云腾飞上天而去。"画龙点睛"的典故或传说，就说明了龙的这一特征。晋代王嘉《拾遗记》卷四：始皇元年，画工裔"画为龙凤，骞翥若飞，皆不可点睛。或点之，必飞走也"。《晋书·顾恺之传》也说到顾"每画人成，不点目睛"。到唐代张彦远《历代名画记》卷七说，画家张僧繇画"金陵安乐寺四白龙，不点眼睛，每云点睛即飞去，人以为妄诞，固请点之。须臾雷电破壁，两龙乘云腾去上天，二龙未点睛者见在"。"画龙点睛"作为典故，说的虽是画家之神笔，却透露出真龙是能飞上天的。所谓"真龙天子"之说是也，所强调的是天子乃真龙。秦始皇灭齐统一全国，时在公元前221年，那年岁次庚辰，是龙年。清太祖努尔哈赤在赫图阿拉（今辽宁新宾县）称汗，其时选在1616年丙辰之年，宣布年号为天命元年，也是龙年。

图腾一词原是北美印第安人的土语，拼写为Totem，其意为"血族"，最早出现在英国商人郎格（J. Long）于1791年出版的一部记述北美印第安人的社会生活的游记中。"图腾"一词被我国学者们移用于我国，出于晚清社会政治斗争的需要。最早使用"图腾"这个词汇的，是章炳麟的《訄书》，他把Totem译为"托德模"。那时的一些学者们，包括章炳麟、刘师培等人，把图腾的概念和理论引进我国的社会学和神话学，其用意在于以图腾及图腾祖先的理论来反对异民族的统治，增强"驱除鞑虏"口号的合理性，以达到推翻帝制的目的。20世纪经历的9个龙年中的第一个龙年，即1904年（岁次甲辰），即光绪三十年，就是一个社会政治动荡，革命浪潮风起云涌的年月。孙中山为争取侨胞支持革命，在檀香山加入致公党，并赴旧金山和美国各地宣传革命。黄兴在长沙成立华兴会，被推为会长，并定于10月14日慈禧生日那天于湖南举行起义（事泄失败）。龚宝铨、蔡元培等在上海成立光复会。广西农民起义军以十万之众向广东、贵州、湖南进发。

唯物主义者认为，历史不是宿命的。当我们回过头来审视龙年的历史时，却又发现有些事情的发生，是惊人的或有趣的。民国时期经历的3个龙年：1916年（岁次丙辰）6月7日，黎元洪就任中华民国代理大总统。1928年（岁次戊辰）2月2日，蒋介石就任国民党中央政治委员会主席。1940年（岁次庚辰）3月30日，伪南京政府成立，大汉奸汪精卫任代理主席。这些重要

民俗与艺术

角色的登台,虽然都应着龙年吉象,却只延续到1949年,国民党统治便告垮台,开始了一个人民当家作主的新时代。

中华人民共和国成立以后的50年间,也已经历了四个龙年,如果把这四个年份用一条线连接起来,则可以看出我们走过的道路是曲折的。1952年(岁次壬辰),我国国民经济恢复任务全面完成;1964年(岁次甲辰),我国自己研制的第一颗原子弹爆炸成功,阶级斗争扩大化却日益加剧;1976年(岁次丙辰),24万人死于唐山大地震,周恩来逝世,"四五"天安门事件爆发,毛泽东逝世,作恶多端的"四人帮"覆灭,文化大革命结束;1988年(岁次戊辰),虽然发生了一些不该发生的事情,但改革开放步伐明显加快了。

2000年(岁次庚辰)是20世纪第9个龙年,也是最后一个龙年。我愿向龙年一拜,祝愿风调雨顺,国泰民安。

2000年1月10日

(原载《中华工商时报》2000年2月1日)

骥不称其力而称其德

甲午马年在奋蹄腾跃的呼哨声中来到了人间。

用动物纪年,可能是史前史上人类最早采用的一种纪年法,因为在洪荒时代,人类与动物是朝夕相处的伙伴,命运与共,而动物以其在自然力面前的适应性和生命力,常常给人类提供生存的智慧,况且被用来做纪年标记的动物,多与民族的图腾崇拜有关。在中华文明的起源上,动物纪年法与后起的干支纪年法相融合,创造出了国人普遍采用的十二生肖纪年法。几千年一路走下来,生肖纪年成为最为通行而生命力也最为绵长的纪年法与民间信仰。人一生下来,便取得了一个以出生之年的生肖动物为标记的命运编码,年复一年,代复一代,传衍不息。

追溯马作为中国人的十二生肖之一的历史,至迟在湖北云梦睡虎地秦墓发掘出土的战国《日书》里就有其身影了,而完整的记录,则出现在东汉思想家王充的《论衡·物势》中:"寅,木也,其禽,虎也。……午,马也。""午亦火也,其禽为马。"地支里的"午"与属相里的"马"对应,俗称"午马"。马年出生的人,便是"属"马的人,以马为生肖,或者说"肖马"。

在中国人的文化观念中,凡是马年出生的人,他的基因里就具有了或者说吸收了作为动物的马的一些内在的优质,如强壮、善走、有力、远大、亲和、温顺、灵气等等。古人用"超然长骛,万里一息""象月善走,行地无疆"一类词语来描绘马的善走与能力。谈到马的亲和与灵气,南朝宋刘敬叔在其《异苑》里讲了一个故事:"苻坚为慕容冲所袭,坚驰骝马坠而落涧。追兵几及,计无由出。马即踯躅临涧,垂鞍与坚。坚不能及,马又跪而受焉。坚援之,得登岸而走庐江。"这类动物救主的故事,在民间故事里屡见不鲜。然孔老夫子另有慧眼,他说:"骥不称其力,而称其德也。"他认为在马身上,最主要而又值得称道的并不是它的力量,而是它的德性(德行、品德)。据我的理解，孔夫子所谓的"德"，就是神性。因为古人认为，马是神性的动物，是地之精（《春秋说题辞》："地精为马，十二月而生，应阴纪阳以合功），河水之灵（宋《瑞应图》："龙马者，仁马，河水之精也。"）。古代神话传说里传颂的龙马、天马，都是神马。

"龙马"之说，最早见诸《尚书》记载的"伏羲王天下，龙马出河，遂则其文以画八卦，谓之河图"和《周易·系辞上》记载的"河出图，洛出书，圣人则之"神话。"河出图"神话说，远古时黄河（孟津古渡）里浮现出一匹龙首马身的怪兽——龙马，人类的始祖伏羲将其收服，发现马背上鬃毛的旋是一幅排列有序、行数有异的神秘图画，于是根据这幅"龙马负图"所隐含的天数（二十五）、地数（三十）及其神异的排列，画出了八卦图。负图的龙马开启了中华文明的初阶。"龙马负图"神话在民间不胫而走，延续了几千年而至今不衰，河南省的孟津县把这个神话视为珍贵的非物质文化遗产加以保护。龙马的神话，不仅在孟津一地流传。《山海经·海外西经》："白民之国……有乘黄。其状如狐，其背上有角，乘之寿二千岁。"应劭注《汉书·礼乐志》："訾黄，一名乘黄，龙翼而马身。"乘黄是瑞兽、神兽，是白民之国信仰中的龙马。如果说，伏羲（太昊）是东夷族群的人文始祖，那么，白民之国作为帝俊、帝鸿（黄帝）一系的后裔，当是一个以粟为主粮的中原地区的农业部族，说明在古代，龙马神话与龙马信仰的文化分布地域是相当广泛的。

"天马"之说，最早见于《汉书》。元狩二年，马生余吾水中。元鼎四年，马生渥洼水中。汉武帝作《天马歌》曰："天马来，从西极，涉流沙，九夷服。天马来，历无草，径千里，来东道。天马来，龙之媒，游阊阖，观玉台。"马有"藤黄、骙駥之姿，倜傥权奇之质"。藤黄和骙駥，都是神马之属。《史记·大宛列传》："（汉武帝）得乌孙马好，名曰'天马'。"1969年，在甘肃武威擂台东汉墓中出土，后被命名为中国旅游标志的"马踏飞燕"的铜奔马，昂首嘶鸣，举足腾跃，一只蹄踏在一只飞翔的燕子（一说龙雀）身上。笔者以为，武威的汉代的青铜铸造艺术家们的这个作品，很可能取意于汉武帝《天马歌》里的天马。

去古而到后世，"天马"一词进入世俗生活，成语"天马行空"里的"天马"转而指称那些"神化而超出于众表者，殆犹天马行空而步骤不凡"（明·刘子钟《〈萨天锡诗集〉序》）的人，而从"龙马"衍生而来的龙马精神，则成为民族精神的代表而被老百姓所普遍认同。作为马的德性和神性之集中体现与代表的天马、龙马，在古代中国人的观念中根深蒂固，自然而然被纳入和融会到了生肖马的内涵之中。

如果说龙马和天马作为高不可及的神马，更多地流行于和影响着上层社会的话，那么，"千里马"的观念则在民间社会更为普及。"伯乐相马"的故事虽然发生在秦穆公时代，《庄子》《列子》等古籍里早有著录，但经宋代文学界韩愈阐释后，"千里马"的概念才真正深入人心。"千里马"就是良马，而良马的德性，不仅表现为"万里一息"的能力，而且有威武不屈的品性。《吕氏春秋》里讲了这样一个故事："宋人有取道者，其马不进，到而投之鸂水。又复取道，其马不进，又到而投之鸂水。又复取道，其马不进，又到而投之。如此者三。虽造父所以威马，不过此矣。不得造父之道，而徒得其威，无益于御。人主之不肖者，不得其道，而徒多其威，威逾不用。"良马在不肖者的威风面前，不卑不亢，自是一种良好的内在品质。这也就是那些属马的人所具有的或追求的良好性格与高尚品性吧。

2014 年 1 月 16 日

（原载《中国文化报·非遗》2014 年 1 月 27 日）

羔羊跪乳

过了阳历 2005 年的元旦，农历乙未年（羊年）的春节转眼就要到了。喜欢刨根问底的人、属羊的人和本命年的人，大半总会追问一个问题：作为中华人文动物的羊，有什么可以说道的？羊教给了人类什么智慧？对于这样的文化寻根，当代的作家和学者们中很少有人像古代文人士子们那样对中国的传统文化作悉心的钻研和探究，故而从他们的文字中是很难找到只言片语的。于是，我们不得不在思考作为中华人文动物的羊有关意涵时，求助于前辈或前辈的前辈作家学者们了。

古人从对动物的无数次观察中看到，只有羊这种动物是跪着吃母奶的，从而得出结论说，"羔羊跪乳"，是知礼的动物。署名董仲舒的《春秋繁露》是一本辑录了历代文人士子的种种轶文和语录的书，其中"羔饮乳母必跪，类知礼者"这一论述，赋予了羊以儒家关于"礼"的观念的文化学阐释，显示了古人对羊的习性的文化学认识。《说文》对此有解说："羔羊，子也。《春秋繁露》曰，羔饮其母必跪，类知礼者。"孔老夫子在《论语》里在写到"子贡欲去告朔之饩羊"时说："（子曰：）尔爱其羊，我爱其礼。""羔羊跪乳"是幼小的羔羊的习性，羔羊的这种习性给人们（包括普通人和有知识的人）以联想和启迪：羔羊是一种以"跪乳"而显示其为"类知礼"的动物，从而给人类以"礼"的教化。是否可以说，从羊的"跪乳"到人的包括"跪拜"在内的"知礼"意识和行为，是羊教给人类的第一个智慧？

古人从对动物之羊的观察中总结出来的另一个认识是，羊"群而不党"。《古今图书集成·禽虫典》说："大曰羊，小曰羔。羔性群而不党。"几百只羊组成的羊群里面，不闹宗派、不立小集团、不闹矛盾、不闹分裂。再深一步看，"羊性善群……羊为群，犬为独也。"意思是说："善群"是羊的生存特点；"为独"则是狗的生存特点。二者迥然有别，且"羊每成群，则要以一雄为主，举群听之"。羊之善群，却并非散漫无序，杂乱无章，钩心斗角，而是常"以一雄为主"，有一个压群者，即俗话说的"羊头"，群羊团结一致。"羊头"在羊群中起着重要的作用，如《仪礼》郑氏注所说："羊取其后帅。"羊之善群，加之每一个羊群都有压阵的一个"头羊"，羊群就有了凝聚力、团结力、亲和力。"群而不党"无疑成为羊教给人类的另一个智慧。

古人对羊的第三个人文理性认识是"外柔内刚"。《说文》曰："羊，祥也。"古羊字，取义于祥，温顺柔弱是羊给人的第一印象。《易·说卦》曰："兑为羊。"《正义》："兑，说也，羊者顺之畜，故为羊也。"又曰："外柔能说群，而内刚狠者，羊也。"也就是说在温顺之外羊还有另一面，即刚强。《尔雅》有言："未成羊羭，绝有力奋。""羊羭"指的是"五月羔"。五个月的羊羔被文人学士们赞为"绝有力奋"之辈，不仅因为它生理上的"力奋"，还因为它深藏着的文化上的意蕴。历代封建王朝制作和穿戴的朝服，一般都是采用羔裘，即用羊羔的毛皮缝制的。现代人送礼，以赠送宁夏出产的滩羊羔裘皮为名贵。何者？羔裘固然能给人带来温暖，然更重要的，却是取义于羔裘所蕴含的孔武有力的象征意蕴。我想，这不失为羊传递给人类的第三个智慧。

上一个羊年（癸未年2003），曾写过《三阳开泰的意象》，首谈中国人关于动物羊的人文想象，意犹未尽，12年后的今天，又逢羊年（乙未年2015），写上羔羊跪礼、群而不党、内柔外刚三谈，算是对羊年增加一解吧。

2015年1月4日

（原载《中国艺术报》2015年2月18日；《作家通讯》2015年第1期，题为《羊教给人类什么智慧》）

岁终更始说鸡年

即将到来的2005年,农历称乙酉年,民间俗说鸡年。据称,由于天文历算、阴阳历时差的关系,每隔19年,农历要加一个闰月,同时也就相应地有7个年头没有立春这个节气。2005年(乙酉)的立春是2月4日,而春节则是2月9日,故而2005年(乙酉)就成为一个没有立春这一节气的年份。天文历算上的时差是科学问题,谁承想,却因而传出一些被当作是民俗,而实则无稽之谈、捕风捉影的谣传:什么寡妇年啦,结婚不宜啦,等等。实在是天下本无事,庸人自扰之。

采用干支纪年、生肖记岁是中国人的智慧,自古而今已成传统,过去深入人心,今后仍当赓续。每迎来一年,除了世界通行的公元纪年外,还同时从我们传统的干支纪年历法中领到一个由天干地支搭配而来的名分;每一个炎黄子孙,自生而为民起,就从十二生肖中领到一个个人的身份证。干支纪年的背后蕴藏着多么丰富的文化内涵!谁不为我们民族文化的深厚根底而感到骄傲!乙酉——鸡年何罪之有,竟然给戴强加上一个污名?

鸡年是以鸡命名的年份,也是属鸡者的本命年。我们的祖先所以把鸡纳入干支纪年和生肖属相体系之中,不仅表现了华夏先民的智慧,而且表现了祖先对鸡的崇敬。古人赋予鸡"五德之禽"的美称。哪五德呢?《韩诗外传》说:"夫首戴冠者,文也。足搏矩者,武也。敌在前敢斗者,勇也。得食相告,仁也。夜不失时,信也。"在动物与禽鸟中,具有文、武、勇、仁、信这五方面的德性的,只有鸡当之无愧。

笔者试解如下:

第一德,头戴鸡冠是为文德。按字义解,戴冠的鸡头像是戴着官帽的文官。其实,深意却非在此。《南越志》一书有云:"鸡冠四开如莲花,清鸣声彻也。"古人赞美说:"花冠承露。"承露之花冠,是很神圣、很圣洁的。

第二德，足搏矩是为武德。鸡足称矩，三爪而立，抓地为营，故而雄鸡善斗。《左传·昭公二十五年》讲了季氏与郈氏斗鸡的故事，说："氏介（芥）其鸡，郈氏为之金距。"季氏以芥末面眯乱对方的鸡眼，而郈氏则加强其鸡矩（距）的装备并夸其金矩，最终季家的鸡败了。说明在2000年前斗鸡就成为一种广泛的民俗活动，而鸡矩在鸡斗中往往成为胜败的重要因素。佛教圣地鸡足山，也由其山麓像鸡足而得名。

第三德，敌在前而敢斗是为勇德。歌颂雄鸡勇斗蜈蚣和蝎子，战而胜之的民间传说多而又多，几乎每个民族都有自己的异文。我国民间素有"五毒"之说，蜈蚣和蝎子都属于"五毒"之列，为害人畜，甚是猖獗，"金鸡"是"五毒"的天敌，公鸡一见到这类毒虫，首先啄对方的眼睛，使它们的毒钩子失去战斗力，然后再吞而食之。这类故事体现了为民除害、除暴安良、驱邪扶正的思想，在民间的观念中，雄鸡便成了勇敢和正义的象征。

第四德，得食相告是为仁德。鸡与其他禽兽不同的地方是，发现了食物，便以"咕咕"的叫声而呼唤同类聚而食之，一点也不贪婪、不独霸。古人以其细致观察而赋予鸡以"仁"者的崇高地位，一点也不为过。

第五德，夜不失时是为信德。鸡是为人守夜的禽鸟，每到天色放亮之际，它就以啼鸣把酣睡中的人们唤醒。日复一日、年复一年，忠于职守，从不失信。此"信"德，广为人类所称颂和信赖。农民没有钟表计时，起床、出门，都要依靠雄鸡的啼鸣。古人云："鸡鸣将旦，为人起居，门亦昏闭晨开，扦难守固。"《风俗通义·祀典》还说："鸡者……岁终更始，秩序东作，万物触户而出。"因其为人类所信赖，其角色，更擢升到了祭祖之牲的地位。从而元旦（今之春节）这一天，也就被定为"鸡日"。

除了"五德"以外，我以为，鸡作为中国传统文化中的一个符号，其特有的意义也还有两项可说：

一人类的始祖之禽。讲述人类起源，特别是洪水后人类再殖的神话中，鸡是一个无可代替的角色。大洪水到来之际，一对兄妹听从预言躲在了一个大木桶（或葫芦）里，身边就带着一只公鸡。待水退之日，鸡啼鸣，告诉兄妹大水退了，他们才得以从木桶里走出来。宇宙间人烟灭绝，兄妹只得成婚，繁衍人类。鸡就是人类灭绝后再生的人类的伙伴和始祖。

二鸡是人类生存发展的保护神。《荆楚岁时记》里写道："正月初一，是三元之日也。……帖画鸡户上，悬苇索于其上，插桃符其傍，百鬼畏之。"在漫长的农耕文明时代，人们的观念中，种种鬼魅是威胁人类安全的重要邪恶力量，而过年时"画鸡于牖"，就成为人类驱逐和战胜鬼魅的一个重要手段和文化符号，几乎成为家家户户过年时的一种习尚。

民俗与艺术

鸡是人类的朋友，鸡是吉祥的象征。2005乙酉之年，"鸡年"与"鸡日"重叠，对于全世界的炎黄子孙来说，是多么难得的一个吉祥平安之年呀！春节这一天，每人都剪一只鸡送给您的朋友吧！

2004年12月28日

（原载《中国国土资源报·社稷坛》2005年1月31日）

狗的文化属性

一、文化英雄的角色

在十二生肖中占据第十一位的狗,出现在中国的神话和传说这类俗文学中,常常是一个不可等闲视之的文化英雄的角色。对于狗所承担的这一角色的文化渊源和文化意蕴,也许并不是大众所能了解的,但是,无可否认的事实是,由于它与人类的密切关系、对人类生存所作的贡献,奠定了这一角色形成的基础。

苗族有一则神话传说里说,很古很古的时候,人还住在树林里,没有粮种,不会种庄稼,只有山神阿爷彼纳有粮种。小伙子格木睹罗告别父老,去为人类找寻粮种。他经历了艰难险阻,得到了粮种,可那个山神却把他变成了一条小黄狗。小黄狗终于把粮种带回人间,种出了庄稼。按照路途上遇到的老预言家的预言,一个叫拉缟嫫的姑娘爱上了狗形的格木睹罗,待她顺着小黄狗一路种植的庄稼,来到小黄狗的面前时,小黄狗立即变成了一个英俊的小伙子,于是他们幸福地结为夫妻。从此,人类才有了粮种。①

还有一则《花毛狗找粮种》的苗族神话传说里说,很古很古的时候,只有天神那儿才有粮种,花毛狗受人的委托,沿着村边的一棵马桑树爬到天上去,向天神老爷爷讨得了粮种,只是它在路途上追逐一只狗獾,把天神老爷爷嘱咐它的怎样种植玉米的话给忘记了,于是主人罚它吃屎。②

仡佬族有一则《敬狗的来由》说,传说在古代,天神视察人间,发现仡

---

① 《阿则和他的宝剑》,昆明:云南民族出版社1985年。
② 《云南苗族民间文学集成》,北京:中国民间文艺出版社1990年。

民俗与艺术

佬族人开荒种玉米,生活很艰苦,要狗给他们送谷种。天神把种子装在布袋里挂在狗的尾巴上,狗爬过九十九座高山,游过九十九条河,不幸遇到狂风暴雨,把装着种子的布袋冲走了。狗再回到天上,向天神报告了失败的情况。第二回,狗除了在尾巴上挂上种子袋外,还在种子堆上打了个滚,使全身都沾满了谷种。路途上又遇到了暴雨风浪,可是它沾在毛根上的种子却保留了下来。于是,仡佬人才有了谷种,为了感谢狗的功劳,每到春节,仡佬人民都要用糍粑来敬狗。[1]

回族传说《谷穗和狗》里说,从前,地里的庄稼从根到梢都结满了籽,粮食很多。管粮食的尔旦圣人看到人们浪费粮食的情况,决心收回粮食,用手把粮食往口袋里捋。狗看见了,赶忙跑上前去护庄稼,圣人才松了手。人们靠狗夺下来的粮食生活,再也不敢浪费粮食了。狗为人们争下了五谷穗子,人们很喜欢养狗。[2]

在这类神话传说里,当人类还生活在混沌状态,或还处在刀耕火种,或以渔猎为生的阶段上时,狗是为人类从天上(天神或山神)寻找来谷种的英雄,是人类文明的创始者,换言之,是神话学上所说的"文化英雄"。狗为了给人类寻找谷种,不怕失败,不计牺牲,不避艰险,顽强拼搏。它跋山涉水,失败了,还要再重做一次。失败和挫折教育了它,它学会了像人类一样总结经验。为了躲过风浪和河水的灾难,它在谷种堆里打滚,使种子沾在毛根里、尾巴里,显示了狗作为文化英雄在为人类文明创业时的聪敏机智和顽强不息。

在远古时代的观念中,或从远古传承下来的观念中,人可以变成狗,狗也可以变成人。在苗族的神话传说中,到山神那儿寻找谷种的小伙子格木睹罗,受到山神阿爷彼纳(这当然是个恶神)的惩罚,变成了一只小黄狗;宁愿变成狗也要找到谷种的这种创业精神,使姑娘拉缟嫫深受感动,终于深深地爱上了他,而这种诚挚无私的爱又使他变成了人。这里面体现了古代先民的"人兽同一"的观念,人兽之间的互换关系,正如同人可以与神灵相通是一样的。

狗作为文化英雄,从天神那儿找来谷种或保存了谷种的观念,在许多民族中都有,是相当普遍的一种原始观念的遗留。这种观念在俗文学作品中是屡见不鲜的,所以即使在现代社会中,狗还受到人类的崇敬与厚爱,不是没有原因的。

---

[1] 《广西民间文学作品精选·隆林卷》,南宁:广西民族出版社 1992 年。
[2] 《宁夏民间故事传说》,宁夏民间文艺研究会 1982 年编印本。

二、狗妻女：图腾祖先传说

"狗妻女"繁殖子孙的始祖传说，在我国俗文学中是有相当久远传统的文学现象，而且是一种比较独特的作品。最有代表性的是晋代干宝撰《搜神记》卷十四辑录的一则十分有名的作品："高辛氏，有老妇人居于王宫，得耳疾历时。医为挑治，出顶虫，大如茧。妇人去后，置一瓠篱，覆之以盘，俄尔顶虫乃化为犬，其文五色，因名'盘瓠'，遂畜之。时戎吴强盛，数侵边境。遣将征讨，不能擒胜。乃募天下有能得戎吴将军首者，购金千斤，封邑万户，又赐以少女。后盘瓠衔得一头，将造王阙。王诊视之，即是戎吴。为之奈何？群臣皆曰：'大王既以我许天下矣。盘瓠衔首而来，为国除害，此天命使然，岂狗之智力哉。王者言重，不可以女子微躯，而负明约于天下，国之祸也。'王惧而从之。令少女从盘瓠。盘瓠将女上南山，草木茂盛，无人行迹。于是女解去衣裳，为仆竖之结，著独力之衣，随盘瓠升山入谷，止于石室之中。王悲思之，遣往视觅，天辄风雨，岭震云晦，往者莫至。盖经三年，产六男六女。盘瓠死后，自相配偶，因为夫妇。织绩木皮，染以草实，好五色衣服，裁制皆有尾形。后母归，以语王，王遣使迎诸男女，天不复雨。衣服偏襂，言语侏离，饮食蹲踞，好山恶都。王顺其意，赐以名山广泽，号曰'蛮夷'。"大致相似的记载，还见于《后汉书》和《广异记》等书。

这个神话传说的主题是，盘瓠与公主婚配而生蛮族。这个名为盘瓠的狗，是蛮族的图腾祖先，是蛮族人民全体崇拜的氏族神，狗的形象是作为这个氏族的族徽而保留下来的。他们的衣服往往仿照着狗的形状而缝制，如"皆有尾形"；他们的饮食也往往学着狗吃食时的样子，如"掺杂鱼肉，叩槽而号"；每逢重要庆典还要祭祀礼拜。从而这种以氏族图腾为主角的神话传说，也就被称为图腾神话传说。

历史上的蛮族，究指今日的哪些民族，学术界的意见似很分歧，但根据现代民族学调查的材料和现代流传的神话传说与祭祀民俗来看，至少瑶族、畲族是与古代的蛮夷有着血缘关系的。在这些当代民族中，至今还流传着以盘瓠为主角的神话传说和长篇历史诗篇。由当代瑶族学者王矿新、苏胜兴、刘保元搜集记录的一篇曾在全国评奖中获奖的瑶族口传作品《盘王的传说》[①]，所写的就是这个龙犬报效国君衔了番王的头颅，并与高辛王的三公主结为夫妻，繁衍

---

① 《1979—1982年全国民间文学作品评奖获奖作品选》，北京：中国民间文艺出版社 1985 年。

子孙的故事。比起古代记录来，这个经历了漫长时间流传的口头作品，有了很大的丰富和变异，例如作品中说，龙犬白天是异形，晚上则是个美男子，将其放在蒸笼里蒸了七天七夜，由于把盖子揭开得太早，头上、腋窝和脚胫上的毛还没有来得及脱尽，所以只好把有毛的头部和脚胫用布包裹。据说，这也成为瑶族男女缠头巾裹脚套的习俗的来历。

据研究者岑家梧先生在《盘瓠传说与瑶畲的图腾制度》里研究述及，以盘瓠为主角的类似传说流传的民族和地区有连山瑶人、两广板瑶、大瑶山板瑶、修仁山子瑶、都安瑶人、安南（现越南）瑶人和浙江畲民等不同异文，其名称也略有差异，如连山瑶人传说中称盘瓠，两广板瑶传说中称狗头，大瑶山板瑶称龙犬，修仁山子瑶称狗，都安瑶人称蓝狗公，安南瑶人称盘护或盘瓠，畲族称龙期号盘瓠。[①] 这个作品所以能如此广泛又如此历久不衰，除了民间口传作品的一般特性而外，最重要的原因乃是这类俗文学体现和传达了一个民族的图腾信仰及其观念。以某种动物、植物或某物质作为氏族图腾，相信其为氏族祖先，认为与之有血缘关系，不加杀害，礼敬崇拜的这种观念，产生于远古的氏族时代。随着时代的演进，这种观念有所变化，但在许多方面（特别是民俗事象）还保留着这种信仰的遗迹，而神话传说则是这种信仰的比较完整的描述与记载，有着重要的认识价值。

三、狗耕田：神兽之属

"狗耕田"的故事是中国民间故事中流传最为广泛的著名"两兄弟"故事类型之一。从近年搜集出版的中国民间文学集成地方卷本所提供的材料来看，几乎没有一个省区没有两兄弟的故事流传。在已故美籍华人中国俗文学家丁乃通著《中国民间故事类型索引》[②] 中，把"狗耕田"故事定为503E号。

"狗耕田"故事的情节，借用丁先生的概括，大致叙述如下：

1. 遗产　仁慈的弟弟。（a）遗产被兄嫂骗去。（b）全部遗产被哥哥夺去，只剩下一些不值钱的东西。他仅有的家畜只是（c）一条狗（d）一只猫（e）一只鸡。

2. 狗　自愿耕地。它干的活和牛一样好，有时甚至比牛更好。弟弟（a）因此种植成功（b）和不相信的人打赌赢了（c）狗还能给田地车水。弟弟因此赢得很多赌注，哥哥听说，把狗借来替自己耕田。狗不肯耕田，哥哥生了

---

① 岑家梧《盘瓠传说与瑶畲的图腾制度》，《责善》半月刊，1941年第6期。
② 丁乃通《中国民间故事类型索引》，北京：中国民间文艺出版社1986年。

气，杀死狗并埋掉它。

3. 植物　在狗埋藏的地方长出。（a）一棵树（b）草（通常是狗尾草）（c）竹（c1）其他植物。当弟弟摇动这树时，许多金银等等掉下来（参看511A型）。当哥哥摇动它时，只掉下（d）粪（e）蝎子等等，（f）砖（g）什么也不掉（h）朽木头，出于怨恨，哥哥砍倒这棵树，或（i）哥哥找到一只马蜂、一只公鸡，那狗的阴魂也出现了，哥哥吓死。

4. 用具　a）用植物的枝杈等弟弟做了一个篮子来捉虾，每天，他从篮子里得到许多鱼。哥哥借了去用，仅仅捞出蛇，把他咬伤（b）弟弟用那植物的一个枝条编成一个篮子，过往野雁都在篮子里生蛋，但只落下鸟粪给哥哥。哥哥有时把篮子毁坏或烧掉（c）弟弟用树茎做成洗衣棒槌，旧衣服捣成了新衣服，哥哥拿来，新衣服捣成了破布。（d）弟弟用木头作镰刀柄，销售很好，哥哥照样去做，但没人买。他把它们扔进火里，火焰升起烧掉他的房子。

5. 蔬菜　篮子的灰烬中，弟弟找到（a）豆子（b）萝卜。

流传和散布于全国各地的狗耕田故事，也许并不是每一个都具有如此完整的故事情节，而实际情况往往是一个故事只有其中的一部分情节。但下面所说的故事核心则是所有的故事都离不开的：兄弟两个分家，贪婪心狠的哥哥分到了牛和几乎全部家产，弱小无助而心地善良的弟弟则受骗只分到了一只小狗，小狗帮助弟弟耕田，致富，过上了好日子。哥嫂发现后，不怀好心地借弟弟的狗来耕田和从事别的劳作，但他们利用小狗做的所有的事情均告失败，便一气之下把狗杀死葬之田野，以断绝弟弟的生路。狗死后，弟弟极为伤心，狗坟上又长出了能帮助弟弟的竹子。贪心的哥嫂最终受到了惩罚。这种故事核心相对固定，而在流传中，故事的枝叶相对发生变异的情况，正是俗文学作品在流传中经常发生的。作品的变异一方面来自讲述者个人对生活的认识、文学修养和讲述口才，另一方面，也往往受到上一代人传承特点的影响。

从社会学的观点来看，两兄弟的故事反映了对封建社会初期形成的长子继承权的反抗，和社会下层对弱小者社会处境的深切同情。综合所见到的两兄弟故事，毫无例外地是，长子利用自己有利的地位来欺压小弟弟，或分给他一只小狗，或把他赶出去流浪、乞讨。这种观念不是一两个作者之所为，也不是一个时代的产物，而是广大民间文学的创作者和传承者——老百姓在社会现实基础上表达的一种共同的观念。

狗在两兄弟故事中是作为一种帮助弱小者的异物（类）出现的。狗是狼科动物中驯化较早的一种动物，它在人类的狩猎生涯中起着十分重要的作用，并且成为人类的忠实朋友。这种情景在狩猎时代遗留下来的口头作品和舞蹈作品中，有很珍贵的资料。而形成较晚的"狗耕田"故事中的小黄狗，值得注意的第一个情况是狗的重义气。这说明，狗不再是野狗而是家畜，意气的观念作为社会伦理规范已经在社会上相当盛行，报恩思想在民间已经相当牢固，狗忠于它的主人，达到了至死不渝的境地。值得注意的第二个情况是，弱小者在当时的社会条件下不可能靠自己的力量取得胜利，战胜压迫者和奴役者，要体现出自己的理想，只有借助于某些灵物在想象中以战胜压迫者和奴役者，而狗恰恰就是他们所需要的一个异物或灵物。它不仅能够完成人力不能完成的事情（如耕田），而且能借助神力使小弟弟过上令哥嫂羡慕不已的生活。值得注意的第三个情况是，故事的作者和传播者们，从道德和伦理的立场鞭打了贪婪、不劳而获、投机取巧等恶行，宣扬了劳动、诚实、忠厚等优良品德和自给自足的小农思想。

四、护主守御的忠义之兽

宋代学问家吴淑在《事类赋注·兽部》中说：（狗）"死歇骄之善噬，盖有功于守御。"其实，善噬和守御不过是狗的功能之一，在动物中，狗的最显著特点倒是讲义气、通人性，由于狗忠于主人，因此人喜欢养狗。现代城市中兴起的养狗热，也大半是由于狗的这一特性而导致的。

晋代张华的《博物志》引《徐偃王志》里一个狗救弃儿于水滨的故事："徐君宫人娠而产卵，以为不祥，弃于水边。孤独老母有犬名鹄仓，猎于水滨，得所弃卵，衔以来归。独母以为异，覆暖之，遂孵成小儿，生时正偃，故以为名。长而仁智，袭君徐国。后鹄仓临死，生角而九尾，实黄龙也。偃王葬之于徐梁界内，今有狗垄。"[①] 这是历史上诸多弃儿故事中的一个著名的弃儿故事。从后稷开始到徐偃为止，被遗弃之于江流水滨的婴儿，大都是些异像英雄而后成就为伟人做出大业绩的人物。徐君宫人所产之卵（即弃儿偃），被狗鹄仓救于水滨，由老母养大，袭偃国之君，是为徐偃王，而救小儿的狗鹄仓，则在临死时才显露原形，生角而九尾，原来是一条黄龙。这个救婴儿偃于水滨的龙狗，显然不是等闲人物，而是一个未卜先知化身为狗的神物。我怀疑狗把卵衔来交给老母，由这老母覆暖孵化从而把婴儿养大这个情节中的老母，是流传中或写定时为了合理化而设置的一个人物，原来传说可能就是由名叫鹄仓的狗把弃儿覆暖孵化然后养大成人的。这一论点可由现代还流传着的同一传说得到证实。

---

① 张华《博物志》（中国历代名著全译丛书）第 172—173 页，贵阳：贵州人民出版社 1992 年。

著名的朝鲜族故事讲述家金德顺讲述的《母狗救子》就是这样的一个故事，故事说郑两班进城赶考，大媳妇生了个儿子，被嫉妒成性的二媳妇施计差遣接生婆给弃至山中。郑家养的一只狗每日三次跑到荒山之中，用自己的奶汁喂养着这个弃儿，直至郑某回乡，母狗才把弃儿归还给他。这个故事，与徐偃被弃的故事是同一类型的。如果说，徐偃被弃的原因是出于怪胎，或是出于所谓"试婴"这类原始的认识，那么，在这个朝鲜族故事里弃子的原因则是由于多妻制导致的嫉妒。而弃儿被狗喂养而成人，则强调了狗对于主人的忠贞不贰的品德。①

民间关于义狗的传说，更是极为普遍，最负盛名的是满族罕王爷的大黄狗救主的故事。一个传说讲道：罕王爷领着八旗人马，在萨尔浒打了胜仗之后，宴请部属。在酩酊大醉之际，叔叔龙敦挺刀向他的后帐赶来，想谋杀他，不料被守卫在帐外的大黄狗看见。狗上前撕拉罕王爷的衣服，他仍然未醒，便咬了他的小腿。这时，龙敦已经来到罕王近旁，狗便蹿上去咬住龙敦的颈项，最后虽被龙敦所杀，却挽救了罕王爷的生命。罕王爷厚葬了大黄狗，并吩咐属下不准吃狗肉。从此，形成了满族人不吃狗肉的习俗。② 还有一个传说讲道：老罕王努尔哈赤幼年丧母，继母纳喇氏对他百般虐待，他就投身到明朝总兵李成梁帐下当差，李发现他的脚底下长着七个红痣，应了"脚踏七星，七星落地"的箴言，是真龙天子下凡，怕他将来夺取明朝的江山，要把他杀死。李总兵的爱妾给努尔哈赤报信，努尔哈赤便偷了一匹大青马，领着他平时喂养的大青狗星夜出逃。李闻讯带兵追赶，大青马中弹身亡，努尔哈赤躲在一个荒草甸子里，追兵没有发现他，便放火烧荒。当大火烧到努尔哈赤身边时，大青狗跑到河边，跳进河水里浸湿全身，再回到努尔哈赤身旁打滚灭火，努尔哈赤得以逃生，而大青狗却因过分劳累而死亡。由于狗对于狩猎民族的重要作用，常与猎人同患难；由于有上述"义犬救主"的传说，满族有敬狗之俗，不准杀狗，不吃狗肉，不戴狗皮帽子，不铺狗皮褥子。豢养多年而失去看家、出猎能力的老狗，也不能受歧视，而是继续精心喂养，以终天年。

生活在不同地区的汉族，也有义犬传说流传。旧时，山西有个商人在旅行途中曾在一个凉亭休息，并在此丢失了 2000 枚银园。他走后，他的狗一直在此看守着这个钱带，直至死亡。几年后，待商人再次来到凉亭时，发现他的爱

---

① 金德顺讲述、裴永镇整理《母狗救子》，《金德顺故事集》，上海文艺出版社 1983 年，第 343—345 页。
② 徐仲武讲述、刘铁民整理《义犬的故事》，《满族民间故事选》（二），中国民间文艺研究会及辽宁、吉林、黑龙江、河北四省分会编，沈阳：春风文艺出版社 1985 年，第 360—362 页。

民俗与艺术

狗已经腐烂，而它的身下仍然守护着他那个装着银园的钱袋，主人因此给它立了一个亭子，起名叫义狗亭。山东青州有"义狗运粱"的传说，说的是青州城被匪盗围困，城中一家姓孙的，家里粮食几乎吃尽了，每天只好熬粥充饥。他家里养着的一只大黄狗，从城脚下的阴沟里潜出城去，在老宅的门外狂吠，被主人家发现它带来的一封求援信，从而知道了城内的情况。爱犬经历千辛万难，带了一袋米进城，挽救了全家性命，后来才等到了救兵。

狗与人的关系非同一般。人在狗身上注入了爱心，是因为它始终是人的伙伴。狗为主人而死的事，常有所闻。只要你到农村里走一走，你也许会惊奇地发现，在某个地方早年曾建立过一座狗碑，在某个地方早年曾建立过一座狗庙，有名有姓的，那都是为了纪念义狗的。

1994年1月8日写完

（原载《中华工商时报》1994年4月7日、12日、26日、28日）

四时报喜　肥猪拱门
——猪的文化阐释

一、一个难解的文化符号

肥猪拱门，四时报喜，把乙亥年（俗称猪年）春节之门给拱开了。

春节（史籍上称元日或元旦）是冬去春来、季节转换的标志，也是人生历程礼俗中的一个符号，它把春天的信息和人生的快乐，公平地带给每一个人。20世纪第一个猪年是1911年，发生了举世瞩目的辛亥革命，取消帝制，建立民国，是为中国历史上一桩大事，为所有的中国人铭记不忘。20世纪最后一个猪年（乙亥年）将会带给所有中国人什么礼物呢？人们在期待着。不言而喻的是，它带给属猪的人的喜悦、欢乐和幸福，无疑会比其他属相的人更大，更多。因为猪年是他们的本命年，猪年春节的到来，对于他们有着更为重要得多的人生意义。

对于炎黄子孙们来说，猪除了作为生物的意义外，作为文化符号，还有着深厚的人文意义。

猪是一种与人类有着密切关系的动物。新石器时代的人类就开始饲养家猪，至今至少已有7000年的历史了。据考古学资料证明，在新石器时代早期的文化遗址中，在南方，广西桂林甑皮岩和江西万年仙人洞，就已有家猪的骨骸，而且从其形态分析，已经不是原始的家猪了。河姆渡遗址以及大溪文化屈家岭文化、马家浜文化、良渚文化和东南沿海的一些新石器遗址中也都发现过家猪的踪迹。在北方，距今约七八千年的磁山遗址、裴李岗遗址和甘肃秦安大地湾一期遗存中，在龙山文化城子崖遗址中，也都发现了猪的骨骸。西北地区的马家窑文化和齐家文化遗存中，以及东北地区属于夏家店下层文化的赤峰、蜘蛛山遗址也都发现了家猪的骨骸。从记载来看，《周易》的六十四卦中有一

民俗与艺术

"遯"卦,涉及了养猪的学问。可以看出,至少在3000年之前,人们已经知道将猪的尾巴割掉,容易养肥,并掌握了阉猪的技术。汉字"家"这个会意字,上半部分"宀",表示房子的意思,下半部分"豕",就是"猪"字,直接的意思是,有了房屋再加上驯养了家猪,这才成其为"家"。因此,"家"字的形成,反映了人类由狩猎生产方式向畜牧生产方式的转变。

从仰韶文化、大汶口文化、齐家文化以及南京北阴阳营的墓葬中,发现古人多用猪头和猪的下颌骨随葬。猪头和猪的下颌骨数量的多寡,固然表明了先民已经具有了财富的观念,同时,也不排除他们对全猪或猪骨(尤其是下颌骨)的崇拜。对猪的下颌骨的崇拜,在欧洲是多有先例的。1993年,笔者在云南省元阳县全福庄参加哈尼族的"埃玛突"祭典时,看到在寨神树旁一棵小树的枝条上排列有序地挂着5个完整的猪下颌骨。这5个完整的下颌骨,一方面表示他们祭祀的次数(每祭祀一次在树上挂一个完整的猪下颌骨),另一方面表示他们在举行社祭时向寨神树敬献了整猪。这些猪下颌骨是神圣的,平时没有人动它们,也没有人敢于动它们。

以猪记年,也是一种文化符号。传说自黄帝时代起,中国便实行以生肖记岁的方法。这种方法是以甲、乙、丙、丁、戊、己、庚、辛、壬、癸十干与子、丑、寅、卯、辰、巳、午、未、申、酉、戌、亥十二支相配合,六十年为一周期,周而复始,以至无穷。后来人们又以十二支象十二兽,即以子为鼠,以丑为牛,以寅为虎,以卯为兔,以辰为龙,以巳为蛇,以午为马,以未为羊,以申为猴,己酉为鸡,以戌为狗,以亥为猪。于是,一个人生于某年,即以某年的干支肖为某种兽,这就是生肖的由来。如此说来,乙亥年(1995)出生的小孩便是属猪的了。往前推去,癸亥年(1983年)、辛亥年(1971年)、己亥年(1959年)、丁亥年(1947年)……出生的人也都是属猪的。十二支象十二兽的记岁法,最早见于湖北云梦县睡虎地第11号秦墓出土的竹简《日书》中的记载,在这本历书中已有"亥,豕也,盗者大鼻"的说法。"豕"就是现在的猪。后汉王充的《论衡·物势篇》记载最为详尽,但其中只记述了十一支的十一兽名,其中就有猪的位置,称:"亥,豕也。"唯独缺少"辰(龙)"没有记载。蔡邕的《月令问答》里的说法,已与现今通行的十二生肖大体相同了。

尽管对于十二生肖记岁的方法是怎样起源的,至今还是一个悬案,但经过几千年的传承,十二生肖文化已经深深地扎根在人们的生活和心理之中,而且越来越成为民族的一种吉祥性的文化象征,猪也不例外。1973年,在浙江余姚县河姆渡遗址出土的陶猪和由夹炭黑陶制成的陶钵两长臂表面上画的一只蹒跚而行的陶猪,其意义,恐怕就不一定是像某些考古学家所说的仅仅是农业发展的标志，而另有其人文象征的含义。这只陶猪的腹部所画的一个类似太阳纹的双线圆圈纹，更是一个令人费解的谜团。结合着后来古籍上如《楚辞·天问》里所说的："封豨是射。"注："封豨，神兽也。"这猪也许就是某一部落的人们所崇拜的神兽，或神话中所说的天宫里豢养的天猪也未可知。我们不敢妄自推断河姆渡遗址的主人，就是一个不知名的以猪为图腾的部落，但也不敢排除这种假想。否则，那个猪的腹部为什么要画一个类似太阳纹的图像呢？事实上，在春秋时代，中原地区（今河南滑县）就曾存在过一个叫"豕韦"的小国，《左传·襄公二十四年》说"在商为豕韦氏"，《国语·郑语》说"大彭豕韦为商伯"，就是以猪为图腾的小国。

二、天兽之属

在民间的传说里，猪是天上的最高神祇玉皇大帝豢养的神兽，为他所使役，为他到下界办事。为了把粮种传到人间，玉皇大帝曾派狗、猪等神兽下界带谷种给人类，由于猪传错了话而失败，狗最后在尾巴上夹着几粒谷种，才得以传给了人间。从此，人类才有了谷种。猪虽然在完成任务的途中遭到了失败，却也不能抹杀它作为一个"文化英雄"角色的功劳。

四川有的地区有这样的风俗：每年的大年初一、十五，人们总要在自家猪圈边上烧些香腊纸钱祭猪神。传说，从前有一个农姑，平时最不知好歹，淘米做饭经常把米抛撒在潲桶头，家里人说她，她也听不进去。时间一久，连灶王爷也看不惯了，就在玉皇大帝面前告她的状。

灶王爷告状那天，正是三十晚上。农姑睡得迷迷糊糊中，恍惚看到一个头戴黑盔、身穿黑袍、嘴筒子伸起老长的猪大神。猪大神对她说："大嫂哩，玉皇大帝要来抓你问罪啊！"

农姑胆子也大，她说："我一个妇道人家，规规矩矩的，看哪个敢动我一下。"

猪大神说："你践踏五谷就该挨打。"

农姑听他这一说，一下子心头就虚起来了。她想了想说："我不抛撒你吃什么？挨刀也该你抬头杀。"

猪大神说："咦，这婆娘倒会拉我去垫背呐！藤藤米米我都吃得下，你何必要拿大米来惯待我！"一甩袖就要走。

农姑心里有些怕，一把扯住猪尾巴，眼泪长淌说："猪大神，你就拉我一把嘛！从今后，每年初一和十五，我烧起香腊钱纸来供你猪二爸。"

猪大神见她这样子，就说："明早晨你快到地头去摘黄瓜，拿回屋只把它的心肝米米来抛撒。"说完,尾巴一蹦,农姑一下子就从梦中惊醒了。

还没等天亮,农姑一早就跑到地头去摘些黄瓜回来,照着猪大神的话去做。等到午时三刻,突然天昏地暗,刮起狂风,雷电火闪也发作起来。这时,只见灶王爷在天空中引路,天兵天将拥着玉皇大帝,朝农姑家而来。这下子,农姑吓慌了,赶紧躲到屋角头。

玉皇大帝一伙按下云头,来到人间,走进灶房,把袍袖一挽伸手就往潲桶底下捞一把,哪晓得拿起来一看,尽是些黄瓜籽,连颗碎米渣渣都没有,连捞了几次,都是一样的。玉皇大帝一阵生气,一把拉过灶王爷,劈脸就是几耳光,然后就带领着天兵天将回天宫去了。

农姑得救后,再也不敢抛撒粮食了。他跑到猪圈边,逢人便说:"是猪二爸救了我。"从此,每到大年初一和十五,农家户也就祭起猪神来了。(《成都市青白江区民间故事卷》)

浙江省松阳县有一则神话说:猪、牛、犬都是玉皇大帝在天上养大的天兽。牛是天上麒麟交配所生,神农皇帝到人间播种五谷,把它带到凡间,教它耕田,就留了下来;狗是神农皇帝在荒凉的地方拣来的小狮子,养大了还很凶猛,后来慢慢听话了,才把它带到人间当看守;猪是神农皇帝从森林里拣来的小象,养了很长时间,只见它吃了就困,困了就吃,又肥又胖,别无他用,就只好杀肉吃。(《浙江民间文学集成·松阳县卷》)

吉林塔虎城有一则传说称,猪是天上王母娘娘在天宫里养活的天猪,由一个看猪童子看养着。有一次天上的神仙都下界去游玩,天宫里只剩下看猪童子,他便从天宫里拔了一只天烛,借着亮光也跑下界来玩耍,谁知他贪玩忘记了将猪圈门关牢,天猪们便拱开圈门来到了人间。小童子发现惹了大祸,连忙抛了手中的天烛,往回赶猪,费了很大的劲,终于把天猪赶回了天宫,一清点数目,发现缺少了五只天猪。这五只猪就留在了人间。 (《吉林民间文学集成·前郭尔罗斯卷》)

在小说《西游记》里,猪八戒是天蓬元帅下凡。民间传说中也有这样的说法,说猪八戒是天蓬水神投胎转世。天蓬水神在神仙里酒量最大,他在广寒宫里被嫦娥所吸引,多喝了几杯,违反天规,罚下凡世,到东海一个小岛上受苦。这时,正遇上孙猴子降生花果山,天崩地裂。天蓬害怕,缩成一团,跌落到白龙山下晒太阳的老母猪肚里,变成了一只小猪崽。天蓬变成猪崽后,见风就长,走到哪里祸害到哪里。收养他的老汉拿铁链把他锁在家里,他又变成一头贪吃的大肥猪,逃进了山顶的和尚庙。天蓬水神下凡后,玉皇知道他投错了胎,便派太白金星来点化他成人。(见《徐州民间文学集成》第27—28页,江苏文艺出版社)陈寅恪认为,高老庄招亲的故事,来自一个印度传说。这个故事说，一个叫牛卧的游方愿急，走到憍闪毗国王的花园里，跑进一个猪屋里去睡觉。当他醒来的时候，由于他的容貌不整，使有些妃嫔受到惊吓，于是国王要捉拿他，恰巧其时有一个天神经过，觉得愿急是无辜的，便把他变成一头野猪，引开了国王，使愿急得以逃脱。① 陈说的正确与否，这里暂不论，倒是可以看出水神化猪以及猪和水神有关联的蛛丝马迹。

三、弃子英雄与护主之兽

关于猪护幼主的神话传说很多，最著名的是夫余国的国王东明王的传说。王充在《论衡·吉验篇》里记载了这个显然是当时流传的有趣传说：

> 北夷橐离国王侍婢有娠，王欲杀之。婢对曰："有气大如鸡子，从天而下，我故有娠。"后产子，捐于猪溷中，猪以口气嘘之，不死；复徙置马栏中，欲使马借杀之，马复以口气嘘之，不死。王疑以为天子，令其母收取奴畜之，名东明，令牧牛马。东明善射，王恐夺其国也，欲杀之。东明走，南至掩滹水，以弓击水，鱼鳖浮为桥。东明得渡，鱼鳖解散，追兵不得渡，因都王夫余。故北夷有夫余国焉。

情节大体相同的传说《扶余的来历》，见于不久前搜集成册的《吉林省民间文学集成·扶余市故事卷》（内部资料）和《中国民间故事集成·吉林卷》（中国文联出版公司 1992 年），可见当代还有流传。

在这个传说中，值得注意的是下列三点：第一，国王侍婢有娠，不是通过男女的交媾，而是"感生"。一团大如鸡子的气从天而降，侍婢吸入腹中而得孕，因而生下来的婴儿被遗弃。第二，当幼年的东明王被遗弃于猪溷中时，猪用自己的长喙对着他的嘴吹气，他因而得以成活；又有第二次遗弃之举，将婴儿置于马厩，马也对着幼儿嘘气，使他又大难不死。第三，国王令其母收取奴畜之，并再次加害于他，于是他不得不逃走，而后夫余才得以立国。

猪护弃子的神话，与后稷之母履大人迹妊身，怪而弃之隘巷，鸟以其翼覆盖之，庆集其身；匈奴攻乌孙，乌孙王昆莫被弃于野，乌衔肉往食之的神话，在这个情节上是相类似的。猪、马、鸟等异类所护佑的弃儿，都是生来就天人异象，后又经过几次遗弃的锻炼和考验，终于成就了大事业的伟人。从文化人

---

① 参阅陈炳良《中国的水神传说与〈西游记〉》，《神话·礼仪·文学》第 218 页，台北联经出版事业公司 1985 年。

类学的角度来说，在这个神话传说中，弃儿所反映的，可能是刚刚取得胜利的父权制对苟延残喘的母权的一种报复。而护佑弃子的猪、鸟、蛇等异类的出现，它们所扮演的自然是神兽（禽）的角色，或可理解为母系部落的代表，显然是站在母权的立场上来保护这个不知其父亲为何人的幼儿。

扩而大之，猪在弃子而非英雄的故事中保护和抚养幼儿的故事各地也还很不少，如四川成都有一则《猪头帽的来历》故事，说的是树林里的一头野母猪跪在窝边，用自己的嘴舔弃子的脸颊，用自己的乳汁喂养弃儿的事情。后来，这一带的群众就戴一种形象类似猪头的帽子，作为他们对有恩于人类的猪的敬重与怀念。

布依族也有类似的传说，显示出布依人不忘其祖的道德和风俗。贵州安龙县布依族，相传在清代"红白旗斗争"时期，兴义府三年旱灾，贪官污吏横行乡里，有一位姓贺的青年聚众而起，与官府作对，朝廷得知后，派兵进剿。起义群众退到山中，躲进洞里，一只大母猪王率众猪从洞中冲出，向敌营中横冲直撞，咬退了官军。大母猪王与众猪在这次厮杀中全部献身。后来，布依族人民认为他们祖先的命是大母猪保护下来的，大母猪是他们祖先的替身，所以，当老人过世举行葬礼时，孝男孝女，孝妇孝媳，孝子孝孙，都不吃猪肉，直到脱下孝服，经过老摩（巫师）"启筛"之后，方可恢复吃猪肉，其俗延续至今。（故事见《中国民间故事集成·黔西南州安龙县卷》第88—89页，内部资料）

四、祭牲：通神的角色

古来人类祭祀天神地祇、山神树神，祭祀列祖列宗，都要用牲。这祭牲，开始是用活人，如杀敌对部落的俘虏（有的猎头民族猎敌首）以祭谷神的事实，如商汤燔火洁身、自焚祷雨的传说，曹娥投江以祭江神的故事，都是人祭的遗留。后来逐渐演变为用驯化家养的六牲（马、牛、羊、豕、犬、鸡）来作祭牲。

所以不用野兽而用驯化家养的牲畜来作祭牲，是因为这些牲畜是人类的亲密伙伴，只有驯化家养的牲畜才有资格代替人，才能通神。《礼记·王制》说："天子社稷皆大牢。诸侯社稷皆少牢。"大牢是指牛、羊、豕（猪）三牲；少牢是指羊、豕二牲。而且古代用牲，还讲究"牷牲"，意思是毛发纯白、体肤完整的家畜，如《礼记·祭义》所说："古者天子诸侯必有养兽之官，及岁时，齐戒沐浴而躬朝之，牺牷祭牲必于是取之，敬之至也。"这种遗俗，在现代社会中也还偶有所见。1991年笔者到山东省石岛镇之渔村参加渔民的海祭，渔民们向龙王所献之牲仍然是一只体肤完整的肥猪，而且这猪的全身披挂了红绸缎带。

用猪作为祭牲，还因为猪能通神。萨满教的灵魂观念认为，祖宗的游魂能依附着动物的耳朵回来。祭祀时，要往猪耳朵里灌水，猪耳朵动了，就意味着神祖已经领了后辈人的祭品，阖族欢欣，如若猪耳朵不动，不是萨满本身不净，神器不洁，就是族人不敬，需要反复诵念神词、灌水，直至猪耳朵动了为止。信仰萨满教者，祭祀时还要"摆件子"，即把剖开若干块煮熟的猪肉，摆成一个整猪的形状。四川会理县《小猪拱出来的故事》说，一个砍柴郎有一头小猪，给它头上拴红线，腰部拴绿线，尾部拴蓝线，就有了灵性，不仅能把海水拱得波涛翻滚，而且能与海里的龙王沟通。

民间也有许多关于以猪为祭牲，祭各种大神小神的传说，不仅寓意深刻，而且读来饶有风趣。四川马边县苗族流传着一则《门槛猪的来历》的传说：娘简到井边去背水，井里有一个梨子往水瓢里飘去，这是老虎的梨。她吃了老虎的梨，被迫跟着老虎到山洞里去了。娘简的丈夫欧桶赘知道后，背起大刀、笛子和干粮，到处寻找娘简。他来到山洞前，吹起笛子来，娘简听到了丈夫的笛子声，便用树叶吹出声响，从洞中飘出来。丈夫欧桶赘进洞杀死了劫持娘简的老虎，带着娘简回家，可是，谁知与老虎同居过的娘简进不了门槛，好像是有什么东西挡住了一样。欧桶赘只得杀了一只猪祭门槛，娘简才得以进得门槛。后来，苗家搬家或盖新房，都要杀猪祭门神，于是成为风俗。四川屏山彝族流传着一则为什么要在十月过年的传说：天神阿底窝热养了300头母猪，放在涅爽那山下，被木克勒热杀死了。天神阿底窝热请三座山神帮忙，要杀猪人赔他的猪。一个天神、一个彝族人从十月初一谈到十月十五，才达成一个协议：以后每年十月初一到十月十五这半个月，家家都要杀猪来还天神阿底窝热。木克勒热想，过年杀一回猪，十月间再杀一回猪，哪里有那么多猪呵？于是便把彝族的年改在每年十月初一到十五。[①]

用猪作祭牲，还因为人们有猪血崇拜的观念和认为猪血有驱邪的功能，许多民族都有以猪血来辟邪祭祀的习俗。哈尼族在祭祀寨神"埃玛突"时，在神圣的禁地之外先杀死一头猪，用桶取出它的鲜血来，淋洒在寨树神前面的一块大青石上，然后才正式开始祭祀仪式。用猪血来淋神石，既有用鲜血祭祀石神的意思，又表现了哈尼人的猪血崇拜观念，人们在重温着人类早期阶段上那种茹毛饮血的原始生活。各地的渔民几乎都用猪血来浸网，是为了防止海里的

[①] 《中国民间故事集成·四川卷（少数民族）》第415页，四川省民间文学集成编委会编印。

妖魔鬼怪作乱害人。湖北孝感地区有这样的传说：有两兄弟到河里打鱼，遇上了鱼群，天黑定之后，才把船往回划。河面上陡然起了旋风，黑水乱翻，小船在河道里团团转，突然钻上来一个青面獠牙、手持钢刀的鬼来，它要兄弟俩的脑髓用用。兄弟二人跪下，表示要把脑髓献上，向小鬼借刀一用。小弟趁势把船划近小鬼，哥哥赶紧撒网，把小鬼套入网中。小鬼要把身子变小，从网眼里逃脱，哥哥急中生智，咬破中指，把血洒到小鬼的身上和网上。鬼是见不得血的，这一来，小鬼失了法力，动弹不得了，弟弟用纲绳把小鬼捆起来，用网包好，丢到河中。大家都晓得鬼怕血，渔人们就用猪血把网浸透，晚上出去打鱼，就不怕鬼捣乱了。

五、财富的象征

在民间传说、民间年画和民间玩具中，猪是财富的象征。

春节到了，家家都要贴年画和对联，驱邪纳福，以求吉庆。一种以《一本万利》和《聚宝盆》为题的栏门年画，春节时异常盛行，农村里人们把它贴在栏门上，以期能靠养猪而发财。老百姓还把老母猪人格化为猪神，称之为"猪圈之神"或"把圈老祖"。画面的四周，还画着象征吉祥如意的宝瓶花卉、八卦葫芦等物。人们把家猪看作是自己的朋友和老祖，从来不敢轻慢，更不敢侮辱。人民群众总是把猪与自己家道的兴衰联系在一起，所以民间也创作和流传着一种题为《打猪鬼》的栏门画，一个威武雄壮的武士手执钢剑守卫在栏门口，保护着他们养的猪。

有的民族，在过年时，有祭献"猪二爸"的习俗。旧时，广东有一种猪形的钱罐儿童玩具，形象地把生物的猪与财富或发财的观念，灌输给少年儿童。

猪是财富的象征，猪是财神的观念，在各省区几乎都有流传的南蛮子盗宝传说中，表现得尤其突出。在吉林省的扶余和塔虎城都流传着一个同一类型的盗宝故事：种瓜老头种了一窝南种香瓜，是金猪变的宝，南蛮子来盗宝未遂。一个故事说，南蛮子看中了这瓜地，出了二十两银子要买这瓜。老头不知他要买这瓜干啥，就在尚未成熟时割断了瓜蔓。南蛮子买走瓜后，二更天光景，来到县南门口，用瓜向大门扇撞了三下，南门就自动开了，只见在一片金光里闪出一头像牛那样大的老母猪，后面跟着十二头小猪崽，可是这金猪走到大门口就不往外走了，又拐回城里来。半夜子时，大门又自动关闭了。南蛮子没有把宝鳖走，气得要命，原来是老头在瓜还没熟的时候就给切断了瓜蔓！① 另一个故事说，南蛮子知道老头种的瓜是宝，要买这些瓜。这些瓜是天上王母娘娘的天猪变的，看瓜人棚子的木柱是王母娘娘的天烛，只要点着了天烛，才能把天猪捉到手。结果南蛮子失败了，没有捉到天猪，白白丢了五块大乌金。② 河北省乐亭县的一则盗宝传说，是说南蛮子侦察到井里有宝猪，只要往井里撒豆子，一百天后，就能把井中的金猪引出来。九十九天上，店主观察到南蛮子的行踪后，故意咳嗽了一声，就把南蛮子的如意算盘打掉了。③ 这类金猪故事，全国各地多有流传，在这里，金猪是宝，是财富的象征。

最有意思是流传在武当山一带的一则民间传说，把猪与江南著名财神沈万山联系在一起。沈万山原本是穷人，父母拉着他要饭时，睡在人家的磨道里。有一天夜里，发现磨道里还睡着一个讨饭的姑娘，姑娘自动把稻草让给了沈家父母，父母看她心地善良，便把她娶来给沈万山当了媳妇。父母下世之后，沈靠在水里扎竹排种庄稼致富，成了大富翁。后来又娶了官宦人家的小姐当员外奶奶。沈家门前是一片大竹园，园中有一棵发杈的竹子。有一个到武当山进香的斋公，愿出三百两银子来买这棵发杈的竹子，因为这棵竹子是山崖上那个石洞大门的钥匙，只要有了这棵竹子，就能打开洞门，叉住洞里的那个金猪的嘴巴，得到这无价之宝。贪婪的沈万山知道底细后，不再卖这棵竹子了，把竹子交给他那花子媳妇，要她去山崖里捉宝。花子媳妇恨沈万山的贪婪和无情，没有按照斋公的话去做，把竹杈放在金猪的嘴巴上，金猪把这个开山洞的金钥匙拖进了山洞里去，山洞立即关闭了大门。后来，斋公又教花子媳妇，用开水浇房后的桂花树，终于也把那树烫死了。桂花树一死，武当山突然刮起了大风，下起了大雨，海浪比山头还要高。沈万山的竹排被压在了海底，楼房瓦屋被冲垮，金银财宝全被冲走，沈万山饿死在河滩上。在这个带有讽刺意味的辛辣故事里，金猪就是无价之宝，得到金猪就能家财万贯，而那发杈的竹子就是开启山洞的钥匙。沈万山没有得到那金猪，终于饿死在荒野之中。

1994年12月27日

（发表于香港《明报月刊》1995年第2期）

---

① 《扶余民间故事卷》第128—130页。
② 《前郭尔罗斯民间故事卷》第174—178页。
③ 《乐亭民间故事选》第193页。

迎春簇杖鞭土牛

古来，每到农历腊月，要用泥土制作土牛，以送寒气。每到立春之日，要鞭土牛，以示迎春。《汉书·艺文志》记载说："立春日，京师百官皆衣青衣，郡国县道官，下至斗食令吏，皆服青帻，立青幡，施土牛，耕人于门外以示兆民。"鞭春牛作为迎春仪式，延续了2000多年，在延续中发展，到清代，各地还多有记载。据清人富察敦崇《燕京岁时记》："立春先一日，顺天府官员至东直门外一里春场迎春。立春日，礼部呈进春山宝座，顺天府呈进春牛图，礼毕回署，引春牛而击之，曰'打春'。"还有记载说，在举行鞭春牛仪式时，队伍中有鼓乐相伴，当官员们各以彩杖击打土牛三下后，参加仪式的农民大众也向土牛发杖，直至土牛被打碎，大家一拥而上纷抢土牛肚子里的五谷、干果，据说吃了这些五谷和干果，能免灾祛病，平安长寿，五谷丰登。

土牛是人工造出来的模拟性的岁时（迎春）象征物。鞭春牛仪式，是一个动态的迎春过程，人们希望通过鞭春牛送走（结束）严寒的冬季，迎来万物萌动生机勃勃的春天。土牛所显示的，是一个农耕社会的文化背景和一种原始象征（隐喻）思维的方式。关于土牛的角色及其文化功能，宋代高承撰《事物纪原·岁时风俗部》做了如下说明："《礼记·月令》曰：出土牛以示农耕之早晚。注云：若立春在十二月望，则策牛人近前，示农早也；月晦及正月旦，则在中，示农平也；近正月望，则近后，示农晚也。其周制乎？《后汉书·礼仪志》曰：季冬，立土牛于国都郡县城外丑地，以送寒。《月令·章句》曰：是月之昏建丑，丑为牛。寒将极，故出其物为形象，以示送达之，且以升阳也。"[①] 鞭土牛是一种以"出其物为形象"的仪式，其实际目的在于送冬迎春，在于"劝农"，而仪式中的许多细节，都是严格按照天干地支五行

---

① 金圆、许沛藻点校本第425—426页，北京：中华书局1989年。

的例律安排的。出土牛、鞭土牛的仪式，在其发展中，不断发生着变异，仪式越来越繁缛和复杂，但土牛之制及其在仪式中的角色功能，却一直没有什么大的变化，换言之，没有土牛这个象征性的角色，便不可能有送冬迎春的仪式。

作为岁时仪式之一，鞭春牛是饯腊迎春的文化象征符号，但究其表里，则可以发现，每一个细节后面，无不隐藏着为人们群体约定俗成的文化意涵，仅就土牛的制作而言，其形制、其颜色等，都极具神秘性。据于敏中等《日下旧闻考》："造春牛法，日短至，辰日，取土水木于岁德之方。木以桑柘，身尾高下之度，以岁八节四季，日十有二时，踏用府门之扇，左右以岁阴阳，牛口张合，尾左右缴。芒立左右，以亦岁阴阳，以岁干支纳音之五行。三色者，为头身腹色。曰三色者，为角身尾，为膝胫，为蹄色。以日支孟春季为笼之素，柳鞭之结，子之麻苎丝。牛鼻中木，曰拘脊子，桑柘为子，以正月中宫色为其色也。"就是说，土牛身尾之高度，决定于一年中的四季八节、一天中的十二时辰；头、身、腹三色，各以天干、地支、纳音来决定。百官何以衣皆青衣、服青帻、立青幡，因立春日支属木，木为青色，青衣、青帻、青幡与支相协和。鞭土牛用的春杖何以要五彩麻苎丝缠绕，也由立春日的支属而定：寅、巳、申、亥用麻，子、卯、午、酉用苎，丑、辰、未、戌用丝，等等。①

我们看到，一些"岁时记"中所记的，毕竟大多是宫廷迎春的程序和景象，尽管鞭春牛也是民间老百姓的一种迎春信仰形式，却缺少更多样更翔实的第一手材料。民间的情形是怎样的呢？山东潍县杨家埠茂盛画店出品的一幅年画（俗称《春牛图》），以画面和文字相配合的方式，再现了清代的立春和鞭春牛的景象。画面的上部是一头形体硕大的土牛，背上驮着一个聚宝盆，后有一官员举彩杖作鞭牛状。题词是："我是上方一春牛，差我下方遍地游。不食人间草合（和）料，舟（专）吃散灾小鬼头。"下部画了三个农民在分食春饼。题词是："三人九饼，五谷丰登。"宋代大诗人陆游《春日》有句："老夫一卧三山下，两见城门送土牛。"他所记述的"送土牛"仪式，是江南会稽一带小城镇或乡下的送冬迎春仪式，简朴素单，表达了当地百姓祈求风调雨顺、五谷丰登、国泰民安的心理。陆游的诗句，也从一个侧面证明了"送土牛"的风俗和土牛作为象征符号，不仅在中原地区、古都长安和汴梁及其周边地区得以流行和共识，而且也在东南沿海一带的吴越地区的民间有着广泛影响。

出土牛、鞭土牛的仪式，在清代还是颇流行的。除了一些岁时记而外，清代诗人钱谦益《立春诗》有云："迎春春在凤城头，簇仗衣冠进土牛；铺展烟光来紫陌，追随笑语到红楼。"（《初学集》）也多少反映了送土牛习俗的流行

---

① 参阅李露露《春牛辟地》第114页，北京：社会科学文献出版社1998年。

民俗与艺术

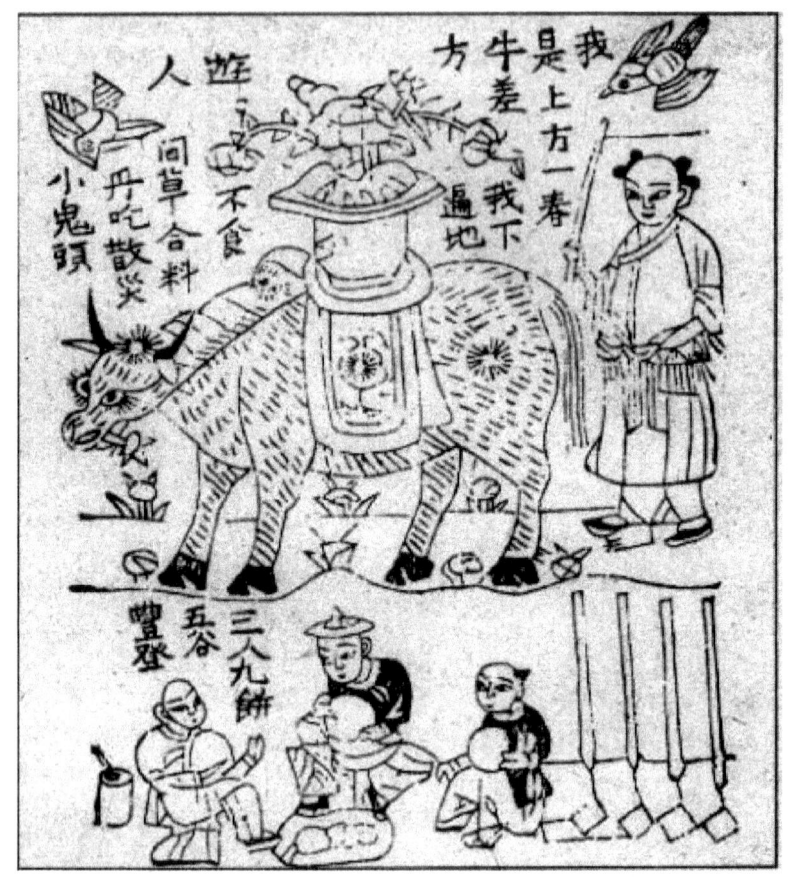

我是上方一春牛（年画）

情况。20世纪的前半叶，送土牛的仪式，在民间的流行也还相当普遍，如开封及其周边地区，每年都举行①。随着时间的推移，完整的送土牛的仪式，在近50年来已渐渐式微，只有吃春饼一类的零星的风俗细节还在民众中残存下来，但"土牛"作为中国农耕文明的一个文化象征符号，却在中华文化传统中留下了深深的、无法磨灭的印记。

2002年12月28日

（原载《光明日报·文荟副刊》2003年1月22日）

---

① 见《河南省志》第10卷第381页，郑州：河南人民出版社1995年。

第五辑

民俗调查

葛沽皇会调查报告

有幸到农村去观赏民间庙会上那些残留着民间信仰的浓重痕迹，又是未经专业文艺家们雕琢的民间艺术表演，享受民间艺术的熏陶，吸吮民间艺术的液汁，对于我这个文艺工作者兼民间文化学学者来说，自然是一件人生乐事。记得龙年（1988）元宵节时，朋友们曾驱车前往位于河北省与天津市接界地区的盛芳镇，领略了那里享誉华北的庙会上的多种民间艺术的风采，那情那景，至今仍然历历在目。今年（1990，马年）元宵节又来到了，三几朋友又相约去天津南郊区的葛沽镇，观摩和调查那里源远流长的、专为天后娘娘而举行的"皇会"上的民间歌舞和音乐技艺的表演。

一、"皇会"是什么

皇会是什么呢？

据《续天津县志·风俗志》云："（三月）二十三日天后诞辰，预演百会，俗呼为'皇会'。……先之以杂剧，填塞街巷，连宵达旦，游人如狂，极太平之景象。"[1] 徐肇琼撰《天津皇会考》云："皇会乃酬神所献之百戏也。至皇会之始，有谓因康熙三十年（公历1691）圣祖幸天津谒天妃宫时，民间作百戏以献神，又借此以娱圣祖，于是有'皇会'之称。"[2] 所谓皇会，原本是老百姓（多是渔民）对神话传说中的海神娘娘林默，即妈祖的诞辰所举行的民间文艺活动，这种文艺活动既有酬神的性质，又有自娱的性质。这项活动在天津

---

[1] 徐肇琼《天津皇会考》引，见来新夏主编《天津皇会考·天津皇会考纪·津门纪略》第4页，天津古籍出版社1988年。
[2] 徐肇琼《天津皇会考》，见来新夏主编《天津皇会考·天津皇会考纪·津门纪略》第4页，天津古籍出版社1988年。

民俗与艺术

何时始，尚无定论，一说在康熙年间，大致已有 200 多年的历史。经过多年的变迁，现在的皇会，已不是在妈祖诞辰三月二十三举行，而是在正月十八举行，除了"皇会"的名称之外，也看不到明显的天后崇拜祭祀活动，酬神的性质减弱，自娱的性质加强，几乎演变为一种名为颂扬妈祖天后的功德，实则纯属饯腊迎春的民间文艺活动了。

天津是我国北方工业重镇，城市发展史相对地说不算很长，而且靠近京都，但它却在历史上形成了，并且传承和保存下来了自己的民间文化传统。人们说天津的文化是"漕运文化"，这不无道理。天津地扼渤海入海口，历史上在海运、漕运上起过相当重要的作用，来往船艘不仅带来了各地的物质文明，也带来了不同的精神文化，它融汇和重铸了南来北往的地域性文化系统。南郊三大镇的小站、咸水沽和葛沽，就是在这一背景下形成的大村镇，而且接受了盐渔行业的海神信仰。因此，可以说至今仍存的皇会活动，就是天津漕运文化的一个代表性符号。

清乾隆杨无怪有《皇会论》一文记述初期举办皇会的情况，甚是详尽，可大致窥见当年皇会之始的盛况：

> 国泰民安，时移岁转，春光明媚艳阳天。只听得锣鼓声喧，又见那儿童欢喜，妇女争妍；却原来是皇会重兴第二年。月未逢三，早将会演。有一等游手好闲，家家去敛，口称善事，手拿知单，有钱无钱，强派上脸。图了热闹，赚了吃穿。这胜事直到三月间。跨鼓声喧，中幡耀眼，看会的来到街前。吃了早饭，换了衣衫，行走间先问门幡。买卖齐声喊，喧哗有万千。乱嚷嚷，早听见"冰糖海苏丸"。一群村媪站街前，河沿上早来了香火船，手持竹竿，身穿布衫，靠定阑干，人人等把抬阁看。急忙忙，莫容缓，来复往，不惮烦。数杆黄旗在会前，上写着"扫殿"。逞精明，露强干，薄底鞋亦穿武备院，夹套裤簇新月白缎。腰巾儿长，帽梁儿短，青洋绉棉袍齐把袖挽。无事呢，扬扬得意；有事呵，磕了个头山，好和歹出了些汗。通纲抬阁是新演，今年会胜似去年。节节高，同人办；莲花落，不耐看；猴爬竿，亦有限；扛官箱，委实可厌；稍可的，是侯家后"拾不闲"。秧歌高跷数见不鲜，惟有那溜米厂高跷人人称赞。不论女，不论男，颠倒争把青蛇看。貌似婵娟，名胜梨园，是何时结了喜欢缘？他面庞儿俏，意思儿甜，一架娇痴墨牡丹，掩映在红绿间。舞花本自戏中传，四海升平见一斑。说什么长亭袅娜，绣球灯烂。有一等结彩铺毡，假充官宦，廊檐外派下跟班。会一到将闲人赶散，点心包拿在眼前。有几个老斗围着小旦，询饥渴，问寒暄，殷勤体贴，不怕心烦，叫管家时把茶儿换，

到晚来下了个名庆馆。意翩翩,美少年,有那些良家子弟杂其间,好叫吾难分辨。风动帘角,时来偷眼,静悄悄,不敢言;细留神,遮遮掩掩;侧耳听,呖呖莺声花外啭。你亦看,我亦看,帘外帘中隔不远。碧玲珑不是万重山,野花时卉遍争妍。两廊下穿红挂绿,抱女携男。脂粉腻,笑语喧,花儿朵儿插鬓边。自觉得好看,不知是憎厌。未语人前先腆脸,一见人,把头还,羞容满面——都是些浓眉大眼,高拥髻鬟。晚妆楼上杏花残,风过处,应怯衣单。夜儿黑,影儿暗,氤氲郁馥,不辨钗钿。又不是轻云薄雾,惟有些人气香烟。半掩香扉半卷帘,出头露面,不怕春寒。又见灯火高悬,青烟四散。宝塔仍是章家办。花瓶会,到底让口岸店。打顶马的,数周家露脸。衣帽新鲜,顶戴齐全,人物体面,胜似当年王寿田。还有管事的,双双对对,穿的是大镶大沿;小马夫,温唇善面;跟班的,光华脸蛋似粉团;茶挑子,亮光光,净素玻璃片。耳边金鼓震连天,会儿多,记不全,法鼓还算大园小园。一到茶棚敲得更熟练,翻来覆去,离不了七二幺三。夜色漫漫,行人缓缓,一更之后,众会蝉联。一伙子清音大乐声悠远,两档子河南雅乐喧,后跟一行道士调笙管。西洋德照,前后光悬,少不了老鹤龄在和平音乐前。不知不觉已过了四驾辇。法鼓声犹近,鹤龄音不远,提灯伞扇来到跟前。手执请驾羊角灯,说"驾到了,靠后罢",一个个俱都气静神安。有那女眷,拈香拜街前,一种情思无两般,无非是求子育男。霎时间,夜阑人散,拦舆拜罢各回还。香消粉减,漏尽更残,好似神仙归洞天。难消遣,怎留恋,夜深门掩梨花院。繁华都在眼中收,记不清,珠帘掩映芙蓉面。

又有清人沈存圃作《皇会歌》,不仅记录了当时皇会的情状,而且印证了皇会与漕运的密切关系。现录之如下:

> 鸣钲考鼓建旗纛,寻橦掷盏或交扑。
> 鱼龙曼衍百戏陈,更奏开元大酺曲。
> 笙箫筝笛弦琵琶,靡音杂逻听者哗。
> 老幼负贩竞驰逐,忙煞津门十万家。
> 向夕灯会如匹练,烛天照地目为眩。
> 香烟结处拥福神,仅从缤纷围雉扇。
> 白昼出巡夜进宫,献花齐跪欢儿童。
> 慈客愉悦默不语,譬彼造化忘神功。
> 别有香船泊河浒,携男挈女求圣母。

焚楮那惜典钗环，愿赐平安保童竖。
我闻圣母莫海疆，戴在祀典铭旗常。
初封天妃嗣称后，自明迄今恒降康。
津门近海鱼盐利，商舶粮艘应时至。
维神拯溺免沦胥，策勋不朽宜正位。
在昔缇萦与曹娥，皆因救父死靡他。
虽云纯孝泽未远，孰若仁爱照山河。
复有静波称小圣，立庙赢壖裡祀敬。
未闻报赛举国狂，始信欢虞关性命。
伊余扶杖随奔波，欢喜字作迎神歌。
康衢击壤知帝力，阙里犹记乡人傩。①

历史上天津市如此壮观的皇会，自清朝末叶起就已经难得一见了。20世纪30年代以来，由于兵祸加国难而一蹶不振。近几年，国泰民安，工商发达，生活提高，政策放宽，始有皇会的复兴。

笔者1988年5月应邀在天津民俗博物馆（即旧日之天后宫）门前广场上观摩南开区举办的天津民俗文化博览周时，第一次欣赏到葛沽镇农民们"跑辇"的精彩表演，不仅为他们所表演的文武歌艺所倾倒，而且为他们在"文革"后重新制作的昔日妈祖娘娘所乘华辇（轿）的工艺之精致与独创暗中叫绝。尽管那次有机会与葛沽镇东茶棚的会头李洪升有所接触，并粗略地了解了皇会的大致情况，但毕竟由于时间的关系，未能详谈，因此，希望再次欣赏皇会中的主要节目——《跑辇》的全貌，并作进一步采访的愿望一直没有忘却。这样的机会终于到来了。

二、法鼓与花会

庚午（1990）春节刚过，我们便于2月12日到达了天津。我的朋友、天津文联主席、作家冯骥才，知道我带领一干人马要到天津南郊的葛沽镇去调查皇会，以天津文联的名义，假著名的吉士林西餐厅为我们壮行。我对大冯此举，非常过意不去。

正月十八（2月13日），天津南郊葛沽镇，天空飘着鹅毛大雪。据当地老乡讲，这一天是天后娘娘的接驾日，也是自正月初二起举行各种文艺活动以

---

① 两段引文均见《天津皇会考·天津皇会考纪·津门纪略》第5—9页。

来，皇会达到高潮的一天。因为如此，来考察观摩的文艺、新闻界人士特别踊跃。和我们同行来的，有天津文联的作家刘焕章，以及民间文艺研究家和音乐家。我们进得镇来，喧天的锣鼓声和富于民族和地域特色的音乐，就把我们带进了浓郁的民族文化氛围之中。沿街排列着的各种名目的法鼓会、武艺会、捷兽会（狮子会）、高跷会等等，簇拥在各村群众之中，五颜六色，争奇斗妍，真个是"碧玲珑不是万重山，野花时卉遍争妍。两廊下穿红挂绿，抱女携男"。

葛沽皇会参加表演的狮子会，是颇有特色的一项活动。它的特色在于狮子大小不一，表演的套数也与众不同，给人耳目一新的观感。大狮子里是两个装扮者：前面一人手拿狮子头，后面一人为狮身。小狮子则为一人。据称他们是按着八卦——乾、坎、艮、震、巽、离、坤、兑，八八六十四门耍的，技艺复杂而多变，他们耍了多少套数，作为观众，我们不得其详，加之雨雪路滑，可能删繁就简就收兵鸣金了。不过，当演出终止，从狮子皮下钻出来的是一个浓妆艳抹、神采飞扬的小学生，那活泼可爱、笑容可掬的身影，却着实使拥挤不堪的观众由衷地感到喜悦。尽管那些狮子的全身不像古人那时是用珍珠线缀成的价值昂贵的彩狮衣，然而其形象、其做派，却仍然蹈袭了旧日捷兽会的真传。他们从幼小年纪起，就受着民间文化传统的耳濡目染，可以指望他们能成为中华民间文化的新一代的传承者。

法鼓也是在别处未见，而是皇会里不可或缺的一种"会"。（按："会"，现在俗称"花会"，是华北平原上民间的一种文化组织，大致分为文会和武会两种。——笔者）古来就有种种名目的法鼓，如"宫音法鼓""花音法鼓""金音法鼓"之类名称或流派团体。所谓"音"者，就是现在的名词音乐之类。法鼓是从僧道作法演奏的音乐演化而来的一种以鼓为主的民间音乐。（法鼓是打击乐，而打击乐通常是庙会或皇会上的民间音乐的主体）我们站台的对过，就是"雅音法鼓"的黄底黑边黑字的旗幡，在雨雪中猎猎飘扬。

法鼓团体很多，但表演的乐器和乐队的排列，则是一样的。据《天津皇会考记》记载，法鼓的组织是鼓、钹、铙、铬子、铛子等五种乐器，以鼓为主。钹、铙、铬子、铛子担任协调的角色。行排的编排，则鼓在中央，左列是钹，右列是铙，铬子和铛子附随在鼓之后。法鼓的曲子有《蹶腿》《拉河西》《鬼叫门》《常远点》《摇鼓通》等数十余种。演奏中不时变换曲子，行进中，钹、铙停止，只由铬子、铛子敲着《常远点》调，借以调整步伐；出会或截会（为某家截住停下来表演）时，则各自拿着乐器舞耍，叫"耍钹""耍铙"。法鼓的演奏，疾徐相间，高低有致，别有一番民族音乐的韵味。笔者去年（1989）9月在大连第一届中国民间艺术节期间，观赏了山西晋城矿务局锣鼓队的演奏，节奏明快，雄壮有力，给人振奋，倘能从葛沽法鼓曲牌与技法中汲取一些可取的旋律与招式，使之达致刚柔相济的境界，岂不是一件取长补短的好事吗？

高跷会里也不乏令你心动神摇的情节与表演，并非一般人想象中的千篇一律。清代这里就有"秧歌高跷，数见不鲜，惟有那溜米厂高跷人人称赞。不论女，不论男，颠倒争把青蛇看。貌似貂禅，名胜梨园，是何时结了喜欢缘？"之叹。今日葛沽街头的几支高跷队，为了吸引观众，大都贯穿着民间传说的情节，装扮成地方戏曲里的人物，尤其是青蛇白蛇的故事，不仅妇孺皆知，而且老少咸宜。边走边舞，打情骂俏，体态轻柔，风趣诙谐，洋溢着汉民族民间文化所特有的那种乐天、达观、幽默、快活的情趣，给人以善的启迪和美的愉悦。从那一群群一簇簇观者的喜怒与共的神态里，我仿佛可以想象到，他们会在窃窃私语中议论着，在回家的路上模仿着，这无疑是他们最放纵个性、享受文化熏陶最集中的一段时间了。尽管皇会的时间，即祀拜和颂扬妈祖的活动，有一个时段而并非一日，但一般来说，从明天起，这里的农民们就多半不再以一个艺术家的身份，而以一个务实的农民的身份，生活在这个世界上了。追念和祭祀天后妈祖的仪式结束之后，沉浸在浪漫主义情怀之中的农民，便再一次回归为现实主义的农民，作为祭祀（纪念）仪式和狂欢活动的今天的皇会，不过是这些循环往复的链条中的一环。

三、华辇、宝辇、跑辇

一队队的民间艺术表演队伍在长街上献艺之后，那一直隐而不露的"跑辇"——皇会的主角，就该登场，让翘首以待的乡亲们，一睹其雍容华贵的面孔了。流光溢彩的八座宝辇和两座同样鲜艳夺目的表亭（安置着钟表的亭子状的辇）及各茶棚的仪仗，一字儿在镇供销社商场门前的马路牙子上摆开，至少占据了足足50米远的地盘。其壮观而多彩、肃穆而欢快的场面，是可想而知的，也许这就是葛沽镇一年中最值得骄傲的时刻吧。为了它，区、镇的领导人都来了，北京、天津的作家、学者、艺术家来了，新闻界的朋友来了；为了它，那些原本是非"三顾茅庐"而不出的电视记者、摄影记者们，竟然不顾地上的雪泥，冒着跌落下来的危险爬上高高的房顶，把摄影机贪婪地对准着它。据介绍，葛沽镇早先曾建有九桥十八庙，现在路桥尚在，而庙宇呢，则历次的兵燹中，特别是"文革"的"革命行动"中不复存在了。老人们说，这供销社的所在之所，就是当年娘娘庙的旧址。娘娘庙不存在了，那宝辇里也不再放置天妃娘娘的塑像了，在经历过历史沧桑的葛沽人的意识深层里，却仍然不事张扬地把宝辇和表亭停放在这块原本属于它们的地方。这个特定的地点和这个行动的意义，也许只有当地的民众们才懂得，因为记忆是代代相传的。

辇是艺术品。辇原分为宝辇和华辇，天后（海神娘娘）所乘者为华辇，其余四位娘娘所乘者为宝辇。现在辇的外壳仍旧，内涵却已大变了。由于天后——海神娘娘的塑像不复存在，原来焚香膜拜的祭祀仪典也已荡然无存，因此，酬神性质已逐渐为娱人性质所取代。这大概也是历史的必然，但意识的改变却并非如此轻易，辇恢复了它的艺术品的品格。这座六角形的木质结构，周围饰以绣花围子，四扇花梗屏风组成辇龛，顶部饰以宝石玻璃，八角飞檐，周身透雕，龙柱贴金，底座四角形，每角又雕有马足兽驮伏着，象征吉祥。全辇缀有蜡灯81盏，夜间跑辇，灯盏齐明，金碧辉煌。辇由八人抬着，前后把持二人，两旁各有二人执垫脚凳，另有执日罩一人，共15人。每驾辇前，还有一队仪仗，一般是小锣一面，高照四个，大锣一对，软对一副，硬对一副，龙棍一对，立瓜一对，躺瓜一对，斧一对，朝天蹬一对，八宝枪（云、罗、伞、盖、花、冠、鱼、虫）八枝，龙扇一对，龙凤扇一对，金凤扇一对，孔雀凤扇一对，灯牌一对，茶催子两对，提炉一对，盘炉一对，纱灯一对，歪脖伞一对。每驾辇全副执事据说80余人，可惜的是，因为雪雨致使表演未能充分展开，各茶棚的辇、亭，未能把准备就绪的全套技艺、招数施展出来，只是匆匆表演一遍，尤其未能欣赏到夜间在焰火、灯火、鼓乐中群情激昂的狂欢节式的表演，成千上万的群众顶风冒雪伫立街头，久久不散。他们劳碌了一年，积聚在体内的兴奋之欲，未能痛痛快快倾泻出来。直到晚8时才得到正式消息：皇会活动被迫终止。满街的人群，包括我们这些外来客，只得带着无限的遗憾和惆怅，怏怏不乐地离去！

四、皇会的组织

我们来到区里的金谷宾馆住下。昨天下午我们来到镇上时，在供销社临街的那面墙壁上，看到一张大红纸的布告，上面公布的是葛沽镇各村老百姓捐钱办皇会的账目和自发组织起来的领导班子的名单。当我们调查询问皇会活动的组织领导和经费问题时，区文化局的同志告诉我们，全部活动都是镇上的群众自发捐资、自发组织的，镇上有威望的人出头主持，他们举办此项活动的目的，是为了祈求国泰民安，来年有个好收成。今年跑辇、花会表演都未能尽兴，他们心中聚积了一种惆怅的情绪，就无心种好今年的庄稼。

俗谚说："八月十五云遮月，正月十五雪打灯。"今日之雨雪，是不是应了这句谚语呢？不记得去年八月十五是不是"云遮月"的天气了。希望今年

民俗与艺术

能有一个好收成，这场大雪也许可以扫清和弥补葛沽人民因未能尽兴地在皇会期间玩儿而产生的心中的遗憾和不快吧。

事实是在天后娘娘接驾之日举办皇会，是葛沽民众每年一度的狂欢节和必修课。经历过多年的消歇之后，现在这个承载着民众心愿和憧憬的文化传统，已经随着改革开放的脚步得到恢复了。

人不留客天留客，在风雪中回到了我们下榻的金谷宾馆，朋友们因以小酌驱寒，一时兴起，作打油诗一首，以志此行："冷风狂雪才几日，刀光剑影敢相欺？帆樯林立华辇过，春雨一夜花满枝。"

作于庚午年（1990）正月十八，改于二月初二

（附记：这篇调查报告写于15年前，即1990年初春，记述了当年正月十八天津南郊区葛沽镇举行的天后娘娘皇会的情况。由于风雪的影响，那次皇会的所有关目没有能全部完成，故而留下了遗憾。很想能再有机会去做第二次调查，补上那些为风雪而简省了的仪式和表演关目，同样遗憾的是，我的这个愿望终于没有能够得到实现，许多本可补上的内容没有能够补上。那年我55岁，正当壮年，如今已是古稀之人了，看来这个愿望将成为终生之憾。此文写成后，没有在国内刊物上发表过，在整理旧稿时重新审读它，觉得其中所记内容还未失其意义，现略作文字上的修饰，交付发表，希望能提供一些当年天后信仰在天津郊区的情况。如今社会大变，市场经济无孔不入，农村人口大量流动，郊区农村城市化，民间信仰，特别是海神妈祖的信仰及其皇会发生了何种变迁，也希望能读到新的调查报告问世。原载台北《民俗曲艺》第67、68期（1990年10月）；又发表于《民间文化论坛》2005年第3期）

参加1990年调查的有：贺嘉、吴超、刘晓路、金辉、李亚沙、李凌燕。摄影：刘晓路。

2005年3月27日追记

1990年2月天津南郊葛沽镇皇会跑辇
（刘晓路摄）

1990年2月天津南郊区葛沽镇妈祖皇会盛况
（刘晓路摄）

历史变革中的渔村民间文化

1988年6月8日，我向当时设在北京的索罗斯基金会提出了一份题为《历史变革中的渔村民间文化》的研究计划，计划以渤海中的庙岛为中心，对沿海岸线和近海岛屿渔村的民间文化、民俗、民艺、民间文学进行一次实地考察，考察经济变革时代中国农村民间文化的地位和社会功能的变化以及发展趋向，为深化农村经济改革提供民间文化、民俗心态方面的参考依据，同时为保护民间文化的政策实施提供实证材料。这个项目很快获得了基金会的批准，给予资助。

为实行这个计划，以我所在的《民间文学论坛》编辑部同仁为课题组成员，蔡大成、金辉、李路阳、彭文新四位，于1988年9月19日至25日到庙岛群岛的几个小岛进行了第一次考察。这个小组当时摄制了一些照片，但遗憾的是没有写出调查报告来。基金会办公室听了我的口头汇报后，决定要我提供材料开办一个展览。同年12月9日至13日，我与彭文新再次赴山东省龙口市的屺姆岛村进行实地调查。为调查的顺利开展，我们在当地吸收了龙口镇文化馆的孙振懿先生加入调查组。调查结束后，我与彭文新具体讨论后，由他执笔、我修改定稿而成为一份《屺姆岛民俗文化调查》的报告，作为我所申请的课题的最终成果之一。同时，由我写了一个编者按语，发表在《民间文学论坛》1989年第5期上。这次调查，得到了龙口市文化局、龙口镇文化馆和屺姆岛村政府的大力支持，使我们的工作得以顺利进行。

渔村调查计划中的其他内容，如海神信仰，并未得到较为详细而具体的调查，一直成为我的一桩心事。1991年的春天，我又与台湾《汉声》杂志驻北京的编辑部人员组成调查组，去荣城县的石岛镇玄镇村和长岛县的砣矶岛进行了为期半个多月的调查，并写成了《玄镇谷雨海祭调查报告》。在对包括沿海渔村和海岛渔村两种类型的渔村进行的调查之后，我于1991年4月28日，在烟台的中国文联文艺之家完成了调查报告的综合结论部分《渔村的变革与变革中的文化》。这样，我预期中的《历史变革中的渔村民间文化》的研究计划，就算告一段落，多少可以填补计划中的渤海至黄海这一段海域渔村的民间文化在20世纪80年代的现状和变革的缺项了。

一、屺姆岛渔村民俗调查

调 查 人：刘锡诚、彭文新
调查地点：山东省龙口市屺姆岛村
调查时间：1988年12月9—13日

（一）屺姆岛概况

屺姆岛位于龙口海滨的西北部，地势狭长，处庙岛海峡西口，犹如伸向大海深处的一只巨臂。其东南腹部为优良的避风港口，为海路流通的要道，是一处文化交流的中转站。

关于屺姆岛名称的来历，据《可爱的烟台》丛书之十二《莱子古国龙口市》说："相传明朝的开国功臣胡大海，背井离乡随朱元璋打天下，曾将年迈老母寄居于此，故得名屺姆（寄母）。""据史料记载，屺姆岛原名'木极岛'，系元代命名。明初，胡大海的第六子胡德山为避'靖难兵变'，潜逃龙口落户。后来胡德山的长子胡琛，带兵出征云南，战功卓著，为官清正。归故里后，恶'木极'乃元蒙命名，出于民族义愤而改为'屺姆'，并自号姆屺，后人相沿成习，遂称为'姆屺'岛。解放后，复更名为'屺姆'。"

传说屺姆岛原为孤岛，明嘉靖年间，海风扬沙，平地成埠，使屺姆岛形成三面环海的陆连岛。岛方圆15华里（1华里=0.5公里），北高南低，有大小9个山头。西山和北山，悬崖峭壁高达数10米，气势峥嵘，传说八仙想从此处过海，因山势险峻，而东去蓬莱。南部则是一马平川的细沙浅滩，是理想的游览之所。

屺姆岛现设一个行政村。1988年上半年统计，全岛445户，1478人。全村胡姓占95%，其他杂姓：王姓4户，刘姓8户，陈姓2户，南姓3户。据传胡姓迁岛之前，岛上的居民是姚姓与高姓。姚谐窑，在海边烧窑，海水相克，因而人丁不旺，故从岛上迁出，高姓迁出原因不明。据胡氏族谱载，胡家31世孙胡惺、胡恬、胡怡哥儿三人由黄县城里迁至屺姆岛，至今传至第42世，计11世。按谱牒法推算，假定每三代为50年，胡姓在此生息繁衍，已达200

年左右时间。

该村以前一直以农业为主，渔为副业，种植小麦、花生等农作物。近 10 年间，全部土地已退耕还果、退耕还林，植山楂 800 亩、刺槐 245 亩、黑松 305 亩，由于土地贫瘠、缺水，目前果、林还无收益。现在全村以捕鱼为业，有渔民 180 余人，船 128 只（其中 120 马力一条系村有，为冷藏厂收购海产；5 只运输船，跑龙口、大连），并建有冷藏厂、建筑公司、拆船厂、养殖场（养扇贝水面 100 亩）。今年（1989）总收入可达 600 万元，属于比较富裕的渔村。我们访问过一位 60 岁的老渔民，他一人每年捕鱼的收入就达七八千元。

村里设有一家村办小学，小学毕业后入附近的龙口镇中学就读。全村有电视机 300 台，彩电占 1/3，收音机 50 台，录像机 5 台，录音机 150 台。老书记家有空调 1 台。现代音像信息工具逐渐占据了村民的余暇时间，晚上，村民一边织网，一边收看电视，形成新的民俗景观。电视的普及率达 68%，观看电视、录像成为重要的娱乐方式，对传统的渔村文化造成很大的冲击。

（二）传统渔业民俗——拉大网

拉大网为传统渔业重要的近海作业方式。50 年代中期以后，由于鱼群减少，至今已消失 30 余年。

拉大网在春汛、秋汛两个季节，与渔民大规模捕捞季节一致，夏秋两季捕捞占全年的 10%。渔民有一句谚语："清明、谷雨、立夏鱼齐。"清明、谷雨时节就已经开始打鱼，但大规模的捕捞，则在立夏以后。现在政府规定公历 5 月 1 日起为春汛捕捞时间。秋汛，过去规定为立秋之日，现在规定为公历 9 月 1 日。

汛期到来，渔民便下海捕捞，渔民称出海为"出河"。"出河"的日子必须避开月忌日，即阴历每月初一、初三、初八、十三、十五、二十三，忌日出海不吉利。出海时，燃放鞭炮，本命年的人出海腰系红腰带。

网具、船只的所有者叫把头。把头不一定参与拉大网，拉大网的渔民，依次分为老大、二老大、三老大、当家的、大艄公、小艄公、众伙计。每网 120 人左右，各司其职。由于拉大网劳动强度很大，参加者都是男性。老大相当于船长；二老大、三老大协助老大工作，是老大的副手；当家的负责实际的全面管理。屺姆岛拉大网的人员，80% 来自受雇的外地人，伙计几乎都由受雇而来的人充当；屺姆岛渔民担任老大、二老大、三老大、当家的、艄公、厨师、会计。拉大网的渔民着无衣扣的大襟衣服，有扣的衣服容易把网挂坏。

拉大网作业的程序如下：

拉大网跟着潮水靠，在无流时下网。

盘网：装网入船为盘网。

下网：大筏子载着网，后面紧跟一只"驴脚子"（一种小船的俗称）。"驴脚子"装有五六根网绠（绳子），每根绳长40度（每度五尺）。大筏子上的人将网放入水中，"驴脚子"上的人将拉网之绳系在网上。网向着海岸围成一个半圆形，网上有浮漂，网底有坠子。

拉网：下好网后，岸上人分成两列拉网。当家的指挥整个拉网过程，并监视是否有偷懒的伙计。当家的拿一根腊木杆，发现不出力的船员就打。绳子拉得很紧，只要轻敲一下就会勒进肉里，生疼，但当家的一般凭着自己的威望管理，当家的太凶，众伙计往往会散伙而去。

卷笆：将网的下端往上卷，整个网形成一个兜子，将鱼兜起来，目测鱼在1万—3万斤之间，就可以卷笆。

挂网：当网里的鱼在5万斤以上时，由于鱼太多，为防网下沉，便将网挂在船上，用船当浮子。

水墙：鱼在3万到5万斤之间，卷笆卷不起来，超出了卷笆的重量，挂角又不够时，便启动水墙。水墙就是用人体担任浮子，人站在水里站成一排，托住网，不让网下沉。

若鱼在1万斤以下，则连网带鱼直接拉上岸来。

渔民把打了一次鱼叫打了一仗。拉大网，一网需6个小时左右，一天两网。由于海流和鱼群变化无常，下网没有昼夜之分，一次出海常常6天6夜得不到休息，故拉大网是一件极艰苦的作业。拉大网纪律严明，伙计必须服从老大和当家的命令，甚至在紧要关头，当家的可以一脚将有失误的伙计踢入水中。拉大网是一边唱着号子一边作业的，每一个过程都有相应的号子。盘网有盘网的号子，下网有下网的号子，一网打齐后，还有吉利号子。号子一方面具有组织、协调的作用，号子的节奏与劳动的节奏是一致的，唱什么样的号子，就会做出什么样的动作。同时，号子又有提神的功用，拉大网要消耗巨大的体力，身体一直处于疲劳状态，劳动又十分单调，不唱号子就会打瞌睡。拉大网号子中有一段《二姑娘》的号子，详细描绘女人从头到大腿的各个部位。这段号子只是在极疲乏时才唱，通过感官刺激缓解疲劳。

拉大网号子分为上号、下号两个部分。号头领唱上号，众人接唱下号。除《二姑娘》部分有较完整的唱词外，由于适应节奏的需要，唱词以喉叫式的"啊嘿""噢""喂""嘿哟"等衬词为主，尤其是下号部分，只是根据不同过程节奏的需要，而变换成不同唱法。号头须有良好的嗓音，为保护嗓音，号头每天都吃生鸡蛋。屺姆岛拉大网号子粗犷、豪放，节奏多变化，是渔民精神的体现，具有较高的艺术价值。渔民提起自己的号子非常自豪。我们组织该村渔民胡立清、胡立相、胡立都、胡世林、胡维审、胡立泉、胡本香为我们演唱了部分拉网号子，并录了音。

(三) 渔业禁忌及习惯

☆在船上不能说"翻"字。"船翻了"说"辗过来了""免过来了"。
☆妇女不能上船打鱼。
☆妇女不能从网上跨过。如果不小心从网上跨过，老人说一句"金跨银跨，下去就打"便可以破解。要过网，可以把网拿起来，钻过去。过去也没有妇女补网，认为女人是不洁之物。
☆船上上下竖着的木头，不能坐。船头不能坐，坐船头就是坐船老大的头。
☆不许打狐狸。此地渔民信仰狐狸仙太爷。
☆刺槐不能上船，槐带鬼，不吉利。
☆大鳖不能捕，是仙物。如果打了上来，须放回海中，边放边说："哎呀，老人家，对不起，对不起。"
☆出海遇见大鲨鱼，即龙兵，要叫老人家，说好话，"老人家，您别发脾气，俺这有老有小的，不容易"。
☆船上吃饭叫"逮"，喻逮住鱼。
☆大年三十，船头船尾要贴"福"字，并放鞭炮。
☆造船叫排船。
☆海上渔船出了问题，渔民叫"挑个帽"，在桅杆上挑条裤子、衬衣之类的东西呼救，海上行船者见到呼救后，应立即前往救援。

(四) 渔民海神信仰的演变

该村渔民信仰狐仙太爷。村里原有一座狐仙太爷庙，"文化大革命"中被摧毁（我们看到遗址还在）。村里渔民视狐仙太爷为海上保护神，海上遇风浪，向狐仙太爷祈祷许愿，蒙保佑，安全回航后要到庙里还愿，放鞭炮。庙中狐仙太爷塑像，为一白胡子老头，红光满面。据岛上渔民称，每年附近的桑岛、长山岛出海都死不少人，而岠嵋岛却很少发生海难，他们认为这全仗狐仙太爷的保佑。桑岛和长岛都无狐仙太爷庙，不信狐仙太爷。

狐仙太爷庙的来历，渔民中流传的说法是某狐狸出现的时候，满天着火，就是不着房子,渔民称这种说不出来由的火为天火。自从修建狐仙太爷庙后,就不再着天火了。

据《黄县志》载,屺㟂岛早先信仰龙。清同治十年(1871年)刻《黄县志》卷首屺㟂岛图,绘有龙王庙,位于岛南渔船停泊地。卷之二说:"龙王庙在东城门楼,一在龙口,一在黄山绾,一在屺㟂岛。"渔民信仰狐仙太爷,当是较晚近的事。

狐仙太爷的信仰,一方面受胶东普遍流传的狐仙传说的影响,更主要的可能是出于对狐狸带来"天火"的恐惧。屺㟂岛原有一座蚂蚱庙,即是蝗虫肆虐时所建。后来狐仙太爷信仰进一步加强,取龙王而代之。

在山东沿海各县,影响最大的海神当属天后,但在屺㟂岛却找不到天后信仰的影响。据《黄县志》记载,与屺㟂岛临近的龙口,是由龙神信仰改为天后信仰的。清同治十年(1871年)刻《黄县志》卷之二:"天后庙在南关,一在龙口,一在黄河营。"卷之十三收有尹继美《龙口重修天后庙记》一文,文中记载龙口有天后庙始于道光十九年(1839年),同治八年(1869年)重修。文中说,"先是龙口有龙神庙,不知创自何时,敝陋甚,至是改建于后"。屺㟂岛处于天后信仰的包围圈中,却保持着独立的将狐仙太爷作为海神的信仰,这一现象值得我们进一步研究。

屺岛图

同治十年《黄县志》之龙王庙

(五) 丧葬习俗

人死叫咽气、倒头。

在病人快咽气之前,写好"倒头包袱"。"倒头包袱"相当于到冥府报到的通行证。取一块帛布,上书:

> 山东龙口市屺姆岛村村民×××生于×年×月×日,卒于×年×月×日,享年×岁。生前自备金银财宝一包,冥府随身携带使用,并有姓氏为证,沿路关卡不得阻挡。
>
> 公元×年×月×日化

凡正常死亡的老人,尽量避免在病床上咽最后一口气。当病人生命垂危之际,先换上新衣服,谓之穿上送老衣服,然后抬到正屋明间的灵床上,头冲大门,朝南。头前摆上灵前桌,桌上有倒头面、五个碟子(或三个碟子,不能成双)、香炉、牌位。

灵前桌上的摆设,也是男女有别的。如果死者是男性,其配偶还在,要依照男左女右的原则,但尸体入葬时是头朝北的,此时尸体朝南,就要倒过来看，在右边放装倒头面的碗一个。如果其配偶已先死去，桌上摆两个碗，这时区分男女要看牌位。

接着为死者送魂。由死者的儿女在院子里拿擀面杖朝西南天空捅三下，并叫爸爸（或妈妈）三声，将死者灵魂送到土地爷爷那里报到。客死在外的，也要送魂，必须确保将灵魂送走，否则死者家里就会不得安宁。

死者尸体左手握一块手帕，右手腕系一串狗干粮，脖子底下塞一团棉花。准备停当，死者儿女用棉花蘸水象征性地为死者净面，左三下，右三下，意思是最后看一次。

旧时，死者的儿子须守灵三天，耳朵上挂辣椒，用棉花塞住耳朵眼，表示专心守灵。守灵期间，香火不能断。

成殓之前，由继承死者家业财产的人为死者净面，送盘缠，拿两三张黄纸，折成三角，用三炷香将黄纸通几个眼。如果死者为男性，用左手拿，左转三转；死者为女性，右手拿，右转三转，然后从南门出去，从西门进，绕村一圈。死者是男性，烧一个纸札的马；死者是女性，烧一个纸札的轿，让死者坐马（坐轿）到西天。在十字路口，要用麸子撒一座城的图案，表示东西南北通行。

旧时，一般要等死者子女全部到齐后才入殓。棺材，当地人叫寿盒。棺材里面用干草铺好，防止尸体晃动，棺底用七张帛纸、七朵棉花、七个小铜钱摆成北斗七星状，从前往后摆好，棺盖用七个钉钉上。如死者为男性，左边钉4个，右边钉3个；如死者为女性，右边钉4个，左边钉3个。

棺材停放的地方，也极有讲究。棺木将后门旁的路顶住，如果后门前无法走开人，死者的儿子就会步步高；如果后门前能走开人，则对女儿有利，女儿会步步高。

灵前桌放有一个屎盆，死者的儿子找一块石头放在旁边，启灵的时候，由长子将屎盆摔在石头上摔碎；若摔不碎，是不好的兆头，近期还要死人。棺木上有一个黑碗，由治灵人启灵时用刀砍碎，称砍碗。

棺木移到室外，要背出去，室内空间太小，不能抬。背棺时，前面两人，后面一人，两边由数人扶着。背棺动作须慢，棺木不能晃动。

出殡时，孝子要手持孝杖送殡。死者为女性，孝杖用梧桐做成，梧桐空心，代表女性；死者为男性，孝杖用竹竿，竹竿每节之间不通，代表男性。

挖墓穴，当地人叫开圹。选好地方以后，找一只公鸡，让公鸡见血，但不杀死，然后把公鸡扔在地上，在公鸡爪蹬的地方，由长子破土挖三锹，再由其他人挖好墓穴，墓穴南北走向。

开好圹后，留下人守着，怕有人放进不吉利的东西去，有的还要搭一个棚,不让阳光暴晒。开完圹,用新笔蘸朱砂在新挖上写"开圹大吉""入穴大吉",放在灵前盘上。

下葬之前,须用只公鸡放入墓穴,公鸡在穴内飞动一下。

如果配偶双方均亡故,要在两座坟之间开一个龛,龛内放入一个黑色的灯碗,碗内有灯芯,以及一个黑色的下水罐。

(六) 家庭结构与婚姻变化

岠嵎岛渔民家庭,趋于小型化,一般家庭由两代人组成,子女结婚后便另立门户。有的婚前就由父母建好房子,有的则是婚后自己盖房子,婚后完全与父母分开。老人的生活费用一般由儿子供给,给多给少全看儿子的收入而定。如果老人生活不便,不能独立生活,则同儿子一块生活。老人有负责看管孙辈的义务,将孙辈带到入小学为止。

儿媳与父母分开另过,主要原因是婆媳之间的矛盾,同时还有经济和生活上的原因,种种不便容易引起儿媳与父母之间的不和。因此,一般在还没有引起不和之前,小两口就分家另过,这样,父母与儿媳之间的关系反而会和睦。

以前,岠嵎岛男子一般通过媒人介绍,与外村女子结亲,也有本村结亲的,但不多见。本村同姓结亲,须是同辈,出五服,否则为犯忌。

现在亲上加亲的少了,姑舅、两姨亲基本没有,而出现了村内通婚增多的趋势,而且有同姓之间不同辈分的人结亲。有一家胡姓,有三个女儿,大女儿嫁给本村王姓的青年,王姓是胡姓的外甥儿,王的母亲姓胡,是本村人。胡家大女儿与王的母亲同辈,即她比丈夫高一辈。胡家的二女儿嫁给本村同辈胡姓,三女儿嫁给本村比她高一辈的胡姓。不同辈分结亲遭到比较大的阻力,但也成为一种被认可的既定事实。这是在婚姻自由的情况下才会出现的现实。

不同辈分的同姓结亲,必然引起称谓上的混乱。当地有一种解决办法:各亲各叫,各自的亲戚,各自该叫什么还叫什么,但这也并非长久之计。各亲各叫,对他们的后代就解决不了问题,如前面提到的那家胡姓,按母亲的血缘,三个女儿的后代是同辈,但按父亲的血缘,又是不同辈分。如果不同辈分的人结亲这一趋势不减,时间一久,辈分的区分将变成毫无意义。村内通婚,本村人又主要是姓胡,可选择的范围太小,不改变村内通婚的趋势,不同辈分的结亲就不可避免。

造成村内通婚的主要原因,是村里的经济状况比其他村子富裕,越富,村里的女性就越不愿意外嫁。村里有一项规定,为了限制外来户的增多,村里的女性,除了家里无儿子者外,一律不准在本村安家(即招婿),所以,村里的女性要想不失去优越的物质环境，除嫁给本村男性外，别无他途。同时，村里的男子娶本村的女子，也可得到较丰厚的陪嫁。

村内同姓不同辈分结亲形成事实，也与渔村在男女关系上不保守的传统有关。海上作业极为艰苦、枯燥，风险性大，作为一种补偿，渔村旧时在男女关系上就比较开放，因此对男女关系上离经叛道的行为可以容忍。

村内通婚如果发展到一定程度，将造成严重的后果：一方面造成伦理上的混乱，辈分的区分失去意义；更主要的是，将造成人口素质的降低，后代在体质和文化上得不到更多的选择机会。

二、谷雨海祭

调查人：刘锡诚、刘　方、戴　晴、陈炼一
地　点：山东省荣城县石岛镇玄镇村
时　间：1991年2月20日

谷雨是中国农民最看重的节气之一。每年阳历4月20日（农历三月中），即清明后15日，斗指辰之日为谷雨。这天日行黄经30度，天气转暖。《淮南子·天文训》注曰：此时以后，"阳气养生，去故就新"，"陈去而新来"。《艺文类聚·岁时部》述谷雨即"言雨生百谷"。山东农家有"清明忙耘麦，谷雨种大田"之谚；养蚕的妇女多习惯在这天扫蚕；而中国人最喜欢的香椿芽，吃到这天也好打住了，因为过了谷雨梗就长骨，老不可食了。

海边的渔民以捕捞为业，不同于农业生产。黄海渔民一般冬日也吃海，但直到谷雨之前只能算作"小海市"，因为这时天寒水冷，捕获物以小白虾、面条鱼居多；而一到谷雨，红鱼、带鱼、黄花鱼和大对虾等齐集近海，便进入最令黄海渔民兴奋的"大海市"时期。

对黄海渔民来说，谷雨是一年中的大日子。他们觉得那盼望已久的"谷雨节——百鱼上岸"笃定会到来，却又在朗朗的笑声里，埋藏着难以察省的惴惴，生怕那根本不可预测的"撒下去空网，再撒下去还是空网"的局面悠然出现。在宝贵的春汛即将到来之际，成年劳作在海上的渔民都回到家园，携孙带子，在谷雨这天隆重祭海，献上"下苦力人"的诚心与敬重，祈请主掌海天的"四海龙王"赐给他们平安和衣食。

（一）玄镇村概况

海风依然带着阵阵寒意，人们的棉衣还没有脱去，那依依的杨柳却已经把

民俗与艺术

嫩绿的枝条伸到了人们的眼前。我们一行踏着第一场春雨浇灌得湿漉漉的红土地,从北京赶到这地处祖国最东端的渔港石岛镇,兴冲冲地来参加这里一年一度的海祭。

石岛是个闻名遐迩的黄海渔港小镇,向为国内外渔船锚泊避风、增粮加水、集散海货之所,南来北往的渔民商贾,带来了南腔北调的语言和迥然不同的风土人情。镇子中心有一座始建于明代的天后宫,那里袅袅升起的香火的余烟告诉我们,各路渔民仍然把自己的生死安危寄托在这个女神身上。沿着山路往西南走几里,在镇属的玄镇村和蛤口村之间的山包上,矗立着一座小小的龙王庙,以一种威严的神情俯视着山脚下的港湾里的大小渔船。不难发现,喧闹的市街生活和繁忙的海上捕捞的背后,隐藏着的是一种浓重的民俗文化心理。

高悬于大海和悬崖之上的龙王庙

1991年4月20日(农历三月初六),我们从石岛镇来到中国大陆最东端的渔村之一玄镇村,亲身参加和目睹了玄镇村与邻近七村的渔民联合操办的规模盛大的谷雨祭海仪式。

玄镇是一个有2600人的大渔村,背依崮顶山,面向黄海,与邻村共用一个码头。村内民居都依山势而建,层叠错落,一条东西走向的沙石马路横穿其

历史变革中的渔村民间文化

间,将渔村一分为二,路的两端就通向王家湾的渔船码头。

玄镇有600多年的历史,据传明洪武年间,一阎姓人家迁至玄镇寨旁建村,清圣祖玄烨登继皇位,为避讳"玄"字更名为大寨。1938年恢复原名玄镇寨,后简化为玄镇。如今改村张、王、李姓最多,刘、姜、孟、葛、刁、任、赵姓次之,最早迁来的阎姓在历史长河中已经灭绝不传。根据族谱法约略推算,以30年为一代,那么玄镇村已经有22代人在此繁衍生息了。现在的870户人家全是渔民,过去以捕捞为业,如今除了捕捞外,还从事海水养殖。土地极少,平均每户6分地,只解决口粮,连蔬菜都不种植。

谷雨这天,港湾里停泊着捕鱼回港和整装待发的大小渔船。据老渔民告诉我们,除了在远洋捕捞而未能回港的渔轮之外,差不多都回到村里了。老人们说,过谷雨对渔民来说,比过年还要上劲。

谷雨举行海祭是一项传统的民俗文化和祭祀活动。据70岁左右的老人回忆,在他还是孩子时,祭海还很盛,"小鼻子一来(指30年代的抗日战争),没人顾得上了"。海祭于是蜕变为小规模的家祀。1949年特别是1958年实行公社制之后,连家祀也在破除迷信运动中消失。到了"文革"时,渔民祀奉的场所和偶像已被夷为平地。祭祀海神的活动已有50年没有搞过了。

渔民们说:"庙没了,神像没了,百姓心中还是有个龙王爷,暗中还是对他敬重。"他们不提革命与运动,只说:"过去海浪打上来,拆了庙,一连多少年,四处都是土,连草不不长。"对于那方曾经建过庙的岸边巉岩,渔民们不曾断过念想:"那年月,四五块石头堆起来,不过一公尺高,里边一块大的当龙王,年节祭祀没有断过。"

两年前当局不再禁止,渔民们便在原处重造庙宇,再塑金身。现在,一座

作者在石岛渔村调查渔村民间文化

民俗与艺术

小巧但不失其威严的龙王庙已耸立在岸边,龙王爷庄严地俯视着脚下海面上来往穿行的船只,一副出自粗硬的农民之手、体现着弄心愿的金字对联,书写在庙门两旁:"龙王献宝锦鳞满仓,四季平安一帆风顺",盛大的海祭仪典将要在这座小庙前举行。

仪典的筹备由附近一带共七个渔村分担,玄镇村就其规模而言,是七村之首,故承担仪典的最重头部分,即行会抬阁。蛤口村因为开了一间渔业公司最阔气,负责筹备全猪牺牲,其他村分担鞭炮、大饽饽等。

玄镇村的行会抬阁,从正月十五一过就开始筹备。村民们公推两位德高望重的老渔民领筹备这次久违了的集体海祭,74岁的王承坤,已有10多年不出海了。他有三个儿子、五个女儿,老二王国民最有出息,已做到轮机船队的头船船长,眼下正在韩国海域捕鱼,谷雨节回不来了。另一位57岁的张景淮也已不再出海,按照时下的说法,张老汉所担当的角色是"渔村群众文艺活动积极分子"。这两位似乎都不曾受过正规教育,但他们开列计划、带领活动却是条理分明,不能不令人叹服山东沿海的文化传统。

(二) 抬阁:海祭仪仗队

祭祀海神龙王爷仪典的仪仗队,是由十二"阁"组成的队伍,从玄镇出发向龙王庙进发。所谓"阁",大概是借用仙境中的那种亭台楼阁的"阁",即把参加仪仗表演的各路海仙、神仙和人物,用三丈有余的铁杆托于空中,在悬空之中做出种种戏剧性的、象征性的表演,达到酬神的目的,因而成为海祭仪典的一个不可缺少的组成部分。这种"阁"的形式,笔者在天津南郊考察祭祀海神妈祖的皇会仪仗中看到过,也在河北省廊坊市盛芳镇的元宵节庙会上看到过,大同小异,可见,"阁"这种形式可能来源于道教的永生和求仙思想,盛行于华北地区。随着人们对自然力的认识和掌握,现在,玄镇村的这支仪仗队,已由大概原本只是海祭仪仗队、只有酬神的作用,而转变为半是酬神、半是娱人的民俗文艺表演了。

十二阁依次是:

鱼阁——用铁杆撑托于空中,形为一条用木框扎制的大鱼,表面用黄纸糊于木框,画出鱼头、鱼尾、鱼鳞。中间留一空洞,站立着一个四五岁化了妆的男孩,象征鱼仙。

虾阁——用铁杆撑托于空中,用同样的方法制成一条大虾。虾旁站立着一男孩象征虾仙。虾阁后面跟着一队妇女鼓。

蛤阁——用铁杆撑托于空中,用木条扎制、用彩纸贴糊的可以开阖的蛤蜊，里面坐着一个浓妆艳抹的小女孩，宛若童话里的蛤仙。

托塔李天王阁——铁杆上托着一个木条扎制、白纸黏贴的多层白塔，塔上站立着一个七八岁化了妆的小男孩，一手执剑，表演的是《封神演义》里哪吒闹海的故事。

牛郎织女阁——分为两层，上层象征着天界，立着一个小女孩，是天宫里的织女；下层是地界，牛郎担着两个儿郎，隔天河遥望着织女而无法相会。既演示了玉帝无情将牛郎织女夫妻天各一方的离情，又象征着天上各行其道、不能相遇的星象。

白猿偷桃阁——一个小男孩装扮为神通广大、手执天王所赐金环杖的猴行者，在他的脚下石缝里长着几枝青枝绿叶的大桃子，再现了民间传说和《西游记》里王母池边得仙桃的故事及其场景。

孙悟空大闹天宫阁——一个小男孩扮演手执狼牙棒的孙悟空，把天宫闹得人仰马翻，表现出《西游记》里最精彩的大闹天宫的场面。

猪八戒背媳妇阁——上层是一个小女孩扮演高老庄的高小姐，下层是肩负铁耙、嚷嚷着大家散伙、自己回高老庄去找高小姐的猪八戒。有人说，高小姐就是月宫里的嫦娥。

其余的还有铁弓缘阁、八仙阁（韩香子和何仙姑）、天仙配阁、荷花生人阁，等。

仔细分析各阁的内容，前面三个阁——鱼阁、虾阁、蛤阁，体现了渔民敬鱼、敬虾、敬蛤的自然信仰；其他诸阁，有的阁取材自民间传说、民间戏曲，如牛郎织女阁、白猿偷桃阁、孙悟空大闹天宫阁等，而八仙阁明显的是反映了道家的求仙思想，托塔李天王、荷花生人阁反映了佛家的观念。可见，这次祭祀海龙王的仪典的仪仗，诡秘庞大，杂糅了各种不同思想体系的仙人、神祇和人物。他们除了酬神娱人外，还承担着沟通渔民与龙王之间的神秘的中介角色。

这支以十二阁组成的仪仗队中间，还隔三岔五地加入了以民间传说和戏曲故事为主的高跷队，以其滑稽的形象和逗趣的表演，给神祇——龙王爷和人群以娱悦，表现出中国农民和渔民所特有的幽默感。

(三) 海祭仪式和信仰的变迁

海祭仪礼是由玄镇村和蛤口村共同主办的。整个祭礼由两部分组成：一部分为蛤口村准备的轾牲——一口去毛的完整的肥猪和十只分为两盘、每只为五斤面粉蒸制的大饽饽（馒头），作为向龙王庙里龙王神像的祭品；另一部分是

民俗与艺术

既酬神又娱人的仪仗队伍，在鞭炮的震耳声浪中从村头走向龙王庙，在祭坛旁边助阵酬神。

行进队伍的先导是一辆载货用的轻型卡车，车上彩旗和幡幛林立，锣鼓喧天，缓步而行。先导车之后，8个青年渔民用木架抬着一口重约150斤的去毛猪。猪的腰背和头脸上分别缠着红绸，十字交叉着在背部打结，宛若一朵莲花。猪头朝前，四蹄缩卧，形象生动而逼真。行至龙王庙，摆在面海背山的龙王庙供桌（一尺高的地桌）中央，面向龙王塑像。猪牲的两边是每盘两个大馇馇，每个馇馇的顶部用红色染了朱点，用刀开为三分的开口花。祭牲的外部是焚香用的香炉和焚纸及纸钱的火坑，四周挤满了敬神礼拜的和看热闹的人群（据估计约有两万人）和参与酬神的杂耍文娱队伍。在锣鼓声中，一位年迈的老者劈开缭绕不散的烟雾，向龙王跪拜再三，并将祭坛上的即墨老酒洒向龙王和大海，祈愿龙王保佑玄镇和蛤口两村风调雨顺、锦鳞满仓、四季平安、一帆风顺。

猪是中国古来祭献的"毛六牲"（牛、羊、猪、豕、狗、鸡）之一。体毛完整之牲谓之牷牲，隆重的大祭一般用牷牲，小规模的家祭则往往用猪头，这

玄镇村渔民谷雨祭祀海神之牺牲（全猪）

是《礼记》里就有记载的。玄镇之海祭为全村的公祭，所用之祭牲为牷牲，此乃中国传统祭仪之遗响无疑。至于在饽饽上划开三道岔，是否象征佛教徒借以升天的莲花瓣还是另有所喻，渔民们也说不清楚，只好留待他日了。据说，以往海祭仪典结束之后，种种祭品都要由渔船载诸深海抛撒到海水之中，供海神享用，实则让那些给渔民威胁最大的鲨鱼、鲸鱼一类食用，整个海祭才算终局。如今则大为不同了，据村里的主事人相告，大饽饽就在当日子时以后被扔到海中，而猪则抬回村里分而食之。

　　庄严的祭仪到此便告结束了，但是，一家一户的祭礼却方兴未艾，从中午一直延续到半夜子时。一捆捆的纸、香，在一挂挂鞭炮的震响中化为灰烬，升腾在附近的海面上。夜间，一张张被香火照亮了的古铜色的脸庞，透着从心底泛出的虔诚与喜悦。

　　石岛地区的渔民既信仰龙王，又信仰天妃娘娘，何以在一个地区，甚至一两个邻村就信仰不同的海神呢？我们不明其故，引起我们的兴趣。附近的石岛镇和大渔村渔民信仰的是妈祖娘娘。玄镇和蛤口二村的渔民祀奉的海神是龙王。附近几里地之外有一个叫斥山的小村子里，过去曾建有一座海神娘娘庙，祀奉妈祖娘娘，不过庙在"文化大革命"中已夷为平地，祭祀活动也就随之消失了。石岛镇上那座娘娘庙，现已修葺一新，为南来北往的渔民和客商所祀奉。

　　据玄镇村和大渔岛村的老渔民告知说：龙王保佑渔民风调雨顺，一年丰收；娘娘保佑渔民海上安全，不出海难。妈祖娘娘是南方渔民的海神，由南方来的渔民传过来，我们这里的渔民也信她了。传说海上起了大风大浪，娘娘就会给遇难的渔船送灯。送前桅杆灯好，渔船见到前桅杆上有了红灯，就立即会转危为安，平安无事，即使风浪再大，也能安全返航。送后桅杆灯不好，八成要出海难。过去渔民出海打鱼，船上都供着一尊娘娘像（木雕像），还有一个童子侍候她，船员们四时八节烧纸烧香供奉她。（按：这个童子不知何人，一般妈祖庙里是千里眼和顺风耳二位降将，为妈祖娘娘观察和倾听海上的情况）留在家里的家属也拜娘娘，盼她保佑出海的家人平安无事。现在有的船上也有带着妈祖像的，但不多了。从大风大浪里安然返回的渔民，多半要许愿，蒸饽饽，摆猪头，供奉妈祖娘娘。因为妈祖娘娘显过灵，救过遇难的渔民，所以娘娘庙不能随便盖，附近斥山和石岛的娘娘庙，大体也还是原来的样子，连庙顶上的琉璃瓦也都是原来的。现在条件比过去好多了，过去渔民出海，船很小，靠的是摇橹，在大海里飘来摇去，经不起风浪。如今，船上架设了雷达和定位仪，又有天气预报，海上安全有了保证，海事很少发生了。

　　谷雨前一天，我们采访了石岛镇上的天后宫。这座天后宫初建于明代，系福建商人建的。湄洲祖庙虽没有确凿的资料可证建于何年，但可以确认建于北宋，位于石岛以北渤海湾中的庙岛天后宫建于南宋时期。如果把妈祖信仰的传播作为海上交通和海上贸易发达的佐证之一并无不妥的话，那么，石岛的海上交通和海上贸易的打开，显然要比庙岛晚一些时候，至少与福建方面的交往是如此。这座庙宫的原貌不得其详，现在的天后宫分前后两进院，而且是两层楼。最后一排房的第二层塑有天后像，门楣上的横匾题有"万里波平"四个楷书大字。院子的当央塑有一尊大理石的妈祖全身像，高擎的手中举着一个圆球——神灯。令人不解、也是值得深究的是，前室的东南角最边上的一间房子里，塑着龙王的雕像。龙王本来是本土海神，现在竟然屈居于外来海神妈祖之下，躲到了最不起眼的边边角角上去了。在此充分显示了在以舟楫为生的沿海居民信仰中，妈祖的影响逐渐得到扩大，有逐渐取其他神祇而代之的趋势。前面玄镇村渔民对龙王和娘娘各司其职的说法，也是一种值得重视的看法，这种看法同样也说明原来占绝对优势的龙王的地位，已经受到了外来神妈祖的挑战，而且与她平分秋色了。

距离石岛镇更近一些的姜家疃所以肯出资重修天后宫，是因为他们更相信妈祖的神力，当然也还有另外的原因。姜家疃村的村长孙建军对我们说："俺村从1987年才开始打鱼。渔工大部分是雇用的外来的打鱼的渔民，他们对天后的信仰比较虔诚。"渔业的一个重要特点是本地船主雇用船工帮他打鱼，而这些渔工有本地的，更多的是外地的。这些外地渔民，尤其是南方沿海各省的渔民把他们的妈祖信仰带到了这里。而玄镇和蛤口则不同，那里是老渔村，不仅有长期的捕捞传统，而且也有长期的本土信仰的传统，因而虽然地理位置是近邻，但在信仰上却有出现了一定的差异。

我们去采访的这天，恰恰有几艘外地渔船靠岸，船员刚刚结队来到天后宫祀奉了娘娘。我们亲眼看见那一簇簇的线香还在升腾着袅袅轻烟，地下散落着红白相间的鞭炮的碎纸片。天后宫的讲解人员告诉我，谷雨晚上，他们村的渔民将要来此举行盛大的祭祀天后娘娘的活动，还要举行文娱表演。

祭神的仪式完成之后，十二支阁仪仗队从龙王庙折返到蛤口村，在广场上作表演，完全是为娱人而演出了。停泊在港湾里的渔船上响起了汽笛和鞭炮声，一股股硝烟凌空而起，被带有咸味的海风刮走。

一次震撼人心的海祭就此结束了。渔民们积聚在心中的情绪发泄出来了，一年劳累的精神得到了新的平衡。谷雨一过，他们就要扬帆出海，踏上征程，到远洋捕捞去了，留给我的却是一个仍然无法解开的谜。

对于每一个渔民来说，大海永远是喜怒无常、神秘莫测的，从登上渔船的那一刻起，他们就把自己交给了冥冥中的那个海神，他们宁可信其有不肯信其无;对于每一个留在岸上的家人来说,只要亲人在海上一天一时一刻,她们总是牵肠挂肚,期盼着平安。无怪乎,归来和出发一样,全家、全村都要疯狂了般的狂饮美餐,好像要把一生都要吃完喝尽一样。

三、渔村的变革与变革中的文化

从1988年6月8日起到1991年4月28日止,我和我的《历史变革中的渔村民间文化》课题组成员、《民间文学论坛》编辑部的同事,以及台湾《汉声》杂志社在北京的朋友,先后到荣成县的石岛镇、大渔岛村、玄镇村、蛤口村以及龙口市的屺姆岛等沿海渔村,和素以东海"三神山"著称的长岛、砣矶岛等海岛渔村,对这两类不同的渔村作了一次短期的民间民俗文化调查。在这两类渔村里,我们拜访了许多老渔民、青年渔民、村镇干部和妇女,参观了他们的养殖基地和文化设施,调查了以海洋文化为特征的海岛传统文化和新文化,我们深深感到,改革开放、联产承包责任制等富民政策,科学技

长山列岛之砣矶岛渔妇所锈之鞋样

术的进步并迅速转化为生产力,正在急剧地改变着这些为大海养育的渔民的命运。

(一)渔村发生的巨变

来到渔村,首先映入眼帘的是一排排新的民居建筑,耳目一新的气象,令我们赞叹不绝。沿海一带旧式的渔村民居,多为石头砌墙,海草或麦秸秆为顶的矮小的茅屋,如今依山势起伏建起了一排排砖瓦房,栉比鳞次,层层叠叠,错错落落。其间,偶尔还保留下的一些海草作顶的旧房,已经变成了认识传统民居的珍贵遗迹。

据我在多处的观察,渔户大多有一个独立的院落,类似满族中间流行的四

民俗与艺术

合院民居。正房一般取坐北向南的朝向，三间（一明两暗的老式格局）为多，东间为户主夫妇居室，西间为儿子儿媳居室，中间为堂屋，充做起居室和会客厅，人口多的，还贴着东西两个门边加一隔墙，间壁出一小间做单人卧室。这种堂屋，大概就是结婚时拜堂（拜父母双亲）的地方吧，有的还摆着去世不久的祖先的灵位。东间隔墙连着贮藏室，有的人家在室内设有水井；西间隔墙连着厨房和厕所。住室和天井的地板多用水泥抹地，有的人家用淄博窑上烧制的彩色瓷砖，有的用木头拼接地板，个别渔家铺了地毯。我们在砣矶乡北村支部书记的家里看到，东间铺的是绿色人造化纤地毯，门上都悬挂着珠帘，进屋要换上拖鞋。在石岛镇大渔岛村的街上遇见一位推着自行车行走的老渔民，名叫刘培安，搭话后知道他也姓刘，又与我同庚，就拉上了宗亲关系，立时亲热起来，拉我到他家里去坐。他的家就是这类改革后的民居，只是居室多了一间厢房，少了一间东间，未过门的儿媳正在炕上（海边潮湿，一般人家都是睡大炕，招待所里睡床，但备有电褥子）与哥哥的小孩玩耍。我们在他的客厅里沙发上落座，他热情地沏了茶，上街买来济南烟厂出品的"将军"牌卷烟招待我们。整个民居虽然显得局促而不够舒展，但非常洁静，一尘不染，那彩色瓷砖地板鲜艳华贵，一点儿也不比北京知识分子们住的单元楼房差。这大概与渔家妇女不大做渔业上的活儿，能安心持家有关吧。这些民居由三间房一个门楼构成，正房由东西间加堂屋形成一明两暗的格局，显然是继承了传统民居的特点，又根据占地少、结构紧凑的原则作了革新。

渔村水源一般都比较缺乏，海岛渔村又比沿海渔村为甚，水对于人们十分珍贵。因此，到处可见到节约用淡水的标语。石岛镇大渔岛村家家都用自来水，一点儿也没有感到水的紧张。离开石岛11华里（1华里=0.5公里），绕过一座海拔411米的山头，到达依崮顶山而建寨的玄镇村，情况就大为不同了。这里没有自来水，家家户户在院子里打了能用压水机压水的简易机井，因为没有充足的淡水，仅有的每户六分地只能种大田作物，解决口粮，而不能用来种植蔬菜。那里的青菜价格与北京差不多，有些甚至要比北京贵一些。从荣成县来到隔海的长岛县砣矶岛上的海岛渔村，又是一番景象。离镇政府几百米处的北村倒是有自来水设备，在我们住在那儿的几天里，每天早晨6时至7时供水一小时，或隔天供水一小时，部分有自来水管道的渔民家庭到时用水缸等容器贮水用。多数渔民，尤其是居住在山坡低处、海拔比较低的渔户家里，都是自己掏有水井，水位不算很深，用水时从井里汲水。每家都有自己的水井，使住室生活配套，形成各自独立的民居格局。白天男子出海作业，守家的女子不必为吃水奔波，而出海回归的男子们结束了一段时间的集体生活之后，回到家里会产生一种恬适和安逸之感。吃水的问题是海岛建设的一大难题，镇委书记和镇长对我们说,他们有一个远景计划,要么从蓬莱到砣矶建一条海底管道,要么每天从蓬莱往海岛上派运水船,二者何者为上,尚难委决。不管取何方案,政府是关心着海岛建设的。如果那时再到他们这一座全国人口最多的海岛乡去的话,就不会感到因为水的短缺而带来的生活上的不便了。

(二) 海神信仰仍然是渔民的普遍心理

诗人常用"白帆点点""片帆飘渺"一类的词句形容旧时渔民驾橹出海的情景。那诗情里却不知掩藏着多少海难的血泪!旧时出海,如同死别,吃罢送别饭后,总要对大海洒酒焚纸,祈求这回出去平安归来。那帆船实在是太小了,渔民在大海的怒涛之中无法掌握自己的命运,于是,每条船都供着海神娘娘的神位,每天吃饭前做熟的鱼,总要先拿四条掷到海里,敬奉四海龙王。如今呢,改革开放,实行责任承包才10来年,就我们所见,倒真的是"烟驾是何处,星槎记昔年"了。无论是出近海,还是下远洋,渔民驾的都是机轮,十几匹马力的,几十匹马力的,几百匹马力的,各种型号的都有,那些旧日用于捕捞的摇橹张帆的小船,只在近海养殖业上还可以派些用场。我倒是很想建议博物馆等文化领导主管部门,趁着它们的残骸尚在的年月里,把它们收藏在我们的博物馆里,作为文化遗存供人们参观学习。

谷雨是渔民祭大海的节日。这一天在玄镇的大街小巷上挤满了欢欣若狂的渔民,我独自蹓到蛤口村边的王家湾港口码头上,想拍几张停泊在港内的渔船的照片,见到只有一只小船正在从由深海归来的小渔船边卸鱼、边搬运。后来,我在砣矶岛,趁退潮的机会,也在码头里

石岛玄镇村渔民在化妆准备祭祀海神

面的浅湾里看到一只在修理的小帆船。我问三位围着船在修理的老渔民修好作何用处?他们说,也就只能在海边拣点海货,赶赶海而已。这些立过汗马功劳的木船,已经干不成大事了。

有一天,我们为了调查渔业民俗,请渔民们重演在海边打橛子下网的过程。尽管已经多年不再操作了,他们还是爽快地答应了。胶东渔民的诚实劲

儿，令我们十分感动。8个小伙子摇橹驾着两只捆绑在一块儿的帆船，到海里打橛子，就是把一根根长约二丈的木桩插入海底，然后把网绳固定在木橛子上，以免海流把网带走。我乘坐在一只小帆船上尾随其后，在碧波之上抓拍了几个他们劳作的镜头，正在我们捕捉到这些已经为时代抛弃了的珍贵镜头，并因此而喜不自胜的时候，另一边一艘120马力的大船却长鸣一声摆开阵势，为我们表演机械打橛子的场面，一颗像飞弹弹头一样的钢橛子，立即飞入水中，沉入海底。几分钟之内的这两场表演，展现了相隔几十年的两个不同时空的画面，形成了多么强烈的反差！我不由得敬佩渔民们的巧妙安排，使我们大开眼界，也大受教育。沉下心来想一想，没有改革开放以来在农村实行的联产承包的富民政策启动了渔民致富、建设社会主义新渔村的积极性，没有科学技术支渔，迅速改变渔民的生产条件，哪里来这么振奋人心的变化呢？

  我们访问了好几位船长的家庭。他们既是承包船队到远洋去捕捞的海上能手，又是村子里首富的渔民。海上捕捞，谁都晓得是一种既吃苦，又有危险的劳动。过去，由于驾的是片帆星槎，在凶险无定的大海中随处都潜伏着致使人亡船沉的杀机，想到这一点，你就会对为什么渔民把生的希望寄托在海神娘娘送灯上感到理解。现在，机轮、定位仪、雷达、天气预报，等等，现代技术使渔民出海的风险减到了最低限度，安全系数大为提高，人表现出了前所未有的征服和支配自然的能力。一次出海半月，一月，三个月，一个船队就能捕获到几万、几十万乃至几百万斤的渔产，这哪里是往日所可同日而语的？无怪乎一个船长，每年的净收入可达3至7万之巨。他们的房子像宫殿那样豪华、富丽！彩色电视也不止一个！渔民们以羡慕的口吻和眼神告诉我们："最高的那所房子你们去看了吗？那就是某某船长的！"是啊，他们富裕起来了。当然也应该承认，他们承包也有风险，比如今年春汛就不大好，渔业资源不佳，捕捞受到了限制，船长说不定还要从去年的收入中挖出一两万元来弥补歉收呢，应该客观地看，现在还不是定局，但他们在说笑之间表现出自信的信心。谷雨以后才是大海市。还有一季秋汛，那时还可以大显身手，保不定是个大丰年呢。看了这些，问了这些，我们才懂得，尽管他们多数人相信唯物主义，在心理上却怎么也无法摆脱对主管着四季平安、风调雨顺的龙王爷的仰赖，所以在谷雨这一天，他们每家都买了那么多盘鞭炮，在家里放，在船上放，也在龙王庙前放！他们希望鞭炮能驱走毁坏他们的前程的邪恶灾难！谁能责怪他们呢？说到底，无非是一种心灵上对自身安全感、幸福感的寄托呀。

  （三）男子的多寡与富裕的程度成正比

  从三位船长的节日家宴上，我们既感受到了渔民在过上小康生活之后发自肺腑的欢乐，同时也体味出在人口与生活之间还保持着正比关系的背后，隐藏着的一种悲哀。生活无可辩驳地富裕起来了，这是一个大的趋向，但首先富裕起来的，特别是村里的首富户，都是些有几个儿子的儿孙满堂的人家。他们家里有充足的劳动力，而且他们之中最容易产生出船长这类人物。相比之下，那些人丁较少，或者虽有男儿，却在外面工作或当兵的人家，收入就要比有劳力的人家低得多，因此也就被人口多的人家甩在了后面。

有一天，我在砣矶岛码头上遇见一位50岁光景的姓高的渔民，谈吐之间显示出他闻见相当广博，天上地下、国际国内、文艺政治都能谈得来，显然是个渔村里的知识分子。他有一条12马力的渔船，雇用了3个外地的船工。他自称年产值为2万元，除了上交国家和集体（他说是上交给社会主义）、正常的生产消耗（汽油、网具等）、工人工资（每人1500元）以外，净收入约为3000—4000元。相比之下，他就是一个收入平平的渔民。他领我看了他的家，住房比较简陋，地板上没有铺水泥，更没有买彩色瓷砖，家具还是他结婚时女方的嫁妆，已经斑驳陈旧了。明间里支着锅灶，不如有的人家是会客室，给我烧水沏茶的时候，屋里烟火弥漫。我落座的地方，是他们两口子的卧室，给我一把椅子。他老婆40多岁，正和一个伙计坐在炕上包饺子，准备今晚为明天出海的丈夫饯行（出门吃饺子，是当地的习俗）。唯一使我感到与众不同的是，墙上挂着几张照着一个英姿勃勃的军人的照片引起了我的兴趣。果不其然，原来那是他的儿子，在空军里服役，已经4年了，可能要转到志愿军，还回不了家。他的女儿正是上学的年纪，不能参加劳动。家里只靠他一个劳动力，收入大大受到限制，所以他又雇了几个帮手。渔业生产是一种集体性很强的产业，一个人单枪匹马是无法出海的，要么是几个渔民共用一条船，要么是雇用几个人自己经营一条船，他选择了后者。这样做，收入要比与别人合伙一条船来得多。即使这样做，因为他的儿子在外面当兵，他在村里仍然是个中等偏下的渔户，况且他马上面临着已经24岁的儿子娶一房媳妇的农村大事，而这笔开销是非同小可的。据我的调查，在砣矶岛上，要娶一房媳妇，送礼请客、置办嫁妆等一般不少于1万元，如果再加上盖一套住宅，数目就更为可观了。因此，他的前景并未可乐观。

（四）近海资源的萎缩与养殖业的兴起

据老乡们告知，近海渔源萎缩，捕捞已越来越困难了，如若要打到更多的鱼，就要到深海远洋去。石岛渔民一般是到台湾海峡和南海，砣矶岛渔民一般是往韩国海域开拓。我们看到，近海海面上，凡是肉眼所及之处，无不布满了

民俗与艺术

坛网，一道道坛网几乎把一个偌大的海洋分割完毕了。坛网是中国渔民的智慧的创造，每一个坛网就如同一个大口袋，随着海流的流向开阖无定，吞食着游来的一切鱼虾。

为了开拓渔业资源，各村普遍由单一的捕捞而变为捕捞加养殖并重。养殖业甚为兴旺，鲍鱼、海参、海带、鳝贝、赤贝……像一畦畦的菜地一样，把大海装点得煞是好看。养殖业既吸收了一大批闲置劳动力，又增加了集体和个人的经济收入。如果说，捕捞的传统经营是渔村生存的一只翅膀，那么，养殖的崛起使渔村获得了另一只翅膀，两只翅膀就可以翩翩起飞了。

写于 1991 年 5 月 13 日

（以《石岛观海祭》为题首原载台湾《汉声·民间文化剪贴》杂志 1992 年 5 月出版的第 41 期，又发表于《走向世界》（济南）1993 年第 1 期。此文系笔者承担的索罗斯基金会资助课题《海岛渔村民间文化调查》成果。）

青海大通互助采风记实

一、大通县老爷山花儿会

1994年夏天，中国旅游文化学会民俗专业委员会组成调查组去青海，进行一项"西部采风"的田野考察活动，成员有游琪（文化部外联局原局长、中国旅游文化学会副会长）、刘锡诚（中国文联研究员、中国旅游文化学会副会长兼民俗专业委员会主任）、王孝廉（台湾神话学家、日本福冈西南学院大学国际学部教授）、王耀东（乡土诗人）、黄荣恩（青海文化厅原处长、花儿学者）、刘晓路（中国民间文学三套集成编辑部主任、民间文学研究者）、王毅（中国旅游文化学会民俗专业委员会秘书长）等。

农历六月初六这天，曾经出土过原始舞蹈纹陶盆的青海省大通县，要在老爷山举行一年一度的"花儿会"。我们闻讯，在参观了塔尔寺的晒大佛大法事、观光了青海湖和鸟岛后，从西宁乘车赶往大通，希望在山野里聆听那些未经驯化的歌手们对歌，亲身观摩和考察名闻遐迩的老爷山花儿会。

学界一般认为，西北甘肃、青海、宁夏、新疆等省区流行的花儿，分为两大类型：一是以甘肃临夏地区花儿为代表的"临夏型花儿"，一是以甘肃临潭（即洮州）、岷县地区花儿为代表的"岷洮型花儿"。"临夏型"花儿的流行范围包括甘肃的临夏、积石山、东乡，青海的铜仁、循化、民和、乐都，宁夏的吴忠、海原、固原，以及新疆的昌吉回族自治州等地。临夏古称河州，故"临夏型花儿"又称"河州花儿"，又由于"临夏型花儿"主要流传地区是黄河、湟水流域，故也称"河湟花儿"。① 大通是"河湟花儿"的发祥地之一，② 在大通，花儿是当地汉、回、土、撒拉、藏等各族民众最为喜爱、人人会唱的一种民歌形式，而于每年农历六月初六举行的花儿会，无异于是一次全民的"狂欢节"。③

老爷山，原名元朔山，又名北武当，矗立于大通县城东侧北川河畔，面积约2.5平方公里，自然林区占地2850亩，山体层峦叠嶂，林木葱茏，浓荫蔽日，芍药盛开，漫山红遍，现已成为一个风景区。山上原有药王庙、玉皇宫、百子宫、无量殿、斗母宫、三官庙、柴家大殿等建筑。每到六月初六，四乡八堡的人们携老扶幼穿红戴绿前往老爷山拜佛祈福，俗曰朝山。在朝山期间，男女对歌，唱花儿，相沿成习，形成传统的花儿会。山上的十多处庙宇建筑，于1958年"大跃进"运动中遭破坏，使之荡然无存。作为有形文化的庙宇，固然可以以传播封建迷信等口实而加以摧毁，可民众的朝山习俗依然，唱花儿的习俗依然，朝山和唱歌是由民众传承的无形文化，却是无法割断无法消灭的。"花儿本是心上的话，不唱时由不得个家；刀子拿来头割下，不死（哈）就这个唱法。"

"文化大革命"结束后，传统再续。1980年，大通县文化馆选拔各地各族青年花儿歌手，在老爷山重办六月六"花儿会"，从初四到初七，一连四天，各族花儿歌手竞相登台，打擂唱"花儿"，使沉寂了多年的老爷山，再次变成了人山人海的"花儿"的海洋。这也是文化发展的规律使然。我们来此考察，是老爷山"花儿会"恢复后的第15年（届）。

我们的面包车在进入大通县城的路上，沿途看到穿着民族服装的红男绿女，有的坐着拖拉机，有的坐着兽力车，有的挑担，有的背包，成群结伙，向着郊外的老爷山迤逦而行。商摊、店铺、饭店云集于桥头镇，传统的物资交流大会，迎接着从西宁、互助、湟中、湟源等地纷至沓来的朝山游客。

我们一行先到县文化馆接头。县文化局和文化馆的负责人向我们介绍了老爷山花儿会的历史和情况，然后带我们到北川河的对岸，抬头望见老爷山的地方坐定。举目望去，但见漫山遍野的人群，拥挤在老爷山的山坡密林里，一簇簇、一群群，人们身上的五颜六色的衣服，在绿色的树丛中泛出耀眼的光，把山头点缀得格外绚丽。花儿对唱之声，音域辽阔，此起彼伏，悠扬奔放，从密

---

① 郗慧民编《西北花儿·前言》第3页，兰州：西北民族学院研究所1984年。
② 参见赵明生《大通"花儿"与"花儿会"》，《中国民间歌谣集成青海省大通县卷·大通花儿集》序言，青海省大通县文化馆编印1986年。
③ 兰州大学柯扬教授在《诗与歌的狂欢节——"花儿"与"花儿会"之民俗学研究》一书中，将"花儿会"定位为"诗与歌的狂欢节"，兰州：甘肃人民出版社2002年。

林里飘荡出来，在山谷里发出回响，传得很远很远，隔着一条河沟观望的我们，也能清晰地听得见。

大通县老爷山的花儿会

据说，早先，在农历六月初六举行"花儿会"的这天，来参加"花儿会"的人们，可以无视社会的一切伦理规章，男女社交完全自由，自由歌舞，自由交友，即使夫妻相见，也应视若路人。陆泰安这样描写20世纪40年代的洮州花儿会："每逢此日（按指农历五月十二），洮岷抬诸神十余位赶会，村眷相迎，家家恭祀，山巅形成闹市，男女人等穿红戴绿，其徒步顶礼赴会朝山者不下五千人，往来参神，逢场照戏……这一天，诸神供宿这庙，凡是远道前往赴会者，大都食宿于此。他们彻夜高唱，那新颖香艳的词句，婉转嘹亮的声云，动人魂魄，醉人心神，男女问答相和，若彼此情意融合，即在庙前神龛，权作结婚前奏，同席者不以为奇。"①

这不禁令我联想到《周礼·地官·媒氏》所描绘的那种情景："中春之月，令会男女。于是时也，奔者不禁。若无故而不用令者，罚之。司男女之无夫家者而会之。"《尔雅·释诂》说："会，合也。"令会男女，就是叫男女自为婚配。当时的社会风尚，允许男女在这一天，在这样的场合里自由相会，自由交友，甚至（私）"奔者不禁"，在歌舞尽兴之后，便与意中之人悄悄地隐

---

① 陆泰安《洮州纪略》，《西北通讯》第6期，1947年8月。

民俗与艺术

入密林之中，谈情说爱，直至野合。这种情景，1985年春天，我曾在云南楚雄彝族自治州县华山的密林里，与当地彝民们共度插花节时见到过。

大通老爷山的"花儿会"，可能也属于这种古代曾经流行的风俗的遗韵吧？《周礼》里所描写的正是春三月，在青海这样的高寒地区，正相当于六月的气候。"礼失"，在内地难得再见到的风俗，我们有幸在高原深处的大通县老爷山这个所谓的"野"又见到了。青年男女们在生长着茂密的树林神地里自由相会歌舞的情景，无疑正是周代"令会男女"风俗的遗绪。

男女即兴对唱"花儿"是"花儿会"上的重要内容之一。"令会男女""奔者不禁"的自由氛围和社会风习，是农村歌手们即兴创作和演唱"花儿"的最佳环境。男女青年在山野里忘情对歌，主要是即兴编唱一些平时很难唱得出口的或缠绵或挑逗的情歌，歌词里甚至包含着许许多多男女交合的隐喻之象，对这些隐喻之象，我们外来者是不易察觉的，而对于歌者或当地群众来说，则是耳熟能详的，因为，他们常常在听到这类歌词时，发出会心的笑声。离开了这种特殊的自由氛围和自由心态，是绝对无法编创和演唱出这种被称为"天籁"的诗歌来的。自由氛围和自由心态，对一切诗歌作者都是绝对必要的，尤其对女性作者更是如此。民歌，特别是爱情民歌，本来与青年女子就有着不解之缘，不过，平时只是偷偷地、在没有他人的地方低吟，抒发久久压抑在内心的情绪而已，而当她在山野里面对着成千上万的观众吭高歌时，她便把一切平日的禁忌和压抑的情绪一股脑儿抛在了爪哇国，让纯真的情感像河水那样一泻千里。从"高墙的园子里白牡丹，叶叶儿苦过了塄坎。早起晚夕的我你牵，你我（哈）没牵过半天。"到"麦地里拔草豆地里来，手巾里包着些肉来。一天里搭话一晚夕来，水萝卜胳膊上睡来。"那年轻女歌手随机应变地编唱，是那样热烈、奔放、高亢、圆润、大胆、坦率，诗情像喷泉一样在喷发，在与对手的一唱一答、一纵一放中，吐露着隐蔽的衷曲，打动了在场的听众。她那语言的机趣与幽默，那感情的执着与热烈，常常使在场的观众们乐得捧腹大笑。在这里，我找到了渴望已久的东西：这才是真正的脍炙人口的爱情诗！这才是有生命力诗人！

恐怕没有不曾写过爱情诗的诗人，特别是女诗人，甚至每一个喜欢诗而又在豆蔻年华的女孩，当她做学生的年纪，都曾偷偷地写过感情热烈而奔放的爱情诗，尽管那些诗多数是不准备发表的。即使不会写诗的女孩子，也大多在自己的小笔记本上抄录一些著名诗人所写的爱情诗。

爱情诗是心灵的剖白，是情感的凝聚与升华，爱情诗以它巨大的魅力打动着万千少男少女的心灵，我们的青年多么需要健康优美、使心灵颤动的爱情诗。可是，当今文坛上，显然缺乏这样巨大影响的爱情诗，就我读过的很少的女诗人所写的爱情诗而论，或者以大胆描写做爱为能事，一味追求粗俗浅露，由于不能唤起美感而令人不堪卒读，或者大量运用隐喻和象征，把自己率真的感情藏匿起来，使诗句变得晦涩难懂，读起来就如同猜谜一样艰难。也许是她们的艺术追求所使然，也许是她们在创作时缺乏一种上面所说的自由氛围和自由心态的缘故吧，这样的诗作，与我在"花儿会"上听到的那些女歌者——诗人在山冈上和田野里即兴编唱的那些作品相比，不能说不显得有些乏味。

年轻女歌手编唱

回到"礼失求诸野"的命题上来，但凡大型的"庙会"，大约都是从"令会男女"的那种一般土民的"会"或"社"脱胎演化而来，而这种"会"或"社"，也一概是在"郊外"举行，而没有在所谓"堂"里举行的。边远地区、民族地区的"花儿会""插花节""花炮节""火把节"一类"庙会"，因文化交融的缓慢或薄弱，相比于内地汉民族的"庙会"而言，也许更多地保留了古意古韵——已经不同程度消失了的或正在消失着的"礼"俗。这是说的民间，宫室则另有一套礼俗，但在本质上也与民间相差无几，只是更繁缛更含蓄而已，所谓："燕之有祖，当齐之社稷，宋之桑林，楚之梦云也。此男女之所属而观也。"古代，宫室上下人等，每年都要在天子带领下举行"郊禖"活动，其中也包括在神灵之前，"带以弓韣，授以弓矢，求男之祥也"，即天子和妃嫔表演一些象征性的男女交合的节目，无非以他们的动作隐喻皇族也要多子多孙，绵延万世罢了。

写于 1994 年 12 月 9 日

（本书专稿）

二、互助县威远镇的土族服饰

参加完老爷山的花儿会后,我们一行驱车来到了土族的聚居地——青海省互助县县城所在地威远镇。这是一座古老的城镇,街心的那座鼓楼,就是明代天启四年(1624年)的建筑,经历了近400年的历史沧桑,至今保存完好。我们来到的时候,恰逢这里正在举行土族全民节日——"花儿会"活动和民俗展览。"花儿会"的热闹劲儿很像是内地的庙会,所不同的是"花儿会"上要唱"花儿"、对"花儿",男女可以谈情说爱。平时难得进城来的土族农牧民,一下子都神使鬼差地涌进了这座既古老又现代的小城,熙熙攘攘成群结队的男女青年,五颜六色花团锦簇的民族服装,把一向朴素无华的街道装饰得分外美丽。最引人注目的,是那些穿着节日盛装、刻意打扮过的土族妇女。如果说,平素并不讲究美容和修饰,也没有见过大世面的土族女性,今天却施出了浑身解数,着实把自己修饰打扮了一番。谁都想在这民族节日里成为最美丽动人,最能引起异性注意的女性,以自身的容貌美和装饰美吸引异性的注意,达到内心的愉悦与满足,进而达到交友择偶的愿望,更可以说是任何一个土族青年女性心底里深藏着的一种莫可名状的潜意识。这是一年当中男女之间唯一能够摆脱伦理束缚、自由进行社交的时机,哪个青年女子不想抓住时机一展风采呢!

土族居住在湟水流域,是一个以游牧为主的民族,近代以来已从事农耕,因此他们的服饰,带有浓郁的游牧生活的色彩,比如男子穿长袍子、束腰带、戴毡帽,女子的服饰,则更为复杂,常穿两袖用红、黄、绿、紫、蓝五色彩布圈缝制成的花袖长衫,左衽大襟,外套以黑色、紫红色和镶边的蓝色坎肩;腰部用一条宽而长的彩带缠若干圈,彩带的尾部垂在腰部右下方,上绣缀着五彩鲜艳的花鸟蜂蝶和彩云图案;下身穿着镶白边的绯红色的百褶裙,裤子的膝下部分套有黑色或蓝色的一截裤筒,脚上多穿绣有彩云的花布鞋。这些丰富的服饰,几乎每一个款式,每一个图案,都是一个文化符号,都有诉说不完的潜在的含义。

文化人类学的材料告诉我们,重视面部化妆和头部装饰,对于女性来说,在不同民族中古往今来都是一种相同的审美追求。土族女子的头饰也特别复杂而别出心裁,不仅显示着游牧生活习俗的浓重印迹,而且反映出生活在蓝天白云空间里的土族女性明快热烈的审美心理。据土族学者李友楼和力强在《青海土族的古老头饰扭达》(《民俗》画刊1990年第2期)介绍,旧时,土族青年女性的头饰分吐浑扭达(干粮头)、适格扭达(簸箕头)、捺仁扭达(三叉头)、加斯扭达(铧尖头和马鞍撬)等形式。以最古老的吐浑扭达来说,形状好似圆饼,上面镶嵌着五色珠串和海螺、贝壳等,额前垂吊着许多束紫红色的丝穗——流苏,头饰的背后,垂吊着两束红色的棉线绳子,再戴上一副银簪和一双大银耳环,颈项上悬挂着一条用圆海螺片制作的项链。戴上这种头饰的女性,整个头部显得艳丽而华贵。可惜,在花儿会上,我们并没有见到这种装饰的女性,可见这种装饰如今在民间已不再广泛流行了。

与当地土族男士合影

土族女性装饰

我们见到的女性装饰,虽然仍然洋溢着土族人古老的审美情趣,却已经显示出受现代思想影响的端倪。年轻的女性,大都戴一顶细毡礼帽,在帽檐上部缀几枝色彩鲜艳的绒花,也有的戴一顶彩色(杏黄色)大顶高沿的绒帽,边沿上缀以红、白黑各色的圆点装饰。多数女子的帽子上垂下来两缕彩色流苏，摆动起来，与耳环相映成趣，显然这种头饰是在原来的复杂多变的头饰上的演变而成的一种简式。中年已婚妇女的服装，依然沿袭旧时那种带有五彩布袖、左衽大襟的长衫，显得庄重大方。而年轻的未婚女性则产生了新的审美追求，他们大半不再穿已婚中年妇女穿的那种过去时代流行的款式的衣服，而穿上了西装开领衬衫，有的在衬衫外面再罩以左衽的花布坎肩，使民族的和外来的两种文化统一起来。在她们的心目中，这种结合与统一，不仅是外形上最美的，而且也是最能体现出土族女性的内在修养的理想的服饰。

诗人王歌行写过一本散文集《土族风情画》，画家朱乃正和左良为其插图，他们以不同的笔墨描绘了这个高原上的古老民族的风情。我与歌行相识于1959年，那年为搜集史诗《格萨尔传》的事，我奉命去西宁，他被指定担任搜集工作的负责人，因而有相当长的一段时间，我们在一起共事和交往。他对土族的了解很深，文笔又清丽流畅，而左良的舞蹈图，舞姿阿娜，线条和色彩上跳动着强烈的动感，加之衣饰的规范，背景的野趣，尽得土族风情之妙。他的图与歌行的文相配，两者相得益彰。

未婚青年女子与已婚女子的区别，还在于她们对发式的处理上。一般说，未婚青年女性要梳两条或三条长度达臀部以下的大辫子，两条从两鬓间，一条从头顶中间梳过来，这两条或三条辫子在尾部编结在一起，并往往要缀上红色的绒绳缀子或海螺片。我向她们询问其中的缘故，她们说，这是未婚女性的标志，结婚后，这种装饰就要随之改变。据资料，过去土族存在着压抑女性的"戴天头"的陋习。女子到15岁，由父母做主，在除夕这天与天结拜为夫妻，将少女的发式改梳成妇人的发式，从此，性关系可以随便，生下子女归母家，不受社会歧视。后来这种陋习被废除了，但从中也还可看出，未行过成丁礼的土族少女，在头饰上是与成年妇女不同的，如今未婚少女的头饰与已婚妇女的头饰的区别，显然还带有成年礼旧俗的痕迹。

一种装饰，在我们看来，主要是美的表现，但任何美的装饰，包括古代的人体装饰和现代的美容在内，都与他们的信仰有关。土族分布，除主要居住在青海省的互助土族自治县外，民和、大通两县也比较集中，此外甘肃的天祝藏族自治县也有少量分布。据资料，生活在甘肃的卓尼一带的土族妇女盛行一种叫作"凤凰头"的头饰，将前额的头发分成左右两股，发圈合成辫子，向后系于银质圆盘形的"章卡"上，"章卡"正面雕刻着花鸟图案，发圈上用一条绿色的带子，先从前向后、再交叉绕回将两端在前额打成结。在头顶上部从前向后饰戴9颗由圆形铜泡连接成的饰物，铜泡凸面上嵌缀着10个珍珠似的圆点，组成图案。在头顶部平插横竖两根铜制的簪子，前面一端伸出额前，成为凤首的形状。这种头饰整个形状像是一只待飞的美丽凤凰。无独有偶的是，我在互助拍摄的一张照片上，年轻女子所穿的坎肩的左衽部位，用黄、红、绿三种彩线绣着一只展翅扬尾待飞的凤凰。我们不妨作这样的推测：远古的土族先民，曾经是凤系氏族的子孙，他们曾经以凤凰或鸟为其部落或氏族的图腾。妇女的头饰，也许是她们对远古信仰的一种回顾。有研究者认为，信奉凤凰、燕子或其他鸟类为图腾物的东夷诸部族，远古时曾从青海高原迁徙来到了东部沿海一带。有记载说，居住在东部沿海一带、信奉鸟图腾的古越人，当年的服饰，也是左衽的。这种文化现象，多么有趣啊。

写于1995年5月23日

（原以《土族女性的美饰》为题发表于《医学美学美容》杂志1995年第7期。刘晓路摄影）

勒布采风手记

1965年9月末，错那，这里是仓央嘉措的故乡。在错那休息了一天，痛痛快快地洗了一个温泉澡，略做准备，第二天一大早就启程，往祖国最西南端、与印度接界的错那县勒布区——门巴族聚居的山谷里进发。我国出版的地图上，找不到勒布这个地点。这是我西藏采风之旅的最后一站，也是最远的一站。

所谓准备，其实也很简单，无非是三件事，一是找一位当地的向导，以免瞎撞迷了路。向导是在西藏旅行首先要考虑的问题。错那县城所在地那个镇子很小，有什么外人到了这里，很快便会传遍全城，就像内地的一个村子里常见到的情形一样。我们到宣传部说明意图后，很容易就找到了一位搞宣传工作的解放军同志，他正好要去勒布区办事。我们当即同他说妥，与他同行。向导的问题，就这样轻易地解决了。二是向老乡借了两匹性情温顺点儿的马，我骑一匹，我的同伴董森骑一匹。这也不难，县里还给我们配备了一位看上去不到20岁的年轻藏族小伙子跟着，以便到达目的地后把马牵回来。不过，他没有骑马，他靠两条腿走路。他用半通不通的汉话对我们说，你们骑上马走吧，我在前面的山口等你们。他便背着一支冲锋枪，一缕风似的在我们前面上了路。三是到错那县仅有的一家供销社里一人买了一斤"高级糖"。所谓"高级糖"，是3年困难时期对高价糖的称呼，实际就是上海出品的用锡纸包的太妃奶油糖。那时全国通用粮票，在西藏各地是不通行的，即使有粮票，也没有饭馆或粮店，甚至你有人民币也没有用，一旦没有饭吃时，高级糖就可以充饥。

我们骑马慢慢悠悠地沿路向着通往勒布的山口走去。这个山口大概不低于海拔4000公尺（4000米）以下，现在正是金秋时节，是一年中最好的季节了，道路两边的山坡上植被很薄，只有高原上才生长的那种叫不出名字来的小草小花，编织成一层薄薄的又绿又红又紫又黄的薄纱似的植被，起伏不定地覆盖在山坡上，延伸到无限远处。

当我们来到山口的时候，天空中突然彤云密布，风起云涌，下起了大雨，圆圆的大雨点，随着风势，像雨箭一般，迎头向我们射来。我们俯身在马背上，顿时，便成了一只只落汤鸡。我们的心情却格外激动，因为我们所遇到的，是在内地难得遇到的自然奇观。我们兴致勃勃地策马迎着雨箭继续前行，10多分钟之后，大雨便停歇了。山口上空几分钟前还咆哮翻滚的云团，如今温顺地随风向远处漂流而去，多么像是在一场厮杀中败下阵来的千军万马。天晴了！太阳很高，很大，显得比暴雨之前威风多了。

人们常说，大自然像个魔术师，翻过山口，在我们眼前展现出另一番无法想象得出来的景象。所来径山口这边的那些高原小草，骤然间无影无踪了，迎面而来的则是漫山遍野高大威武的阔叶树，一棵挨一棵的拥挤着，密密层层，迎着从太平洋吹来的热风，摇摆着宽大的树叶子，发出阵阵涛声，从目极之处的山顶一直延伸到渺远的山涧。公路很窄，是为刚刚结束的那场边界战争修筑的专用单行线，路面狭窄不能会车。据说，这条公路，战时是由一位师长负责指挥的，如遇到车辆相遇，则必须将其中的一辆推下山谷里去。路的右侧是拔地而起仰止而视的高山和阔叶树，左侧则是被浓雾覆盖着的无底深渊。骑马走在这样一条狭窄的道路上，好像行进在古代栈道上，心里直在发怵，脊背上一阵阵发凉，下意识地把马拨到山坡这一边，令其沿着山根走，尽量离山涧那边远些，眼睛也尽量不往山谷里看。山谷里弥漫着浓浓的雾霭，无法看到谷底有多么深。白色的浓雾，像牛奶，像棉絮，一阵阵、一片片、一堆堆、一团团，后浪推前浪似地，沿着山势的坡度由谷底往山顶疾速飘动。在我发胀的头脑里，这些雾流宛若一条湍急的河流，不可思议地从地而天直立起来了一样。我的心情极为紧张，尽管极不愿意张望身边的万丈深渊，眼睛却还是不由自主地频频向谷底望去，而每望一次，又在心里增加了一分就要滚下山去的紧张。俗话说，上山容易下山难。骑马下山可真是比上山难多了，本来下山是不能骑马的，骑在马背上下山，每走一步，就颠簸一次，但一方面考虑到要尽可能地保存体力，另一方面实在是懒得迈动已经很酸很累的两腿，所以即使在下山的路上，我们也没有下马，而是信马由缰任其颠簸。

离开公路，穿过一片树林，沿着一条弯弯曲曲的小道，走进这个既被称做区，又被叫作村的勒布时，一年之中有9个月大雪将其与祖国隔离开的门巴族兄弟们——手中拿着砍刀的男子，头部勒着箩筐背带的女子，都停下步来，用好奇的目光注视着我们。我们这两个不速之客，成了他们注意的中心，除了他们的区委书记和文书两个人外，他们大概没有见过更多的汉人，更不知道这两个汉人到他们这个边远而寂静的小山村里来要干什么。

民俗与艺术

门巴族居住的山谷，处在印度洋暖流的控制之下，空气是异常温暖而湿润的，到处是高大的阔叶树和茂盛的草地。拨开碧绿挺拔的草茎，当露珠从叶片上一滴一滴滚落下来的时候，你便可以看到，在丛生的野草的根部，都贮存着一汪静静的水，如果没有牛来吃草，大概这汪水就永远是平静的。离他们居住的村庄不远，一条未被污染的河流，翻动着浪花，不知疲倦地从峡谷的巉岩上滚过，流向远方，谁也不知道它究竟流向何方。

我们留宿的区公所，就坐落在山谷里的一块草地上。这是一所用木板房组成的四合院，一座高山拔地而起，把院子里的阳光全部都遮挡住了。虽然整日里都没有阳光的照射，院子的青草却仍然长得极为平整而茂盛，比起城市里那些人工经意种植的草坪来绝不逊色。指定给我们住的房子，是用木板搭建起来的一所长方形的房子，从外面看起来，很像是在电影里看到的那种西伯利亚森林中的木房子，但一进到里面，就完全不同了，居住条件是极其简陋的，只有一个用木板搭起来的床铺，看不出有人住过的痕迹，其他什么设备也没有了。屋子里泛着与外面一样的潮气，透过木头地板的缝隙，在地板的下面极为潮湿阴暗的地方，我看到了丛生着长久没有阳光照射而被扭曲了的青草和永远不会蒸发的水洼。

院子里显得异常安静，听不到任何响声，藏族和门巴族干部都出去工作去了，接待我们这两个不邀而至的采风者的是区委书记和他的文书。书记看上去很年轻，30出头，但显得很老练很持重，一副瘦削坚实的身板，腰间佩戴着一把手枪，是个战后退伍不久，留下来援藏的老兵。没过几句话，我们便熟了，原来他竟是我的山东老乡，而且巧到是同一个县，顿时一股他乡遇故知的热流向头顶涌动。我环视他的居室，一桌一椅一床，只此而已，其简单程度，与分给我们住的木房子不相上下。所不同的只是，在床铺的木板墙上，挂着一支长枪，在没有油漆刷过的白木桌上，摆着一只刚刚由上级分配给区里的熊猫牌半导体收音机，这是区里最珍贵的财产。他告诉我，他们这里一年至少有9个月大雪封山，在大雪封山的日子里，就与祖国断绝了任何来往渠道。县里原来是设有电台的，平叛之后，把电台撤了，每个区发了一台南京无线电厂新生产的熊猫牌半导体收音机，他们就靠着这部收音机收听祖国的声音，与祖国保持着联系。

文书更年轻些，刚从复旦大学中文系毕业，分配到区里来工作，看他那一脸稚嫩的样子，也就是二十一二岁的年纪。他见到我们两个来这里采风的首都文艺工作者，就像是见了他家人那样亲热，几乎是寸步不离，问这问那，凡是内地的事情，他都感兴趣，他都想知道。他的住所里，连区委书记所有的那个半导体收音机也没有，但他有一些属于自己的书籍，他靠这些书籍来打发工作以外和民族干部下乡或回家后的闲暇时间。他很单纯，也很直率，他说他服从国家的分配到这里来工作，但他在这里感到寂寞，他现在还无法融入这个异己的陌生环境，说着说着，他像个孩子一样地哭了起来，弄得我们一时手足无措。我们尽其可能地开导他，劝慰他，使他认识他的工作的重要，从而安下心来为现在还很落后的门巴兄弟多做些有益的事情，他的情绪逐渐平静下来。我们在勒布的几天里，他形影不离地与我们在一起，给我们的采风提供了很大的便利。

无法回避的是，作为国家公职人员的区委书记和文书，他们在勒布区这个大山深谷里的生活是单调枯燥的。这个门巴族聚居的区，全区人口总数仅有400多人，且女性为多，其生产方式，多数人从事种植和畜牧，妇女多从事采集，还有一个制作木碗的老者。从区委的工作来说，他们的管辖范围和活动范围，都是极为有限的。民族干部白天都下乡，平时院子里阒无一人，安静得几近死寂。由于老乡家里住宿条件的限制，区干部们晚上大都要回到区公所来住宿，只有这时，这所院子里才算添了些生气。他们两位是汉族干部，在与门巴族群众交往中，常因语言障碍而受到限制，又因工作性质的关系，特别是文书的工作，不得不留在区委院子里看摊子。处身在这个特殊的环境里，加上县里的邮递员1个月来一次，一年之中大雪封山有9个月，在这漫长时日里，便与外界断绝了一切联系和信息，他们几乎处在一个完全封闭的狭小天地间，其寂寞是不难想见的。

为了招待我们吃饭，文书充当火头军。饭的简单是自不待言的，但由于多了两个吃饭的客人，倒也成为他们平静生活中的一件乐事，他为此感到高兴。饭做好后，我才发现，在院子里还有两位吃饭的食客——在院子里养着一只小狗熊和一只看家狗。主人与熊和狗之间的关系，是非常亲和的，区委书记和文书把这两个动物完全当成了这个家庭中的当然成员和亲密朋友。在照料客人吃饭之前，先把食物拿给它们吃，而且一直站在旁边与它们喃喃私语，好像它们真的懂得人的语言似的。与这两个动物的亲和，已经成为他们情感领域和精神世界的一个不可分割的组成部分。熊和狗能够给他们排遣寂寞，能给他们带来欢乐和愉快。人和动物恢复到了最原始的亲和关系，如果没有了这两个动物，他们的生活将会是另外一种样子。

在这里，我们迎来了中华人民共和国第16个国庆节。夜幕来临的时分，山村一片静谧，没有辉煌的灯火，没有车水马龙的长安街，没有杯盘交错的宴席，也没有喧闹热烈的音乐，只有隐藏在草丛中的无数小昆虫，"唧唧唧唧"演奏着快乐的草原交响乐。我们怀着激动不安和焦急难耐的心情，守着忽明忽暗的烛光，坐在区委书记那部小小收音机旁，静待着来自祖国的声音。当我们

民俗与艺术

听到中央人民广电台越过重重高山传来并不十分清晰的天安门前第一个有关国庆的电波时，我们每人的眼眶里都充盈着激动的泪水。啊，祖国！祖国的声音！我从年轻的区委书记面部的情绪变化中，似乎听到了他的心声。他远离内地、远离家乡、远离亲人，已经好几个年头了，他肩负着祖国交给的重托，经历过达赖叛国集团的暴乱，又经历过一次边界战争，始终与兄弟民族站在一起，紧紧地团结在祖国大家庭里。没有分裂，没有背叛！没有愧悔，没有懊恼！一个长期远离祖国心脏北京，远离亲朋，又肩负着民族重托的人，在家人团聚和举国欢腾的时刻，内心世界的激荡与复杂，有谁能体会呢？一种敬佩和感激之情，悄然涌上我的心头。我站起来，走到他的身旁，紧握住他的手，说："祝老乡节日好！祝平安！祖国在我们心中，祖国感谢你！"

在区委院子的近旁，有一间带门面的屋子，是一间小小的供销社，店里的商品极其有限，大概与进货的艰难有关。门巴族的运输，一般都是靠妇女用背篓来背，而不管背多重的东西，走的路有多远，系背篓的带子，都是勒在妇女的额头上，靠头部和背部来持重。从县城到勒布，迢迢山路，要翻过几千米高的大山，供销社的进货之艰难是可想而知的了。守店铺的人是个青年小伙子。在门巴地区，很难得见到男性青年。我们便与他攀谈起来，向他调查门巴族的风俗习惯和民间文艺。他从男性青年人的稀少谈起，他说，门巴族男性少于女性，原因不外两个。其一，门巴族盛行巫术，特别是盛行巫蛊，蛊妇很多。她们认为，美丽健壮的男性青年是灵性、力量的化身，只要她们见到这样的男性青年，便设法对他施行巫术，即趁其不备将藏匿在指甲盖里的蛊药下到酒杯里，使其致迷而处于她的控制之中，或将其毒死，这样，这个男性青年的灵魂、力量和美貌，便会转移到她的身上来。蛊妇也有解毒的药，但一般不给中毒的男子解毒，否则就暴露了自己是蛊妇。他还介绍说，门巴的蛊药，主要用采自山上的草药制成，山上有许多有毒的或致幻的草药，将毒性最烈的药草，研成细末而成为蛊药。蛊妇毒死的男人太多，致使我们门巴族的男性人口锐减。他对我开玩笑说："你可要小心，像你这样的漂亮男人，我们这里的蛊妇见了，就要找您下蛊药的。"我和我的同伴听了，不觉捧腹大笑起来。关于巫蛊的风俗，我小时候虽然也只言片语地听到过，但蛊妇施行巫蛊的那些巫术道理和趣闻，却是头一次听说，而且那样活灵活现，因此既感到新鲜，又感到惊讶和辛酸，人们仍然生活在可怕的愚昧之中！但他把蛊妇放蛊说成是导致门巴族人口锐减的主要原因，未免有些夸大其词。这位供销社的主人还告诉我说，门巴族男性少于女性的另一个原因是，男性青年出去参军的很多，他们在军队里受到训练和培养，得到提高，以后在外面当干部，留在山里的越来越少了。

听说距离区委较远的地方有一个老牧民，他脑子里装着很多有关门巴族的民俗知识。我们决定去那里采访，区委书记和文书自愿陪同我们走一趟。他们从区政府的马厩中，为我和同伴选了两匹性情老实、不尥脚子的老马。我们四人骑马，沿着一条落差很大、流水十分湍急的河谷鱼贯而行。由于一路上巉岩林立，凹凸不平，十分难走，一直到太阳落山时分，我们才来到了我们要采访的那个牧民的家。这是一间孤零零的土房子，前不着村，后不着店。我们跨进这所隐藏在薄薄的暮霭中的房子的门槛时，里面显得很黑，几乎看不清里面的布置和陈设，待稍微适应以后，才发现这老汉几乎没有什么家当可言，与我们在日喀则所见到的牧民家里有很大的差异。主人是个大约50多岁的牧民，当他看见他们的区委书记给他带来了两个尊贵的客人时，非常热情地向我们施礼，并在屋子中央点起了火堆，把我们安顿在火堆周围，拿来了酥油和糌粑，让我们先吃晚饭。我们学着主人的样子，把拿着一小块酥油的手伸进装着糌粑的口袋里，抓出一把来，在手中捏来捏去，捏成团，然后送进嘴里。酥油糌粑是一种营养极为丰富的食物，也很可口，很像内地的吃的油炒面，但吃糌粑没有酽酽的砖茶不行。老牧民应我的要求，在明明灭灭的酥油灯和篝火的映照下，向我们讲述着他们民族的种种故事。霎时间，我们便被带进了一个神秘而有趣的世界，我们被门巴人的古老的文化吸引住了。夜深了，老牧民的声音变得沙哑低沉了，于是我们和他一起胼头胝足仰卧在被篝火烤得温热的地板上，拉过来他那件发出阵阵羊膻味的老羊皮盖上，很快沉入了梦乡。

第二天一大早，在朦胧的晨雾中，我走出这所低矮的小土屋时，顿时感到高原山野里的空气是那样的新鲜。我们听说山顶公路上有几辆装木柴的军用卡车，今天就要返回驻地，我们便当即决定搭乘军车回拉萨，否则我们又不知要等待多少日子了。书记就此与我们作别，年轻的文书却不愿与我们分别，恋恋不舍地一直送我们绕过前面的一座山去。这一程就不是十里八里，绝非戏曲中的"十里长亭"所可比拟。我们几次请他留步，他却总是不愿意作别。当我们最后向他告别时，他猛地抱住了我的肩膀，忍不住哭出声来，像是一对亲人的生离死别。我们短短的相遇过去这么多年了，许多事都在历史的风尘中淡忘了，这个小伙子的身影却一直留在我的脑海里，可惜我忘记了他的名字，也不知道他现在在哪里。

同文书把马匹交割清楚后，我们开始往山顶上的公路攀登，带着一个行李包和一架禄来福来照相机，要爬上这座海拔很高的山峰，对我这个坐办公室的内地书生来说，可真不是一件轻而易举的事情，且不说我小时候还得过心脏病，稍一动就要心跳加速，但没有别的选择。当一个人没有任何别的希望和侥幸可乘的时候，他就会倾其全力孤注一掷。我们走走停停，停停走走，挥汗如雨，气喘如牛。在那些停在山腰里装拉木柴的军车还没有起动的时候，我们赶

民俗与艺术

到了山顶的公路上。军车的司机们听完我们的要求,十分热情地接纳了我们,不仅准许我们搭乘他们的便车,还立即在山上支锅点火做饭,煮挂面给我们吃。由于高山氧气稀薄,锅里的水不到摄氏80度就滚开了。水开了,煮了好一阵子,挂面却煮不熟。"喂,北京的记者同志,吃饭了!尝尝这高原的饭吧!"在冷飕飕的山风林涛中,我们有滋有味地吃完战士们专为我们煮的挂面,内心里有一种无法说出的感激之情。我们庆幸自己又体验了另一种高原生活。

2003年6月23日

（作者附记：这是1965年9月底—10月初在西藏自治区错那县勒布区门巴族聚居地采风的手记。当时有记录,也拍有照片,可惜在"文革"中大都丢失了,只保留下来一册在藏区采风的藏汉文对照的藏族歌谣记录本聊作纪念。原载兰州《丝绸之路》2003年第8期）

唐布拉采风手记

1985年8月24日。

新疆尼勒克县唐布拉草原之夏牧场。

神奇的草原景色,史诗般的牧民生活,一直萦绕在我的心头,像磁石一样吸引着我。在乌鲁木齐开完了少数民族文学讨论会,终于能实现到哈萨克草原去的计划了。车子一早从伊宁出发,在尼勒克县城稍事停留,来到唐布拉草原上一个牧民的放牧营地的时候,已经是夕阳西下了。虽然没有精确的统计,颠颠簸簸地跑了不下三四百公里!

这里就是闻名遐迩的唐布拉草原,哈萨克同胞们的一处水草肥美的夏牧场!绿茵茵的草场,点缀着各色的野花,从白皑皑的山顶下面那一大片原始森林带起,一直延伸到对面的那座雪线以下的山峦的顶部。一群群伊犁马、细毛羊,星罗棋布地在草滩上游牧。一条清澈的溪流,沿着自然地貌形成的河床,滔滔地流向远方。时而暴怒,时而嬉闹,穿过一丛丛葱茸翠绿的次生林,切割开广袤的牧场。这就是从天山山西部群山中夺路而出的喀什河,一条牧民们赖以生息繁衍的生命之河啊。我被这美丽奇异的自然景色吸引着,深深地陶醉了。

在这夏牧场的营地上,散落着七座圆形的白色毡房。我们一行四个从北京来此地考察的民俗学家和陪同我们的锡伯族作家忠禄先生要下榻的毡房,是其中最大的一个,就坐落在河岸边的草地上。

夜幕初降的时刻,炊烟送来了地锅子里煮羊肉的香味。我们被一位老年的哈萨克牧民邀进毡房里用晚餐。哈萨克人待客的礼仪是热情而隆重的。我曾在蒙古人的毡房里生活过大半年,也曾到过不少少数民族同胞的村寨里做过客,从来没有像这一次在哈萨克人的毡房里所受到的接待这样郑重和神圣。在我们五个人中,我是长者,因此我被安置在正座上。所谓正座,不是通常宴席桌上

民俗与艺术

1985年8月在新疆尼乐克县夏牧场采风时

的那种主宾席,而是在正对着门口的部位在地毡上席地而坐。在我的两旁就座的,是我的三个同伴和忠禄,再次是主人家和邻居们,依次座成一个扇形。我们的面前,铺了一床干净的床单,上面摆满了从城里买来的糖果和妇女们自己烤制的馕,一只只小瓷碗里盛着上等的高山蜂蜜。守候在门口的马奶桶旁边的女主人,盛上一碗马奶酒,递给他的家长,这位家长再把它传递给客人们。马奶酒是马奶经过发酵制成的,酸而带着甜味,喝起来味道很好,但比北京市场上的酸奶的酸度要高得多,因而喝多了要醉人的。主人十分热情,你喝完了第一碗,第二碗接着就递过来了。酒是用海碗盛的,不多一会儿,我就感到肚子胀了。W是四川人,曾经有过在白马藏族地区进行民俗调查的经验。他也有酒量,几天前在察布察尔采风时,锡伯族的朋友们请我们吃饭,轮流敬白干,他不仅镇定自若,而且还为我代杯,今晚他却留有余地,不显山不显水,不露一点声色。他的任务是录音,他不想为喝酒而误了差事。M的分工是拍照,她性格文静柔韧,办起事来却充满热情,不辱职责,尝了半碗酒后,就察言观色,轻手轻脚地寻找时机给大家拍起照来。Z过去曾经和我们在一个单位共事,她和M是要好的朋友,如今是一家出版社的民俗方面的编辑,因此大家是互相了解的。她是个个性和事业心很强而又内向的人,今晚更是沉默寡言,低着头只管掰馕蘸着蜂蜜吃,似乎根本就没有旁的人在场一样。

1985年8月在新疆尼乐克县夏牧场采风时

在哈萨克人的毡房里,女主人的角色是十分重要的。转眼女主人已经用一个搪瓷盘把地锅子里煮好的羊头端了上来,盘子上放着一把锋利的哈萨克男人用的英吉沙猎刀。她把盘子交到男主人的手上,男主人又将盘子端到我的跟前,把刀子递到我的手上。根据哈萨克人的习惯,我毫不犹豫地把羊头颧骨上的肉削下来一片,送给席中的老者吃,又将一只耳朵削下来,送给席中的最幼者——这家的小孙子吃,然后,才为自己削了一片。在哈萨克的习俗中,这是尊老爱幼的意思。接着,把盛着羊头和英吉沙刀的盘子传给了坐在我身旁的忠禄先生。招待最尊贵的客人,要用全羊,而吃羊头肉,又要让最尊贵的客人先动刀,这也是哈萨克的古俗。这一套礼仪结束之后,才把羊肉端上席来,但从此就不再是那样文质彬彬地用刀子割着吃,而是改用手撕着吃了,用手撕吃羊肉,俗称"手把羊肉"。这在城市的餐馆里也是一道名菜,但这无疑是狩猎部族的一种遗俗。原始先民常常用羊作为祭祀神灵的牲牷,祭祀完毕之后,族人就将其分而食之。用地锅子煮熟后,用手撕扯着羊肉吞吃,完全是已经成为往昔那种记忆的一种重演,人们在重新体验着那种早已逝去了狩猎胜利的欢乐。毡房里的空气骤然活跃起来了,味道之鲜美,绝对不是北京新疆餐厅的出品所可比拟的,不仅没有膻味,而且香嫩可口。我的两位女同行吃得那样津津有味，甚至不顾那吃相是否有伤她们俊丽端庄的尊容。

世界发展到了现代化的今日，可是在我们所驻足的唐布拉草原毡房里，却仍然不靠钟表来计时。待收拾餐具时，大概已经是子夜时分了。毡房外面，十几个来自远近毡房的哈萨克小伙子和姑娘，已经在寒风里等了我们很长时间了。他们是应邀来我们所住的毡房，给我们唱哈萨克民歌的。主人没有通报，我们哪里知道？

歌声在毡房里轻轻回荡。姑娘们和小伙子们对唱，唱的是情歌，嬉戏，挑逗，倾诉衷肠，依依别情。起初双方都显得拘谨，声音低回，渐渐地，变得热烈而高亢。我得到忠禄先生的帮助，他将歌词逐句翻译给我听，译得很有诗意，他真不愧是锡伯族的才子，但到了唱得情意绵绵的时候，这位才子也不得不告饶了。有哪一位大作家曾经说过，民歌是不能翻译的，这话一点儿也不错。歌手们唱的调子是固定不变的，歌词却是即兴编出来的，男队唱一段，女队根据男队的唱词赠答，歌词无拘无束地在冬不拉的伴奏下自由地续唱着，调子悠扬，抒情。这大概就是民歌的规律，任何口头的作品都是依客观的环境而存在，而变异的，很难说哪就是定稿，也很难说什么时候就是定稿，连那些长篇的史诗都是这样编创出来的。

夜深了，歌声像断了的丝弦一样戛然而止。草原上的男女歌手们散去了，草原变得异常得静谧，静得如同死去了一般。我们，县里随我们来的人士，以及这家的老少三代人，都留宿于这顶宽大的牧民的毡房里。大家并排躺在厚厚的地毡上，主人还特意为我们铺了崭新的褥子。一盏马灯高悬在毡房的立柱上，昏黄的灯光抖动着，照着每一个远方来客的脸庞。那灯芯的咝咝声，在静得可怕的草原之夜里，令人烦恼，令人焦急。我和W共盖着一条棉被，和衣直挺挺地躺着，眼睛盯着毡房顶部的那个圆洞，但那圆洞到了夜间是堵着的，无法看到外面的情景。我一动也不敢动，生怕由于自己的动作惊动了别人。他发出了轻轻的呼吸声，好像是睡着了，我感觉到了。M不断地翻着身，有时睁开眼睛看看那盏半明半灭的马灯，很快又安静地闭上了眼睛。对于她来说，这晚与牧民挤睡在一个毡房里的经历，着实太新鲜、太离奇、太陌生了，唯其陌生，大概才在心底里激起了一种很不平常的波澜。Z翻动得更频繁，床铺底下的小虫子钻出来骚扰她，咬得她心神不宁。第二天她露出小腿来要我们看，的确布满了一连串红斑。她虽然在"文革"中受过苦，但牧民帐篷里的这种民俗生活，毕竟也还是第一次体验。

越是强迫自己入睡，越是清醒起来。我思绪万端，决定到毡房外面去领略草原之夜的神秘。白昼那勃勃的生机都到哪里去了？一切都隐遁到了黑暗之中，只有星星眨着眼睛，显出一种特有的生气。风刮得很大，草株瑟瑟抖动着，周身感到寒意料峭。露水很大，沾湿了鞋子和半截裤脚管，身子不由得打了一个寒战。草原之夜，竟然是这般寒冷！

伙伴们大概已经入睡了，轻微的鼾声合着虫鸣的节奏，整个草原都笼罩在一片无边无际的静谧之中。

沉睡的草原难道能永远沉睡下去吗？

1992 年 9 月 8 日改定

（原载《中国西部文学》1992 年 10 月号，题为《唐布拉草原的夏夜》；节略版载《中国民族博览》1992 年第 2 期）

伊宁情思

在坐落于博尔塔拉蒙古自治州境内的赛里木湖和果子沟经历了忘情的喜悦之后，一种似乎是过度的疲劳，正在袭击着我们。人的情绪是不可能永远处于稳定状态的。高亢之后，就处于一个低落期。亢奋和低落总是相伴而生、交替出现的，情绪总是那么高涨，不也是十分累人吗？对于那些渴望在大自然中得到往常在办公室和书斋里无法得到的精神享受的人来说，我们此时此刻的心情正是这样，把自己融于大自然之中，坦露出一个人的全部的天真和稚气，忘掉了世俗中的一切烦恼和不快，是多么的可贵，又是多么的短暂！大自然的美景竟然如此容易一闪而过，谁也无法永恒地将其揽在自己的怀里！

伊宁，这座祖国边陲的花园城市的出现，把我们引入了一种迷离梦幻的世界。在绿树繁花的掩映之中，从建筑到市街，从衣着到饮食，都使我们强烈地感受到，我们正处身在一种浓郁的伊斯兰文化的氛围之中。这座小城市，是哈萨克族的聚居地之一，到处都能看到穿着黑色衣服戴着白色圆毡帽的哈萨克男人，到处都能看到穿着各色花裙子、戴着插有漂亮的雉尾的白色绒毛帽子的哈萨克妇女，到处都能听到哈萨克语的交谈和喧哗声。街上的喇叭里播送出来的，是悠扬动听、旋律舒缓的哈萨克民族音乐，也许是阿肯在冬不拉的伴奏下的叙事演唱。这样的文化环境，对我们来说，是陌生而新鲜的。我下意识地想起了1986年在土耳其的伊兹密尔一座罗马帝国时期的古堡旁听到的那个令人难忘的盲艺人的演唱，可能唱的是阿那多卢的伊斯兰风格的民歌。我至今还保存着他在街头演唱的录音带，还珍藏着我和他在古堡旁合影的一帧照片。多么的相像，多么的陌生而又熟悉呵！

我们一行被安排在军分区招待所下榻。对于我们这些长途旅行者来说，这真是一个十分整洁、十分幽静、十分舒适，再称心不过的住处了，四周的花墙上爬满了绿藤，一簇簇不知道叫什么名字的花儿，颇有点儿艺术性地点缀其间。最使我感到愉快的，也许还不是这个叫人顿生"宾至如归"之感的客舍，而是听说有一位我所熟识的作家和朋友武玉笑也住在这儿。不是文人的自作多情，倒真生出了一点儿他乡遇故知的感触。

记得是在1978年，作家们刚刚从一场灾难中苏醒过来，武玉笑便以"文革"中知识分子的悲惨命运为主题写了一个题为《大雁北去》的话剧，交由北京青年艺术剧院上演。他在北京给我看了剧本，我激动不已，因而提笔在一夜之间写出了一篇（也是唯一的一篇）很长的戏剧评论文章，从此我们之间建立了友谊。我每次到兰州出差，他总来看望我，与我说古谈今，问寒道暖。印象最深的一次，是我应邀到东乡族诗人汪玉良家里做客，作陪的有音乐家易炎、小说家杨文林、评论家谢昌余，武玉笑也来了，他们都是甘肃文艺界的名流。由于我在《文艺报》担任过一个时期的编辑部主任，又写过一些文学评论文章，与他们有过不少过往。当然我也在谢昌余主持的《当代文艺思潮》和杨文林主持的《飞天》上发表过文章，我的文艺观点他们都是熟悉的，所以谈起话来，大家都无所顾忌，真可以说是海阔天空，无所不及。

我们一行从军分区招待所出来，要到州政府去拜访秘书长赛比哈孜同志的路上，在一家烤羊肉串的小摊旁，猛然间发现了武玉笑。他蹲在墙边，正在津津有味地吃着一串羊肉串，手里还拿着几串。哪里像个斯文的作家？那样子宛若一个乡下来的农民，那样的不修边幅，那样的无拘无束，旁若无人。呵，这就是武玉笑的本色！当我高声地、同样也是旁若无人地喊着他的名字时，他惊异地瞪大了眼睛望着我，半晌也没有醒过神来。他哪里想到，在这个边陲小城，能遇上我这个久未见面的北京朋友。他扎撒开散发着羊膻味的手，意思是要同我握手，我没有握住他的手，而是迅疾地抱住了他。我的同行的来做民俗采风的朋友们，也都用吃惊的眼神盯着我，不明白发生了什么事情。他们虽然很了解我的脾性，大概还没有见我与什么人如此热烈地拥抱过。也难怪，在此之前，我压根儿什么也没有向他们透露过我有朋友在这个边陲小镇上，他们不感到惊奇才怪呢。这就是我们带有一点儿浪漫色彩的会面。

招待所里客人不多，武玉笑早就住在一楼的一个房间里。他在这里体验生活和写作，招待所是他的活动基地，除了出门采访，就是在房间里接待客人。为了聊天方便，我、W君和陪同我们的锡伯族作家忠禄同志，也被安排住在一楼，与老武隔壁。M君则住在二楼，商量事情时到我们房间里来。Z君别出心裁，撇开我们，自己到一家陌生的哈萨克人家里去投宿，既节省了开支，又体验了生活，总是大清早，趁服务员还没有开门的时候，就爬墙进到招待所里来。她的这些想法和做法，为我们的旅行平添了许多的情趣和谈资。

伊宁地处祖国西北部边陲，实际时差与北京相差几个小时，因此夜晚到来

民俗与艺术

得很迟，天亮也相应地推迟了几个钟头。夜幕到来以后，宁静的招待所几乎成了我们几个来自不同地方的作家和评论家的天堂。我们聚在老武的房间里，旁若无人地神聊。当地文学刊物《伊犁河》的主编郭从远先生，每晚必到，而且不管聊到夜里几点，他都陪伴始终，谈文坛的新闻轶事，谈作品的成败得失，谈深入生活的甘苦，谈哈萨克人的民俗风情。那时，我正起劲地研究文化人类学，此次来伊犁哈萨克族自治州旅行，也是为了增广对哈萨克族和锡伯族的深厚的民俗文化的了解，进行采风的。深感中华人民共和国成立以来我国当代作家不大懂得文化人类学，留下了许多不该留下的遗憾。在描写生活时，由于过分地用"政治"这个筛子去过滤丰富的生活，让多彩的生活来适应自己所理解的狭隘的"政治"和所谓现实主义，其结果，大批作品变成了观念的图解，读者很少有兴趣在读过一遍之后再读第二遍。因此，我们的漫无边际的神聊，大体并没有离开"说真话"和艺术的本质这两个题目。武玉笑长期在新疆少数民族中间深入生活，对这些民族的深层的民俗文化和心理状态，社会生活和人际关系，有着深入的观察和了解，给我们讲了很多有趣的事情，不仅使我们增加了知识，而且得到了某种精神的满足。如果那时有心把这些"天方夜谭"记录下来，不就是一部"艺术三家言"嘛。

在伊宁期间，只有一个晚上是例外，我们停止了闲谈。锡伯人是最热诚待客的民族，大概是忠禄这个锡伯人的作家意识到，由于他没有能安排好晚上的活动，冷落了我的朋友W、M和Z，于是决定领着我和这三个北京来的民俗学家到他的一个亲戚家串门，参加一对青年人的婚礼。婚礼是一个民族的深层文化的重要而又重要的民俗事象，怎么能错过这个机会呢？听到这个消息，自然使大家喜出望外。我们要造访的这一家是哈萨克族，住在伊宁市南部靠近郊区的部位。当给我们开车的那位乌鲁木齐的司机转弯抹角找到他家，叫开大门的时候，婚礼已经结束了。忠禄也是几年不来走动了，而且他的突然出现还带来了几个尊贵的北京客人，因此全家把我们的来访看成是一种吉祥的预兆，全家热情地接待着我们这些不速之客。

按照草原上哈萨克人的古俗，新郎要在3天前到新娘家里来接新娘，新娘由4个媳妇陪伴着，戴面纱，唱萨仁歌（即劝嫁歌）和怨嫁歌，进行一系列带有古代婚姻考验式的游戏，然后新娘才能驱马（或骆驼）前往夫家举行婚礼。在婚礼过程中，要举行揭面纱、欢宴亲朋，还要举行"姑娘追"等欢庆性的和象征性的活动。这一家是住在城里的人家，这些古老的民俗活动，大概都在外来文化的冲击下逐渐减免了或部分减免了，但他们家的新房里充满了喜庆的气氛，明亮的电灯照着那些崭新的陈设和挂着的、贴着的喜联和绘画，以及哈萨克家庭特有的，以红色为主、红黑相间，色彩鲜明的装饰图案。最富特色的是新娘的头饰，长长的白色面罩披巾，从新娘头部的两侧垂落下来，几乎拖到地上，给人一种端庄的美感，披巾的下面，是一顶镶满了各种金银嵌花和珠链的彩色帽子，帽子顶端装有一个取意于变形的女性生殖器的三叉形装饰物，隐含着子孙繁盛的期望。这些新娘的服饰及其纹样的文化内涵，引起了我们的女民俗学家们的浓厚兴趣。作为婚礼的一部分或补充，女主人热情有加地给我们拿来了哈密瓜、西瓜、馕、马奶和马肠等喜食招待我们。喜食是要分给到场祝贺的每一个人，让众人共享的。这一来，把我们作为婚礼研究者的思路给打断了。看来，如果早有准备，主人家定会像所有的哈萨克人家一样，慷慨地把酒设宴款待我们的。我注意到，从女主人的眼神里透露出了一丝不易察觉的歉意。

夜深了，当我们告别这家沉浸在欢乐和幸福中的哈萨克人家时，我在朦胧夜色中偶然发现，他们宽敞的院子里种植着一株如同伞盖一般的庭院绿化树，从那高大的黑影判断，我想这大概是一株枝条上挂满了石榴的石榴树。石榴原产西域，伊犁一定很适合它的生长。我想，石榴多子，不正是对这家新婚夫妇的最好祝愿吗！我们没有带去什么礼物，对此，M君几次提醒我，表示颇为内疚，就让这棵石榴树替我们默默地祝福他们吧。

1992年11月22日

（原载《飞天》月刊［兰州］1993年第7期）

与锡伯族民间文艺工作者在一起

妙峰山纪事

今年（1995）农历四月初一至十五的妙峰山进香庙会，被列为在门头沟举行的首届中国民俗旅游节的组成部分。它的日期是历史上沿袭下来的，已经有了300多年的历史。为了筹备首届中国民俗旅游节，清明节前夕，妙峰山乡乡长李春仁邀请我们一行去妙峰山踏春，去看看那里庙宇修葺及庙会设施的情况。庙会期间，又在你蹭我搡、熙攘嘈杂的进香人流中，陪同中国民俗学的奠基者之一的钟敬文老先生上了一次山，考察进香的情况，还了他毕生的夙愿。

70年前，即1925年的4月30—5月2日，北京大学国学研究所的青年学者顾颉刚、孙伏园、容庚、容肇祖、庄严徒步对妙峰山进香庙会进行了我国历史上第一次田野调查，并于同年6月起在《京报副刊》上连续发表了参加调查者的调查报告和纪游。1928年广州中山大学把顾颉刚编的《妙峰山》一书列入"民俗学丛书"出版，妙峰山及其庙会一时名声大振。成书于清光绪二十六年的《燕京岁时记》载："妙峰山碧霞元君庙在京城西北80余里，山路40余里，共130余里。……每届四月，自初一开庙半月，香火极盛。凡开山以前有雨者，谓之净山雨。庙在万山中，孤峰矗立，盘旋而上，势如绕螺。前者可践后者之顶，后者可见前者之足。自始迄终，人无停趾，香无断烟。奇观哉！"每到庙会时期，山前山后三条香路上，人烟辐辏，车马喧阗。来此祭拜神灵的香客，不下几十万人，其中也有不乏前来"借佛游春"的游客。据记载，来此进香的香客，南有江淮一带的，北有来自吉林省的长春的。花会最多的时候，不下130档，沿途茶棚、粥棚，星罗棋布，修路的道会、补鞋的缝会，散落香道，夜间数十万盏灯火，布于道旁，蜿蜒几十里，灿如列宿。"民国"初年，有一位叫奉宽的满族学者写了一本题为《妙峰山琐记》的书，对庙峰山庙会在晚清的盛况及其凋零的过程，作过很精彩的描写。他说："（妙峰山）庙会自光绪庚子四月六日风雪告警，七月二十一日京师糜烂后，昔年之丰富气象不可复寻。"这里的庙宇,始建于明代,毁于"文革"之中,现在的建筑,都是"文革"之后按原样新建起来的。

近年来,改革开放,国泰民安,庙会又得到恢复,成为首都北京和华北广大地区老百姓寄托心愿和旅游欢乐的胜地。今年庙会盛况空前。我们上山的5月7日,正是大礼拜休息日,从南道上山的人群络绎不绝,真如史籍记载的那样"前者可践后者之顶,后者可见前者之足"。山前的村庄的停车场、道路上全都停满了来参观庙会的汽车,来此进香献艺的花会大约有40档之多。我看见的蓝淀厂老会、崇文门文化馆老会等群众组织的老会、圣会等多起,也有种种义务尽责的老会和个人。我们看到,在免费施茶的"绪善升平清茶圣会"旁边,就贴着一张招贴,是朝阳区的一个叫高志怀的人"舍馒头"十天。上山的香客和旅游的人士,混杂其间。在我熟悉的文化界人士中,就碰到了周巍峙、于是之、舒乙等。香客们向着碧霞元君朝拜许愿,而那些游客们则是来放松自己。几乎所有的人,都相互问候"您虔诚!您虔诚!"下山的时候,则买一个带花的"带福回家"标志,别在身上,我也买了一个带在胸前。在这里,

作者与钟敬文合影于妙峰山上

古老的庙会信仰习俗与新的文化因素交叉在一起。对于老百姓的庙会及其信仰,顾颉刚说过一段极为精彩的至今也还没有过时的话:"朝山进香,是他们的生活中的一个重要部分,绝不是可用迷信二字一笔抹杀的。我们在这上,可以看出他们意欲的要求,互助的同情,严密的组织,神奇的想象;可以知道这是他们实现理想生活的一条大路。他们平常日子只有为衣食而努力,用不到思

民俗与艺术

马学良（左二）、舒乙、钟敬文、于是之、刘锡诚、李红雨摄于涧沟村前

想，唯有这个时候，却是很活泼的为实际生活以外的活动，给予我们以观察他们思想的一个好机会。另一方面，这是他们尽力于社交的时候，又是给予我们以接近他们的一个好机会。"顾先生的言论，十分精辟。自清末以来，历届执政的政府，只看到了庙会的消极的一面，没有看到其中人民"欲意的要求，互助的同情，严密的组织，神奇的想象"，因而曾多少次发起过破除迷信的行动，包括打倒泥胎在内，但到头来却收效甚微，深深藏匿在人们心底里的民间信仰，像野草一样，野火少不尽，春风吹又生。

妙峰山是一座神奇的山，是一座文化的山。我第一次登上妙峰山时，是三月，山桃花漫山遍野地开放，成为迎接春天的天使。山桃落英，六月里桂花又紧跟着怒放，把一座座山头染成一派绯红。桂花开起来，香飘四方，既可欣赏，又是名贵的经济花卉，桂花饼、桂花糕、桂花油成为当地畅销全国的名产。来此进香的香客和旅游者们，下山的时候，每个人都喜欢在头上或胸前插一朵鲜花，红色的花朵在民众的心里是"得福"的象征；每个人都买一根桃木棍作为下山用的手杖，一来帮助支撑倾斜的身体保持平衡，二来桃木有辟邪的象征含义，能够满足人们祈求平安吉祥的心理。

1995年5月23日

（附记：1995年5月6日至5月9日，中国旅游文化学会旅游民俗专业委员会在北京妙峰山乡所在地海军打靶场举办首届"中国民俗论坛"，本人有幸主持了这次学术会议。这里把由一苇（吕微）执笔撰写的一篇题为《跨世纪的中国民俗学——首届"中国民俗论坛"侧记》的报道（载笔者主编的《妙峰山·世纪之交的中国民俗流变》，中国城市出版社1996年2月第1版）引述如下，作为本文的历史背景。）

附：跨世纪的中国民俗学——首届"中国民俗论坛"侧记

1995年5月6日至5月9日，由中国旅游文化学会民俗专业委员会主办的首届"中国民俗论坛"学术讨论会在北京召开，会议收到论文30篇。中国民俗学的奠基人之一、中国民俗学会主席、北京师范大学教授钟敬文先生和民族语言学家、中央民族大学教授马学良先生，以及辽宁大学民俗研究中心教授乌丙安等来自全国各地的四十位民俗学者和专家参加了会议。华中师范大学文学院教授刘守华、中国历史博物馆研究员宋兆麟等向会议提交了论文。会议由中国旅游文化学会副会长、旅游民俗专业委员会主任刘锡诚主持。

召开首届"中国民俗论坛"的时间选在1995年5月（阴历四月），地点选在京西妙峰山庙会的所在地门头沟区，自有其特殊的用意，这正如会议主持人刘锡诚所指出的：

"整整70年前，也是在5月份（阴历四月），中国民俗学界出了一件影响至今的大事，这就是北京大学研究所国学门的顾颉刚等5位青年人，对京、津、华北一带民众的信仰中心——妙峰山庙会的民俗进行了一次实地考察。顾颉刚等人的妙峰山之行开创了中国民俗学史上田野调查的先河，当调查的成果在当时的《京报副刊》上连续发表以后，引起学界和社会的广泛关注，不少学者撰文指出顾颉刚等人所从事的田野调查这一'惊人之举'对于推动中国民俗学发展具有划时代意义，标志着中国民俗学进入了一个崭新的阶段。"

刘锡诚说："在经过了70年的风风雨雨之后，中国民俗学于艰难跋涉之中又迎来了20世纪与21世纪之交这样一个继往开来的历史性时刻，我们在京西妙峰山召开首届'中国民俗论坛'学术讨论会，一方面是为了缅怀先行者的业绩；另一方面也是为了借此机会以'世纪之交的中国民俗流变'为中心议题，探讨20世纪中国民俗文化的流变、民俗文化与旅游的关系，以及中国民俗学者在下一世纪民俗学的发展中应持的立场、态度和方法，以便将我们的事业推向前进。"

会议期间，钟敬文与马学良二位老先生以93岁和82岁高龄同与会者一起

民俗与艺术

于5月7日到妙峰山庙会参观考察，中午12时登上了妙峰山顶。上妙峰山，是钟老和马老多年的心愿，数十年来，二老一直没有机会实现夙愿，这次乘会议之便，两位老人不顾年事已高和众人劝阻，执意要上山，他们的心情大家是理解的。自从1925年顾颉刚等人对妙峰山进行实地考察以后，妙峰山就不再仅仅是民众信仰的中心，它早已成为中国民俗学者心目中的一块胜地，或一面旗帜；妙峰山也不仅仅是中国民俗学田野调查的象征，而且已成为中国民俗学者推动事业发展的情感动力之源。如今，人们一提到妙峰山，就不能不提到顾颉刚；提高顾颉刚，就不能不提到田野调查，提到中国的民俗学。因此，作为一名中国民俗学的老学者，怎能不上妙峰山？钟老和马老登上妙峰山顶，也就不仅仅是为了了却他们个人的心愿，他们是在用自己的行动——这无声的语言号召后学者跟上前人的足迹，开创中国民俗学的未来，可谓身体力行！语重心长！

70年过去了，当年的年轻人如今都已作古，如何继承和光大他们所倡导的中国民俗学田野调查的传统，实现中国民俗学下世纪在更高层次上的发展，就成为本届"中国民俗论坛"关注的焦点，与会者认真回顾了一个世纪以来中国民俗学所走过的道路，并在此基础上热烈探讨了中国民俗学在下一世纪的基本走向。

与会者指出，中国的民俗学肇始于以"五四"为标志的新文化思想启蒙运动，而且成为其重要的组成部分。我国学者在初创中国民俗学时，从早期英国民俗学武库里移植来的一些概念和方法起了重要作用，如将民俗学的研究对象分为信念与习俗、口承文学、民间艺术三个组成部分，而我国学者在最初是从口承文学即民间文学入手，逐渐扩展到对信仰、风俗及民间艺术的调查与研究的。70年代末以来，随着中国民俗学的重建，民俗学理论得到全方位的探讨与阐述；钟敬文提出"民间文化学"的新构想；乌丙安在《中国民俗学》一书中把民俗学的范围（对象）规定为经济的民俗、社会的民俗、游艺的民俗、信仰的民俗，将社会组织、社会制度、物质生产习俗纳入了民俗学的学术版图和理论框架。对历史的回顾使与会者意识到，民俗学研究范围和对象的不断扩展是与学者们不断加深对社会生活及学科本身的理解程度相辅相成的。今天的民俗学者已经认识到，所谓的"俗"应当是指在社会生活中活着的人们的所有相沿成习的行为模式和模式化的行为，而随着民俗学研究对象的不断扩大，建立一个各分支学科相对完备的，在方法上既独到又与人类学、民族学、社会学有所区别，独立的而不是从属于其他学科的民俗学已是当务之急。同时随着民俗研究范围的扩大，也就要求研究者们要不断扩大自己的知识领域，提高自己的研究素养，特别是要掌握一些语言学的基础知识和基本方法。语言是许多民俗事象和民俗行为的载体,掌握一些语言调查的基本技术,对于民俗学者来说尤为重要。

中国民俗学的研究方法是与会者关心的另一大问题。如果说研究对象是学科存在的前提,那么,研究方法就是学科专业化的生命。独特的方法与独特的对象同样是一门独立学科自觉程度的标志。我们经常说实证研究和田野调查是民俗学的基本方法,但是这些方法也是人类学、民族学必须使用的,比较而言,民俗学在采用这些方法时有哪些独到之处呢?由于中国特定的民俗传统,中国民俗学家在借鉴西方民俗学的方法时会做哪些变通呢?一个世纪以来,中国民俗学家们在研究方法上已经积累了丰富的实际经验,但是至今尚无一本研究中国民俗学方法的专著加以总结,以至除了素养较高的学者,一般的研究者无论是理论研究,还是田野调查,都显得规范程度不高。在今后一段时间,要使中国民俗学的研究水平提高到一个新的阶段,研究方法的进一步规范化已经刻不容缓。

20世纪是中国乃至世界民俗发生剧烈流变的时代,传统农耕、游牧社会的民俗正在急剧改变着形式、内容、性质,甚至大量消亡,新的商品社会的民俗正在悄然或骤然兴起。随着世界城市化、世俗化的进程和旅游业的兴盛,传统民俗中的精华和糟粕又一齐被发掘出来转化为商品,这一方面有利于保存传统的民俗文化,另一方面又会以其低劣的品位腐蚀着民众的精神。面对这急剧变化的世界,民俗学家们一方面感到困惑,同时也更加激发了他们的学术责任感和社会责任感。于是,在加强田野调查,抢救传统民俗文化的呼声越来越高的同时,民俗学家(如钟敬文)提出民俗学既是古代学又是现代学的原则,这样就克服了早期民俗学只重视传统民俗的局限,把民俗学的眼光投向动态的民俗流变及现代、当代民俗上来,这无疑是中国民俗学的理论和观念在当代的一次重大转换。还有的学者继承"经世致用"的优良学术传统,提出要进一步加强应用民俗学的研究,认为民俗学的研究成果可能为现实的社会发展作出贡献。与会者认为,在未来的21世纪,中国的民俗学必须理论建设与田野调查并重,基础研究与应用研究并重,唯此才有中国民俗学的光明的前途。

如何处理好理论建设与田野作业、基础研究与应用研究的关系,是与会者关注的另一问题。与会者认为,在当前的社会巨变时期,借助先进的理论对民俗事像进行科学的考察,对中国民俗学下一步的发展有更大的意义,而具有独立品格的中国民俗学理论也只有在深入研究中国民俗的历史和现状的基础上才有可能提出和完善。与会者认为,民俗学家为正在失去精神家园的现代人提供价值依据方面是最有发言权的,民俗学家也可利用自己的研究成果为传统民俗事象商品化时保持较高的品位提供有益的建议。但无论是为具体目标所进行的应用研究,还是一般性的基础性研究,学术取向上和研究过程中的非功利性始终是自顾颉刚以来中国民俗学保持高水准、高境界的优秀传统和基础保证,只有这样,中国的民俗学才能够始终成为"无用之大用"。

中国民俗学自诞生至今,始终保持了"民间"的性质,但是现代学术发展史,特别是我国的具体国情已经证明,一门学科的长足的发展,必须有政府和民间两方面的力量的相互促进,才易于实现。没有民间学术的制约,单纯的官方学术容易僵化,而没有官方学术的领导和支持,民间学术则容易自生自灭。因此,设立自上而下的官方民俗学研究机构,是今后中国民俗学作为独立学科发展的关节之一。

本届"中国民俗论坛"虽然只有三天,但与会者一致认为,中国旅游文化学会旅游民俗专业委员会在此时此地召开这样的一次学术会议是适时而卓有见地的。会上钟敬文与马学良先生两次作了长篇发言,为此,与会者感谢旅游民俗专业委员会为大家提供了一次极好的机会,能够亲耳聆听中国民俗学一代老前辈的教诲。

左起:乌丙安、王春梅、钟敬文、马学良、刘锡诚

妙峰山乡乡长李春仁应邀到会作了《妙峰山庙会的历史沿革》的发言。会上马书田建议筹备成立"妙峰山文化研究会",得到会议主持者刘锡诚和妙峰山乡乡长李春仁的赞同,并考虑在适当的时机,中国旅游文化学会旅游民俗专业委员会和妙峰山乡将共同组织实施中国民俗学史上的第三次妙峰山庙会田

野调查。

参加首届"中国民俗论坛"的学者、专家（以姓氏笔画为序）有：

山曼、马学良、马书田、千野明日香、乌丙安、乌镝、王培竹、王朝平、冯广裕、左壮、刘铁梁、刘守华、刘锡诚、朱越利、朱华彬、邢莉、孙其刚、吕微、李明德、李岫岚、李春仁、李露露、张自强、张国洪、张福根、陈有升、陈来生、宋兆麟、邵望平、余悦、杨利慧、郎樱、罗汉田、范慧娟、林继富、周燕平、钟敬文、贺学君、贺嘉、施汉如、施珍华、赵世瑜、高广仁、郭松针、程蔷、程德祺、鲁鸿恩

再上妙峰山

妙峰山作为北京的"五顶"之冠而被载于史册。从明末以来的300余年间，除了抗日战争到文革这段时间外，每年的正月初一到十五，山上都要举行盛大香会，来自华北地区的群众到此向金顶灵应宫里的碧霞元君等礼敬，最盛时达40万人，因而妙峰山历来被称为"北京的宗教中心"。民国以降，1925年的香会最富文化史意义，北京大学的顾颉刚、孙伏园、容庚、容肇祖、庄严等著名学者一行五人，从德胜门出发，迤逦80里山路，从北路登上妙峰山，进行民众香会调查，在山上住了3天，开了正在初创中的中国民俗学田野调查的先河，是为北京、也是中国现代文化史上的一段佳话。

香会是旧称，1986年恢复时，改称庙会，于是香会成了历史称呼。近年来，每年进山参加庙会的百年老会和新会，大约有200档之多。这些百年老会中，有的是修路的，有的是缝鞋的，有的是挂灯的，有的是舍馒头的，有的是舍茶的……总之，都是公益性质、慈善性质的。保存至今的这一类老会中，以花会和舍茶舍馒头的居多，修路的、挂灯的等，已不多见了。他们的会头，都是些群众认可的民间领袖人物，他们承继着先辈传下来的老规矩老传统，带领会众在会期内登山朝拜和献艺比武，宣泄一年来郁积在内心的情绪，消除生产劳动中疲劳，充分放松自己的身心，进行有益的社会交往。因此，社会学家和民俗学家认为，庙会在社会整合和稳定中起着积极作用。

在顾颉刚一行上山70周年这个极有意义的日子里，1995年的5月7日，迎来了80年代来规模最为盛大的一次庙会。这一天，我陪老民俗学家钟敬文教授和语言学家马学良教授登上了妙峰山。那天上山的人特多，据说总数不下于10万，人流络绎于途，交通拥塞。时代毕竟不同了，当年顾先生他们五位学人是骑驴乘轿步行登上山顶的，而我陪着的钟老时年已是93岁高龄，马老也已82岁，我们只能以车代步，但等我们乘坐的面包车到达山下的涧沟村时，山上却传下消息来说，山顶的停车场已车满为患，一切车辆暂停上山，我们的车意外地被阻于山下，遥望着葱茏的远山，我急了。当年顾颉刚先生上山时，钟先生一是还年轻，二是身在广州，没有机会躬逢其盛，失去了随顾先生登山考察香会的机遇，但多少年来，钟先生都以此为憾，从未放弃寻机上一趟妙峰山的夙愿，一听到我要安排并陪同他上山，他高兴得像回到了青年时代，早早就起床穿好了衣服等着。现在我们竟被阻于山下，如何是好？我急中生智，找到在山下维持秩序的民警，向他说明情况，请他务必用对讲机向山上的指挥部联系。我们终于得到山上指挥部的特许，让我们的车上山。当我们的面包车到达山顶时，钟老高兴地对我说："我是本该早来的，可总是没有机会，今天终于圆了70年的一个梦。"钟老先生在一帮年轻的民俗学家、他的弟子们，以及众多媒体记者们的簇拥下，神采奕奕地逛庙会，观摩一档档民间花会的演出和比赛，察看古碑古塔古树，和一个个年迈的老会头交谈，互道珍重，不禁常常沉入尘封已久的往事和遐想之中。老教授在刻有"金顶妙峰山"五个大字的石碑前留了影。这既是他在93岁高龄时登上妙峰山的记录，也是对顾颉刚先生开创田野调查之功的纪念。我也和钟、马二老在灵感宫前面，扶着石栏杆留影。钟老像所有上山进香的人一样，到小摊上买来一个红颜色的"带福还家"小牌牌挂在了胸前。到山上来的人，谁不希望"带福还家"呢？

那一天上山的还有许多文化名人，其中有文化部老部长、中国艺术科学规划领导小组组长、著名音乐家周巍峙。他在延安时和进城后，一向关注民间艺术，为保护和搜集民间艺术采取了很多措施，是保护优秀民间艺术的有功之臣。近年他又全力投入十套民间文艺志书集成的编纂领导工作，对中华民族传统民间文化的保存发扬贡献维大。巍峙老上山时，是从东城的家里出发，独自一人闯去的，到了山下的路卡时，当地的人们不认识他，阻挡了他的轿车，无奈中他只好自报家门。后来我见到他，向他表示抱歉，他反而说他没有错过这个时机，了解了很多不知道的情况，玩得很高兴很愉快。因为我是那次游庙会的组织者，没有照顾好周老是我的失误，也没有给周老拍下在山上的照片，一直心里感到遗憾和歉疚，最近我已托朋友找周老的秘书小唐要那次他拍的照片，找到后要送到妙峰山去陈列起来。周巍峙是中华人民共和国成立以来第一位，也是唯一一位上过妙峰山庙会的文化部长。那天，上山的还有老表演艺术家于是之夫妇、前中国日报社长、中国旅游文化学会会长江牧岳，老舍先生的儿子、现代文学馆副馆长舒乙等许多文化界知名人士。来自全国各地参加"中国民俗论坛"学术会议的40位各地民俗学家，不乘车，相扶登上了这座名山。文人学者汇入这人头攒动的民众之中，体验着在深厚的中华文化300年来以怎样的方式和力量，在民众中得到积淀和流动，寂寞了几十年后又得到复

民俗与艺术

苏的妙峰山，又见文人荟萃，成一时之盛。首都的新闻媒体和民俗学家们，也像 70 年前《京报副刊》等报刊记录顾颉刚先生一行一样，用不同的方式记录下了这次世纪末妙峰山庙会的盛况。

钟敬文、周巍峙、马学良、门头沟区委张书记摄于妙峰山庙会上

今年 5 月我又上了一次妙峰山。上海文艺出版社邀请俄罗斯汉学家李福清先生来华访问，并商谈翻译出版《世界文学史》大计。他到京的时间，正值举行第七届妙峰山庙会。晚上我去旅馆看他，问他是否想去妙峰山看看庙会，他高兴极了，说这对他来说才是千载难逢的机遇，他先后访华 15 次，这是第一次碰上。我便打电话给妙峰山风景管理处的负责人王立宇先生，请他帮忙接待一下这位著名俄罗斯汉学家。5 月 20 日，我们一行上了山。李福清是我 40 年前结识的老朋友。那是 1959 年 12 月，他作为苏联自费旅行者第一次到中国来，受到中国科学院文学研究所所长何其芳先生的接待。何其芳先生把我叫去陪李福清。我们早有通信，但这是第一次见面。我陪他到天桥的五分钟小剧场，听连阔如说三国、逛天桥的书摊、钻小胡同、参观故宫等，后来我又陪他访问过顾颉刚先生。1961 年顾先生安排他的亲戚姜又安先生翻译李福清的副博士论文《孟姜女和万里长城的故事》一书。因此，李福清先生对顾先生早年上妙峰山的事，对妙峰山作为北京宗教中心和民俗中心，了如指掌。在妙峰

山，除了主神碧霞元君等外，还有一尊天津人信仰的女神王三奶奶。这是由一个真实的女人演变而成为神灵的民间神。这是件极有意思的事。当李福清得知这尊雕像是他认识的天津宗教学者李世瑜先生托人在天津塑成并护送来京的，不胜惊讶和高兴，于是在王三奶奶像前虔诚地祭拜了一番。

天津人的俗神王三奶奶塑像

我们一道拜访了住在山上舍茶的义福善缘清茶老会老司都管石绪才、张义福两位老先生，本届庙会期间他们按旧例从永定门外的家来在此设立茶棚，把保存完好的清代茶具摆满了整整一大间屋子。在他的茶棚旁边，是一家舍馒头的棚，和一个山东济宁的老太太舍馒头的帖子，也结识了来自阜成门内孟端胡同的费文通老先生，他率领的老会叫万福顺义少狮老会，顾名思义是耍狮子的花会，资格也很老了。我意识到，这些多年来坚持不渝地在庙会上行善举而不求回报的普通人，正是把这源远流长的庙会文化延续下来的中华文化主体。看来，要真正了解妙峰山，需要的是静下心来倾听。

这次上山，我请朋友刘晓路把四年前钟敬文先生上山时在金顶为他拍摄的照片放大了一张并装入镜框带到山上，交给管理处的王主任，请他们挂在展厅里，可惜的是找不到顾颉刚75年前上山时的照片。行前我打电话给顾先生的女儿顾潮教授询问，她说当年《京报副刊》上有一张五人的照片，但不是在

民俗与艺术

妙峰山上照的。我想,那张珍贵的照片也应翻拍出来,陈列到妙峰山的展厅里,进而把妙峰山办成一所京西民俗博物馆。这样,妙峰山作为北京的民俗文化史的见证者,才得以完整地再现出来。

1999 年 5 月 25 日于东河沿

(原载《中国文化报·四季文学导刊》2000 年 11 月 30 日;后收入笔者文化散文集《追寻生命遗韵》中,武汉出版社 2003 年)

城市气质与民俗变迁
——以东安市场为例

本文将以北京东安市场的百年变迁为例,来讨论京师的城市气质与商业民俗的变迁问题,从而为新兴的都市民俗学增添一个话题。

众所周知,城市之被称为城市,是由多种因素构成的,而城市的人群构成及其精神气质,则是构成这座城市的诸多因素中最能区别于其他城市的因素,也是影响和推动城市文化(首先是民俗文化)发生移动和变迁的重要力量。

在中国近代史上,明末清初以来先后开埠的广州、上海、天津、京师等城市,市民的五方杂处和以工商业为主体的经济发展,是共同的,但这些城市却各有其不同的城市气质。人们常说的"京派""海派",想必绝非仅仅是一般文化意义或文学意义上的特点,而是指整个都市的精神气质。

什么是京师的精神气质呢?清代曼殊震钧《天咫偶闻》云:"八旗旧家,礼法最重。""京师士大夫好尚,可以觇风气,如咸丰中肃顺尚骄侈,士大夫化之,以奢华倨傲相尚。至同治初,恭邸性谦恭,文倭二相性俭朴,士大夫遂易而谨饬,且多以布素相尚,至光绪初犹尔。后遂不然,未几,诸言臣蔚兴,人皆以名臣自期,及癸未张幼樵编修(佩伦)以庶子署副都御史,知贡举,而清议益重,后生初学,争以清流自励,不数年,此风顿改,及潘文勤主持风雅,常熟翁尚书和之,皆尚小学……至丁酉戊戌,渐重西学,己亥庚子之交,徐相当国,理学书大重于时,响之《说文》,皆束阁不观矣。庚子以后,又尚西学,新译旧板书,无人问价,京师风气改变之速,至于如是。"

这段前人的概括和描述,固然是站在依附于上层的士大夫的视角,但还是多少道出了京师气质的某些特点和变迁轨迹。当然,北京作为帝都地位形成之后,虽然五方杂处的人群社区特点日渐突显,但五方杂处并非京师——北京一地所独有,其他城市亦然,唯独皇族贵胄官宦士大夫的麇集及其精神天地的形成,才是决定着或影响着当时京都气质的最重要的力量。直到近代和现代,当人们说起北京与上海、天津、广州的区别时,也还是不约而同地公认,北京是一个政治文化中心,不仅居住在这里的中央和地方政府的官员们在城市的生活中起着举足轻重作用、发生着意义深刻的影响,甚至连一般市民,也较之其他城市多了几分政治意识和公民意识。20世纪初的五四运动,20世纪中的一二·九运动……都发生在北京,而不是天津,也不是广州。尚奢华倨傲也好,以名臣自期也好,以清流自励也好,风雅尚书也好,京师风气,在流变之中又保持着相对的稳定,无疑这应是我们观察北京民俗及其流变时的一个重要视点。

东安市场初建于1903年(光绪二十九年二月),到2003年已经走过了一百年的历程。去年笔者撰写了一篇《东安市场百年祭》的文章,以纪念它坎坷多难的生命。从民俗学的立场来看,东安市场的百年兴衰及其作为北京民俗文化传承的重要载体,深深地镌刻着北京这座帝都城市精神气质的烙印。

(一)东安市场的初创时期,虽然也像其他城市一样各路商家五方杂处,带来了全国各地主要是农民的不同文化胎记,传承着主要是农民的民俗文化,但归根结底,东安市场是政府招商行为的产物,举凡重要的商家,或与皇家贵胄,或与军阀政要,有着千丝万缕的联系,他们所做的虽然是商业,适应上层的需要和口味,以上层社会为顾客,也就必然地适应着或传承着上层的某些典雅文化传统。

明成祖朱棣即位后,迁都北京,大兴土木,在营造宫室的同时,在皇宫附近(现在王府井大街一带)修建了10个王府,还有三公主府、兵部长官驿政的会同馆、府军羽林诸卫等衙门,以及舍饭幡竿寺、武成王庙、迎喜观等庙宇。到清光绪、宣统年间,街道两旁店铺和商贩林立,如油盐店、米面铺、切面铺、粥铺、古玩铺、药铺、煤铺。从正月初八到十七,一年一度的灯市也在从东安门延续到灯市口的这条皇家大街上举行,白天是集市贸易,晚上是观灯烟火,汇聚了各地客商和各地的商品,有古董,时兴的绸缎、绫罗、刺绣、布匹、手工艺品、家常用具,也有西洋的自鸣钟等。

光绪二十九年(1901年)十月,慈禧避八国联军入侵回到京城之后,动用庚子赔款修复颐和园,并修整城内的街道。东安门大街紧靠皇宫,又是皇帝祭东陵的必经之地,出行时要拆除商棚,清理街道,甚是麻烦,加之步兵统领那桐等满汉官员的官邸,也在金鱼胡同,上下班也多有不便。此时,坐落在王府街上的清代八旗兵神机营的练兵场,里面建有箭场和习武厅,由于很多八旗兵已成提笼架鸟的纨绔子弟,不再经常操练,练兵场遂渐荒废,步兵统领衙门就把商贩们迁移到这个练兵场上继续经营,各路商贩以原来的习武厅为中心摆摊设点，除了卖吃食者外，还有儿童玩具和小百货，一些洋货店、估衣铺，也陆续迁了进来，因地近东安门，故取名东安市场。市场初建阶段，摆地摊、搭布棚，京广杂货摊、耍货摊、料货摊、挂货摊之类，不一而足。市场简陋，商贩早来晚归，秩序混乱。

到光绪三十二年（1906年），经过整顿，东安市场内辟分为东、中、西三路。东路辟为杂技场和小吃摊，由内廷大公主府总管刘燮之出资①（一说系太监王德祥出资，让一个叫宋之的人出面②）在东北角建造了吉祥园（即后来的吉祥戏院），当时的许多的京剧名脚，争相到此献艺，首次打破了清政府严禁在内城卖戏的规定。20世纪30年代初，刘半农和他的学生周明泰在《五十年来北平戏剧史材》③中收藏了光绪、宣统两朝40多家戏班在吉祥、广和等戏园剧场几百场演出的戏票，从这些票据中可以窥见当年戏剧演出和北京民俗风情的盛况，殊为珍贵。中路是商场，是正街，又沿正街两旁建成头、二、三条街，由官家出钱盖起了前带廊子后有暗楼的铺面房，租给商家使用，市场由摊贩变成了商铺。西路则大部分空着。市场内正街及三条横街的规划建设，不仅增加了商铺的容量，而且与明清以来北京城市街巷胡同横平竖直棋盘式的交叉格局，与老北京土著居民的居住心理相适应。

东安市场先后遭受了两次大火。第一次火灾是1912年3月，北洋军阀袁世凯窃取了国家政权，指示北洋军第三镇统制曹锟放火烧东安市场。第二次大火是1920年，锦益兴玩具店因亏损，老板文焕章放火，除了东来顺、稻香椿、吉祥园老板买通消防队和使馆区消防救护队救火未被焚烧外，火灾祸及全场。商场恢复重建后，规模比前更大了。有些商家专做皇宫生意，如绸缎商，他们挂着"腰牌"进宫卖货，串朝房、宅门，这类商家在北京出版社于2003年出版的王之著长篇小说《庚子狂潮》中有很细致的描写。有些商家是做使馆生意的，如古玩铺，他们收买朝臣和太监从宫里偷出来的藏品，卖给外国使馆和外国来华的人员。此前八国联军抢掠的一些珍宝，也有些流落到了市场上的古玩商手中。八国联军的入侵，给当时的帝都带来了灾难性的破坏，连清宫、雍和宫喇嘛庙等处等的许许多多宝物，也几乎被洋人的军官和大兵抢掠一空。"文革"中出版了一本由俄国人科罗斯托维茨著的《俄国在远东》，写到八国联军在北京劫掠皇宫时的情景，作者在书中描写道："利涅维奇在太后住室让同伴注意一个玻璃柜，柜中完整地保存着数十件用黄金和宝石精制成的小巧艺

---

① 据《老北京的戏园》，引自 www.booksir.com 文化版。
② 据宗泉超《历史上的东安市场》，见曹子西等主编《燕都春秋》第271页，北京：燕山出版社1988年。
③ 刘半农、周明泰《五十年来北平戏剧史材》，几礼居戏曲丛书第二种，1932年。

术品,其中包括几个镀金的玫瑰色珊瑚杯。看来这些东西是故意留下的,为的是要表明宫殿得到保护。然而将军们尚未走出房间,玻璃柜就已经被参观者洗劫一空。"① 宫廷里和喇嘛庙的珍品被入侵者掠走后,有的被带回了国外,有的则卖到了古玩店。市场里的菜馆,星罗棋布,多时达几十家几百家。有名的菜馆、饭店,各有其特殊的顾客关系,有的是宫廷达官贵人,有的军阀官僚政客。如上海风味的五芳斋,有红烧头尾、焖炖鲜、干烧鲫鱼、炒三鲜、红烧狮子头、元宝肉、各种江南小吃,其交结的顾客是军阀、官僚、政客们;江苏风味的森隆餐馆,主要供应京汉铁路总局和协和医院的高级职员;吉士林西餐馆的主要顾客,则主要是东交民巷和住在北京饭店的外国人,还有润贝勒府和涛贝勒府的遗老遗少们。

(二)百年来,东安市场的许多商家,无不崇尚和传承着趋利避害、祈求大吉大利的商业民俗文化理念。1993年,东安集团与香港新鸿基地产有限公司合资改建东安市场,拆毁旧市场建筑时,笔者在地坛体育场鬼市上买到一个很大的傩面具,问出售者来自何处,他说是在拆除东安市场的商房时从墙里拆出来的。笔者相信,这是早年来自西南少数民族地区的商人建铺面房时置于墙基中,以求趋邪之物。傩面所反映的,是少数民族或西南地区农民企业家的古老的民俗文化心理。我想,类似的民俗文物和遗事,一定还有不少,有待于民俗学家们去发掘和搜集。另一个趋利避害的商业民俗心理的典型个例,是位于东安市场北门东北角上的东来顺饭庄。东来顺的老板丁德山,字子清,来自沧州,回族。他的老爷子在京城做小买卖,住在东直门外二里庄的破寒窑里,他和二弟靠给人挖黄土为生。光绪二十九年(1903年),丁德山向亲友借了一辆手推车、一条大板凳和一张案板,又向本家丁记鸭房借了几块钱,来到刚刚开业的东安市场,在离北门不远的东边摆了个小饭摊,1906年挂上了"东来顺粥摊"的招牌。东安市场在东华门外,属于东城,他又住在东直门外二里庄,这一连串的"东"字,搭上"旭日东升""紫气东来"的大吉大利,他认为这是他顺利创业的根源。他很看重这个"顺"字,只要一切都顺,买卖就能"财源茂盛达三江"。"东来顺"成为丁德山的心理上慰藉和商业上的追求。当1912年2月29日大火后,他盖了几间瓦房,建成了清真饭馆后,增添了"爆、烤、涮"羊肉,正式创建了"东来顺羊肉馆"。他以诚信为本,老少无欺,涮用的羊肉质量必须上好,一涮即熟,鲜嫩可口,有入口即化的口感。每到秋季即出德胜门到马甸的羊店选购集宁地区西坞镇的大尾巴绵羊,只选二至三年阉过的公羊或仅产过一胎的母羊,然后将其赶到东直门外他买的几百亩

---

① 科罗斯托维茨《俄国在远东》,第104页,北京:商务印书馆1975年。内部发行。

地，交给租地的佃农饲养，到冬季羊肥了，火锅上桌了，才屠宰上市。后来他又兼并了对门的老字号天义成酱园，改名为"天义顺"，使羊肉和佐料一条龙，而且尽量使小菜做到精工细作，丝丝入扣，质高味永。

（三）东安市场开创了把传统的民俗游乐文化与新兴的商业经营结合起来的先例。由于把中国人的民俗文化心理运用于商业活动之中，故而使其成为从京师到北平的前半个世纪商业场所的一时之盛。如果说，早期的东安市场还是一种庙会式的商业场所和经营方式的话，那么，1912年2月大火之后得以重建的东安市场，新添了娱乐杂耍业，使市场焕然一新。继吉祥园之后，相继建立了中华园、东安园、丹桂园，以杂耍、曲艺为主，耍落子、八角鼓儿、蹦蹦戏等进入市场。传统的游乐进入市场，既传承了中华民俗文化，又给市民提供了寓教于乐的场所，宣传了民间文化及其精神。在晚清到民国初年，北京的茶园遍布，一天三遍茶，成了从上流社会到老北京人的一种惯常的生活习惯，北京人也从而创造了香片花茶的名牌。东安市场西门"庆林春"的"茉莉高碎"，因其口味香、耐沏、颜色正而成为顾客有口皆碑的茶种。在市场里一面饮茶，一面享用小吃，一面听说书唱戏、欣赏杂耍，一面购物，成了相当数量的北京市民的一种逛市场购物兼享民间文化的生活模式。论者子清在《王府井·中国的故事》之八里写道："过去北京人买东西习惯于'逛庙会'。东安市场的开放，百货杂陈，天天营业，大大方便了群众，由于场地宽阔，吸引了不少民间艺人，打拳的、耍狗熊的、耍猴的、唱大鼓的、变戏法的、算命看相的……很快东安市场就成了内城的游乐中心，吸引了大批中外游客。有一首说东安市场的竹枝词唱道：'新开各处市场宽，买物随心不费难，若论繁华首一指，请君城内赴东安。'[①] 可见其感。"20世纪五六十年代，在计划经济模式下，把游乐场所和民俗文化从缩小到取消，实际上是强权对民俗文化的一种误读。20世纪90年代以来改建的新东安市场，企图恢复民俗对商业的参与，但由于种种原因，尤其是认识上的悖谬，并没有达到应有的效果，使许多熟悉和向往历史上的东安市场的老顾客们，望而却步，索然而归。这一点，已经有许多老北京论者发表过见解了。

（四）东安市场建立之初，古玩珠宝之类行业所以兴盛，主要是得皇宫贵胄之利，而旧书店业的兴起，则主要有赖于与市场靠近的北京大学、朝阳大学等学校的师生。早年，东安市场的古旧书摊，与琉璃厂的古旧书店，分工不同，各行其道，故而相得益彰。在市场的书摊上淘书，成为知识界的一种需要，也演化成了北京读书界的一种民俗时尚。淘书，不仅可以找到需要的书、

[①] 《京华百二竹枝词》，1909年。

民俗与艺术

稀见的书、孤本书、秘籍书，甚至还可能得到名人的藏书。有的书店是前店后坊，前面卖书，后面办公、修理图书、查配套书。无论是书店老板还是伙计，大多是修养有素的行家，常去书店选书淘书的专家学者，他们一般都很熟悉，且往往将他们引进后坊，熟识的顾客也可以赊钱购书。这些古旧书店对于沟通有无，传递知识，起了独到的作用。百年之中，有不少外国游客和汉学家先后光顾过东安市场的古旧书店和书摊，买到过一些十分有价值的图书，他们多有著文记载，使东安市场名播四海。到了五六十年代，东安市场的书摊虽依然红火，但由于大学迁移到西郊后，东安市场的古旧书肆，由于远离了主要读者群，也就开始逐渐没落了。现在的新东安市场，古旧图书业已不复存在，民俗意味渐而被千篇一律的现代化风格所代替。

2004 年 1 月 26 日

（本书专稿）

东安市场百年祭

从协和医院老楼的边道出来，回安定门的寓所，在东安市场车站乘104路电车最是方便，车站就在协和老美院之间。等车工夫，举目望见对面楼群上矗立着的"新东安市场"的大牌子，心里总感到有点儿不舒服，不期然地向自己发问：好端端一个"东安市场"，为什么要在前面加上一个"新"字呢？为什么要砸掉那块有着百年历史的老牌子？不屑于走老路？标榜改朝换代？——百思不得其解。

东安市场始建于清光绪二十九年二月（1903年），是北京最早出现的一座综合性市场，因地处东安门附近，故名。清末，东安门大街两旁，摆摊设点，道路拥挤，皇帝出行和去东陵祭祀，有碍观瞻；住在金鱼胡同的步兵统领那桐等官员上下班，也痛感不便，故有整顿市容、修建马路之举，将沿街摊贩悉数迁至东南角的八旗兵神机营的练兵场上。这个围着铁丝网、几近废弃的演兵场，一时商贩云集，渐而发展成了后来的东安市场。近读"爆肚冯"后人所写文章，"爆肚冯"就是头一批从东安门大街迁到演兵场来继而创立了"金生隆"店号的。据前人笔记，"京城向无市场，肩挑负贩，沿街叫卖，颇为杂扰"。而东安市场一经出现，"未数日，百货杂陈，竟成市集，商贾皆至，愿受一廛，乃准领地建屋，各设店号，日盛一日，详定规章，增警专管，遂成东城闹市，成为北京有市场之始"（转自谢其章《"东西二场"的旧书摊》）。到2002年3月，就是它的百年大寿了。

北京有众多的历史文物古迹，印证着京都上层文化的悠久与辉煌。而东安市场虽然无缘进入文物古迹名录，却与一百年来北京普通市民的日常生活休戚相关，成为下层文化（也包括部分上层文化）的重要表征。若果再往大处点说，东安市场这个市场及名称，不也印证着百年中国，尤其是百年北京的政治史、经济史和思想史吗？

民俗与艺术

百年来，虽历经朝政更迭、战乱频仍，但一般来说，直到"文革"之前，东安市场从最早一个摆摊设点的露天市场，逐渐发展成为一个包括各行各业各类商摊、商号、书店、游艺在内的摊铺俱全、无所不包的超大市场。据1933年12月的统计，东安市场共有16个经营区，已是一个包括畅观楼、青霖阁、中华商场、丹桂商场、桂铭商场、霖记商场和东庆楼等七个小商场，吉祥大院、正街、头道街、二道街、西街、东街、杂技街、南花园等九条街巷，分布着各行各业商贩925户（店铺257户，摊贩658户）的超大规模的市场了。北平解放前夕，商家较前减少了三分之一，只有606户；解放后，经过整顿和全行业公私合营，市场再度繁荣起来。各店铺商号齐全，"万宝全"日用百货、吉祥戏院、东来顺饭庄、稻香椿南味店、五芳斋等人们都耳熟能详，最令我不能忘怀的是那些古旧书店，有的有店铺门面，有的是沿街设摊。东安市场书肆之所兴，与北京的城市风貌和市场构成有着莫大的关系。一方面，市场形成初期，在近处坐落着许多学府，如北京大学、朝阳大学和许多中学，渴求知识的师生和其他知识分子常到书店里来看书淘书，从一个侧面反映了老北京作为文化中心的特点；另一方面，书店肩负着保护文化遗产、促进图书流通、满足读者需要的多重责任，店员们不仅个个是行家，而且急读者之所急。古旧书店的工作人员曾花费两年时间为一位俄国文学研究者配齐了一套19世纪出版的俄文版的《大百科全书》（共86册）。仅在1959年1月至10月，店员们曾配齐了主要期刊10050种、《四部备要》1420部、《万有文库》208部！他们为中国文化和北京地方文化的继承发展做出的贡献是不该忘记的！

东安市场尽管在历史上也曾遭到过两次大火（1912年遭北洋军曹锟纵火烧毁；1920年锦兴元玩具店老板文焕章因负债过多无法偿还而纵火），却也总是绝处逢生，很快就得以修复和开业，而且一路稳定和繁荣，成为北京所以是北京的一个骄傲。外国的使者、学人、游客、商人来京，没有不到东安市场去的，而且凡是去过的人多著文记述其盛。1966年"文革"事起，依照"东风压倒西风"的名人说词，将其改名为"东风市场"。市民们的心里都明白，这"东风"之名，是把一个大众市场的命运绑在了政治的战车上。十年浩劫结束，改革开放，"换了人间"，到1988年，恢复"东安市场"原名，还其历史原貌。决定英明大胆，顺乎民心，历史必然，人心大快，哪想到，在和平安定环境中却又出现了曲折。到了1993年，一个香港的著名地产公司进来，与东安集团联手，改建东安市场，无端地把沿用了整整90年的老字号"东安市场"改成了"新东安市场"！媒体上也对这个"新"字大肆炒作。虽然在临王府井大街一面，还保留着"东安市场"的门匾，但正式的名称，却不再是"东安市场"了！在万贯金钱面前，老字号"东安市场"必须改名换姓？

敝人晚生，只是20世纪50年代才来到京城，但有幸在王府大街乙64号上班，办公的地方，距东安市场只有咫尺之遥。出得大门，向左一拐，便是灯市西口；照直走，走过几百米长的八面槽，拐进金鱼胡同西口，就进了人碰人、人挤人的东安市场。那些年，除了星期天外，几乎每天中午都是泡在东安市场书摊里度过的，常常是从北门或西北门进去，边翻书边挪步，一本本地翻，一本本地淘，一路走下来淘下来，一直到了下两点该上班了，才恋恋不舍又匆匆忙忙地离开。那些年月，对于我这样的大学毕业生来说，每月工资从49元5角，最后涨到62元，要养家糊口，要给远在乡下的父母寄，手里的钱实在是很有限，但见到便宜的书、有价值的书，还是会毫不犹豫地买下来。那时买的旧书、有价值的书，实在是不少，可惜，1969年9月底得到命令，全家下放河南息县干校，大部分都被我一狠心当废纸7毛钱一公斤处理掉了！回想在东安市场那些小书摊上所买到的最有纪念意义的，莫过于一本戴望舒先生使用过的辞典。当然也在东安市场北门里面不远处的点心店、小吃摊和餐馆里买过小饼干、吃过饭，最奢侈的，记得是三年困难的第二年，我从鄂尔多斯下放归来，我妻生第一个孩子小青时，月子里没有可用来催奶的鱼肉可买，就骑自行车到东安市场南门通道右边的和风饭馆买了一段炸好的草鱼，这在当时可是很大的破费呀。偌大的一个东安市场，就像小孩子眼里的万花筒，五彩缤纷，应有尽有；对于某些上层人士来说，也许它是并不重要的，但在普通的下层的老百姓和市民来说，它却是一个留下过抹不掉的印象的去处。

　　如今手里的钱固然比那时多得多了，却很少能激起进到这个"新"的市场里去光顾一下的念头！某日，忽发奇想，拉上老伴去逛一逛、看一看，也花了些钱吃了几处小吃。商场旧貌换了新颜，一切与世界接轨，尽管主持者们也尽量保留了些"老北京一条街"一类的去处，却与世界上许多大城市的大商厦似乎没有什么区别。"新"固然新了，感觉却真的没有找到。不仅淘书的积习和旧愿无法重现，连那沙营的葡萄、马桥的山药、延庆的海棠……也都没有见到的机会。多年前，我曾有机会在地跨欧亚大陆的伊斯坦布尔那个庞大的商场里徜徉过，那布局，黄金街、杂货摊、皮革制品、烤肉小食、旅游纪念品，目不暇接，令我联想到我们的东安市场，连接丝绸之路两端的两个城市的市场，怎么如此相似，难道真是心有灵犀一点通？但在我们今日的"新"东安市场里却无法再找到记忆中的那些感受了。人不仅生活在现代，人也常常生活在记忆和回忆中，在不断的回忆和怀旧中，寻找着美好！

　　中国是个文化悠久的国家，可是不知怎的，到了现代，想出人头地的人，总喜欢踩在前人的肩膀头上去立业，以否定前人、割断历史为荣耀。像这种前面加上一个"新"字，玩改朝换代、改旧换新、否定前贤、另立门庭把戏的，

民俗与艺术

在京城，也许并非仅此一家。这种事情多了，该是多么悲哀呀。

据说，上海人现如今兴起了"怀旧热"。最近《文汇报》发表了一篇长文，证实了这一点，并对"怀旧"思潮有所非议。笔者倒是觉得这很正常，一种思潮的出现或消退，固然与倡导有关，但更重要的是与社会有关。笔者早些时候看到，女作家陈丹燕写了一本《上海的金枝玉叶》，接着又出了一本《上海的金童玉女》，她的系列怀旧著作成了畅销书，大受上海市民的青睐，也许她触动了上海人埋在心底的怀旧的那根弦。"怀旧热"说明上海人对传统的怀念，不是无源之水，不是空穴来风，也许是全球化和现代化形势下的一种必然。

北京人则反其道而行之，兴起了"追新热""追星热"，什么都是"新"的好，连东安市场这个老字号也嫌旧了。尽管报刊媒体在卖力地宣传北京在旧城改造上如何重视继承和保存传统的城市风貌，帝王都城的设计思路不变，保留下二十几片四合院民居和旧官邸宅院建筑群，但登高远望，老北京却大部消匿和淹没在了林立的高楼大厦之中，原有的城市风貌几近荡然无存了。追新求变，无可厚非，但盲目追新却未必是什么好事，尤其是否定文化传统的追新，是要付出代价的，而此类追新之徒，在今日之京城，随处可见。放眼出版界，此类事例就更多了。想想人家英国人，说起什么东西来都讲究个历史的延续性，创刊于1785年的《泰晤士报》，几易其主，可牌子不改，成为一家有自己传统的世界大报名报。我们呢？在这方面我们真有点自惭形秽，我们有几千年的历史，却习惯于自己否定自己，谁都想标榜革新！

东安市场的百年祭，正赶上国家民族的好时光，笔者以为，最好的纪念，莫过于还她的本名，这比什么都好。

2002年8月5日

（原载北京市政协主办的《北京记事》2002年第10期）

北京胡同里的民俗世界

胡同是北京纵横交错、两头贯通的小街道的称呼，是区别于其他城市而为北京所独有的一种景观。尽管日本人多田贞一认为，胡同的使用，并不局限于北京，中国北方大体上都有。在这些网络密集的胡同里，散布着以四合院建筑为主体的同中有异、异中有同的北方民居，居住着不同民族、不同背景和不同生活方式的人家，代代相沿，形成了一种物质文化和精神文化相融洽相谐和的独特的京都都市文化。

北京胡同的出现，据认为，始于元大都建城的时代。元代忽必烈即位（1260年）后，迁都燕京，并决定放弃已焚毁的金中都城，另建大都。元大都的都城，其动工修建的时间为至元四年（1267年），建成的时间为至元十三年（1276年）。蒙古人迁都燕京，无可避免地肯定也把自己民族的聚落模式带到元大都来，胡同可能就是一例。据学者们研究考证，"胡同"一词也系蒙古语词的音译。据研究者考证，"胡同"一词最早见于元杂剧。元代剧作家关汉卿（约1241—1320年）杂剧《关大王单刀会》第三折戏词中有句云："旱路里摆着马军，水路里摆着战船，只杀出一个血胡同。"另一位元代杂剧作家李好古（生卒未详）所作杂剧《沙门岛张生煮海》第一折中梅香的唱词有云："你去兀那羊市角头砖塔儿胡同总铺门前来寻我。"从这些杂剧作者生活与创作的年代，以及剧中所提到的"胡同"（尤其明确提到"羊市"和"砖塔儿胡同"这些胡同名称）来看，北京的"胡同"始于忽必烈进北京改金中都为元大都之始是没有疑问的。至于元大都城内街道是怎样布局的，是按蒙古人原有的聚落形式规划的，还是按照中原古制规划的？学术界并没有一致的看法。有人说，是把蒙古人自己聚落的形式搬过来的，有的人则说是按照《周礼》的原则建的，即由南北和东西走向的干道组成方整的棋盘形，经纬分明，整齐划一，城内有些古老的街道和胡同，其遗迹至今宛然可寻。这无疑也是个有趣的问题，且留待以后再去研究。

除了元杂剧中的根据外，清代朱彝尊所编《日下旧闻考》辑录元末人熊梦祥编纂的《析津志》的佚文中说："（北京）三百八十四火巷，二十九衖通。"（据《日下旧闻考》引）他把火巷与胡同是分开来统计的，其实火巷也就是胡同。清代朱一新撰《京师坊巷志稿》云："元经世大典，谓之火巷，胡同即火巷之转。"把火巷和衖通加在一起，当时北京的胡同总数为413条。

胡同的发展，从一个侧面显示出北京作为元明清三个朝代帝都的发展。明代北京的胡同数就大增加了。据张爵《京师五城坊巷胡同集》记载，明代北京的胡同约为1170条，其中直接称为胡同的约有459条。翁立在写作《北京的胡同》（增订本，第10—11页，北京燕山出版社1992年）时，根据另一种资料，即明北京城复原图，一条胡同一条胡同地统计，得出了另外一个数字：明代北京的街巷胡同约为629条，其中直接称为胡同的约为357条，有30多条胡同经历过清代、民国一直保留到现在。根据朱一新《京师坊巷志稿》的统计，清代北京的胡同有2077条，其中直接称为胡同的为978条。根据多田贞一的《北京地名志》的统计，到1944年，北京的胡同是3200条。根据1986年北京市公安局编印的《北京市街巷名录汇编》的材料，北京的街、巷、胡同、村落约为6104条（个），其中直接称为胡同的约为1316条。如此说来，北京的胡同，已经有了700多年的漫长发展史。从胡同的发展，可以看出北京城市发展的大致轨迹。

胡同是由两旁一处连接着一处的住宅——四合院的后墙构成的。因此，可以说，在胡同所蕴藏的文化内涵中，四合院是重要的一个内容。元代对胡同的宽度是有严格规定的，大街宽度为24步，小街宽度为12步，胡同宽度为6步，不许在胡同两旁有违章建筑，明、清两代就并不严格遵守旧制了。

在胡同里所能看到的是四合院的大门。四合院大门的建筑样式，虽多种多样，但都是严格根据房主人的社会等级而建的，根据大门的建筑样式和装饰，就能判断这家的主人是什么样的官职，有什么样的社会地位。中国的宗法等级制度，凝固在四合院的大门上。现存的清代四合院的大门中，王府的屋宇式大门，其建筑样式与装饰，与老百姓的随墙小门，就形成鲜明对照，在物质文化上反映出深刻的都市人群社会地位的差异。

胡同的两头，原是建有栅栏（如前门外的大栅栏）或牌楼（如东四牌楼和西四牌楼）的。栅栏和牌楼作为两种建筑形式，当然反映着一定的建筑术水平和一定的社会审美观念以及一定的时代风尚，如明代东四牌楼和西四牌楼的楼额上都书写着"大市街"三字，东四牌楼东面楼额上书写着"履仁"，西面楼额上书写着"行义"，而西四牌楼的东西两面则恰好反过来，书写着"行仁"和"履义",借着这两座公共建筑所宣传的道德规范是"仁义"二字。栅栏和牌楼虽然是作为胡同或街道的大门而建的,直接作用是为了居民的安全防范,但它所以形成的社会原因,却是不应被忽视的。

　　胡同还是历代帝都民俗文化的载体。近代或现代还保留着的一些胡同的名称,有的记录着地域民俗,如人市(鼓楼附近)、羊市(崇文门花市地区)、骡马市(现西城区椿树地区)、驴市(现东四南大街礼士胡同)、菜市(牛街地区)、米市(东单北大街北端)、草市(天坛地区)、鲜鱼口(前门外)、灯市(现灯市口大街)、花市(崇外)等胡同,显然曾经是交易市场或节日庙会市场。有一些胡同的名称,告诉我们这里曾经是旧时代朝廷官府的所在地,如海运仓胡同、新太仓胡同、北门仓胡同、禄米仓等,都是当年经由南北大运河漕运进京,供贮藏京官禄米的仓库旧址。老北京的俗语说:"东富西贵,北贫南贱。"指的是,有些胡同,是豪门贵族的居住地,如西城区的一些胡同;有些胡同则是巨贾豪富的地盘,如东城区的一些胡同。南城,不仅有与北京初始开发和建城同龄的广安门、宣武门、西便门附近的一些胡同、街道和庙宇,还有清季以来各省商贾陆续来京修建的种种名目的会馆,带来了不同的文化,使北京很早便成为一个多种文化交汇和融通的古老大都会。南城又以京味浓郁、自成一体的市井文化中心——天桥而著称于世,戏楼、书肆、书场、茶馆、跤场、中幡、杂耍、抖空竹、拉洋片……不一而足。同时,南城也有藏污纳垢之所的"八大胡同"。"八大胡同"者,即珠市口以北,前门至和平门之间的陕西巷、韩家潭、石头胡同、胭脂胡同、皮条营、百顺胡同、王寡妇斜街、大李纱帽胡同等,是旧时妓院集中、达官贵人销魂的地方。

　　走进胡同,你会在几乎每一座像模像样的大门楼前看见一对互相对视的石狮子,或石门墩,会发现在胡同的墙上或拐弯处的丁字街的墙上,镶嵌着镌刻着"泰山石敢当"的石碣。这种"泰山石敢当"的石碣现在还能在北京的小胡同里见得到,如中央音乐学院的后墙上、笔管胡同的顶头处就还保留着一块,笔者曾拍摄了照片。石狮子和石敢当,都是蕴藏着深刻内涵的民俗物件。

　　旧时,修建四合院的大门时,一般都讲究风水。大户人家的大红门扇上装饰着铜钉,王府的一般比皇宫的九九八十一个少,而为七七四十九个,门楼上往往装饰着雕花图案,大都是中国文化中的传统吉祥图案,也有八仙一类的绘画,在屋宇式大门的屋顶上,一般都有各种现实的或虚构的瑞兽。这些民俗装饰物,大多起着辟邪纳吉的作用,满足着主人的求吉心理。所到之处,可以感受到,吉祥如意、子孙繁盛、社会和谐、国泰民安,历来是我们中国人、也是北京人的心理诉求。

　　在已经逝去的20世纪100年里,特别是近20年的现代化进程中,北京的

民俗与艺术

胡同经历了巨大的变化。这个变化不仅表现在随着社会的急剧变迁和人口的急剧膨胀，一些胡同里的四合院变成了大杂院，进而构成胡同的院落，又被一批批拔地而起的高楼大厦所代替，从而以胡同为表征的人群聚落生活，被另一种新起的、相对封闭的单元楼房生活所代替。宜居聚落和人文景观的北京胡同，在延续了1000多年之后，已经濒危甚至在一天天地消失之中，胡同将成为人类历史上的一瞬，老北京人几乎找不到回家的路了。

最近，笔者应邀参加石景山区文化委员会的邀请，参加该区所属古城村的非物质文化遗产项目"秉心圣会"的论证，就遇到了一件令人尴尬、担忧而又无奈的事情。按照北京市的市政规划，这个形成于明代初年位于北京市长安大街最西端的古村落，将在新一轮都市化中被夷为平地，代之而起的，将是世界各地都一样的高楼大厦。试问，维系传统民间文化最重要的载体——村落及其胡同和四合院都不复存在了，还有什么传统的非物质文化遗产可言？于是，我们斗胆向区政府负责人和开发商建议，并转致市政府有关规划部门，在大楼建好居民回迁时，要尽可能让这些已经失去了土地、现在又将失去村落的原古城村的居民们相对集中居住，使这些世代相处的老哥老姐们有一个出门就能见面聚谈的机会，再给他们提供一个能够活动和练习武艺的场所，使传承了几百年的"花十档"花会能够继续传承下去。他们答应了我们的建议，我为此而感到欣慰。

我们常说，北京历来是政治文化中心。诚然，在胡同里静悄悄的世俗生活之外，也曾激荡着另一种沸腾的生活。在漫长的日月中，胡同成为一批批与社会进程休戚相关、血脉相连、富有忧患意识的文化人的活动基地和革命活动的摇篮，成为养育了一批代表着20世纪中国文化、艺术和学术最高成就的文化人的故园，胡同也成为一大批知识分子在不同社会斗争阶段上遭受迫害与凌辱的炼狱。

文化人是中国知识分子中思想比较活跃的一个阶层，他们的命运往往是与中国的命运联系在一起的。程小玲编、徐勇摄影的《胡同九十九》（北京出版社1996年），汇集了99个当代作家所写的胡同里亲身经历的故事。他们在胡同里演绎的故事，大多是他们在不同的历史关节上与自己的命运有着切肤之痛的亲身经历，因而，他们自己，以及相关的人物，在他们居住的胡同里发生的事情，就天然地与从晚清至今，中国和北京的近现代史、与家族的兴衰史、与文学艺术的发展史、与北京的地方民俗文化史联系在一起。

时年90多岁的世纪老人冰心，80多岁的萧乾、端木蕻良、王辛笛、张光年、冯亦代、荒煤、70多岁的杨沫、严文井、骆文、吴祖光、邹狄帆、韦君宜、冯牧、汪曾祺……这些如今都已辞世的历史的目击者，以不同的家世、不同的学识、不同的经历、不同的眼光和笔法，娓娓动听地记述和描绘了近百年来北京胡同里发生的各种事变和人生。健在的老人季羡林游欧10年后再次回到故都，所住的翠花胡同，竟是改元之后黎元洪大总统的私邸，当时的北大校长胡适正住在里面，而隔邻就是明代宫廷的特务机关东厂的所在地——东厂胡同。这里面浓缩着中国的历史。与他当年从山东来京考北大、清华时住在大木仓胡同的小公寓里，有着完全不同的感受。70年前出生在大木仓胡同里的，不仅有后来专事电影剧作的黄宗江，还有他的妹妹黄宗英。宗江从那个胡同里走向大上海、雾重庆，而后又北美南美，漂泊之后寻根，再回到北京的胡同里时，居住地却是请俞平伯题写了匾额"焦大故居"的恭王府旁边的一所大杂院。当过水电部部长的李锐，在孩提时代随作为民国国会议员的父亲所住的地方在城隍庙街，遇到张勋复辟，目睹家道衰落，举家迁往长沙。父亲去世后，再回北京，借住朋友家。后来他参加了革命，中华人民共和国成立后献身水电，一生充满曲折。这条胡同，中华人民共和国成立后改为成方街，改革开放后，盖了银行大楼，又改为金融街。这条胡同名字本身的变迁里，就镌刻着多么鲜明的时代烙印呀。

北京是一座有着悠久学术文化传统和光荣革命传统的城市。他曾孕育和爆发过五四新文化运动和一二·九学生运动；抗日战争爆发，从那些静静的胡同里曾向革命根据地输送过多少个知识青年，后来成为杰出的政治家和文艺家；全国解放后，大批的作家在北京的胡同里写作了名重一时的作品，也在这些胡同里经历了一次次的政治风暴。作为书香子弟的冯牧，从出生到参加"民先"领导的地下斗争到离家出走奔赴延安革命根据地，在西四牌楼一带和丰盛胡同总共住了18年，他的家里也因此成了进步学生聚会的场所之一。在护城河里游泳认识了冯牧的北京艺文中学学生苏策，家住南魏儿胡同，家境贫寒，无力上学，于1937年1月就去山西投奔了薄一波，后来成了少数红军中将军作家之一。日本投降后，位于东四牌楼以南灯市口附近的本司胡同，曾是美国新闻处的职员宿舍，却成为中共地下人士的一个隐蔽的住所。从解放区到昆明到越南到中国四海，要去晋察冀边区首府张家口的张光年，于1945年来到北平，就住在这个本司胡同。在这里住着一群革命的文化界人士，他们在这里策划进步活动、编辑文艺刊物。于是，本司胡同成为北平黎明前进步活动再次高涨阶段的一个标志。

全国解放后，各路作家云集北京，大多住在东城，因而东城区自然便成了历史上著名的文化区。小羊宜宾胡同、东总布胡同、演乐胡同等，都成为作家之家。严文井和赵树理从中南海庆云堂搬出来，就住在东总布胡同46号。担任作协秘书长的陈白尘、编辑《文艺学习》的韦君宜、编辑《人民文学》的

民俗与艺术

李清泉等许多人，都曾住在小羊宜宾，工作在东总布。来自山沟沟里的赵树理，大概从来就没有适应胡同里的生活，即使在他向严文井演唱着上党邦子的时候，他的心里也没有舒畅过，所以才有60年代向党中央的上书为农民请命的举动，从而导致了对他的批评，后来他回到了他的家乡，"文革"中被残酷迫害致死。邹狄帆在南弓匠营胡同，原清王朝造弓铸剑的工匠们的住所度过了中华人民共和国成立后最初的几年，反胡风运动开始，便把他从这里带走，关起来审查达一年另一个月之久，待他释放回家时，却顿觉这低矮的小屋小巷天地极为广阔。西单舍饭寺12号是陈荒煤为新中国电影创业立下汗马功劳之地，却也是他获罪罹难之所。结束了多年漂泊生涯的吴祖光，曾住过西单舍饭寺、西长街石牌胡同和东单观音寺，54年以在海外挣来的钱购置了帅府园胡同的私产，本以为从此有了一个安乐窝，谁想到一场反右派斗争把他驱赶到了北大荒，"文革"中又被关起来审查，房子也被造反派侵占，因此不得不换成单元楼房。这些故事告诉我们，这些胡同既是中国当代文学的摇篮，又无可讳言地是中国作家的炼狱。

这本书的作者们都是些走南闯北，经历丰富的人物，他们一生中也许走过许多值得流连的地方，但只有这些令他们刻骨铭心的胡同和四合院，才是他们魂牵梦绕的家园。冰心说的好，她一生住过许多地方，可是连北京的前圆恩寺、美国的娜安辟迦楼、北京的燕南园、云南的默庐、四川的潜庐、日本的东京麻布区，以及伦敦、巴黎、柏林、开罗、莫斯科一切她住过的地方，都不是她的家，唯独她小时候住过的中剪子巷才是她灵魂深处永久的家。

胡同是人们钟情的家园，胡同是民俗文化的积淀之所。

写于1997年10月9日；2005年9月21日修改

（发表于《中国作家》1997年第4期，收入本书时作了修订）

后 记

自20世纪90年代初起,我便与岳麓书社建立了密切的联系。作为作家系列丛书之一,于1994年岳麓书社出版了我国第一套民俗作家的书:《中年梁绍文集》20种,一年后又出版了我其他发行,影响甚巨。2002年,我又以侗族你主席编了一套《三宝侗文丛》10种,并率《彩虹——对一种文化样式的考察以文载》,由岳麓文史丛书出版问世。2003年非国家将非物质文化保护作为一名重要工作后,岳麓出版社于2009年为我出版了《非物质文化保护》理论与实践》,现在,我的另一套系列丛书之一《民俗与艺术》书稿,请到了资深编辑张文雄同志的支持和帮助,并得到赵日长社长的批准,由岳麓出版社列入了今年的出版选题计划,就要付梓了,在此对他们表示衷心的感谢和敬意。

花荣泽识
2017年10月1日